"十二五" 国家重点图书出版规划项目

中国社会科学院创新工程学术出版资助项目

总主编：金 碚

经济管理学科前沿研究报告系列丛书

THE FRONTIER RESEARCH REPORT ON
DISCIPLINE OF
MANAGEMENT SCIENCE AND
ENGINEERING

唐 亮 万相昱 主 编
武 微 副主编

管理科学与工程学科前沿研究报告

经济管理出版社

ECONOMY & MANAGEMENT PUBLISHING HOUSE

图书在版编目（CIP）数据

管理科学与工程学科前沿研究报告.2013/唐亮，万相昱主编.—北京：经济管理出版社，2017.3
ISBN 978 - 7 - 5096 - 5013 - 4

Ⅰ.①管⋯　Ⅱ.①唐⋯　②万⋯　Ⅲ.①管理工程学—研究　Ⅳ.①C93 - 05

中国版本图书馆 CIP 数据核字（2017）第 057497 号

组稿编辑：张　艳
责任编辑：赵喜勒
责任印制：黄章平
责任校对：赵天宇

出版发行：经济管理出版社
　　　　　（北京市海淀区北蜂窝 8 号中雅大厦 A 座 11 层　100038）
网　　　址：www. E - mp. com. cn
电　　　话：（010）51915602
印　　　刷：玉田县昊达印刷有限公司
经　　　销：新华书店
开　　　本：787mm × 1092mm/16
印　　　张：27. 75
字　　　数：623 千字
版　　　次：2017 年 6 月第 1 版　　2017 年 6 月第 1 次印刷
书　　　号：ISBN 978 - 7 - 5096 - 5013 - 4
定　　　价：89. 00 元

序　言

为了落实中国社会科学院哲学社会科学创新工程的实施，加快建设哲学社会科学创新体系，实现中国社会科学院成为马克思主义的坚强阵地、党中央国务院的思想库和智囊团、哲学社会科学的最高殿堂的定位要求，提升中国社会科学院在国际、国内哲学社会科学领域的话语权和影响力，加快中国社会科学院哲学社会科学学科建设，推进哲学社会科学的繁荣发展具有重大意义。

旨在准确把握经济和管理学科前沿发展状况，评估各学科发展近况，及时跟踪国内外学科发展的最新动态，准确把握学科前沿，引领学科发展方向，积极推进学科建设，特组织中国社会科学院和全国重点大学的专家学者研究撰写《经济管理学科前沿研究报告》。本系列报告的研究和出版得到了国家新闻出版广电总局的支持和肯定，特将本系列报告丛书列为"十二五"国家重点图书出版项目。

《经济管理学科前沿研究报告》包括经济学和管理学两大学科。经济学包括能源经济学、旅游经济学、服务经济学、农业经济学、国际经济合作、世界经济、资源与环境经济学、区域经济学、财政学、金融学、产业经济学、国际贸易学、劳动经济学、数量经济学、统计学。管理学包括工商管理学科、公共管理学科、管理科学与工程三个学科。工商管理学科包括管理学、创新管理、战略管理、技术管理与技术创新、公司治理、会计与审计、财务管理、市场营销、人力资源管理、组织行为学、企业信息管理、物流供应链管理、创业与中小企业管理等学科及研究方向；公共管理学科包括公共行政学、公共政策学、政府绩效管理学、公共部门战略管理学、城市管理学、危机管理学、公共部门经济学、电子政务学、社会保障学、政治学、公共政策与政府管理等学科及研究方向；管理科学与工程包括工程管理、电子商务、管理心理与行为、管理系统工程、信息系统与管理、数据科学、智能制造与运营等学科及研究方向。

《经济管理学科前沿研究报告》依托中国社会科学院独特的学术地位和超前的研究优势，撰写出具有一流水准的哲学社会科学前沿报告，致力于体现以下特点：

（1）前沿性。本系列报告能体现国内外学科发展的最新前沿动态，包括各学术领域内的最新理论观点和方法、热点问题及重大理论创新。

（2）系统性。本系列报告囊括学科发展的所有范畴和领域。一方面，学科覆盖具有全面性，包括本年度不同学科的科研成果、理论发展、科研队伍的建设，以及某学科发展过程中具有的优势和存在的问题；另一方面，就各学科而言，还将涉及该学科下的各个二级学科，既包括学科的传统范畴，也包括新兴领域。

（3）权威性。本系列报告由各个学科内长期从事理论研究的专家、学者主编和组织本领域内一流的专家、学者进行撰写，无疑将是各学科内的权威学术研究。

（4）文献性。本系列报告不仅系统总结和评价了每年各个学科的发展历程，还提炼了各学科学术发展进程中的重大问题、重大事件及重要学术成果，因此具有工具书式的资料性，为哲学社会科学研究的进一步发展奠定了新的基础。

《经济管理学科前沿研究报告》全面体现了经济、管理学科及研究方向本年度国内外的发展状况、最新动态、重要理论观点、前沿问题、热点问题等。该系列报告包括经济学、管理学一级学科和二级学科以及一些重要的研究方向，其中经济学科及研究方向15个，管理学科及研究方向45个。该系列丛书按年度撰写出版60部学科前沿报告，成为系统研究的年度连续出版物。这项工作虽然是学术研究的一项基础工作，但意义十分重大。要想做好这项工作，需要大量的组织、协调、研究工作，更需要专家学者付出大量的时间和艰苦的努力，在此，特向参与本研究的院内外专家、学者和参与出版工作的同仁表示由衷的敬意和感谢。相信在大家的齐心努力下，会进一步推动中国对经济学和管理学学科建设的研究，同时，也希望本系列报告的连续出版能提升我国经济和管理学科的研究水平。

金 碚

2014 年 5 月

前　言

伴随着国内社会科学领域研究的迅速发展，国内学者在诸多研究领域取得了一系列的成果和突破，在这样的背景下，对管理科学与工程学科的研究成果进行梳理和总结是很有必要的。

管理科学与工程学科是一门综合学科，其学科领域涵盖了管理学、数学、经济学、行为科学、方法论，目的是解决经济、社会、工程等多领域的管理问题，由于其科学化和系统化的特点，该学科日益受到广泛的关注和重视，尤其是互联网时代的来临，信息化、数据化日益深入，大数据、互联网金融、分享经济成为经济新常态下的新机遇和新挑战，而管理科学与工程学科的发展，伴随着时代的发展而不断地融合相关领域和学科的发展，当前的管理科学与工程学科更多地利用数据和数量分析来解决相关问题，其应用的方法中，计算机技术和数学模型占据主要地位。

依据国家自然科学基金委员会管理科学部对管理科学与工程学科的界定和分类，我国管理科学与工程学科目前涉及的研究领域包括 19 个，分别是运筹与管理、信息技术与管理、管理对策理论与方法、管理系统工程、决策理论与方法、预测理论与技术、知识管理、风险管理、金融工程、工业工程、互联网管理理论与技术、管理科学思想与管理理论、数量经济理论与方法、评估方法与技术、管理心理、组织行为、一般管理理论、组织理论、复杂性研究。

在管理学科中，管理科学与工程学科是管理学门类下唯一一个一级学科，综合来看，我国管理科学与工程学科的发展从模仿和追随发达国家的研究开始逐渐转向有独创性和思想性地研究符合我国现实情况的问题，以计算机技术和数学模型为主要手段，以经济学、管理学、心理学、行为分析学为主要理论基础，服务于经济发展和管理领域。由此可见，管理科学与工程学科正在起到更为重要的作用。

为了更好地总结管理科学与工程学科近年的发展趋势和研究方向，本书在系统整理完国内外相关文献后，基于国家自然科学基金委员会管理学部的学科界定和分类，参考《管理科学与工程学科前沿研究报告（2011）》对管理科学与工程的学科分类，在管理科学与工程"十一五"学科规划与优先资助的九大研究领域基础上，根据国内和国际的研究热点以及文献调研和专家意见，综合得到了我国管理科学与工程学科在近年来发展较快、研究深入的基本研究领域，经过系统的总结和分析，将管理科学与工程学科的研究领域界定为七个方面：管理科学基本研究方法；运筹与管理问题研究；决策、对策和预测理论与技术；金融工程与风险管理；信息管理与知识管理；管理心理与组织行为；复杂系统与复杂性研究。

　　本书撰写的分工情况如下：主编唐亮负责整本书的文稿统筹、结构设计、审核和校对工作；主编万相昱负责期刊、书籍的筛选整理工作，统筹文字和内容；副主编武微，负责书籍、会议、重大事件的收集、筛选、整理工作。参编者的工作分工如下：张晨、王典典负责期刊、书籍的统筹和协调工作，并与张泽宇、陶蕾、程瑶、于佳、樊梦云、段玉、吴琼、王熠珩、毛伟丽每人负责一种英文期刊和三种中文期刊的分析、文章的筛选，其中武微对图表的绘制与整理做了主要的工作。

　　本书在编撰的过程中参考了国内外 2013 年发表及出版的关于管理科学与工程学科进展的主要研究成果，在此，对研究者们表示深深的谢意。

　　限于篇幅及编者精力所限，本书对某些有价值的重要成果有所遗漏，还有很多不尽如人意之处，敬请批评指正。

目　录

第一章　管理科学与工程学科2013年国内外研究综述

中国社会科学领域的研究自2000年以来取得了丰硕的成果，经济学及管理学领域的成果层出不穷，和其他学科相比，如文学、管理科学与工程学科显然有更多模仿的特征，其学科领域并非不具备独特性，然而由于其研究领域和研究方法严重落后于发达国家，因此，该学科更多地体现模仿和追随的特征，在大量的研究文献中，真正具有独创性的文章所占比例相对较低，而符合中国现实的研究成果也十分之少。在任何学科领域中，当研究起点相对较晚，研究过程相对较短时，这种模仿和追随策略都是不可避免的。问题的关键在于，能否走出模仿和追随的桎梏，研究符合本国现实的、具有独创性的相关问题，这才是衡量和评价一个国家相关学科研究水平的重要标准。

管理学学科脱胎于现实，基础是经济学，涉及行为机制、心理学、历史学、文化和哲学等多学科的研究内容，以数学和计算机为主要研究工具和手段，从本质上来看，管理科学与工程学科包括两部分内容：其一为研究的问题，其二为研究的方法。其研究问题涵盖金融、经济、企业、财务、公共、政府等，其研究方法涉及优化、模拟、算法、实验等。可以说，管理科学与工程学科涵盖范围之广，内容之庞杂，是大多数经济管理学科领域所罕见的。

目前管理科学与工程学科的相关研究领域包括如下19个：运筹与管理、信息技术与管理、管理对策理论与方法、管理系统工程、决策理论与方法、预测理论与技术、知识管理、风险管理、金融工程、工业工程、互联网管理理论与技术、管理科学思想与管理理论、数量经济理论与方法、评估方法与技术、管理心理、组织行为、一般管理理论、组织理论、复杂性研究。

第一节　管理科学与工程学科的发展与理论

1998年开始，管理科学与工程学科被教育部设为一级学科，此后，管理科学与工程学科开始在各大高校和科研院所迅速发展，重点大学的管理学院、有影响力的科研院所以及相应的研究机构，大多设置了管理科学与工程学科的研究方向和研究专业，2000年以后，管理科学与工程学科领域的科研成果迅速增长，截至2013年，相应学科专业的研究成果已经和国际水平接近，在某些领域具有独特的视角，取得了大量的研究成果。

考察管理科学与工程学科在高校的发展，2013 年，我国设有管理科学与工程国家一级重点学科的高校共 11 家，分别是清华大学、北京航空航天大学、天津大学、大连理工大学、哈尔滨工业大学、上海交通大学、浙江大学、合肥工业大学、中南大学、西安交通大学、国防科学技术大学；国家一级重点（培育）学科高校三所，分别是复旦大学、华中科技大学和中国科学技术大学；一级学科博士点 68 所，分别是北京工业大学、北京航空航天大学、北京交通大学、北京科技大学、北京理工大学、北京邮电大学、大连海事大学、大连理工大学等；管理科学与工程硕士点的高校 194 家。

多年以来，国家自然科学基金委员会对管理科学与工程领域的资助对管理科学与工程学科的发展起到了重大的推动作用，因此，本报告首先依据国家自然科学基金委员会管理科学部 2010 年度对管理科学与工程学科的界定和分类确定研究领域，国家自然科学基金委员会管理科学部对本学科的资助主要集中于管理科学理论、方法和技术的理论基础研究和应用基础研究，具体的研究领域包括 18 个，分别是管理科学与管理思想；一般管理理论与方法论；运筹与管理；决策理论与方法或技术；对策理论与方法或技术；评价理论与方法或技术；预测理论与方法或技术；管理心理与行为；管理系统工程；工业工程与管理；系统可靠性与管理；信息系统与管理；数量经济理论与方法；风险管理技术与方法；金融工程；管理复杂性研究；知识管理；组织行为与组织理论。

其次，管理科学与工程"十一五"学科规划与优先资助项目对学科的研究领域进行了划分，将管理科学与工程学科划分为九大研究领域，分别是问题导向的应用基础研究；运筹与管理中若干重大问题研究；金融工程与风险管理；信息管理与知识管理；管理心理与组织行为；以管理为背景的理论和方法研究；管理科学的基本研究方法；决策、对策和预测理论与技术；复杂系统与复杂性研究。

基于以上两种分类，同时结合国内、国际方面的研究热点，根据文献调研和专家意见，报告综合总结出我国管理科学与工程学科发展迅速的研究领域共计 11 个，分别是运筹与管理、信息技术与管理、知识管理、风险管理、供应链管理、复杂性研究、工业工程、管理对策理论与模型、管理系统工程、决策理论与技术和预测理论与技术。

本报告在以上划分领域的基础上，着重突出 2013 年度本学科研究的重点和热点问题，具体体现为如下七个领域的内容和创新。

（1）管理科学的基本研究方法：管理科学研究的基本方法是管理科学研究的基本工具和理论基础，在管理科学基本研究方法的研究中，基于文化/复杂性科学的管理研究方法、优化理论与方法等方向涌现了大量的文献，在国内和国际研究领域，取得了较为突出的研究成果。

（2）运筹与管理问题研究：这是由运筹学、管理科学、数理统计、信息科学、计算科学、控制科学等交叉渗透而形成的一个研究方向，研究内容主要包括供应链管理、优化与仿真、动态优化及优化算法、库存管理、遗传算法及系统可靠性等内容。在 2013 年，遗传/算法与优化、工业工程与管理的理论和应用以及供应链管理是运筹与管理问题的研究重点。

（3）决策、对策和预测理论和技术：该领域研究内容主要集中在不确定性决策问题的建模和分析，网络环境下的对策与决策的理论，群决策理论和方法，定性和定量分析的综合评价和预测方法，投资、运作、供应链管理等决策问题，多目标、多期、多属性、多准则的决策方法，预测模型和预测方法，博弈模型等。在 2013 年，研究重点集中在不确定性决策问题的建模与分析技术等角度。

（4）金融工程与风险管理：在管理科学与工程领域，近年来发展最快的当属金融工程领域的研究，该领域运用管理科学方法研究金融问题，包括金融系统、金融风险、金融创新、金融市场演化、金融危机、金融资产定价、行为金融、市场微观结构、金融市场波动等多方面的研究内容。在 2013 年，投资者与投资组合问题、风险管理问题、金融机构的风险管理、风险价值和一致性风险度量的理论与技术等领域的研究成果众多，研究内容深入，研究方法多样，研究具有代表性和深度。

（5）信息管理与知识管理：在管理科学领域，信息管理和知识管理的研究领域非常重要，研究范围包括信息采集、信息加工、信息产品开发、信息整合、信息服务、信息应用等方面，研究内容比较常见的包括知识管理的理论与方法研究、信息管理问题等领域。

（6）管理心理与组织行为：管理心理与组织行为是管理行为的一个重要领域，在 2011 年中外研究中，属于该领域的包括激励理论、组织变革与发展、组织心理与组织行为、产业集群、管理心理与突发事件、文化与冲突等，在组织协调与组织进化、组织心理与组织行为问题、社会经济转型中的组织变革与发展方面，研究成果较多，也较为突出。

（7）复杂系统与复杂性研究：复杂系统与复杂性是一个综合的研究内容，研究领域包括金融系统的复杂性、社会系统的复杂性、决策系统的复杂性、灾害复杂系统、复杂网络、灰色系统理论等内容，在灾害预警系统研究、复杂社会系统问题等方面有较多的文章。

以上对 2013 年度研究文章和研究内容的总结借鉴了 2011 年和 2010 年报告的内容，同时也借鉴了《我国管理科学与工程学科的发展现状与发展趋势》、《国内外管理科学与工程研究热点及发展趋势比较分析》以及《2007～2008 年管理科学与工程学科发展研究报告》三篇文章的内容，必须指出的是，由于每一个学科的研究领域划分都无法做到完全平行，没有交集，因此，本报告在总结过程中，在借鉴了以上文献的基础上，针对 1984 篇中文文献和 401 篇英文文献进行了系统的分析和整理，并总结了文献的研究领域和研究方向，在借鉴上述文章和自然科学基金委对管理科学与工程学科的分类标准基础上，构建了管理科学与工程学科的理论结构，该理论结构也和 2011 年以及 2010 年本报告的总结一致，这保证了报告的延续性。

表1-1 管理科学与工程学科的理论结构

理论结构	主要内容
管理科学基本研究方法的研究	模仿与仿真技术
	评估方法和技术
	管理科学中的新型计量和统计方法
	优化理论和方法
	基于文化/复杂性科学的管理研究方法论
运筹与管理中若干重要问题研究	动态规划、线性规划、目标规划、整数规划
	库存管理
	遗传、算法、优化
	工业工程与管理的理论和应用
	复杂系统的可靠性分析
	交通行为与交通管理
	供应链管理
决策、对策和预测管理与技术	定性与定量综合集成预测方法
	群决策理论与方法
	网络环境下的决策与对策的理论与方法
	不确定性决策问题的建模与分析技术
金融工程与风险管理	动态投资组合理论与方法
	金融机构的风险管理
	风险价值和一致性风险度量的理论与技术
	衍生金融产品的设计与定价
信息管理与知识管理	电子商务管理的理论与方法研究
	信息技术对管理模式的影响研究
	认知工效学与脑力劳动效率改善
	知识管理的理论与方法研究
	知识管理系统设计
管理心理与组织行为	组织协调与组织进化
	组织心理与行为
	社会经济转型中的组织变革与发展
	激励理论
	管理心理与社会安全
复杂系统与复杂性研究	灾害复杂系统研究
	复杂社会系统的建模控制与组织管理
	逐步开放条件下金融系统的复杂性和风险规避
	复杂系统与复杂性的理论与方法研究
其他领域	

本报告对学科的发展分析主要通过期刊、图书、基金项目、学术会议四个方面进行统计，其中期刊和图书分别从中文和英文两个方面展开分析，而学术会议则包括国内学术会议和国际学术会议两个方面。

期刊论文的数据均来源于各个期刊已发表的文章，我们选择该刊物中属于管理科学与工程学科领域的文章进行统计和分析，图书则通过各大出版社网站、卓越亚马逊图书、当当图书、谷歌学术和百度学术等渠道进行收集，设定管理科学与工程学科的主要关键词13个，进行网络检索，对检索出的文献和数据进行人工归类和整理，基金项目来源于国家自然科学基金网站，学术会议则来源于中国会议在线等相关学术会议网站。

第二节　管理科学与工程学科 2013 年国内外研究综述

本报告以上述管理科学与工程学科的理论结构划分为依据，对 2013 年度国内外管理科学与工程学科的相关文献进行了较为系统的整理和分析，根据确定的遴选标准，收集、归类、整理文章共 2385 篇，其中国内期刊论文 1984 篇，A 类期刊论文 1310 篇，B 类期刊论文 674 篇；国际期刊论文 401 篇，源自国外十大 A 类期刊，具体来源如表 1－2 所示。

表 1－2　2013 年管理科学与工程学科学术期刊论文分布情况　单位：篇

检索地域	理论结构	数量小计	数量合计
国外期刊	管理科学基本研究方法的研究	169	401
	运筹与管理中若干重要问题研究	141	
	决策、对策和预测理论与技术	28	
	金融工程与风险管理	7	
	信息管理和知识管理	6	
	管理心理与组织行为	25	
	复杂系统与复杂性研究	16	
	其他领域	9	
国内期刊	管理科学基本研究方法的研究	356	1984
	运筹与管理中若干重要问题研究	444	
	决策、对策和预测理论与技术	240	
	金融工程与风险管理	253	
	信息管理和知识管理	156	
	管理心理与组织行为	340	
	复杂系统与复杂性研究	60	
	其他领域	135	

本报告的文献来源说明如下：

国内期刊论文检索说明：30 种管理科学与工程领域重要管理期刊，"国家自然科学基金"支持，88 所"管理科学与工程"博士授权单位，根据中国知网数据库的数据检索，对以下期刊进行了全文检索：公共管理学报、数量经济技术经济研究、金融研究、南开管理评论、中国工业经济、系统管理学报、管理世界、管理工程学报、中国软科学、运筹与管理、科学学研究、科研管理、管理科学学报、中国管理科学、管理评论、系统工程理论与实践、预测、管理科学、中国农村经济、数理统计与管理、研究与发展管理、工业工程与管理、科学学与科学技术管理、管理学报、系统工程。

国际期刊论文检索说明：根据 2011 年 JCR（Journal Citation Reports，期刊文献分析报告）的 AIS（Article Influence Score，论文影响分值），我们从众多期刊中选出 10 种管理科学与工程领域顶级期刊，具体如下：Omega；Interface；MIS Quarterly；IIE Transactions；IEEE Transactions on Engineering Management；IEEE Transactions on Data and Knowledge Systems；Journal of Management Information Systems；Manufacturing and Service；Operations Management；Operations Research；Management Science。为了考虑文章被引用频率因素，在其他 A 类、B 类期刊中，本报告也选择了部分文章。

中文图书检索说明：对国内 88 所管理科学与工程博士授予单位和相关学者的中文著作进行收集整理，结合管理科学与工程涉及的研究领域，剔除译著和教材，结合各出版社 2013 年出版目录，遴选出 164 部国内学者相关领域的著作，检索来源：当当网、谷歌学术、各出版社网站及其他。

英文图书检索说明：依据管理科学与工程学科领域的关键词、文献分类方法、相关内容、关联度以及出版社出版图书筛选等多种方法，通过亚马逊、谷歌学术、当当网、国际著名出版社网站以及文章引用的参考文献等多个途径进行检索。

一、国内代表性研究成果综述

报告对遴选出的研究成果进行分类总结和整理，按照拟定的研究领域和研究内容，分别对管理科学与工程学科各研究领域的研究内容进行整理和综述，归纳每个领域的研究重点和研究范围，综述内容如下：

（一）管理科学基本研究方法

2013 年，国内研究成果中，涉及管理科学基本研究方法的文献共计 356 篇，涉及的主要内容包括模拟与仿真技术、评估方法和技术、管理科学中的新型计量和统计方法、优化理论和方法、基于文化/复杂性科学的管理研究方法论等方面。其中，评估方法和技术、优化理论和方法、基于文化/复杂性科学的管理研究方法论三个方面的研究文献占比最高，模拟与仿真技术和管理科学中的新型计量和统计方法方面的研究文献占比则较低，表明目前我国的相关研究中，方法和技术的使用仍然是主要研究范围，而模拟技术以及新型方法的研究则仍然较少。

模拟与仿真技术。关于模拟与仿真技术层面，Agent、算法以及仿真模型是国内学者研究的重点。徐博和刘人境基于 Agent 仿真技术，对信息技术评估方法和选择决策问题进行了研究；马源源、庄新田和李凌轩构建了股市危机传播的 SIR 模型，推导出其计算方法，并利用该模型及其算法对网络出现随机故障或遇到蓄意攻击时，危机在网络中的传播过程进行了仿真分析；杨慧、宋华明和周晶通过 Flexsim 系统仿真分析技术提出了一种餐厅座位组合优化的计算方法；卜曰瑭、李金生等对网络近邻择优策略条件下的股市羊群行为演化模型进行了仿真研究；张晓冬、郭栓银等基于组织学习的生产系统，对人与人之间的合作方式进行了仿真研究；李永业、孙西欢和许飞利用 FLOW - 3D 软件，对其所构建的筒装料管道水力输送数学模型进行了数值模拟。

评估方法与技术。在评估方法与技术层面，国内学者的研究主要集中于采用数据包络分析方法（DEA 方法）的应用研究方面，但也有一些其他的评价方法。段永瑞、孙丽琴和赵金实运用 DEA 方法对我国 14 家商业银行的综合效率进行了评价；李春好和苏航基于交叉评价策略，提出了 DEA 全局协调相对效率排序模型；赵树宽、余海晴和巩顺龙运用 DEA 方法对我国吉林省高新技术企业的创新效率进行了研究；李美娟、陈国宏等基于方法集化而提出的动态组合评价方法为解决多种动态评价方法评价结论的非一致性问题提供了可供参考的思路；张娟锋、任超群等利用时间序列事件分析模型对干预事件对住房市场量价的冲击效应进行了评估与评价；苏辛和周勇利用条件自回归 Expectile 模型对基金业绩进行了评价；陈骥、苏为华等基于属性分布信息，构建了基于属性分布的群体评价方法，为解决大规模群体中群体意见的有效集结等问题提供了参考；吴武清、汪成杰等探讨了高维数据选元方法在纳税效果评估中的应用；李霞、刘迎春和王婷婷利用质量功能展开（QFD）技术构建了供应商评价指标体系，据此可以进行供应商选择决策；姚恒、刘敏和高凌峰利用结构方程模型和 PLS 构建了建筑施工企业顾客满意度评价模型。

管理科学中的新型计量与统计方法。关于管理科学中的新型计量与统计方法，国内学者的研究视角主要集中在计量和统计方法在金融领域以及经济领域的应用。韩本三、黎伟和黎实构造了基于 Copula 函数的似然函数，提出了一种两阶段极大似然估计，并利用该方法研究了我国上市公司现金分红行为的影响因素问题；李坤明和陈建宝以线性参数空间滞后模型中解释变量的系数一般假设为固定常数为基础，并放松前述假设，将解释变量的系数设定为某一变量的未知函数，提出了一类全新的半参数变系数空间滞后模型，并导出该模型的截面极大似然估计；方丽婷和钱争鸣采用贝叶斯方法对非参数空间滞后模型进行了全面分析，包括参数的估计以及用自由节点样条来拟合未知联系函数；吴吉林和孟纹羽提出混合 Copula 的非参数建模方法，其主要内容是指不对模型的参数进行任何形式的设定，而假设参数为时间的函数，运用局部极大似然估计法来对参数进行估计；赵春艳研究了多阶 STAR 模型的形式及平稳条件，其认为多阶 STAR 模型应该选取线性部分多阶而非线性部分一阶的形式；浦科学和张荣基于"理性成瘾"理论，构建了一类简洁且实用的成瘾函数；朱慧云、陈森发和张丽杰提出了面向混合属性的关联规则变化的挖掘算法。

优化理论与方法。关于优化理论与方法，国内学者往往分散地利用各种数学和相关理论展开对问题的研究，却很少研究对基础数学理论的改进与优化。谷炜、张群和卫李蓉进行了基于 GIS 的物流配送中心末端大规模车辆路径优化问题的研究；刘洪久、马卫民和胡彦蓉对基于博弈的并购 DDCF 价值评估方法进行了优化研究；邓爱民、蔡佳和毛浪对基于时间的自动化立体仓库货位模型进行了优化研究；靳鹏、左春荣等对生产中的下料问题以及卖方运输问题进行了联合优化建模，设计出基于序列规则和 FFD 规则的缓和启发式算法求解模型；郭继强、姜俪和陆利丽对双重指数基准矫正下 Brown 分解方法进行了优化改进；杨建华、牛坤等对买方市场时效性产品的供应链弹性契约模型进行了优化改进，使经销商与制造商共同承担供应链环节中的市场风险；赵昊天、贾传亮等围绕售票限额的滚动与超售比例机制，采用可调整的鲁棒优化方法建立数学模型，以削弱传统优化模型依赖假设和估计的严格性；秦磊、马景义和谢邦昌引入筛选系数 λ 将原始 EMD 算法推广为广义 EMD 算法，并使用最小化正交条件来选取最优筛选系数；刘琴和孙林岩基于系统可靠性优化领域部件指派问题的优化求解算法，针对一般系统，利用概率重要度设计提出了新的求解该问题的启发式算法，该算法能够在较短的计算时间内得到近似最优的计算结果。

基于文化、复杂性科学的管理研究方法。王飞绒和方艳军基于组织学习的条件，实证研究了组织文化与技术创新绩效之间的关系；曾萍、宋铁波和姚康从合法性的视角出发，对企业核心能力的形成与演化过程进行了探究；胡杨成和邓丽明从制造业企业的视角出发，探究了组织文化与企业社会责任之间的关系；宋思根和宣宾基于内隐与外显测量的双重视角，研究了植入式广告的态度与其启动效应；严太华和龚春霞在行为金融的视角下，对我国上市公司的现金股利政策进行了研究与解释。吴晓云和张峰从流动嵌入的动态创新能力的形成和使用角度出发，对组织结构的角色进行了研究；李鹏飞、席酉民和韩巍从和谐管理理论的视角出发，对战略领导进行了分析研究。

从文化的角度出发，邓中华研究了和谐管理理论的理论体系和问题；李培挺从伦理的角度出发，论述了中国管理学的伦理向度问题，包括边界、根由与使命。

（二）运筹与管理中若干重要问题研究

在运筹与管理相关领域，研究者的研究文献涉及动态（线性、目标、整数）规划、库存管理、遗传、算法和优化、工业工程与管理的理论和应用、复杂系统的可靠性分析、交通行为与交通管理、供应链管理等方面，文献共计 444 篇，是管理科学与工程学科文献最多的研究分支。其中，工业工程与管理的理论和应用、供应链管理的文献占比最高，其余五个领域占比较低，说明我国学者关注的焦点仍然在于方法的应用上，较少关心优化、算法以及规划等问题。

规划问题。关于规划问题，国内学者的研究主要涉及排队问题、线性规划、规划求解等方面的问题。韩强和刘正林在总量控制的条件下，构建了双层规划模型，研究了工业领域的能源分配问题；王喆、王红卫等研究了资源分配的 HTN 规划方法；马祖军、郑斌和李双琳研究了应急物资配送中带中转设施的选址—联运问题；何其超、胡列格和钱红波从多目标规划的角度出发，研究了低碳销售物流网络的规划问题；曾银莲和李军利用合作博弈理论，构建了排队系统合作博弈模型，进而进行了费用分配方案的探讨；刘维奇、姚军燕和李继红在排队模型中因为决策行为，提出了多重休假 Geom/G/1 排队模型中顾客的优化止步策略；刘维奇、马琰和李继红基于 M/M/1/SV 排队模型，提出了均衡门限策略。

库存问题。 关于库存问题，国内学者的研究主要涉及库存决策、库存模型、库存策略等相关问题。孙玉玲、石岿然和张琳研究了库存能力约束下损失规避型零售商的鲜活农产品订货决策算法和优化问题；刘树人、黄颖娜和陈丽丽在研究中引入一个公平关切系数，研究了公平关切如何影响供应链中批发价格契约下的库存与定价决策问题；关旭、马士华和应丹丰提出了随机需求下基于库存责任期的装配系统准时供货模型；肖旦和周永务对数量折扣契约下制造商与零售商库存合作联盟的稳定性进行了研究；关旭、马士华和应丹丰基于库存分担策略对装配系统准时供货模型进行了研究；贾涛、郑毅和常建龙研究了两级商业信用条件下存在顾客预付的易腐品库存模型；王维娜、孙林岩等基于设备状态监控问题，研究了单级备件库存系统补货策略。

交通行为与管理问题。 关于交通行为与管理问题，国内学者的研究主要集中于研究交通拥堵问题的预测方面。袁二明、李莹和李彪基于交通拥堵预测，对交通网络最短路问题进行了研究；杨浩雄、张浩等对交通拥堵收费的政策效应进行了相关研究；张敖木翰和高自友设计了突发事故下交通拥堵控制策略；苏兵、华春燕等对出行者在信息未知下的修缮路段选择问题进行了研究；廖晓靖、把余韬和张伟对道路交通标志的认知模型进行了研究。

供应链问题。 关于供应链问题，国内学者主要研究了供应链优化、供应链策略、供应链上的定价等相关问题。但斌、王瑶等基于制造商服务的努力，对异质产品双渠道供应链协调问题进行了研究；倪得兵、范建昌和唐小我对需求风险和汇率风险在供应链中的传导问题进行了研究和分析；牛文举、罗定提和鲁芳对双重非对称信息下旅游服务供应链中激励机制的设计问题进行了探讨；张旭梅和黄陈宣对逆向供应链企业间知识共享的决策机制进行了研究；申成然、熊中楷和彭志强对专利保护与政府补贴下再制造闭环供应链的决策和协调问题进行了研究；张克勇、吴燕和侯世旺对具公平关切零售商的闭环供应链差别定价策略进行了研究；李钢和魏峰对供应链协调中的消费者策略行为与价格保障问题进行了研究；林欣怡、黄永和达庆利对两周期零售商竞争下的闭环供应链的定价和协调策略进行了研究；徐兵和杨金梅对闭环供应链竞争的博弈分析与链内协调合同设计问题进行了研究；肖迪、袁敬霞和包兴对质量与价格双重竞争情景下的供应链协调策略进行了研究和分析；王建明对专利保护下再制造闭环供应链差别定价与协调问题进行了研究；周永务、肖旦等对分销供应链中竞争零售商联盟的稳定性进行了研究；黄永、孙浩和达庆利对制造商竞争环境下基于产品生命周期的闭环供应链的定价和生产策略进行了研究。

（三）决策、对策和预测管理与技术

在该领域，2013 年共有文献 240 篇，分布在四个不同的研究方向上，具体包括定性与定量综合集成预测方法、群决策理论和方法、网络环境下的决策与对策的理论和方法、不确定性决策问题的建模与分析技术。在这四个研究方向上，不确定性决策问题的建模与分析技术相关文献占比接近一半，其余三个研究方向的文献分布则比较均匀。

定性与定量综合集成预测方法。在这方面，国内学者的研究侧重于将定量研究方法具体应用于经济和管理问题的研究之中。刘泳、王长军和陈荣耀基于 QFD，对品牌导向的价值活动进行了度量和综合分析；徐贤浩、陈雯等为了研究短周期生命周期产品的订货策略，构建了基于需求的预测模型；曹柬、齐羽和周根贵提出的一种基于动态关系辨识算法的短期预测方法能够对业务进行更为准确的预测；王晓军和米海杰对养老金支付缺口的口径、方法与测算问题进行了综合分析与讨论；王鹏和吕永健基于不同记忆性异方差模型，对中国股票市场波动率进行了预测研究；曾耿明和牛霖琳基于无套利宏观金融模型，对中国实际利率与通胀预期的期限结构展开了综合分析和研究。

群决策理论与方法。关于群决策理论与方法，国内学者的研究主要集中在特定条件下的决策方法以及决策行为等方面。许年行、于上尧和伊志宏对机构投资者的羊群行为与股价盘风险之间的关系进行了相关研究；陈晓红和杨立将多属性群决策方法和指标偏离度的思想结合，提出基于多属性群决策方法的障碍诊断模型；谭鑫、王炜和张茂军探讨了不完备信息条件下基于证据理论的 CGF 行为决策方法；井淼、张梦远和王方华研究了产品伤害危机中信息来源对消费者购买决策的影响。

网络环境下的决策与对策的理论与方法。黎耀奇和谢礼珊探讨了社会网络的本质，并对社会网络分析在组织管理研究中的应用与展望进行了分析；刘凤朝、马荣康和姜楠对区域创新网络结构、绩效及演化的相关研究进行了总结与梳理；唐方成和池坤鹏对双边网络环境下的网络团购定价策略进行了综合分析与研究；程聪、谢洪明等构建了"网络关系—内外部社会资本—技术创新"理论模型，探讨了网络关系、内外部社会资本与技术创新之间的关系；胡平、温春龙和潘迪波基于"企业外部网络—企业内部资源—企业竞争力"的关系模型和理论假设，探讨了外部网络、内部资源与企业竞争力之间的关系；王林、时勘和赵杨将网络集群行为执行意向作为重要的预测变量，对探测网络集群行为的作用机制和引导策略进行了综合探讨；周彦莉和赵炳新对消费者决策的网络效应进行了综合分析。

不确定性决策问题的建模与分析技术。杨哲、蒲勇健和郭心毅在已知不确定参数变化范围的假设下，研究了多目标博弈中弱 Pareto – NS 均衡点的存在性问题；张宗明、廖貅武和刘树林在需求不确定的条件下，对 IT 服务外包合同设计与分析进行了研究；张福利和达庆利研究了需求不确定条件下制造商的退货政策；郭军华、杨丽等研究了不确定需求下再制造产品联合的定价决策；李丹和刘晓研究了需求不确定条件下的应急资源配置策略；吴崇和胡汉辉对不确定性和动态能力互动下企业投资竞争决策进行了探讨和研究。

（四）金融工程与风险管理

该领域的研究文献在 2013 年共有 253 篇，研究方向包括动态投资组合的理论与方法、金融机构的风险管理、风险价值和一致性风险度量的理论与技术、衍生金融产品的设计与定价。其中，金融机构的风险管理、风险价值和一致性风险度量的理论与技术两个研究方向的文献占比最高，其余两个研究方向的文献占比则相对较低，这也符合我国金融市场发展的状态和发展阶段。

动态投资组合的理论与方法。关于动态投资组合的理论与方法，国内学者主要研究了不同投资者或投资者群体的投资策略以及研究投资组合的选择方式问题。米辉和张曙光研究了在财富约束条件下，损失厌恶投资者的动态投资组合选择策略；李爱忠、任若恩和董纪昌基于集成预测的方法构建了模糊投资组合；余湄和高洁提出了具有通货膨胀保护功能的投资组合策略；凌爱凡、杨晓光和唐乐研究了具有多元权值约束的鲁棒 LPM 积极投资组合策略；张龙斌对沪深 300 指数期货在动态组合保险中的应用进行了研究；徐晓宁、何枫等研究了允许卖空条件下证券投资组合的区间二次规划问题；彭胜志和王福胜基于半定规划松弛，提出了高阶投资组合优化模型的半定规划松弛算法；卞世博和刘海龙对违约相关性下包含信用债券的最优投资组合进行了研究；杨宏林、张兴全等对多标度投资组合绩效度量非系统误差及校正问题进行了研究。

金融机构的风险管理。关于金融机构的风险管理，国内学者主要侧重于研究银行的风险管理问题。曾诗鸿和王芳基于 KMV 模型，对我国制造业上市公司的信用风险评价进行了研究；慕文涛、陈典发和陈冀对非正态数据下商业银行信用风险和经济资本度量问题进行了综合探讨；陆静和张佳基于信度理论，对商业银行的操作风险进行了计量研究；于文华、魏宇和岳焱探究了次贷危机对亚洲股市尾部极值风险传导的影响；黄意球、唐跃等对银行不良贷款的判别方式以及处置方式的影响因素进行了综合研究；林宇、黄迅和徐凯基于 RU – SMOTE – SVM 模型，对金融市场极端风险预警问题进行了研究；杨天宇和钟宇平对中国银行业的集中度、竞争度与银行风险问题进行了分析与研究；吴晓灵研究了在金融市场化改革中商业银行资产负债管理的行为；陈超和甘露润对银行风险管理与资本市场之间的关系进行了研究；周荣喜、杨杰和杨丰梅基于仿射过程，对企业债信用价差期限结构模型进行了相关研究；刘祥东、刘澄等基于 Copula 函数，对商业银行整合风险进行了研究。

风险价值和一致性风险度量的理论与技术。关于风险价值和一致性风险度量的理论与技术，国内学者主要集中于研究股票的风险价值问题。张高勋、田益祥和李秋敏对基于 Pair Copula 模型的资产组合的 VaR 进行了比较研究，并构建了新的 VaR 模型；史永东、丁伟和袁绍锋基于股票市场与债券市场溢出效应分析的视角，对股票市场的溢出效应、市场互联以及金融稳定问题进行了相关研究；周海林和吴鑫育基于 VIX 模型，对波动率风险溢价进行了估计与评价；居姗和袁振飞对时长不等数据进行了 Vine – Copula 建模分析，并对多资产组合进行了 VaR 分析；王鹏提出了基于时变高阶矩波动模型的 VaR 与 ES 度量的扩展模型作为风险度量的方法；叶五一、李磊和缪柏其研究了高频连涨连跌收益率的相依结构并进行了 CVaR 分析；王春峰、郭华等对高频视角下考虑收益非对称性结构的 VaR 和 ES 风险测度问题进行了探讨与分析；李永、崔习刚和孟祥月利用 VaR 模型，对中国热钱流动影响因素进行了实证分析。

衍生金融产品的设计与定价。关于衍生金融产品的设计与定价，国内学者的研究侧重于期权定价的算法方面，或是集中于研究保险定价、股票定价以及可转换债券的定价问题。周佰成和王建飞对基于 OU 过程的中房指数期权定价问题进行了研究；吴恒煜、朱福敏和温金明研究和分析了基于 ARMA – GARCH 调和稳态 Levy 过程的期权定价问题；吴鑫育、周海林等应用极大似然方法估计了 Black – Scholes（B – S）模型和不变方差弹性（CEV）模型的参数，研究了权证的定价问题；林宏伟、邵培基和余步雷对基于风险规避的网络广告期权定价模型进行了研究；宋斌、林则夫等基于博弈期权的可转债定价模型，实证研究了可转换债券的定价问题；樊鹏英、陈暮紫等研究了基于非参数估计的权证定价方法及应用问题；乔高秀和潘席龙基于跳扩散模型，研究了具有不同违约回收率的可转债定价问题；郭子雪、齐美然和张露研究了基于模糊实物期权的矿业权价值评估问题；郭冬梅、宋斌等对基于停时模拟的移动窗口巴黎期权的定价问题进行了分析与研究。

（五）信息管理与知识管理

在该领域，2013 年的研究文献共计 156 篇，数量相对较少，文献分布在五个不同的研究方向上，分别是电子商务管理的理论与方法研究、信息技术对管理模式的影响研究、认知工效学与脑力劳动效率改善、知识管理的理论与方法研究、知识管理系统设计。其中，知识管理的理论与方法研究占比最高，超过了全部该领域研究文献的一半，其余领域的研究文献占比较低。

电子商务管理的理论与方法研究。郑淞月、刘益等以美团网为例，对产品因素对网络团购的影响进行了实证研究；吴德胜和任星耀以淘宝网的交易面板数据为基础，研究了网上拍卖交易的有效性；朱镇、赵晶和江毅从组织执行力的视角出发，对企业电子商务扩散问题进行了解释；曹玉枝、鲁耀斌和杨水清对影响用户从线下到线上转移使用意愿因素进行了研究；张延林和冉佳森等对综合型 IT 与业务战略匹配行动进行了相关研究；姚山季、金晔和王万竹在解构 IT 能力维度的基础上，构建出新产品开发活动中企业 IT 能力、界面管理和顾客创新之间关系的理论框架模型并解释了三者之间的关系。

信息技术对管理模式的影响研究。欧阳桃花和武光以进入农业物联网领域企业的商业模式为主要研究对象，研究了农业物联网企业商业模式的逻辑、类型和形成机制；彭红霞、徐贤浩和刘伟丹对手机支付的动力和阻力进行了相关探讨与分析；尤薇佳、苗蕊和刘鲁针对 C2C 市场网商的发展，对其发展模式及其影响因素进行了研究；谢平和刘海二研究了在信息通信技术快速发展的条件下，移动支付与电子货币的发展前景问题；孙凯和刘人怀基于信息处理理论，对跨组织的信息共享策略进行了探讨与分析。

知识管理问题。国内学者对于知识管理问题的研究，主要集中于知识和研发角度的问题，而对于知识管理系统设计问题的研究则比较少。王保林和詹湘东基于博弈论的视角，探讨了知识的效能和互补性对知识扩散的影响；张思光、缪航和曾家焱对知识生产新模式下科技社团科技评价的功能进行了研究；姚艳虹和衡元元对知识员工的绩效测度问题进行了研究；徐升华和尹红丽对组织内部知识整合的系统动力学模型进行了相关研究；宋志红、李常洪和李冬梅基于 1995～2011 年索尼公司的案例，对技术联盟网络与知识管理动机的匹配性进行了研究；曲振斌、李海刚和孙臣臣对新产品开发团队中知识管理系统的接受性进行了实证研究；陈国权和王晓辉研究了环境动态性对组织学习与组织绩效关系的调节作用；徐蕾、魏江和石俊娜对双重社会资本、组织学习与突破式创新之间的关系进行了研究。

（六）管理心理与组织行为

该领域的研究文献在 2013 年共有 340 篇，数量较多，研究方向包括组织协调与组织进化、组织心理与行为、社会经济转型中的组织变革与发展、激励理论、管理心理与社会安全，其中，组织协调与组织进化、组织心理与行为以及社会经济转型中的组织变革与发展方向的文献数量较多，其余两个研究方向文献很少。

组织协调与组织进化。杨瑞龙、王元和聂辉华基于 2008～2011 年 189 位央企领导的职位变动数据，第一次研究了作为"准官员"的央企领导的政治晋升机制；蒋天颖、孙伟和白志欣研究了以市场导向为基础的中小微企业竞争优势形成机理，并检验了知识整合和组织创新的中介作用；张宗新和王海亮对投资者情绪、主观信念调整与市场波动三者之间的关系进行了实证研究；邵新建、薛熠等对投资者情绪、承销商定价与 IPO 新股回报率之间的关系进行了研究；韩炜、杨俊和包凤耐基于资源匹配视角，对初始资源、社会资本与创业行动效率之间的关系进行了研究；陈德球、杨佳欣和董志勇对家族控制、职业化经营与公司治理效率之间的关系进行了研究。

组织心理与组织行为。余明桂、李文贵和潘红波研究了管理者过度自信与企业风险承担之间的关系；林永坚、王志强和李茂良对高管变更与盈余管理之间的关系进行了实证研究；林亚清和赵曙明构建了高层管理团队社会网络的人力资源实践、战略柔性与企业绩效之间的关系框架，并验证了环境不确定性对其的调节作用；王永贵和马双对虚拟品牌社区顾客互动的驱动因素及对顾客满意的影响进行了实证研究；雍少宏和朱丽娅基于中国特征的外行为模型对益组织行为与损组织行为进行了相关研究；陈璐、高昂等对家长式领导对高层管理团队成员创造力的作用机制进行了研究；胡国柳和曹丰检验了高管过度自信程度、自由现金流与过度投资三者之间的关系；姚艳虹和韩树强对组织公平与人格特质对员工创新行为的交互影响进行了研究；连欣、杨百寅和马月婷对组织创新氛围对员工创新行为的影响进行了研究；李斌和孙月静对中国上市公司融资方式的影响因素进行了实证研究；樊耘、阎亮和马贵梅基于文化的调节效应，对权力需要、组织承诺与角色外行为的关系进行了研究。顾亮和刘振杰对我国上市公司高管背景特征与公司治理违规行为之间的关系进行了研究。

社会经济转型中的组织变革与发展。朱东华、张嶷等研究了大数据背景下，企业技术创新管理的方法；张雯、张胜和李百兴对政治关联、企业并购特征与并购绩效之间的关系进行了探讨；仲理峰、王震等对变革型领导、心理资本对员工工作绩效的影响进行了相关研究；赵炎和周娟对企业合作网络中嵌入性及联盟类型对创新绩效的影响进行了实证研究；马富萍和茶娜对环境规制对技术创新绩效的影响进行了研究，并验证了制度环境的调节作用；杨百寅和高昂对企业创新管理方式的选择与创新绩效之间的关系进行了研究；李卫宁和吴坤津构建了企业利益相关者、绿色管理和企业绩效的分析模型，并从技术相容性角度研究企业利益相关者对绿色管理及绩效的影响机制；贺爱忠对零售企业绿色认知和绿色情感对绿色行为的影响机理进行了研究；张文红和赵亚普对转型经济下跨界搜索战略与产品创新之间的关系进行了研究。

激励理论。詹雷和王瑶瑶研究了管理层激励、过度投资与企业价值之间的关系；张兆国、刘亚伟和元小林对管理者背景特征、晋升激励与过度投资三者之间的关系进行了研究；熊维勤对引导基金模式下的政府补偿及其激励效应进行了探讨；张敏、王成方和刘慧龙对冗员负担与国有企业的高管激励问题进行了研究；赵海霞、郑晓明和龙立荣对团队薪酬分配对团队公民行为的影响机制进行了研究；付雷鸣、万迪昉和张雅慧对经理人创新激励进行了实验研究；罗彪和朱晓梅对考虑心理偏好的经营者激励机制进行了研究；尹贻林、侯春梅和李贺基于激励理论，构建了承包商合理化建议奖励模型；马连福对高管声誉激励对企业绩效的影响机制进行了研究；于海波和郑晓明对薪酬满意的动力机制进行了研究。

（七） 复杂系统研究与复杂性研究

2013 年，在国内众多研究成果中，与复杂系统与复杂性研究相关的研究文献共计 60 篇，主要的研究内容包括灾害复杂系统研究、复杂社会系统的建模控制与组织管理、逐步开放条件下金融系统的复杂性与风险规避、复杂系统与复杂性理论的理论和方法四个方面，从研究内容来看，灾害预警系统研究问题是国内研究的重点。

灾害复杂系统研究。王旭坪、董莉和陈明天构建了基于感知满意度的多受灾点应急资源分配模型；袁永博、窦玉丹等基于组合权重模糊可变模型，构建了旱涝灾害的评价体系；霍良安、黄培清和方星基于 Stackelberg 博弈模型，对展会人员的应急疏散问题进行了研究；林向义、吴昊和罗洪云对钻井工程项目安全风险预警系统进行了研究；唐攀、王国峰和王喆基于 HTN 规划，对复杂条件下应急方案的制定方法进行了探讨与分析。

复杂系统与复杂性理论的理论与方法。宋砚秋、卢梓烨针对复杂产品系统项目组织敏捷性作用机制进行了相关研究；李秋迪、左美云和周军杰基于复杂适应系统理论，对电子商务企业的 IT 能力进行了相关研究；乔坤、徐华丽和王达飞基于复杂网络社区理论，对 TMT 社会资本与企业财务绩效之间的关系进行了研究；张立辉通过延迟阶跃函数，给出了重复性项目控制路线方法的算法。

（八） 其他领域研究

2013 年，在国内众多研究成果中，与管理科学与工程学科相关的研究文献共计 135 篇，研究方向主要集中于创业管理问题、高校与科研机构科研模式、科研机构的组织行为、医疗管理问题、教育管理、系统控制、神经系统以及管理决策问题等方面。

在具体的研究内容方面，其他领域的研究主要侧重于主权信用风险、金融危机的管理与预防、神经经济学、神经管理学、高校和科研机构的科研模式与行为等方面。

二、国外代表性研究成果综述

从国外管理科学与工程学科的相关期刊整理文献，2013 年共计文献 401 篇，其中，管理科学基本研究方法和运筹与管理问题方面的研究文献数量最多，两者总和超过了 310 篇，其余六个领域的文献加在一起不足 100 篇，表明国外研究者更重视研究方法和优化问题，这和国内的研究成果形成了鲜明对比。另外，国外文献数量远远少于国内文献，其文献研究的深度和广度都更好，研究过程也更为严谨。

（一）管理科学基本研究方法

2013 年，国外文献中，管理科学基本研究方法领域的研究成果共计 169 篇，是所有领域中数量最多的。在该领域中，包括模拟与仿真技术、评价方法和技术、管理学中的新型计量和统计方法、优化理论与方法和基于文化、复杂性科学的管理研究方法五个研究方向，占比最大的是优化理论与方法，达到 143 篇，其余领域的研究内容相对较少。

在模拟和仿真技术方面，Toubia O.、Johnson E.、Evgeniou T. 等利用自适应方法对动态试验的参数估计方法进行了优化和分析；Muer Yang、Theodore T. Allen、Michael J. Fry 等的研究则基于等待时间的最小化问题提出了一个模拟模型；Parastu Kasaie 和 W. David Kelton 针对疫情控制问题提出了资源分配的模拟优化模型；Kamran Paynabar、Jionghua（Judy）Jin、Massimo Pacella 构建了剖面变化的多渠道非线性模型，并进行了管理和诊断；Maria E. Mayorga、Damitha Bandara、Laura A. McLay 研究了急救医疗服务的管理和分派政策的优化问题；Enver Yücesan 研究了在创新中效率的分级和所选方法的优化过程；O. Arda Vanli、Chuck Zhang、Ben Wang 则针对观测到的时间序列的扰动因子构建了自适应的贝叶斯模拟过程，得到了稳健的参数估计结果。

在评价技术和方法方面，Rogge N. 和 Jaeger S. D. 对城市固体废弃物成本效益问题进行了测量和解释；H. Moulin 和 J. Sethuraman 研究了二元配给问题；V. V. Podinovski 和 T. Bouzdine - Chameeva 则研究了数据包络分析中的权重限制问题和产量问题；D. Çetiner 和 Kimms A. 基于风险规避型的假定针对航空联盟的收益共享机制问题进行了深入研究；C. Wang 和 V. M. Bier 的研究则是基于次序判断的专家评价在研究对手偏好中的应用；Gandomi A. 和 Zolfaghari S. 基于调查方法研究了忠诚度奖励计划的盈利能力问题。

在管理学中的新型计量和统计方法方面，Stewart T. J.、French S. 和 Rios J. 研究了多目标的决策分析和情景规划问题；Chen Y.、Du J. 和 Huo J. 研究了基于改进的方向距离函数的超效率分析问题；S. Alpern 和 T. Lidbetter 构建了一个新的搜索范式用于煤炭搜寻和恐怖分子分析；K. Giesecke 和 D. Smelov 构建了一个新的跳跃扩散过程的精确采样分析范式；L. Li 和 V. Linetsky 针对最优停止行为和前期锻炼构建了特征函数并进行了展开分析和估计；Haase K. 和 Müller S. 研究了学校的选址和学位分配问题；J. H. Dulá 和 F. J. López 分析了数据流的数据包络分析模型；Färe R. 和 Grosskopf S. 则研究了方向性距离函数和正仿射数据的数据包络分析模型；Dimitrov S. 和 Sutton W. 针对构建的 DEA 模型构建了广义对称加权分配技术，并将其和 DEA 结合，进行研究。

在优化理论与方法方面，Lin M.，Prabhala N. R.，Viswanathan S. 基于社交网络研究了借款人公司的逆向选择问题；Liu J. S.，Lu L. Y. Y.，Lu W. M. 等针对数据包络分析的相关研究进行了统计分析和研究；Casasarce P. 评价和比较了相对绩效补偿、竞赛和动态激励三种方式的效果；Fang H. H.，Lee H. S.，Hwang S. N. 等构建了新的超效率数据包络分析并给出了测量方法；Qiang Q.，Ke K.，Anderson T. 等测度了一个竞争性的、具有分销渠道的闭环供应链网络；A. Papavasiliou 和 S. S. Oren 研究了多维随机单元的承诺问题；Liu S. 和 Papageorgiou L. G. 则给出了产出、分布和生产能力的多目标优化分析；Lin R. C.，Sir M. Y.，Pasupathy K. S. 基于 DEA 研究了多目标模拟优化决策问题；N. Secomandi 和 F. Margot 建立了一个随机需求车辆路径问题的优化方法；Farias V. F.，Jagabathula S.，Shah D. 分析了数据限制条件下的模型选择问题，基于非参数估计的视角进行了模型构建；Green L. V. 和 Savva N. 研究了人员配备的优化问题；Liu Q. 和 Zhang D. 研究了垂直产品下战略客户的动态定价竞争问题；Rogers L. C. G. 和 Veraart L. A. M. 分析了银行间网络的失败和补救措施；J. R. Marden 和 A. Wierman 分析了财富分配的博弈问题。

在基于文化、复杂性科学的管理研究方法方面，Stolletz R. 和 Manitz M. 基于一个门限模型的溢出分析框架，研究了不耐烦顾客的等候时间的门限问题；A. F. Mills，Argon，Nilay Tan 和 S. Ziya 研究了在大规模伤亡事故中，病人优先次序的选择和决策问题；Honhon，Doroth 和 S. Seshadri 研究了基于固定和随机需求模型的分类规划问题；Powell B. C. 则研究了作为商业化技术战略的股权分割技术的应用问题。

（二）运筹与管理中若干重要问题研究

在这一研究领域，2013 年共计有文献 141 篇，研究范围包括规划问题，库存问题，遗传、算法和优化问题，工业工程与管理的理论和应用，复杂系统的可靠性分析，交通行为与交通管理，供应链管理七个方向，其中遗传、算法和优化问题方面的文献占比最大，其次是供应链管理问题和工业工程与管理的理论和应用问题，其余领域的研究文献较少。

关于规划问题的研究，Stewart T. J.，French S.，Rios J. 研究了集成的多目标决策分析和情景规划问题；Kadziński M.，Greco S.，Slowiński R. 构建了基于评估和选择问题的框架；M. Hirschberger，R. E. Steuer，S. Utz，M. Wimmer，Y. Qi 给出了三标准的投资组合选择的规划方法和计算方法；Nitish Jain，Sameer Hasija，Dana Popescu 分析了维修和恢复服务外包合同的最优规划求解问题；M. Banciu 研究了广义故障率基础上的概率分布问题，并给出了一个新的结果；O. Ceryan，O. Sahin，I. Duenyas 研究了替代品动态定价过程中的产出弹性问题；Zhu B. 和 Wei Y. 利用新的 ARIMA 模型和基于向量机技术的最小二乘分析研究了碳定价问题；W. Wang，M. E. Ferguson，S. Hu，G. C. Souza 对两种竞争技术条件下的动态生产投资策略规划问题进行了分析和求解；Olesen O. B. 和 Petersen N. C. 在 DEA 模型中引入了常规过程规则进行改进。

关于库存问题，P. Che 研究了排队系统激励相容的管理问题，给出了最优战略延迟；Shah N. H.，Soni H. N.，Patel K. A. 研究了具有广义劣化和持有成本的非瞬时易变质产品项目的库存优化和营销策略；Dye C. Y. 研究了储存技术投资对非瞬时易变质产品库存模型的影响机制；Tal Raviv 和 Ofer Kolka 则对自行车共享系统的最优库存问题进行了优化和分析；R Subramanian 和 R. Subramanyam 研究了再造产品市场的影响因素；Chen L. 等从心理会计的角度分析了支付计划对存货决策的影响机制；Hui M. W. 和 Widyadana G. A. 研究了易变质物品的生产模型和随机储存时间以及再生产过程模型；Decroix G. A. 研究了供应间断的装配系统的库存管理问题；Özener，Okan Örsan，Ö Ergun，M. Savelsbergh 研究了库存管理中客户分配的服务成本问题。

在遗传、算法和优化问题的研究中，Taleizadeh A. A.，Pentico D. W.，Jabalameli M. S. 等研究了在部分延期支付和部分缺货的条件下，EOQ 模型的应用问题；Yin Y.，Cheng T. C. E.，Hsu C. J. 等研究了公共窗口的单机分批处理程序问题；A. Philpott，V. D. Matos，E. Finardi 给出了具有一致风险度量过程的多阶段随机程序求解的过程；A. I. Dan 和 M. Sviridenko 研究了动态稳健优化问题，并给出了仿射策略的求解过程；R. Baldacci 和 R. W. Calvo 研究了两级车辆路径问题的精确数学算法；J. G. Carlsson 和 E. Delage 研究了随机多车辆路径问题的稳健性方法；A. Ghate 和 R. L. Smith 给出了非平稳无限视野马尔可夫决策过程的线性规划方法；Lim S. 给出了参数不确定性条件下的联合最优定价与订货量模型及其实际实现；J. Xie 和 P. I. Frazier 则研究了序贯贝叶斯策略并将其和已有标准进行比较；J. Gao 和 D. Li 研究了最优基数约束下的投资组合选择问题；R. Levi 和 C. Shi 研究了多阶领先变量的随机批量问题的逼近算法。

在工业工程与管理的理论和应用方向上，S. Jia，M. C. Chou，Q. Liu，C. P. Teo，I. L. Wang 研究了公共自行车共享系统中的自行车资源分配的效率问题；B. He，F. Dexter，A. Macario，S. Zenios 研究了在异质性工作量基础上的报童问题，并将其应用到医院手术室的分配问题上；A. R. Ward 和 M. Armony 研究了异质性客户的大规模服务系统问题；A. Chandrasekaran，C. Senot，K. K. Boyer 分析了过程管理对临床质量的影响冲击问题；C. E. Gounaris，W. Wiesemann，C. A. Floudas 研究了需求不确定条件下的车辆路径问题的稳健解；Q. Kong，C. Y. Lee，C. P. Teo，Z. Zheng 研究了随机服务系统的调度问题；D. Bertsimas，V. F. Farias 和 N. Trichakis 研究了器官移植的公平效率以及灵活性问题；X. Chen 和 B. L. Nelson 研究了增强的随机 Kriging 模型的梯度估计量；L. Cherchye，B. De Rock，B. Dierynck，F. Roodhooft，J. Sabbe 研究了在多输出设备中的输入分配问题，并以此来评价系统效率；R. Venerando，M. Andrea，C. Saverio，N. Daria，S. Mario 研究了医院的规模和占用对救护车分配效率的影响机制问题。

在复杂系统的可靠性分析方面，D. S. Kc 和 C. Terwiesch 利用计量方法分析了心脏 ICU

患者的流量问题；A. Powell，S. Savin，N. Savva 研究了医生工作量和医院的报销机制之间的关系，并认为工作量大的医生产生更少的每名病人收入；M. E. Sosa，Mihm，J. Rgen 和 T. R. Browning 分析了产品生命周期和产品质量的关系问题；V. Agrawal 和 S. Ulku 研究了模块化升级在环保设计战略中的角色和应用；Berman O.，Krass D.，Menezes M. B. C. 分析了目标和故障率冲击对最优选址策略的影响机制；T. Tezcan 和 B. Behzad 研究了灵活的交互式语音应答系统的呼叫中心的设计与控制问题。

在交通行为和交通管理方面，C. Osorio 和 M. Bierlaire 研究了基于仿真魔性的城市交通问题优化的框架，此外，关于自行车共享系统的研究尽管涉及交通问题，然而更多的是规划和优化问题，因此在这部分中不再阐述。

关于供应链管理方面的研究，Cai X.，Chen J.，Xiao Y. 等研究了生鲜产品的供应链管理和物流外包问题；Palsule - Desai O. D. 基于收入依赖和收益共享契约，研究了供应链的协调问题；Danese P. 给出了供应商整合和企业绩效的关系框架图；Pan F. 和 Nagi R. 研究了多级供应链的网络设计问题；Ramanathan U. 利用层次分析法对供应链整合问题进行了分析和检验；Jonrinaldi 和 Zhang D. Z. 研究了有限视野下生产企业供应链的集成生产和库存问题；Wu C. H. 研究了竞争性价格条件下的 OEM 产品的设计和制造问题；Jammernegg W. 和 Kischka P. 研究了定价、服务和损失约束条件下的报童问题；Relvas S.，Magatão S. N. B.，Barbosa - Póvoa A. P. F. 等研究了成品油配送系统的集成调度和库存管理问题；F. Caro，C. J. Corbett，T. Tan，R. Zuidwijk 研究了供应链系统中双计数模型的应用。

（三）决策、对策和预测理论与技术

在这一领域，研究方向主要包括定性与定量综合集成预测方法、群决策理论与方法、网络环境下的决策与对策的理论与方法、不确定性决策问题的建模与分析技术四个方面，2013 年共有文献 28 篇，其中不确定性决策问题的建模与分析技术方面的文献占比最大，达到 19 篇，其余文献占比较小，数量也较少。

在定性与定量综合集成预测方法方面，R. Ibrahim 和 P. L. Ecuyer 对呼叫中心人数预测问题进行了集成研究，包括固定效应、混合效应和二元模型；T. Wang，A. Atasu，Kurtulu 研究了动态预测创新模式下的多序报童模型；K. B. Hyndman，S. Kraiselburd，N. Watson 集成研究了生产能力分配基于私人信息的理论和实践问题；A. P. Dagiasis 则综合分析了 Logistics 模型的估计和回归预测问题。

在群决策理论与方法方面，A. J. Mersereau 和 D. Zhang 研究了未知战略客户的定价调整问题；P. M. Agrawal 和 R. Sharda 则对量子力学和人类决策问题进行了分析。

在网络环境下的决策与对策的理论与方法方面，D. S. Kc 和 C. Terwiesch 分析了心脏 ICU 病人的流动问题；Melo M.，Sargento S.，Killat U. 等则研究了最优虚拟网络的嵌入问题；M. U. S. Ayvaci，O. Alagoz，E. S. Burnside 则研究了预算限制对疾病诊断的影响机制问题。

在不确定性决策问题的建模与分析技术方面，Holm H. J.，Opper S.，Nee V. 研究了中国企业家在不确定性条件下的决策问题；Wan S. P. 和 Li D. F. 运用 Linmap 方法对异质

MADM 方案进行了比较分析；Samoilenko S. 和 Osei – Bryson K. M. 用 DEA 模型分析了效率驱动的生产力组织的管理问题；V. Deshpande 和 M. Kan 分析了航班延误对航线分配制度的冲击问题；Li Y.，Yang M.，Chen Y. 等研究了固定成本分配和满意度之间的关系问题；Sahoo B. K. 和 Tone K. 研究了价格不确定条件下的经济规模和范围的非参数估计方法；L. A. Mclay 和 M. E. Mayorga 构建了一个基于效率和公平的调度模型；Ríos – Mercado R. Z. 和 López – Pérez J. F. 分析了商业规划设计和重组需求的不确定性问题；C. W. Chan，G. Yom – Tov，G. Escobar，C. W. Chan，G. Escobar 分析了重症监护病房的使用率和入院检查之间的关联；D. Honhon，S. Jonnalagedda，X. A. Pan 则给出了消费者选择模型下的分类选择的优化算法。

（四）金融工程与风险管理

2013 年，在国外众多研究成果中，与金融工程与风险管理问题相关的文献共计七篇，金融工程与风险管理问题具体的研究内容主要包括动态投资组合理论与方法、金融机构的风险管理、风险价值和一致性风险度量的理论与技术、衍生金融产品的设计与定价四个方面，从研究内容来看，投资者与投资组合问题和风险管理问题是国外学者研究的重点。

关于投资者和投资组合问题，M. Hirschberger 和 Y. Qi 给出了三种标准投资组合的费支配算法；J. Gao 和 D. Li 基于最优基数探讨了投资组合的选择问题；J. Gao 研究了技术约束条件下运用均值—方差分析方法进行投资组合的选择问题。

关于风险管理问题，X. Wu，P. Kouvelis 和 H Matsuo 对风险管理及其灵活性进行了研究；A. Philpott，V. D. Matos 和 E. Finardi 对风险度量的随机程序进行了研究；N. Noyan 和 G. Rudolf 对多元条件在险价值的约束条件优化问题进行了探讨。

（五）信息管理与知识管理

2013 年，在国外众多研究成果中，与信息管理和知识管理问题相关的文献共计六篇，信息管理与知识管理问题具体的研究内容主要包括电子商务管理的理论与方法、信息技术对管理模式的影响研究、认知功效学与脑力劳动效率改善、知识管理的理论与方法研究、知识管理系统设计五个方面，从研究内容来看，信息管理问题是国外学者研究的重点。

关于信息管理与知识管理问题，A. Lahiri 和 A. Seidmann 针对信息在医疗系统中的停滞问题进行了研究；K. B. Hyndman，S. Kraiselburd 和 N. Watson 基于消费者私人信息，对供应链的需求预测问题进行了研究；L. C. Kung 基于多级不对称需求信息的影响，对供应链的绩效问题进行了研究；M. Lin，N. R. Prabhala 和 S. Viswanathan 基于社交网络系统和不对称信息系统，对借款人的信用情况进行了分析与研究；S. W. Shi 和 F. G. M. Pieters 基于观察跟踪数据的方式，对信息获取的途径进行了模型探索。

（六）管理心理与组织行为

2013 年，在国外众多研究成果中，与管理心理和组织行为问题相关的文献共计 25

篇，管理心理与组织行为问题具体的研究内容主要包括组织协调与组织进化、组织心理与行为、社会经济转型中的组织变革与发展、激励理论、管理心理与社会安全五个方面，从研究内容来看，组织协调与组织进化、组织心理与组织行为问题是国外学者研究的重点。

从组织心理与组织行为的角度来看，A. V. Ackere, C. Haxholdt 和 E. R. Larsen 研究了客户容量的动态调整能力问题；C. H. Wang, Y. H. Lu 和 C. W. Huang 以高科技公司为研究样本，对公司的 R&D 投入、生产力和市场价值三者之间的关系进行了研究；J. Y. Lee, J. Luo, V. G. Kulkarni 和 S. Ziya 研究了在不显示患者信息和服务中断条件下的预约安排问题；Parlakt 和 A. K. Rk 研究了向目标消费者销售产品时产品种类的价值问题；J. Kroes, R. Subramanian 和 R. Subramanyam 对经营合规杠杆与环境绩效和经营绩效之间的关系问题进行了研究；A. Varmaz, A. Varwig 和 T. Poddig 研究了公司的集中资源规划问题。

（七）复杂系统研究与复杂性研究

2013 年，在国外众多研究成果中，与复杂系统研究与复杂性研究相关的文献共计 16 篇，复杂系统研究与复杂性研究具体的研究内容主要包括灾害复杂系统、复杂社会系统的建模控制与组织管理、逐步开放条件下，金融系统的复杂性和风险规避、复杂系统与复杂性的理论与方法研究五个方面，从研究内容来看，复杂社会系统问题是国外学者研究的重点。

A. Roubos, G. Koole 和 R. Stolletz 对呼叫中心系统的级别问题进行了研究；P. Che, O. Baron 和 Y. Kerner 对基于绩效的时间敏感服务系统的定价决策问题进行了探讨；E. L. Plambeck 和 L. B. Toktay 对环境系统做出了阐述和介绍。

（八）其他领域研究

2013 年，国外管理科学与工程学科在其他领域的研究文献共计九篇，文献主要分布在政府管理与政府政策问题、经济个体行为问题、定价问题等方面，从 2013 年的国外研究成果来看，国外对管理科学与工程的研究主要扩展方向是管理科学与工程领域的模拟与仿真方法在经济领域的扩展与应用以及综合评价等方面。

第三节　管理科学与工程学科 2013 年研究分析

一、国内外期刊代表性论文整体分析

根据 2013 年管理科学与工程学科的研究内容和研究方向，我们收集整理了 2385 篇国内外相关文献和 154 部国内外相关著作，根据发表刊物、研究领域、研究方向进行统计分析和整理，对 2013 年的研究情况进行分析。

（一）国内期刊论文整体描述及分析

对于 2013 年国内学者在管理科学与工程领域发表的文章，本报告根据 A 类、B 类期刊的原则进行分类，其数量分布如图 1－1 所示。

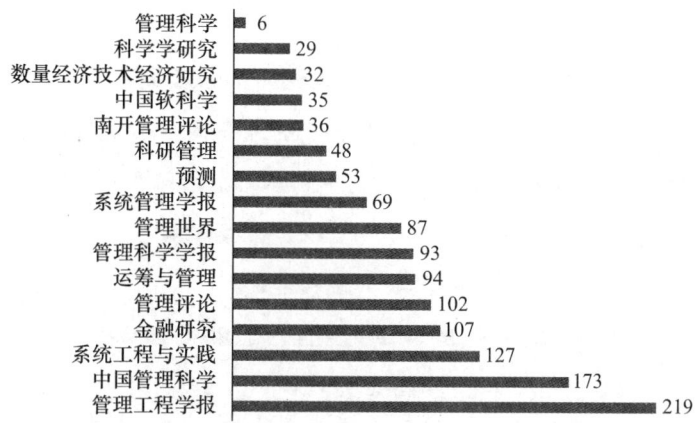

图 1－1　A 类期刊 2013 年发表管理科学与工程学科论文的数量分布（单位：篇）

A 类期刊中，管理世界没有选择短论部分，其余期刊选择了 2013 年公开发表的所有文章，按照递增的顺序排列，其中管理科学发表文章数量最少，仅有六篇，而管理工程学报发表文章数量最多，达到 219 篇，A 类期刊发表文章数共计 1310 篇。

图 1－2 统计了 B 类期刊公开发表文章的数量，管理学报发表文章数量最多，达到 235 篇，数理统计与管理发表文章数量最少，仅为 19 篇，B 类期刊公开发表文章数量为 674 篇，A 类、B 类期刊 2013 年公开发表文章总数为 1984 篇。

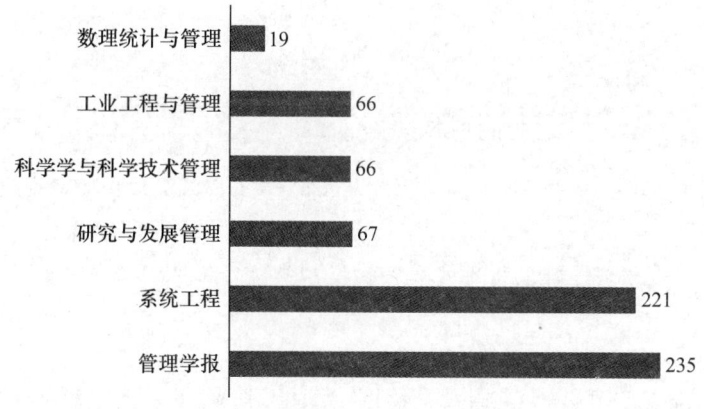

图 1－2　B 类期刊 2013 年发表管理科学与工程学科论文的数量分布（单位：篇）

将 A 类期刊和 B 类期刊公开发表的文章根据表 1-2 的研究领域和研究方向分类，可以得到如图 1-3 所示的研究领域分布，其中，运筹与管理问题研究领域文章数量最多，达到了 444 篇，主要集中在工业工程问题、算法和优化问题、供应链问题等研究领域，而复杂系统与复杂性领域研究论文数量最少，仅有 60 篇，说明我国国内科研工作者并没有将研究视角投放到该领域，此外，其他领域的研究成果也较多，达到了 135 篇。

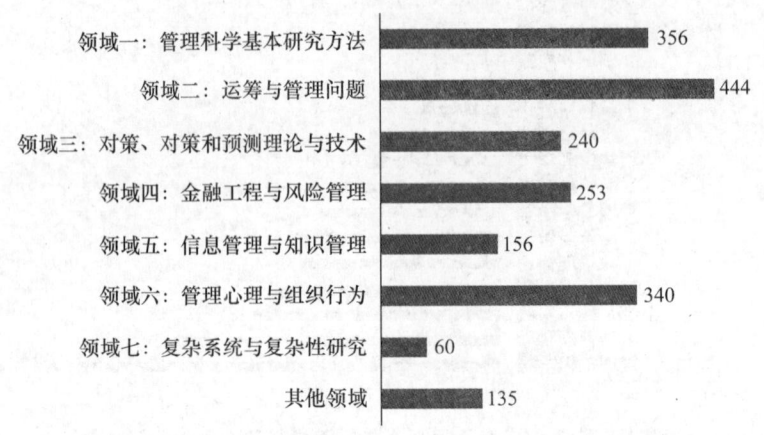

图 1-3　2013 年国内管理科学与工程理论研究内容分布（单位：篇）

不容忽视的是，领域一管理科学基本研究方法的研究文章数量尽管很多，但是缺乏对管理科学基础理论的拓展，大多数仍然集中在数据建模和分析、统计方法和计量方法的应用上，基础理论问题国内涉猎较少。图 1-4 列出了国内 2013 年管理科学与工程研究领域文章的比例情况。

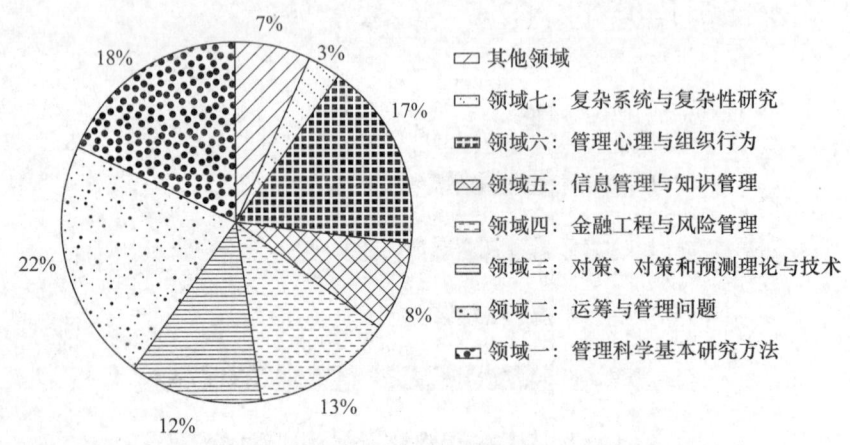

图 1-4　2013 年国内管理科学与工程理论研究内容分布比例

根据对国内 2013 年管理科学与工程学科的研究领域总结，我们得到了如表 1-3 所示的内容，每个领域我们都给出了重点发展方向，这些重点发展方向是根据本领域文章情况、研究进展和研究的连贯性总结得到的。

表 1 - 3　2013 年管理科学与工程研究领域的重点研究方向

领域	本领域重点发展方向
管理科学基本研究方法的研究	模拟与仿真技术、评价（估）方法与技术、优化理论与算法
运筹与管理中若干重要问题研究	供应链管理、库存管理、规划、交通行为与管理、算法和优化
决策、对策和预测理论与技术	不确定性决策、群决策、多（准则、属性）决策、博弈分析预测模型与方法、预警、实物期权、神经网络等
金融工程与风险管理	金融产品定价、风险度量与评价、主体风险偏好和投资选择、融资管理等
信息管理和知识管理	知识管理的理论、设计、方法；电子商务管理的理论与方法研究；信息技术对管理模式的影响研究等
管理心理与组织行为	产业集群、变革与创新、管理心理与突发事件、可持续发展、文化与冲突等
复杂系统与复杂性研究	复杂系统与复杂性的理论与方法、复杂社会系统的建模控制与组织管理

同样地，根据国内研究的内容，我们总结出了表 1 - 4 的内容，即 2013 年管理科学与工程研究领域的研究热点问题，研究热点的总结依据文章分类和数量比例汇总分析得到，必须注意的是，研究热点未必是研究的重点和未来的发展方向，热点反映了科研领域的集中度和科研成果的发表数量。

表 1 - 4　2013 年管理科学与工程研究领域研究内容及热点

研究领域	研究热点
管理科学基本研究方法的研究	动态评价方法、数据建模与分析、计量和统计方法
运筹与管理中若干重要问题研究	库存问题、规划问题、供应链问题
决策、对策和预测理论与技术	群决策问题、不确定决策问题
金融工程与风险管理	投资组合选择、金融风险评价
信息管理和知识管理	知识管理、信息技术与决策
管理心理与组织行为	组织变革、组织协调与组织进化
复杂系统与复杂性研究	灾害复杂系统预测、复杂系统评估

（二）国外期刊论文整体描述及分析

针对 2013 年国外期刊论文的总结和分析，我们汇总了 401 篇管理科学与工程研究领域的重要文献，表 1 - 5 总结了国外期刊论文的研究领域和具体研究内容的分布情况，后文针对具体研究领域进行了单独分析。

表1-5　国外期刊论文的研究领域和研究内容分布情况

研究领域	研究方向	篇
管理科学基本研究方法的研究	模拟与仿真技术	7
	评价方法和技术	6
	管理科学中的新型计量和统计方法	9
	优化理论与方法	143
	基于文化、复杂性科学的管理研究方法	4
运筹与管理中若干重要问题研究	动态规划、线性规划、目标规划、整数规划	24
	库存管理	20
	遗传、算法、优化	41
	工业工程与管理的理论和应用	23
	复杂系统的可靠性分析	6
	交通行为与交通管理	1
	供应链管理	26
决策、对策和预测理论与技术	定性与定量综合集成预测方法	4
	群决策理论与方法	2
	网络环境下的决策与对策的理论与方法	3
	不确定性决策问题的建模与分析技术	19
金融工程与风险管理	动态投资组合理论与方法	2
	金融机构的风险管理	2
	风险价值和一致性风险度量的理论与技术	0
	衍生金融产品的设计与定价	3
信息管理和知识管理	电子商务管理的理论与方法研究	1
	信息技术对管理模式的影响研究	4
	认知工效学与脑力劳动效率改善	0
	知识管理的理论与方法研究	1
	知识管理系统设计	0
管理心理与组织行为	组织协调与组织进化	8
	组织心理与行为	7
	社会经济转型中的组织变革与发展	3
	激励理论	2
	管理心理与社会安全	5
复杂系统与复杂性研究	灾害复杂系统研究	0
	复杂社会系统的建模控制与组织管理	16
	逐步开放条件下金融系统的复杂性和风险规避	0
	复杂系统与复杂性的理论与方法研究	0
其他领域	其他领域	9
合计		401

同样地，图1-5总结了国外期刊论文A类文章发表数量的分布，发表文章最多的刊物是 Operations Research（运筹学），共计99篇；发表文章最少的刊物是 IEEE Transactions on Engineering Management（IEEE 工程管理），共计发表文章5篇。

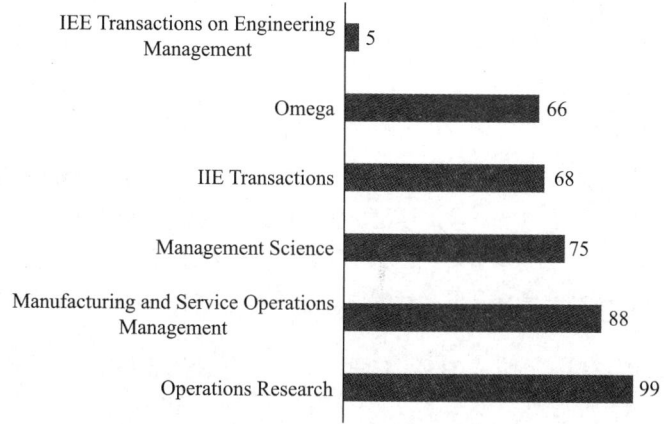

图1-5　2013年排名前10位的国际A类期刊论文发表数量分布（单位：篇）

针对国外期刊论文发表的研究领域，我们总结了研究领域的分布情况（见图1-6），和国内不同的是，管理科学基本研究方法问题的研究文献占比最多，达到了169篇，信息管理与知识管理领域的研究文献占比最少，只有6篇，值得注意的是，国外研究中，更多地针对算法、优化、规划问题和库存问题展开研究，与国内的研究重点和研究视角存在差别。

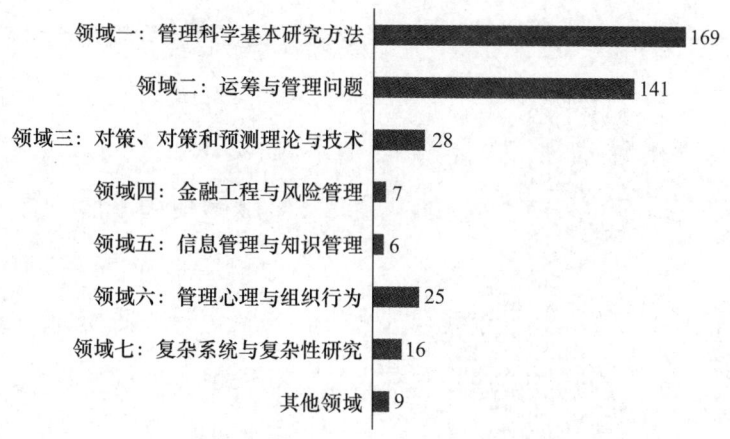

图1-6　2013年排名前10位的国际A类期刊不同领域论文分布数量（单位：篇）

图 1－7 给出了 2013 年国际 A 类期刊管理科学与工程学科不同研究领域研究论文的分布比例。

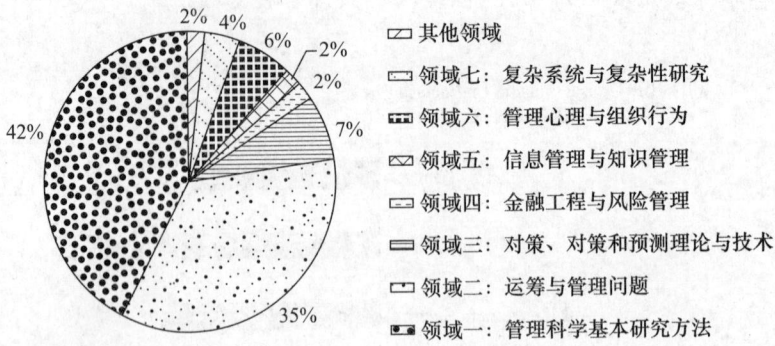

图 1－7 2013 年排名前 10 位的国际 A 类期刊管理科学与工程学科论文数量在不同研究领域的分布比例

针对每一个具体的研究领域，图 1－8 至图 1－14 分别给出了具体研究方向的分布情况。

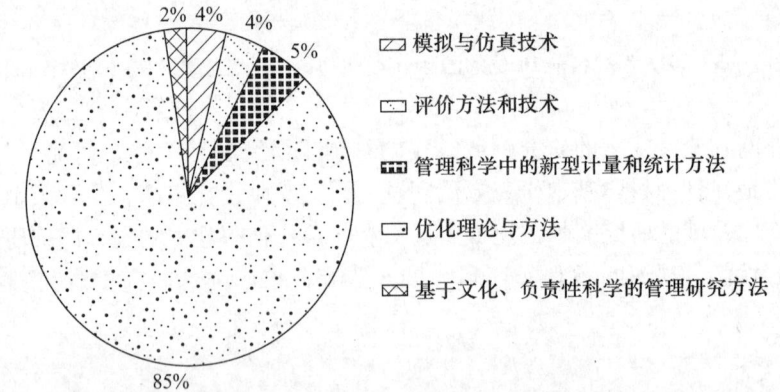

图 1－8 领域一：管理科学基本研究方法领域的论文在不同研究方向的分布占比

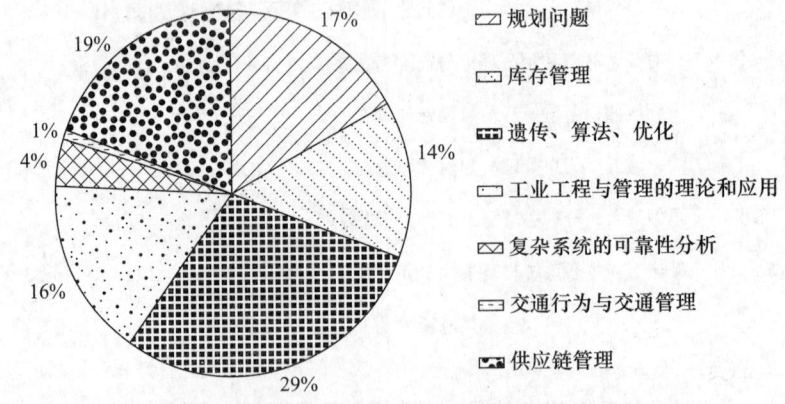

图 1－9 领域二：运筹与管理中若干重要问题领域的论文在不同研究方向的分布占比

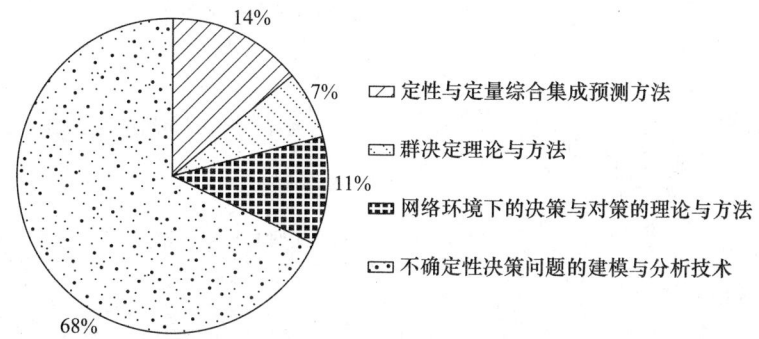

图 1 - 10　领域三：决策、对策和预测理论与技术领域的论文在不同研究方向的分布占比

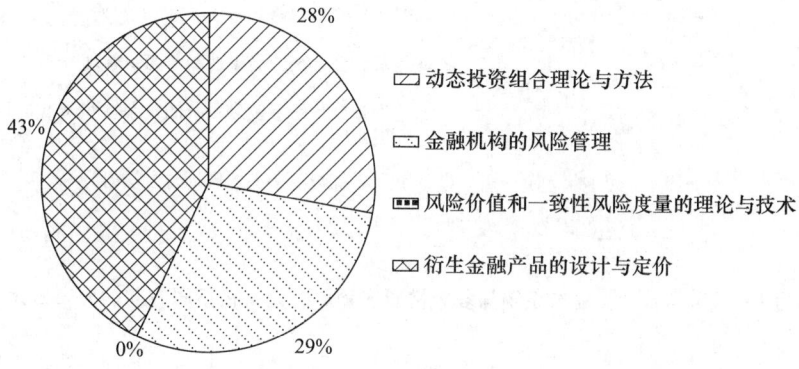

图 1 - 11　领域四：金融工程与风险管理领域的论文在不同研究方向的分布占比

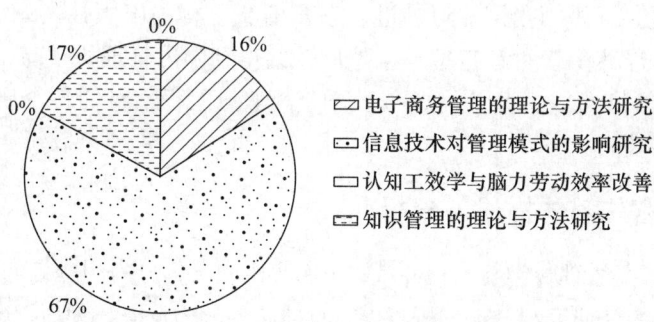

图 1 - 12　领域五：信息管理与知识管理领域的论文在不同研究方向的分布占比

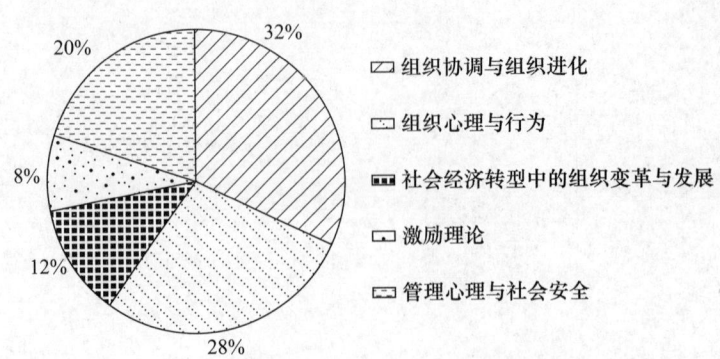

图 1 - 13　领域六：管理心理与组织行为领域的论文在不同方向的分布占比

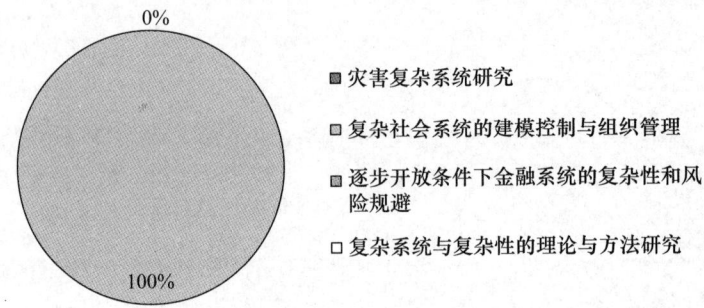

图 1 - 14　领域七：复杂系统与复杂性研究领域的论文在不同方向的分布占比

二、国内外代表性著作整体分析

为了分析管理科学与工程学科 2013 年的研究状况，我们搜集整理了 2013 年各大出版社出版著作的情况，通过当当网、亚马逊、京东商城、相关出版社网站、高校教师著作、百度学术以及谷歌学术等多种渠道搜集整理后，共得到国内管理科学与工程学科相关著作 164 部，国外著作 154 部，这些著作分布于管理科学与工程学科的各个研究领域之中，并且具有不同的研究方向。

（一）国内著作整体描述与分析

本报告将 2013 年管理科学与工程领域的 164 部国内著作分为问题导向的应用基础研究、管理背景的理论和方法研究与其他领域三类，具体又划分为运筹与管理，金融工程与风险管理，信息管理与知识管理，管理心理与组织行为，管理科学的基本研究方法，决策、对策和预测理论与技术，复杂系统与复杂性研究以及其他领域八个类别，对应期刊的研究领域分类方法，经过总结，这些著作的研究内容分布情况和百分比情况如表 1 - 6 所示。

表 1-6　2013 年度管理科学与工程学科国内著作研究分布内容

理论结构	内容分类	数量（部）	占比（%）
问题导向的应用基础研究	运筹与管理	20	12.20
	金融工程与风险管理	23	14.02
	信息管理与知识管理	6	3.66
	管理心理与组织行为	66	40.24
管理背景的理论和方法研究	管理科学的基本研究方法	8	4.88
	决策、对策和预测理论与技术	21	12.80
	复杂系统与复杂性研究	7	4.27
其他领域	其他	13	7.93

在国内出版的管理科学与工程学科的著作中，管理心理与组织行为研究领域的著作所占比例最高，达到 40.24%；信息管理与知识管理研究领域的著作所占比例最低，仅为 3.66%。国内管理科学与工程学科的著作更加侧重于问题导向的应用基础研究，在 164 部相关著作中，115 部属于问题导向的应用基础研究著作，只有 36 部属于管理背景的理论和方法研究著作，其余 13 部属于其他领域研究范畴。

本报告根据国内专著的研究视角对 2013 年国内管理科学与工程学科的相关著作进行了分类列示（见表 1-7），通过表中数据我们发现，组织行为学领域的著作所占比例最高，为 40.24%，共计 66 部；而系统科学领域的著作所占的比例最低，为 0.00%。此外，我们还发现，信息技术、知识管理以及决策、对策和预测理论与技术领域的著作所占的比例都比较低，出现这一现象的原因可能是我们收集的著作范围有限，搜索结果还不是特别全面，但是从现有的收集样本来看，2013 年国内著作的研究视角更加倾向于应用研究而不是方法和理论的基础研究。

表 1-7　2013 年度管理科学与工程学科国内著作研究视角分布

研究视角	数量（部）	百分比（%）
运筹学	20	12.20
金融工程	8	4.87
风险管理	15	9.15
信息技术	3	1.83
知识管理	3	1.83
组织行为学	66	40.24
管理科学	8	4.88
决策、对策和预测理论与技术	21	12.80
复杂系统理论	7	4.27
系统科学	0	0.00
其他	13	7.93
合计	164	100.00

按照前文给出的研究领域及对应的研究方向，我们将国内著作进行分类整理，国内代表性著作在不同领域的数量分布情况如表 1－8 所示。

表 1－8　国内代表性著作在不同领域的数量与分布情况

研究领域	研究方向	数量（部）	占比（%）	合计（%）
管理科学基本研究方法	模拟与仿真技术	2	1.22	4.88
	评估方法与技术	1	0.61	
	管理科学中的新型计量与统计方法	3	1.83	
	优化理论与方法	2	1.22	
	基于文化、复杂性科学的管理研究方法	0	0.00	
运筹与管理问题研究	规划问题	4	2.44	12.20
	库存问题	2	1.22	
	算法和优化问题	3	1.83	
	工业工程	0	0.00	
	复杂系统分析	0	0.00	
	交通行为与管理	1	0.61	
	供应链问题	10	6.10	
决策、对策和预测理论与技术	定性与定量综合集成预测方法	4	2.44	12.80
	群决策理论与方法	6	3.66	
	网络环境下的决策与对策的理论与方法	4	2.44	
	不确定性问题的建模与分析方法	7	4.27	
金融工程与风险管理	动态投资组合理论与方法	3	1.83	14.02
	金融机构的风险管理	15	9.15	
	风险价值和一致性风险度量的理论与技术	2	1.22	
	衍生金融产品的设计与定价	3	1.83	
信息管理与知识管理	电子商务管理的理论与方法研究	2	1.22	3.66
	信息技术对管理模式的影响研究	1	0.61	
	认知功效学与脑力劳动效率改善	0	0.00	
	知识管理的理论与方法研究	3	1.83	
	知识管理系统设计	0	0.00	
管理心理与组织行为	组织协调与组织进化	20	12.20	40.24
	组织心理与行为	13	7.93	
	社会经济转型中的组织变革与发展	29	17.68	
	激励理论	2	1.22	
	管理心理与社会安全	2	1.22	

续表

研究领域	研究方向	数量（部）	占比（%）	合计（%）
复杂系统与复杂性研究	灾害复杂系统研究	2	1.22	4.27
	复杂社会系统建模控制与组织管理	2	1.22	
	逐步开放条件下金融系统的复杂性与风险规避	2	1.22	
	复杂系统与复杂性的理论与方法研究	1	0.61	
其他领域		13	7.93	7.93
合计		164	100.00	100.00

图 1-15 至图 1-21 给出了每个研究领域的不同研究方向的著作分布比例和构成情况。

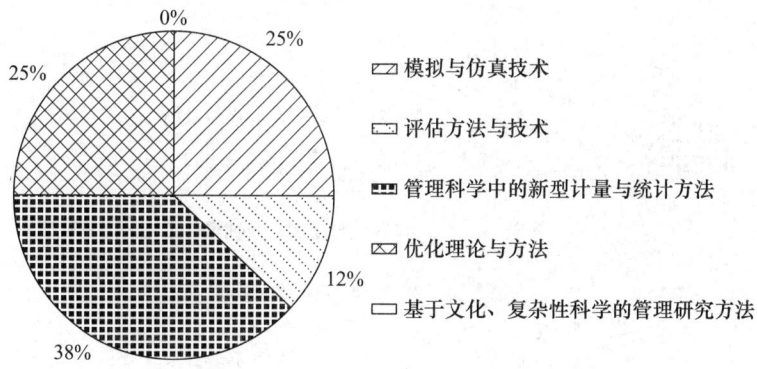

图 1-15　领域一：管理科学基本研究方法不同研究方向的著作分布比例

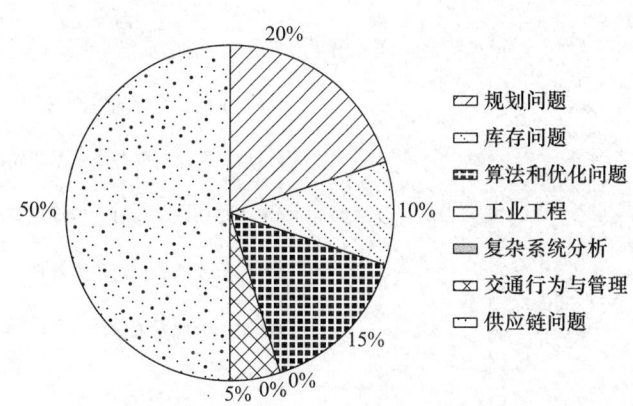

图 1-16　领域二：运筹与管理问题研究不同研究方向的著作分布比例

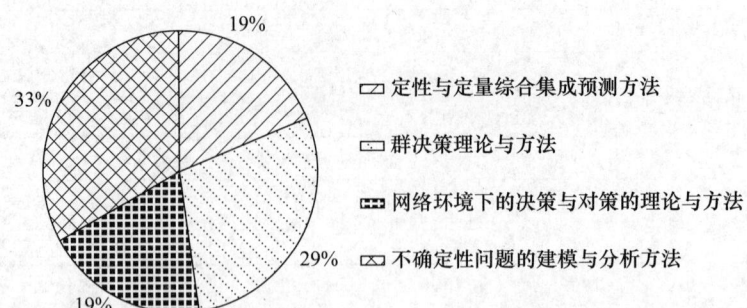

图 1 - 17　领域三：决策、对策和预测理论与技术不同研究方向的著作分布比例

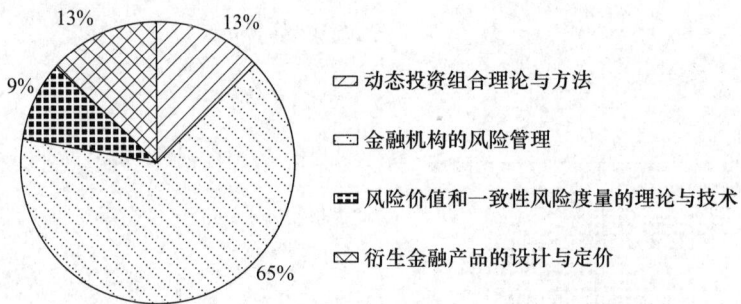

图 1 - 18　领域四：金融工程与风险管理不同研究方向的著作分布比例

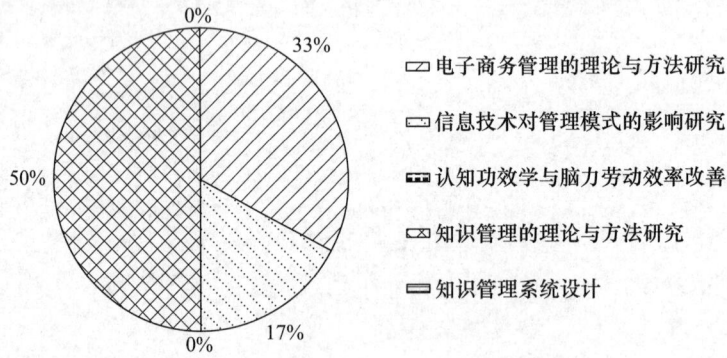

图 1 - 19　领域五：信息管理与知识管理不同研究方向的著作分布比例

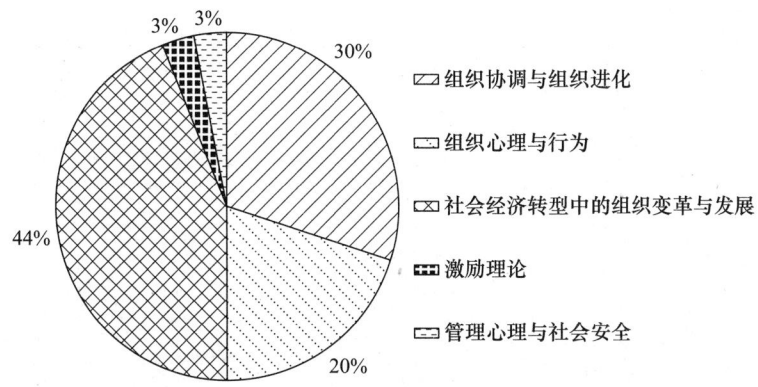

图1-20 领域六：管理心理与组织行为不同研究方向的著作分布比例

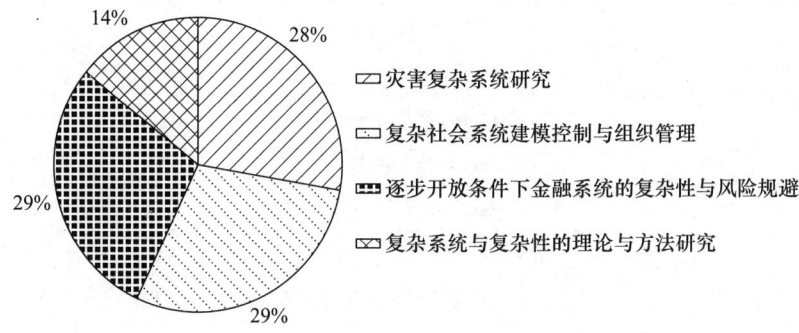

图1-21 领域七：复杂系统与复杂性研究不同研究方向的著作分布比例

（二）国外著作整体描述与分析

报告根据具体研究领域和研究方向将国外管理科学与工程学科2013年出版的154部著作进行总结和分类，得到表1-9。

表1-9 国外著作在不同领域的数量及分布

研究领域	研究方向	数量（部）	占比（%）	合计（%）
管理科学基本研究方法	模拟与仿真技术	1	0.65	14.29
	评估方法与技术	8	5.19	
	管理科学中的新型计量与统计方法	5	3.25	
	优化理论与方法	3	1.95	
	基于文化、复杂性科学的管理研究方法	5	3.25	

续表

研究领域	研究方向	数量（部）	占比（%）	合计（%）
运筹与管理问题研究	规划问题	2	1.30	29.87
	库存问题	5	3.25	
	算法和优化问题	13	8.44	
	工业工程	2	1.30	
	复杂系统分析	0	0.00	
	交通行为与管理	4	2.60	
	供应链问题	20	12.99	
决策、对策和预测理论与技术	定性与定量综合集成预测方法	6	3.90	12.99
	群决策理论与方法	10	6.49	
	网络环境下的决策与对策的理论与方法	2	1.30	
	不确定性问题的建模与分析方法	2	1.30	
金融工程与风险管理	动态投资组合理论与方法	2	1.30	7.14
	金融机构的风险管理	7	4.55	
	风险价值和一致性风险度量的理论与技术	2	1.30	
	衍生金融产品的设计与定价	0	0.00	
信息管理与知识管理	电子商务管理的理论与方法研究	1	0.65	15.58
	信息技术对管理模式的影响研究	11	7.14	
	认知功效学与脑力劳动效率改善	3	1.95	
	知识管理的理论与方法研究	7	4.55	
	知识管理系统设计	2	1.30	
管理心理与组织行为	组织协调与组织进化	1	0.65	5.84
	组织心理与行为	2	1.30	
	社会经济转型中的组织变革与发展	3	1.95	
	激励理论	2	1.30	
	管理心理与社会安全	1	0.65	
复杂系统与复杂性研究	灾害复杂系统研究	2	1.30	5.84
	复杂社会系统建模控制与组织管理	4	2.60	
	逐步开放条件下金融系统的复杂性与风险规避	3	1.95	
	复杂系统与复杂性的理论与方法研究	0	0.00	
其他领域		13	8.40	8.44
合计		154	100.00	100.00

图1-22至图1-28给出了每个领域的著作在不同研究方向的分布比例和构成情况。

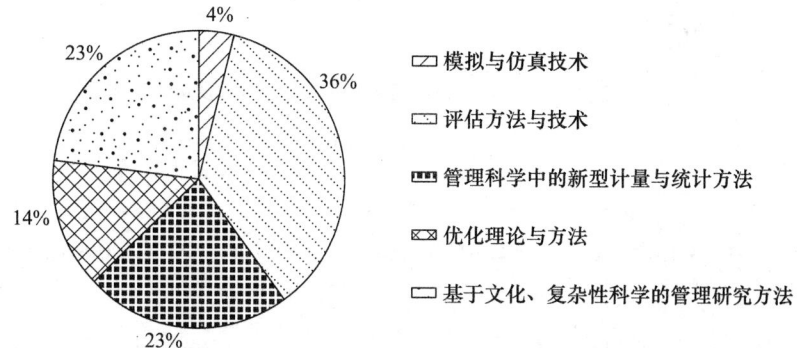

图1-22 领域一：管理科学基本研究方法不同研究方向的著作分布比例

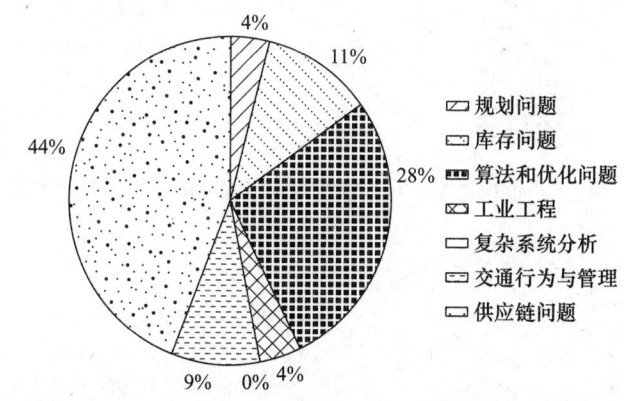

图1-23 领域二：运筹与管理问题研究不同研究方向的著作分布比例

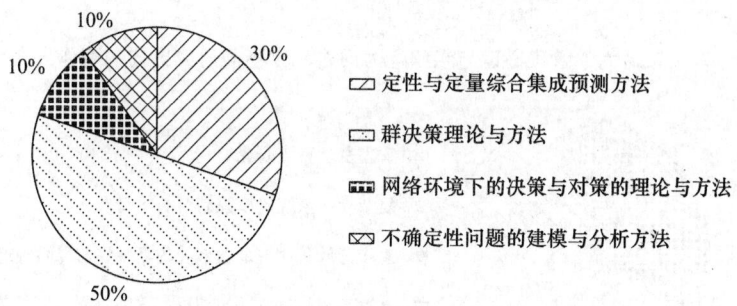

图1-24 领域三：决策、对策和预测理论与技术问题研究不同研究方向的著作分布比例

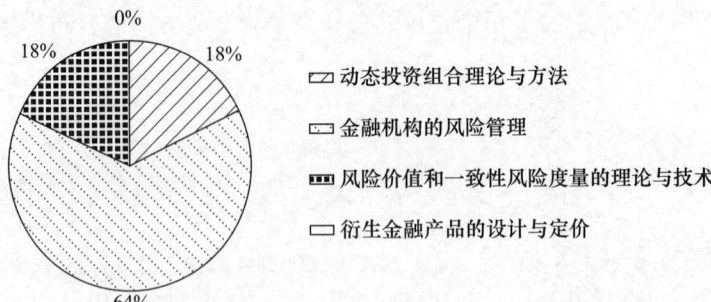

图 1-25　领域四：金融工程与风险管理问题研究不同研究方向的著作分布比例

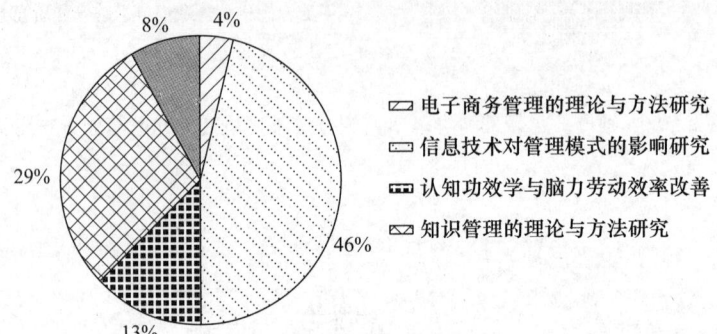

图 1-26　领域五：信息管理与知识管理问题研究不同研究方向的著作分布比例

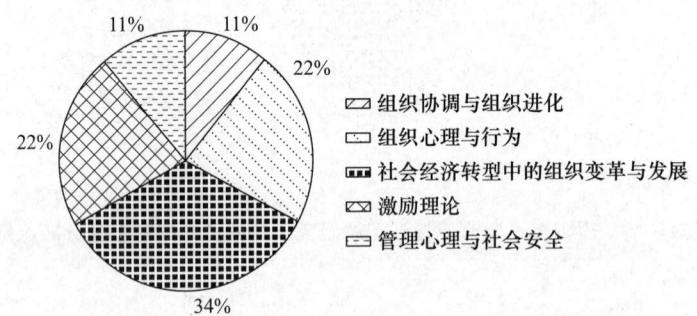

图 1-27　领域六：管理心理与组织行为问题研究不同研究方向的著作分布比例

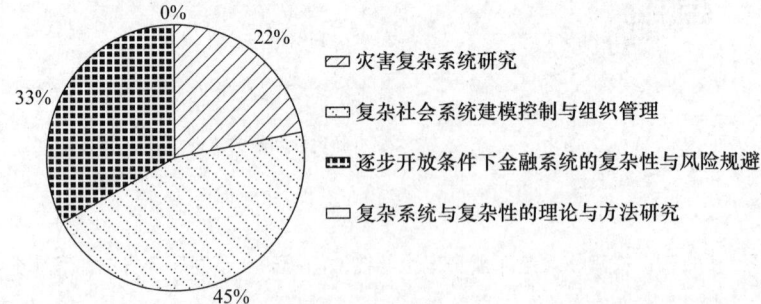

图 1-28　领域七：复杂系统与复杂性研究问题不同研究方向的著作分布比例

（三）国内自然科学基金立项整体分析

为了描述管理科学与工程学科的研究前景，我们整理了 329 项 2013 年度国家自然科学基金管理科学与工程学科立项的项目，汇总了截至 2013 年的国家自然科学基金杰出青年基金项目，并加以分类整理，考察未来本学科的发展前景和发展方向。

表 1-10 给出了 2013 年审批立项的国家自然科学基金中管理科学与工程学科的项目，按照管理科学与工程学科的研究领域分布进行分类整理。

表 1-10　2013 年国家自然科学基金管理科学与工程学科研究领域立项分布数量统计

研究领域	数量（项）	占比（%）
管理科学与管理思想史	0	0.00
一般管理理论与研究方法论	8	2.43
运筹与管理	104	31.61
决策理论与方法	29	8.81
对策理论与方法	14	4.26
评价理论与方法	5	1.52
预测理论与方法	9	2.74
管理心理与行为	29	8.81
管理系统工程	17	5.17
工业工程与管理	6	1.82
系统可靠性与管理	7	2.13
信息系统与管理	28	8.51
数量经济理论与方法	13	3.95
风险管理技术与方法	12	3.65
金融工程	15	4.56
管理复杂性研究	15	4.56
知识管理	14	4.26
工程管理	4	1.22
总计	329	100.01

2013 年的自然科学基金立项中，管理科学与管理思想史立项数量为 0，运筹与管理立

项数量达到了 104 项, 工程管理、评价理论与方法、系统可靠性与管理、预测理论与方法、一般管理理论与研究方法论、工业工程与管理六类立项数量都少于 10 项。

运筹与管理、决策理论与方法、信息系统与管理、管理心理与行为四个研究领域的立项数超过了总数的一半, 工业工程与管理、数量经济理论与方法、风险管理技术与方法、管理系统工程、金融工程、评价理论与方法、对策理论与方法、知识管理、工程管理九个领域的立项数达到了 100 项, 18 个研究领域的平均立项数超过了 18 项。

图 1-29 给出了具体研究领域立项数的柱形图。

图 1-30 给出了具体研究领域立项数的分布比例。

为了考察管理科学与工程学科 2013 年的研究趋势, 我们总结了截至 2013 年, 国家自然科学基金杰出青年基金获得者及研究领域的分布情况, 如表 1-11 所示。

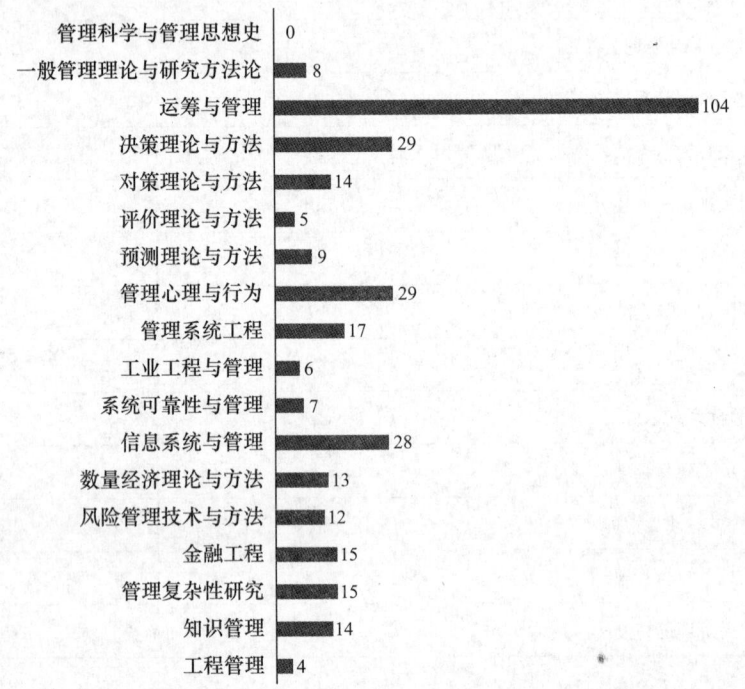

图 1-29　2013 年度国家自然科学基金管理科学与工程学科研究领域立项数量（单位：项）

2013 年, 国家自然科学基金杰出青年基金项目获得者有八人, 分别分布于东北大学、中国科学院沈阳应用生态研究所、电子科技大学、中国人民大学、北京大学、西安交通大学、清华大学、上海交通大学等单位, 研究领域分别是供应链问题、决策问题、金融工程与管理、信息管理问题等, 表 1-12 总结了国家自然科学基金杰出青年项目 2013 年的获奖情况。

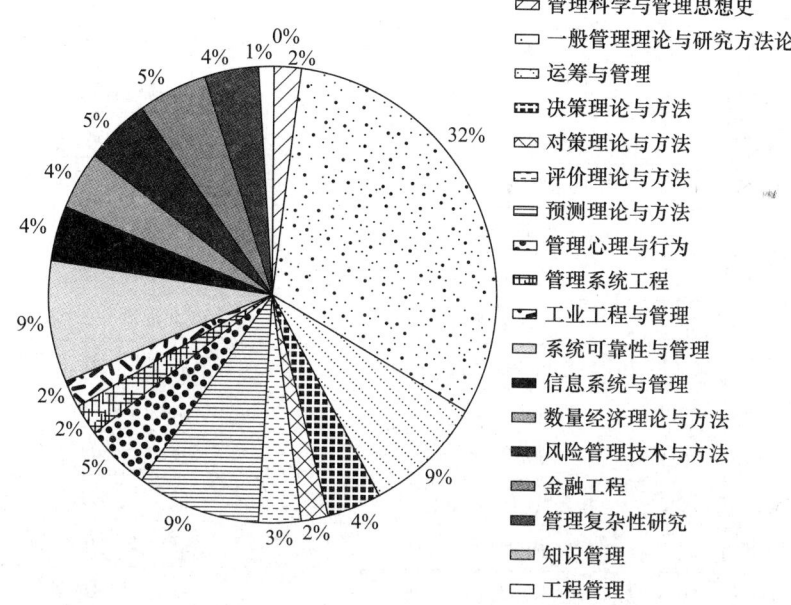

图例：
- 管理科学与管理思想史
- 一般管理理论与研究方法论
- 运筹与管理
- 决策理论与方法
- 对策理论与方法
- 评价理论与方法
- 预测理论与方法
- 管理心理与行为
- 管理系统工程
- 工业工程与管理
- 系统可靠性与管理
- 信息系统与管理
- 数量经济理论与方法
- 风险管理技术与方法
- 金融工程
- 管理复杂性研究
- 知识管理
- 工程管理

图 1 – 30　2013 年度国家自然科学基金管理科学与工程学科立项数量在 18 个研究领域的分布比例

表 1 – 11　截至 2013 年国家自然科学杰出青年基金获得者及研究领域分布统计

研究领域	姓名	基金年度	所在单位	项目名称或研究领域
管理科学基本研究方法的研究	胡鞍钢	1994	清华大学	公共政策与管理
	李恒	1999	西安交通大学	研究与发展管理
	程国强	2000	中国农业科学院	农业经济管理
	陈晓红	2001	中南大学	管理科学与管理工程
	王慧文	2001	北京航空航天大学	公共管理与公共政策
	薛澜	2001	清华大学	公共政策与管理
	高自友	2002	北方交通大学	管理科学与管理工程
	张林秀	2002	中国科学院	农业经济管理
	胡瑞法	2003	中国科学院	农业经济管理
	曲福田	2004	南京农业大学	农业经济管理
	梁樑	2005	中国科技大学	评价理论与技术
	樊胜根	2005	中国农业科学院	农业经济管理、公共管理与政策
	蔡洪斌	2007	北京大学	中国企业行为及制度环境的理论与实证分析
	龚六堂	2007	北京大学	宏观经济管理、公共财政和中国经济增长
	曾赛星	2010	上海交通大学	面向可持续竞争力的企业环境创新管理理论与方法
	万国华	2011	上海交通大学	服务运作管理
	王红卫	2011	华中科技大学	管理系统工程
合计：17 项				

续表

研究领域	姓名	基金年度	所在单位	项目名称或研究领域
运筹与管理中若干重要问题研究	陈剑	1998	清华大学	供应链管理
	张汉勤	1999	中国科学院	工业工程
	赵晓波	2003	清华大学	运筹学与物流管理
	唐立新	2004	东北大学	优化理论与技术
	徐寅峰	2005	西安交通大学	运筹与管理
	唐加福	2006	东北大学	优化理论与技术
	华中生	2007	中国科技大学	供应链柔性理论与应用研究
	朱庆华	2010	大连理工大学	物流与供应链管理
	张小宁	2011	同济大学	交通系统优化与管理
	余玉刚	2012	中国科学技术大学	工业工程管理
	王帆	2012	中山大学	服务资源配置优化与管理
	黄敏	2013	东北大学	物流与供应链管理
合计：12 项				
决策、对策和预测理论与技术	席西民	1995	西安交通大学	决策支持系统与实践
	黄季焜	1997	中国科学院	经济决策与农业决策支持系统
	唐小我	1997	电子科技大学	投资决策方法与应用
	张维迎	2000	北京大学	管理科学基础理论研究
	汪寿阳	2001	中国科学院	决策理论
	杨晓光	2004	中国科学院	决策理论与技术
	徐玖平	2004	四川大学	决策与对策理论
	樊治平	2005	东北大学	决策理论与技术、信息管理、知识管理
	白重恩	2006	清华大学	财税管理与政策
	邹国华	2006	中国科学院	预测理论与技术
	徐泽水	2006	中国人民解放军理工大学	决策理论与技术
	王应明	2009	福州大学	决策理论与方法
	李宏彬	2010	清华大学	关于性别比失调的经济分析与政策研究
	饶培伦	2011	清华大学	人因工程与决策行为分析
	杨翠红	2011	中国科学院数学与系统科学研究院	投入占用产出技术与经济、资源环境政策分析
	彭怡	2013	电子科技大学	数据挖掘与多目标决策
合计：16 项				

研究领域	姓名	基金年度	所在单位	项目名称或研究领域
金融工程与风险管理	吴冲锋	2000	上海交通大学	金融工程
	程兵	2000	中国科学院	金融工程与风险管理
	王春峰	2002	天津大学	金融工程
	周春生	2003	北京大学	财务金融
	张卫国	2008	华南理工大学	金融工程
	周勇	2008	中国科学院	风险计量经济模型的建模、预测和应用
	张顺明	2008	厦门大学	金融决策理论与行为金融研究
	李仲飞	2008	中山大学	金融资产配置、资产定价与风险管理
	王小群	2009	清华大学	金融资产定价、风险管理与创新算法
	余乐安	2010	中国科学院	基于商务智能的经济预测与金融管理研究
	汤珂	2013	中国人民大学	金融学
	刘俏	2013	北京大学	公司金融
			合计：12 项	
信息管理与知识管理	陈国青	1999	北京大学	管理信息系统、决策支持系统、专家系统
	蔡莉	2000	吉林大学	技术经济与技术管理
	周恒甫	2002	北京大学	管理信息系统、决策支持系统和专家支持系统
	陈劲	2002	浙江大学	技术创新与管理
	胡祥培	2007	大连理工大学	电子商务物流系统智能建模方法与干扰管理研究
	马超群	2008	湖南大学	管理系统工程
	李敏强	2009	天津大学	信息系统与管理
	赖明勇	2009	湖南大学	管理系统工程
	曾大军	2010	中国科学院	协同式管理信息系统与电子商务
	黄丽华	2010	复旦大学	我国信息化与工业化融合的理论与实现途径
	徐心	2012	清华大学	企业信息管理——信息技术在企业管理中的应用与影响
	叶强	2012	哈尔滨工业大学	社会媒体背景下的电子商务研究
	赵季中	2013	西安交通大学	物联网多维信息智能感知与计算关键技术研究
	陈煜波	2013	清华大学	全球互联时代的市场营销与商业创新
			合计：14 项	
管理心理与组织行为	郝模	1999	复旦大学	医疗卫生管理
	徐济超	2001	郑州航空工业管理学院	质量管理
	张宗益	2005	重庆大学	公司治理、区域经济增长与政策
	陈国权	2006	清华大学	企业人力资源管理
	汪昌云	2007	中国人民大学	公司治理的价值创造路径研究
	张志学	2009	北京大学	组织行为与组织文化
	周长辉	2011	北京大学	国际化与中国企业战略
	何桢	2012	天津大学	质量管理与质量工程
	蒋炜	2013	上海交通大学	质量控制与管理
			合计：9 项	

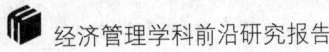

研究领域	姓名	基金年度	所在单位	项目名称或研究领域
复杂系统与复杂性研究	黄海军	1998	北京航空航天大学	交通运输规划与管理
	赵景柱	2003	中国科学院	可持续发展的生态经济过程评价与管理
	魏一鸣	2004	中国科学院	复杂性研究
	杨百寅	2007	清华大学	企业创新力的多层次形成机制研究
	范英	2008	中国科学院	能源—环境—经济复杂系统中的预测理论方法与应用
	王金霞	2009	中国科学院	水资源管理、制度与政策
	马铁驹	2011	华东理工大学	技术演化与能源系统分析
	郑小平	2012	北京化工大学	公共安全与应急管理
	邓祥征	2012	中国科学院地理科学与资源研究所	土地利用管理与政策
	耿涌	2013	中国科学院沈阳应用生态研究所	资源环境管理及政策分析
			合计：10 项	

共计 90 项

表 1－12　2013 年度国家自然科学基金委员会管理科学部杰出青年基金获得者

姓名	性别	学历	职称	研究领域	所在单位
黄敏	女	博士	教授	物流与供应链管理	东北大学
耿涌	男	博士	研究员	资源环境管理及政策分析	中国科学院沈阳应用生态研究所
彭怡	女	博士	教授	数据挖掘与多目标决策	电子科技大学
汤珂	男	博士	副教授	金融学	中国人民大学
刘俏	男	博士	教授	公司金融	北京大学
赵季中	男	博士	教授	物联网多维信息智能感知与计算关键技术研究	西安交通大学
陈煜波	男	博士	教授	全球互联时代的市场营销与商业创新	清华大学
蒋炜	男	博士	教授	质量控制与管理	上海交通大学

　　表 1－13 给出了截至 2013 年国家自然科学基金杰出青年基金获奖者的研究领域分布情况，占比最高的是管理科学基本研究方法的研究，其次是决策、对策和预测理论与技术，占比最低的分别是管理心理与组织行为和复杂系统与复杂性研究。总体来看，在管理科学与工程的七个研究领域中，杰出青年基金项目的分布比较平均，90 项获奖成果中，平均每个研究领域获奖 12.86 项。

表 1-13 截至 2011 年国家自然科学杰出青年基金研究领域分布统计

研究领域	数量项（项）	占比（%）
管理科学基本研究方法的研究	17	19
运筹与管理中若干重要问题研究	12	13
决策、对策和预测理论与技术	16	18
金融工程与风险管理	12	13
信息管理与知识管理	14	16
管理心理与组织行为	9	10
复杂系统与复杂性研究	10	11

图 1-31 和图 1-32 分别给出了截至 2013 年，国家自然科学基金杰出青年基金项目研究领域的分布数量和分布比例。

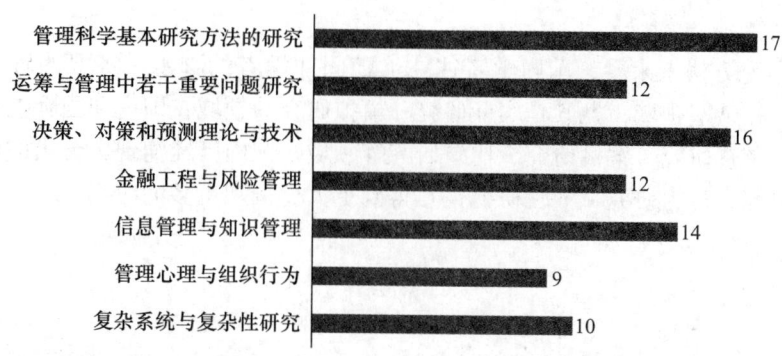

图 1-31 截至 2013 年国家自然科学杰出青年基金项目各研究领域分布情况（单位：项）

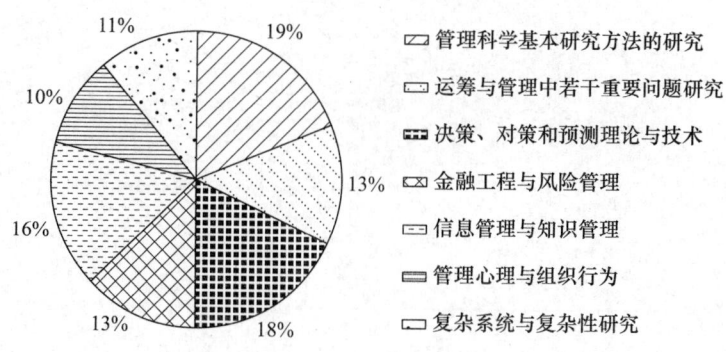

图 1-32 截至 2013 年国家自然科学杰出青年基金项目各研究领域分布百分比

（四）学科发展和研究的未来方向

（1）在全球化和竞争日益激烈的今天，管理科学与工程学科的基础理论与基础方法必须受到重视，尤其是伴随着计算机技术和网络通信技术的迅猛发展，决策和对策理论研究以及管理科学基础理论的研究日益智能化，仿真研究和模拟研究成为本学科未来发展的主要方向，同时，如何对网络不确定性问题提出解决方案成了国际和国内的研究热点问题。

（2）国内外研究热点还没有呈现出一致性和趋同的倾向，国内研究往往以国内政策和热点问题为研究重点，还有大部分文献追随国外主流研究领域的研究问题展开国内研究，国内和国际研究呈现出严重的分化现象。因此，如何加强国内研究的自主性和科学性，而不仅仅是应用性这一问题也是重要的。

（3）从实证研究和规范研究的比较上来看，规范研究的数量远远少于实证研究，这固然和数据可获得性有关，也和管理理论的验证需求密切相关，然而过分注重实证研究而轻规范研究和理论研究，容易造成数据陷阱，也难以真正实现管理科学与工程理论上的重大突破和重大创新。

（4）从研究方法上来看，国内学者往往追随国外学者的脚步，将国外研究方法应用于国内数据，在某些领域，尤其是实证研究、模拟研究等领域，国内和国际上还存在重大差距，但是在调查研究、案例研究、比较研究等领域，国内已经涌现出突出的成果。目前来看，实验研究、行为研究、演化研究正在得到更大比例和更多的应用。

第二章 管理科学与工程学科 2013 年 国内外期刊论文精选

　　本报告以前述管理科学与工程学科的理论结构划分为依据，对 2013 年度国内外管理科学与工程学科的相关文献进行了搜集、梳理与遴选，收录相关学术期刊论文共 2385 篇，其中国内期刊论文 1984 篇，A 类期刊论文 1310 篇，B 类期刊论文 674 篇；国际期刊论文 401 篇，来自于国外十大 A 类期刊。对于收录的论文，编者依据以下原则加以甄别优选：文献的分类口径符合；论文与学科相对度较高；论文检索量较高；理论与方法具有前沿性与创新性；针对重要的社会经济问题，对于管理实践具有现实意义。另外，尽可能覆盖更多的 A 类期刊，以丰富不同领域的研究成果。

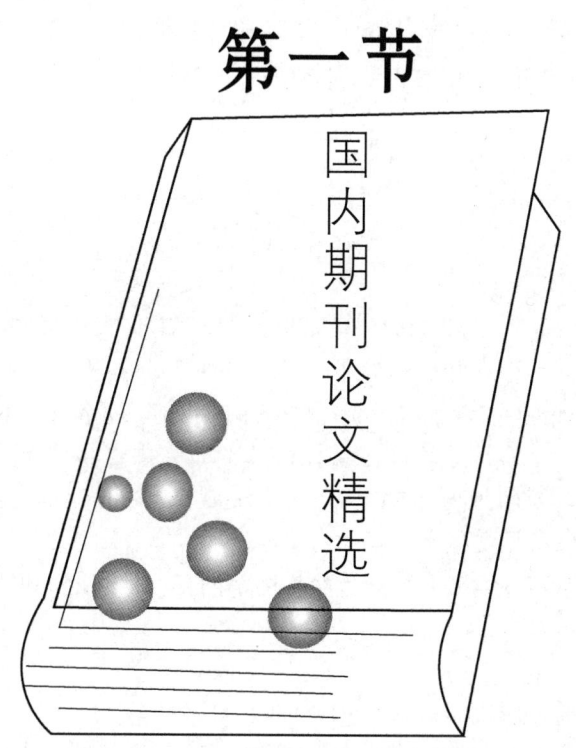

第一节

国内期刊论文精选

不确定性下多目标博弈中弱
Pareto – NS 均衡的存在性[*]

杨哲[1]，蒲勇健[2]，郭心毅[3]

（1. 重庆工商大学经济学院，重庆　400067；2. 重庆大学经济与工商管理学院，重庆　400044；3. 重庆电子工程职业学院财经学院，重庆　401331）

【摘　要】在已知不确定参数变化范围的假设下，研究了多目标博弈中弱 Pareto – NS 均衡点的存在性问题。首先结合非合作博弈中 NS – 均衡的定义，给出不确定性下多目标博弈中弱 Pareto – NS 均衡的定义；进一步借助 Fan – Glicksberg 不动点定理，证明弱 Pareto – NS 均衡的存在性；最后给出算例，验证其可行性。

【关键词】多目标博弈；弱 Pareto – NS 均衡；不确定性；存在性

1　引言

　　拥有多个标准的博弈叫作多目标博弈，或者叫作拥有向量支付的博弈。现实中的很多决策问题都是多目标的，存在相互取舍的关系。Blackwell 首先给出拥有向量支付的零和博弈。在 1959 年，Shapley 引入了向量支付博弈中的均衡。近年来，研究多目标博弈成为研究现实博弈问题的一个有用手段。多目标博弈的研究中，其均衡的存在性为研究的重点，关于多目标博弈均衡存在性的结论，可参见文献［3 ~ 6］，而关于多目标博弈中均衡点的稳定性结论，可以参见文献［7 ~ 8］。

　　以上的研究均是确定环境下非合作博弈均衡解的存在性问题。但是在实际问题中，由

---

　　* 　收稿日期：2010 – 11 – 17。

　　基金项目：重庆大学研究生科技创新基金（200911B0A0050321）。

　　作者简介：杨哲（1983—）男，四川威远人，博士，讲师，研究方向：博弈论、数理经济学，E – mail：zheyang211@163. com；蒲勇健（1961—）男，重庆人，教授，博士生导师，研究方向：博弈论；郭心毅，女，副教授，研究方向：博弈论。

于信息的不完全、非完全理性或者是环境的不确定性，在博弈模型之中往往带有不确定参数，而且博弈的参与人只能预知这些参数的变化范围。在局中人已知不确定参数变化范围的前提下，Zhukovskii[9]结合经典 Nash 均衡及帕累托有效解的概念，介绍了不确定性下非合作博弈的 NS – 均衡概念。在此基础上，Larbani 等[10]定义了不确定环境下非合作博弈的 ZS – 均衡概念，并基于不动点定理证明了其存在性。在国内，张会娟等[11~12]研究了不确定性下非合作博弈强 Nash 均衡的存在性和简单 Berge 均衡的存在性问题。以上的研究均是考虑不确定性下单目标博弈中均衡的存在性问题，而对于多目标博弈的研究，文献中涉及较少。

受以上研究激励，本文作者把不确定性引入多目标博弈的研究之中，结合非合作博弈中 NS – 均衡的定义，给出不确定性下多目标博弈中弱 Pareo – NS 均衡的定义，并且凭借 Fan – Glicksberg 不动点定理，证明此均衡点的存在性。

2 预 备 知 识

考虑一个不确定性下的 n 人博弈 $\Gamma\{I, X_i, f_i, Y\}$。这里 $=I\{1, 2, \cdots, n\}$ 为局中人集合，Y 是不确定参数集合，对任意 $i \in I$，X_i 是局中人 i 的策略集合；$f_i: \prod_{i \in I} X_i \times Y \to R$ 是局中人 i 的支付函数，定义 $X = \prod_{i \in I} X_i, X_{-i} = \prod_{j \in I \setminus \{i\}} X_j, x_{-i} = (x_1, x_2, \cdots, x_{i-1}, x_{i+1}, \cdots, x_n) \in X_{-i}, x = (x_i, x_{-i}) \in X$。在此博弈中每一个局中人选择自己的策略，最大化自己的支付函数，而且这里的支付函数也是关于不确定参数的函数，此博弈可以做如下描述：当所有局中人都已选定了各自的策略后，我们可以得到策略 x。如果不确定参数为 y，那么第 i 个局中人可以得到收益 $f_i(x, y)$。下面我们给出 NS 均衡的定义，可参见文献 [9]。

定义 1 一个点 $(x^*, y^*) \in X \times Y$ 被称为博弈的 NS – 均衡，即满足：

（1）对每一个 $i \in I$，$\forall x_i \in x_i$，$f_i((x_i, x_{-i}^*), y^*) \leqslant f_i((x_i^*, x_{-i}^*), y^*)$；

（2）$f(x^*, y^*) - f(x^*, y) \notin intR_+^n$；$\forall y \in Y$，这里 $f = (f_1, f_2, \cdots, f_n)$，$R_+^n = \{(u_1, u_2, \cdots, u_n) \in R^n \mid u_i \geqslant 0, \forall_i = 1, 2, \cdots, n\}$，$intR_+^n = \{(u_1, u_2, \cdots, u_n) \in R^n \mid u_i > 0, \forall_i = 1, 2, \cdots n\}$。

为了下面的证明，我们引入如下定义和引理。

设 H 是一个实的 Banach 空间而且 C 为 H 中的一个非空锥。锥 C 是凸的，即它满足 $C + C = C$；如果是尖的，即满足 $C \cap (-C) = \theta$，这里 θ 为 H 中的零点。设 A 为 H 中的一个子集，我们定义 $intA$ 为 A 在 H 中的拓扑内部。Z^+ 为所有正实数。在后面的部分，我们都讨论 R^k 中的闭凸尖锥 R_+^k，这里 $R_+^k = \{(u_1, u_2, \cdots, u_k) \in R^k \mid u_1 \geqslant 0, \cdots, u_k \geqslant 0\}$，$intR_+^k = \{(u_1, u_2, \cdots, u_k) \in R^k \mid u_1 > 0, \cdots, u_k > 0\}$，因此我们有 $R_+^k + R_+^k = R_+^k$，

$intR_+^k + R_+^k \subset intR_+^k$。

定义 2　X、Y 为两个非空 Hausdorff 拓扑向量空间，$C \subset Y$ 是一个非空锥，而且 K 为 X 中的一个非空凸子集。一个映射 f：$K \rightarrow Y$ 是 properly　C - 拟凹的，即满足对任意 x，$y \in K$ 和任意 $t \in [0, 1]$，$f(tx + (1 - t)y) \in f(x) + C$ 或者 $f(tx + (1 - t)y) \in f(y) + C$ 成立。

特别地，如果 Y = R 和 $C = R_+ = [0, +\infty)$，那么 properlyC - 拟凹等价于拟凹。

定义 3　X、Y 为两个非空 Hausdorff 拓扑向量空间，$C \subset Y$ 是一个非空锥。一个映射 f：$X \rightarrow Y$ 在 $x \in X$ 是 C - 下半连续的（C - 上半连续的），即满足对 Y 中零点的任意开邻域 V，存在 X 中 x 的开邻域 U，使得对任意 $x' \in U$，有 $f(x') \in f(x) + C + V(f(x') \in f(x) - C + V)$。如果 -f 在 X 上是 C - 下半连续的，那么 f 在 X 上是 C - 上半连续的。如果 f 在 X 上既 C - 上半连续的又是 C - 下半连续的，那么称 f 在 X 上是 C - 连续的。

下面的引理 1 至引理 3 可以参见俞建在 2008 年的专著《博弈论与非线性分析》[13]。

引理 1　（KyFan 截口定理）设 X 是 Hausdorff 拓扑向量空间 E 中的非空凸紧子集，B 为 $X \times X$ 中的子集，而且满足：

(1) 对任意 $x \in X$，$\{y \in X | (x, y) \in B\}$ 在 X 中是开的；

(2) 对任意 $y \in X$，$\{x \in X | (x, y) \in B\}$ 是凸的；

(3) 对任意 $x \in X |$，$(x, x) \notin B$。

那么存在 $y^* \in X$ 使得 $(x, y^*) \notin B$，$\forall x \in X$。

引理 2　设 X、Y 是两个 Hausdorff 拓扑空间，而且 Y 是紧空间，如果集值映射 F：$X \rightarrow P_0(Y)$ 是闭的，则 F 在 X 上是上半连续的。

引理 3　（Fan - Glicksberg 不动点定理）设 X 是 Hausdorff 局部凸线性拓扑空间 E 里的非空凸紧集，集值映射 F：$X \rightarrow P_0(X)$ 满足 $\forall x \in X$，F(x) 是非空凸紧集，且在 X 上是上半连续的，那么存在 $x^* \in X$，使得 $x^* \in F(x^*)$。

3　定义与存在性

设多目标博弈 $\Gamma\{I, X_i, Y, F^i\}$ 是一个不确定性下的多目标博弈：$I\{1, 2, \cdots, n\}$ 为局中人集合；$\forall_i \in I$，X_i 是第 i 人的策略空间；$F^i = (f_1^i, f_2^i, \cdots, f_k^i)$：$X \times Y \rightarrow R^k$ 是第 i 人的多目标支付函数，这里 $X = \prod_{i \in I} X_i, X_{-i} = \prod_{j \in I/\{i\}} X_j$。

定义 4　我们说 $(x^*, y^*) = (x_i^*, x_{-i}^*, y^*) \in X \times Y$ 是不确定性下多目标博弈 $\Gamma\{I, X_i, Y, F^i\}$ 的弱 Pareto NS 均衡，即满足：

(1) $\forall i \in I$，$\forall u_i \in X_i$，$F^i(u_i, x_{-i}^*, y^*) - F^i(x_i^*, x_{-i}^*, y^*) \notin intR_+^k$。

(2) $\forall y \in Y$，$F(x^*, y^*) - F(x^*, y) \notin intR_+^{n \times k}$，这里 $F = (F^1, F^2, \cdots, F^n)$。

为了证明均衡的存在性，我们先给出下面的引理。

引理 4 X 为非空 Hausdorff 拓扑向量空间。$\forall i = 1, 2\cdots, m,$，映射 f_i：$X \to R^k$ 是 R_+^k – 下半连续的（R_+^k – 上半连续的），那么 $f = (f_1, f_2, \cdots, f_m)$：$X \to R^{k \times m}$ 是 $R_+^{k \times m}$ – 下半连续的（R_+^k – 上半连续的）。

证明 因为 $\forall i = 1, 2, \cdots, m$ 映射 f_i：$X \to R^k$ 是 R_+^k – 下半连续的，所以根据 R_+^k – 下半连续的定义，对任意固定 $x \in X$，对 R^k 中零点的任意开邻域 V，存在 x 的开邻域 U_i，使得对任意 $x' \in U_i$，有 $f_i(x') \in f_i(x) + V + R_+^k$，即存在 $v_i \in V$ 和 $r_i \in R_+^k$，使得 $f_i(x') = f_i(x) + v_i + r_i$。因此我们可得对任意，$x' \in \cap_{i=1}^m U_i$，有：

$$(f_1(x'), f_2(x'), \cdots, f_n(x')) = (f_1(x) + v_1 + r_1, f_2(x) + v_2 + r_2, \cdots, f_n(x) + v_n + r_n)$$
$$= (f_1(x), f_2(x), \cdots, f_n(x)) + (v_1, v_2, \cdots, v_n), (r_1, r_2, \cdots, r_n)$$
$$\in (f_1(x), f_2(x), \cdots, f_n(x)) + (V, V, \cdots, V) + R_+^{k \times m}$$

这里 $(V, V, \cdots, V)$ 为 $R^{k \times m}$ 中零点的任意开邻域。我们得证 $f = (f_1, f_2, \cdots, f_m)$，是 $R_+^{k \times m}$ – 下半连续的。

同理可证，如果 $\forall i = 1, 2, \cdots, m$，映射 f_i：$X \to R^k$ 是 R_+^k – 上半连续的，那么 $f = (f_1, f_2, \cdots, f_m)$ 是 $R_+^{k \times m}$ – 上半连续的。

定理 1 考虑不确定性下多目标博弈 $\Gamma\{I, X_i, Y, F^i\}$：$I = \{1, 2, \cdots, n\}$；对任意 $i \in I$，X_i 是局部凸 Hausdorff 拓扑向量空间里的非空紧凸子集；$F^i = (f_1^i, f_2^i, \cdots, f_k^i)$：$X \times Y \to R^k$ 为局中人 i 的多目标支付函数，而且记 $F = (f^1, f^2, \cdots, f^n)$，满足如下条件：

（1）对任意 $i \in I$，$F^i(x, y)$ 是 R_+^k – 连续的；

（2）对任意固定 $(x_{-i}, y) \in X_{-i} \times Y$，$x_i \to F^i(x_i, x_{-i}, y)$ 是 properly R_+^k – 拟凹的；

（3）对任意固定 $x \in X$，$y \to -F(x, y)$ 是 properly $R_+^{k \times n}$ – 拟凹的。

那么不确定性下多目标博弈 $\Gamma\{I, X_i, Y, F^i\}$ 至少存在一个弱 Pareto – NS 均衡点。

证明 对任意 $i \in I$，定义集值映射 H_i：$X_{-i} \times Y \to P_0(X_i)$：

$H_i(x_{-i}, y) = \{x_i \in X_i \mid F^i(u_i, x_{-i}, y) - F^i(x_i, x_{-i}, y) \notin \text{int}R_+^k; \ \forall u_i \in X_i\}$。

我们又定义集值映射 H_0：$X \to P_0(Y)$：

$H_0(x) = \{y \in Y \mid F(x, y) - F(x, v) \notin \text{int}R_+^{k \times n}; \ \forall v \in Y\}$

（I）首先我们证明 $\forall i \in I$，$\forall(x_{-i}, y) \in X_{-i} \times Y$，$H_i(x_{-i}, y) \neq \phi$。

对任意 $i \in I$ 和任意 $(x_{-i}, y) \in X_{-i} \times Y$，我们定义集合：

$B = \{(u_i, x_i) \in X_i \times X_i \mid F^i(u_i, x_{-i}, y) - F^i(x_i, x_{-i}, y) \in \text{int}R_+^k\}$

对任意 $u_i \in X_i$，如果 $x_i \in \{x_i \in X_i \mid (u_i, x_i) \in B\}$，那么存在 R^K 中零点的开邻域 V，使得：

$F^i(u_i, x_{-i}, y) - F^i(x_i, x_{-i}, y) + V \subset \text{int}R_+^k$

根据条件（1）可知，$x_i \to F^i(u_i, x_{-i}, y) - F^i(x_i, x_{-i}, y)$ 是 R_+^k – 连续的，所以存在 x_i 的开邻域 $U(x_i)$，使得对任意 $x_i' \in U(x_i)$ 有：

$F^i(u_i, x_{-i}, y) - F^i(x_i, x_{-i}', y) \in F^i(u_i, x_{-i}, y) - F^i(x_i, x_{-i}, y) + V + R_+^k \subset \text{int}$

$R_+^k + R_+^k \subset \text{int}R_+^k$。

那么证得 $\{x_i \in X_i \mid (u_i, x_i) \in B\}$ 是 X_i 中的开集。

条件(2)中可得对任意固定 $(x_{-i}, y) \in X_{-i} \times Y$，$x_i \to F^i(x_i, x_{-i}, y)$ 是 properlyR_+^k - 拟凹的。因此对任意 $u_i^1, u_i^2 \in \{u_i \in X_i \mid (u_i, x_i) \in B\}$ 和任意 $t \in (0, 1)$，不失一般性我们可得：

$F^i(tu_i^1 + (1-t)u_i^2, x_{-i}, y) \in F^i(u_i^1, x_{-i}, y) + R_+^i$，

即可推出：

$F^i(tu_i^1 + (1-t)u_i^2, x_{-i}, y) - F^i(x_i, x_{-i}, y)$

$= F^i(tu_i^1 + (1-t)u_i^2, x_{-i}, y) - F^i(u_i, x_{-i}, y) + F^i(u'_i, x_{-i}, y) - F^i(x_i, x_{-i}, y)$

$\in R_+^k + \text{int}R_+^k \subset \text{int}R_+^k$。

又对任意 $x_i \in X_i$，有 $(x_i, x_i) \notin B$，所以根据引理1，存在 $x_i \in X_i$，使得 $(u_i, x_i) \notin B$，$\forall u_i \in X_i$。这即是存在 $x_i \in X_i$，使得：

$F^i(u_i, x_{-i}, y) - F^i(x_i, x_{-i}, y) \notin \text{int}R_+^k$；$\forall u_i \in X_i$。

因此我们得证 $\forall i \in I$，$\forall(x_{-i}, y) \in X_{-i} \times Y$，$H_i(x_{-i}, y) \neq \phi$。

（Ⅱ）和（Ⅰ）中的证明相似，利用条件（1）（3），我们可得证 $\forall x \in X$，$H_0(x) \neq \varphi$。

（Ⅲ）我们将证明 $\forall i \in I$，$\forall(x_{-i}, y) \in X_{-i} \times Y$，$H_i(x_{-i}, y)$ 是凸的。

如果存在 $x_i^1, x_i^2 \in H_i(x_{-i}, y)$ 和 $t \in (0, 1)$，使得 $tx_i^1 + (1-t)x_i^2 \notin H_i(x_{-i}, y)$，那么存在 $u_i \in X_i$，使得：

$F^i(u_i, x_{-i}, y) - F^i(tx_i^1 + (1-t)x_i^2, x_{-i}, y) \in \text{int}R_+^k$

因为 $x_i \to F^i(x_i, x_{-i}, y)$ 是 properly R_+^k - 拟凹的，不失一般性，可得：

$F^i(tx_i^1 + (1-t)x_i^2, x_{-i}, y) \in F^i(x_i^1, x_{-i}, y) + R_+^k$

那么我们可得：

$F^i(u_i, x_{-i}, y) - F^i(x'_i, x_{-i}, y)$

$= F^i(u_i, x_{-1}, y) - F^i(tx_i^1 + (1-t)x_i^2, x_{-i}, y) + F^i(tx_i^1 + (1-t)x_i^2, x_{-i}, y) - F_i(x_i^1, x_{-i}, y)$

$\in \text{int}R_+^k + R_+^i \subset \text{int}R_+^K$

这与 $x_i^1 \in H_i(x_{-i}, y)$ 矛盾。因此得证 $\forall i \in I$，$\forall(x_{-i}, y) \in X_{-i} \times Y$，$H_i(x_{-i}, y)$ 是凸的。

（Ⅳ）我们将证明 $\forall x \in X$，$H_0(x)$ 是凸的。

如果存在 $y_1, y_2 \in H_0(x)$ 和 $t \in (0, 1)$，使得 $ty_1 + (1-t)y_2 \notin H_0(x)$，那么存在 $v \in Y$，使得：

$F(x, ty_1 + (1-t)y_2) - F(x, v) \in \text{int}R_+^{k \times n}$

由条件（3）对任意固定 $x \in X$，$y \to -F(x, y)$ 是 properly$R_+^{k \times n}$ - 拟凹的，不失一般性可得：

$-F(x, ty_1 + (1-t)y_2) \in -F(x, y_1) + R_+^{k \times n}$

那么我们可得：

$F(x, y_1) - F(x, v) = F(x, y_1) - F(x, ty_1 + (1-t)y_2) + F(x_1, ty_1 + (1-t)y_2) - F(x, v) \in R_+^{k \times n} + \text{int}R_+^{k \times n} \subset \text{int}R_+^{k \times n}$

这与 $y_1 \in H_0(x)$ 矛盾，所以得证 $\forall x \in X$，$H_0(x)$ 是凸的。

（Ⅴ）我们将证明 $\forall i \in I$，H_i 是上半连续而且拥有非空紧值。

根据引理 2，我们只需证明 H_i 的图是闭的，即证明 $X_{-i} \times Y$ 中的任意网 $\{(x_{-i}^\alpha, y^\alpha)\}$，而且 $\{(x_{-i}^\alpha, y^\alpha) \to (x_{-i}, y)$，任意 $x_i^\alpha \in H_i(x_{-i}^\alpha, y^\alpha)$，而且 $x_i^\alpha \to x_i$，我们证明 $x_i \in H_i(x_{-i}, y)$。

如果我们假设 $x_i \notin H_i(x_{-i}, y)$，那么存在足 $u_i \in X_i$，使得：

$F^i(u_i, x_{-i}, y) - F^i(x_i, x_{-i}, y) \in \text{int}R_+^k$

因此存在 R^k 中零点的开邻域 V，使得：

$F^i(u_i, x_{-i}, y) - F^i(x_i, x_{-i}, y) + V \subset \text{int}R_+^k$

根据条件(1)可知，$(x_i, x_{-i}, y) \to F^i(u_i, x_{-i}, y) - F^i(x_i, x_{-i}, y)$ 是 R_+^k – 连续的，那么存在 (x_i, x_{-i}, y) 的开邻域 $U(x_i, x_{-i}, y)$，使得对任意 $(x'_i, x'_{-i}, y') \in U(x_i, x_{-i}, y)$，有：

$F^i(u_i, x'_{-i}, y') - F^i(x'_i, x'_{-i}, y') \in F^i(u_i, x'_{-i}, y') - F^i(x'_i, x'_{-i}, y) + V + R_+^k \subset \text{int}R_+^k + R_+^k \subset \text{int}R_+^k$

因为 $(x_i^\alpha, x_{-i}^\alpha, y^\alpha) \to (x_i, x_{-i}, y)$，所以存在 α_0，使得对任意 $\alpha > \alpha_0$，有 $(x_i^\alpha, x_{-i}^\alpha, y^\alpha) \in U(x_i, x_{-i}, y)$，因此可得，当 $\alpha > \alpha_0$ 时，有：

$F^i(u_i, x_{-i}^\alpha, y^\alpha) - F^i(x_i^\alpha, x_{-i}^\alpha, y^\alpha) \in \text{int}R_+^k$

这与 $x_i^\alpha \in H_i(x_{-i}^\alpha, y^\alpha)$ 矛盾，所以 $x_i \in H_i(x_{-i}, y)$。我们得证 $\forall i \in I$，H_i 是上半连续而且拥有非空紧值。

（Ⅵ）我们将证明 H_0 是上半连续而且拥有非空紧值。

根据引理 2，我们只需证明 H_0 的图是闭的，即证明 X 中的任意网 $\{x^\alpha\}$，而且，$x^\alpha \to x$，任意 $y^\alpha \in H_0(x^\alpha)$，而且 $y^\alpha \to y$，我们证明 $y \in H_0(x)$。

如果我们假设 $y \notin H_0(x)$，那么存在 $v \in Y$，使得：

$F(x, y) - F(x, v) \in \text{int}R_+^{k \times n}$

因此存在 $R^{k \times n}$ 中零点的开邻域 V，使得：

$F(x, y) - F(x, v) + V \subset \text{int}R_+^{k \times n}$

根据条件(1)可知，$(x, y) \to F(x, y) - F(x, v)$ 是 $R_+^{k \times n}$ – 连续的，那么存在 (x, y) 的开邻域 $U(x, y)$，使得对任意 $(x', y') \in U(x, y)$，有：

$F(x', y') - F(x', v) \in F(x, y) - F(x, v) + V + R_+^{k \times n} \subset \text{int}R_+^{k \times n} + R_+^{k \times n} \subset \text{int}R_+^{k \times n}$

因为 $(x^\alpha, y^\alpha) \to (x, y)$，所以存在 α_1，使得对任意 $\alpha > \alpha_1$，有 $(x^\alpha, y^\alpha) \in U(x, y)$，因此可得，当 $\alpha > \alpha_1$ 时，有：

$F(x^\alpha, y^\alpha) - F(x^\alpha, v) \in \text{int}R_+^{k \times n}$

这与 $y^\alpha \in H_0(x^\alpha)$ 矛盾，所以 $y \in H_0(x)$。因此我们得证 H_0 是上半连续而且拥有非空紧值。

（Ⅶ）根据（Ⅰ）~（Ⅵ）的证明我们可知，$\forall i \in I$，H_i 和 H_0 都为上半连续而且拥有非空凸紧值的集值映射。我们定义不动点映射 φ：$X \times Y \to P_0(X \times Y)$：

$$\varphi(x, y) = \prod_{i \in I} H_i(x_{-i}, y) \times H_0(x)$$

因为 $X \times Y$ 为局部凸 Hausdorff 空间中的非空凸紧子集，而且 φ：$X \times Y \to P_0(X \times Y)$ 为上半连续而且拥有非空凸紧值的集值映射，因此根据引理 3（Fan – Glicksberg 不动点定理），存在 $(x^*, y^*) \in X \times Y$，使得 $(x^*, y^*) \in \varphi(x^*, y^*)$，那么可得 $\forall i \in I$，$x_i^* \in H_i(x_{-i}^*, y^*)$ 和 $y^* \in H_0(x^*)$。

由 $\forall i \in I$，$x_i^* \in H_i(x_{-i}^*, y^*)$，可得：

$$F^i(u_i, x_{-i}^*, y^*) - F^i(x_i^*, x_{-i}^*, y^*) \notin \mathrm{int} R_+^k; \quad \forall u_i \in X_i$$

由 $y^* \in H_0(x^*)$，可得：

$$F(x^*, y^*) - F(x^*, v) \notin \mathrm{int} R_+^{k \times n}; \quad \forall v \in Y$$

因此不确定性下多目标博弈 $\Gamma\{I, X_i, Y, F^i\}$ 至少存在一个弱 Pareto – NS 均衡点 (x^*, y^*)。

注 1：如果 $k = 1$，多目标博弈成为一般单目标博弈，弱 Pareto – NS 均衡成为 NS – 均概，定理 1 成为 NS 均衡的存在性定理。

4 算例分析

这一节中我们用一个简单的例子说明不确定性下多目标博弈中均衡点的存在性。

例 1：设一个不确定性下多目标博弈 $\Gamma\{I, X_i, Y, F^i\}$，其中 $I = \{1, 2\}$，$X_1 = X_2 = Y = \{0, 1\}$，

$$F^1(x_1, x_2, y) = (x_1 + x_2 - y, x_1 - x_2 - y),$$

$$F^2(x_1, x_2, y) = (x_2 - x_1 - y, x_1 + x_2 - y)。$$

很容易验证满足定理 1 的所有条件。我们设 $(x^*, y^*) \in X_1 \times X_2 \times Y$ 为不确定性下的弱 Pareto – NS 均衡点，那么可得：

$$F^1(x_1, x_2^*, y^*) - F^1(x_1, x_2^*, y^*) = (x_1 - x_1^*, x_1 - x_1^*) \notin \mathrm{int} R_+^2, \quad \forall x_1 \in X_1;$$

$$F^2(x_1^*, x_2, y^*) - F^2(x_1^*, x_2^*, y^*) = (x_2 - x_2^*, x_2 - x_2^*) \notin \mathrm{int} R_+^2, \quad \forall x_2 \in X_2;$$

$$F(x^*, y^*) - F(x^*, y) = (y - y^*, y - y^*, y - y^*, y - y^*) \notin \mathrm{int} R_+^4, \quad \forall y \in Y。$$

可得 $(x_1^*, x_2^*, y^*) = (1, 1, 1)$。

5 结束语

本文在原有 NS – 均衡研究的基础上，定义不确定性下多目标博弈中的弱 Pareto – NS 均衡。它是多目标博弈在不确定性下的推广，也是 NS – 均衡在多目标博弈中的推广，具有更普遍的意义。本文仅研究了均衡存在性的内容，研究均衡稳定性是下一步研究方向。

参考文献

［1］Blackwell D. An analog of the minimax theorem for vector payoffs ［J］. Pac J Math, 1956 (6)：1 – 8.

［2］Shapley L. S., Rigby F. D. Equilibrium points in games with vector payoffs ［J］. Naval Research Logistics Quarterly, 1959 (6)：57 – 61.

［3］Ghose D., Prasad U. R. Solution concepts in two – person multicriteria games ［J］. Journal of Optimization Theory and Applications, 1989 (63)：167 – 189.

［4］Wang S. Y. Existence of a pareto equilibrium ［J］. Jouranl of Optimization Theory and Applications, 1993 (79)：373 – 384.

［5］Yu. J, Yuan G. X. Z. The study of pareto equilibria for multiobjective games by fixed point and Ky fan minimax inequality methods ［J］. Computers and Mathematics with Applications, 1998, 35 (9)：17 – 24.

［6］Yu J. Essential weak efficient solution in multiobjective optimization problema ［J］. J Math Anal Appl, 1992 (166)：230 – 235.

［7］Yang H., Yu J. On essential component of the set of weakly pareto – Nash equilibrium ［J］. Applied Mathematics：etters, 2002 (15)：553 – 560.

［8］Yu J., Yang H. The essential component of the set of equilibrium points for set – valued maps ［J］. J Math Anal Appl, 2004 (300)：334 – 342.

［9］Zhukovskii V. I. Linear quadratic differential games ［M］. Naoukova Doumka；Kiev, 1994.

［10］Larbani M., Lebbah H. A concept of equilibrium for a game under uncertainty ［J］. European Journal of Operational Research, 1999, 117 (1)：145 – 156.

［11］张会娟，张强. 不确定性下非合作博弈强 Nash 均衡的存在性［J］. 控制与决策, 2010, 25 (8)：1251 – 1254.

Zhang H. J., Zhang Q. Existence of strong Nash equilibrium for non – cooperative games under uncertainty ［J］. Control and Decision, 2010, 25 (8)：1251 – 1254.

［12］张会娟，张强, 不确定性下非合作博弈简单 Berge 均衡的存在性［J］. 系统工程理论与实践, 2010, 30 (9)；1630 – 1635.

Zhang H. J., Zhang Q. Existence of simple berge equilibrium for non – cooperative games under uncertainty ［J］. Systema Engineering – Theory &practice, 2010, 30 (9)：1630 – 1635.

［13］俞建. 博弈论与非线性分析 ［M］. 北京：科学出版社, 2008.

Yu J. Game theery and nenlinear analgsis ［M］. Beijing：Suenec Bress, 2008.

On the Existence of Weakly Pareto – NS Equilibrium Points in Multi-objective Games under Uncertainty

Yang Zhe[1], Pu Yongjian[2], Guo Xinyi[3]

(1. College of Economics, Chongqing Technology and Business University, Chongqing 400067, China; 2. College of Econouiics and Business Administration, Chongqing University, Chongqing 400044, China; 3. College of Finance and Economics, Chongqing College of Electronic Engineering, Chongqing 401331, China)

Abstract: In this paper, under the assumption that the domain of the undetermined parameters is known, we study the existence theorem for weakly Pareto – NS equilibrium points in multi – objective games. Combined the concept of NS – equilibrium in noncooperative games, we firstly introduce the concept of weakly Pareto – NS equilibrium points, further prove the existence of weakly Pareto – NS equilibrium points in multi – objective games under uncertainty by the mean of Fan – Glicksberg fixed point theorem. Finally, a numeric example is given.

Key Words: multi – objective game; weakly Pareto – NS equilibrium; uncertainty; existence

多车型车辆路径问题的量子遗传算法研究[*]

葛显龙[1]，许茂增[1]，王伟鑫[2]

（1. 重庆交通大学管理学院，重庆　400074；

2. 重庆大学机械工程学院，重庆　400030）

【摘　要】本文在分析现有文献中多车型车辆路径问题中车辆使用优先原则的基础上，将车辆使用费用分为固定费用和油耗费用，并建立以配送总费用最小为优化目标的数学模型。设计量子遗传算法对模型进行求解，采用量子比特位设计染色体结构，改进遗传算法中交叉与变异算子，避免优秀基因不被破坏，设计快速寻优机制与最优保留机制，增强求解效率。最后，结合算例对模型和算法进行了检验与分析。

【关键词】量子遗传算法；车辆调度问题；最优保留机制；种群扩张机制

1　引言

在实际的运输任务或配送业务中，顾客的订货量和地理分布不尽相同，因此，在安排车辆行驶路线时需要考虑载重量和体积不同车型的混合使用问题。然而，已有车辆路径问题（Vehicle Routing Prob-lem，VRP）的研究主要集中在单车型的VRP[1~7]，而对于多车型车辆路径问题（Multi-types VRP）研究比较少，例如，王晓博[8]针对客户多样化和个性化的需求，建立多车型、多约束条件的集货和配送车辆调度模型，采用混合遗传算法求解Muli-types VRP模型；李冰等[9]研究了多车型确定性的VRP问题，提出单时段单节点问题的车辆调配原则；陈萍等[10]采用变邻域搜索算法求解Multi-types VRP；马建华等[11]分别求解多车型和单车型问题的车辆分割的动态规划方法，并

---

*　收稿日期：2010-12-07；修订日期：2012-05-10。

　　基金项目：国家社会科学基金资助（11BGL006）；教育部人文社会科学研究青年基金资助项目（10YJC630039）。

　　作者简介：葛显龙（1984—），男，汉族，河南信阳人，重庆交通大学讲师，博士，研究方向：供应链管理、电子商务物流。

把单车型问题的动态规划方法和改进的 Split 方法进行对比；张景玲等[12]研究了多车型动态车辆调度问题，并设计"预优化路线的制定 + 实时动态优化调度"的两阶段求解策略对模型求解；陈美军等[13]采用蚁群算法研究多车型多约束的 VRP 问题，提出小车型优先原则；李建等[14]研究了第三方物流企业在物流配送中的 VRP，提出费用最小的车型优先分配原则；熊浩等[15]分别以距离成本和油耗成本为优化目标对比研究了 Multi - types VRP，提出先优化线路后匹配车型的使用原则；Subramanian 等[16]提出自适应记忆规划求解 Multi - types VRP；Brandao[17]采用禁忌算法研究了 Multi - types VRP，并分析了不同车型对求解效果的影响；Li 等[18]把不同车型的使用费用分为固定费用和可变费用两部分；Artur 等[19]分析了不同车型的使用成本构成，并设计禁忌搜索算法对 Multtypes VRP 模型求解；Yazgi[20]设计了贪婪的随机自适应记忆搜索算法，对 Multi - types VRP 模型求解。综合分析已有文献研究的不足之处有：①在选择车型时，车型与线路匹配通过人为选定，或仅以一个约束条件为车型的限制，没有考虑不同车型对线路优化的影响，可能丢失最优解；②确定优化目标时，一般以距离或含混不清的广义费用为研究目标，而没有考虑车辆实际运行中的可变费用和固定费用，以及与可变费用关系密切的车载率，与实际应用不相符。

本文在已有研究成果的基础上，分析不同车型对优化线路的影响和线路与车型的匹配问题，综合考虑不同车型使用费用问题，将其分为固定成本和可变成本，并考虑与可变成本密切相关的车载率，根据综合使用费用的不同制定车型分配原则，建立多车型车辆调度问题的数学模型，从而使对 Multi - types VRP 的研究更具实际意义。针对车辆调度问题设计简洁高效的量子遗传算法，并结合算例对模型和算法进行验证。

2　问题分析

目前，我国的货车车型有 2000 多种，规格和型号各有差异。配送中心使用的车辆主要来源于两个方面：自购车辆和租赁车辆，其在购置或租赁车辆时是根据配送业务的不同而定的，一般多采用多种车型混合使用，车型的不同主要表现在以下几个方面：

（1）车辆形式不同。由于货物的种类不通，对运输车辆的要求也不一样，如冷冻冷藏食品的配送需要选择冷藏车，大宗货品的配送需要厢式车，而配送中心为了节约成本还会使用篷棚式平板车。

（2）车辆吨位不同。配送中心考虑到运输成本，往往选择吨位比较大的车型进行配送。但是吨位大的车型运输又会受到限制：第一，订单批量的限制。线路上客户的需要达不到一定的量，使得大车型的使用造成浪费。第二，交通法规的限制。城市对车辆都有时间和吨位的限制，不允许大吨位的车型在白天进入市区送货。

（3）车辆体积不同。车辆厢体的体积是根据货物的比重确定的。运输比重大的货品，选择厢体较小或标准配置的车辆厢体。运输货物如果比重小，就要选择厢体较大的。配送中心需要进行配送的货品千差万别，不同车型的混合使用是经常的事情，表1为某配送中心拥有车型的参数。

表1　为某配送中心使用的车型参数

车名	车型	车厢尺寸（长×宽×高）m	载重量（kg）
东风	厢式货车	$5.0 \times 1.9 \times 1.85$	2000
东风	厢式货车	$7.2 \times 2.2 \times 2.5$	5000
东风	厢式货车	$8.0 \times 2.5 \times 2.5$	8000
解放	栏板货车	$7.2 \times 2.2 \times 2.5$	5000
解放	栏板货车	$7.4 \times 2.2 \times 2.5$	5000
解放	栏板货车	$7.6 \times 2.2 \times 2.5$	8000
解放	栏板货车	$8.0 \times 2.2 \times 2.5$	8000
三菱	厢式货车	$7.4 \times 2.2 \times 2.5$	8000
三菱	栏板货车	$7.4 \times 2.2 \times 2.5$	8000
三菱	平板半挂车	$12.5 \times 2.2 \times 2.5$	15000
三菱	平板半挂车	$12.4 \times 2.2 \times 2.5$	20000
三菱	集装箱挂车	$12.4 \times 2.2 \times 2.5$	30000

实际中物流配送问题比较复杂，在抽象为 Multi-types VRP 时，为了便于研究，需要对实际问题做以下假设：

（1）配送网络中各个客户的需求是已知的；

（2）各个客户需求的货物可以混装，每个客户的需求量不超过最大车型的装载量，并且不得分拆配送；

（3）配送车型以载重量分类，每辆车都不准许超载，由配送中心发车，最后并返回；

（4）配送中心有足够的资源以供配送，并且拥有足够的运输能力；

（5）配送中心与客户和客户与客户之间的距离已知且固定不变。

3　建立数学模型

3.1　选择优化目标

Multi-types VRP 涉及的车型有多种，其使用费用存在很大差异，因此，选择合适的优化目标是研究 Multi-types VRP 的一个重要方面，若仅以距离为优化目标，则无法区别不同车型的使用成本，使得研究失去了意义。

在实际的运输业中，运输量和车载率对物流成本有着重要影响，物流成本除了与运输距离密切相关外，与运输量和车载率也有直接关系。若仅以距离为优化目标，运输量与车载率在物流成本中无法体现。同时，以距离为优化目标时，配送线路的优化也不够全面，如在送货问题中，由于车辆空载成本与满载成本有很大差异，应当从距离配送中心最近的顾客开始配送，以降低物流成本，若以距离为优化目标时，对此细节则无法实现优化。

由于车辆的实载率在运输业中是车辆有效利用的重要指标，本文提出以固定成本和可变油耗成本为优化目标，其中油耗成本与车辆的运输量和车载率密切相关。实载率主要考虑车辆的行程和装载量两个方面，是车辆行驶里程和装载率的乘积。在第 i 段运输距离中，用 p_i 表示车辆的实载率，q_i 表示车辆的运输量，则车辆的实载率为：$p_i = q_i / Q$。一般情况下，车辆的油耗与车辆的运输量呈正向相关性，本文假定车辆的油耗与运输量呈正比例关系。若车辆空载时的单位距离油耗成本为 e_1，满载时的油耗成本为 e_2，则第 i 段运输距离中油耗成本为：$e_i = e_1 + p_i (e_2 - e_1)$，若运输距离为 s_i，得到运输的总油耗成本为：

$$C = s_i [e_1 + p_i (e_2 - e_1)] = e_1 s_i + s_i p_i (e_2 - e_1) \tag{1}$$

3.2　车型的分配原则

Multi – types VRP 研究的另一个重要方面是不同车型的分配原则，已有文献由于优化目标不同或其他方面的考虑，车型分配原则也各不相同。例如，王晓博等[8]通过对单车型与多车型的运营策略对比得出，采用多车型运营策略可以使企业缩短配送里程、节省配送车辆，进而提出大车型优先使用原则；李冰[9]建立车辆与任务相匹配的匹配矩阵，通过计算使用每种车型的收益值大小，来分配车型的使用顺序；陈美军等[13]提出先使用小车型，逐渐到最大车型，对于某种车型，确定其可执行的任务集，然后对这些任务进行单车型优化调度，检查产生的线路是否满足约束条件，当存在不可行线路时，移动和推迟任务给下一种车型，直到最大车型为止；李建等[14]根据第三方物流企业在物流配送中车辆使用来源的不同和车型的使用费用及成本等问题，提出费用最小的车型优先分配原则；熊浩等[15]建立以油耗为目标函数的数学模型，提出先优化线路后匹配车型的分配原则；Repoussis 和 Tarantilis[21]分析了影响多车型问题行车线路优化的因素，得出车辆满载时使用成本最低的结论。

在综合分析已有文献的基础上，本文提出 Multi – types VRP 的车型分配原则如下：

（1）采用大旅程算法找出一条最短路径将所有各户串联起来；

（2）把路径上的客户从离配送中心最近的一段开始，将其需求量进行累加，计算不同车型的车载率，并以最大车载率截取线路，将其分成不同规模的商旅行商问题，并让其首尾与配送中心相连；

（3）利用量子遗传算法对各个商旅问题进行优化调整。

3.3 建立以油耗为目标的数学模型

根据配送网络中客户的需求量和车载量，估计完成任务所需要的车辆数为 m：

$$\left[\sum_{i=1}^{L} q_i / \partial Q_r^{max}\right] + 1 \leq m \leq \left[\sum_{i=1}^{L} q_i / \partial Q_r^{min}\right] + 1 \tag{2}$$

其中，[ ] 表示对括号内的数取整，Q_r^{max} 表示最大车型的车载量，Q_r^{min} 表示最小车型的车载量，$0 < \partial < 1$，是对装车的复杂性程度及约束限制的估计，一般情况下，装车越复杂，约束条件越多，∂ 应越小，表示车辆所能容纳的货物量越少。

以车辆固定使用费用和配送油耗成本最小为多车型车辆调度问题的目标函数，建立数学模型，首先给出决策变量：

$$x_{ijkr} = \begin{cases} 1, & \text{车型为 r 的车辆 k 由客户 i 驶向客户 j;} \\ 0, & \text{其他。} \end{cases}$$

$$y_{ikr} = \begin{cases} 1, & \text{客户 i 的配送任务由车型 r 的车辆 k 完成;} \\ 0, & \text{其他。} \end{cases}$$

则可以建立如下数学模型：

$$MinZ = \sum_{i=0}^{L}\sum_{j=0}^{L}\sum_{k=1}^{m}\sum_{r=1}^{n} c_{ij}x_{ijkr}e_{r1} + \sum_{i=0}^{L}\sum_{j=0}^{L}\sum_{k=1}^{m}\sum_{r=1}^{n} c_{ij}x_{ijkr}p_{ijkr}(e_{r2}-e_{r1}) + \sum_{r=1}^{n}F_r\sum_{i=1}^{L}x_{0ikr} \tag{3}$$

$$s.t. : p_{ijkr} = \left(\sum_{j=1}^{L} q_j y_{jkr} - \sum_{i=1}^{j-1} q_i y_{ikr}\right)/Q_r \tag{4}$$

$$\sum_{i=1}^{L} q_j y_{jkr} \leq Q_r, k = 1,2,\cdots,m, r = 1,2,\cdots,n \tag{5}$$

$$\sum_{r=1}^{n}\sum_{k=1}^{m} y_{ikr} = 1, i = 1,2,\cdots,L \tag{6}$$

$$\sum_{k=1}^{m}\sum_{r=1}^{n}\sum_{j=1}^{L} x_{0jkr} = m \tag{7}$$

$$\sum_{i=1}^{L} x_{ijkr} = y_{ijkr}, j = 1,2,\cdots,L, k = 1,2,\cdots,m \tag{8}$$

$$\sum_{i=1}^{L} x_{ijkr} = y_{ikr}, i = 1,2,\cdots,L, k = 1,2,\cdots,m \tag{9}$$

$$x_{ijkr}(x_{ijkr} - 1) = 0 \tag{10}$$

$$y_{ikr}(y_{ikr} - 1) = 0 \tag{11}$$

$$X = (x_{ijkr}) \in S \tag{12}$$

其中，L 表示需求点的个数；n 表示配送中心共有 n 种车型；0 表示车场；C_{ij} 表示第 i 个客户到第 j 个客户的距离（文中采用两点之间的直线距离）；e_{r1}、e_{r2} 分别表示第 r 种车型空载和满载时的单位油耗成本；p_{ijkr} 表示车型为 r 的车辆 k 从第 i 个客户到第 j 个客户间的实载率；F_r 表示第 r 种车型的固定使用费用；Q_r 表示第 r 种车型的标准装载量；q_i 表示第 i 个客户的需求量；S 为支路消去约束集。

式（3）表示配送费用最小的目标函数，前两项为使用车辆的可变费用，后一项为使用车辆的固定费用；式（4）表示车型为 r 的车辆 k 在客服 i 到客户 j 的实载率；式（5）表示车型为 r 的车辆 k 承担的任务量之和不大于该车辆的载重量；式（6）表示客户 i 只能由一台车辆完成；式（7）表示由配送中心发出 m 辆车；式（8）和式（9）表示两个变量之间的关系；式（10）和式（11）表示为 0~1 变量约束；式（12）表示支路消去约束，即消去构成不完整线路的行车路线。

4 设计求解算法

4.1 量子遗传算法

目前，组合优化问题的求解方法主要有两种：精确算法和启发式算法。当问题规模不大、时效性不强时，精确算法能很好地满足要求。但当涉及的参数较多时，问题的计算空间随着参数的增加呈指数级的增长，只能使用启发式算法求得近似最优解。启发式算法是一种模拟自然选择和生物进化机制的启发式搜索算法，但其计算量大、过早收敛等缺点，尤其在求解多峰函数优化问题时容易陷入局部最优解。为此，Narayanan 和 Moore[22] 在深入研究量子计算和量子信息的基础上提出量子进化算法，引入量子扰动概念，将量子的并行性、状态叠加性等特性加入启发式进化算法中，通过量子门的旋转推动量子的进化，以弥补进化算法易早熟的缺点。

量子遗传算法是结合量子进化算法的多样性和遗传算法的全局寻优能力的混合启发式算法，采用基于量子比特概念构造的量子染色体，增加染色体的多样性，克服算法的"早熟"问题，同时，利用遗传算法选择、交叉、变异算子对染色体进行改进，确保向最优方向进化。然而，车辆路径问题是强 NP – hard 问题，尤其是在多约束条件下其求解更为困难，为了增强算法的求解效率，本文做如下两方面的改进：

（1）快速寻优机制：采用进化种群中最优个体作为更新量子门的旋转角，取代采用当前最优个体的染色体信息更新量子门的方向，加速算法寻优收敛能力。

（2）最有保留机制：改进传统遗传算法中只对当前种群中个体信息的利用，采用种群扩张的方式，根据个体适应度的大小，将上代种群中前 m 个最优个体和当代种群中 n 个个体共同构成一个新的种群（n + m 个个体），实现对最优种群的扩张，扩大种群空间的搜索范围。在新的种群中通过交叉、重排和变异操作，产生 n 个个体下一代种群。

4.2 设计量子遗传算法

4.2.1 设计染色体结构

根据车辆路径问题解结构的特殊性，采用量子比特矩阵设计染色体结构。对于 L 个客户的车辆路径问题，设置 $L \times L \times 2$ 的三维量子比特矩阵，其中，横坐标代表服务的顺序，纵坐标代表客户号，如此构造比特矩阵染色体构成初始种群 Q（t）。解码过程采取"先线路后分组"的两步走方法，第一步随机产生客户服务的先后序列，产生 [0，1] 随机数生成 $L \times L$ 的二维 0 - 1 观测矩阵，随机搜索调整矩阵确保每行每列只有一个 1，例如 5 个客户的问题，0 - 1 矩阵如下：

$$
\begin{bmatrix}
1 & 0 & 0 & 0 & 0 \\
0 & 0 & 1 & 0 & 0 \\
0 & 1 & 0 & 0 & 0 \\
0 & 0 & 0 & 0 & 1 \\
0 & 0 & 0 & 1 & 0
\end{bmatrix}
\tag{13}
$$

式（13）表示客户顺序为：1— >3— >2 - >5 - >4。第二步产生车辆行驶路线，每次启用一辆车，按客户序列表顺序服务客户，当前车辆无法满足下一个客户需求时，重新启用一辆车，如此可以把比特编码转换为整数编码，如（0，1，3，2，0，5，4，0），表示 5 个客户的调度需有两辆车完成，0 表示配送中心。若所需车辆数超过已有车辆数，需重新产生新的量子比特染色体。如此，即可将比特种群 Q（t）转换为自然数种群 P（t）。

4.2.2 量子门更新机制

量子遗传算法中种群状态间的转换是通过量子门旋转矩阵实现，经由量子门引导种群向优秀个体进化，因此，量子门构造是设计量子遗传算法的关键，直接影响着算法的性能。量子门的设计有多种形式，如非门、受控非门、Hadamard 变换门等[22]。根据薛定谔方程要求，量子门应满足 $U \cdot U' = 1$，本文设计量子门如下：

$$
\begin{bmatrix}
\alpha_{(m,n)}^{t+1} \\
\beta_{(m,n)}^{t+1}
\end{bmatrix}
= U(\delta\theta)
\begin{bmatrix}
\alpha_{(m,n)}^{t} \\
\beta_{(m,n)}^{t}
\end{bmatrix}
=
\begin{bmatrix}
\cos(\delta\theta) & -\sin(\delta\theta) \\
\sin(\delta\theta) & \cos(\delta\theta)
\end{bmatrix}
\begin{bmatrix}
\alpha_{(m,n)}^{t} \\
\beta_{(m,n)}^{t}
\end{bmatrix}
\tag{14}
$$

其中，记 $\delta = s$（α，β）表示旋转的方向，以保证算法的熟练性，θ 表示旋转角，控制算法的收敛速度。δ 的具体取值可在表 2 中查取。

其中，x（m，n）代表当前 0 - 1 矩阵染色体中的某一位，b（m，n）代表进化过程种群中最优染色体中与之对应的位，Z（x）为目标函数，例如，当 x（m，n）= 0，b（m，n）= 1，Z（x）< Z（b）时，可见当前染色体的基因越小越好，为了收敛到更优目标值，应增大当前染色体中此基因取 0 的概率，即增大 $|\alpha|^2$ 的取值，则若（α，β）在第一、第三象限，旋转方向为顺时针方向，若（α，β）在第二、第四象限，旋转方向为逆时针方向。

4.2.3 设计适应度函数

本文设计适应度函数与目标函数一致，通过解码对量子染色体解码，转换为自然数染色体，将其代入式（3）中，计算它的目标函数值 Z；若染色体违反约束条件（4）~条件（12），赋予 $Z = 10000$。

4.2.4 交叉算子

根据车辆路径问题染色体结构的特点[23]，设计双点交叉法选择交叉点时，需 0 基

表 2　量子门更新查找表

x (m, n)	b (m, n)	Z (x) < Z (b)	θ	s (α, β)			
				αβ > 0	α, β < 0	α = 0	β = 0
0	0	FALSE	0	0	0	0	0
0	0	Ture	0	0	0	0	0
0	1	FALSE	0	0	0	0	0
0	1	Ture	0.005 π	−1	1	±1	0
1	0	FALSE	0.01 π	−1	1	±1	0
1	0	Ture	0.025 π	1	−1	0	±1
1	1	FALSE	0.005 π	1	−1	0	±1
1	1	Ture	0.025 π	1	−1	0	±1

因码的位置，选取两个 0 基因码间子串。在交叉时，把选中的子串移位到首位，这样可最大限度保留最优子路径，即使在两个双亲相同的情况下，该算子也会产生新的染色体，提高了算法的寻优能力，避免了早熟现象的产生。其操作过程为：

（1）子串保留操作：由最优保留机制选择两个染色体 A 和 B，随机产生自然数 t_1 和 t_2（假设 $t_1 < t_2 <$ 染色体长度），若 t_1 和 t_2 对应染色体 A 中的基因码为 0，则向最近的 0 移动，然后将选中的子串移到临时串 string 的首位，其他依次后移。

（2）子串操作：删去染色体 B 中与选中的子串中相同基因码，得到后代需要的其他基因码的顺序；照此顺序，从左到右替代 string 中非选中的子串基因码，得到后代 A′，同理照此方式得到另一后代 B′。

如若产生的子代染色体违反约束条件(4)～条件(12)，重新产生 t_1 和 t_2，重复 1 和 2。

4.2.5　变异算子

由种群更新机制随机选择一个染色体，再随机产生自然数 s_1 和 s_2，若 s_1 和 s_2 对应的基因是非零的，交叉其位置变异成新的基因，否则重新产生。

量子遗传算法将遗传算法中的交叉算法和变异算法引入量子进化算法中，结合量子进化算法种群多样性的优点和遗传算法寻优能力的优势，增强算法的快速收敛和全局寻优能力，以满足车辆路径问题求解算法的要求，具体框架结构如图 1 所示。

4.3　量子遗传算法的收敛性分析

为了研究遗传算法的全局收敛性，1990 年 Eiben 提出了遗传算法的抽象表示，将其进化过程定义为马尔可夫链，采用转移概率矩阵相乘进行状态的变换，证明了遗传算法的全局收敛性[24]。量子遗传算法仅是在遗传算法的基础上增加了量子种群的多样性和量子门旋转产生新个体两个操作，现在对量子遗传算法种群的状态变换进行分析。假设染色体长度为 m，种群规模为 n，对于遗传算法的种群状态空间大小为 2^{nm}，而对于量子遗传算法的种群个体是连续的，理论上其种群状态空间是无限的，但由于有限精度的限制，假定其

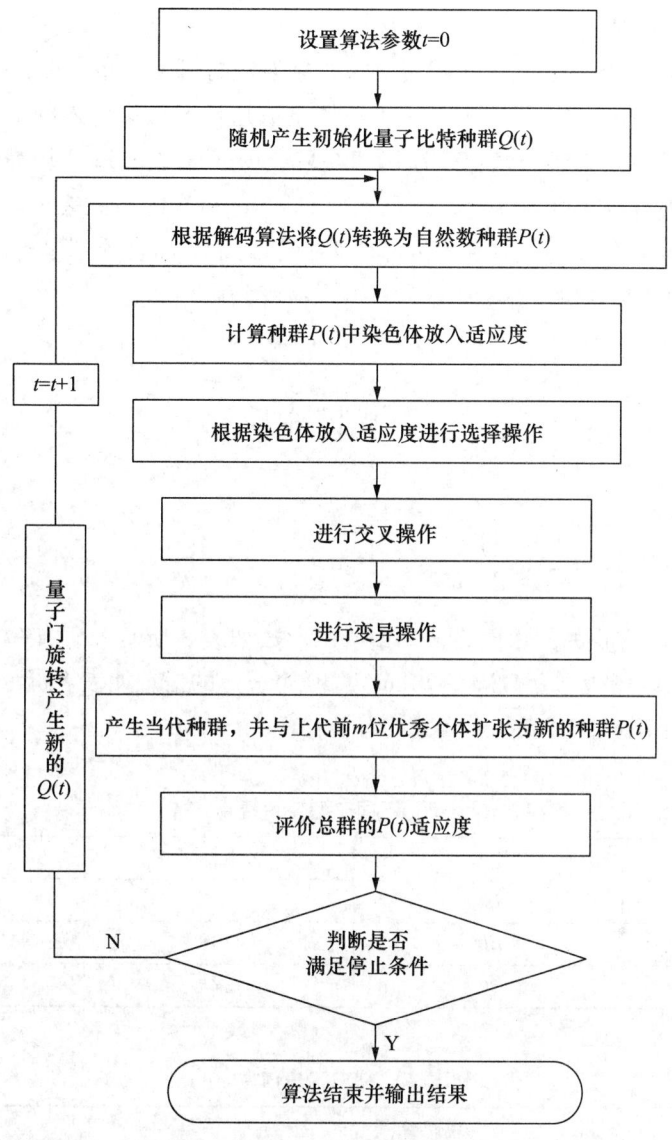

图 1 量子遗传算法流程框架图

状态空间的维数为 u，则量子遗传算法的状态空间大小为 u^{nm}，其种群的状态转移过程由马尔可夫链表示如下：

$$Q_t \xrightarrow{\text{观察}} P_k \ (\xrightarrow{\text{交叉}} P'_t \xrightarrow{\text{变异}} P''_t) \xrightarrow{\text{保留最优解，更新}Q_k} Q_{t+1}$$

算法的过程可以表示为：

$$\pi^{(k+1)} = \pi^{(k)} \cdot C_1 M_1 S_1 U$$

$$U = F \ (p^{(k)})$$

$$p^{(k)} = q^{(k)} M_q$$

$$q^{(k+1)} = q^{(t)} \cdot C_2 M_2 S_2$$

其中，$\pi^{(k)}$ 和 $p^{(k)}$ 表示 $2^{(n+1)m}$ 维遗传算法的色染体的概率分布向量，$q^{(k)}$ 为 u^{nm} 维量子染色体的概率分布向量，M_q 表示由量子染色体生成遗传算法染色体的 $u^{nm} \times 2^{nm}$ 阶的概率转移矩阵，C_2，M_2 和 S_2 均为 $u^{nm} \times 2^{nm}$ 阶随机矩阵，C_1，M_1，S_1 和 U 均为 $u^{(n+1)m} \times 2^{(n+1)m}$ 阶的对角矩阵，最有保留机制采用 $u^{(n+1)m} \times 2^{(n+1)m}$ 阶随机矩阵 U 来表示。由此可见，量子遗传算法中的升级运算 U 不仅受到遗传算法 P 化的约束，而且受到量子门旋转进化 Q 的约束，经过 M_q 的转移变换，算法的收敛性并没有受到影响。

5 算例分析

5.1 算例一

随机产生 30 个客户的配送网络，车型费用参数如表 3 所示，所有车型车辆不受行驶距离限制，配送中心坐标 o（41km，70km），30 个客户的信息如表 4 所示。要求合理安排配送车辆的配送路线，使完成配送任务的总油耗最少。

表 3 不同车型使用费用

车型	固定费用	空载油耗	满载油耗
16t	180	0.8	3.2
8t	100	0.56	1.68
6t	70	0.45	1.12

表 4 需求客户信息

编号	坐标	需求量	编号	坐标	需求量
1	[31, 60]	0.4	10	[35, 67]	0.8
2	[61, 98]	3.4	11	[23, 63]	4
3	[67, 22]	3.7	12	[52, 23]	0.3
4	[59, 16]	1	13	[31, 88]	2.1
5	[69, 9]	2.6	14	[12, 51]	0.9
6	[96, 3]	0.2	15	[24, 26]	0.3
7	[40, 15]	0.7	16	[67, 52]	1.9
8	[96, 24]	1.2	17	[90, 45]	2.5
9	[49, 3]	1.2	18	[81, 32]	3.7

编号	坐标	需求量	编号	坐标	需求量
19	[84, 69]	0.8	25	[94, 73]	0.9
20	[2, 53]	1	26	[80, 100]	1.4
21	[66, 29]	1.5	27	[58, 73]	0.3
22	[36, 3]	2.7	28	[81, 37]	3.9
23	[41, 78]	2.6	29	[54, 94]	1.3
24	[65, 98]	1	30	[11, 8]	1.9

在此，先利用量子遗传算法对每种车型以行车里程最小为优化目标时的配送网络进行优化求解，计算结果如表5所示。

表5　以距离为优化目标的车辆调度

车型	线路	距离（%）	装载率（%）	总距离（%）
6吨	0 – 3 – 21 – 0	112.41	86.67	1140.69
	0 – 16 – 28 – 0	106.79	96.67	
	0 – 18 – 6 – 8 – 0	183.35	85	
	0 – 17 – 19 – 25 – 26 – 0	171.69	93.33	
	0 – 27 – 24 – 2 – 29 – 0	83.06	100	
	0 – 23 – 13 – 10 – 1 – 0	64.87	98.33	
	0 – 11 – 20 – 14 – 0	86.66	98.33	
	0 – 15 – 30 – 22 – 7 – 12 – 0	172.01	98.33	
8吨	0 – 4 – 5 – 9 – 0	159.87	85	909.51
	0 – 3 – 21 – 16 – 0	119.05	88.75	
	0 – 28 – 18 – 0	114.85	95	
	0 – 17 – 8 – 6 – 5 – 4 – 12 – 0	198.44	97.50	
	0 – 7 – 9 – 22 – 30 – 15 – 1 – 10 – 0	180.88	100	
	0 – 27 – 19 – 25 – 26 – 24 – 2 – 0	138.94	97.50	
	0 – 13 – 29 – 1 – 0	70.69	75	
	0 – 11 – 20 – 14 – 0	86.66	73.75	
	0 – 7 – 12 – 3 – 21 – 18 – 28 – 16 – 0	166.36	98.13	
16吨	0 – 23 – 13 – 29 – 2 – 24 – 26 – 25 – 19 – 27 – 0	157.78	86.25	622.08
	0 – 17 – 8 – 6 – 5 – 4 – 9 – 22 – 30 – 15 – 14 – 20 – 0	296.14	96.88	
	0 – 10 – 11 – 1 – 0	41.81	32.50	

由表5可以得出结论，对车辆调度问题的研究，若在以配送距离最短和载重为有效约束的情况下，对车型的选择应以大车型优先，但在实际的运作中受诸如交通或费用等不同

因素约束，大车型的优点得不到有效利用。

现以配送中心完成 30 个需求客户的配送任务油耗最低为目标来验证本文模型和算法，计算结果如表 6 所示。

表 6　以费用优化目标的多车型调度

编号	车型	线路	距离	装载率（%）	油耗
1	6 吨	0 – 7 – 23 – 0	54.61	65	30.65
2	6 吨	0 – 8 – 26 – 10 – 25 – 13 – 18 – 4 – 11 – 0	216.23	88.75	351.19
3	8 吨	0 – 24 – 29 – 21	122.36	91.25	133.62
4	8 吨	0 – 9 – 17 – 19 – 3 – 12 – 16 – 0	138.94	97.50	134.41
5	16 吨	0 – 20 – 30 – 22 – 6 – 14 – 27 – 2 – 5 – 15 – 28 – 1 – 0	250.11	100	439.63

由表 6 可以看出，不同车型受固定费用和单位油耗费用不同的影响，此时车辆的使用应以装载率为选择车辆的依据，Repoussis 和 Tarantilis[21]在分析小批量运输的各种费用构成基础上得出满载时，车辆的配送费用是最低的，在此，本文也得出此结论。

5.2　算例二

为了验证量子遗传算法对于求解多车型车辆调度问题的优越性，对于算例一中的例子，在此采用遗传算法[24]，禁忌搜索算法[24]和量子遗传算法进行对比分析，收敛图如图 2 所示。

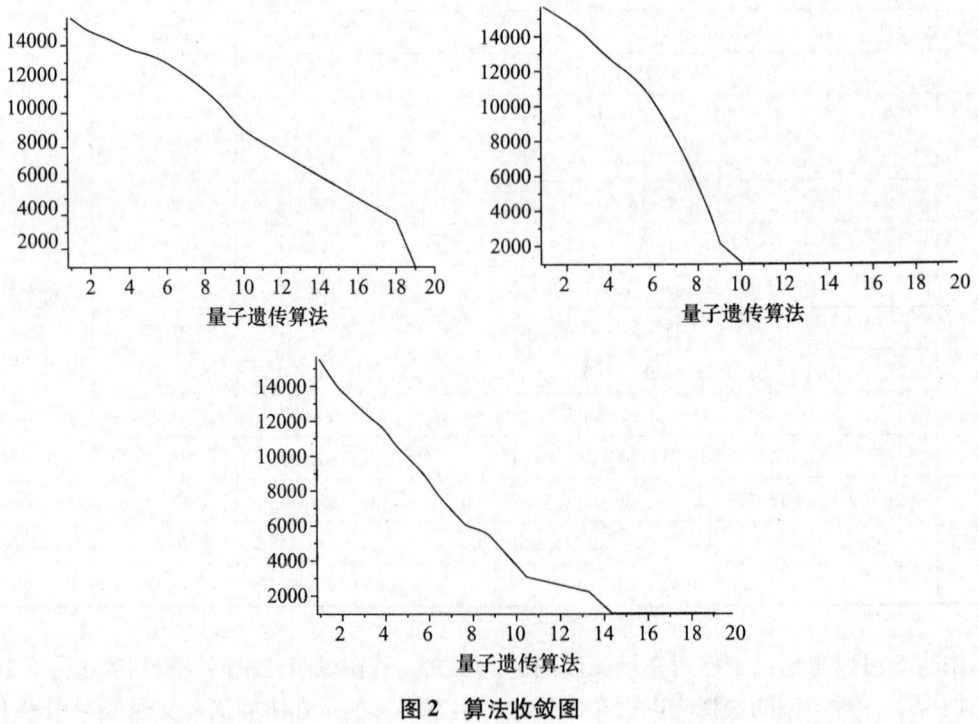

图 2　算法收敛图

表 7　仿真计算结果对比分析

算法	仿真实验结果					
	最优值	最劣值	平均值	计算时间	搜索成功率（%）	平均搜索迭代次数
遗传算法	1089.5	13267	1183	232	13	18.72
禁忌搜索算法	1132	17258	1136	216	8	12.31
量子遗传算法	1089.5	11948	1098	185	32	15.42

由图 2 可见，遗传算法在 20 代左右收敛，禁忌搜索算法在 10 代左右收敛，而量子遗传算法需要 14 代左右就收敛，比遗传算法的收敛速度要快。

通过表 7 看出，三种算法搜索成功率从大到小依次为量子遗传算法、遗传算法、禁忌搜索算法，最劣值从小到大依次为量子遗传算法、遗传算法、禁忌搜索算法，反映出量子遗传算法的全局搜索能力最强，遗传算法次之，禁忌搜索算法最弱。三种算法平均成功搜索收敛代数从小到大依次为禁忌搜索算法、量子遗传算法、遗传算法。反映出禁忌搜索算法收敛速度最快，量子遗传算法次之，遗传算法最慢。

试验结果表明：对于小规模的车辆调度问题，三种算法均能计算出比较好的解，但是随着规模的增大，遗传算法和禁忌搜索算法的稳定性就开始下降了，而量子遗传算法却依然能够取得较好的结果，这得益于量子遗传算法中量子位的叠加性和多样性，单一的编码可以同时表示多个个体的叠加结果，使得在进化过程中不随着进化过程减少个体的多样性，全局搜索能力强。

6　结语

（1）论文研究了 Multi‒types VRP，建立了以油耗为优化目标的数学模型，该模型考虑了车辆的实载率和运输距离与油耗之间的关系，改进了以往以运输距离为优化目标忽略运输量和车辆利用率两个与运输成本非常重要的影响因素。

（2）论文设计了量子遗传算法求解 Mult‒types VRP，考虑到车辆路径问题的复杂性，在算法中改进了遗传算法中交叉和变异算子，避免优秀基因被破坏，在量子门旋转进化过程中设计了最有保留机制和种群扩张机制，提高了算法的计算效率。

（3）结合遗传算法的收敛性，对量子遗传算法的马尔可夫链进行了分析，得出量子遗传算法亦可以收敛到全局最优解。最后，随机产生算例对设计的算法进行了实验计算，计算结果表明，本文设计的量子遗传算法求解 Multi‒types VRP，不仅可以取得很好的计算结果，而且算法的计算效率高，收敛速度快，计算结果也很稳定。

参考文献

［1］郎茂祥，胡思继．用混合遗传算法求解物流配送路径优化问题的研究［J］．中国管理科学，2002，10（5）：1 - 56.

［2］宋伟刚，张宏霞，佟玲．有时间窗约束非满载车辆调度问题的节约算法［J］．东北大学学报，2006，27（1）：65 - 68.

［3］张海刚，吴燕翔，顾幸生．基于免疫遗传算法的双向车辆调度问题实现［J］．系统工程学报，2007，22（6）：649 - 654.

［4］Branchinl R. M. , Armentano V. A. Adaptive granular local search heuristic for a dynamic vehicle routing problem［J］. Computers & Operations Research, 2009, 36（11）: 2955 - 2968.

［5］Müller J. Approximative solutions to the bicriterion vehicle routing problem with time windows［J］. European Journal of Operational Research, 2010, 202（1）: 223 - 231.

［6］Schönberger J. , Kopfer H. Online decision making and automatic decision model adaptation［J］. Computers & Operations Research, 2009, 36（6）: 1740 - 1750.

［7］Novoa C. , Storer R. An approximate dynamic programming approach for the vehicle routing problem with stochastic demands［J］. European Journal of Operational Research, 2009, 196（2）: 509 - 515.

［8］王晓博，李一军．多车型单配送中心混合装卸车辆路径问题研究［J］．系统工程学报，2010，25（5）：629 - 637.

［9］李冰．多车型确定性动态车辆调配问题［J］．管理工程学报，2006，20（3）：52 - 56.

［10］陈萍，黄厚宽，董兴业．求解多车型车辆路径问题的变邻域搜索算法［J］．系统仿真学报，2011，23（9）：1945 - 1951.

［11］马建华，房勇，袁杰．多车场多车型最快完成车辆路径问题的变异蚁群算法［J］．系统工程理论与实践，2011，31（8）：1508 - 1517.

［12］张景玲，赵燕伟，王海燕等．多车型动态需求车辆路径问题建模及优化［J］．计算机集成制造系统，2010，16（3）：543 - 550.

［13］陈美军，张志胜，史金飞．多约束下车场车辆路径问题的蚁群算法研究［J］．中国机械工程，2008，19（16）：1939 - 1944.

［14］李建，张永，达庆利．第三方物流多车型硬时间窗路线问题研究［J］．系统工程学报，2008，23（1）：74 - 80.

［15］熊浩，胡列格．多车型动态车辆调度及其遗传算法［J］．系统工程，2009，27（10）：21 - 24.

［16］Subramanian A. , Penna P. H. V. , Uchoa E, et al. Ahybrid algorithm for the heterogeneous fleet vehicle routing problem［J］. European Journal of Operational Research, 2012, 3（7）: 1021 - 1032.

［17］Brandao J. A tabu search algorithm for the heterogeneous fixed fleet vehicle routing problem［J］. Computers & Operations Research, 2008, 38（1）: 140 - 151.

［18］Li Xiangyong, Tian Peng. An adaptive memory programming meta heuristic for the heterogeneous fixed fleet vehicle routing problem［J］. Transportation Research Part E - Logistics and Transportation Review, 2010, 46（6）: 1111 - 1127.

［19］Pessoa A. , Uchoa E. A robust branch - cut - and - price algorithm for the heterogeneous fleet vehicle routing problem［J］. Networks, 2009, 54（4）: 167 - 177.

［20］Yazgi T. G. An interactive GRAMPS algorithm for the heterogeneous fixed fleet vehicle routing problem with and without backhauls［J］. European Journal of Operational Research, 2009, 201 (20): 593 – 600.

［21］Repoussis P. P. , Tarantilis C. D. Solving the fleet size and mix vehicle routing problem with time windows via adaptive memory programming［J］. Transportation Research Part C, 2010, 18 (5): 695 – 712.

［22］Narayanan A. , Moore M. Quantum – inspired genetic algorithms［C］. Proceedings of IEEE International Conference on Evolutionary Computation. Piscataway: IEEE Press, 1996.

［23］施朝春，王旭，葛显龙. 带有时间窗的多配送中心车辆调度问题研究［J］. 计算机工程与应用, 2009, 45 (34): 21 – 24.

［24］邢文训，谢金星. 现代优化计算方法［M］. 北京：清华大学出版社, 2009.

Study on Multi – types Vehicle Routing Problem and Its Quantum Genetic Algorithm

Ge Xianlong[1], Xu Maozeng[1], Wang Weixin[2]

(1. School of Management, Chongqing Jiaotong University, Chongqing 400074, China;

2. College of Mechanical Engineering, Chongqing University, Chongqing 400030, China)

Abstract: Based on analysis of using the priority principle in the problem of multi – vehicle scheduling in the available literature, the using cost of vehicle is divided into consumption costs and fixed costs. A mathematical model is established for the target of minimum total distribution cost. Then Quantum genetic algorithm is designed to solve the model, the chromosome structure is designed by quantum bits, and the crossover and mutation operators are improved in the genetic algorithm to avoid the destruction of good genes. The rapid searching mechanism and best preservation mechanism are designed in the evolution of the quantum rotation gate to accelerate the convergence speed. Finally, the model and algorithm are analyzed and tested by examples.

Key Words: quantum genetic algorithm vehicle routing problem; most retain mechamism; population expansion mechanism

机构投资者、股权分置改革与股市波动性——基于 MCMC 估计的 t 分布误差 MS – GARCH 模型*

魏立佳

（武汉大学经济与管理学院，武汉　430072）

【摘　要】从 2003 年开始，中国机构投资者占股市流通市值中的比例迅速增长。论文以这段时期上证指数的日收益率序列为研究对象，改进了最新的 t 分布误差 MS – GARCH 模型，运用马尔可夫链蒙特卡罗模拟（MCMC）对该模型进行了估计，为研究股权分置改革、机构投资者对股市收益率波动的影响提供了新的证据。研究发现，股权分置改革使股市波动性发生了结构性改变，股市由低波动风险期转为高波动风险期；各类基金的总净值和仓位给股市波动性带来的影响有显著差异，存款准备金率和利率的调整也会影响股市波动性。最后，MS – GARCH 模型对股市数据的拟合度和预测效率等都优于单状态 GARCH 模型。

【关键词】机构投资者；股权分置改革；MS – GARCH 模型；波动；t 分布

1　引　言

得益于 21 世纪前 10 年的机构投资者引入和股权分置改革，我国股市的总量和活跃程度都有了飞跃性的发展。首批成立的两只新基金——基金金元和基金金泰成立于 1998 年 3 月 27 日，这被认为是中国真正意义上的机构投资者，因此它们的成立也被看成中国股市发展的一个里程碑。然而在此后相当长的一段时间内，基金净资产占股市流通市值的比

---

* 收稿日期：2010 – 11 – 17。

基金项目：2010 年度教育部"博士研究生新人奖"；中央高校基本科研业务费专项基金（201122G011）。

作者简介：魏立佳，讲师，研究方向：应用计量经济学、博弈论与实验经济学，市场设计理论，E – mail：ljwei. whu@ gmail. com。

例一直在5%以下，对股市的影响相当有限。自2003年开始，基金的影响力才有了实质性的发展，净资产从股市流通市值的5%迅速增长到超过20%。时至今日，基金已经无可争辩地成为中国股市中的决定性力量之一，在股市的发展中扮演着极其重要的角色。

对于机构投资者与股市波动性的关系，学界已经进行了大量的研究。一种观点认为，机构投资者的投资行为会使股市的回报率呈现自相关和波动加剧，使股市变得不稳定。还有一种观点认为，机构投资者会导致股市的"羊群效应"和正反馈交易，从而使股市变得不稳定。因此，大量的研究者把注意力集中在寻找机构投资者和"羊群效应"以及正反馈交易的关系上，并从中寻找机构投资者与股市波动性的关系，Lakonishok[1]、Grinblatt[2]、Sias和Starks[3]、Nofsinger和Sias[4]、Wermers[5]、Badrinath和Wahal[6]、Griffin等[7]、Sias和Whidbee[8]以及Yan[9]等一系列文章确实发现了机构投资者与"羊群效应"或正反馈交易的关系，但这种关系的认定并不能直接说明机构投资者使股市变得不稳定。

反过来说，如果机构投资者比个人投资者更理性，而且能够更快地捕捉和理解市场信息，那么"羊群效应"的结果是机构投资者将更理性和更合理的投资选择传递给了普通的投资者，这反而会降低股市的波动性。与此类似，如果机构投资者比普通投资者的投资组合更为稳健，不会对市场信息反应过度，正反馈交易也能促进市场稳定[1]。根据以上观点，Cohen等[10]、Babon和Odean[11]发现了机构投资者在市场剧烈波动的时候会实行反向操作，有好市场消息时向普通投资者卖出，有坏市场消息时则从普通投资者那里买入股票，认为机构投资者在美国股市中起到了稳定市场的作用。

因此，对机构投资者与"羊群效应"或正反馈交易之间关系的研究并没有得出一个明确的结论。同时，由于高频的机构投资者数据很难获得，现有的研究较多的是基于美国机构投资者的季度数据。现有的实证文献中，由于波兰经历了一次机构投资者的快速增长，Bohl等[12]使用了MS - GARCH模型来分析波兰股市的日收益率数据，该研究认为这次快速的机构投资者增长并没有改变股市的基本波动结构，仅暂时性地使股市波动性有所放大。蔡庆丰和宋有勇[13]运用TARCH模型分析了中国股市1998～2008年的月度数据。他们认为机构投资者加剧了股市波动。

众所周知，美国的共同基金占股市流通市值的比例用了50年的时间才从1950年的5%增长到2000年的19%，从实验研究的角度很难对如此缓慢的变化所带来的影响得出明确的结论。而中国股市的机构投资者2003～2005年的这次快速增长，则是一次难得的观察机构投资者与股市波动性的良好机会。机构投资者占股市总流通市值比例在2003～2005年的短时期内迅速增长，而在其之后则呈现出震荡的趋势。如果在此期间内股市的波动性产生了明显的结构性变化，运用Markov - Switching - GARCH就能够很好地捕捉到这种结构性变化。从实证的角度，我们估计得到低风险和高风险两种状态的模型之后，就能计算出基于这两种风险概率的综合波动，并用协整模型估计波动和机构投资者规模变化的相关关系①。

---

① 蔡庆丰和宋友勇在分析机构投资者与股市波动时采用的是偏股型基金总资产净值规模的对数增长率，本文采用的是机构投资者总净值占股市流通市值比例的变化。

在分析机构投资者与股市波动性时，本文还考虑了一个对股市影响深远且时间相近的事件——股权分置改革①。从 2005 年开始的股权分置改革改变了中国股市的基本结构，也很有可能影响股市的波动性，而且股权分置改革的时间和机构投资者快速增长的时间是相重合的。要分析机构投资者与股市波动性的关系，必须将股权分置改革纳入研究框架中来。因此，我们在分析 Markov – Switching – GARCH 模型的实证结果时，也将分析股权分置改革对股市波动性的影响。在国内文献方面，张慧莲运用[14]TGARCH 模型发现股权分置改革使股市的波动性增加。王少平和陈永伟[15]通过非平稳非线性的 ACRH 模型，发现股权分置改革使股市的短期风险加剧，而使长期风险降低。

本文希望通过构建合理的 Markov – Switching – GARCH 模型，来研究这次机构投资者的快速增长是否改变了中国股市的波动性。全文的其他部分如下：第二部分构建了具有学生 t 分布误差项的 MS – GARCH – M 模型，并提出用 MCMC 来估计该模型的步骤和方法，第三部分是实证结果分析，第四部分是对模型的诊断并用其进行了样本外预测，第五部分是结论。

2 数据和模型

虽然我国真正意义上的开放式基金建立于 1998 年，但 1998～2008 年开放式基金的增长非常缓慢，到 2002 年底基金净值总占股市流通总值得比例还不到 5%，股市中的绝大部分投资者是中小投资者。从 2003 年开始，开放式基金开始迅速增长，基金占股市流通市值比例在 2005 年第四季度以前基本是单边上涨的趋势，之后则上下波动。为了消除时间段长度不同的影响，本文选取了首批上市公司公布股权分置改革方案的时间（2005 年 9 月 12 日）作为中间点，使用前后各两年的上证指数日收益率数据作为样本内数据 r_{in} 建立模型，共有 970 个样本点（见图 1）。本文还使用了 r_{in} 之后两年的日收益率（2007 年 9 月 13 日到 2009 年 9 月 13 日）数据 r_{out} 作为样本外数据，用于验证模型效率，共有 489 个样本点。所有的日收益率数据都用 $r = 100 \cdot \ln(r_{in})$ 进行了对数化处理。

马尔可夫状态转换 GARCH 模型（MS – GARCH）可以用来分析市场波动的结构性变化。本文的基本模型来源于 Gray[16] 的 MS – GARCH 模型，但是从三个方面进行了创新，首先，在均值方程中，为了描述收益率之间的自相关性和收益与波动之间的相关性，使用

① 股权分置也称为股权分裂，是指上市公司的一部分股份上市流通，另一部分股份暂时不上市流通。前者主要称为流通股。主要成分为社会公众股；后者为非流通股，大多为国有股和法人股。股权分置是指因为特殊历史原因和在特殊的发展演变中，中国 A 股市场的上市公司内部普遍形成了"两种不同性质的股票"（非流通股和社会流通股），这两类股票形成了"不同股不同价不同权"的市场制度与结构。股权分置问题被普遍认为是困扰我国股市发展的头号难题。由于历史原因，我国股市上有 2/3 的股权不能流通。由于同股不同权、同股不同利等"股权分置"存在的弊端，严重影响着股市的发展。

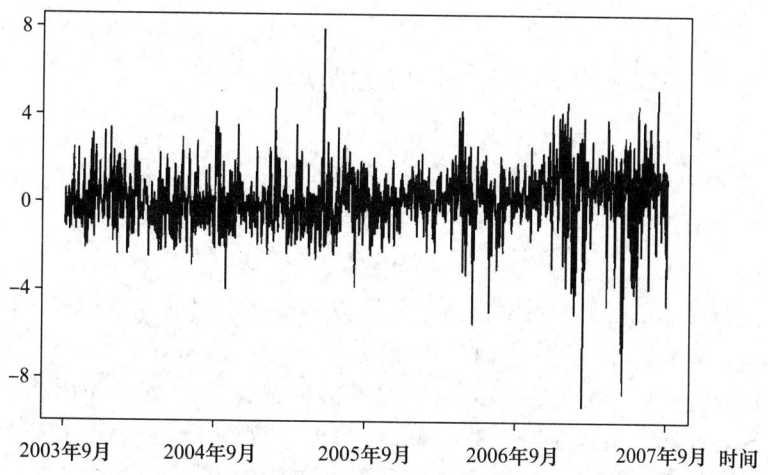

图 1　对数化后的日收益率数据（2003 年 9 月~2007 年 9 月）

了 GARCH – M 模型的均值方程。其次，为了描述金融市场波动的尖峰厚尾特性，使用了学生 t 分布作为第 1 状态和第 2 状态的均值方程残差；同时，本文对 t 分布误差的自由度进行了估计，实际上将正态分布误差模型涵盖在内（自由度大于 30 的 t 分布近似于正态分布）。最后，t 分布没有标准的共轭分布，对本文模型的 MCMC 估计是个难点。

Gray[16]、Bauwens[17] 和 Das[18] 等文献均使用了标准正态分布作为均值方程的残差。本文分别对标准正态分布残差的经典假设和学生 t 分布误差假设做了计量分析，其中自由度为 v 的标准学生 t 分布的密度函数为：

$$f(t) = \frac{\Gamma\left(\frac{v+2}{2}\right)}{\sqrt{v\,\pi}\,\Gamma\left(\frac{v}{2}\right)} \cdot \left(1 + \frac{t^2}{v}\right)^{-\frac{v+1}{2}}$$

假定存在一个无法直接观察的状态变量 s_t，t 日的股票市场收益率被 s_t 所影响。在本文中，我们假定 s_t 被定义为两种不同风险状态；高风险状态和底风险状态。因此 MS – GARCH 模型可被表示为：

$$r_t = \begin{cases} \beta_1 \cdot \sqrt{h_t} + \sqrt{h_t} \cdot \in_t, & h_t = \alpha_{10} + \alpha_{11} \cdot h_{t-1} + \alpha_{22} \cdot a_{t-1}^2 \\ \beta_2 \cdot \sqrt{h_t} + \sqrt{h_t} \cdot \in_t, & h_t = \alpha_{20} + \alpha_{21} \cdot h_{t-1} + \alpha_{22} \cdot a_{t-1}^2 \end{cases}$$

学生 t 分布的残差为 $\in_t \sim S(0, 1, v)$，服从自由度为 v 的标准学生 t 分布；$a_t = \sqrt{h_t} \cdot \in_t$。根据 Gweke[19]，以上模型等价于：

$$r_t = \begin{cases} \beta_1 \cdot \sqrt{h_t} + \sqrt{h_t \varpi_t} \cdot \in_t, & h_t = \alpha_{10} + \alpha_{11} \cdot h_{t-1} + \alpha_{22} \cdot a_{t-1}^2 \\ \beta_2 \cdot \sqrt{h_t} + \sqrt{h_t \varpi_t} \cdot \in_t, & h_t = \alpha_{20} + \alpha_{21} \cdot h_{t-1} + \alpha_{22} \cdot a_{t-1}^2 \end{cases}$$

其中，$\in_t \sim N(0, 1)$，$\in_t$ 服从标准正态分布；$\varpi_t \sim IG\left(\frac{v}{2}, \frac{v-2}{2}\right)$，$\varpi_t$ 服从逆伽马

分布，$a_t = \sqrt{h_t \varpi_t} \cdot \in_t$。

两种风险状态之间的转换概率可以用如下方程表示：

$$P_r(s_t \mid s_{t-1}) = \begin{cases} \Pr(s_t = 1 \mid s_{t-1} = 1) = \eta_{11} \\ \Pr(s_t = 2 \mid s_{t-1} = 1) = 1 - \eta_{11} = \eta_{21} \\ \Pr(s_t = 2 \mid s_{t-1} = 2) = \eta_{22} \\ \Pr(s_t = 1 \mid s_{t-1} = 2) = 1 - \eta_{22} = \eta_{12} \end{cases}$$

在学生 t 分布误差的 MS – GARCH 模型参数估计方面，目前使用较多的有 QMLE 估计方法（例如 Cray[16] 和 Martin 等[12]）和 MCMC 估计方法（Geweke[19]，Deschamps[20] 和 Ardia[21]）。国内方面，赵华和焦燕枝[22] 用极大似然发估计了 MS – GARCH 模型，朱均均等[23] 运用 Griddy – Gibbs 估计了时变概率 Markov 转换模型。MS – GARCH 模型的均值方程和波动方程都存在两种状态，由于需要考虑所有时点的状态，似然方程的计算相对复杂。因此本文使用了 MCMC 的方法来估计该模型。相对于正态分布，t 分布没有一般形式的共轭分布，估计难度远大于正态分布。分布模型参数的抽样需考虑如下条件分布：

$f(\varpi \mid r, H, \beta, \alpha_1, \alpha_2, v)$；$f(v \mid \varpi)$

$f(\beta \mid r, S, H, \alpha_1, \alpha_2, \varpi)$；$f(\alpha_i \mid r, S, H, \beta, \alpha_{j \neq i}, \varpi)$

$f(\eta \mid S)$；$f(S \mid r, H, \beta, \alpha_1, \alpha_2, \varpi)$，其中 $i = 1$ 或者 2。

对于模型参数抽样的具体过程如下。

抽样 ϖ 的过程：

ϖ 服从如下条件分布：

$$p(\varpi_t \mid \beta, \alpha, v, s, r) \propto L(\Theta \mid r) \cdot p(\varpi_t \mid v)$$

其中，$p(\varpi_t \mid v) \propto \left(\dfrac{v-2}{v}\right)^{\frac{v}{2}} \cdot \Gamma\left(\dfrac{v}{2}\right)^{-1} \cdot \varpi_t^{-\frac{v}{2}-1} \cdot \exp\left(-\dfrac{v-2}{2\varpi_t}\right)$，$L(\Theta \mid r) \propto$

$(\varpi_t \cdot h_t)^{-\frac{1}{2}} \cdot \exp\left(-\dfrac{1}{2} \cdot \dfrac{r_t^2}{\varpi_t h_t}\right)$。因此，其条件分布可表示为：

$$p(\varpi_t \mid \beta, \alpha, v, s, r) \propto \varpi_t^{-\frac{v+1}{2}-1} \cdot \exp\left(-\dfrac{1}{2} \cdot \left(v-2 + \dfrac{r_t^2}{h_t} \cdot \varpi_t^{-1}\right)\right)$$

这是参数为 $\dfrac{v+1}{2}$ 和 b_t 的逆伽马分布，其中，$b_t = -\dfrac{1}{2} \cdot \left(v-2 + \dfrac{r_t^2}{h_t}\right)$。

抽样 v 的过程：

v 服从如下条件分布：

$$p(v \mid \varpi) \propto p(\varpi \mid v) \cdot p(v) \propto \left(\dfrac{v}{2}\right)^{Tv/2} \cdot \left[\Gamma\left(\dfrac{v}{2}\right)\right]^{-T} \cdot \exp(-\varphi v) \cdot I_{(v>\delta)}$$

其中，$\varphi \doteq \dfrac{1}{2} \cdot \sum_{t=1}^{T}(\ln(\varpi_t) + \varpi_t^{-1})) + \lambda$。

v^* 可以从一个截断的指数密度函数 $g(v; \overline{\mu}, \delta) \doteq \overline{\mu} \cdot \exp(-\overline{\mu}(v-\delta)) \cdot I_{(v>\delta)}$ 中得到，当 $\overline{\mu}$ 最大化接受概率时，$\overline{\mu}$ 是下式的一个解：

$$\frac{T}{2} \cdot \left[\ln\left(\frac{1 + \mu\delta}{2\mu} \right) + 1 - \Psi\left(\frac{1 + \mu\delta}{2\mu} \right) \right] + \mu - \varphi = 0$$

其中，Ψ 是逆伽马函数，在抽样中以概率 p^* 接受 v^*：

$$p^* = \frac{k\ (v^*)}{s\ (\overline{\mu},\ \delta)\ g\ (v^*;\ \overline{\mu},\ \delta)}$$

其中，$s\ (\overline{\mu},\ \delta) \doteq k\left(\frac{1 + \mu\delta}{\mu} \right) \cdot g\left(\frac{1 + \mu\delta}{\mu};\ \overline{\mu},\ \delta \right)^{-1} = \left(\frac{1 + \mu\ (\delta - 2)}{2\mu} \right)^{\frac{T(1 + \mu\delta)}{2\mu}} \cdot$

$$\left[\Gamma\left(\frac{1 + \mu\delta}{\mu} \right) \right] - T \cdot \frac{\exp\left[1 - \frac{(1 + \mu\delta)\ \varphi}{\mu} \right]}{\mu}$$

综上，p^* 的值可以用以下式计算出：

$$p^* = \left[\frac{\Gamma\left(\frac{1 + \mu\delta}{2\mu} \right)}{\Gamma\left(\frac{v^*}{2} \right)} \right] \cdot \left(\frac{v^* - 2}{2} \right)^{\frac{v^* T}{2}} \cdot \left(\frac{1 + \mu(\delta - 2)}{2\mu} \right)^{-\frac{T(1 + \mu\delta)}{2\mu}} \cdot$$

$$\exp\left((v^* - \delta)(\overline{\mu} - \varphi) + \frac{\varphi}{u} - 1 \right)$$

δ 和 λ 的值作为超参数是可以选择的，δ 的值越大，v 的值就越大，同时 t 分布就越接近正态分布。如果 δ 大于100，就可以认为残差项为一个正态分布，λ 决定了 v 的先验期望值。

$$E\ (v)\ = \frac{1}{\lambda} + \delta$$

抽样 β 的过程：

给定 h，S 和 α，可以用格子吉布斯对 β_i 进行抽样，对 β_i 的抽样过程服从下面的后验条件分布：

$$f(\beta_i \mid r, S, H, \alpha_1, \alpha_2, \varpi) \propto \exp\left[-\frac{1}{2} \sum_{S_t = i} \left(\ln(h_t \varpi_t) + \frac{(r_t - \beta_i \sqrt{h_t})^2}{h_t \varpi_t} \right) \right]$$

给定上述值，用 $a_t = r_t - \beta_t \sqrt{(h_t)}$ 和 $h_t = \alpha_{i0} + \alpha_{i1} h_{t-1} + \alpha_{i2} a_{t-1}^2$ 可以迭代得到全部的 H。

抽样 α 的过程：

格子吉布斯也被用来对 α_i 进行抽样，给定 h_1、S 和 α 后，对 α_i 的抽样过程服从下面的后验条件分布：

$$f(\alpha_i \mid r, S, H, \alpha_{j \neq i}, \beta, \varpi) \propto \exp\left[-\frac{1}{2} \sum_{S_t = i} \left(\ln(h_t \varpi_t) + \frac{(r_t - \beta_i \sqrt{h_t})^2}{h_t \varpi_t} \right) \right]$$

给定上述值，用 $a_t = r_t - \beta_t \sqrt{(h_t)}$ 和 $h_t = \alpha_{i0} + \alpha_{i1} h_{t-1} + \alpha_{i2} a_{t-1}^2$ 可以迭代得到全部的 H。而且，α_{ij} 在抽样的时候必须设定合理的区间以保证整个区间的波动是有限的，如 $0 \leqslant \alpha_{i1} < 1 - \alpha_{i2}$。

在具体抽样的时候，需要计算全部格子的 $f\ (\alpha_i \mid \cdot)$ 值，并将其标准化为一个 CDF

函数，然后从均匀分布 [0，1] 中抽取一个数，这个数对应 CDF 中的一个格子，即获得了新的 α_{ij} 值。

抽取 P 的过程：

P_{ij}（从状态 i 装换到状态 j 的概率）可以从 $P^{[m+1]} \sim p\ (P\mid s^{\mid m\mid})$ 进行抽样。

$$p(P^{[m+1]}\mid s^{[m+1]}) \propto p(s^{[m+1]}\mid P^{[m+1]}) \cdot p(P^{[m+1]}) \propto (\pi(s_i \prod_{i=1}^{K} \prod_{j=1}^{K} P_{ij}^{N_{ij}})) \cdot (\prod_{i=1}^{K} \prod_{j=1}^{K} P_{ij}^{\eta_{ij}-1}) \propto$$

$$\prod_{i=1}^{K} \prod_{j=1}^{K} P_{ij}^{N_{ij}+\eta_{ij}-1} \propto \prod_{i=1}^{K} \mathrm{Dirichlet}(\hat{\eta_i})$$

其中，N_{ij} 是从状态 i 转换到 j 的次数，η_{ij} 是 Dirichlet 分布的超参数，$\hat{\eta_i}$ 是向量（$N_{i1} + \eta_{i1} - 1$，$\cdots$，$N_{iK} + \eta_{iK} - 1$）。

在转换概率矩阵中，对于状态 i 转换为其他状态的转换概率 $P_i = (P_{i1} + P_{i2}, \cdots, P_{iK})$，我们可以直接从 $P_i \sim \mathrm{Dirichlet}\ ((\hat{\eta})_i)$ 中进行抽样。在抽样过程中，由于先验信念是在下一期股市更有可能维持原状而不是转换为其他状态，所以设定 $\hat{\eta}_{ii} = 2$，$\hat{\eta}_{ij} = 1$，其中 $i \neq j$。

抽样 s_t 的过程：

为了抽样 s_t，一方面由于马尔可夫转换概率的存在，我们必须考虑 s_{t-1} 和 s_{t+1} 对 s_t 的影响；另一方面，由于条件方差的路径依赖性，t 时刻的状态变量将对之后所有时刻的状态变量产生影响，因此 t 时刻之后的状态变量可以用来估计 t 时刻的状态。因此，s_t 的全条件概率方程如下：

$$f(s_t \mid S_{-t}, \alpha, \beta, \eta, r) \propto P_{1s_{t-1}}^{2-s_t} P_{2s_{t-1}}^{s_{t-1}} P_{1s_t}^{2-s_{t+1}} P_{2s_t}^{s_{t+1}-1} \cdot \exp\left(-\frac{1}{2}\sum_{j=t}^{N}\left[\ln(h_j \varpi_j) + \frac{(r_j - \beta_j \sqrt{h_j})^2}{h_j \varpi_j}\right]\right)$$

由于 s_t 只有两个可能的状态 1 或 2，从以上分布中抽取 s_t 的过程实际相当于从一个伯努利分布中进行抽样。

3 实证结果

在使用 MCMC 方法对 MS – GARCH 模型进行估计之前，本文确定估计的起始值如下：①$P_{ij} = 0.1$。②s_1 从一个等概率的伯努利实验提取，然后用初始的转移概率矩阵依次生成 s_t。③$\alpha_1 = (1.0, 0.5, 0.05)$ 和 $\alpha_2 = (0.5, 0.8, 0.1)$。由于 α_{ij} 的条件后验分布不服从某一个已知的分布，本文运用格子吉布斯对 α_{ij} 进行抽样。$\alpha_{i0} \in [0, 3.0]$，共有 300 个格子；$\alpha_{i1} \in [0, 1.0]$，共有 100 个格子；$\alpha_{i2} \in [0, 0.5]$ 共有 100 个格子。另外为了保证波动性是受约束的，设定 $\alpha_{i1} + \alpha_{i2} < 1$，其中，i = 1，2。④$\beta_1 = -0.1$，$\beta_2 = 0.5$。同理，由于 β_i 的条件后验分布不服从某一个已知的分布，本文运用了格子吉布斯对 β_i 进行抽样。$\beta_i \in$

[-0.5, 1]，共有 150 个格子。

由于 MCMC 算法要求的计算量很大，因此本文的程序使用了 R 语言和 C 语言①混合编程的方式，在 Intel CPU T2010 1.6Hz，1024M ROM 的计算机条件下，每 5000 次抽样需要 1 个小时左右。本文进行了 20000 + 5000 次抽样，前 20000 次作为预烧过程，后 5000 次抽样用来产生实证结果。

表 1 是用 MCMC 方法分别估计具有学生 t 分布误差的 GARCH 模型和 MS – GARCH 模型的结果。一般来说，如果学生 t 分布自由度 v 的估计值大于 100，可以将该分布等同于标准正态分布。但根据估计的结果，我们可以看出 GARCH 模型和 MS – GARCH 模型的自由度 v 永远都小于 100，说明故事的日收益率具有尖峰厚尾的特点，用学生 t 分布描述更为合适。

从表 1 和表 2 可以看出，具有学生 t 分布误差的 MS – GARCH 模型很明显地分离出了两种不同的波动状态。在状态 2 中 h_{t-1} 和 α_{t-1} 的系数均大于状态 1 中 h_{t-1} 和 α_{t-1} 的系数。根据 $\alpha_{i1} + \alpha_{i2}$ 的大小，可以将第一种状态称为低波动状态（$\alpha_{i1} + \alpha_{i2}$ 小于 0.5），第二张状态称为高波动状态（$\alpha_{i1} + \alpha_{i2}$ 接近于 1），在低波动状态中，h_t 的大小主要由固定的系数 α_{10} 决定，且波动程度较低。在高波动状态中，h_t 表现出明显的被动集聚现象，股市收益率的高波动会延续较长的时间。

表 1　单状态 GARCH 模型参数的估计结果（t 分布误差）

ψ	$\bar{\psi}$	$\psi_{0.5}$	$\psi_{0.025}$	$\psi_{0.975}$	Sd.
β	0.084	0.084	0.023	0.144	0.030
α_0	0.085	0.080	0.030	0.181	0.041
α_1	0.893	0.899	0.818	0.939	0.030
α_2	0.075	0.071	0.041	0.122	0.020
v	6.611	6.409	4.384	10.231	1.475

数据来源：MCMC 方法估计结果，其中 ψ_ϕ 为参数后验分布的 ϕ 分位数

表 2　两状态 GARCH 模型参数的估计结果（t 分布误差）

ψ	$\bar{\psi}$	$\psi_{0.5}$	$\psi_{0.025}$	$\psi_{0.975}$	Sd.
β_1	-0.178	-0.173	-0.276	-0.082	0.051
β_2	0.275	0.272	0.192	0.374	0.048
α_{10}	1.052	1.033	0.321	1.896	0.461
α_{20}	0.419	0.415	0.060	0.780	0.218
α_{11}	0.045	0.036	0.000	0.129	0.036
α_{12}	0.135	0.111	0.040	0.383	0.087

① C 语言作为一种低级语言，它的使用能将运算速度提高 30 倍以上，在大运算量的 MCMC 估计中有很好的适用性。

续表

ψ	$\overline{\psi}$	$\psi_{0.5}$	$\psi_{0.025}$	$\psi_{0.975}$	Sd.
α_{21}	0.844	0.856	0.702	0.918	0.056
α_{22}	0.116	0.111	0.060	0.214	0.041
$\alpha_{11} + \alpha_{12}$	0.441	0.467	0.096	0.826	0.221
$\alpha_{21} + \alpha_{22}$	0.962	0.968	0.886	0.999	0.030
v	4.847	4.798	3.541	6.586	0.773
P_{11}	0.985	0.986	0.967	0.996	0.008
P_{12}	0.989	0.990	0.976	0.998	0.006

数据来源：MCMC 方法估计结果，其中 ψ_ϕ 为参数后验分布的 ϕ 分位数

P_{11} 和 P_{22} 这两个参数的估计值都很接近 1，这说明从 t－1 期到 t 期两种状态都更会保持原有的波动状态，而只有很小的几率转换到另外一种波动状态。因此，低波动状态和高波动状态都具有高度的维持性。

股权分置改革作为中国股市发展的重大事件之一，理应被纳入股市波动性分析的框架中来。而且，股权分置改革是和机构投资者快速增长的时间相重合的。因此，我们先分析股权分置改革对股市波动性的影响。

根据参数后验分布直方图，可以观察到 MS－GARCH 模型两种状态下参数的后验分布也有明显的不同。图 2 是全部参数的后 5000 次抽样的直方图。

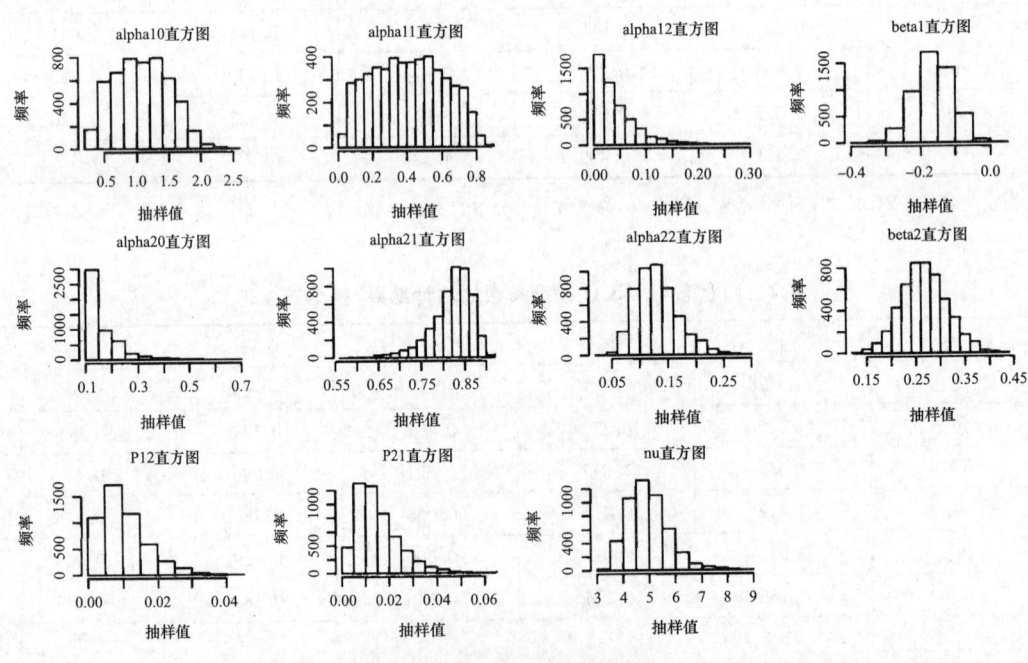

图 2　参数的后验分布直方图

图 3 和图 4 分别是标准正态分布残差 MS – GARCH 模型和学生 t 分布误差 MS – GARCH 模型的状态概率图。图 3 提供的股市波动状态转换比较无序，说明标准正态残差 MS – GARCH 模型不能很好地提取股市波动的结构性改变的信息。

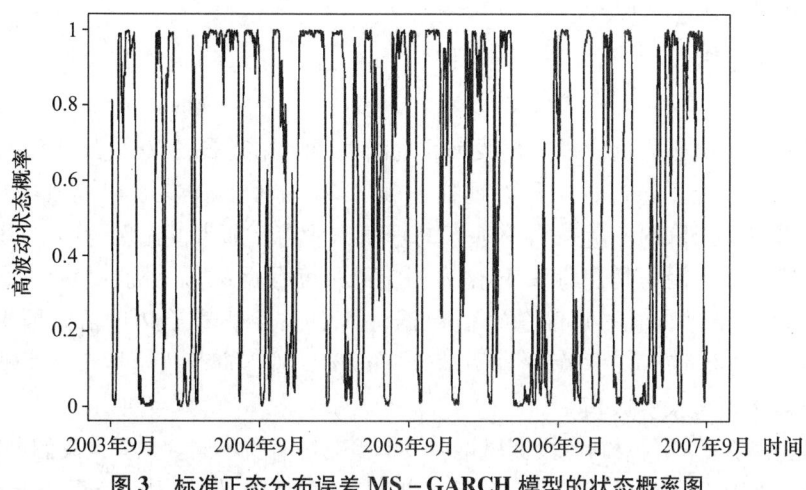

图 3 标准正态分布误差 MS – GARCH 模型的状态概率图

从图 4 中我们可以清楚地看出，在 2005 年 9 月附近股市的波动性发生了明显的结构性变化。在 2005 年 9 月之前，股市较多地表现为低波动状态；在 2005 年 9 月之后，股市较多地表现为高波动状态。学生 t 残差 MS – GARCH 模型能更好地提取股市的波动状态的结构性转换。因此，本文的分析都基于更有意义的学生 t 残差的 MS – GARCH 模型。

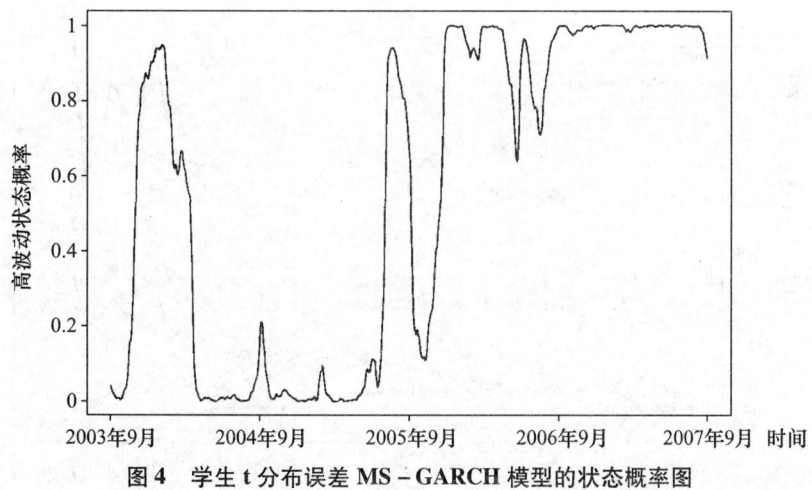

图 4 学生 t 分布误差 MS – GARCH 模型的状态概率图

从以上分析可以看出，在 2005 年 9 月附近，股市发生了一次明显的结构性转变，这次结构性转变与股权分置改革开始的时间是吻合的。股权分置改革使上市公司的股权结构进一步合理化，上市公司股票的投资价值进一步凸显，激活了投资者的投资热情。股市从此进入了高波动性占主导地位的时期。进一步地，股权分置改革对股市波动性的影响主要是结构性的和长期的，本文的 t 误差 MS – GARCH 模型能够很好地提取出这种机制转换。在考虑这种长期影响之后，我们可以计算 MS – GARCH 模型的综合波动：

$$h_{t-1} = E(r_{t-1}^2 | \psi) - (E(r_{t-1} | \psi))^2$$

$$= P_{1t-1}(\beta_1^2 h_{1t-1} + h_{1t-1}) + P_{2t_1}(\beta_2^2 h_{2t-1} + h_{2t-1}) - (P_{1t-1} \cdot \beta_1 \sqrt{h_{1t-1}} + p_{2t-1} \cdot \beta_2 \sqrt{h_{2t-1}})^2$$

本文以基金为例研究机构投资与股市波动的关系。在提取股权分置改革造成的结构性转换效应之后，综合波动 h_t 能够更好地描述股市波动。因此本文在研究机构投资者与股市波动性关系时，选取的变量是 h_t 和基金总净值占股市流通市值比例①。由于只能得到基金相关的月度数据，因此我们将 h_t 转化为相应的月度数据：h_m。机构投资者的数据包括股票型基金和混合型基金的月度总净值数据，其中混合型基金又包括偏股混合型基金（60% 以上资产投资股市），平衡混合型基金（40% ~ 60% 资产投资股市）和偏债混合型基金（40% 以下资金投资股市）。

不同类型基金的投资限制、投资风格和投资策略都有所不同。从图 5 我们可以看出，各类基金 2003 ~ 2007 年占流通市值的变化不尽相同，简单将它们归为一类很难分析机构投资者与股市波动之间的长期关系。因此，本文采用了多个协整模型来研究两者的关系，将多个基金类纳入协整模型来验证估计参数的稳健性。模型因变量采用股市波动 h_m，自变量包括四种类型基金（股票型、偏股型、平衡型和偏债型）总净值占股市流通市值比例、基金的股市仓位以及基金实际投资占股市流通市值比例（基金净值 × 仓位 ÷ 流通市值）。

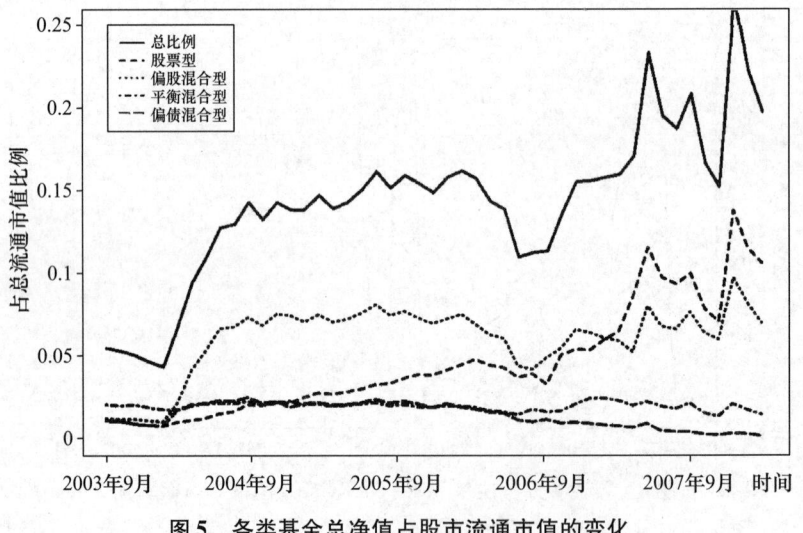

图 5　各类基金总净值占股市流通市值的变化

---

①　本文是以上证指数的收益率数据为研究对象，但机构投资者投资股市的数据并不区分沪市和深市，因此本文以基金总净值占股市流通总值比例作为机构投资者规模。

同时，模型2至模型5还分别将代表外部冲击的6个虚拟变量引入股市波动性分析，包括存款准备金率调整、利率调整、存款准备金率调整和利率调整的交叉项，存款准备金率调整一阶滞后，利率调整一阶滞后，以及存款准备金率和利率调整的交叉项一阶滞后。外部冲击对股市产生的影响表现为间接影响，包括投资者情绪、宏观经济信心和政策走势预估等因素。这些外部冲击的调整有一定的固定模式和幅度，用虚拟变量来描述较为合适。作为外部冲击，如果管理层在同一个月中同时调整存款准备金率和利率，会对市场释放出更为强烈的经济调控信号，模型4和模型5引入交叉项来描述这种冲击。在模型5中，假定外部冲击可能对股市产生的影响会滞后1期（约1/4的调整在当月25号以后），将虚拟变量的一阶滞后项纳入自变量中。

表3　股市波动与基金规模变动协整模型

	模型1	模型2	模型3	模型4	模型5
截距项	148.35 **	190.19 ***	225.1 ***	174.34 ***	219.1 ***
股票型基金总净值	3.86	3.0215	0.3629	2.2224	− 0.7761
偏股型基金总净值	− 6.31 **	− 5.94 *	− 3.11	− 5.25 *	− 2.058
平衡型基金总净值	− 65.86 **	− 88.35 ***	− 110.60 ***	− 82.1911 ***	− 112.30 ***
偏债型基金总净值	14.37 **	15.36 **	13.44 **	14.48 **	13.86 ***
股票型基金仓位	0.25	0.24	0.16	0.26	0.19
偏股型基金仓位	− 0.58 **	− 0.53 **	− 0.32	− 0.51 **	− 0.26
平衡型基金仓位	− 2.25 **	− 2.94 ***	− 3.53 ***	− 2.74 ***	− 3.56 ***
偏债型基金仓位	0.55 **	0.57 **	0.48 *	0.56 **	0.54 **
股票型基金总净值×仓位	− 0.05	− 0.04	− 0.09	− 0.03	0.00
偏股型基金总净值×仓位	0.10 **	0.10 **	0.06	0.09 **	0.05
平衡型基金总净值×仓位	0.96 **	1.29 ***	1.62 ***	1.2 ***	1.63 ***
偏债型基金总净值×仓位	− 0.36 **	− 0.37 ***	− 0.33 **	− 0.35 ***	− 0.33 ***
存款准备金率调整	—	0.72	1.23 **	1.17 **	2.09 ***
利率调整	—	− 0.10	− 0.57	0.45	0.21
存款准备金率调整×利率调整	—	—	—	− 1.54 **	− 2.19 ***
存款准备金率调整延续	—	—	1.03 **	—	1.47 ***
利率调整延续	—	—	− 0.62	—	− 0.4
存款准备金率调整延续×利率调整延续	—	—	—	—	− 0.02
ADF 协整检验（P值）	0.05	0.19	0.09	0.08	0.04
PP 协整检验（P值）	0.01	0.01	0.01	0.01	0.01
F 检验（P值）	0.00	0.00	0.00	0.00	0.00
调整拟合度	0.71	0.71	0.77	0.75	0.85

注：*** 表示1%水平下显著；** 表示5%水平下显著，* 表示10%水平下显著；各类基金的总净值皆以其占股市流通市值百分比的形式表示

从表 3 可以清楚地看出，各个模型的估计系数大致上是稳健的，模型 3 和模型 4 在 10% 水平上通过了协整检验，模型 1 和模型 5 在 5% 水平上通过了协整检验，以下本文主要以模型 5 为例进行分析。基金总净值占股市流通市值与股市波动性有显著的相关性，但具体到每个类型的基金又有所不同。股票型基金与股市波动性的联系在各个模型中均不显著。偏股混合型基金和平衡混合型基金净值占股市流通市值与股市波动性之间存在显著的长期负相关关系，这说明它们对股市波动可能有显著的抑制作用，其中又以平衡混合型基金对股市波动性的抑制最为明显。偏债混合型基金净值与股市波动性之间存在正相关关系。这可能是因为偏债混合型基金作为基金市场上的避险品种，主要投资低风险债券。当总净值上涨时，说明机构投资者从高风险的股市撤退到低风险的债市，对应更高的股市波动性。

基金仓位体现的是机构投资者对股市的参与度（或者是对股市风险的态度），它与股市波动性之间的关系与基金总净值类似：股票型基金不显著，偏股型和平衡型高仓位对应股市低波动性，偏债型高仓位对应股市高波动性。

基金总净值仓位交叉项是为了控制基金总净值与仓位之间可能存在的联动关系，可以观测到该交叉项的系数与基金总净值或仓位的系数符号相反，但系数值远小于两者，不影响之前所分析的结论。这说明基金总净值和仓位同方向运动时，其对股市波动性的影响会在一定程度上互相抵消。

可以肯定，机构投资者与股市波动之间有显著的相关关系。但是，将基金与股市波动性之间的关系一概而论有失偏颇，不同类型的基金对股市波动性的影响是不同的甚至相反的。

对于外部冲击，存款准备金率调整及其一阶之后与股市波动性之间有显著的相关性。给定其他条件不变，存款准备金率调整对应当月的股市波动提升 2.09，同时对应下个月的股市波动提升 1.47。利率调整及其滞后项与股市波动性没有显著的关系。如果在一个月内同时调整存款准备金率和利率，对应于股市波动性降低 2.19，说明股票市场对两者同时调整有较大的反应。但该交叉项的一阶滞后与股市波动性无显著关系。

4　模型诊断和预测

4.1　模型诊断

由于本文假设马尔可夫机制转换模型的残差为学生 t 分布，因此一般针对标准正态分布残差的相关检验无法运用到本文中。因此，本文采用了 P 得分的方式将残差进行转换：

$$z_t = \sum_{k=1}^{K} p(R_t \leqslant r_t \mid s_t = k, \bar{\psi}, F_{-t}) \cdot p(s_t = k \mid F_{-t})$$

然后用累积正态分布函数 φ^{-1} 将 p 得分转换为广义正态分布残差 u_t。如果模型的设定是正确的，那么广义正态分布残差应该服从独立标准正态分布。我们首先计算了广义正态分布残差 u_t 的峰度和偏度，其峰度（3.129）稍大于正态分布的峰度，而其偏度（-0.091）几乎等同于标准正态分布的偏度。

本文还使用了 Ljung – Box 检验来检验广义正态分布残差 u_t 和 u_t^2 的自相关性。直到 5 阶滞后，u_t 的 Ljung – Box 检验（p 值为 0.1571）都无法拒绝残差没有自相关性的原假设。因此，我们可以看出本文使用的马尔可夫机制转换模型很好地去除了原数据中的波动集聚效应。

4.2 模型拟合度

评价和比较单状态模型与多状态模型的拟合度，常用的方法有极大似然值、BIC 信息准则和 DIC 信息准则。Spiegelhalter 等构建了 DIC 信息准则，能够较好地比较单状态模型和多状态模型的拟合度，本文选择了这种信息准则进行拟合度的研究。DIC 信息准则可以分解成两个部分，一部分度量模型的拟合度，另一部分度量模型的复杂程度：

$$DIC = \overline{D} + p_D$$

其中，$\overline{D} = E_{\theta|r}(D(\theta))$，$p_D = \overline{D} - D(\overline{\theta})$

D 是 $-2\ln(\theta/r)$ 的后验分布，其中 $\ln L(\theta/r)$ 是似然函数。然而，如果要计算马尔可夫状态转换模型的似然函数，不能直接利用通常计算方法。为了克服这个问题，我们使用观察似然值来进行计算：

$$L(\psi|r) = \prod_{t=1}^{T}\prod_{k=1}^{K} p(r_t|\psi, s_t = k, \mathcal{F}_{-t}) \cdot p(s_t = k|\mathcal{F}_{-t}, \psi)$$

因此，两状态的马尔可夫状态转换模型的似然函数可以被表示为：

$$L(\psi|r) = t\left(\frac{r_t - \beta\sqrt{h_{1t}}}{\sqrt{h_{1t}}}\right) \cdot p_{1t} + t\left(\frac{r_t - \beta\sqrt{h_{2t}}}{\sqrt{h_{2t}}}\right) \cdot p_{2t}$$

其中，$h_{it} = \alpha_{i0} + \alpha_{i1} \cdot h_{t-1} + \alpha_{i2} \cdot \alpha_{t-1}^2$，i = 1 或 2 表明了两个不同的状态。

表 4 总结了 MS – GARCH 模型和 GARCH 模型的 $E_{\theta|r}(D(\theta))$、$D(\overline{\theta})$、p_D 和 DIC 值。从 $E_{\theta|r}(D(\theta))$ 和 $D(\overline{\theta})$ 这两个指标来看，MS – GARCH 模型明显优于 GARCH 模型，说明在拟合度上 MS – GARCH 模型要好于 GARCH 模型。MS – GARCH 模型 p_D 值要比 GARCH 模型略大，这说明 GARCH 的参数较 MS – GARCH 模型更有效率。总体来说，在本文的研究中采用 MS – GARCH 模型是远优于单状态 GARCH 模型的。

此外，对于 GARCH 族嵌套模型的拟合度与预测能力，一般常用似然比检验（Likelihood Ratio Test）或残差协方差矩阵相减的方式来进行模型比较（两者是等价的）。但在本文中，GARCH 模型和 MS – GARCH 模型之间并非普通的嵌套模型，不能直接使用似然比检验来进行比较。根据 Gray[16] 和 Bohl[12] 的方法，如果机制转换模型与单机制模型的似然比检验统计量远大于卡方分布的临界值，能定性地说明机制转换模型好于单机制模型。表

4 报告了似然比检验统计量的值为 41.328，对应自由度为 6 的卡方分布在 1% 水平下的临界值为 16.812（机制转换模型比单机制模型多 6 个参数），能够定性说明机制转换模型拟合度优于单状态模型，预测能力较强。对于此部分的详细分析，参见本文的附录。

表 4 DIC 信息准则相关结果

	MS – GARCH	GARCH
$E_{\theta\mid r}$（D（θ））	2704.373	2741.534
D（$\bar{\theta}$）	2688.504	2729.886
p_D	15.869	11.648
DIC	2720.241	2753.182
LRT	41.382	—

表 5 模型预测能力比较

ϕ	I（$r_t < VaR_t^\phi$）加总值		（1 – ϕ）· N_p
	MS – GARCH	GARCH	
0.99	0	0	4.89
0.95	24	25	24.45
0.90	55	56	48.9

4.3 模型预测

为了比较不同模型之间的预测能力，本文研究了这些模型对一天领先风险值（One – day Ahead VaR）的预测，一天领先风险值常用来度量金融风险。本文使用的样本外预测数据从 2007 年 9 月 12 日至 2009 年 9 月 12 日，是样本内数据之后两年的上证指数数据。

风险等级为 $\phi \in$（0, 1）的一天领先 VaR 值可以被表示为 VaR^ϕ，一天领先预测分布的 $1 - \phi$ 分位数可以用来估计 VaR^ϕ 值。预测分布可以直接用抽样中产生的第 j 组后验参数 ψ^j 进行模拟来产生：

$$s_{t+1}^j \sim p（s_{t+1} \mid \psi^j, \mathcal{F}_t）$$
$$r_{t+1}^j \sim p（r_{t+1} \mid s_{t+1}, \psi^j, \mathcal{F}_t）$$

本文使用了 MCMC 迭代中产生的后 5000 次 ψ 来生成模拟预测值 r_t，因此 r_t 的实际分布可以直接从模拟中得到。因此，一天领先的 VaR^ϕ 值可以直接从 r_t 实际分布的分位数中得到。如果 VaR^ϕ 值可以对股票市场的风险进行很好的预测，那么 I（$r_t < VaR_t^\phi$）的序列就应该是一个参数为 $1 - \phi$ 的独立伯努利分布。因此，如果一个模型的预测结果比另外一个更好，那么它的 I（$r_t < VaR_t^\phi$）序列加总值就应该更靠近（1 – ϕ）· N_p，其中 N_p 是样本外数据个数。

一天领先 VaR 值（参数 ϕ = 0.90，0.95，0.99）预测结果在表 5 中分别被报告，第一列和第二列分别是运用 MS – GARCH 模型和 GARCH 模型计算 VaR_t^ϕ 值后，真实股市数据 r_t 分别小于对应 VaR_t^ϕ 值的个数。通过与第三列的值相比较，MS – GARCH 模型的风险预测能力要明显优于 GARCH 模型。

5 结 论 和 讨 论

根据本文的分析，可以发现在 2005 年 9 月附近确实出现了一次明显的股市波动性结构性变化，股市从低风险积聚状态转入了高风险积聚状态。因此，本文认为股权分置改革使股市的投资价值进一步凸显，激活了投资者的入市热情，促成了本次的股市结构性转换。

对于机构投资者在金融市场中扮演的角色，学术界一直存在争议。国外的文献多发现机构投资者的增加与股市波动性没有明显的关系，而国内的文献则普遍发现股市波动性与机构投资者比例正相关。本文运用 MS – GARCH 模型研究股市波动性的转换，发现股票型基金与股市波动性的联系不显著，偏股混合型基金和平衡混合型基金净值占股市流通市值与股市波动性之间存在显著的长期负相关关系，而偏债混合型基金净值与股市波动性之间存在正相关关系。因此，对机构投资者与股市波动性关系的研究不能一概而论。

在今后的研究中，可以利用本文提供的模型和估计方法，对一些更复杂和适用性更强的模型进行研究。比如，设定不同波动性时期的 t 分布是异质的，或者设定上涨和下跌时的波动方程参数是不同的。本文提供的仅是一种分析和研究的基本框架，在 t 分布误差MS – GARCH 模型框架内还有大量金融时间序列方面的课题有待研究。

参考文献

［1］ Lakonishok J. , Shleifer A. , Vishny R. W. The impact of institutional trading on stock prices ［J］. Journal of Finance Economics, 1992 (32)：23 – 43.

［2］ Grinblatt M. , Titman S. , Wermers R. Momentum investment strategies, portfolio performance, and herding：A study on mutual fund behavior ［J］. The American Economics Review, 1995 (85)：1088 – 1105.

［3］ Sias R. W. , Starks L. T. Return autocorrelation and institutional investors ［J］. Journal of Finance Economics, 1997 (46)：103 – 131.

［4］ Nofsinger J. R. , Sias R. W. Herding and feedback trading by institutional and individual investors ［J］. The Journal of Finance, 1999 (54)：2263 – 2295.

［5］ Wermers R. Mutual fund herding and the impact on stock prices ［J］. The Journal of Finance, 1999 (54)：581 – 622.

［6］ Badrinath S. G. , Wahal S. Momentum trading by institutions ［J］. The Journal of Finance, 2002 (57)：2449 – 2478.

［7］ Griffin J. M. , Harris J. H. , Topaloglu S. The dynamics of institutional and individual trading ［J］. The Journal of Finance, 2003 (58)：2285 – 2320.

［8］ Sias R. , Whidbee D. A. Are institutional or individual investors more likely to drive prices from funda-mentals? ［R］. Working Paper, Washington State University, 2006.

［9］ Yan X. , Zhang Z. Institutional investors and equity returns: Are short - term institutions better in-formed? ［J］. Review of Financial Studies, 2009, 22 (2): 893 - 924.

［10］ Cohen R. B. , Gompers P. A. , Vuolteenaho T. Who underreacts to cash - flow news? Evidence from trading between individuals and institutionsf ［J］. Journal of Finance Economics, 2002 (66): 409 - 462.

［11］ Barber B. M. , Odean T. All that glitters: The effect of attention and news on the buying behavior of individual and institutional investors ［J］. Review of Financial Studies, 2008, 21 (2): 785 - 818.

［12］ Bohl M. T. , Brzeszczynski J, Wilfling B. Institutional investors and stock returns volatility: Empirical evidence from a natural experiment ［J］. Journal of Financial Stability, 2009 (5): 170 - 182.

［13］ 蔡庆丰, 宋友勇. 超常规发展的机构投资者能稳定市场吗? ——对我国基金业跨越式发展的反思［J］. 经济研究, 2010 (1): 90 - 101.

Cai Q. F. , Song Y. Y. Can the hyper - normal development of institutional investors stabilize the market? — Leapfrog development of China's fund industry ［J］. Economic Research Journal, 2010 (1): 90 - 101.

［14］ 张慧莲. 股权分置改革前后股指波动性测度及原因分析［J］. 金融研究, 2009 (5): 84 - 92.

Zhang H. L. Nontradable share reform and stock prices volatility in China ［J］, Journal of Financial Re-search, 2009 (5): 84 - 92.

［15］ 王少平, 陈永伟. 中国股权分置改革与股市波动的非线性持续［J］. 世界经济, 2008 (3): 80 - 88.

Wang S. P. , Chen Y. W. Sub - owned shares reform and stock returns volatility's nonlinear continuous in China ［J］. The Journal of World Economy, 2008 (3): 80 - 88.

［16］ Gray S. F. Modeling the conditional distribution of interest rates as a regime - switching processj ［J］. Journal of Finance Economics, 1996 (42): 27 - 62.

［17］ Bauwens L. , Preminger A. , Rombouts J. V. K. Theory and inference for a Markov switching GARCH model ［J］. The Econometrics Journal, 2010, 13 (2): 218 - 244.

［18］ Das D. , Yoo B. H. A Bayesian MCMC algorithm for Markov switching GARCH modeIs ［C］// Econ-ometric Society 2004 North American Summer Meetings 179, Econometric Society, 2004.

［19］ Geweke J. F. Bayesian treatment of the independent student - t linear model ［J］. Journal of Applied Econometrics, Special Issue on Econometric Inference Using Simulation Techniques, 1993, 8 (SI): 19 - 40.

［20］ Deschamps P. J. A flexible prior distribution for Markov switching autoregressions with student - t errors ［J］. Journal of Econometrics, 2006, 133 (1): 153 - 190.

［21］ Ardia D. Bayesian estimation of a Markov - switching threshold asymmetric GARCH model with studen-tinnovations ［J］. The Econometrics Journal, 2009 (12): 105 - 126.

［22］ 赵华, 焦燕枝. 汇改后人民币汇率波动的状态转换行为研究［J］. 国际金融研究, 2010 (1): 60 - 67.

Zhao H. , Jiao Y. Z. A study on regime - switching behaviors of the RMB exchange rate volatility after 2005 exchange rate reform ［J］. Studies of International Finance, 2010 (1): 60 - 67.

［23］ 朱钧钧, 谢识予, 朱弘鑫等. 基于状态转换的货币危机预警模型——时变概率马尔可夫转换模型的 Griddy - Gibbs 取样法和应用［J］. 数量经济技术经济研究, 2010 (9): 118 - 132.

Zhu J. J. , Xie S. Y. , Zhu H. X. , et al. Markov switching model of currency crisis warning system ［J］.

The Journal of Quantitative and Technical Economics, 2010 (9): 118 – 132.

[24] Crainiceanu C. M., Ruppert D. Likelihood ratio tests for goodness – of – fit of a nonlinear regression model [J]. Journal of Multivariate Analysis, 2004 (91): 35 – 52.

附录　嵌套（Nest）模型与非嵌套模型的预测能力比较

对于线性嵌套（Nest）模型之间的预测能力检验，一般可以直接运用残差协方差矩阵相减的形式来进行比较。假定无约束模型和约束模型分别为：

$$Y = X \cdot \beta + \varepsilon$$

$$Y = X \cdot \beta + \varepsilon \quad \text{s. t.} \quad R \cdot \beta - \delta = 0$$

以极大似然估计（MLE）方法进行估计，两个模型的估值分别为：

$$\hat{\theta} = \begin{pmatrix} \hat{\beta} \\ \hat{\sigma}^2 \end{pmatrix} = \begin{pmatrix} (X'X)^{-1} \cdot X'Y \\ \hat{\varepsilon}'\hat{\varepsilon}/n \end{pmatrix}, \quad \widetilde{\theta} = \begin{pmatrix} \widetilde{\beta} \\ \widetilde{\sigma}^2 \end{pmatrix} = \begin{pmatrix} \hat{\beta} - W \cdot (R \cdot \hat{\beta} - \delta) \\ \widetilde{\varepsilon}'\widetilde{\varepsilon}/n \end{pmatrix}$$

其中，$W = (X'X)^{-1}R'D$，$D = (R(X'X)^{-1}R') - 1$。因此，约束模型的残差协方差矩阵可表示为：

$$\widetilde{\varepsilon}'\widetilde{\varepsilon} = (Y - X\widetilde{\beta})'(Y - X\widetilde{\beta}) = [(Y - X\hat{\beta}) + (X\hat{\beta} - X\widetilde{\beta})]'[(Y - X\hat{\beta}) + (X\hat{\beta} - X\widetilde{\beta})]$$

$$= (Y - X\hat{\beta})'(Y - X\hat{\beta}) + 2(\hat{\beta} - \widetilde{\beta})'X'(Y - X\hat{\beta}) + (\hat{\beta} - \widetilde{\beta})'X'X(\hat{\beta} - \widetilde{\beta})$$

$$= (Y - X\hat{\beta})' + (Y - X\hat{\beta}) + 2(\hat{\beta} - \widetilde{\beta})'(X'Y - X'X(X'X) - 1 \cdot X'Y) + (\hat{\beta} - \widetilde{\beta})'X'X(\hat{\beta} - \widetilde{\beta})$$

$$= (Y - X\hat{\beta})' + (Y - X\hat{\beta}) + (\hat{\beta} - \widetilde{\beta})'X'X(\hat{\beta} - \widetilde{\beta}) = \hat{\varepsilon}'\hat{\varepsilon} + (\hat{\beta} - \widetilde{\beta})'X'X(\hat{\beta} - \widetilde{\beta})$$

因此，两个协方差矩阵的差为 $(\hat{\beta} - \widetilde{\beta})'X'X(\hat{\beta} - \widetilde{\beta})$，该矩阵是一个半正定矩阵。

对于非线性的回归模型，如 GARCH 族的回归模型，可以先将其用泰勒展开线性化，再按照类似的办法进行变换。非线性回归模型的线性化变换方法可见 Crainiceanu 和 Ruppert[24]，本文不再详述。

在实际应用中，嵌套模型会更多地使用似然比检验（Likelihood Ratio Test）来比较两个模型的预测能力。根据下面的推导，嵌套模型的似然比检验和协方差矩阵差值是等价的。

$$LR = 2(l(\hat{\theta}) - l(\widetilde{\theta})) = 2\left\{ \left[-\frac{n}{2} \cdot 2\pi - \ln(\hat{\sigma}^2) - (n/2) \right] \right.$$

$$\left. - \left[-\frac{n}{2} \cdot 2\pi - \ln(\widetilde{\sigma}^2) - (n/2) \right] \right\}$$

$$= 2\ln\left(\frac{\widetilde{\varepsilon}'\widetilde{\varepsilon}}{\hat{\varepsilon}'\hat{\varepsilon}} \right) = 2\ln\left[1 + \frac{(\hat{\beta} - \widetilde{\beta})'X'X(\hat{\beta} - \widetilde{\beta})}{(Y - X\hat{\beta})'(Y - X\hat{\beta})} \right] \geq 0$$

需要特别说明的是，本文所讨论的 GARCH 模型和 MS – GARCH 模型并不是嵌套模型，似然比统计量（Logliklihood Ratio Statistic）不服从卡方分布，因此不能直接使用上述协方差矩阵相减和似然比检验的方法进行检验。详细的解释在 Gray[16] 第 41 ~ 42 页和 Bohl[12] 第 177 页都有讨论。

虽然似然比检验对本文的两个模型是无效的，但如果似然比统计量很大，仍然能够说明两者之间是有显著差异的，即 MS – GARCH 模型提高了预测的能力。本文正文部分报告了两个模型的似然比统计量。

Institutional Investors, Sub-owned Shares Reform and Stock Returns Volatility: MCMC Estimation of a MS-GARCH Model with Student-t Error

Wei Lijia

(School of Economics and Management, Wuhan University, Wuhan 430072, China)

Abstract: There is a dramatically increase in institutional investors ownership of Chinese stock market from 2003. In this paper, we improve the MS – GARCH model to analyze the daily returns data, and provide empirical evidence on the impact of sub – owned shares reform and institutional investors in stock market. We find that Chinese stock market transform form low volatility state to high volatility state after the sub – owned shares reform. The results also prove that different funds have vary effects on the volatility of the stock market, and the adjusting of interest rate and reserve ratio could also affect the volatility of the stock market. According to the comparison between two models, MS – GARCH model is much better than single – regime GARCH model in goodness – of – fit and forecasting performance.

Key Words: institutional investors; sub – owned shares reform; MS – GARCH; volatility; student – t

基于 KMV 模型的制造业上市公司
信用风险评价研究*

曾诗鸿，王芳

（北京工业大学经济与管理学院，北京　100124）

【摘　要】本文在介绍信用风险度量 KMV 模型后，根据一定的条件选取 42 家中国制造业上市公司数据，在对 KMV 模型的适用性验证的同时，利用 ST 和*ST 公司的财务数据对违约点进行修正，实证分析表明，采用新违约点的 KMV 模型在中国的适用性和准确性都有所提高。由此得出，基于我国证券市场发展的实际情况和行业特性，对 KMV 模型进行针对性的修正具有实践意义。

【关键词】信用风险；KMV 模型；违约距离

1　引言

信用风险是指在金融交易活动中交易对手违约或因信用品质潜在变化而导致发生损失的可能性。随着中国证券市场的不断发展，越来越多的公司通过上市募集资金扩大发展。随着证券市场的繁荣以及上市公司的增多，一方面上市公司成为整个国民经济的重要构成部分，同时伴随的是信用问题也愈加凸显出来。中国关于信用风险的度量无论是在前沿理论上还是操作方法上都落后于西方发达国家。KMV 模型是由 KMV 公司开发的、用于度量信用风险的商业化模型。它源于 Black – Scholes – Merton（BSM）期权定价模型的研究。它是根据 Merton 将有关期权定价理论运用于风险贷款和证券投资的思想而开发出的一种实用高效的分析方法，用以衡量公司违约风险。

我国对 KMV 模型的研究首先是其理论适用性的实证研究，张玲、杨贞柿、陈收[1]对

＊　收稿日期：2012 – 07 – 14。

基金项目：国家社会科学基金重大资助项目（11&ZD140）；北京市哲学社会科学规划资助项目（11JGB029）；北京市教委重点资助项目（SZ201110005003）。

KMV 模型与其他模型进行了理论上的比较研究，认为 KMV 模型比其他只注重财务数据的信用风险模型更适合于评价上市公司的信用风险。马若微[2]引入功率曲线进行对照分析，经过大量的实证认为 KMV 模型运用到中国上市公司财务困境预警中是完全可行的。在实际应用上，程鹏、吴冲锋[3]使用 KMV 模型对沪深股市 15 家上市公司的信用状况进行分析，得出绩优公司信用状况最好，高科技公司信用状况其次，ST 公司信用状况最差的结论（说明：ST 公司是经营连续两年亏损，特别处理；*ST 公司是经营连续三年亏损，退市预警）。认为违约距离用于公司信用状况分析有以下两个优点：一是计算中不仅使用了公司财务数据，还包含公开的市场交易信息，能更好地反映公司信用状况；二是能保证公司信用状态数据的实时更新。KMV 模型有一系列的参数，在对参数进行修正方面，张能福、张佳[4]认为传统的 KMV 模型中违约点等于短期负债加长期负债的一半，然而这是基于美国公司的信用状况得出的结论，对于中国公司是否适用还有待于进一步探讨。基于这一观点，对违约点的参数进行修正，重新设定违约点（DP）= a × 短期负债（STD）+ b × 长期负债（LTD）。通过选取 82 家样本公司，按照一定的判断标准，用 MATLAB 计算得出了新违约点，并且将新旧违约点代入样本公司求出相应的违约距离，经比较得出，新违约点更能反映我国公司的信用状况。刘博[5]运用 KMV 模型，从中国沪深两市中共选取 30 家绩优股和绩差股，以 2007 年 9 月 30 日为基准日，运用三种方法计算其未来一年的违约距离 DD（Default Distance）和预期违约频率 EDF（Expected Default Frequency），结果表明，在 KMV 模型中引入资产连续回报率这个模型最适合中国国情，灵敏度和预测能力较好，在一定程度上可以揭示上市公司的信用风险。在针对具体行业的研究方面，夏红芳、马俊海[6]提出了基于 KMV 模型的上市公司信用风险预测方法，通过对 4 家农业上市公司 5 年信用风险的实证预测分析表明，KMV 模型可以应用于我国上市公司的信用预测。

从学者们的研究可以看出，鉴于我国经济的发展环境和上市公司的特点，对 KMV 模型进行修正并提高其在我国企业信用风险评价中的应用能力已成为共识。同时由于行业特性，不同的行业其违约距离存在着差异，本文的研究仅针对制造业行业。制造业是中国产业结构的重要组成部分，在上市公司中也占有相当大的比例，对我国经济的贡献重大，同时也意味着对我国制造业企业的违约状况进行评估具有重要的应用价值，有利于促进制造业资金的合理安排和产业优化升级。

2 KMV 模型原理

KMV 模型源于 Black – Scholes – Merton（BSM）期权定价模型的研究[7~9]。KMV 模型将公司股权看作买入一份欧式看涨期权，该看涨期权以公司资产的市场价值为标的，以公司债务为执行价格。在企业的债务到期日，若企业资产的市场价值低于企业所需偿还的负债面值时，企业将发生违约；若企业的资产市场价值高于企业的债务面值，则公司偿还债务。模型以违约距离表示企业资产市场价值期望值距离违约点的远近，距离越大，企业发生违约的可能性越小，反之越大。

则根据期权定价模型，企业资产价值和股权价值的关系式为：

$$V_E = V_A N(d_1) - D_e^{-rt} N(d_2) \qquad (1)$$

其中，V_E 为企业股权市场价值，V_A 为企业资产价值，D 为企业债务面值，$N(d)$ 为标准累计正态分布函数，r 为无风险收益率，t 为债务偿还期限。对上式两边求导再求期望可以得到公司股票的波动性和资产的波动性之间的关系：

$$\sigma_E = \frac{V_A}{V_E} N(d_1) \sigma_A \qquad (2)$$

其中，σ_A 为企业资产价值波动率，σ_E 为企业股票价值波动率。V_E 和 σ_E 可以从股票市场获知，由式（1）和式（2）可联合求出 V_A 和 σ_A。然后计算违约距离，违约距离是 KMV 模型提出的综合违约风险度量指标，公式为 $DD = (V_A - DP)/(V_A \times \sigma_A)$。由于中国历史违约数据缺乏，违约距离和违约概率之间的映射关系无法实现，因此，本文直接用违约距离度量上市公司信用风险的大小。

3 KMV 模型的计算

3.1 样本数据选取

本文以我国沪深两市的制造业 *ST 公司、ST 公司和与之相配对的非 ST 公司作为研究对象，将上市公司中的 ST、*ST 公司视为违约公司，非 ST 公司视为非违约公司。为保证股权市场价值的准确性，选取我国上市公司中制造业沪深 A 股上市公司，不包括 A、B 或者 A、H 或者 A、B、H 同时上市的公司。本文选取 2011 年全年被特殊处理的样本，并且剔除了一年多次被 ST、*ST 或者在正常交易和特殊处理之间变化的样本，情况变动就代表着财务状况和经营状况的变动，不利于研究的针对性。所有者权益方面，为了避免样本分析误差和研究的适用性，本文排除了在分析期净资产值为负值的样本数据，公司净值为负的时候，其资产价值小于负债价值，此时出现财务危机和发生违约的几率已是明显增大，而在公司净资产价值非负时，即未明显表现出违约的迹象时，信用风险的度量更有价值。配对的样本则选取与 ST 公司、*ST 公司在同一交易所，同一类细分行业的非 ST 公司。基于以上分析，筛选出 2011 年沪深制造业 21 家 ST、*ST 公司和 21 家正常交易公司作为样本，运用 SPSS 和 MAT-LAB 软件对该 21 组公司进行研究，样本数据来自 CSMAR 国泰安数据库。

3.2 模型计算

首先计算上市公司的股权价值 V_E 和股权价值的波动率 σ_E。

（1）股权价值。我国上市公司普遍存在股权分置的问题，股权机构相对复杂，分为流通股和非流通股，且非流通股并不随着市场价值变化而变化，本文的做法是用每股净资产与非流通股股数的乘积来估计非流通股的价值。计算公式为：股权价值 = 流通股市场价值 + 每股净资产 × 非流通股数。

（2）股权价值的波动率。由股票的周收盘价格并对其取对数后可以得出周收益率的标准差 σ_1，本文中假设一年有 250 个交易日，一周有 5 个交易日，全年的交易周数为 50 周，利用股票年收益标准差和周收益标准差之间的关系 $\sigma_A = \sigma_1 \times 50^{1/2}$，可得出股票的年波动率。

（3）违约点。KMV 模型的基本假设是，违约点处于债务面值总额与流动负债之间的某一点，其推荐的违约点计算方法是违约点 D = 流动负债 + 0.5 × 长期负债。但是，KMV 模型本身的参数设置忽略了行业差异性，并且不同行业由于行业特征不同，行业发展的状况不同，另外，资本结构不同，经营模式和企业的现金流入流出等存在差异。KMV 模型设定的违约点对于我国某个行业公司是否适用，以及适用程度如何需要更一步的探讨研究。

基于以上分析，本文选取 2009 年、2010 年、2011 年三年中首次被 ST 和 *ST 的 60 家制造业公司作为样本，并取样本公司被 ST 或 *ST 前最近的财务年报告或者季度报告中的资产、流动负债和长期负债等财务数据。设定违约点 DP = a × 流动负债 + b × 长期负债，进行回归，得出适合我国制造业行业的违约点，并将用其得出的违约距离和 KMV 模型中违约点 DP = 流动负债 + 0.5 × 长期负债得出的违约距离进行比较。回归结果如下：

DP = B + 1.296 × 流动负债 + 1.650 × 长期负债

在回归结果中调整的判定系数 0.995 较接近于 1，拟合优度较高，变量的回归系数显著性 t 检验的概率 P 值小于显著性水平 0.05，说明解释变量和被解释变量线性关系显著，建立回归模型是合理的，且相应的 DW 值为 1.717，介于 1 和 2 之间，可以认为残差序列不相关，因此参数本身以及方程总体都是合适的。可以看出流动负债系数大于 1，长期负债大于 0.5，由于我国产业结构，行业发展和融资渠道等各方面发展都和西方国家有差距，可能在资产并没有少于负债时就有违约和发生财务危机的可能，所以可以认为系数的经济意义是合理的。在下面的分析中用新的违约点计算得出的违约距离与 KMV 模型中违约点 DP = 流动负债 + 0.5 × 长期负债得出的违约距离进行比较研究。

（4）无风险利率。本文采用 2011 年末中国人民银行网站公布的一年期定期存款利率，r = 0.035。

（5）t = 1。

3.3 结果比较分析

根据上市公司的市场数据和财务数据确定样本公司的股权价值、股价价值波动率，分别采用以上分析的两种违约点，运用 MATLAB 进行迭代算出各样本公司的违约距离和理论违约率，并进行比较研究。

3.3.1 图形比较

图 1 与图 2 分别是违约点为 DP = 流动负债 + 0.5 × 长期负债、新的违约点两种情况下，利用 ST 公司和非 ST 公司的违约距离做出雷达图，从图中可以看出 ST 公司违约距离的值基本被非 ST 公司违约距离的值包围在内，且从图 2 中也可以看出违约距离的值非 ST 公司包含 ST 公司的范围更广一些。

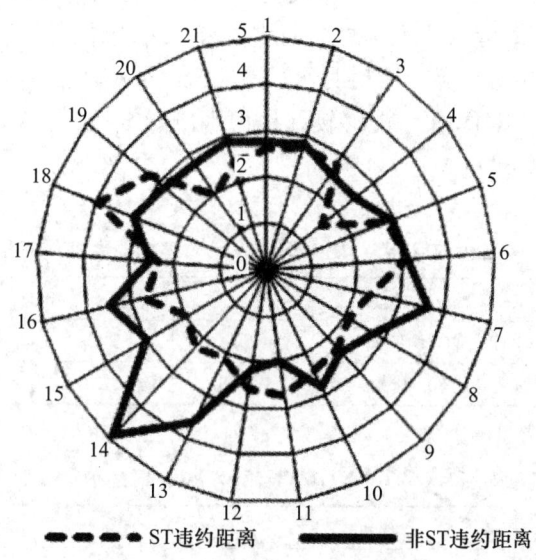

图 1　违约点为 DP = STD + 0.5 × LTD

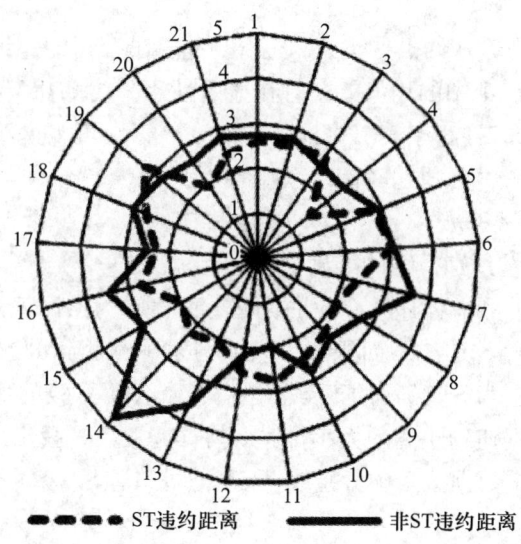

图 2　违约点为 = 1.296 × STD + 1.650 × LTD

3.3.2 两独立样本均值 T 检验

为了比较 ST 公司和非 ST 公司之间违约距离差异的显著性，进行两独立样本违约距离均值 T 检验，两独立样本 T 检验的目的是利用来自两个总体的独立样本，推断两个总体的均值是否存在显著差异。当违约点 = STD + 0.5 × LTD 时，违约距离的 T 检验如表 1 所示，非 ST 公司违约距离均值大于 ST 公司的违约距离均值，相对于非 ST 公司而言，ST 公司的信用风险较大。均值差为 0.406314，同时，当检验的显著性水平取 0.05 时，由于 T 检验概率 P 值小于 0.05，可以认为两总体的均值有显著差异，即非 ST 公司和 ST 公司的违约距离的平均值存在显著差异。这说明通过违约距离的相对大小来判断制造业上市公司的违约可能性是可行的，KMV 模型能够较好地识别出非 ST 公司和 ST 公司之间信用风险的差别，其在我国具有合理的适用性。

表 1　当违约点 = STD + 0.5 × LTD 时违约距离的 T 检验

均值			T 检验			
ST 公司	非 ST 公司	均值差	F 值	P 值	T 值	P 值
2.518924	2.925238	0.406314	0.086	0.770	− 2.320	0.025

表 2　当违约点 = 1.296 × STD + 1.650 × LTD 时违约距离的 T 检验

均值			T 检验			
ST 公司	非 ST 公司	均值差	F 值	P 值	T 值	P 值
2.433200	2.890705	0.457505	0.758	0.389	− 2.868	0.007

由表 2 可以看出，由于违约点增大，ST 公司和非 ST 公司的违约距离都减小，但是均值差为 0.457505，大于表 1 中的均值差，且在显著性水平为 0.05 时，通过两独立样本的 T 检验，概率 P 值为 0.007，小于表 1 中检验的概率 P 值，可以说明，新的违约点可以更好地识别出非 ST 公司和 ST 公司之间信用风险的差别。

3.3.3 模型的准确率分析

ROC 曲线是用来衡量判别模型的准确性和预测能力的一种方法。在 ROC 曲线中，纵轴为区间内累计违约企业和总体违约企业的比率，而横轴为累计正常企业和总体正常企业的比率，ROC 曲线越陡峭，曲线下面积越大表明与正确预测到的 ST 公司占 ST 公司总数的比率相比，被错误预测为 ST 公司的正常公司占正常公司总数的比率越小，代表模型的预测效率越好。本文根据违约距离的大小排序所有样本股票，找出最大最小值，把数据区间分成 10 个，并在 10 个数据区间中分别统计 ST 公司和非 ST 公司所占的累计百分比，然后绘制 ROC 曲线。

由于选取样本的条件限制，得到的样本数量有限，得到的 ROC 曲线并不是一条平滑的曲线，而只能得到一条有所起伏但总体向上凸起的弧线。可以看到修正 KMV 模型的

ROC 曲线相对来说还是比较陡峭的，较向左上方靠近，与参考线之间的面积也有所增大，面积越大说明模型的准确率越高，说明修正违约点的 KMV 模型更加合理，图 3 中曲线下面的面积为 0.61；图 4 中曲线下面的面积为 0.68。

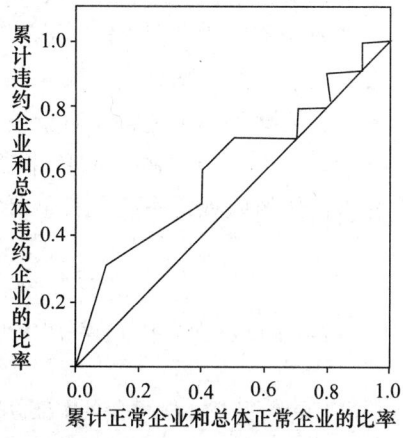

图 3 违约点 = STD + 0.5 × STD 的 ROC 曲线

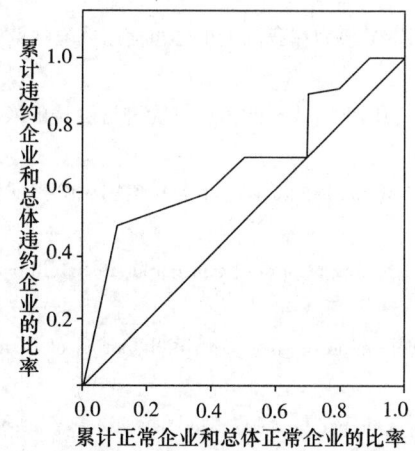

图 4 违约点 = 1.296 × STD + 1.650 × LTD 的 ROC 曲线

4 结 论

本文选取 21 组制造业上市公司样本数据，运用传统的 KMV 模型计算其违约距离并进行检验，首先验证了 KMV 模型在我国制造行业的适用性。用回归的方法对违约点进行修正，并比较两种违约点下模型的适用性和准确率，验证结果表明新的违约点较旧的违约点在基于违约距离区分 ST 公司和非 ST 公司方面有所改进。通过 ROC 曲线的比较，模型的准确率也有所提高，修正的 KMV 模型在我国具有实践价值。虽然可以看出本文的探讨中对违约点修正后 KMV 模型的适用性和准确性改变并不是很大。这是由于一方面本文在样本选取上有条件的限制，并没有选取净资产为负的 ST 公司和 *ST 公司，也并没有选取绩优股进行配对，从而得出的上市公司的违约距离跨度不大，并具有一定的集中性；另一方面，我国目前股票市场存在种种的不成熟和不规范，这对于模型中各种变量的准确计量都具有挑战。但是结合我国的实际情况，进一步加强对 KMV 模型的理论和实证研究，对于其在我国的应用性的提高以及完善信用风险评价系统具有重要意义。

参考文献

[1] 张玲，杨贞柿，陈收. KMV 模型在上市公司信用风险评价中的应用研究[J]. 系统工程，2004，22（11）：84－89.

[2] 马若微. KMV 模型运用于中国上市公司财务困境预警的实证检验[J]. 数理统计与管理，2006，25（5）：593－601.

[3] 程鹏，吴冲锋. 上市公司信用状况分析新方法[J]. 系统工程理论方法应用，2002，11（2）：89－92.

[4] 张能福，张佳. 改进的 KMV 模型在我国上市公司信用风险度量中的应用[J]. 预测，2010，29（5）：48－52.

[5] 刘博. 基于 KMV 模型对中国上市公司的信用风险进行度量的实证分析[J]. 科学技术与工程，2010，10（3）：843－847.

[6] 夏红芳，马俊海. 基于 KMV 模型的农业上市公司信用风险实证分析[J]. 农业经济研究，2007（10）：88－92.

[7] Black F., Scholes M. The pricing of options and corporate liabilities [J]. Journal of Political Economy, 1973, 81 (3): 637－659.

[8] Merton R. Theory of rational option pricing [J]. Bell Journal of Economics and Management Science, 1973, 4 (1): 141－183.

[9] Merton R. On the pricing of corporate debt: The risk structure of interest rates [J]. Journal of Finance, 1974, 29 (2): 449－470.

The Empirical Research on Credit Risk of Listed Manufacturing Companies from the View of KMV Model

Zeng Shihong, Wang Fang

(College of Economics and Management, Beijing University of Technology, Beijing 100024, China)

Abstract: This article employs KMV model to measure credit risk of Chinese manufacturing industry 42 listed company data, and finds the KMV model can measure credit risk of Chinese listed company. This article improves default point of KMV model by using the Chinese ST and *ST company's financial data based on the Chinese actual situation and industry characteristics. The empirical analysis shows that the new default point of KMV model more accurately measure credit risk of Chinese listed company.

Key Words: credit risk; KMV model; default distance

基于非参数估计的权证定价方法及应用[*]

樊鹏英[1,2]，陈暮紫[3]，蒋勇[4]，陈敏[1]

（1. 中国科学院数学与系统科学研究院，北京　100190；2. 北京工商大学经济学院，北京　100048；3. 中央财经大学管理科学与工程学院，北京　100081；4. 中国科学技术大学统计与金融系，合肥　230026）

【摘　要】针对权证市场，文中首次提出基于非参数估计的权证定价方法，其中包括完全非参数定价方法和基于模型的非参数修正定价方法，并将其应用于中国内地权证市场和中国香港权证市场的时间外权证价格预测。实证结果表明：在价值状况非单调情形下，基于模型的非参数修正定价方法效果最好，

完全非参数定价方法次之，半参数定价模型以及参数定价模型效果较差；此外，在时间外的权证价格预报方面，基于模型的非参数修正定价准确性明显优于其他模型。

【关键词】权证定价；非参数估计；价值状况；时间内；时间外

1　引言

作为一种金融衍生工具，权证是期权的一种。1911 年全球第一只权证在美国电灯和能源公司诞生，权证作为一种融资工具，有着融资便利、对冲风险的功能，于是受到投资者的青睐。在国际金融市场上已经形成德国、瑞士、意大利、中国、中国台湾、中国香港六大权证市场。我国于 1992 年在上海证券交易所推出第一只权证，由于恶意炒作比较严重，1996 年管理层取消了所有权证业务。2005 年 8 月权证重新进入中国金融市场，近几年来发展迅速，成为一种重要的投资工具。如何进行权证定价是金融界的一个重要研究方向，其直接影响着权证市场的稳定和健康发展。

* 收稿日期：2011 – 05 – 30。

基金项目：国家自然科学基金（70221001，70331001）；教育部人文社会科学研究青年基金（11YJC790015）。

作者简介：樊鹏英，女，博士研究生，研究方向：金融数学；陈暮紫，讲师；蒋勇，博士研究生；陈敏，研究员。

权证的定价方法与布朗运动刻画资产动态价格过程几乎同时问世。1900 年法国数学家 Bachielie[1] 发现股票价格波动过程跟布朗运动的某些性质相似，从而首次推出权证定价公式。1961 年 Sprenkle[2] 假定股票价格服从对数正态分布，对权证定价公式做了修正，但是参数估计难度很大。随后，Boness[3]、Samuelson[4] 等分别提出了关于权证的新定价公式，但是，这些模型中存在现实中难以估计的参数，并且将股票期权和认股权证的定价方法等同。直到 1973 年，Black 和 Scholes[5] 分析了股票看涨期权和权证的不同之处，并给出了期权定价公式，Black – Scholes 模型是期权定价发展过程中的一个里程碑。在很长一段时间内，学者们对 BS 权证定价模型进行检验，由于假设条件与实际市场环境吻合度相当低，检验结果发现定价公式难以反映权证的真正市场价值。随后，学者们主要将精力放在如何拓宽 BS 模型的假设条件，从而对期权和权证进行定价，Cox 和 Ross[6]、Hull 和 White[7] 提出非常数波动率下的定价模型；Amin 和 Ng[8]、Bakshi 和 Chen[9] 提出随机利率和随机收益率模型；Huang 和 Chen[10] 基于中国台湾权证市场对随机波动率模型和 BS 模型的定价效果进行了比较，实证结果发现随机波动率模型要优于 BS 模型；Noreen 和 Wolfson[11] 应用 52 只权证对 BS 模型和 CEV 模型进行了验证比较。这些定价模型在很大程度上放松了 BS 模型的假设条件，使得资产价格运动形式更加灵活，然而他们没有从期权定价的经济意义出发，重点只放在了如何设定资产价格的风险测度。事实上，参数定价方法在定价过程中有很大的局限性，模型假设是否恰当直接影响定价的准确性，模型假设错误时会导致错误的定价和错误的对冲策略。为了避免参数模型假设带来的误差，很多学者采用非参数方法对期权进行定价，Hutchinson、Lo 和 Poggio[12]，赵健[13] 采用神经网络方法分别对期权和权证定价模型进行研究，并表明其定价效果优于 BS 模型；Ait – Sahalia 和 Lo[14]、Ait – Sahalia 和 Duarte[15] 等通过研究状态价格密度函数的估计对期权进行定价；Breeden 和 Litzenberger[16] 说明状态价格密度函数可通过期权价格关于执行价格二次求导得出，但是其在数值计算上是一个很大的挑战，相对于状态价格密度函数来说，分布函数（生存函数）更容易估计，并有较快的收敛速度。参数模型和非参数模型各有利弊，参数模型的假设条件一旦错误就会带来较大的定价误差，非参数模型相对于参数模型适应性较强，不依赖于模型假设条件，但是其无法涵盖市场的一些先验信息。Fan 和 Mancini[17] 综合了参数模型和非参数模型的优点，引入基于参数模型的非参数修正期权定价方法，主要通过非参数修正方法对资产价格生存函数进行估计，从而优化定价效果。

近年来，不少学者对我国权证定价方法进行了研究。赵翔宇[18] 采用 BS 模型、分形布朗运动权证定价模型、GARCH – M 模型等方法对我国认股权证的定价方法进行了研究；张凡[19] 等考虑了股本稀释效应对认股权证价值的影响，并给出相应的定价公式；侯迎春[20] 研究了我国股本权证的定价问题，并对多种模型的定价效果进行比较。权证定价模型虽然在某些方面做改进，但同样存在一些问题。在权证定价过程中，参数模型不足以完全反映权证的市场价值，在已有模型的基础上将影响定价误差的因素考虑进去，对模型价格进行修正使定价结果更精确地估算权证价值是很有意义的。

在权证市场，某一时刻权证的行权价是固定的，所以对权证的定价无法通过期权价格对行权价求导估计状态价格生存函数和状态价格密度函数来实现。本文直接从权证价格估计出发，基于 Fan 和 Mancini[17] 参数模型诱导下的非参数修正定价方法思想，提出一种新的适用于权证市场的基于非参数估计的定价方法，其中基于模型的非参数修正定价方法不仅涵盖了市场先验信息，且不必担心模型假设错误，因为在第二步将通过非参数方法对其进行修正。实证分析结果表明，它综合了参数模型和非参数定价方法的优点，在时间内和时间外的定价效果均优于其他模型，能够很好地应用于权证定价和价格预报中。

本文内容安排如下：第二部分给出基于非参数估计的权证定价方法，包括完全非参数定价方法和基于模型的非参数修正定价方法；第三部分为实证分析，介绍了实证过程中所选取的诱导模型（Ad hoc BS 模型）以及其他定价模型（半参数模型和分形 BS 模型），然后对中国内地权证市场和中国香港权证市场分别应用 Ad hoc BS 模型的非参数修正定价方法、完全非参数定价方法、半参数模型以及参数模型（BS 模型和分形布朗运动下的 BS 模型）进行定价，并比较定价效果，然后分别对中国内地市场和中国香港市场的时间外权证价格进行预测；第四部分为本文的结论部分。

2　基于非参数估计的权证定价方法

2.1　权证非参数定价方法

设 S_t 为 t 时刻标的资产的价格，$f^*(\cdot)$ 为标的资产到期日价格 S_T 在时刻 t 条件下的（风险中性）条件密度函数。C_t 为标的资产为 S 的看涨期权在 t 时刻的价格，其执行价格为 X，距离到期日的时间间隔 $\tau = T - t$。支付函数 $\phi(S_T)$ max $(S_T - X, 0)$，所以 t 时刻的期权价格 C_t 应为支付函数期望在风险中性下的折现，即：

$$C_t = e^{-\mathrm{r}_{t,\tau}\tau}E[\phi(S_T)] = e^{-\mathrm{r}_{t,\tau}\tau}\int_X^\infty (y - X)f^*(y)\,dy \tag{1}$$

其中，$\mathrm{r}_{t,\tau}$ 为 t 时刻与期权到期日 $T = t + \tau$ 时间内的无风险利率。令 $F^*(x)$ 为 S_T 在时刻 t 条件下的（风险中性）条件分布函数，即 $F^*(x) = \int_0^x f^*(y)\,dy$。对式（1）分部积分可得：

$$C_t = e^{-\mathrm{r}_{t,\tau}\tau}\int_X^\infty (y - X)\,dF^*(y) = e^{-\mathrm{r}_{t,\tau}\tau}\int_X^\infty (1 - F^*(y))\,dy = e^{-\mathrm{r}_{t,\tau}\tau}\int_X^\infty \overline{F}^*(y)\,dy \tag{2}$$

其中，$\overline{F}^*(y) = 1 - F^*(y)$，称为 S_T 的状态价格生存函数。其中式（2）有着重要的经济含义：假设有 n 只数字期权，行权价分别为 $X + \delta$，$X + 2\delta$，$\cdots$，$X + i\delta$，$\cdots$，$X + n\delta$，第 i 只数字期权收益函数为：

$$\mathrm{payoff}(i) = \begin{cases} 1, & S_T > X + i\delta, \\ 0, & S_T \le X + i\delta, \end{cases}$$

$i = 1$，2，$\cdots$，n，所以第 i 只数字期权的期望收益为：

$$E(\,payoff(i)\,) = \int_{X+i\delta}^{\infty} f^*(y)\,dy = 1 - F^*(X + i\delta) = \overline{F}^*(X + i\delta)\,, i = 1,2,\cdots,n$$

将这 n 只数字期权每只持有 δ 份构造一个投资组合，此时该投资组合的收益为：

$\sum_{i=1}^{n} \delta I(S_T > X + i\delta)$，当 n 足够大，δ 足够小时有：

$$\sum_{i=1}^{n} \delta I(S_T \geq X + i\delta) \approx \max(S_t - X, 0)$$

所以有：

$$E\Big(\sum_{i=1}^{n} \delta I(S_T > X + i\delta)\Big) = \sum_{i=1}^{n} \delta \overline{F}^*(X + i\delta) \approx \int_{X}^{\infty} \overline{F}^*(y)\,dy = e^{r_{t,\tau}} C_t$$

即 $\int_{X}^{\infty} \overline{F}^*(y)\,dy$ 代表着数字期权投资组合的期望收益。

令 t 时刻标的资产的远期价格为 $F_{t,\tau} = Se^{(r_{t,\tau} - \delta_{t,\tau})\tau}$，其中 $\delta_{t,\tau}$ 为 t 时刻与期权到期日 $T = t + \tau$ 时间内的资产红利率。对式（2）做变量代换可得：

$$C_t = e^{-r_{t,\tau}} F_{t,\tau} \int_{m_t}^{\infty} \overline{F}(u)\,du \tag{3}$$

其中，$m_t = X_t / F_{t,\tau}$，称为价值状况，$\overline{F}(u) = 1 - F^*(F_{t,\tau}u)$。由式（3）可以看出，只要将资产价格生存函数估计出来，即可对欧式看涨期权进行定价，Fan 和 Mancini[17] 给出了 $\overline{F}(u)$ 与 C_t、m_t 的近似关系：

$$e^{r_{t,\tau}} \frac{C_t(X_1) - C_t(X_2)}{X_2 - X_1} = \overline{F}(\overline{m}_{t,1}) + O((m_{t,1} - m_{t,2})^3) \tag{4}$$

其中，$C_t(X)$ 是 t 时刻执行价格为 X 的看涨期权价格，$m_{t,i} = X_i / F_{t,\tau} (i = 1, 2)$，$\overline{m}_{t,1} = \frac{(m_{t,1} + m_{t,2})}{2}$，即状态价格生存函数可以通过期权价格关于执行价格一次求导得到。$\overline{F}(u)$ 的估计方法为：将 $m_{t,i}$ 按升序排列，令：

$$\overline{m}_{t,i} = \frac{m_{t,i} + m_{t,i+1}}{2}, \quad Y_{t,i} = \frac{C_t(X_i) - C_t(X_{i+1})}{X_{i+1} - X_i}$$

由式（4）可得：

$$Y_{t,i} = \overline{F}(\overline{m}_{t,i}) + \varepsilon_{t,i}$$

$\varepsilon_{t,i}$ 为误差项。此时，基于数据 $\{(\overline{m}_{t,i}, Y_{t,i}), i = 1, 2, \cdots, n\}$，其中 $N_t + 1$ 为给定到期日情况下 t 时刻的期权交易量，通过非参数方法即可估计出函数 $\overline{F}$，从而可得 t 时刻的期权价格。

由以上分析可以看出，对于欧式期权定价问题，我们可以直接利用式（4）建立状态价格生存函数的估计方程，从而通过式（3）对期权进行定价（见 Fan 和 Mancini[17]），但是它不适用于权证定价。在权证市场上，某一时刻权证的行权价是固定的，故上述生存函数的估计方法在权证市场上无法实现。在此借鉴 Fan 和 Mancini[17] 的非参数修正定价方法思想，我们着重考虑 $\int_{m_t}^{\infty} \bar{F}(u)du$,而不对生存函数巧 $\bar{F}(u)$ 进行估计。

令 $C_t^* = C_t / (e^{-r_t,\tau,\tau}F_{t,\tau})$ ，由式（3）可得：

$$C_t^* = \int_{m_t}^{\infty} \bar{F}(u)du = G(m_t) \tag{5}$$

$$C_t = (e^{-r_t,\tau,\tau}F_{t,\tau})G(m_t) \tag{6}$$

权证的价格是权证内在价值期望的折现，文中 $C_t = e^{-r_t,\tau,\tau}F_{t,r}\int_{m_t}^{\infty}\bar{F}(u)du = e^{-r_t,\tau,\tau}F_{t,\tau}C_t^*$ 代表权证内在价值的期望， $e^{-r_t,\tau,\tau}$ 为折现率，而 $C_t^* = \int_{m_t}^{\infty}\bar{F}(u)du = G(m_t)$ 是 t 时刻权证内在价值 $F_{t,\tau}C_t^*$ 的组成部分。由式（6）可知只要将 $G(\cdot)$ 估计出即可对权证进行定价。

由式（5）可知：基于数据 $\{(m_t C_t^*)(t=1,2,\cdots,N)\}$ 即可对 $G(\cdot)$ 进行估计，这是一个非参数估计问题。本文的非参数估计方法选用局部线性估计，其优点有边界自适应性以及在极大极小意义下是最佳线性估计等。局部线性估计中，窗宽选择是一个非常重要的问题，当窗宽 $h=0$ 时，拟合曲线把所有数据点连接起来，当窗宽 $h=\infty$ 时则会产生简单的模型，窗宽的选择决定了模型的复杂度。Fan 和 Gijbels[21] 详细讨论了窗宽选择问题，最优窗宽的选取一般通过极小化对渐进加权积分均方误差 MISE 得到，本文选取 GCV 方法寻找使得估计积分均方误差达到最小的窗宽 h 。在得到最优窗宽 h 的情况下，$G(m)$ 的估计方法如下：

$$\min_{\beta_1,\beta_2\in R^2} \sum_{t=1}^{N} (C_t^* - \beta_0 - \beta_1(m_t - m))^2 K_h(m_t - m) \tag{7}$$

其中，$K(\cdot)$ 为核函数，h 为窗宽，$K_h(u) = h^{-1}K(u/h)$ 。通过上述优化问题可得 $\hat{\beta}_0$、$\hat{\beta}_1$ ，$\hat{G}(m) = \hat{\beta}_0$ 是价值状况为 m 时的估计结果。估计出 $\hat{G}(m)$ 后将其代入式（6）即可得到 t 时刻的权证价格。

2.2　基于模型的非参数修正定价方法

第 2.1 节中所述的完全非参数定价方法不能利用标的资产的先验信息，且无法解释波动率微笑现象，在此提出一种基于模型的非参数修正定价方法，该方法的优点在于可以在涵盖先验信息的基础上通过非参数方法修正模型假设带来的误差，从而达到优化定价效果的目的。

$G(\cdot)$ 的估计可以分两步进行：

（1）为了得到 $G(\cdot)$ 的主要信息，选取某一参数模型作为基准得到 $G(\cdot)$ 的初步估计，记为 $G_{LN}(\cdot)$ ，比如在 Black 和 Scholes 模型中，

$$G_{LN}(m) = \int_m^{\infty}\Big[1 - \Phi\Big(\frac{\log(u) + \sigma^2\tau/2}{\sigma\sqrt{\tau}}\Big)\Big]du \tag{8}$$

（2）对误差部分通过非参数方法进行修正，其中 $\Phi(\cdot)$ 为标准正态分布的累计概率分布函数。即 $G(\cdot)$ 的主要信息可由初步估计 $G_{LN}(m)$ 得到，此时的估计并不是非常重

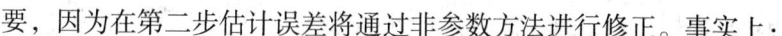

要，因为在第二步估计误差将通过非参数方法进行修正。事实上：

$$G(m) = G_{LN}(m) + G_C(m) \tag{9}$$

其中，$G_{LN}(m)$ 为参数模型估计部分，$G_C(m)$ 为非参数修正部分。由式（5）和式（9）可得：

$$G_t^* = G_{LN}(m_t) + G_C(m_t) + \varepsilon_t \tag{10}$$

令 $\tilde{C}_t^* = C_t^* - G_{LN}(m_t)$，则 $G_C(\cdot)$ 的估计仍为一非参数估计问题，在此仍然采用局部线性估计方法，窗宽选择采用 GCV 方法，然后基于数据 $\{(m_t, \tilde{C}_t^*)(t = 1, 2, \cdots, N)\}$ 建立优化问题：

$$\min_{\beta_0, \beta_1 \in R^2} \sum_{t=1}^{N} (\tilde{C}_t^* - \beta_0 - \beta_1(m_t - m))^2 K_h(m_t - m)$$

$\hat{\beta}_0$、$\hat{\beta}_1$ 的估计方法如同式（7），$\hat{G}_C(m) = \hat{\beta}_0$ 是价值状况为 m 时的估计结果。最后将式（10）代入式（6）即可得到基于模型的非参数修正定价方法：

$$C_t = e^{-r_t, \tau, \tau} F_{t,\tau} G_{LN}(m_t) + e^{-r_t, \tau, \tau} F_{t,\tau} G_C(m_t) \tag{11}$$

其中，$e^{-r_t, \tau, \tau} F_{t,\tau} G_{LN}(m_t)$ 为参数模型部分，$e^{-r_t, \tau, \tau} F_{t,\tau} G_C(m_t)$ 为非参数修正部分。

本文在实证分析中选取 Dumas、Fleming 和 Whaley[22] 给出了 Ad Black - Scholes 模型作为引导模型，然后在此基础上给出 Ad Black - Scholes 模型对应的 $G_{LN}(\cdot)$，并通过非参数定价方法对其进行修正，估计出 $G_C(\cdot)$，将 $G_{LN}(\cdot)$、$G_C(\cdot)$ 以及 t 时刻对应的价值状况 m_t 代入式（11）即可得出 t 时刻的权证价格。

3　实证分析

本文选取 Dumas、Fleming 和 Whaley[22] 给出的 Ad Black - Scholes 模型作为引导模型对中国内地权证市场和中国香港权证市场分别进行定价和价格预报，并将其与 2.1 节介绍的非参数定价方法、半参数定价方法以及参数定价方法（BS 模型、分形 BS 模型）的定价效果和预测效果进行比较。

数据选择基于以下考虑：①对于中国权证数据仅选择认购权证进行定价，因为认沽权证的非理性操作太强；②选择权证和对应正股交易量都较大的权证，由此可以使得流动性风险对价格的影响降至最小，更容易比较模型定价的优劣（参见文献 [23]）；③选取权证到期日之前一部分数据作为时间内数据进行拟合，一部分作为时间外数据进行权证价格预报分析。

3.1　基于 Ad hoc BS 模型的非参数修正定价方法

3.1.1　Ad hoc BS 模型

隐含波动率是反映期权价格的一个重要因素，是隐含在期权市场价格中的波动率，与 Black - Scholes 模型不同的是隐含波动率曲线呈现"波动率微笑"，Dumas、Fleming 和 Whaley[22]给出了 Ad Black－Scholes 模型，其中隐含波动率由价值状况的二次函数确定，即：

$$\sigma_t^{BS} = \alpha_0 + \alpha_1 m_t + \alpha_2 m_t^2 + \varepsilon_t, \quad t = 1, 2, \cdots, N \tag{12}$$

其中，σ_t^{BS} 为期权在 t 时刻的隐含波动率，$\varepsilon_t (t = 1, 2, \cdots, N)$ 独立同分布。通过对隐含波动率和价值状况数据二次拟合可得 $\hat{\sigma}(m) = \hat{\alpha}_0 + \hat{\alpha}_1 m + \hat{\alpha}_2 m^2$，将其代入 BS 公式中即可得到期权价格 $C^{BS}(m) = C_{BS}(\hat{\sigma}(m))$。

Ad hoc Black－Scholes 模型在期权定价中应用广泛，它通过不同的隐含波动率解决了不同时刻、不同执行价格或者不同到期日的期权定价问题。Dumas、Fleming 和 Whaley[22]说明 Ad hoc Black－Scholes 模型优于决定性波动率函数模型。

3.1.2　基于 Ad hoc BS 模型的非参数修正定价方法

为了得到 G（·）的主要信息，将式（8）和 Ad hoc Black－Scholes 模型（12）结合起来可得 G（·）的初步估计：

$$G_{LN}(m) = \int_m^\infty \left[1 - \Phi\left(\frac{\log(u) + (\hat{\sigma}(m)\sqrt{\tau})^2/2}{\hat{\sigma}(m)\sqrt{\tau}} \right) \right] du \tag{13}$$

其中，$\hat{\sigma}(m) = \hat{\alpha}_0 + \hat{\alpha}_1 m + \hat{\alpha}_2 m^2$，$\hat{\alpha}_0$、$\hat{\alpha}_1$、$\hat{\alpha}_2$ 是利用隐含波动率数据和价值状况拟合得出的系数。G（·）的主要信息可以由初步估计 $G_{LN}(m)$ 得到，此时的估计并不是非常重要，因为参数模型产生的估计误差将在第二步通过 2.2 节中介绍的非参数方法进行修正。

3.2　其他定价模型

3.2.1　半参数 Black－Scholes 模型

在 Ad hoc Black－Scholes 模型中，隐含波动率为价值状况的二次函数，在实证过程中发现它在解释波动率微笑时存在一定的不灵活性，在此采用局部线性估计来估计隐含波动率函数，方法如下：

$$\min_{\beta_0, \beta_1 \in R^2} \sum_{t=1}^N (\sigma_t^{BS} - \beta_0 - \beta_1(m_t - m))^2 K_h(m_t - m)$$

估计结果为 $\hat{\sigma}^{BS}(m) = \hat{\beta}_0$。令 $\sigma = \hat{\sigma}^{BS}(m)$，将其代入 Black－Scholes 模型即可对期权进行定价，称之为半参数 Black－Scholes 模型。

3.2.2　分形 Black－Scholes 模型

1963 年，Peters 提出资本市场的分形理论，认为资本市场是一个分形市场。Hurst 和 Mandelbrot 对分形布朗运动做了全面的研究，比较准确地刻画了资本市场价格。Necula[24]推导出分形布朗运动下的 BS 模型（具体方法参见文献 [24]）：

$$C_t = S_t \Phi(d_1) - X e^{-r\tau + \delta\tau} \Phi(d_2)$$

$$其中，d_1 = \frac{\ln\left(\frac{S_t}{X}\right) + r\tau + \frac{\sigma^2}{2}(T^{2H} - t^{2H})}{\sigma\sqrt{T^{2H} - t^{2H}}}, d_2 = \frac{\ln\left(\frac{S_t}{X}\right) + r\tau - \frac{\sigma^2}{2}(T^{2H} - t^{2H})}{\sigma\sqrt{T^{2H} - t^{2H}}}, \Phi(\cdot)$$

为标准正态分布的累计概率分布函数，H 为 Hurst 指数。

从分形 Black－Scholes 模型可以看出，定价公式中用 $T^{2H} - t^{2H}$ 代替了 BS 公式中的 T －

t，即权证价值的影响因素还包括 Hurst 指数在内。侯迎春[20]、赵旭[25]等在实证中发现分形布朗运动下的权证定价模型比 Black – Scholes 模型更有效合理。

3.3 中国权证市场实证结果

3.3.1 中国市场权证价格定价分析

图 1 至图 5 为基于 Ad hoc BS 模型的非参数修正定价方法、完全非参数定价方法、半参数模型以及参数模型（BS 模型、分形布朗运动下的 BS 模型）分别对宝钢权证、国电权证、江铜权证、青啤权证、上港权证的定价结果，并将几种方法的定价准确性进行比较。

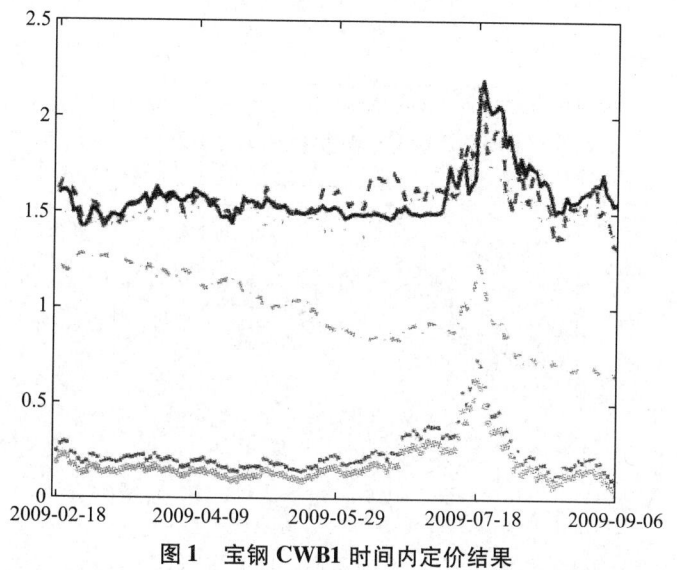

图 1 宝钢 **CWB1** 时间内定价结果

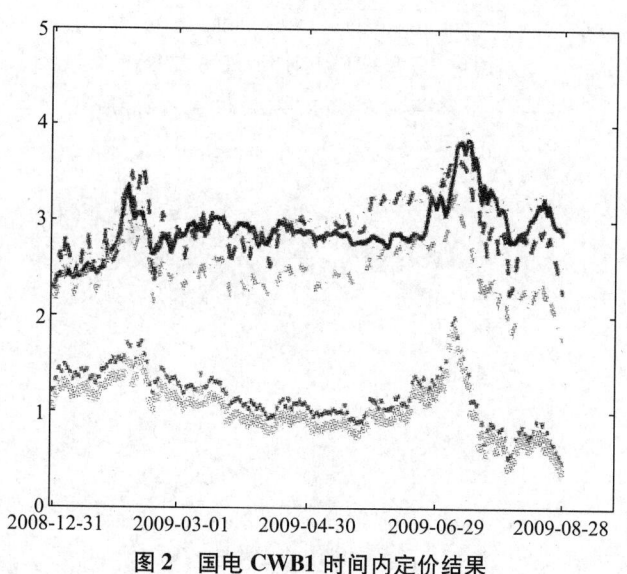

图 2 国电 **CWB1** 时间内定价结果

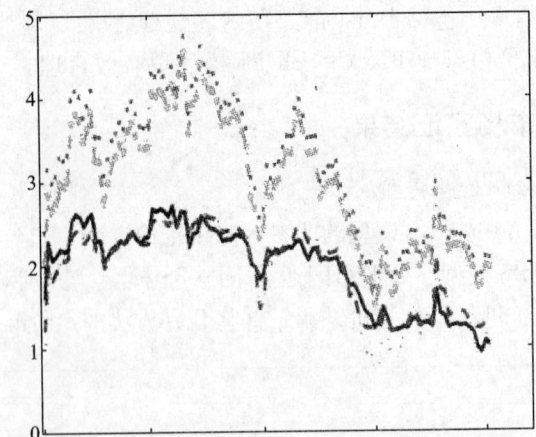

图3　江铜 CWB1 时间内定价结果

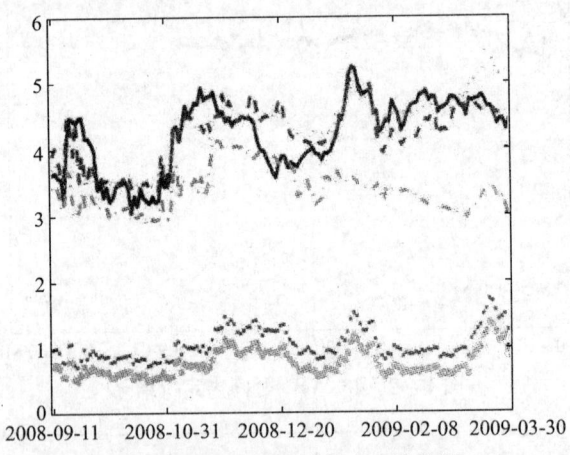

图4　青啤 CWB1 时间内定价结果

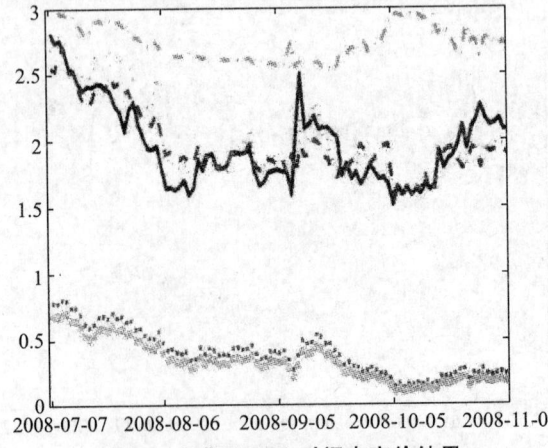

图5　上港 CWB1 时间内定价结果

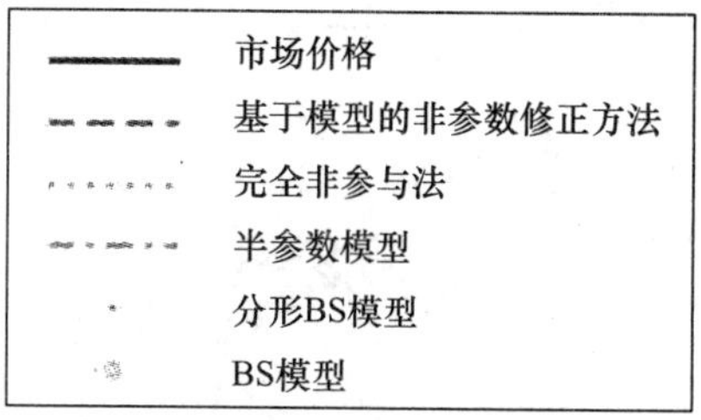

———		市场价格
— — — —		基于模型的非参数修正方法
· · · · · ·		完全非参与法
— · — · —		半参数模型
·		分形BS模型
		BS模型

图6　图例格式

表1为上述五种方法在时间内对权证进行定价的误差结果，误差采用平均绝对百分比误差（MAPE），$MAPE = \dfrac{1}{n} \sum \left| \dfrac{P_t - C_t}{P_t} \right|$，其中，$P_t$ 为市场价格，C_t 为模型价格，n 为样本容量。

表1　中国权证市场时间内权证定价误差结果

	基于模型的非参数修正方法	完全非参方法	半参数模型	分形 BS 模型	BS 模型
宝刚 CWB1	0.0462	0.0568	0.3735	0.8483	0.8867
国电 CWB1	0.0700	0.0606	0.1481	0.5910	0.6416
江铜 CWB1	0.0241	0.0303	0.1967	0.2428	0.2005
青啤 CWB1	0.0617	0.0662	0.1895	0.7514	0.8206
上港 CWB1	0.0700	0.0735	0.4212	0.8051	0.8415

由上述结果可以看出：①基于模型的非参数修正定价方法效果最优，完全非参数定价方法次之，再者是半参数模型，参数模型定价效果最差。这说明基于模型的非参数修正定价方法综合了参数模型和非参数定价方法的优点；实际市场环境跟模型假设的理想状态很难相符，参数模型自身独特的原因导致定价效果不是很理想。②半参数模型优于参数模型的定价效果，分形 BS 模型、BS 模型均假设标的资产收益波动率为常数，再次说明中国权证市场存在波动率微笑现象，在权证定价过程中需要将隐含波动率考虑在内。③参数模型中分形 BS 模型定价效果稍优于 BS 模型。这说明中国市场存在分形结构和长期记忆特征，假设股票价格服从马尔可夫过程不合实际。

3.3.2　中国市场时间外权证价格预报分析

图7至图11为基于 Ad hoc BS 模型的非参数修正定价方法、完全非参数定价方法、半参数模型以及参数模型（BS 模型、分形布朗运动下的 BS 模型）分别对宝钢权证、国电权证、江铜权证、青啤权证、上港权证的价格预报结果，并将四种方法的预报准确性进行比较。

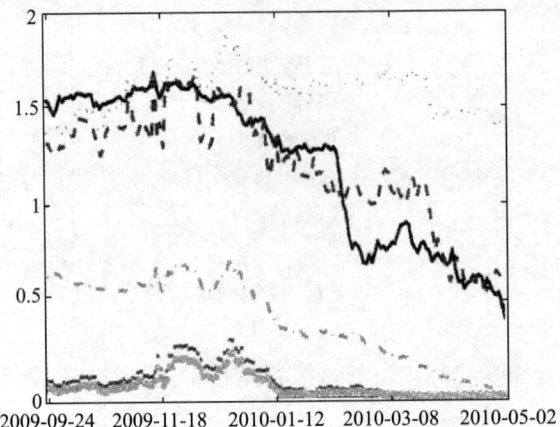

图 7　宝钢 **CWB1** 时间外权证价格预报

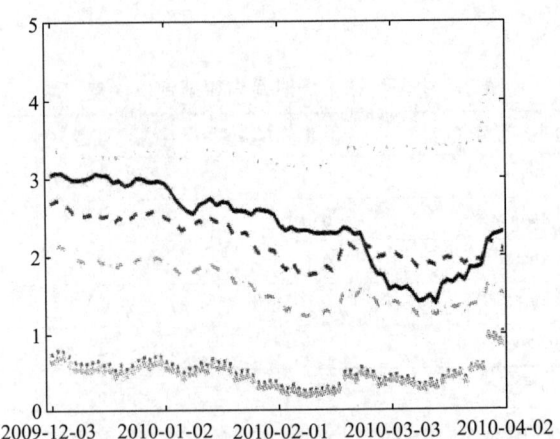

图 8　国电 **CWB1** 时间外权证价格预报

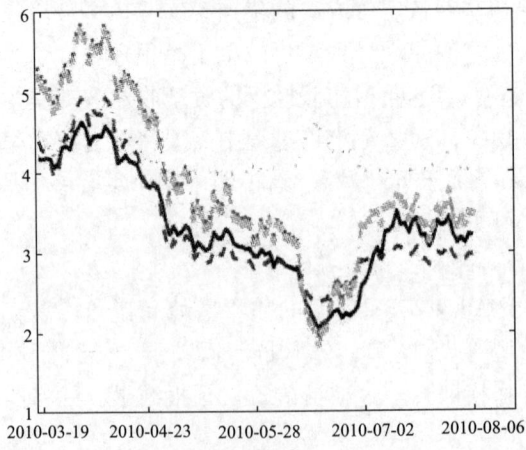

图 9　江铜 **CWB1** 时间外权证价格预报

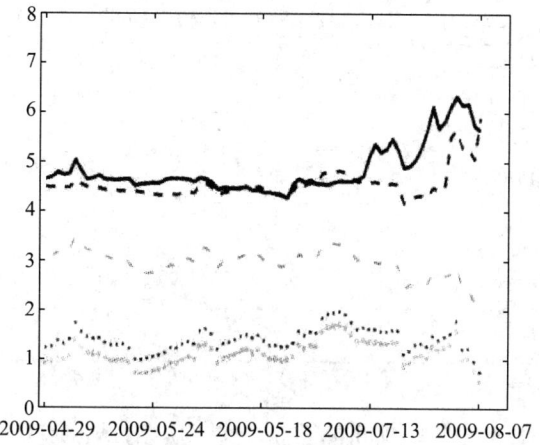

图 10　青啤 CWB1 时间外权证价格预报

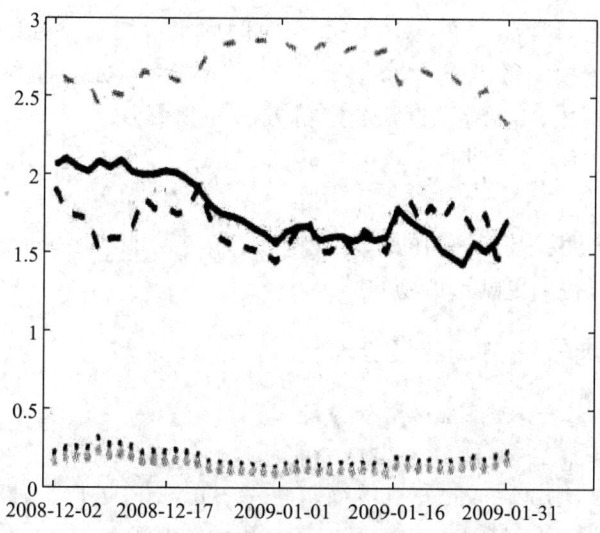

图 11　上港 CWB1 时间外权证价格预报

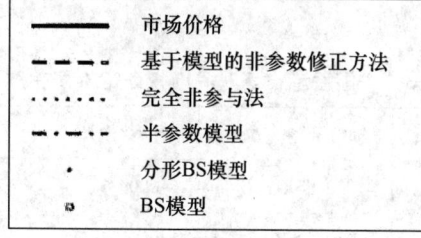

图 12　图例格式

表 2 为上述五种方法在时间外对权证价格进行预报的误差结果（误差定义同表 1）。

表2 中国权证市场时间外权证价格预报误差结果

	基于模型的非参数修正方法	完全非参方法	半参数模型	分形 BS 模型	BS 模型
宝刚 CWB1	0.1418	0.5160	0.6939	0.9378	0.9581
国电 CWB1	0.1540	0.4858	0.3174	0.7749	0.8052
江铜 CWB1	0.0647	0.3184	0.1400	0.1544	0.1411
青啤 CWB1	0.0668	0.2868	0.3832	0.7082	0.7652
上港 CWB1	0.0982	0.1078	0.5494	0.8884	0.9188

由上述结果可以看出：①与时间内定价结果相同的结论是：基于模型的非参数修正定价方法预报效果最优，完全非参数定价方法次之，再者是半参数模型，参数模型定价效果最差；半参数模型优于分形 BS 模型和 BS 模型的预报效果；参数模型中分形 BS 模型权证价格预报效果稍优于 BS 模型。②与时间内定价结果不同的结论是：在时间内权证定价方面，基于模型的非参数修正定价方法仅稍优于完全非参数定价方法，而在时间外权证价格预报中，依模型非参数定价方法的预测效果很好，且远远优于完全非参数定价方法。这说明依模型非参数修正定价方法能够很好地应用于中国权证定价和价格预报中。

以上结果充分表明：基于模型的非参数修正定价方法能够很好地应用于中国权证定价和价格预报中，可以得到更贴近市场的结果。

3.4 中国香港权证市场实证结果

3.4.1 中国香港市场权证价格定价分析

图 13 至图 15 为基于 Ad hoc BS 模型的非参数修正定价方法、完全非参数定价方法、半参数模型以及参数模型（BS 模型、分形布朗运动下的 BS 模型）分别对汇丰 17025、汇丰 22461、汇丰 23933 的定价结果，并将几种方法的定价准确性进行比较。

表 3 为上述五种方法在时间内对香港权证价格进行定价的误差结果（误差定义同表1）。

表3 中国香港市场时间内权证定价误差结果

	基于模型的非参数修正方法	完全非参方法	半参数模型	分形 BS 模型	BS 模型
汇丰 17025	0.0373	0.0814	0.0943	0.0901	0.0943
汇丰 22461	0.0273	0.0372	0.0811	0.0811	0.0819
汇丰 23933	0.0246	0.1130	0.0851	0.0900	0.0903

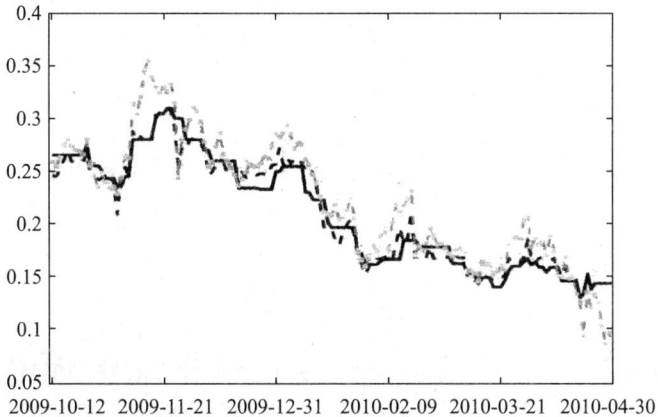

图 13　汇丰 17025 时间内定价结果

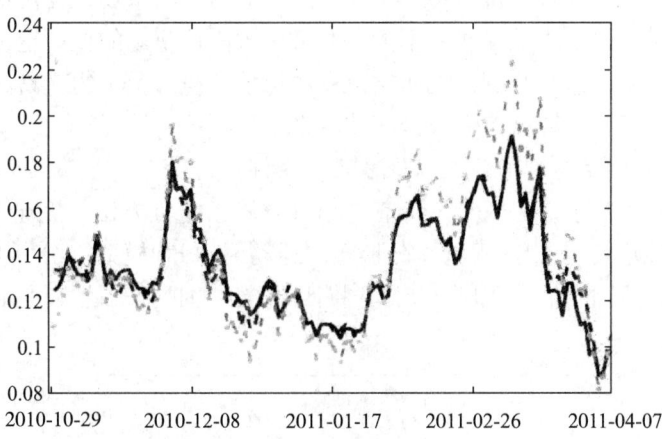

图 14　汇丰 22461 时间内定价结果

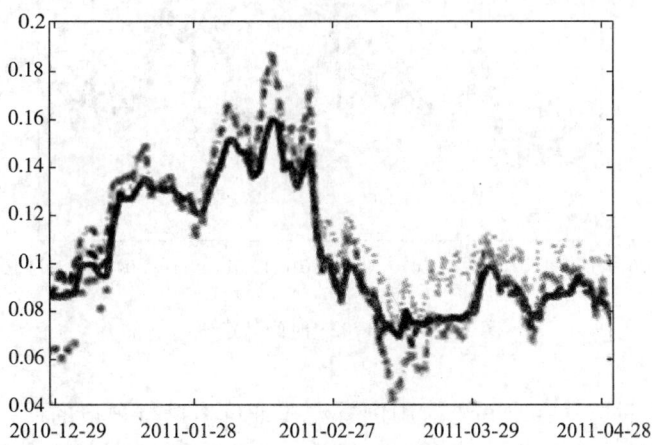

图 15　汇丰 23933 时间内定价结果

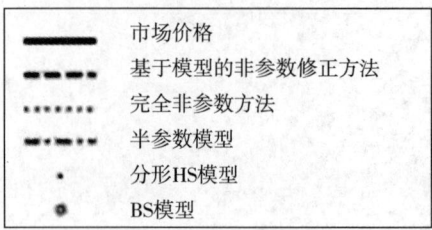

	市场价格
	基于模型的非参数修正方法
	完全非参数方法
	半参数模型
	分形HS模型
	BS模型

图16 图例格式

由上述结果可以看出：①基于模型的非参数修正定价方法效果最优，完全非参数定价方法次之，半参数模型和参数模型相对较差。这说明基于模型的非参数修正定价方法综合了参数模型和非参数定价方法的优点；实际市场环境跟模型假设的理想状态很难相符，参数模型自身独特的原因导致定价效果不是很理想。②与中国市场权证定价结果不同的是半参数模型和参数模型的定价效果相差不大，并且中国内地市场的权证定价误差明显高于中国香港权证定价误差，这与我国缺乏卖空机制的市场环境以及单边交易的市场机制、投资者对权证较低的市场认知程度有着很密切的联系。

3.4.2 中国香港市场时间外权证价格预报分析

图17至图19为基于 Ad hoc BS 模型的非参数修正定价方法、完全非参数定价方法、半参数模型以及参数模型（BS 模型、分形布朗运动下的 BS 模型）分别对汇丰 17025、汇丰 22461、汇丰 23933 的价格预报结果，并将四种方法的预报准确性进行比较。

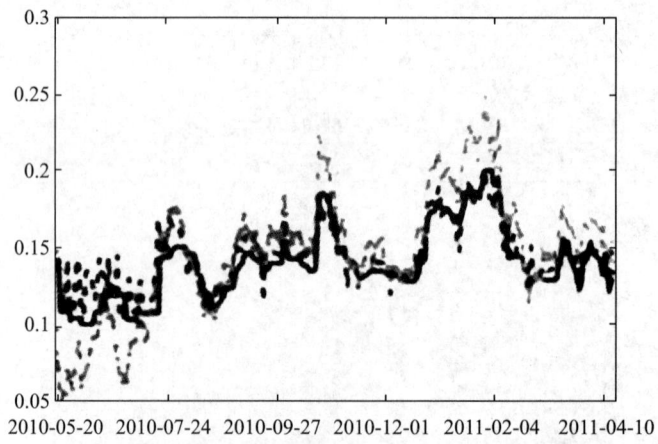

图17 汇丰 17025 时间外定价结果

表4为上述五种方法在时间外对中国香港权证价格进行预报的误差结果（误差定义同表1）。

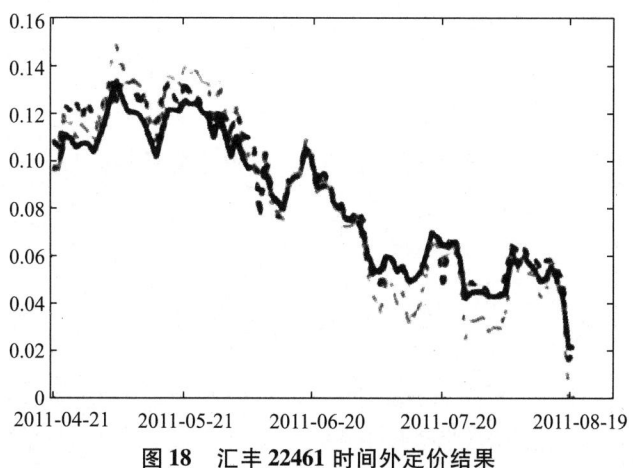

图18 汇丰 22461 时间外定价结果

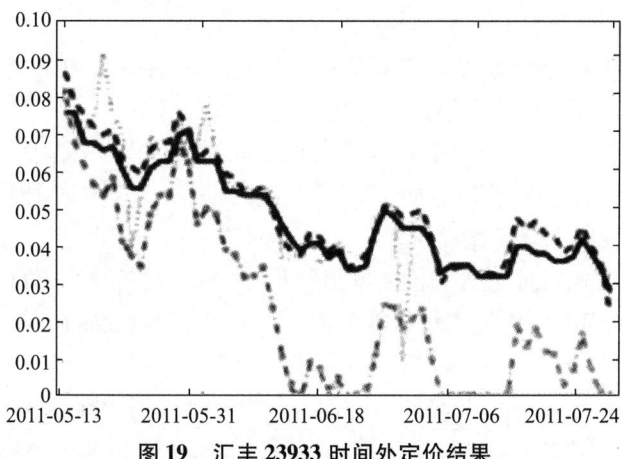

图19 汇丰 23933 时间外定价结果

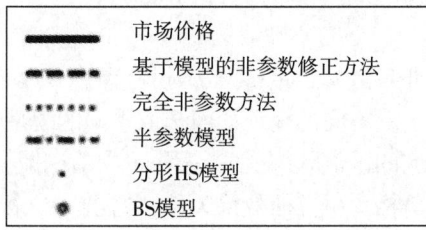

图20 图例格式

表4 中国香港市场时间外权证价格预报误差结果

	基于模型的非参数修正方法	完全非参方法	半参数模型	分形 BS 模型	BS 模型
汇丰 17025	0.0645	0.0599	0.1192	0.1202	0.1292
汇丰 22461	0.0684	0.0710	0.1006	0.1200	0.1201
汇丰 23933	0.0686	0.1020	0.5914	0.5801	0.5829

由上述结果可以看出：与时间内定价结果相同的结论是，基于模型的非参数修正定价方法预报效果最优，完全非参数定价方法次之，半参数模型和参数模型相对较差。

综合中国内地市场和中国香港市场实证结果表明：基于模型的非参数修正定价方法能够很好地应用于中国内地权证市场和中国香港权证市场的价格定价和预报中，可以得到更贴近市场的结果。

4 结论与展望

实证结果表明：基于模型的非参数修正定价方法综合了参数模型和非参数定价方法的优点，在时间内和时间外的定价效果均优于其他模型，能够很好地应用于权证定价和价格预报中。在研究过程中还得到一些有启发性的结论：

（1）依模型非参数定价方法的定价误差会受到所选取模型的影响，但其定价效果是否优于其他模型并不随着所选取模型的变化而变化。

（2）在中国内地权证市场，半参数模型的定价效果和预测效果显著优于参数模型，再次说明将标的资产收益波动率设为常数并不合理，不适用于中国内地权证市场，在权证定价过程中需考虑隐含波动率微笑现象。

（3）中国内地市场权证定价和价格预报结果均表明参数模型中分形 BS 模型定价效果稍优于 BS 公式，说明中国内地市场存在分形结构和长期记忆特征，股票价格不服从马尔可夫过程。

（4）对于同一种定价方法来说，中国内地市场的权证定价误差明显高于中国香港权证定价误差，这与我国缺乏卖空机制的市场环境以及单边交易的市场机制、投资者对权证较低的市场认知程度有着很密切的联系，我国内地需要借鉴和学习中国香港权证市场的制度和政策。

本文提出的基于模型的非参数修正定价方法选择 Ad hoc BS 模型为基础，如何选取更贴近市场环境的模型作为引导、对不同的权证如何选取不同的模型作为引导是今后需要继续研究的课题。此外，当权证对应的价值状况为单调增（或单调减）情形时，基于非参数估计的权证定价方法在时间外的价格预报方面效果欠佳，这也是一个值得研究的一个新课题。

参考文献

［1］Bachelier L., Coonter P. H. English translation in the random character of stock market prices ［M］. Cambridge：MIT Press，1900.

［2］Sprenkle C. M. Warrant prices as indicators of expectations and preferences ［J］. Yale Economic Essays，1961，1（2）：178－231.

［3］Boness A. J. Elements of a theory of stock－option value ［J］. Journal of Political Economy，1964，72（2）：163－175.

［4］ Samuelson P. A. Rational theory of warrant pricing ［J］. Industry Management Review, 1965, 6 (2): 13 – 32.

［5］ Black F., Scholes M. The pricing of options and corporate liabilities ［J］. Journal of Political Economy, 1973 (81): 637 – 654.

［6］ Cox J., Ross S. A survey of some new results in financial option pricing theory ［J］. The Journal of Finance, 1976, 31 (2): 383 – 402.

［7］ Hull J., White A. The pricing of options on assets with stochastic volatilities ［J］. The Journal of Finance, 1987 (42): 281 – 300.

［8］ Amin K., Ng V. Option valuation with systematic stochastic volatility ［J］. The Journal of Finance, 1993 (48): 881 – 910.

［9］ Bakshi G., Chen Z. An alternative valuation model for contingent claims ［J］. Journal of Financial Economics, 1997 (44): 123 – 165.

［10］ Huang Y. C., Chen S. C. Warrants pricing: Stochastic volatility vs. Black – Scholes ［J］. Pacific – Basin Finance Journal, 2002 (10): 393 – 409.

［11］ Noreen E., Wolfson M. Equilibrium warrant pricing models and accounting for executive stock options-fJ］. Journal of Accounting Research, 1981 (19): 384 – 398.

［12］ Hutchinson J. M., Lo A. W., Poggio T. A nonparametric approach to pricing and hedging derivative securities via learning networks ［J］. The Journal of Finance, 1994 (49): 851 – 889.

［13］ 赵健. 基于遗传算法的 BP 神经网络在权证定价中的应用[J]. 金融理论与实践, 2010 (9): 22 – 27.

Zhao J. The application of the neural network model BP based on genetic algorithms in warrants price ［J］. Financial Theory & Practice, 2010 (9): 22 – 27.

［14］ Ait – Sahalia Y., Lo A. W. Nonparametric estimation of state – price densities implicit in financial asset prices ［J］. The Journal of Finance, 1998 (53): 499 – 548.

［15］ Ait – Sahalia Y., Duarte J. Nonparametric option pricing under shape restrictions ［J］. Journal of Econometrics, 2003 (116): 9 – 47.

［16］ Breeden D., Litzenberger R. Price of state contingent claims implicit in option prices ［J］. Journal of Business, 1978 (51): 621 – 657.

［17］ Fan J. Q., Mancini L. Option pricing with model – guided nonparametric methods ［J］. Journal of the American Statistical Association, 2009 (104): 1351 – 1372.

［18］ 赵翔宇. 我国权证定价有关问题的研究 ［D］. 济南：山东大学硕士学位论文, 2010.

Zhao X. Y. Research on the pricing theory of warrant in our country ［D］. Ji'nian: Shandong University, 2010.

［19］ 张凡. 考虑股本稀释效应的认股权证定价模型[J]. 华北水利水电学院学报, 2005, 26 (2): 74 – 77.

Zhang F. Modeling the warrants taking dilution effect into consideration ［J］. Journal of North China Institute of Water Conservancy and Hydroelectric Power, 2005, 26 (2): 74 – 77.

［20］ 候迎春. 认股权证定价模型和方法及在我国的应用研究 ［D］. 北京：对外经济贸易大学博士学位论文, 2007.

Hou Y. C. Warrants pricing models and its application in China warrants pricing ［D］. Beijing：University of International Business and Economics，2007.

［21］Fan J. Q, Gijbels I. Data – driven bandwidth selection in local polynomial fitting：Variable bandwidth and spatial adaptation ［J］. Journal of the Royal Statistical Society，Series B，1995 (57)：371 – 394.

［22］Dumas B. , Fleming J. , Whaley R. E. Implied volatility function：Empirical tests ［J］. The Journal of Finance，1998 (53)：2059 – 2106.

［23］马宇超，陈敏，蔡宗武等. 中国股市权证定价的带均值回归跳跃扩散模型［J］. 系统工程理论与实践，2010，30（1）：14 – 21.

Ma Y. C. , Chen M, Cai Z. W. , et al. Mean – reverting jump – diffusion model of China stock warrants ［J］. Systems Engineering- Theory & Practice，2010，30（1）：14 – 21.

［24］Necula C. Option pricing in a fractional Brownian motion environment ［R］. Working Paper，2002.

［25］赵旭. 基于分形 B – S 定价模型的认购权证价格行为实证分析 ［J］，数理统计与管理，2008，27（6）：1039 – 1046.

Zhao X. An empirical analysis of the price behavior of call warrants based on the fractal Black – Scholes pricing model ［J］. Application of Statistics and Management，2008，27（6）：1039 – 1046.

Warrants Pricing Based on Nonparametric Esti-Mation and its Application in Warrants Market

Fan Pengying, Chen Muzi, Jiang Yong, Chen Min

(1. Academy of Mathematics and Systems Science, Chinese Academy of Sciences, Beijing 100190, China; 2. School of Economics, Beijing Technology and Business University, Beijing 100048, China; 3. School of Management Science and Engineering, Central University of Finance and Economics, Beijing 100081, China; 4. Departmentof Statistics and Finance, University of Science and Technology of China, Hefei 230026, China)

Abstract：This paper presents a new warrants pricing method based on nonparametric estimation with respect to China warrants market and Hong Kong warrants market, and applies it to out – of – time prediction. The result shows that model – guided nonparametric correction method outperforms direct nonparametric method, semi – parametric model and parametric model. In addition, model – guided nonparametric correction method has better performance than other models in terms of out – of – time prediction ability.

Key Words：warrants pricing; nonparametric estimation; moneyness; in – time; out – of – time

基于极值理论和多元 Copula 函数的
商业银行操作风险计量研究*

陆静，张佳

（重庆大学经济与工商管理学院，重庆　400030）

【摘　要】基于操作风险呈厚尾分布的特征，本文按照巴塞尔协议的要求，采用 POT 极值模型分别估计了多个操作风险单元的边缘分布，然后用多元 Copula 函数来刻画这些操作风险单元之间的关联性并计算在险价值。通过对中国商业银行 1990～2010 年操作风险数据的实证分析表明，Clayton Copula 能更好地反映各操作风险单元之间的相关性结构，且采用 Copula 考虑操作风险相关性下的 VaR 值要比简单加总下的 VaR 值减少约 32.3%。因此，应用 Copula 函数计量操作风险相关性，不仅可以提高估计的准确性，还能够达到资产组合的风险分散化效应，减少操作风险资本要求，为商业银行提升盈利能力创造条件。

【关键词】操作风险；极值理论；多元 Copula 函数；商业银行

1　引言

商业银行的操作风险是指由不完善或有问题的内部程序、人员及系统或外部事件所造成损失的风险，包括法律风险，但不包括策略风险和声誉风险。在经历了巴林银行、大和银行和联合爱尔兰银行等严重操作风险案件后，2004 年 6 月巴塞尔委员会（The Basel

* 收稿日期：2011 - 10 - 02；修订日期：2012 - 03 - 29。

基金项目：国家自然科学基金资助项目（71232004，71272085）；国家社会科学基金资助项目（09BJL024）；教育部人文社会科学基金资助项目（12YJA630135）；重庆市自然科学基金资助（2009BB2042）。

作者简介：陆静（1966—），男，汉族，四川乐山人，重庆大学经济与工商管理学院金融系，副主任，教授，博士，研究方向：金融风险管理。

Committee on Banking Supervision，BCBS）颁布了巴塞尔协议Ⅱ，明确要求将操作风险纳入监管资本计量框架。至此，操作风险被认可为银行业面临的主要风险之一，其对经济资本的要求甚至超过了市场风险[1]。为了加强次贷危机后的金融监管，于 2010 年 12 月颁布了巴塞尔协议Ⅲ。在巴塞尔协议的指引下，巴塞尔委员会于 2011 年 6 月又分别出台了《稳健操作风险管理的原则》和《操作风险高级计量法咨询指南》两个细则。中国银监会也曾出台一系列法律法规，强调要加快操作风险资本监管的研究和规制进程，提高商业银行管理操作风险的水平。根据中国银监会 2012 年 6 月初发布的《商业银行资本管理办法》，中国银行业将在 2013 年开始逐步实施巴塞尔协议Ⅲ，配置抵御操作风险的资本[2]。在这样的环境下，如何加强操作风险管理便成了关键，而其核心又在于利用合理的计量方法实现对操作风险的准确度量。自巴塞尔协议Ⅱ开始，操作风险按 8 个产品条线和 7 种风险类型进行分类，从而划分为 56 个产品条线/损失类型单元。巴塞尔协议Ⅲ倡导的高级计量法将首先估计这 56 个单元的风险资本，重点在于刻画每个操作风险单元的厚尾特征，然后把这些估计值加总，就形成了全行的操作风险资本。从国内研究的情况来看，除周艳菊等[3]外，其余研究都没有划分产品条线/损失类型单元，而是把所有操作风险样本按照同一单元来估计，这种简化不符合监管部门的要求，对于银行业的指导意义有限，而周艳菊等的研究将所有样本纳入建模分析，没有充分考虑操作风险的厚尾性。此外，在多个产品条线/损失类型单元操作风险的加总过程中，巴塞尔协议没有指出具体的方式。显然，如果采用简单相加，由于没有考虑不同单元风险的分散化效应，所得到的操作风险在险值将大于实际需要，严重制约银行的发展。再者，由于操作风险具有厚尾性特点，传统的相关性方法如线性相关系数难以捕捉到非线性和不对称关系，以致不能准确地反映相关性。本文遵循巴塞尔协议有关产品条线/损失类型的分类，把操作风险样本划分为多个单元，然后采用极值理论刻画每个操作风险单元的边缘分布，再将多元 Copula 函数应用于这些操作风险单元的加总过程，以捕捉操作风险分布尾部的相关关系，能更准确地反映商业银行的风险特征。

2　操作风险高级计量法研究现状

在操作风险计量方法上，无论巴塞尔委员会还是中国银监会，都提出了三种精确度依次提高的方法：基本指标法、标准法和高级计量法。其中，基本指标法和标准法是用银行总收入或业务条线的收入乘以固定比率来计算需要配置的操作风险资本。但基本指标法和标准法存在三个明显不足：一是将操作风险资本与银行规模直接挂钩，不能真正反映不同银行的风险暴露水平、风险管理水平和操作风险损失特征，敏感性较差；二是不能鼓励银行致力于操作风险计量与管理水平的提高，因为即使银行提高了风险计量与管理水平，但它们如果仍然采用收入指标来计量操作风险资本，则这些银行的努力和成本付出将得不到回报；三是计算出的监管资本偏高，占用了银行过多的资本，不利于商业银行的经营，例如 BCBS 2009 年 7 月公布的调查报告显示，采用高级计量法的银行计算的操作风险资本约占总收入的 10.8%，这个比率低于基本指标法 15% 的比率和标准法 12% ~ 18% 的比率。因此，监管部门鼓励银行业采用高级计量法。不过监管部门并没有指出高级计量法的具体形式。丰吉闯等[4]认为，高级计量法分为两类：损失分布法和极值理论法。损失分布法（Loss Distribution Approaches，LDA）事先假定操作风险损失的具体概率分布形式，如损失频率服从泊松分布，损失强度（损失金额）服从对数正态分布或威布尔分布等，并且假定损失频率与损失强度的分布相互独立，然后将这两个分布复合之后来估计操作风险在险值并配置资本。在国内，樊欣和杨晓光[5]较早采用损失分布法估计银行的操作风险，他们用威布尔分布拟合频率，用正态分布拟合损失强度，蒙特卡罗模拟 1000 次后估计的操作风险约为 1900 亿元；张宏毅和陆静[6]用泊松分布拟合频率、对数正态分布拟合损失强度，采用 LDA 方法估计出我国商业银行的操作风险约为 107 亿元；丰吉闯等[4]用泊松分布拟合频率，用广义误差分布拟合损失强度，估计的操作风险在险值约为 1930 亿元。然而，正如 Frachot 等[7]所指出的，商业银行的操作风险具有典型的厚尾性，如果模型不能很好地反映尾部状态，则估计的操作风险往往不准确。因此，对操作风险估计的重点应在于尾部数据的刻画。

极值理论则是对金融资产损失极端值估计的较好方法。在意识到 LDA 方法的缺陷后，不少学者尝试运用极值理论来度量操作风险，以解决操作风险的厚尾性。Turk[8]指出，在损失数据缺乏以及存在厚尾特征的情况下，基于极值理论的操作风险度量模型简单、可靠，能够很好地完成相关风险要素的测量、预测和管理工作。我国学者吴恒煜和赵平[9]采用 POT（Peak Over Threshold）极值模型估计的操作风险为 338 亿元，张文和张屹山[10]以及高丽君等[11]也运用极值理论对操作风险进行了分析。不过，这些研究尚存在一些不足之处需要改进：一是阈值的选取过于依赖样本平均超额函数（Sample Mean Excess Function，SME），如高丽君等[11]、张文和张屹山[10]、高丽君和李建平[12]、谭德俊和邹敏烨[13]、李宝宝和王言峰[14]等都只用了 SME，只有吴恒煜和赵平[9]在 SME 之外还补充了 Hill 图来帮助判断，但这些文献在选取阈值之后没有对阈值的有效性进行评估，严格地讲，SME 和 Hill 图都依赖于对图形的主观判断，如果不对其进行客观评价，则可能存在较大偏误；二是极值形状参数 ξ 和尺度参数 σ 的估计值差异很大，如吴恒煜和赵平[9]估计的 ξ 为 0.9001、σ 为 11062 万元，张文和张屹山[10]估计的 ξ 为 -0.2847、σ 为 2.229 万元，高丽君等[11]估计的 ξ 为 1.7625、σ 为 30969 万元，谭德俊和邹敏烨[13]估计的 ξ 为 0.4002、σ 为 257919 万元，其中张文和张屹山[10]的估计可能存在较大误差，他们所用样本的均值为 1256 万元、中位数为 37 万元，但选取的阈值为 5.41 万元，用如此小的阈值筛选出的极值样本将不能很好地刻画尾部数据；三是几乎所有的研究都没有对操作风险损失事件进行分类，而是笼统地纳入分析框架，巴塞尔协议要求将操作风险按照产品条线和损失类型单元归入 56 个单元，然后在考虑相关性的前提下将每个单元估计的操作风险相加，才能得到该银行的操作风险，从我们检索到的国内文献来看，只有周艳菊等[3]对操作风险事件按照损失类型做了分类，但没有考虑产品条线，他们采用的估计方法也不是极值理论，而是损失分布法。

3 数据来源及描述性统计

3.1 损失数据来源

本文从国内外公开媒体收集了我国商业银行发生的操作风险损失数据作为样本，同时参考了厉吉斌[15]的研究样本，跨度为 1990 ~ 2010 年，收集操作风险损失案件共 238 起，涉及 47 家银行（其中包括 14 家全国性商业银行、12 家地方性银行和 21 家信用社），损失金额从 5 万元到 401095 万元不等。尽管对所有操作风险损失案件按照巴塞尔协议Ⅲ规定的 56 个产品条线/风险类型划分标准进行了分类整理，但由于数据有限，本文无法对每家商业银行单独进行分析，只能将所有商业银行作为一个整体来研究，从宏观上把握我国商业银行操作风险的情况，这也是国内研究操作风险的常用方法[3,6,16]。

3.2 损失数据的描述统计

从图 1 可以看出，我国商业银行不同类型的操作风险事件的损失频度和强度差别较大。操作风险主要集中在支付与结算/内部欺诈、支付与结算/外部欺诈、商业银行业务/内部欺诈、商业银行业务/外部欺诈、零售银行业务/内部欺诈、零售银行业务/外部欺诈 6 个单元格内，这 6 个单元的操作风险不仅发生案件数目较多，损失金额也较大。相比之下，零售经纪/内部欺诈、公司金融以及其他类型的操作风险发生频率低且损失较小。同时也可以看出，我国商业银行业务/内部欺诈类型的发生案件数最多，高达 64 起，损失金额也最大，累计高达 1602665 万元，支付与结算/内部欺诈、商业银行业务/外部欺诈、支付与结算/外部欺诈三种类型紧随其后。相反，零售经纪/内部欺诈、公司金融以及其他类型操作风险案件总共发生 8 起，占总案件数的 3.4%，损失金额 2322 万元，占总损失的 0.08%，所占比例相当小。因而，本文将针对样本数较多、影响较大的 6 个单元的操作风险进行研究。

首先，我们对 6 个单元的操作风险进行了统计分析。从表 1 可以看出，商业银行业务发生的操作风险损失最多，支付结算业务次之，零售银行业务最少。还可以看出，各个单元的操作风险都存在巨额损失案例，比如，商业银行业务/内部欺诈单元单个案件损失高达 401095 万元，使得损失均值偏大，而中位数偏小，表明我国商业银行操作风险符合低频高危事件的特点。此外，对 6 个单元操作风险做了正态 JB 检验，从 JB 值可以看出，6个单元操作风险均不符合正态分布，具有尖峰厚尾特征。

表1 1990～2010年我国商业银行操作风险损失金额分组统计表

单元格类型	损失事件频数	平均值（万元）	累计值（万元）	最小值（万元）	最大值（万元）	标准差（万元）	偏度	峰度	中位数（万元）	JB值
支付与结算/内部欺诈	59	3206	189176	13	31562	5515	3.5173	16.1054	2000	543.8773
支付与结算/外部欺诈	24	13061	313459	180	70000	17407	1.8469	6.1901	3850	23.8213
商业银行业务/内部欺诈	64	25042	1602665	5	401095	71317	4.2533	20.9447	2780	1051.6680
商业银行业务/外部欺诈	34	14472	492038	200	100000	22525	2.3142	8.0732	6300	66.8095
零售银行业务/内部欺诈	32	6355	203369	10	64494	15448	2.6307	8.8967	242.5	83.2721
零售银行业务/外部欺诈	17	12063	205078	10	67000	21404	1.9514	5.3418	707	14.67389

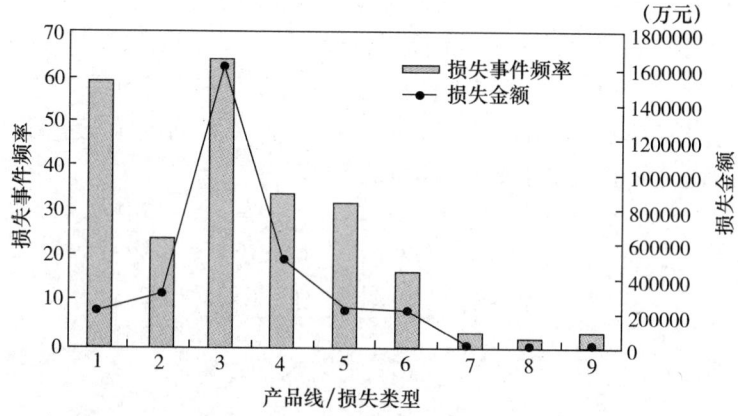

图1 1990～2010年操作风险各类型案件的损失分布表

注：1—支付与结算/内部欺诈；2—支付与结算/外部欺诈；3—商业银行业务/内部欺诈；4—商业银行业务/外部欺诈；5—零售银行业务/内部欺诈；6—零售银行业务/外部欺诈；7—零售经纪/内部欺诈；8—公司金融；9—其他

3.3 损失数据的厚尾性分析

在利用POT模型对各单元操作风险建模之前，需要对损失数据的厚尾性进行分析。POT模型刻画的是随机变量X超过某个阈值u的分布。设随机变量X的分布是F(x)，u为一个阈值，Y=X-u为超阈值的极端统计量，则其分布函数可以定义为：

$$F_u(y) = P(X - u \leqslant y \mid X > u) \quad y \geqslant 0$$

根据条件概率公式，可以得到：

$$F_u(y) = \frac{F(u+y) - F(u)}{1 - F(u)} = \frac{F(x) - F(u)}{1 - F(u)}$$

从而：

$$F(x) = F_u(y)(1 - F(u)) + F(u), \quad x \geqslant u \tag{1}$$

Pickands – BaIkama – de Haan 定理[17]表明，当阈值u充分大时，$F_u(y)$可以近似为广义帕累托分布（GPD）：

$$F_u(y) \approx G'_{\xi,\sigma}(y)$$

$$= \begin{cases} 1 - (1 + \dfrac{\xi}{\sigma} y)^{-1/\xi} & \xi \neq 0 \\ 1 - e^{-y/\sigma} & \xi = 0 \end{cases} \quad u \rightarrow \infty \tag{2}$$

其中，函数 $G'_{\xi,\sigma}$（y）为 GPD 分布，ξ 和 σ 分别是形状参数和尺度参数。当 $\xi \geq 0$ 时，当 $y \geq 0$ 时，$\xi < 0$ 时，$0 \leq y \leq -\sigma/\xi$。如果 $\xi > 0$，则分布呈厚尾。

一般有两种方法判断数据的厚尾性：指数 Q-Q 图和平均超额图。指数 Q-Q 图是指如果样本数据均服从指数分布，则指数 Q-Q 图中的点应该近似为一条直线，如果 Q-Q 图向上凸，表明分布是厚尾的，如果指数 Q-Q 图向下凸，则表明尾部分布较薄；平均超额图法定义 X 的平均超额函数为 $e(u) = E(X - u \mid X > u)$，当 X 为指数分布时，$e(u)$ 为一常数，平均超额图为一条水平线，当 $e(u)$ 有向上变化趋势时，表示 X 的分布为厚尾分布，当 $e(u)$ 有向下变化的趋势时，表示 X 的尾部分布较薄。我们对 6 个单元操作风险的样本数据分别做指数 Q-Q 图和平均超额图，发现 6 个指数 Q-Q 图均不同程度从右端向上弯曲，且 6 个平均超额图均表现有向上变化的趋势。因此可以断定 6 个单元的操作风险损失样本是厚尾的，可以采用 POT 模型对边缘分布建模。

4　用 POT 模型构建边缘分布

4.1　阈值选取

如前所述，用 GPD 拟合 F_u（y）要求有充分大的阈值，阈值的选择非常重要。阈值不能过高也不能过低，过高会导致超额数据量较少，从而参数估计值方差很大，过低则不能保证极值分布的收敛性，导致估计偏差更大。阈值的选取有多种方法，Hill 图法和平均超额图法是两种常用的估计方法。由于这两种方法选取阈值的主观性较强，本文还引入另一种方法——峰度法[18]来估计阈值，以获得最优阈值。三种方法的计算方式如下：

（1）Hill 图法：将 X 序列用次序统计量的方式表示，有 $X_1 > X_2 > \cdots > X_n$，则 Hill 统计量为：

$$\gamma_{k,n} = \frac{1}{k} \sum_{i=1}^{k} \ln \left[\frac{X(i)}{X(k)} \right]$$

Hill 图为点 $(k, \gamma_{k,n}^{-1})$ 构成的曲线，将 Hill 图中 γ 的稳定区域的起始点的横坐标 K 对应的数据 X_k 作为阈值 u。其中，γ 的稳定区域起始点的确定需要经验和图形观察来确定，主观性较强。

（2）平均超额图法：定义平均超额函数 $e(u) = E(X - u \mid X > u)$，则样本超额函数为：

$$e(u) = \sum_{i=1}^{n} (x_i - u)^+ / N_u$$

其中，N_u 是样本中超过阈值 u 的个数。超额图为点（u，e（u））构成的曲线，选取充分大的 u 作为阈值，使得当 x≥u 时，e（x）为近似线性函数。如果超额图当 x≥u 时斜率为正，说明数据服从 GPD 且参数 ξ>0；如果超额图当 x≥u 时斜率为负，说明数据尾部较薄；如果超额图当 x≥u 时是水平的，则说明该数据来源于指数分布。与 Hill 图法类似，对于函数曲线是否趋于线性，只能通过经验和对图形的观测进行判断。

（3）峰度法：该方法首先计算样本峰度：

$$K_n = \frac{\frac{1}{n}\sum_{i=1}^{n}(X_i - \mu_n)^4}{(S_n^2)^2}$$

其中，μ_n 和 S_n^2 分别表示样本均值和样本方差，$\mu_n = \frac{1}{n}\sum_{i=1}^{n}X_i, S_n^2 = \frac{1}{n-1}\sum_{i=1}^{n}(X_i - \mu_n)^2$。然后对峰度进行判断，若 $K_n \geq 3$，则将使 $(X_i - \mu_n)^2$ 值最大的 X_i，从样本中剔除，重复该步骤，直到 $K_n < 3$ 为止，在留下的样本点中选取最大的 X_i，作为阈值 u。峰度法的思想是：通过 $(X_i - \mu_n)^2$ 的值来不断剔除 X 中的极端值，使 μ_n 的值越来越向中间靠拢，可以认为，$K_n = 3$ 时剩下的数据分布是非厚尾和对称的，被剔除数据的分布具有厚尾特征，从而取使得第一个 $K_n < 3$ 时对应的样本点 X_i 作为阈值。

运用 Hill 图法、平均超额图法和峰度法分别对 6 个操作风险单元确定 3 个阈值 u_1、u_2、u_3，由于 Hill 图法和平均超额图法的主观选择性较强，所以本文又根据经验选择了两个阈值 u_4、u_5，这样每个操作风险单元都有 5 个阈值备选。依据构造的 Hill 图，选取使得 γ 值开始稳定的点的横坐标 K 对应的数据 X_k 作为阈值；再参考平均超额图，选取使得曲线开始呈线性变化趋势的点的横坐标作为阈值，结果如表 2 所示。

表2　6 个单元操作风险的阈值比较及卡方值

不同类型	支付与结算/内部欺诈	支付与结算/外部欺诈	商业银行业务/内部欺诈	商业银行业务/外部欺诈	零售银行业务/内部欺诈	零售银行业务/外部欺诈
Hill 图法 u_1	3800	15000	12000	8000	1050 *	700 *
（卡方值）	(4.5740)	(3.1845)	(3.0977)	(6.0143)	(1.3701)	(1.3343)
平均超额图法 u_2	2800 *	6000	15000	7000	900	800
（卡方值）	(1.4000)	(—)	(3.5446)	(7.8949)	(3.2774)	(1.5658)
峰度法 u_3	5100	30000	14600	15725	442	13800
（卡方值）	(—)	(—)	(2.3651)	(—)	(2.4248)	(—)
经验取值 u_4	4500	18000 *	11000	7500	1550	3600
（卡方值）	(7.3187)	(2.0524)	(1.7244)	(4.8369)	(3.8427)	(1.3526)
经验取值 u_5	2750	16500	14000 *	6500 *	800	2000
（卡方值）	(4.3251)	(3.3727)	(1.4399)	(3.3642)	(2.7158)	(1.7483)

注：括号内为卡方值；阈值单位为万元；标" * "的阈值为最优阈值；由于选取某些阈值时，估计的参数 ξ 为负值无意义，故未计算其卡方值，标注为"—"。

根据 Pickands – Balkama – de Haan 定理，最优阈值应该满足超过阈值的数据与广义帕累托分布拟合效果最好。因此，本文在使用上述三种方法分别估计阈值后，将利用 GPD 分布对得到的多个阈值进行拟合优度检验，从中选出最优阈值。本文选用的拟合优度检验方法是作经验与理论图和 χ^2 检验。最优阈值下的 χ^2 值应该最小，且经验与理论图应近似为一条曲线（见图 2）。

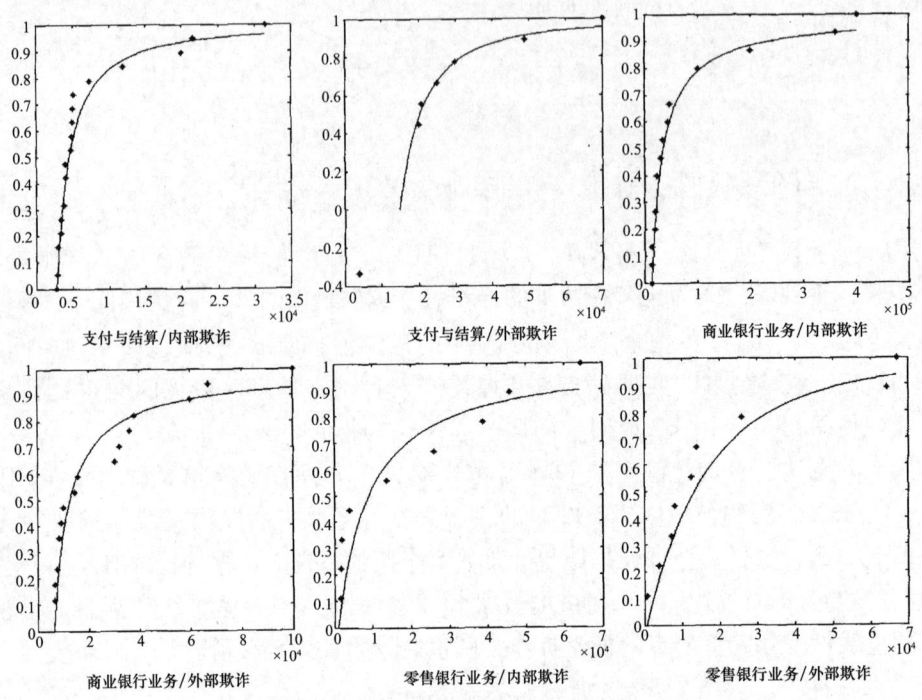

支付与结算/内部欺诈　　　　支付与结算/外部欺诈　　　　商业银行业务/内部欺诈

商业银行业务/外部欺诈　　　　零售银行业务/内部欺诈　　　　零售银行业务/外部欺诈

图 2　6 个操作风险单元尾部数据拟合的经验与理论图

4.2　POT 极值分布参数估计

当各操作风险单元的最优阈值 u 确定以后，可以利用最大似然估计法得到参数 ξ 和 σ 的估计值。具体来说，根据式（2）可以得到 GPD 的概率密度函数：

$$g_{\xi,\sigma}(y) = \begin{cases} \dfrac{1}{\sigma}\left(1+\dfrac{\xi}{\sigma}y\right)^{-\left(1+\frac{1}{\xi}\right)}, & \xi \neq 0 \\[2ex] \dfrac{1}{\sigma}e^{-\frac{y}{\sigma}}, & \xi = 0 \end{cases}$$

其对应的对数似然函数为：

$$L(\xi,\sigma \mid y) = \begin{cases} -n\ln\sigma - \left(1+\dfrac{1}{\xi}\right)\sum_{i=1}^{n}\ln\left(1+\dfrac{\xi}{\sigma}y_i\right) & \xi \neq 0 \\[2ex] -n\ln\sigma - \dfrac{1}{\sigma}\sum_{i=1}^{n}y_i & \xi = 0 \end{cases}$$

对该似然函数求极大值便可得到参数 ξ 和 σ 的估计量。对于小于阈值 u 的数据，可以用经验分布来近似其分布值，得到 $F(u)=(n-N_u)/n$，n 为样本容量，N_u 为超过阈值的观测量，代入式（1），从而可以求出尾部估计 $F(x)$：

$$F(x)=F_u(y)(1-F(u))+F(u)$$

$$=\begin{cases} 1-\dfrac{N_u}{N}\left(1+\dfrac{\xi}{\sigma}(x-u)\right)^{-1/\xi} & \xi\neq0 \\ 1-\dfrac{N_u}{N}e^{-(x-u)/\sigma} & \xi=0 \end{cases} \tag{3}$$

这样，就可以求出每个操作风险单元在给定置信水平 p 下的 VaR：

$$VaR_p=\begin{cases} u+\dfrac{\sigma}{\xi}\left(\left(\dfrac{N}{N_u}1-p\right)\right)^{-\xi}-1) & \xi\neq0 \\ u-\sigma ln\left(\dfrac{N}{N_u}(1-p)\right) & \xi=0 \end{cases} \tag{4}$$

经过上述参数估计过程，得到最优阈值下 ξ 和 σ 的估计值，然后利用式（4）就可以分别估计出 6 个操作风险单元 99.9% 置信度下的 VaR 值（见表 3）。

表 3　6 个操作风险单元的 VaR 值

不同类型	支付与结算/内部欺诈	支付与结算/外部欺诈	商业银行业务/内部欺诈	商业银行业/外部欺诈	零售银行业/内部欺诈	零售银行业/外部欺诈
阈值（单位：万元）	2800	18000	14000	6500	1050	700
ξ 参数估计	0.7691	0.5885	1.0999	1.1243	0.8929	0.2705
σ 参数估计	1900.86	6320.99	20999.85	5855.19	8456.57	16497.28
χ^2 值	1.4000	2.0524	1.4399	3.3642	1.3701	1.3343
VaR 99.9%（单位：万元）	218560	358700	8279600	5639100	1447700	272420

5　用 Copula 函数构建多个操作风险单元的联合分布

常见的 Copula 函数主要包括椭圆 Copula 和 Archimedean Copula 两大类。本文采用 Archimedean Copula 函数中的三种 Copula 函数——Gumbel Copula、Clayton Copula 和 Frank Copula 对操作风险相关性进行研究。常见的 Copula 函数参数估计方法有极大似然估计方法、两阶段估计方法、伪极大似然估计法以及非参数方法等。极大似然估计方法是对边缘分布的参数和 Copula 的参数同时估计，计算量较大；两阶段估计法是先估计边缘分布的参数，再估计 Copula 的参数，该方法需要已知边缘分布的类型；极大似然估计法与两阶段估计法类似，但该方法没有对边缘分布的参数形式做出假设；非参数估计方法主要应用于二元 Copula，应用于多元 Copula 时，计算量大而且比较复杂。由于本文采用极值模型对边缘分布建模，所以选择两阶段估计法来进行 Copula 函数的参数估计。

将前面获得的最优阈值及估计出的参数值代入广义帕累托分布函数中，再由式（3）得到尾部估计 F（x）。由于 6 个产品条线/损失类型单元操作风险的样本个数不同，所以本文采取产生介于（0，1）的随机数作为尾部估计 F（x）的概率值，并逆求 F（x）得到 x 的方法，来增加样本数据，使 6 个单元操作风险的样本个数一致。由于 Copula 函数的定义域为（0，1），因此，本文对各边缘分布做概率积分变换，得到（0，1）上的分布序列 $\{u_{1i}, u_{2i}, u_{3i}, u_{4i}, u_{5i}, u_{6i}\}$（i 为样本个数），并将其作为 Copula 函数的观测值。Copula 参数估计的结果见表 4。从表 4 中可以看出，6 个操作风险单元之间存在一定的相关性。

表 4　Copula 函数的参数估计

Copula 函数	Gumbel Copula	Clayton Copula	Frank Copula
α 参数估计值	1.64	2.12	4.80

不同的 Copula 函数形式表示不同的相关模式，从众多 Copula 函数中选出最能刻画随机变量相关结构的 Copula 函数是非常重要的，这需要对 Copula 函数进行拟合优度检验。常用的 Copula 函数拟合检验方法包括图形法和解析法，两者综合使用会减少因图形直觉和分布函数的假设所带来的误差。由于本文只针对 Archimedean Copula 进行研究，所以拟合优度检验方法也只针对 Archimedean Copula 进行。Nelsen[19]指出，可以对 Archimedean Copula 采用 K – S 检验和做 Q – Q 图法进行拟合优度检验。其中，K – S 检验方法属于非参数检验，揭示了理论分布与经验分布之间的偏离。该检验的统计量构造为：

$$T = \max_{x}\{|\ \hat{F}(x) - F(x)\ |\} \tag{11}$$

其中，$\hat{F}$（x）为经验分布函数，F（x）为理论分布函数。此外，若 Copula 函数对数据拟合效果较好，则 Q – Q 图应近似为对应标准均匀分布分位数的一条直线。从图 3 可以看出，Clayton Copula 的 Q – Q 图与直线最为吻合，而 Gumbel Copula 和 Frank Copula 的 Q – Q 图对直线的偏离度较大，这表明 Clayton Copula 的拟合效果最好。从表 5 的 K – S 检验结果可以更清楚地看到，相比 Gumbel Copula 和 Frank Copula，Clayton Copula 能更好地刻画操作风险的相关结构，这表明不同单元操作风险之间的尾部相关性较为明显。Clayton Copula 在这里表示当银行资产面临一种操作风险正在发生巨大损失时，同时受另一种操作风险影响而发生较大损失的可能性。另外，Clayton Copula 的参数估计值为 2.12，表明 6 个操作风险单元之间具有较大的关联性。

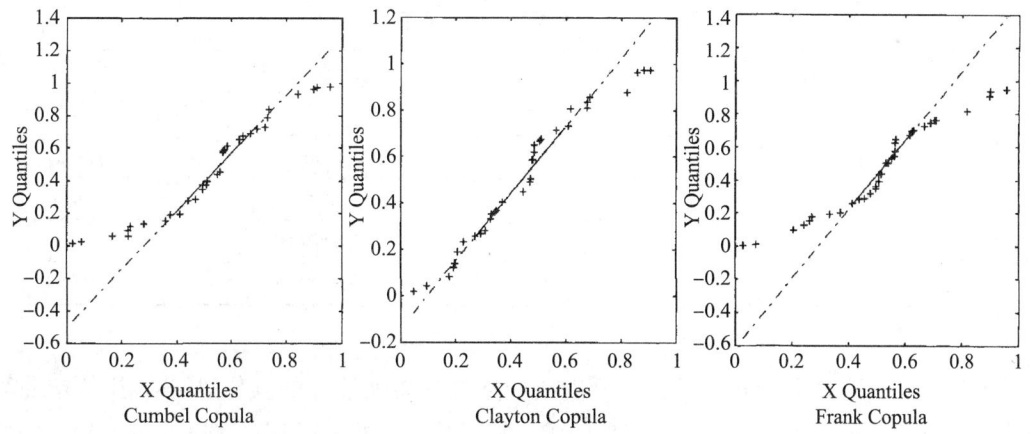

图 3　**Gumbel Copula、Clayton Copula 和 Frank Copula 的 Q – Q 图**

表 5　**Gumbel Copula、Clayton Copula 和 Frank Copula 的 K – S 检验结果**

Copula 函数	Gumbel Copula	Clayton Copula	Frank Copula
K – S 值	0.2286	0.1429	0.2000
p 值	0.2813	0.8389	0.4415

6　用蒙特卡罗模拟估计操作风险在险值

　　根据前面已经计算出来的边缘分布参数和 Clayton Copula 函数，采用蒙特卡罗模拟方法来估计 6 个单元之间相依性的操作风险在险值：从产生一个均匀分布随机数作为 u_1 开始，之后每一步计算条件分布的逆函数 C_i^{-1}（$u_i \mid u_1$，…，u_{i-1}），得到 u_i，在得到 $(u_1, u_2, …, u_n)^T$ 后，再根据边缘分布函数 F_1，F_2，…，F_n 的逆函数求出相应的样本序列 $(F_1^{-1}(u_1), F_2^{-1}(u_2), …, F_n^{-1}(u_n))$ T。在进行 100000 次模拟后，就可以获得不同置信度下的 VaR 值（见表 6）。巴塞尔委员会要求，抵御操作风险的置信水平应为 99.9%，与抵御信用风险和市场风险的置信水平相当。因此，在 99.9% 的置信度下，我国商业银行操作风险的在险价值为 1097.9 亿元。若采用将 6 个单元操作风险在险值简单直接相加的方法（把表 3 最后一行数据相加），可以得到 99.9% 的置信度下的 VaR 值为 1621.6 亿元。由此，考虑相关性下的 VaR 值要比简单直接相加的 VaR 值减少 32.3%。

　　为了与国内同类研究进行对比，我们统计了近年来国内采用 POT 极值[4,9,12~14,16] 和 LDA[4,9,6,16] 两种高级计量法估计的商业银行操作风险在险价值，这些学者们采集样本的时间跨度和样本量差异比较大，采样最早自 1990 年开始，最晚截至 2010 年，最少的样本量为 71 个，最多的达到了 860 个。由于这些文献均没有划分操作风险产品条线/损失类型单

表 6　蒙特卡罗模拟结果

置信水平	VaR 值（万元）
90%	21824
95%	49018
99%	689810
99.5%	2985400
99.9%	10979000

注：模拟数量为 100000 次

元，而本文将样本划分为 6 个单元，所以我们把这些文献估计的操作风险 VaR 值按照简单相加的办法（乘以 6）计算了加总后的值。通过比较，我们发现：①LDA 方法估计的操作风险 VaR 平均值为 7707 亿元，比 POT 极值法估计的 VaR 平均值 29907 亿元结果小很多，这是因为 LDA 是对全样本建模，在刻画数据的尾部特征方面，不如 POT 极值精确，尽管如此，本文估计的 1621 亿元操作风险 VaR 值仍然比 LDA 估计的平均值 7707 亿元小；②大多数 POT 建模分析只用了 SME 一种方法来选取阈值，且没有对阈值进行比较可观的检验，本文采用三种方法选取阈值，并通过卡方检验获得最优阈值；③与其他 POT 极值模型结果相比，本文采用简单相加方法得到的操作风险在险值 1593 亿元并不是最低的，高于谭德俊和邹敏烨[13]的 1446 亿元，也高于李宝宝和王言峰[14]的 1524 亿元，但如果用 Copula 函数进行尾部数据联合时，得到的操作风险在险值 1098 亿元，均小于这两篇文献的结果，说明考虑非线性的相依性的确可以为商业银行估计操作风险极值带来好处。

7　结　语

为了实现对操作风险的准确度量，从而有效配置操作风险资本，考虑不同业务条线/风险类型操作风险单元之间的相关性是十分必要的。本文采用极值理论的 POT 模型度量了不同操作风险单元的边缘分布，使用 Copula 函数作为关联结构对 6 个单元操作风险的联合分布进行了研究。研究认为，应用 Copula 函数来刻画操作风险的相关性，可以大大减少操作风险资本要求，达到资产组合的风险分散效应，并提升银行的盈利能力。与国内同类研究相比，本文在尾部数据的刻画、阈值选取非线性关联等方面都有较大改进。当然，由于收集的操作风险损失数据有限，本文仅对支付与结算/内部欺诈、支付与结算/外部欺诈、商业银行业务/内部欺诈、商业银行业务/外部欺诈、零售银行业务/内部欺诈、零售银行业务/外部欺诈 6 个单元的操作风险进行了分析和加总，尽管我们用蒙特卡罗做了 100000 次模拟，但数据的有限性仍然可能影响到结果的准确性。实践中，随着各商业银行操作风险损失数据库的建立和完善，每家商业银行都可以参照本文的方法，采用

Copula 函数对 56 个业务条线/风险类型单元操作风险的相关性进行分析，从而更准确地计量操作风险在险值，为节省资本和创造利润奠定基础。

参考文献

［1］Fonlnouvelle P., Rosengren E. S., John S. J. Implications of alternative operational risk modeling techniques［M］. The Risks of Financial Institutions, University of Chicago Press, 2007.

［2］中国银行业监督管理委员会. 商业银行资本管理办法［Z］. 2012.

［3］周艳菊，彭俊，王宗润. 基于 Bayesian – Copula 方法的商业银行操作风险度量［J］. 中国管理科学，2011（4）：17 – 25.

［4］丰吉闯，李建平，高丽君. 商业银行操作风险度量模型选择分析［J］. 国际金融研究，2011（8）：88 – 96.

［5］樊欣，杨晓光. 我国商业银行操作风险的蒙特卡罗模拟估计［J］. 系统工程理论与实践，2005（5）：12 – 19.

［6］张宏毅，陆静. 运用损失分布法的计量商业银行操作风险［J］. 系统工程学报，2008（4）：411 – 416.

［7］Frachot A., Moudoulaud O., Roncalli T. Loss distribution approach in practice［R］. Working Paper, Credit Lyonnais, 2003.

［8］Turk A. B. Quantitative operational risk management［M］//Ginancarlo N Advances in risk management Sciyo, 2010.

［9］吴恒煜，赵平. 我国商业银行操作风险的度量——基于极值理论的研究［J］. 山西财经大学学报，2009（8）：109 – 115.

［10］张文，张屹山. 应用极值理论度量商业银行操作风险的实证研究［J］. 南方金融，2007（2）：12 – 15.

［11］高丽君，李建平，徐伟宣等. 基于 POT 方法的商业银行操作风险极端值估计［D］. 运筹与管理，2007（2）：112 – 117.

［12］高丽君，李建平. 我国商业银行操作风险模拟估计［J］. 山东财政学院学报，2009（5）：55 – 58.

［13］谭德俊，部敏烨. 操作风险损失的广义帕累托分布参数估计及其应用［J］. 财经理论与实践，2010（6）：22 – 25.

［14］李宝宝，王言峰. 基于 CVaR – POT 模型的我国银行业操作风险度量研究［J］. 华东经济管理，2011（7）：76 – 79.

［15］厉吉斌. 商业银行操作风险管理［M］. 上海：上海财经大学出版社，2008：215 – 221.

［16］丰吉闯，李建平，陈建明. 基于左截尾数据的损失分布法度量操作风险：以中国商业银行为例［J］. 管理评论，2011（7）：171 – 175.

［17］Embrechts P., Hoing A., Juri A. Using Copulae to bound the Value at Risk for functions of dependent risks［J］. Finance and stochastics, 2003, 7（2）：145 – 167.

［18］Embrechts P., Kaufmann R., Patie P. Strategic longterm financial risks single risk factors［J］. Computational Optimization and Applications, 2005（32）：61 – 90.

［19］Nelsen R. An introduction to Copulas［M］. New York；Springer, 1999.

［20］高丽君. 我国商业银行系统操作风险资本金的度量［J］. 山东财政学院学报，2007（6）：42 – 45.

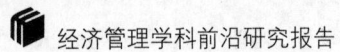
Measurement of Commercial Bank's Operational Risk Based on Extreme Value Theory and Multivariate Copula Functions

Lu Jing, Zhang Jia

(School of Economics and Business Administration,

Chongqing University, Chongqing 400030, China)

Abstract: Owing to the fat tail of operation risk and based on the requirement of Basel Accord, marginal distributions of several operational risk cells are measured with the Peaks – Over – Threshold model of extreme value theory, dependency of operational risks is analyzed with multivariate copula functions and the accumulated VaR is calculated. By using the data of Chinese commercial banking from 1990 to 2010, it is shown that Clayton Copula can better reflect the dependent frame of operation risk and the VaR calculated with Clayton Copula is about 32.3% less than the one calculated by directly summing VaRs of all operation risk cells. Therefore, consideration on dependency of operation risk cells with Copula functions can meet the risk dispersion effect of asset portfolio, greatly reduce required operation risk capital and provide commercial banks with a better way to get more profits.

Key Words: operational risk; extreme value theory; multivariate copula; commercial banks

基于局部随机游走的在线
社交网络朋友推荐算法*

俞琰[1,2]，邱广华[3,1]

（1. 南京航空航天大学经济管理学院，南京　210016；
2. 东南大学成贤学院计算机科学与技术系，南京　210088；
3. 宾州州立大学信息科学系，PA 16802，USA）

【摘　要】在线社交网络已成为用户交互和分享信息的流行的互联网平台。其中，为用户推荐朋友是在线社交网络的一项重要服务。一方面，目前在线社交网络通常基于社会图的局部特性为用户推荐朋友（即用户间的共同朋友数目）。这种方法仅使用路径长度为2的局部结构信息，没有充分利用社会图中各种不同长度的路径及其他信息。另一方面，基于社会图全局特性的在线社交网络朋友推荐方法虽然侦测了整个社会图的结构，但是对于大规模的在线社交网络来说，这类方法的计算成本相当高。为此，本文提出了一个新的在线社交网络朋友推荐方法。它根据"小世界"假说，随机游走有限范围内的所有路径，为用户提供了及快速又准确的朋友推荐。本文使用两个真实的在线社交网络的数据集对新方法进行评估。实验结果显示提出的方法显著提高了在线社交网络朋友推荐的准确性。

【关键词】朋友推荐；在线社交网络；随机游走

1　引言

自从 1997 年第一个在线社交网络（Onlinse Social Networks，OSNs）Six Degrees 发布以来，OSNs 如雨后春笋般地大量涌现，其中很多 OSNs，如 Facebook、MySpace 和 Linke-

* 收稿日期：2012 – 08 – 13。

基金项目：江苏省现代教育技术研究 2012 年度技术应用重点课题（2012 – R – 22749）。

作者简介：俞琰（1972—）女，浙江人，研究方向：社会网络，数据挖掘；邱广华（1964—），男，福建人，宾州州立大学终身副教授，博士生导师，研究方向：服务科学。

dIn 等吸引了上百万的用户，成为流行的互联网平台。Boyd 和 Ellison 将 OSNs 定义为一种基于互联网的服务，这种服务允许个人在系统里建立一个公开或半公开的简介，阐明朋友列表，浏览系统中其他用户的朋友列表和信息[1]。OSNs 提供了维持社会关系，发现类似兴趣用户和定位其他用户的内容的基础[2]。

在 OSNs 提供的众多服务中，为已注册的特定用户推荐具有类似兴趣的朋友是 OSNs 中的关键服务[3~4]。第一，OSNs 已经成为一个快速增长的巨大信息源。推荐朋友将发现用户需要的信息来源。第二，朋友推荐服务满足用户和其他具有共同兴趣爱好的用户交流的需求。研究表明，在特定的背景下，用户不仅联系 OSNs 中已经认识的朋友，也对他们不认识的但有相同兴趣的人有兴趣，以表达观点和分享体验[5]。第三，OSNs 利用朋友关系推荐用户潜在感兴趣的服务项目，如 Facebook 的新闻反馈、LinkedIn 的产品推荐和 Dopplr 的旅游同伴等[3]。第四，对于学术型 OSNs，朋友推荐能够促进科学研究，推动知识传播与跨领域合作，从而更有效地利用资源[4]。最后，在企业环境中，朋友推荐也是知识交换的关键。帮助大型组织中的用户彼此联系，交换知识资源，这对于被组织结构分割、彼此联系非常困难的大型公司和政府机构员工特别有效。

本文集中于研究利用 OSNs 用户间朋友关系构建的朋友关系网络进行 OSNs 朋友推荐。这个研究方向包含两类研究方法：一类方法基于网络局部结构特性，主要集中于顶点结构。例如，Facebook 和 Hi5 等 OSNs 使用用户朋友的朋友（Friend of a Friend，FOAF）方法推荐朋友。它根据每个候选朋友和目标用户的共同朋友的数目推荐好友。另一类方法基于全局结构特性，侦测网络的所有路径结构。

目前，OSNs 朋友推荐面临推荐准确性和推荐高效性两方面的挑战。一方面，虽然基于全局的推荐方法侦测网络的所有路径结构，推荐结果更加准确，但是 OSNs 常常包含成百上万的数据，基于全局的方法计算成本相当高，推荐的高效性受到影响；另一方面，虽然基于局部的方法计算复杂度低，但其信息通常不充分，如 FOAF 方法指定相同分值的概率非常高[6]。在 INT 中，有超过 10^7 个顶点对，其中 99% 的顶点对的共同朋友为 0，0.91% 的顶点对的共同朋友为 1，0.04% 的顶点对的共同朋友为 2[6]。再以图 1 使用 FOAF 方法为目标用户 u_1 推荐新朋友为例。u_{12}、u_{13}、u_{14} 及 u_{15} 均和 u_1 有两个共同的朋友，所以，u_{12}、u_{13}、u_{14} 和 u_{15} 具有相同的概率推荐给 u_1。但是，如果考虑路径长度为 3 的路径，那么 u_{12} 比 u_{14} 具有更高的推荐概率；如果考虑流行性，一个用户的朋友越多，表示他越受欢迎，别人越有可能和他交朋友，则 u_{13} 的推荐概率应高于 u_{14}；如果考虑度小的共同朋友顶点的贡献大于度大的共同朋友顶点，则 u_{14} 的推荐概率高于 u_{15}。

据此，本文根据"小世界"假设，定义了一个遍历 OSNs 朋友关系网络有限长度路径的局部相似性测量，提供了一个更加准确和高效的 OSNs 朋友推荐方法。此外，通过使用两个真实世界的数据集展示了新方法的实际可操作性，并和其他方法比较评估了新方法的性能。

2 相关工作

面对 OSNs 大量的用户、稀疏的朋友关系以及用户的多样性，如何帮助用户发现具有类似兴趣的朋友具有极大的挑战性，而相关研究还较少[7]。

社会学中的同质性理论认为类似的人更加可能形成包括朋友关系、情感关系、工作和信息传递等各种关系[8]。OSNs 用户间的朋友连接结构可以看作由顶点（用户）集合和顶点对的边（朋友关系）构成的社会网络，它能够表示为一个图[9]，通常被称为社会图。因此，目前的 OSNs 朋友推荐常通过用户属性和社会网络的结构定义用户间的相似度，以推荐相似度高的用户作为朋友。

基于用户属性定义用户间的相似度的方法认为，如果两个 OSNs 用户具有相同的属性，如年龄、性别、职业、兴趣等，则认为两个用户很相似。如 WhoShouldFollow. com 通过用户的地点和受欢迎程度，发现类似的用户[10]。人人网根据用户学校或者专业等进行好友推荐。百度利用用户最欣赏的人、最喜欢的音乐等信息进行匹配推荐朋友。基于用户属性相似性的方法虽然简单，但是很多情况下，用户属性信息的获取是非常困难的，甚至不可能。另外，即使获得了用户的属性信息，也很难保证信息的可靠性，即属性是否反映了用户真实的情况，很多用户的注册信息就是虚假的。更进一步，在能够得到用户属性精确信息的情况下，如何鉴别哪些属性信息对朋友推荐预测有用，哪些属性信息没有用，仍然是个问题[11]。而基于 OSNs 社会网络结构的朋友推荐方法受到越来越多的关注。

主要存在两类基于 OSNs 社会网络结构的朋友推荐方法[12~13]：一类方法基于社会网络的局部特性，集中于顶点的结构；另一种方法基于社会网络的全局特性，侦测社会网络的所有路径结构。朋友的朋友方法（Friend of a Friend，FOAF）[14]即为基于局部特性的方法，它基于这样的常识：如果两个用户有很多共同的朋友，那么他们在将来更加可能形成朋友关系。FOAF 指标便于实施并融合了人的特性。在聚集系数较高的网络中表现非常好，有时甚至超过一些更复杂的算法[11]。因为它的简单高效性，Facebook Hi5 等均采用FOAF 算法为用户推荐朋友。Jaccard[15]系数不仅考虑了共同朋友的数目，并且考虑了共同数目和两个顶点朋友的比例，Adamic/Adar 指标[16]认为度小的共同朋友顶点的贡献大于度大的共同朋友顶点，因此根据共同朋友顶点的度为每个顶点赋予一个权重值，该权重等于该顶点的度的对数分之一。偏好附加指标（Preferential Attachment，PA）[17]认为朋友关系发展概率等比于目前朋友的数量。FriendLink 方法扩展了 FOAF 方法[13]，利用不同长度的路径进行朋友推荐。Twubble. com 检查了用户的朋友的跟随者，利用跟随者数目排名潜在的朋友[10]。Golder 提出 4 个局部的二方结构特性：互惠性、共同兴趣、共享听众和三方闭合，以发现 Twitter 上用户间潜在的朋友[10]。

基于社会网络的全局特性的方法有多种，其中，Google 网页排序算法 PageRank 的个性兴化算法重启动随机游走算法（Random Walkwith Restart，RWR）吸引了 OSNs 朋友推荐研究学者的注意[18~21]。RWR 是基于 Markov 链图的随机游走模型。相比于其他的相似度量方法，RWR 方法具有捕捉社会网络全局结构以及顶点间多侧面关系等优点[21]。它的基本思想是从图中某个顶点出发，沿着图中的边随机游走。在任何顶点上，算法以一定的概率随机选择与该顶点相邻的边到下一个顶点，或者以一定的概率返回到出发顶点。对于非周期不可约的图，经过有限次随机游走的过程，使图中每个顶点的概率值达到平稳分布，再次迭代不会改变图中的概率分布值。顶点间的稳定状态概率作为用户间相似度的度量，用于 OSNs 朋友推荐。

除上面提到的仅依赖于社会图的图结构进行 OSNs 朋友推荐的算法之外，还有利用结合结构和其他数据来源的一些方法。Schifanella 等[22]发现使用共享标签和用户间存在的社会连接之间的联系。当他们考虑最活跃用户的注释时，几乎所有被考虑的语义相似度在预测实际朋友关系时好于邻居建议。Ouzienko 等考虑网络随着时间因素，通过构建条件预测器，推论用户的属性和朋友关系[23]。一些研究考虑结合社会图结构和用户的属性信息为用户推荐好友[18~20]。本文仅基于 OSNs 的社会图结构进行朋友推荐的研究。

目前 OSNs 朋友推荐任务面临一个如何设计既准确又高效的 OSNs 朋友推荐算法的挑战[13]。一方面，基于社会图局部特性的指标仅需要少量的信息，比起基于社会网络全局特性的指标具有更低的计算复杂度，提供了更加快速的朋友推荐。但是，由于信息不充分，局部指标可能不够准确。另一方面，基于社会图全局特性的指标考虑了全局的结构，提供了更加准确的推荐结果。但是在现实应用中，OSNs 中常包含成百万的用户，基于全局特性方法的计算成本太高。因此，本文定义了一个基于局部随机游走的顶点相似性。新方法考虑了更多的邻居信息，具有更高的准确性；同时，比起基于全局的方法，它具有更低的时间和空间计算复杂度。而且，新方法的准确性不仅高于基于局部的方法，同时也高于基于全局的方法，这是因为全局方法遍历全局社会网络，没有充分捕捉图的局部特性[13]。本文比较了新方法和几个有代表性的朋友推荐方法，在两个真实 OSNs 数据集上的实验结果显示新方法准确性最高。

3　基于局部随机游走的 OSNs 朋友推荐方法

基于相关的研究工作以及目前存在的问题，本文提出了一个新的基于局部随机游走的 OSNs 朋友推荐方法（Local Random Walk Friend，LRW Friend）。本部分首先介绍社会图，然后在社会图基础上定义顶点间的相似度。接着描述具体算法，并进行算法的时间空间复杂性分析。最后将算法从无向图扩展为有向图。

OSNs 中用户间的连接结构可以看作由顶点（用户）集合和顶点对的边（朋友关系）构成的社会网络，它能够表示为一个图[9]，通常被称为社会图。在社会图中，一个顶点表示一个用户，一条边表示一个用户间的朋友关系。在一些 OSNs 中，如 Facebook Linke-dIn 以及 MySpace 等，朋友关系是无向的，即若用户 v_i 是用户 v_j 的朋友，则意味着 v_j 也是 v_i 的朋友。而在另一些 OSN 中，如 Twitter，朋友关系是有向的。在本文中，社会图采用无向边，在本部分最后，将算法从无向图扩展为有向图。正式地，根据图理论定义社会图为 $G = (V, E)$，其中 V 表示顶点（用户）集合，E 表示无向边（朋友关系）集合。仅当两个顶点 v_i，v_j 间的无向边 $(v_i, v_j) \in E$ 时，v_j（v_i）被称为 v_i（v_j）的邻接。这样社会图能够表示为邻接矩阵 $A = (a_{ij}) \in E$，如果 v_i 和 v_j 为朋友，则 $a_{ij} = 1$，否则为 0。对于一个无向图，邻接矩阵是对称的。

图 1 为一个社会图示例。

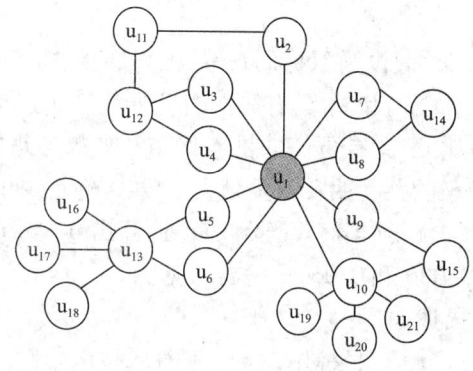

图 1　社会图 G 示例

下面在社会图的基础上定义一个新的基于局部随机游走的顶点间相似性测量。随机游走是一个描述随机游走者访问顶点序列的马尔可夫链[24]。这个过程可使用转移概率矩阵 Q 描述，其元素 $Q_{ij} = a_{ij}\Gamma(i)$，表示停留在顶点 v_i 的随机游走者在下一个步骤到达 v_j 的概率。其中，如果顶点 v_i 和顶点 v_j 有连接，则 a_{ij} 等于 1，否则为 0，$\Gamma(i)$ 表示顶点 v_i 的度。给定一个从顶点 v_i 开始的随机游走者，用 $p_i^{(t)}$ 表示游走者从 v_i 开始，经过 t 个步骤到达各顶点的概率向量，它的值可通过式(1) 计算得到。

$$p_i^{(t)} = Q^T p_i^{(t-1)} \tag{1}$$

其中，$p_i^{(0)}$ 是一个 v_i 对应的元素为 1，其他元素为 0 的初始概率分布向量，T 是矩阵的转置。

20 世纪 60 年代，美国著名社会心理学家 Milgram 基于他的"小世界"实验，提出世界上的每个人只需要通过很少的中间人（平均 6 个）就可以和全世界的人建立起联系[25]。"小世界"现象在自然和社会中普遍存在，在社会网络中尤为显著[26]。基于 Milgrmas 的"小世界"假说，不同于全局游走的 RWR 算法，本文采取有限长度的局部随机游走。基于局部随机随走的相似性度量的一个问题是对远离目标顶点部分的敏感依赖[24]。一个处理这种依赖性的方法是连续在开始顶点释放游走者，迭代每个游走者的贡献（游走者独立游走），导致在目标顶点和附近顶点之间更高的相似性[26]。此外，社会网络关系形成的分析认为具有更高声望（也称为流行度）的个体常常有更多的联系，用户的声望效果（也成为流行度）被定义为一个用户朋友的数目[27]。因此，在 v_i，v_j 的相似性中，也考虑到 v_j 的流行度，v_j 流行度越高，越受欢迎，越有可能吸引 v_i 与之成为朋友。

定义 1 社会图顶点 v_i，v_j 之间的相似度 sim（v_i,v_j）定义如下：

$$\mathrm{sim}(v_i, v_j) = \left[\frac{\Gamma(j)}{|E|}\right]^{Ul} \sum_{t=2}^{l} p_{ij}^t \tag{2}$$

其中 l 是图顶点 v_i，v_j 之间考虑的路径长度，根据"小世界"假设，可取 2～6 的整数，｜E｜为社会图中总的边数，流行度指数 U 是一个可调节参数，调节顶点 v_j 的流行度对相似度的影响。

以图 1 中的社会图为例，假设为目标用户 u_1 推荐朋友。如果仅考虑路径长度为 2 的 FOAF 方法，图 1 中 u_{12}、u_{13}、u_{14} 和 u_{15} 具有等同概率推荐给 u_1。但是，如果考虑路径长度为 3 的路径，那么 u_{12} 应该比 u_{14} 具有更高的推荐概率；如果考虑流行度，则 u_{13} 的推荐概率应高于 u_{14}；如果考虑度小的共同朋友的贡献大于度大的共同朋友，则 u_{14} 的推荐概率高于 u_{15}。根据式（1）和式（2）（l = 4，U = 0.1），计算出 u_1 与 u_{12}、u_{13}、u_{14} 和 u_{15} 的相似度分别为 0.112、0.095、0.086 和 0.060，符合直觉。

LRW Friend 具体算法描述如下：

输入：社会图 G =｛V，E｝，目标用户 v_i，路径长度 l，流行度指数 U。

输出：Top K 推荐朋友列表 LRW Friend 算法：

（1）初始化 $p_i^{(0)}$，v_i 对应的元素为 1，其他所有元素为 0；

（2）for t = 1 to l；

$$p_i^{(t)} = Q^T p_i^{(t-1)}$$

end for

（3）for v_j = 1 to ｜V｜；

$$\mathrm{sim}(v_i, v_j) = \left[\frac{\Gamma(j)}{|E|}\right]^{Ul} \sum_{t=2}^{l} p_{ij}^t$$

end for

（4）排除 v_i 本身和已经交的朋友；

（5）相似度按降序排列，溪用户 vi 推荐 Top K 朋友。

LRW Friend 算法仅考虑有限长度的 l 的路径，而非整个网络的全部路径。对于目标顶点 v_i，LRW Friend 遍历 v_i 的所有朋友，然后再遍历每个朋友的朋友，以此类推，一直到达长度为 l 的路径为止。因为遍历一个顶点的朋友的时间复杂度为 h（h 为网络平均的顶点度），所以 LRW Friend 算法的时间复杂度为 O（n×h^l）。空间复杂度为 O（n×h），而图 G 是稀疏的，h 远远小于 OSNs 中的网络顶点数｜V｜。FOAF 方法是基于局部的方法，仅考虑长度为 2 的路径。特别地，对于顶点 v_i，FOAF 遍历顶点所有的朋友，然后再遍历每个朋友的朋友。因为遍历一个顶点的时间复杂度为 h，这样 FOAF 的时间复杂度为 O（n×h²），FOAF 的空间复杂度为 O（n×h）。基于全局的朋友推荐算法 RWR 需要计算逆矩阵，所以计算量非常大，时间复杂度为 O（n³）。虽然 RWR 算法可以预先计算并存储，用于更快的在线推荐。但是这需要大量的存储成本。另一个解决方法是通过幂迭代在线计算逆矩阵。但是，它的在线反馈结果时间线性等比于迭代的次数和边的次数。虽然也有一些 RWR 的快速版本[28]，但比起最初的 RWR，它缺少准确性，而对于朋友推荐问题来说，准确性是朋友推荐的一个重要参数[13]。

LRW Friend 算法不仅可以应用在无向社会图中，还可以扩展到有向、权重社会图中。在一些 OSNs 中，如 Facebook、LinkedIn 以及 MySpace 等，朋友关系是无向的，即若用户 v_i 是用户 v_j 的朋友，则意味着 v_j 也是 v_i 的朋友。而在另一些 OSN 中，如 Twitter，朋友关系是有向的。在有向图中，当 v_i 声明 v_j 是朋友时，有一条从 v_i 指向 v_j 的边。对应的邻接矩阵 A 中的元素 a_{ij} 为 v_i 声明 v_j 是朋友时，为 1，否则为 0。转移概率矩阵 Q 中元素 $Q_{ij} = a_{ij}/\Gamma(i)$，其中，$\Gamma(i)$ 表示顶点 v_i 的出度，因此式（2）中 $\Gamma(j)$ 表示 v_j 的出度。对于权重网络，顶点 v_i 与 v_j 间的权重 w_{ij} 替代 0/1 值，因此对应的转移概率矩阵 Q 中元素 $Q_{ij} = w_{ij}/\Gamma(i)$。即两个用户的权重越大（关系越密切），则越可能转移到该顶点，相似性越大。

4 实验

4.1 数据集合和评估标准

为了评估提出方法的有效性，本文使用取自科学网和 Last. fm 的数据集对 LRW Friend 方法的可行性和准确性进行评估。

科学网是中国最大的科研学者的 OSNs，截至 2012 年 4 月 14 日，共有 11763 名注册用户。同其他很多 OSNs 一样，科学网为用户提供构建个人属性、键入朋友关系的平台。在科学网中，一位用户添加另外一位用户为朋友，需要得到对方的确认，只有对方确认之后，双方才能彼此成为朋友，在彼此的好友列表中列出对方。因此，科学网的朋友关系是无向的。本文使用 2010 年 6 月 1 日从科学网收集的数据集进行算法评估。该数据集包含 7698 位用户及他们之间的 48450 条无向边。

Last. fm 是世界上最大的在线社交音乐平台。用户可以寻找、收听、谈论自己喜欢的音乐并和其他用户交朋友。在 Last. fm 中，一位用户可以直接添加另外一位用户作为自己的朋友并显示在自己的朋友列表中，无须对方确认。因此，Last. fm 的朋友关系是有向的。本文使用在第二届国际推荐系统信息异质和融合国际研讨会框架上（Het Rec 2011）发布的数据集合，它包含 1892 个用户和 25434 条有向边。

为了验证科学网和 Last. fm 数据集合是否展示了 OSNs 特定特征，本文使用平均最短路径（Average Shortest Path）和聚集系数（Cluster Coefficient，又称 Transitivity）检查科学网和 Last. fm 数据，并与以前的 OSNs 社会图研究比较。表 1 提供了科学网和 Last. fm 的社会图和其他早期研究 OSNs 社会图的特征比较结果。

表 1　社会图统计比较

网络	网络种类	用户个数	社会连接数目	平均最短路径	聚焦系数
10 个最大地区 Facebook. com[29]	无向	10697K	408265K	4. 89	0. 16
Orkut. com[2]	无向	3072K	223534K	4. 25	0. 17
Facebook. com	无向	63731	817090	4. 32	0. 22
科学网	无向	7698	48450	4. 07	0. 22
Last. fm	有向	1892	25434	3. 52	0. 21

表 1 显示，科学网的社会图平均最短路径为 4.07，Last. fm 的社会图平均最短路径为 3.52。平均最短路径是社会图中所有顶点对的最短路径的平均值，这验证了"小世界"假设，即每个人仅需要几个步骤就可连接整个社会网络。科学网的社会图聚集系数为 0.22，Last. fm 的社会图聚集系数为 0.21。这与其他早期的研究类似，表明了一个 OSNs 的紧密的聚集特征。平均最短路径和聚集系数是小世界特征的两个主要指标。网络的小世界特征主要是指比起随机网络，真实网络同时兼有高的聚集系数和小的平均最短路径。结合相对低的平均最短路径和高的平均聚集系数，表明科学网和 Last. fm 构成的社会网络具有小世界的特征[29]。总体来看，科学网和 Last. fm 的数据集合展示了 OSNs 的特定特征，为 OSNs 朋友推荐算法评估提供了一个良好的基础。

实验使用四折验证将科学网和 Last. fm 朋友关系数据集合分别随机分为 4 个子集，使用 1 个子集作为测试集合，剩余 3 个子集作为已知的训练集合，构成社会图，为测试集中的用户推荐顶级 K 个朋友。

本文使用 P@K 和 MRR 作为评估指标。查准率（Precision，P）表示正确推荐的朋友数目占所有推荐朋友数目的比例。P@K 表示前 K 个推荐朋友中正确推荐所占的比例，计算公式为式（3）。实际应用中，用户更关心高推荐排名的结果，因此，高排名的结果的性能应该更为重要。因此，这里取 K 为 10、20 和 50，即 P@10、P@20 和 P@50。平均倒数排名（Mean Reciprocal Rank，MRR）表示用户真实朋友在推荐列表中的位置倒数的平均值，MRR 越高说明算法的准确性越高。MRR 描述了算法总体的准确性，计算公式为式（4）：

$$P@K = \frac{\text{推荐正确的朋友数目}}{\text{推荐的朋友数目 K}} \tag{3}$$

$$MRR = \frac{1}{N} \sum_{i=1}^{N} \frac{1}{\text{真实朋友在推荐列表中的位置}} \tag{4}$$

4.2 参数设置

LRW Friend 算法中路径的长度 l 和流行度 U 是两个重要的参数。为了获得最佳的推荐，需要好的 l 和 U 的值。基于 Milgram 1967 年"小世界"假设，l 取在 [2，6] 的整数。U 的取值本文设定在 -0.5 ~ 0.5，间隔为 0.1。

图 2 和图 3 分别显示了在两个数据集合上，不同的 l 和 U 对 MRR 的影响。如图 2、图 3 所示，固定 l 的值，变化 U 的值。随着 U 的增加，MRR 逐渐上升，当到达 0.1 左右，MRR 开始缓慢下降。对于不同的路径长度 l，路径长度为 2 的性能表现较其他路径长度的要差，路径长度为 3、4、5 和 6 的性能相仿，其中长度为 4 的路径性能较佳。因此，本文以下的实验设 l = 4、U = 0.1。

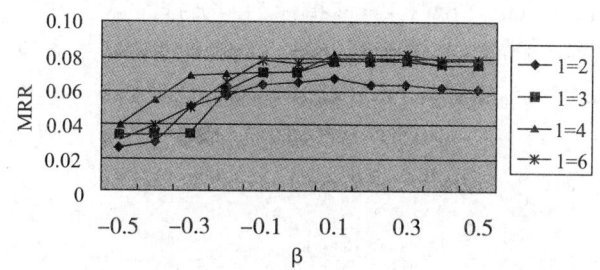

图 2　LRW Friend 对科学网数据集上不同 l、U 的 MRR

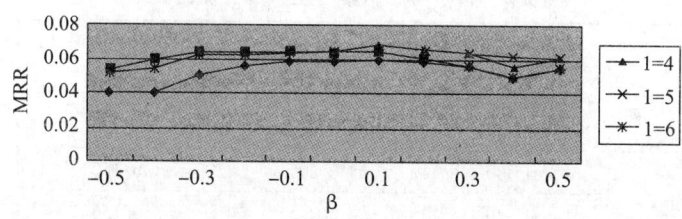

图 3　LRW Friend 对 Last. fm 数据集上不同 l、U 的 MRR

4.3 实验结果

为了评估新提出的朋友推荐算法 LRW Friend 的有效性，本文将 LRW Friend 和其他一些基于局部结构和基于全局结构的典型方法进行比较。欲比较的算法如下：

Friend of a Friend（FOAF）：两个顶点如果有更多的共同朋友，则它们更倾向于成为朋友。顶点 v_i 和 v_j 间的相似度 $sim(v_i, v_j)$ 计算公式为：

$$sim(v_i, v_j) = |\Gamma(v_i) \cap \Gamma(v_j)| \tag{5}$$

Adamic - Adar（AA）：考虑两个顶点共同朋友的度信息，度小的共同朋友顶点贡献大于度大的共同朋友的顶点。因此根据共同朋友顶点的度为每个顶点赋予一个权重值，该权重等于该顶点的度的对数分之一。顶点 v_i，v_j 的相似度计算公式为：

$$sim(v_i, v_j) = \sum_{z \in \Gamma(v_i) \cap \Gamma(v_j)} \frac{1}{\lg \Gamma(z)} \tag{6}$$

Preferential Attachment（PA）：一条即将形成的朋友关系连接到顶点的概率正比于顶点的度，因此，顶点 v_i 和 v_j 成为朋友的概率正比于两个顶点度的乘积，计算公式为：

$$sim(v_i, v_j) = \Gamma(v_i) \cdot \Gamma(v_j) \tag{7}$$

Friend Link 根据图中两个顶点间不同长度的路径的数量定义两个顶点间的相似性。并赋予不同长度的路径以一定的衰减。计算公式为：

$$sim(v_i, v_j) = \sum_{i=2}^{l} \frac{1}{i-1} \frac{\left| paths_{vi,vj}^{i} \right|}{\prod_{j=2}^{i} (n-j)} \tag{8}$$

Random Walk with Restart（RWR）：该指标为网页排序算法 Page Rank 的拓展，其假设随机游走粒子每走一步时都以一定概率返回初始位置。设游走者返回的概率为 $1-c$，Q 为网络的转移概率矩阵，其元素 $Q_{ij} = a_{ij}/\Gamma(v_i)$ 表示顶点在 v_i 下一步游走到顶点 v_j 的概率。如果 v_i 和 v_j 相连，则 $a_{ij} = 1$，否则为 0。初始时刻从顶点 v_i 开始，则 $t+1$ 时刻到达网络中各个顶点的概率向量为：

$$p^{(t+1)} = (1-c) Qp^{(t)} + cq \tag{9}$$

实验结果如表 2 和表 3 所示。

表 2　科学网数据集合上方法性能比较

方法	P@10	P@20	P@50	MRR
FOAF	0.311	0.233	0.156	0.059
AA	0.327	0.227	0.138	0.076
PA	0.300	0.205	0.150	0.078
Friend Link（l=3）	0.340	0.245	0.156	0.080
RWR（c=0.1）	0.340	0.195	0.158	0.064
LRW Friend	0.380	0.255	0.168	0.094

表 3　Last. fm 数据集合上方法性能比较

方法	P@10	P@20	P@50	MRR
FOAF	0.220	0.163	0.111	0.063
AA	0.227	0.157	0.111	0.070
PA	0.013	0.033	0.043	0.013
Friend Link（l=3）	0.200	0.160	0.113	0.062
RWR（c=0.1）	0.207	0.157	0.110	0.057
LRW Friend	0.243	0.203	0.125	0.068

如表 2 和表 3 所示，数据集合的测试。LRW Friend 在两个数据集合上 Precsion 和 MRR 均好于其他的算法。在科学网的数据集合中，LRW Friend 的 P@ 10、P@ 20、P@ 50 和 MRR 分别达到了 0. 380、0. 255、0. 168 和 0. 094。在 Last. fm 的数据集合中，LRW Friend 的 P@ 10、P@ 20、P@ 50 和 MRR 分别达到了 0. 243、0. 203、0. 125 和 0. 068。LRW Friend 利用了比 FOAF、AA、PA 和 Friend Link 这些基于局部图结构更多的局部信息，其性能比这些基于局部图结构的方法准确性更高。另外，RWR 虽然全局遍历社会网络，没有充分地捕获图的局部信息[13]，而 LRW Friend 根据"小世界"假设，更加强调用户附近邻居的作用，充分捕捉用户局部信息，所以它的准确性也高于基于全局的 RWR 方法。

5 结 论

OSNs 已经成为用户交互和分享信息的流行的互联网平台。其中，OSNs 朋友推荐对于 OSN 生存和发展起了关键作用。本文针对目前的 OSNs 朋友推荐的问题，提出一个新的社会图上基于局部随机游走的 OSNs 朋友推荐方法。方法基于"小世界"假设，考虑有限长度的不同路径的随机游走，以决定用户间的相似度。新方法能既准确又快速地为大型的 OSNs 用户提供朋友推荐服务。该方法能够使用在不同种类的网络（无向/有向，有权重/无权重）。本文使用两个真实的 OSNs 数据对新方法和其他方法进行比较，展示了新方法的有效性。将来的工作将使用其他的数据集进一步评估该方法的有效性，并尝试使用其他的方法计算朋友关系的强度，以获得更好的推荐性能。

参考文献

[1] Ellison N., D. Boyd Social network sites: Definition, history, and scholarship [J]. Journal of Computer Mediated Communication, 2007, 13 (1): 210 – 230.

[2] Mislove A., et al. Measurement a nd Analysis of online social networks [C] // Proceedings of the 7th ACM SIGCOMM Conference on Internet Measurement. New York: ACM, 2007: 29 – 42.

[3] Guy I., Ronen I., Wilcox E. Do you know? Recommending people to inv ite into your social netw – ork [C] //Proceedings of the 13th International Conference on Intelligent User Interfaces. New York: ACM, 2009: 77 – 86.

[4] Huang Y., Contactor N., Yao Y. CI – Know: Recomme ndation based on social networks [C] // Proceedings of the 2008 International Conference on Digital Government. New York: ACM, 2008: 27 ~ 33.

[5] DiMicco J., et al. Motivations for social networking at work [C] // Proceedings of the 2008 ACM Conference on Computer Supported Cooperative Work. New York: ACM, 2008: 711 – 720.

[6] Zhou T., Liu L., Zhang Y. C. Prediting missing links via local information [J]. The European Physical Jo urnal B – Condensed Matter and Complex Systems, 2009, 71 (4): 623 ~ 630.

[7] Leskovec J., Lang K. J., Mahoney M. Empirical comparison of algorithms for netwo rk community de-

tection［C］∥Proceedings of the 19th International Conference on World Wide Web. New York：ACM，2010：631－640.

［8］McPherson M.，Smith－Lovin L.，Cook J. M. Birds of feather：Homophily in social networks［J］. Annual Review of sociology，2001，27（1）：415－444.

［9］Wolfe A. W. Social networkanalysis：Methods and applications［J］. Cambridge. American Ethnologist，1997，24（1）：219－220.

［10］Golder S. A.，Yardi S.，Marwich A. A structuralapproach to contact recommendations in online social nentworks［C］∥Workshopn Search in Social Media at ACM SIGIR. New York：ACM，2009：1－4.

［11］吕琳媛. 复杂网络链路预测［J］. 电子科技大学学报，2010，39（5）：652－661.

［12］Liben－Nowell D.，Kleinberg J. The link prediction problem for social networks［J］. Journal of the American Society for Information Science and Technology，2007，58（7）：1019－1031.

［13］Papadimitriou A.，Syseonidis P.，Manolopoulos Y. Fast and accuratelink prediction in socialne tworking systems［J］. Journal of Systems and Software，2012，85：2119－2132.

［14］Chen J.，et al. Make new friends，but keep the old Recommending people on soical networking sites［C］∥Proceedings of the 27th International Conference on Human Factors in Computing Systems. New York：ACM，2009：201－210.

［15］Liben－Nowell D.，Kleinberg J. Thelink－prediction problem for social networks［J］. Journal of the American Society for Information Science and Technology，2007，58（7）：1019－1031.

［16］Adamic L.，Adar E. How to search a social network［J］. Social Networks，2005，27（3）：187－203.

［17］Barabasi A. L.，et al. Evolution of the social network of scientific collaborations［J］. Physica A：Statistical Mechanics and its Applications，2002，311（3）：590－614.

［18］Yin Z. J.，et al. LINKREC：A unified framework for linkr ecommendation using random walks［C］∥Proceedings of the 19th Inernational Conference on World Wide Web. New York：ACM，2001：1211－1212.

［19］俞琰，邱广华，陈爱萍. 基于混合图的在线社交网络朋友推荐算法［J］. 现代图书情报技术，2011，212（11）：54－59.

［20］Backstrom L.，Leskovec J. Supervisedra ndom walks predicting and recommending links in social networks［C］∥Proceedings of the 4th ACM International Conference on Web Search and Data Mining. New York：ACM，2011：635－644.

［21］Xia J.，Caragea D.，Hsu W. H. Bi－relational network analysis using a fast random walk with restart［C］∥Proceedings of the 9th IEEE International Conferenceon Data Mining. IEEE，2009：1052－1057.

［22］Schifanella R.，et al. Folks in folksonomies：Social link prediction from shared metadata［C］∥Proceedings 3rd ACM Internatinal Conference on Web Search and Data Mining. New York：ACM，2010：271－280.

［23］Ouzienko V.，Guo Y.，Obradovic Z. A decoupled exponential random graph for prediction of structured and a ttributes in temporal social networks［J］. Statistical Analysis and Data Mining，2011，4（5）：470－486.

［24］Liu W.，Lu L. Link prediction based on local random walk［J］. Euro physics Letters，2010，89

（5）：58007 – 580013.

［25］Milgram S. The small world problem ［J］. Psychology Today, 1967, 2（1）：60 – 67.

［26］Scheneider F. , et al. Understanding online social network usage from a network perspective ［C］// Proceeding of the 9th ACM SIGCOMM Conference on Internet Measurement Conference. New York：ACM, 2009：35 – 48.

［27］Putzke J. , et al. The evolution of interaction networks in massively multiplayer online games ［J］. Journal of the Association for Info rmaation System, 2010, 11（2）：69 – 94.

［28］Tong H. , Faloutsos C. , Pan J. Fast random walk with restart and itsapplications ［C］//Six th International Conference on Data Mining. New York：ACM, 2006：613 – 622.

［29］Wilson C. , Boe B. , Sala A. User interactions in social networks and their implications ［C］//Proceedings of the 4th ACM European Conference on Computer Systems. New York：ACM, 2009：205 – 218.

Algorithm of Friend Recommendation in Online Social Networks Based on Local Random Walk

Yu Yan[1,2], Qiu Guanghua[3,1]

（1. College of Economics and Management, Nanjing University of Aeronautics and Astronautics, Nanjing 210016, China; 2. Computer Science Department, Southeast University Chenxian Colleage, Nanjing 210088, China; 3. Information Science Department, Pennsylvania State Universi ty, PA 16802, USA）

Abstract：Online social networks（OSNs）have become popular, which provide users with a new communication and information sharing Internet platform. In OSNs, Recommending friends to registered users is a crucialtask. On the one hand, OSNs often recommend friends fo rusers based on local – based features of the social graph（i. e. based on the number of common friends that thousers share）. This method considers only pathways of lenght 2 between users and does not ex ploitall different length paths of the network and other information. On the other hand, there are globalbased approaches of friendr ecommenda tionin OSNs which detect all pathway structures of the network. But its computation cost is quite high for large scale OSNs. In this paper, we propose a new approach of friend recommendation in OSNs which traverses all the paths of limited length through randomwalk based on "small world" hypothesis. This new method provides users with both fast and accurate friend recommendation in OSNs. To demonstrate practical applicability of the newaproach, weuse two real world data sets toevaluat eournovel appro ach. Experim ental results showed the approach cansig nificantlyimprove the accruracy of friend recommendation in OSNs.

Key Words: friend recommendation; online social networks; random walk

基于模糊综合评价法和 BP 神经网络法的企业控制活动评价及比较分析[*]

朱庆锋[1,2]，徐中平[3]，王力[4]

（1. 中国科学院科技政策与管理科学研究所，北京　100190；

2. 中国纺织科学研究院，北京　100025；

3. 中国科学院大学，北京　100049；

4. 中国科学院光电研究院，北京　100094）

【摘　要】本文基于风险管理的角度，运用模糊综合评估法和 BP 神经网络法开展企业控制活动设计、运行风险状况、安全等级评估。文中选择化肥生产企业作为评估样本，结合企业经营特点及发展现状，以及内部控制活动所涉及的范围，开展了样本企业内部控制活动评估的实证分析，并将两种方法得到的评估结果进行对比分析，交叉验证，得到评估结果与企业实际控制活动情况基本吻合的结论，验证了方法的有效性、可靠性及实践指导性。

【关键词】模糊数学；层次分析法；BP 神经网络；内部控制；评价

1　引言

内部控制是企业风险管理的关键子系统，是防范风险和确保企业有序发展的重要手段。美国反对虚假财务报告委员会下属的美国会计学会（AAA）、注册会计师协会（AIC-PA）、国际内部审计协会（IIA）、财务经理协会（PEI）等组织参与形成发起组织委员会（简称 COSO），专门致力于内部控制研究。其于 1992 年发布的《内部控制——整合框

---

*　收稿日期：2012 – 05 – 28。

作者简介：朱庆锋，中国科学院科技政策与管理科学研究所博士后，中国纺织科学研究院高级会计师，博士；徐中平，中国科学院大学教授；王力，中国科学院光电研究院高级会计师，硕士。

架》，实现了内部控制理论研究历史性的突破[1]。

国外学者对于内部控制评价的研究较早。Purivs 采用实验方法分别通过流程图式、问卷式、文字叙述式等研究内部控制评价方法的效果。Smith 等运用二阶段的博弈模型分析审计师及公司管理层的行为，发现企业内部控制评价有助于审计师对管理层的控制系统是否有效进行判断[2]。美国 SOX 法案实施之后，出现了大量的实证研究。如 Peters 和 Davis 使用 Access 数据库建立了规范决策工具帮助选择内部控制中的关键点[3]。Arel 等运用实验法检验管理层内部控制评价的影响[4]。Blaskovich 和 Mintchik 通过发放问卷的方法研究当有外部咨询专家参与企业的内部控制评价工作时所产生的影响等[5]。

在内部控制评价的实践方面，世界各国尤其是西方发达国家进行了积极的探索。2002年美国国会发布 SOX 法案第 302 条款和第 404 条款强制性要求公司管理层对财务报告内部控制有效性进行披露；2007 年美国证券交易委员会和公共公司会计监督委员会分别发布的管理层报告内部控制指南（SEC，2007）和内部控制审计准则（PCAOB，2007）均采用风险导向评价方法，开展内部控制评价[6]。英国、日本、加拿大等国的上市公司内部控制年度评价基本上也采用了风险导向评价方式。

我国在借鉴 COSO《内部控制——整合框架》的基础上，于 2008 年发布了《企业内部控制基本规范》，2010 年 4 月又发布了 18 项《企业内部控制配套指引》，以及《内部控制评价指引》和《内部控制审计指引》。上述文告除将内部控制划分为内部环境、风险评估、控制活动、信息与沟通及内部监督五个相互联系的要素外，同时还在《内部控制评价指引》中明确企业应制定具体内部控制评价方法，有序开展内部控制评价工作[7]。

我国内部控制评价研究主要成果为：定性评价方面，陈汉文、张宜霞在《企业内部控制的有效性及其评价方法》中认为，评价企业内部控制的方法总体上可以分为详细评价法和风险基础法两种，风险基础法相对具有更高的效益和保障[8]。定量评价方面，郭晓梅、傅元略在《ZPM——内部控制制度的综合评价模型》中利用 COSO 报告关于内部控制构成要素的理论，建立递层内部评价指标体系进行评价分析[9]；陈自力、李尊卫发表的《离差最大化法在商业银行内部控制评价中的应用》，将离差最大化方法引入商业银行内部控制系统评价中，确定各指标的权重[10]。

国内外内部控制评价研究状况显示，随着数据资料的丰富及分析者分析方法和技术水平的提高，内部控制评价分析逐步由定性分析向定量分析、定性与定量分析相结合的方式转变。但定量分析中，单一定量方法评价分析形成的量化评估结果受评估方法复杂性和评估对象个性化特征过于明显的影响，在内控风险准确定位和精确量化方面往往存在一定的局限性。针对同一内部控制评估对象采用多种量化评估方法对其有效运行程度及潜在风险可能导致的损失幅度的评价分析，对于验证评估对象内部控制系统的有效性、可靠性具有重要意义。但此类分析在国内外尚未见报道。

本文采用模糊综合评估法和 BP 神经网络法，以企业内控系统中涉及面最广、可操作性要求最高的"控制活动"要素为评估分析对象，选择同一样本企业，对其内部控制活动系统进行实证计算、模型训练、拟合分析，分别得出两种不同方法下的评估值，并与企业的实际控制活动情况进行对照。通过两种方法的对比，总结出各自的特点及其适用范围，为企业提高内控评估能力和风险防范水平提供了方法支持。

2 模糊综合评估法下的企业控制活动评价分析

2.1 基于模糊综合评估法的模型建立

模糊综合评估是对受多个因素制约的事物或对象进行的一个总体评价。模糊综合评估包括六个基本要素[11]：评判因素论域 U，评语等级论域 V，模糊关系矩阵 $\underset{\sim}{R}$，评判因素权向量 $\underset{\sim}{A}$，合成算子，评判结果向量 $\underset{\sim}{B}$。其中，模糊关系矩阵 $\underset{\sim}{R}$ 是一个从评判因素论域 U 到评语等级论域 V 的 Fuzzy 转换器，一组因素的权向量 $\underset{\sim}{A}$ 输入后，一组对应的评判结果 $\underset{\sim}{B}$ 就能够得到。其基本模型[11]如图 1 所示。

图 1　模糊综合评判的基本模型

本文采用二级模糊综合评估模型进行分析[11]，建模程序如图 2 所示。

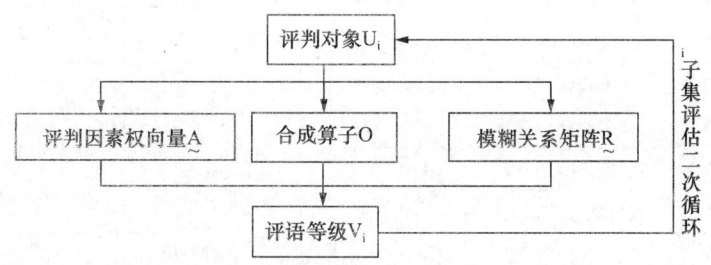

图 2　模糊综合评估建模程序

确定评估因素权重方面，本文使用层次分析法，根据对客观实际的判断，就每一层次的相对重要性给出定量结果[12]，再确定全部元素相对重要性次序权数[13]，其步骤如图 3 所示。

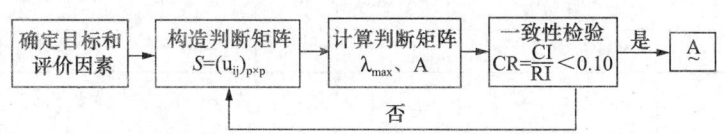

图 3　层次分析法下权重确定步骤

2.2　模糊综合评估方法的实证分析

2.2.1　评估样本基本概况

本次选择的评估样本为某化肥生产企业。在化肥行业加强内部整合，实现以节能减排、产业转型升级为导向的行业发展趋势下，该企业正谋求延伸产业链条，获取上游资源；同时，在国家推广缓控释肥可能出台补贴政策，以及鼓励以天然气为原料制肥的产业政策引导下，该企业正积极开展工艺技术改造和产品升级项目建设。

2.2.2　评估指标体系的建立

根据样本企业经营特点、发展现状及内部控制活动涉及范围，评价指标体系由资金资产管理活动（u_1）、购销活动（u_2）、研发活动与业务外包（u_3）、工程项目管理（u_4）、财务报告（u_5）和全面预算（u_6）6个一级评价指标，以及29个二级评价指标构成，具体如表1所示。

表1　评估指标表

一级评价指标		二级评价指标			一级评价指标		二级评价指标		
内容	权重分配	V_{ij}	评价内容	权重分配	内容	权重分配	V_{ij}	评价内容	权重分配
资金资产管理活动 u_1	0.3795	V_{11}	日常资金管控	0.0897	工程项目管理 u_4	0.1896	V_{41}	工程立项决策	0.4444
		V_{12}	资金综合平衡与营运效率	0.0897			V_{42}	工程招标	0.1482
		V_{13}	筹资方案论证与规范使用	0.2826			V_{43}	工程造价	0.1111
		V_{14}	投资可行性研究与决策审批	0.3273			V_{44}	工程建设	0.1482
		V_{15}	资产管理岗位责任制	0.0314			V_{45}	工程验收	0.1482
		V_{16}	抵押担保审批与执行	0.1793					
购销活动 u_2	0.1796	V_{21}	采购授权审批	0.2740	财务报告 u_5	0.0993	V_{51}	报告编制合法合规性	0.2222
		V_{22}	采购计划安排	0.0685					
		V_{23}	客户信用管理	0.0548			V_{52}	财务报告真实性	0.6667
		V_{24}	收付款会计系统控制	0.2740					
		V_{25}	合同订立	0.2740			V_{53}	财务报告有用性	0.1111
		V_{26}	合同履行	0.0548					
研发活动与业务外包 u_3	0.0537	V_{31}	研发立项	0.0714	全面预算 u_6	0.0984	V_{61}	预算的全面性	0.0714
		V_{32}	研发过程管理	0.1429			V_{62}	预算目标	0.2857
		V_{33}	研究成果验收与保护	0.2857			V_{63}	预算执行与调整	0.2143
		V_{34}	业务外包审批	0.2857			V_{64}	预算考核	0.4286
		V_{35}	业务外包实施与监控	0.2143					

2.2.3　各项因素的权重分配

采用层次分析法，通过两两比较指标间的重要性程度，采用1-9标度法形成判断矩阵 A。例如，一级评价指标的判断矩阵按如下方式构建：根据评估专家的意见，对资金资产管理活动（u_1）、购销活动（u_2）、研发活动与业务外包（u_3）、工程项目管理（u_4）、财务报告（u_5）和全面预算（u_6）6 个因素建立指标体系，构造判断矩阵 A 如下：

$$A = \begin{bmatrix} 1 & 2 & 6 & 2 & 3 & 4 \\ & 1 & 4 & 1/2 & 2 & 3 \\ & & 1 & 1/5 & 1/4 & 1/3 \\ & & & 1 & 2 & 3 \\ & & & & 1 & 2 \\ & & & & & 1 \end{bmatrix}$$

运用 DPS 软件[14]，得出判断矩阵 A 的 Max 特征根 $\lambda_{max} = 6.1590$。

对应特征向量：$\overline{W_i} = (0.3410, 0.1807, 0.0400, 0.2357, 0.1239, 0.0787)$

整理后的计算结果如表 2 所示。

表 2 一级指标评价因素权重计算表

判断矩阵 A	u_1	u_2	u_3	u_4	u_5	u_6	$\overline{W_i}$	CI	RI	CR	λ_{max}
u_1	1	2	6	2	3	4	0.3410				
u_2		1	4	1/2	2	3	0.1807				
u_3			1	1/5	1/4	1/3	0.0400	0.0318	1.2482	0.0255	6.1590
u_4				1	2	3	0.2357				
u_5					1	2	0.1239				
u_6						1	0.0787				

上述计算结果为某位评估专家给出的权重集合。在对多位评估专家给出的权重值综合后，可以得到表 1 中所示的一级评价指标权重值。以此类推，同样可以得出资金资产管理活动（u_1）、购销活动（u_2）、研发活动与业务外包（u_3）、工程项目管理（u_4）、财务报告（u_5）和全面预算（u_6）各一级因素下的二级评价因素的权重值。

2.2.4 评估因素隶属度确定

在评估因素隶属度的确定上，本文由五位评估专家进行估计，取其估计平均值作为该因素隶属度。企业控制活动各层因素可体现风险程度如何、内部控制设计和执行情况好坏两个方面，即某些因素用安全性、危险性评定，某些因素用好坏来衡量[15]。评语等级可确定为：V = {1：差（很危险），2：较差（较危险），3：中（风险性一般），4：较好（较安全），5：好（安全）}（注：括号内外的评语等同，折算分值分别代表 20 分、40 分、60 分、80 分、100 分）。

2.2.5 构建因素等级矩阵

根据五位专家打分情况，综合分析各评估指标的隶属度，评估矩阵归一化处理后，得

R_1、R_2、R_3、R_4、R_5及R_6，分别为：

$$R_1 = \begin{bmatrix} 0 & 0.3 & 0.5 & 0.2 & 0 \\ 0 & 0 & 0.6 & 0.4 & 0 \\ 0 & 0 & 0.4 & 0.4 & 0.2 \\ 0 & 0.2 & 0.4 & 0.4 & 0 \\ 0 & 0.2 & 0.5 & 0.3 & 0 \\ 0 & 0.3 & 0.4 & 0.3 & 0 \end{bmatrix} \quad R_2 = \begin{bmatrix} 0 & 0.4 & 0.3 & 0.3 & 0 \\ 0 & 0.2 & 0.4 & 0.4 & 0 \\ 0 & 0 & 0.6 & 0.4 & 0 \\ 0 & 0.4 & 0.4 & 0.2 & 0 \\ 0 & 0.2 & 0.4 & 0.4 & 0 \\ 0 & 0.2 & 0.6 & 0.2 & 0 \end{bmatrix} \quad R_3 = \begin{bmatrix} 0 & 0 & 0.8 & 0.2 & 0 \\ 0 & 0 & 0.4 & 0.6 & 0 \\ 0 & 0 & 0.6 & 0.4 & 0 \\ 0 & 0.4 & 0.4 & 0.2 & 0 \\ 0 & 0.4 & 0.4 & 0.2 & 0 \end{bmatrix}$$

$$R_4 = \begin{bmatrix} 0 & 0.2 & 0.6 & 0.2 & 0 \\ 0 & 0.4 & 0.2 & 0.2 & 0.2 \\ 0 & 0.2 & 0.4 & 0.2 & 0.2 \\ 0 & 0.2 & 0.4 & 0.4 & 0.2 \\ 0 & 0 & 0.4 & 0.2 & 0.2 \end{bmatrix} \quad R_5 = \begin{bmatrix} 0 & 0.6 & 0.4 & 0 & 0 \\ 0 & 0.4 & 0.4 & 0.2 & 0 \\ 0 & 0.4 & 0.6 & 0 & 0 \end{bmatrix} \quad R_6 = \begin{bmatrix} 0 & 0 & 0.2 & 0.6 & 0.2 \\ 0 & 0.4 & 0.4 & 0.2 \\ 0 & 0.2 & 0.2 & 0.4 & 0.2 \\ 0 & 0.2 & 0.2 & 0.6 & 0 \end{bmatrix}$$

2.2.6 一级模糊综合评估

一级模糊综合评估是底层因素对上一层级因素的影响。运用 M（$\wedge$，$\vee$）合成算子，得出一级模糊评价 B_i。$\wedge$ 和 $\vee$ 分别代表取小（min）和取大（max）的运算。

M（$\wedge$，$\vee$）是用"$\wedge$"代替"$*$"，用"$\vee$"代替"$\overset{+}{*}$"，则：

$$b_j = \bigvee_{i=1}^{n} (a_i \wedge r_{ij}) \, (j = 1, 2, \cdots, m) \tag{1}$$

$$b_j = \max[\min(a_1, r_{1j}), \min(a_2, r_{2j}), \cdots, \min(a_n, r_{nj})] \tag{2}$$

评估指标的权重如下：

$A_1 = \{0.0897, 0.0897, 0.2826, 0.3273, 0.0314, 0.1793\}$；

$A_2 = \{0.2740, 0.0685, 0.0548, 0.2740, 0.2740, 0.0584\}$；

$A_3 = \{0.0714, 0.1429, 0.2857, 0.2857, 0.2143\}$；

$A_4 = \{0.4444, 0.1482, 0.1111, 0.1482, 0.1482\}$；

$A_5 = \{0.2222, 0.6667, 0.1111\}$；

$A_6 = \{0.0714, 0.2857, 0.2143, 0.4286\}$；

$A = \{0.3795, 0.1796, 0.0537, 0.1896, 0.0993, 0.0984\}$；

$B_1 = A_1 \circ R_1$

$$= \begin{bmatrix} 0.0897 \wedge 0 & 0.0897 \wedge 0 & 0.2826 \wedge 0 & 0.3273 \wedge 0 & 0.0314 \wedge 0 & 0.1793 \wedge 0 \\ 0.0897 \wedge 0.3 & 0.0897 \wedge 0 & 0.2826 \wedge 0 & 0.3273 \wedge 0.2 & 0.0314 \wedge 0.2 & 0.1793 \wedge 0.3 \\ 0.0897 \wedge 0.5 & 0.0897 \wedge 0.6 & 0.2826 \wedge 0.4 & 0.3273 \wedge 0.4 & 0.0314 \wedge 0.5 & 0.1793 \wedge 0.4 \\ 0.0897 \wedge 0.2 & 0.0897 \wedge 0.4 & 0.2826 \wedge 0.4 & 0.3273 \wedge 0.4 & 0.0314 \wedge 0.3 & 0.1793 \wedge 0.3 \\ 0.0897 \wedge 0 & 0.0897 \wedge 0 & 0.2826 \wedge 0.2 & 0.3273 \wedge 0 & 0.0314 \wedge 0 & 0.1793 \wedge 0 \end{bmatrix}$$

$$= \{0 \quad 0.2 \quad 0.3273 \quad 0.3273 \quad 0.2\} \tag{3}$$

同理

$$B_2 = A_2 \circ R_2 = (0, 0.2740, 0.2740, 0.2740, 0) \tag{4}$$

$$B_3 = A_3 \circ R_3 = (0, \ 0.2857, \ 0.2857, \ 0.2857, \ 0) \tag{5}$$

$$B_4 = A_4 \circ R_4 = (0, \ 0.2, \ 0.4444, \ 0.1482, \ 0) \tag{6}$$

$$B_5 = A_5 \circ R_5 = (0, \ 0.4, \ 0.4, \ 0.2, \ 0) \tag{7}$$

$$B_6 = A_6 \circ R_6 = (0, \ 0.2, \ 0.2857, \ 0.4826, \ 0.2) \tag{8}$$

归一化处理建立总评价矩阵 B:

$$B = \begin{bmatrix} 0 & 0.1896 & 0.3104 & 0.3104 & 0.1896 \\ 0 & 0.3333 & 0.3333 & 0.3333 & 0 \\ 0 & 0.3333 & 0.3333 & 0.3333 & 0 \\ 0 & 0.2523 & 0.5607 & 0.1870 & 0 \\ 0 & 0.4 & 0.4 & 0.2 & 0 \\ 0 & 0.1795 & 0.2564 & 0.3846 & 0.1795 \end{bmatrix}$$

2.2.7 二级模糊综合评估

二级模糊评估:$C = A \circ B$ $\hspace{5cm}$ (9)

$$C = \begin{bmatrix} 0.3795 & 0.1796 & 0.0537 & 0.1896 & 0.0993 & 0.0984 \end{bmatrix}。$$

$$\begin{bmatrix} 0 & 0.1896 & 0.3104 & 0.3104 & 0.1896 \\ 0 & 0.3333 & 0.3333 & 0.3333 & 0 \\ 0 & 0.3333 & 0.3333 & 0.3333 & 0 \\ 0 & 0.2523 & 0.5607 & 0.1870 & 0 \\ 0 & 0.4 & 0.4 & 0.2 & 0 \\ 0 & 0.1795 & 0.2564 & 0.3846 & 0.1795 \end{bmatrix}$$

$$C = \{0, \ 0.1896, \ 0.3140, \ 0.3140, \ 0.1896\}$$

归一化处理结果:$C = \{0, \ 0.1896, \ 0.3140, \ 0.3140, \ 0.1896\}$

2.2.8 模糊综合评估结果的分析

根据二级评估结果,企业控制活动评估分为五个等级,各种等级折合百分制给分如表 3 所示,可求得控制活动总得分 f。

表 3　等级分配表

分数	20	40	60	80	100
级别	差	较差	中	较好	好

根据等级分配表及前述归一化处理结果 C 值,样本企业内部控制活动系统总得分为:

$$f = 20 \times 0 + 40 \times 0.1896 + 60 \times 0.3140 + 80 \times 0.3140 + 100 \times 0.1896 = 70.00 \tag{10}$$

根据 f 分值判定该企业内部控制中的控制活动设计、运行状况的级别介于中与较好之间,因此,样本企业应不断完善控制活动设计的合理性、全面性,加大运行过程中监督和管控力度,有效预防和规避内控失效情况的发生。

3 BP神经网络法下的企业控制活动评价分析

3.1 基于神经网络法的模型建立

3.1.1 模型建立步骤

企业控制活动BP神经网络评估模型建模分为六个步骤[16]：确定评价指标体系；确定输出层目标向量；归一化处理输入输出向量；确定评估样本数据；得到训练后神经网络；得出拟合测试评估结果。评估模型建模过程，如图4所示。

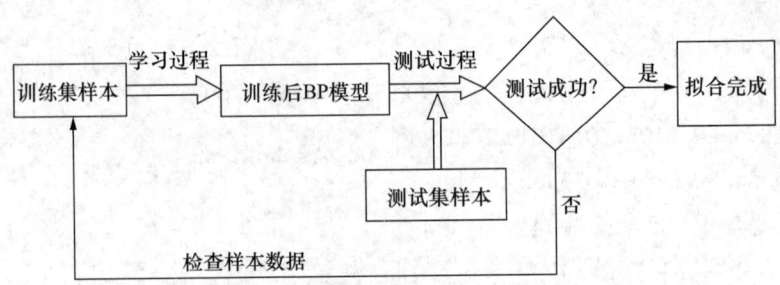

图4 神经网络的训练、测试、拟合

3.1.2 网络结构类型的选择及网络结构的确定

本文选用前馈型BP网络评估企业控制活动设计、运行风险。

网络结构确定方面，神经网络的输入层和输出层一般都是和具体问题相联系，代表一定的实际意义，而隐含层主要是根据模型要求和问题的复杂程度设置[16]。因此，先确定输入层和输出层，然后确定隐含层。

（1）输入层的确定。

六个神经网络模型的输入层参数详见表4。

表4 评估子系统及控制活动总系统神经网络模型输入参数

系统 ALL	输入参数
资金资产管理活动（A）	日常资金管控 A_1、资金综合平衡与营运效率 A_2、筹资方案论证与规范使用 A_3、投资可行性研究与决策审批 A_4、资产管理岗位责任制 A_5、抵押担保审批与执行 A_6
购销活动（B）	采购授权审批 B_1、采购计划安排 B_2、客户信用管理 B_3、收付款会计系统控制 B_4、合同订立 B_5、合同履行 B_6
研发活动与业务外包（C）	研发立项 C_1、研发过程管理 C_2、研究成果验收与保护 C_3、业务外包审批 C_4、业务外包实施与监控 C_5
工程项目管理（D）	工程立项决策 D_1、工程招标 D_2、工程造价 D_3、工程建设 D_4、工程验收 D_5

续表

系统 ALL	输入参数
财务报告（E）	报告编制合法合规性 E_1、财务报告真实性 E_2、财务报告有用性 E_3
全面预算（F）	预算的全面性 F_1、预算目标 F_2、预算执行与调整 F_3、预算考核 F_4
企业控制活动总评估（ALL）	资金资产管理活动 A、购销活动 B、研发活动与业务外包 C、工程项目管理 D、财务报告 E、全面预算 F

（2）输出层的确定。

神经网络输出层可用一个神经元来表示。本文输出层反映企业内部控制活动总系统的风险状况和安全性程度。

（3）隐含层的确定。

隐含层神经元只有计算意义，层数没有严格规定。一个公认的原则是：在没有其他经验知识时，能与给定样本符合（一致）的最简单（规模最小）的网络就是最好的选择，即样本点的偏差在允许范围条件下用最平滑的函数去逼近未知的非线性映射[17]。为确保系统精度，同时兼顾运算速度的需求下，隐含层数目应满足：

$$2^m > n；\ m = \sqrt{w+n} + R（10）\tag{11}$$

其中 m 为隐含层神经元数，n 为输入层神经元数，w 为输出层神经元数。R（10）表示为 0～10 任意整数[18]。本文隐含层神经元数目详见表 5。

表 5　各系统隐含层神经元数目

系统	A	B	C	D	E	F	All
隐含层神经元数	6	6	5	5	3	4	6

3.1.3　BP 神经网络模型下企业控制活动评估训练样本

本文根据正交设计法的应用原理，运用正交表选择网络训练的样本[18]。文中所有训练样本的实际输出采用专家评议方法，专家根据企业内部控制活动设计、运行实际状况，结合 $L_{25}（5^6）$ 正交表所表示的 25 种水平组合，给出具体的量化数值作为网络训练样本的实际输出。网络输出数据为 1～5 的任意实数，表示各评价指标风险状况，即 1：差（很危险），2：较差（较危险），3：中（风险性一般），4：较好（较安全），5：好（安全），实现量化反映企业内部控制活动的风险状况、安全性程度。

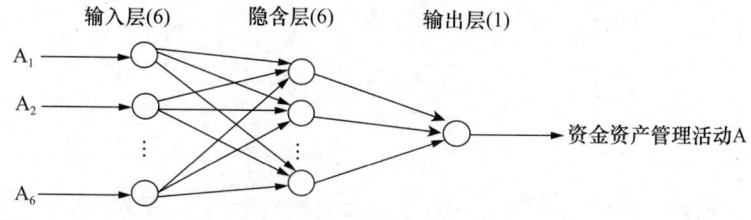

图 5　资金资产管理活动因素子系统的 BP 模型

3.2　同一样本企业 BP 神经网络的实证分析

3.2.1　同一样本企业资金资产管理活动因素子系统的 BP 模型

（1）网络结构。

（2）训练样本的输入和输出。

专家针对控制活动因素分析 A 子系统 BP 模型，结合 L_{25}（5^6）正交表，给出输入样本数据，如表 6 所示。

表 6　资金资产管理活动因素分析的 BP 模型训练和测试数据表

训练样本									测试样本								
输入						实际输出	理论输出	误差	输入						实际输出	理论输出	误差
1	1	1	1	1	1	1.11160	1.3319	0.22030	3.2	3.1	4	2.8	2.9	3.8	3.5106	3.5077	0.0029
1	2	2	2	2	2	2.03453	1.9540	0.08053	2.6	3.5	3.8	4	2.8	3	3.3905	3.3871	−0.0034
1	3	3	3	3	3	2.76797	2.9867	0.21873	3.8	2.9	2.5	4.3	2.8	3.8	3.6173	3.8626	0.2453
1	4	4	4	4	4	3.50246	3.7120	0.20954	4.7	2.6	3.6	3.8	4.2	3.1	3.7866	3.7861	−0.0005
1	5	5	5	5	5	4.44493	4.0448	−0.40013	3	2.7	2.9	3.6	3.1	3.4	3.3219	3.2574	−0.0645
2	1	2	3	4	5	2.85363	2.8623	0.00867									
2	2	3	4	5	1	3.14353	3.2369	0.09337									
2	3	4	5	1	2	2.96093	2.9982	0.03727									
2	4	5	1	2	3	2.93103	2.9841	0.05307									
2	5	1	2	3	4	3.01443	3.0409	0.02647									
3	1	3	5	2	4	3.10110	3.2034	0.10230									
3	2	4	1	3	5	3.02230	3.0579	0.03560									
3	3	5	2	4	1	3.24710	3.2780	0.03090									
3	4	1	3	5	2	3.10980	3.1682	0.05840									
3	5	2	4	1	3	3.16470	3.2387	0.07400									
4	1	4	2	5	3	3.37627	3.4371	0.06083									
4	2	5	3	1	4	3.27657	3.3383	0.06173									
4	3	1	4	2	5	3.23477	3.4168	0.18203									
4	4	2	5	3	1	3.39567	3.4595	0.06383									
4	5	3	1	4	2	3.27827	3.2726	−0.00567									
5	1	5	4	3	2	3.54393	3.5475	0.00357									
5	2	1	5	4	3	3.44053	3.4748	0.03427									

训练样本						实际输出	理论输出	误差	测试样本						实际输出	理论输出	误差
输入						实际输出	理论输出	误差	输入						实际输出	理论输出	误差
5	3	2	1	5	4	3.60063	3.5558	−0.04483									
5	4	3	2	1	5	3.45323	3.4574	0.00417									
5	5	4	3	2	1	3.53853	3.4218	−0.11673									

（3）训练后预测值[18]。

$y_1 = 3.2727$；

（4）网络模型的收敛。

资金资产管理活动因素子系统 BP 模型的误差曲线：

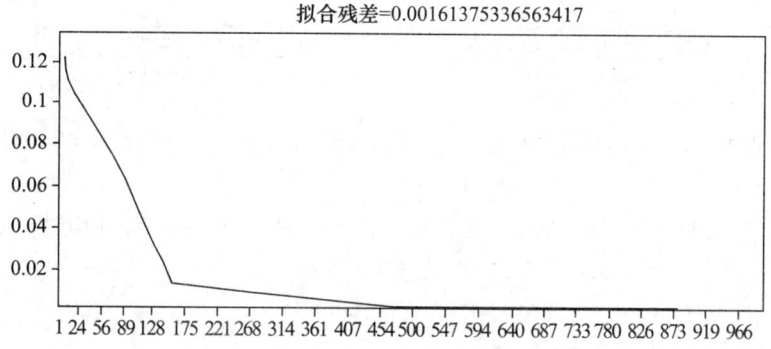

图 6　资金资产管理活动因素 BP 模型的拟合残差线

同理，运用 BP 模型，在误差符合要求的条件下，可得出购销活动、研发活动与业务外包、工程项目管理、财务报告、全面预算测试后的输出结果（见表 7）。各因素 BP 神经网络模型误差曲线如图 7 所示。

表 7　购销活动、研发活动与业务外包、工程项目管理、财务报告、全面预算测试后的输出结果表

序号/输出结果	购销活动	研发活动与业务外包	工程项目管理	财务报告	全面预算
1	3.7723	3.3077	3.0920	4.4155	3.6920
2	3.7600	3.3433	3.5280	4.2603	3.3426
3	3.2894	3.7799	3.7198	4.4183	4.1812
4	3.4579	3.7983	3.7862	4.4127	3.6488
5	3.5772	3.5131	3.4293	4.3659	3.6656
预测值	3.3663	3.7862	3.1276	4.4122	3.5460

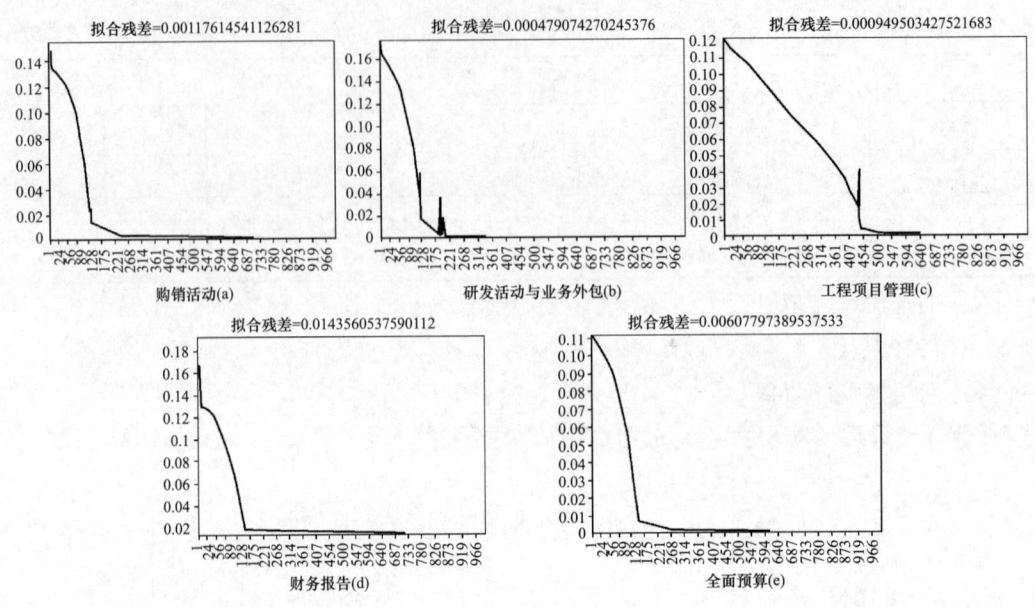

图7 购销活动、研发活动与业务外包、工程项目管理、财务报告、全面预算 BP 模型误差曲线

根据各子系统训练、测试情况，进行企业控制活动 ALL 总系统的 BP 模型训练测试。

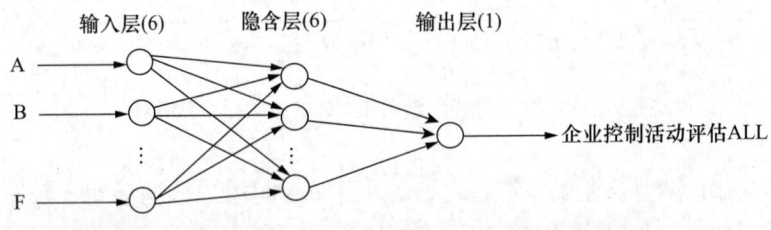

图8 ALL 总系统的 BP 模型

3.2.2 企业控制活动 ALL 总系统的 BP 模型

(1) 网络结构。

(2) 训练样本的输入和输出。

专家针对企业控制活动总系统 BP 模型，结合 L_{25}（5^6）正交表给出输入样本数据。

(3) 训练后预测值[18]。

$Y_7 = 3.7310$

(4) 网络模型的收敛。

企业控制活动总系统 BP 模型的误差曲线：

由测试样本的误差可以看出，测试样本的理论输出值与实际值比较有些偏差，但在合理范围之内。

拟合残差=0.00685746804173791

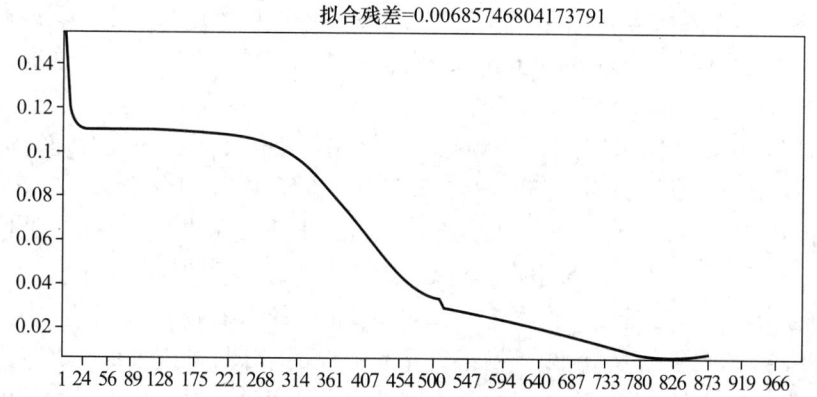

图9 ALL 企业控制活动的 BP 模型的拟合残差线

注：参数定义为：最大训练迭代次数 me = 1000，期望误差平方和 eg = 0.02。在 DPS 环境下运行得到评估结果数据

根据预测值 1/7 = 3.7310 处于"中（风险性一般）"和"较好（较安全）"之间，可见该企业内部控制活动设计、运行状况的级别为中，虽可能发生失控风险，但概率不高。因此，在目前控制活动设计、运行状况的基础上，应进一步合理完善企业控制活动制度体系，增强企业控制活动执行力度，从而有效预防内控运行失效风险的发生。

4 化肥企业控制活动评价方法的对比分析

4.1 同一样本企业评估结果对比

前述两种分析方法均以同一化肥企业作为内控评价分析对象，分别运用模糊综合评估法和 BP 神经网络评估法对其控制活动设计、运行状况进行分析评价，评价结果对比情况如表8所示。

表8 评估结果对比情况表

评估对象	评估结果	模糊综合评估	BP 神经网络
同一样本企业控制活动设计、运行状况	实际数据	70.00	3.7310
	评估等级	中	中
	归一化处理后分值（百分制）	70.00	74.62

上述两种方法在建模方式、分级形式上均有所不同，但经过归一化处理折合百分制分数后，两种方法得到了较为接近的分值。经查验并跟踪样本企业内控运行情况，发现上述评估结果与企业内控实际情况基本吻合。

根据 BP 神经网络给出的各子系统预测值，该化肥企业在项目建设管理、资金资产管理方面评估值相对较低，分别为 3.1276、3.2727，折合百分制分别为 62.55 分、65.45 分，属于内部控制的薄弱环节。该企业生产经营过程中的实际情况，验证了上述评价分值的准确性和内控薄弱环节的清晰指向性。该化肥企业新近立项的煤化工项目，因审批流程不尽合理，导致项目开工日期一拖再拖；合并投资的一家下属企业因尽职调查工作环节内部控制存在缺陷，遗漏部分风险未予发现，导致合并后合作方扯皮推诿，迟迟无法进行正常运营。因此，上述方法能够在实际内部控制工作中及时提示内控风险点，帮助企业有效排查风险隐患。

4.2 两种评价方法的基本特点

4.2.1 模糊综合评估法的特点

具有对多层次复杂问题评估的优越性。模糊综合评估从层次角度分析复杂对象。被评价对象结构越复杂、层次越多，使用多层次模糊综合评估的效果就越理想[11]。模糊综合评估的结果以一个模糊集合来表示，较为准确地刻画了事物本身的模糊状况，经进一步加工，赋以适当的分数，可计算出一个等级分数值向量[11]，提供了定性问题定量化的方法。

4.2.2 BP 神经网络评估法的特点

具有很强的容错性[19]，可以充分逼近任意复杂的非线性曲线，对样本不要求独立或遵守正态分布，所有定量或定性的信息都分布贮存于网络内的各神经元；具有存储功能和自学习功能，可学习和自适应不知道或不确定的系统。

4.3 两种方法在内控评价中的适用范围

4.3.1 模糊综合评估方法的适用范围

模糊综合评判方法既可用于主观因素的综合评判，又可用于客观因素的综合评判。在内控评价过程中，评价对象的模糊现象大量存在，特别是在主观因素较多的综合评判中，由于主观因素的模糊性很大，使用模糊综合评判可以发挥模糊方法的优势[11]。但由于人为定权具有较大灵活性，评价者的着眼点不同，评价因素的权数就有所不同。由于人的主观性较大，权数确定与客观实际可能会有偏差，可能会影响评价结果的准确性，需要借助其他方法如 BP 神经网络评估方法形成复合评价体系，对单一方法评估的缺陷进行修正，提升内控评价结果的准确性。

4.3.2 BP 神经网络评估方法的适用范围

BP 神经网络评估方法具有高速的自学习、自适应能力，且容错性、灵活性强，用于评估信息残缺的系统更具优势。当内控评价分析对象具有模糊、残缺、不确定等特点时，能够使用样本数据经过充足训练和测试，以有效的训练得出评估结果[18]。但神经网络常常收敛较慢，训练花费时间多，由于网络结构、算法复杂，较难理解掌握，因此在技术层面上有较高的要求。而且当内控评估对象影响因素、水平级次太多时，随着训练次数的增加、计算和存储量增加，很可能出现过拟合，从而无法得出准确的评估结果和预测值。

结 论

基于上述分析结果，可以得出如下结论：

第一，根据企业经营特点及发展状况，考虑内控设计、运行等具体情况，提出针对性强，能够更为准确地反映影响企业内控的典型指标，对于确保企业内控评估结果的准确起着十分重要的作用。因此企业应在综合考虑自身内控状况、行业生产经营特点的基础上，科学确定评价指标，提升评估结果的有效性、准确性和客观性。

第二，模糊综合评估方法与 BP 神经网络评估方法是内控评价中新型的量化评估方法，能够用于企业内控复杂的多因素、多变量、多层次系统的评价，能在内控系统数据模糊、残缺、不确定时，实现对其拟合，得出较为客观的评估值。本文基于上述两种方法对同一样本企业的内控活动评价分析，得到与企业实际情况基本吻合的评估结果，分析结果表明在项目建设管理、资金资产管理活动中存在内控风险，也在该化肥企业的实际经营中得到了验证。因此，基于模糊综合评估方法和 BP 神经网络评估方法构建的综合评价体系，能够发现并对企业内控缺陷进行量化评价，从而为促进企业内控体系完善提供决策依据。

第三，模糊综合评估方法和 BP 神经网络评估方法各具特点，在内控评价中具有不同的适用范围。当内控评估对象信息残缺、映射关系不清晰时，选用神经网络评估分析方法，借助计算机软件技术支持，可以实现对评估对象的训练、测试、拟合，得出评估分析结果；当内控评估对象模糊现象大量存在，且层级复杂，评估因素太多时，选用模糊综合评估方法，能够发挥其分层模糊分析的优势，得出较为准确的评估分析结果。因此，企业应根据自身实际情况，合理选择内部控制评估方法，以达到准确排查和量化评价内控风险的目的。

参考文献

[1] 田晓娟. 企业内部控制的基本理论及演变过程和发展趋势 [C] //企业内部控制的实践与发展——中国企业内部控制学术成果集, 2011.

[2] 马雯. 企业内部控制评价：国外研究回顾[J]. 中国证券期货, 2011 (8)：170－172.

[3] Doyle J., Ge W., McVay S. Determinants of Weaknesses in Internal Control over Financial Reporting

[J]. Journal of Accounting and Economics, 2007, 44 (3): 193 – 223.

[4] Ashbaugh – Skaife H., Collins D. W., Kinney W. The Effect of SOX Internal Control Deficiencies and Their Remediation on Accrual Quality [J]. The Accounting Review, 2008 (83): 217 – 250.

[5] Doyle J., Ge W., McVay S. Accrual Quality and Internal Control over Financial Reporting [J]. The Accounting Review, 2007, 82 (5): 1141 – 1170.

[6] 王军只. 美国财务报告内部控制审计准则解读[J]. 中国注册会计师, 2008 (8): 82 – 85.

[7] 王力. 谈事业单位内部控制的构建[J]. 中国科技信息, 2012 (1): 28 – 29.

[8] 陈汉文, 张宜霞. 企业内部控制的有效性及其评价方法[J]. 审计研究, 2008 (3): 48 – 54.

[9] 郭晓梅, 傅元略. ZPM——内部控制制度的综合评价模型[J]. 上海会计, 2002 (12): 6 – 9.

[10] 陈自力, 李尊卫. 离差最大化法在商业银行内部控制评价中的应用[J]. 重庆大学学报: 自然科学版, 2005, 28 (10): 151 – 154.

[11] 王起全, 金龙哲. 大型活动拥挤踩踏事故模糊综合评估方法应用分析[J]. 中国安全科学学报, 2007, 17 (9): 124 – 130.

[12] 吕跃进. 基于模糊一致矩阵的模糊层次分析法的排序[J]. 模糊系统与数学, 2002, 16 (2): 79 – 85.

[13] 张萍, 王莹. 基于模糊综合评判的虚拟企业审计风险评估[J]. 审计与经济研究, 2010, 25 (4): 44 – 50.

[14] 唐启义, 冯明光. DPS 数据处理系统 [M]. 北京: 科学出版社, 2007.

[15] 韩利等. AHP——模糊综合评价方法的分析与研究[J]. 中国安全科学学报, 2004, 14 (7): 86 – 89.

[16] 姚晓晖. 神经网络在电气安全评价中的应用研究 [D]. 首都经济贸易大学硕士学位论文, 2004.

[17] 王起全, 郑乐. 大型活动拥挤踩踏事故 BP 神经网络安全评估方法应用分析[J]. 中国安全科学学报, 2009, 19 (4): 127 – 133.

[18] 王起全. 航空企业基于 SHEL 模型的神经网络安全评价研究[J]. 中国安全科学学报, 2010, 20 (2): 46 – 53.

[19] 王力. BP 神经网络在企业内控评价中的分析运用 [C] //企业内部控制的实践与发展——中国企业内部控制学术成果集, 2011.

Analysis and Comparison of Corporation Control Activities Assessment Based on Fuzzy Comprehensive Method and BP Neural Network Method

Zhu Qingfeng[1,2], Xu Zhongping[3], Wang Li[4]

(1. Institute of Policy and Management, Chinese Academy of Sciences, Beijing 100190;

2. China Textile Academy, Beijing 100025;

3. University of Chinese Academy of Sciences, Beijing 100049;

4. Academy of Opto – Electronics, Chinese Academy of Sciences, Beijing 100094)

Abstract: Based on risk management view, fuzzy comprehensive assessment method and BP neural network assessment method are used to assess the risk status and security level of corporation control activities design and running. A fertilizer production enterprise is chosen as the assessing example. According to the characteristics and development status of the sample enterprise, and the scope of internal control activities taken into account, the sample enterprise internal control activities system is analyzed. The assessment results of the fuzzy comprehensive method and the BP neural network method are compared and cross – verified. The conclusion is gained that the assessment results basically coincide with the actual internal control activities, which proves the effectiveness, reliability and practice guidance of the two methods.

Key Words: fuzzy mathematics; Analytic Hierarchy Process (AHP); BP neural network; internal control; assessment

基于能级跃迁的组织学习—
知识创造过程动态模型研究[*]

李柏洲，赵健宇，苏　屹

（哈尔滨工程大学经济管理学院，哈尔滨　150001）

【摘　要】本文回顾了现有的研究成果，基于"组织学习—知识创造"与量子运动特征的隐喻提出"组织学习—知识创造"的能级跃迁过程模型，以知识积累、知识跃迁与知识衰减为阶段对能级跃迁机理进行分析。根据能级跃迁机理，针对 SECI 模型的不足对其进行量子化改进。同时，将渐进式学习与顿悟式学习相融合，建立跨层面组织学习的动态模型，用以解决沟通失衡、3C 误区及组织学习陷阱等实际问题，验证了模型的价值性。

【关键词】组织学习；知识创造；能级跃迁；动态模型

知识经济时代，知识已经取代土地、设备、劳动力等传统资源成为组织重要的竞争武器[1]。随着经济全球化和知识更新速度的加快，组织面临的环境复杂多变，如何通过组织学习快速研发适合顾客需求的产品和服务，实现知识创造的价值化目标已经成为影响组织发展的关键因素。

本质上，组织学习是组织实现知识创造的方法，自组织学习和知识管理理论正式形成后，诸多学者以组织学习为基础对知识创造进行了深入分析。他们认为，知识创造源于个体对环境进行解释的互动过程之中，新知识在个体对行为的因果关系中被创造[2]。即组织学习代表知识产生程序的组合，知识在知识载体内心的感悟、话语的交流、思想的汇聚及形式的组合中出现[3]。由此，学者们认为通过组织学习实现知识创造是一个连续的过程。但是，由于顿悟学习等组织学习方式的客观存在，部分学者对"组织学习—知识创造"连续性的观点产生质疑，认为运用传统理论对"组织学习—知识创造"的分析无法

---

* 收稿日期：2012 - 12 - 21；修回日期：2013 - 03 - 06。

基金项目：国家自然科学基金资助项目（71073034）国家软科学项目（2012GXS4D114）黑龙江省自然科学基金资助项目（G201110）。

作者简介：李柏洲（1964—）男，辽宁彰武人，教授、博士生导师，研究方向：科技管理与创新管理；赵健宇（1986—）男，黑龙江哈尔滨人，博士研究生，研究方向：知识管理与知识创造；苏屹（1983—）男，黑龙江哈尔滨人，讲师，博士，研究方向：科技管理与创新管理。

全面地揭示组织学习的动态本质及新知识产生的原理[4]。因此,引入全新的理论,运用科学的方法更好地解释知识创造过程中的组织学习行为已经成为组织学习与知识创造领域研究的新趋势和热点。

1 文献回顾

传统研究中,学者们普遍以核心竞争优势作为衡量探讨组织学习与知识创造关系的标准。Goh[5]通过组织学习分析了核心竞争优势的形成机理,他认为组织学习帮助组织形成特有的、难以被其他组织模仿或复制的独特竞争优势,这种竞争优势可以是组织技术的开发、管理思维的创新等多种范式的应用。Nelson 等[6]知识能力学派认为知识是组织竞争优势的来源,其独有的特殊性质决定组织核心能力能否持续养成。然而,鉴于组织学习和知识创造过程的动态化特征,Ciborra[7]指出:单以核心竞争力作为衡量组织学习与知识创造间关系的指标是不完善的,两者间的关系应从动态的视角探寻。

以连续性的组织学习过程为视角,Nevis 等[8]将组织学习细分为知识获取、知识共享和知识应用,即组织通过获取创造知识、分享学习成果、整合并应用学习成果使之适用于新情境。在此基础上,Crossan[9]以“4I”为研究框架对组织学习与知识创造进行了关联,他认为,随着组织学习的不断进行与循环,新的知识逐渐地产生并被加以应用,这不仅会增强组织成员的学习热情,而且利于组织持续创造新知识。由此 Krogh 等[10]总结性地提出:将组织学习的过程动态化是分析新知识何以被创造的关键途径。

以动态的知识创造过程为视角,Nonaka 的 SECI 模型揭示了知识创造的机理,侧面反映了组织学习是组织成员的适应性行为。然而,由于该模型理想化地将学习知识抽象为不间断的“知识流”忽视了组织成员对知识理解吸收的内在机制,故许多学者倾向于以组织成员知识质变的本质为视角解释知识被创造的渐进过程,如 Malone[11]、Alas 等[12]和 Yang 等[13]针对 SECI 模型的不足扩展提出 EICE 模型,以探索(Exploration)、开发(Exploitation)、机构创造(Institutional Entrepreneurship)和组合(Combination)为模式进一步明确了组织学习与知识创造的相互关系,指出组织成员的个人学习是实现组织知识创造的基本要素,一定程度上刻画了“个人—组织”知识转移的动态过程。

为了深入研究组织学习与知识创造的内在机理,帮助组织更具针对性地进行实践,部分学者开始引入其他学科的理论对“组织学习—知识创造”进行分析。Kakihara 等[14]运用自组织理论对由混沌到有序的“组织学习—知识创造”过程进行了涌现性分析;Huang[15]从生物进化视角建立了知识创造的过程模型。2010 年,Ribeiro[4]基于 Allee[16]知识“波粒二象性”的观点将实践团体的知识实践行为与量子的跃迁过程进行关联,并据此提出了知识创造的量子特征,不仅进一步验证了量子理论分析知识管理的可行性,而且为“组织学习—知识创造”的研究提供了新的视角和方法。

梳理后发现，无论是传统的范式，还是跨学科的交叉研究，对于"组织学习—知识创造"过程的分析存在两个问题：①在组织学习过程中，新知识呈突变跳跃式出现；②注重组织学习的效果而忽略了不同层次间组织学习动态过程的真实意义。针对这些问题，本文聚焦于 EICE 模型观点下"个人—组织"跨层面的组织学习过程，将"组织学习—知识创造"过程进行量子跃迁隐喻，分析"组织学习—知识创造"的量子能级跃迁机理。在此基础上，对 SECI 模型进行量子化完善，进一步提出跨层面组织学习的动态模型，用以解释新知识呈跳跃式发展的原因和组织学习动态过程的真实含义。通过对解决实际问题的论述，以期为企业及相关机构的实践起到切实的指导意义。

2 相似性比较

组织学习理论认为，知识创造源于个体对环境进行解释的持续互动过程，新知识在个体与行为的因果关系中被创造。由于知识创造的源泉是隐性知识，且个体对隐性知识的学习和理解属于心理学中瞬时的理解[17]，故 Ansburg 等[18]认为，当知识的关键信息被提取后，外部刺激的作用可以激活个体基于知识积累的理解潜力，引起知识飞跃性的突变。该理论说明，组织学习虽然是渐进连续的，但也同样存在连接点被打断，导致知识通过质变呈跳跃性发展的情况，反映在时间轴上的某个或多个节点处，类似于非稳定状态下量子的"跃迁"特征，故用量子跃迁对"组织学习—知识创造"进行隐喻。对比后发现，相似性主要体现在四个方面。

2.1 外部环境的刺激产生质变

组织学习行为的产生与量子的跃迁运动均源自外部环境对构成个体的刺激。量子理论认为：稳定状态下，原子内部的微观粒子围绕在原子核周围的分立运行轨道上，原子结构稳定。当外部产生光的刺激时，微观粒子会发生轨道间的位移现象，这种现象称为量子的跃迁运动。故认为外部环境的刺激致使微观粒子产生位移是量子稳定结构发生变化的原因。

社会学习理论将外部环境称为先行决定因素，将组织学习看作组织根据成员行为结果来调整自身行为的后继决定因素。尽管组织学习并不依赖组织内部特定的个体或组织，但是任何组织的学习总是直接或间接通过组织中的若干个体进行的[19]。因此，当环境的刺激导致组织现有的知识无法适应实际需要时，组织内部的个体产生新的知识需求，通过组织学习创造新知识进而适应环境，新知识令组织原有的知识体系发生根本性变化，而这种质变正是源于外部环境的刺激。

2.2　类新陈代谢特征

量子的能级跃迁理论认为：原子在吸收光量子后会从低能级的初态跃迁到高能级的终态；反之，从高能级的初态跃迁到低能级的终态时会释放光量子。吸收与释放能量的过程体现了量子跃迁的类新陈代谢特征。

"组织学习—知识创造"同样具备类新陈代谢特征。Hall 等[20]的研究表明，通过组织学习，组织内部逐渐孕育出新的知识，随着组织学习的不断进行，新的知识可以在很大程度上替代和淘汰组织原有的知识形态和资源，传统知识已不能适应和满足组织的发展需要，原有的陈旧知识将失去价值。组织为了迎合新的环境需要将新的知识吸收并加以应用，淘汰原有的知识，吸收和释放知识的过程隐喻了"组织学习—知识创造"的类新陈代谢特征。

2.3　全新的结构

当原子中的微观粒子完成吸收和释放光量子的跃迁行为后，原子会形成新的、以往不具有的稳定结构。

以结果为导向，知识创造源自组织内部对新知识的渴望和追求，新知识可能是推陈出新的改变，也可能是全新的思想和技术的提出。组织学习过程中，知识在成员们思想的水乳交融中呈螺旋状上升，新知识在组织中涌现。组织将新知识应用于实际的创新活动中，其成果不仅创造了组织全新的知识结构，而且令组织在提升竞争优势、推动自主创新等多个方面受益[21]。

2.4　波粒二象性

量子理论中的波粒二象性指粒子具有波动性，而"波"具备粒子性，强调粒子实体性与过程性的二重性特征。由于知识的存储形式和性质不同"组织学习—知识创造"过程具有波粒二象性。

"组织学习—知识创造"的波动性表现在组织对新的显性知识的处理。显性知识的可编码特性决定了其对新知识的吸收能够以数据或文字的方式进行实体操作。由于波式的知识创造以显性知识的最快发展为目的，知识的更替距离为直线距离，故波式的知识创造持续时间较短，属于组织强行冲破组织学习惯性的波动实体行为，持续时间较短，大量知识会被组织学习惯性吞噬产生知识损失，只有少量显性知识能够转化形成新的知识形态。虽然成功率较低，但每一次实现都能为组织的发展带来深远影响。

"组织学习—知识创造"的粒子性表现为组织对新的隐性知识的处理。组织将不可随意编码的隐性知识显性化，进而形成可编码的新知识体系是一个过程性的动态行为。由于粒子式知识创造以知识的最优发展为目的，知识的更替距离为曲线距离，故粒子式的知识创造持续时间较长，属于组织凭借知识载体间的交流，规避组织学习惯性的非破坏性粒子行为，知识损失较小，但在转化为组织知识前，对组织发展起到的推动作用较低。

据此，上文的相似性分析与 Ribeiro 等的研究成果为"组织学习—知识创造"的量子跃迁隐喻提供了理论基础。

3 理论的提出

3.1 能级跃迁模型

现有的研究成果说明，当外部环境对组织中某类知识的需求加大时，此类知识的价值、数量会随组织学习的反复进行而增加，知识的更新速度加快；反之，当需求减少时，此类知识的价值、数量就会减少或湮灭，知识更迭速度降低甚至停滞。故引入 Grant 等[22] 的观点，借鉴量子跃迁的相关理论，将组织知识看作一个复杂系统，知识需求为外部环境的刺激，建立一个完整的"组织学习—知识创造"能级跃迁过程模型，如图 1 所示。

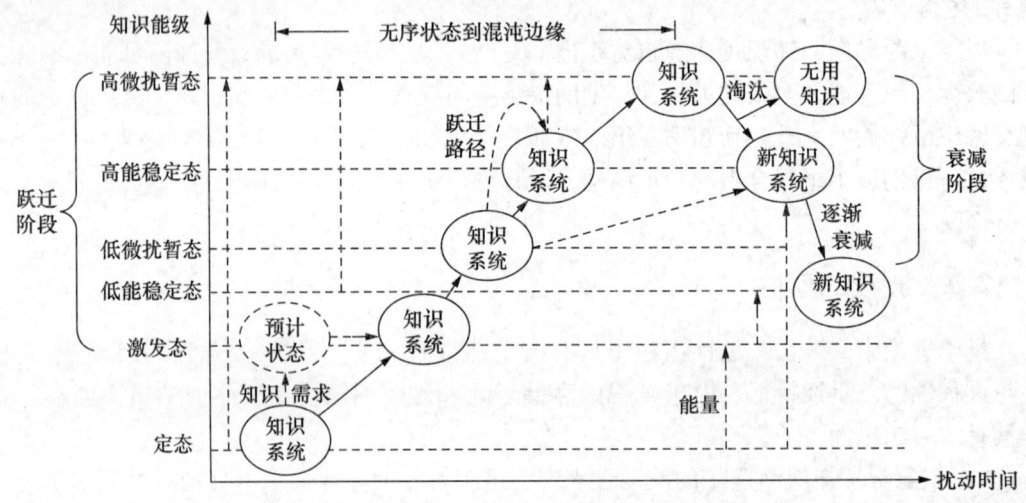

图 1 "组织学习—知识创造"能级跃迁过程模型

图 1 刻画了量子跃迁视角下基于组织学习的知识创造过程。知识需求的产生说明组织的现有知识无法满足实际需要，需要进行组织学习，知识系统进入无序状态并在知识需求的作用下由定态跃迁至激发态。激发态的知识系统主动寻求知识创造的机会，但方向并不明确且无法产生回落，故根据知识预期进入低能态。低能态的知识系统主动趋向自身有利的方向进行跃迁，知识系统内浮现明确的组织学习路径，知识系统跃迁至高能态。高能态的知识系统内浮现新知识，为了吸收新知识，知识系统产生知识选择行为，无用知识被淘汰，知识系统产生回落并形成新的稳定结构。

根据上述分析，引入能级跃迁理论，将知识系统的跃迁分为定态的知识积累、非稳定状态的知识跃迁及回落的知识衰减三个阶段。由于知识系统由混沌到有序的演化路径需要借助组织学习来提供[23]，且组织学习是动态的非线性过程[24]，故引入 Argyris[25]单环、双环和三环的组织学习原理及陈国权[26]关于组织学习过程的延展性探索，通过对"组织学习—知识创造"量子跃迁的阶段性分析，进一步解释基于组织学习的知识创造机理。

3.2 机理分析

3.2.1 知识积累

知识积累是知识系统处于定态且出现小幅震荡的阶段。此阶段知识系统内的知识零散且相对独立，是组织成员对现有知识进行再认知和沉淀的过程。Atak 等[27]认为这是一种对继承性知识的吸纳，类似于传统的"课堂式"教学，表面上学习氛围浓厚，但实际效率往往偏低，造成这种现象的原因包括：对现有知识的学习只能有限增加知识系统的信息含量。组织内部个人的思考空间具有明显的范围性和局限性，组织成员普遍处于通过调整自我行为方式与既定目标进行比较的单环学习过程中[28]，个体、团队与组织间无法形成知识的双向反馈，导致知识系统没有明显的跃迁表现，需要外部的刺激使其产生跃迁行为。

3.2.2 知识跃迁

知识需求令知识系统失稳进而产生组织学习行为。通过组织学习，组织知识流动加剧使得知识系统进入激发态，知识能级增大，而知识转移与共享的不断进行令知识创造成为可能。因此，跃迁阶段的知识系统不稳定但最具创造性，是创造新知识的过程。根据量子跃迁的动态性特征，结合组织学习与认知学的相关理论，可将知识跃迁分为四个流程。

（1）感知

Nonaka[29]将感知概念化为组织凭借成员的经验及内在的潜力对环境变化的思考。Liao 等[30]认为，感知具有潜意识性和不可表述性，其结果不仅会影响个人的行为，也会在个人试图与他人发生联系时影响和作用于他人。随着组织学习的进行，感知不断深化，个人思考的结果逐步转化为知识。然而，由于感知获得的知识能够被个体自如应用但却具有很强的主观性，因此，若想将这些知识社会化，使知识系统内产生知识流动，必须借助语言的描述将感知的结果进行分享，这就意味着语言说明的开始。

（2）说明

Wong[31]认为，说明是组织成员通过话语将感知的结果与他人进行交流，形成组织共识知识的学习过程，作用在于弥补组织成员感知产生的差异。Lemon 等[32]研究提出，差异源自个体固有心智模式、行为模式等因素共同造成的对环境变化的反应。即便是高质量的对称信息，不同的个体及团队都可能造成不同的影响。通过对话和沟通，感知的差异被弥补，形成组织成员共同认可的术语等新知识，知识系统内部出现个体间的知识流动并浮现明确的跃迁路径。但说明产生的新知识存在于不同的个体及团队中，尚未被串联和整理，比较零散且不规范，需要进行归纳整合。

（3）整合

Lorenzo 等[33]将整合定义为组织成员思想及行为达成一致的过程。相当于说明，整合强调"参与实现一致性"。通过共同参与，组织内部能够形成成员普遍认同、乐意遵守、新的统一范式。Probst[34]认为，整合的作用是双方面的，一方面，整合可以加深组织成员彼此的认可，促进其在思想上产生共鸣；另一方面，组织也能够通过整合的反馈作用及时做出适应性调整。

如上文所言，说明令知识系统内部产生知识的流动，导致知识系统原有的知识含量发生变化，知识系统处于跃迁的临界状态。而通过知识的整合，知识系统内零散且独立的知识被串联，组织成员主动将个人的经验、思想及看法在组织内部流通，利用个体间知识的转移和共享促进其在思想上产生"同感"，因此，知识的整合可以被认为是为知识跃迁提供能量的过程。

（4）转化

Gold 等[35]认为知识的转化是个体和团队的学习被组织范围内的组织学习所取代的过程，本质上强调个体知识向组织知识的转换。虽然组织学习是逐层递进的，但区别于感知、说明和整合，转化的连续性较差。由于转化的潜在前提是组织内部存在多个个体与团队间的非线性作用，故当个体知识转变为组织知识后，组织学习已不仅是简单的知识积累，而是新知识与传统知识间的融合。Berliant[36]的研究表明新知识的融合可能引发组织原有文化、制度、原则或结构的变化，进而发生组织变革，这种变革可能引发组织成员的不满，甚至是知识创造的失败，组织中出现新知识并非完全被组织成员接受并加以应用的现象，导致转化产生不连续性，这也在一定程度上解释了知识创造成果呈跳跃式发展的原因。

当新知识与传统知识完成融合后，新知识产生于知识能级的高能态处，知识跃迁完成。组织凭借记忆系统存储新知识，而组织成员将自己的行为调整过程及思维转变情况进行经验化的总结。组织原有模式下的结构、战略目标、行为标准及价值理念就可能发生变化，组织结构将更具适应性，此为作用于组织的三环学习过程。

3.2.3 知识衰减

知识跃迁阶段虽然完成了知识创造，但高能态的知识系统并不稳定，需要借助知识的去粗取精衰减至新的稳定态。衰减过程中，知识系统将无法适用于外部环境变化及不符合当前发展需要的陈旧及冗余知识淘汰，通过知识的精练化、文本化以及深度座谈等方式保留时效性强、价值性高的知识，确保知识系统跃迁的高效循环。

4 进一步讨论

4.1 对 SECI 模型的改进

将能级跃迁的机理应用到知识创造的 SECI 模型中，可以发现该模型仍存在的三点不足：第一，SECI 模型认为组织知识螺旋上升的机理在于知识经历了社会化（Socialization）、外显化（Externalization）、组合化（Combination）和内隐化（Internalization）四个步骤，重点着眼于组织层面。一方面，该模型忽视了个人、团队和组织三个学习层次间的动态联系，缺少组织成员对知识的内在理解与吸收过程的表述；另一方面，知识的 SECI 过程属于渐进式学习的标准模型，但顿悟式学习也是组织学习的主要模式之一，而 SECI 模型没有突出顿悟式学习的特点并对其予以解释。

第二，组织传统知识与知识创造行为间存在相互依存、彼此影响的关系，如果知识创造受到传统知识的影响越小，新知识的原创性越强，社会价值越高[37]，这种相互作用关系在 SECI 模型中没有足够体现与说明。

第三，根据吴晓波[38]对组织学习模式的分类，SECI 模型属于创造型学习，强调组织围绕一项或一组发明进行知识创造的模式。而在知识经济时代，知识创造行为的发生源于外部环境的刺激，组织进行知识学习的目标是更好地适应环境需要，属于适应型学习。

有鉴于此，根据基于组织学习的知识创造能级跃迁机理，借鉴 Ribeiro 实践团体的量子过程及 EICE 模型关于个人与组织间知识创造动态流程的研究，对 SECI 模型进行完善与改进，如图 3 所示，该模型与 Popescu 等[39]微观视角下"组织学习—知识创造"中个体与团队的学习相对应，描述了组织由较低层次知识向能激发知识创造的较高层次知识的积累与转化，以及知识质变造成的知识跳跃性发展，突出了个人及团队学习在知识系统跃迁中的重要作用。

图 2 在弥补 SECI 模型不足的同时，对量子视角下持续进行知识积累的组织，通过组织学习促进和推动知识跃迁的知识创造机理予以描述。这与 EICE 模型中，组织凭借探索、开发、组合和机构创造串联分散知识，通过建立新的管理范式促进组织知识变革的本质相符。

同时，图 2 进一步说明了传统知识与新知识间的关系。一方面，传统知识为知识创造奠定基础，推动组织知识的发展，为组织学习指引方向；另一方面，组织学习需要摆脱传统知识的束缚，在积累知识的基础上寻找新的突破口，创造更先进、更完善的知识形态，才能真正实现知识创造。由此可见，在跨层面组织学习的知识创造过程中，组织内部存在两种不同的动力机制并且相互作用。借鉴 Czejdo 等[40]的思想，将这两种力分别定义为组织经过长期实践得到成员认可，维持竞争优势的知识约束力，以及摆脱传统知识的思维定式，寻求改变的知识创造力。结合 EICE 模型分析认为，在组织学习的探索、开发过程中，个人及团队对知识的顿悟、交流与理解不断完善，知识约束力对知识创造的作用逐渐减小，知识的活跃程度提高，原本积累的知识发生质变并发生非稳定态的跃迁。在组合与机构创造过程中，新知识逐步显性化，组织需要将新的知识吸收并转化为自身的竞争优势，知识约束力逐渐增强，组织应借助合理的激励手段和柔性的管理措施推动知识的转化与共享，有效地集成和促进知识的外显和整合，以期更好地适应环境。

4.2　动态的组织学习过程模型

本文以组织学习的过程为导向，说明知识创造的能级跃迁模型。在动态的探索、开发、组合与机构创造的组织学习过程中，语言的交流与行为的互动使得组织内部产生了无

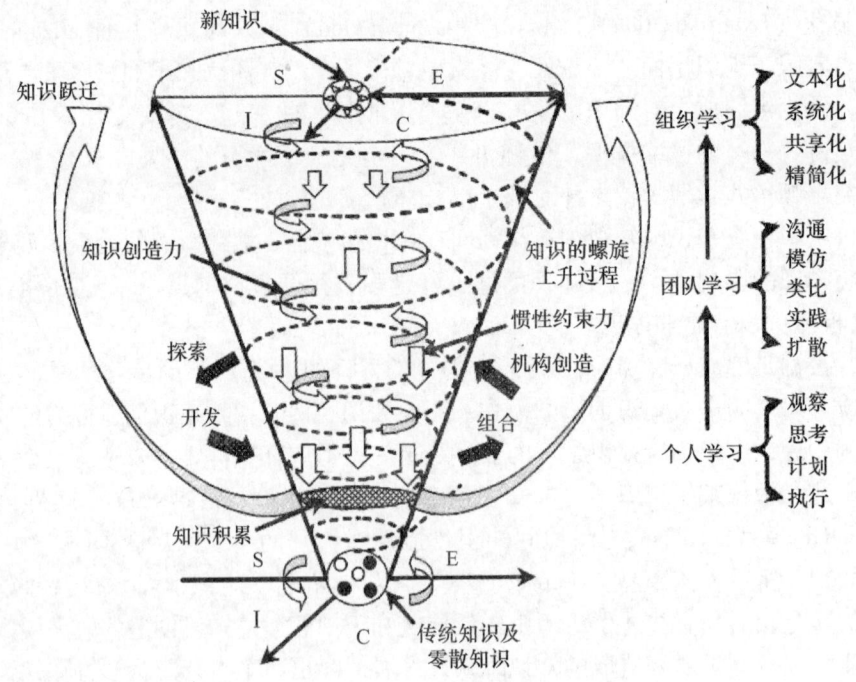

图 2　SECI 的量子化改进模型

数个相互间具有千丝万缕联系的知识单元，组织整体表现为一种无标尺的网络结构，目的在于通过新知识的创造和实践帮助组织本身更好地适应环境。因此，一个动态的组织学习过程不仅代表着个体及团队心智模型和行为模式的变化，更意味着组织结构和战略的根本变革。从这种意义上分析，组织学习过程应包括个体学习、团队学习和组织学习三个层次。通过对认知和行为界限的区分发现，感知只能发生在个体层面，而转化只发生于组织层面，说明和整合过程则介于团队和组织层面之间。随着跨层面学习的深入，知识系统产生消化新学内容的后向反馈，以及利用已有内容的前向反馈。同时，单环学习意味着个体行为的变化，双环学习说明了组织学习对个人及团队行为和心智模式产生的影响，三环学习则描述了个体、团队与组织三个层面上心智模式、行为模式与战略愿景的互动关系，强调组织通过知识共享和整合创造新知识，进而实现与外部环境变化相匹配的本质。综合上述理论，以 Fried[41] 的动态个人学习过程为基础，提出跨层面组织学习的动态模型，如图 3 所示。

基于前瞻的角度，模型突出了个人在组织无标尺网络结构中的节点作用。新知识对组织共享心智模式的改变可能是基于组织中一个或几个极具影响力的个人的心智模型的变化；反之，转化后的新知识不仅能够改变组织的共享心智模式，而且也可能作用于组织中的个人，对其原有的思维方式和行为准则产生影响，这体现在模型中个人的认知和行为分别与组织和团队的认知和行为相关联。

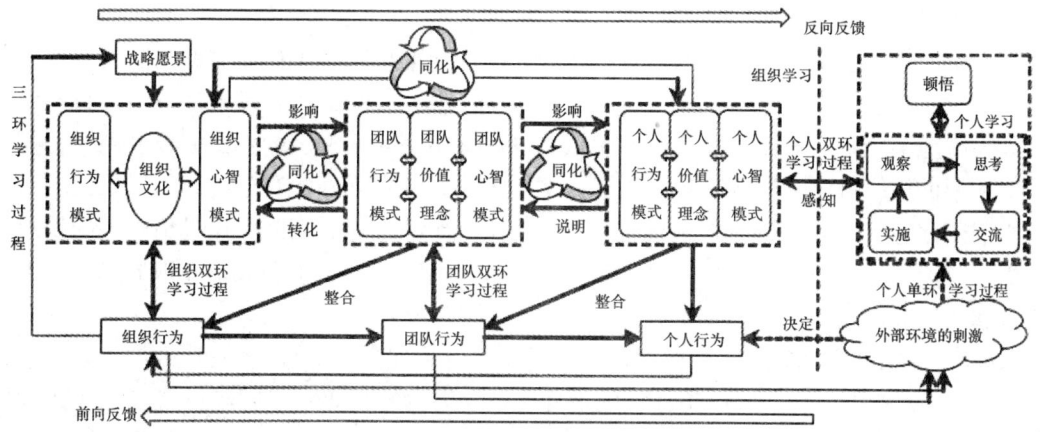

图3 跨层面组织学习的动态模型

4.3 对实际问题的贡献

4.3.1 集成渐进式学习与顿悟式学习的组织学习模式

渐进式学习与顿悟式学习是组织学习的两种主要模式，渐进式学习强调组织学习过程的连续性，而顿悟式学习是指组织在"格式塔"变化后对事物间本质关系和规律的理解。由于顿悟式学习发生于组织中的个体，而渐进式学习意在论述组织对于知识学习的连续性，两种模式针对的本体不同，故以往的研究无法将两者予以整合，而本文对SECI模型的改进与跨层面组织学习动态模型的提出弥补了这一缺口。

根据Walls对顿悟心理的分析可知，顿悟式学习作为一种以持续积累为基础的个体知识质变学习模式，本质上是为了突出知识螺旋上升中知识的突变特征。Ansburg的研究说明，持续积累的养成需要借助观察、思考、交流与实施的个体渐进式学习，因此顿悟式学习与渐进式学习实际上是相互关联的。渐进式学习形成了知识创造的SECI过程，而顿悟式学习则以知识积累为基础，通过瞬时的领悟帮助组织知识产生质变，这在SECI模型的量子改进模型中得以体现。

同时，针对两种学习模式本体不同的问题，本文以团队为桥梁，以语言说明为方法将个人与组织进行紧密联系，融合顿悟式学习与渐进式学习，更加直观地诠释了组织学习过程中动态的复杂关系，进一步强调团队在个人和组织间的关联角色，体现在跨层面组织学习的动态模型中。

4.3.2 解决沟通失衡

沟通失衡是"组织学习—知识创造"的主要障碍。知识信息不对称引起的感知差异，沟通机制不健全和组织信任危机都会直接引起沟通失衡，直接导致组织学习的过程难以为继。由于组织各个知识单元的异质性、对于知识认知和行为互动的不确定性及环境的复杂性都可能对沟通造成影响，甚至威胁组织的核心竞争优势，因此选择行之有效的沟通工具对于组织来说具有重要意义。

跨层面组织学习的动态模型是解决沟通失衡的合理机制。该模型借助团队的纽带作用将个人与组织进行紧密的联系，而将说明过程定义在个人与团队的动态环节中，目的就是最大限度地消除不对称信息在成员中引致不同的甚至是完全相反的感知差异。同时，模型的建立帮助组织搭建了围绕知识的无标尺网络结构，这种无固定界限的组织形式改善了组织中普遍存在的沟通层级障碍等现实问题，使组织中的个人和团队关注设想网络的扩展和知识分享活动为其带来的价值，这对激发成员进行组织学习、主动分享知识的热情，进而营造和谐信任的知识共享氛围是有益的。

4.3.3 远离 3C 误区

Williams 指出：当一些组织，特别是具有较大规模的企业和集团经过多年的积累和发展获得一定的竞争优势后，这种竞争优势可能会令企业陷入组织学习的思维误区，滋生自满、自大和保守三种问题，并将这些问题称为组织学习的 3C 误区，其后果是由于组织心智模式被过度强化引发的组织学习过程断层，影响组织的可持续发展。

避免组织心智模式被过度强化的主要措施包括提高组织居安思危的战略意识，加强和改善组织内部的信息流通渠道。首先，从图 3 中可以发现，跨层面组织学习动态模型是一个以外部环境刺激为导向的开放系统，不仅帮助组织准确洞悉环境的变化，而且要求组织将"组织学习—知识创造"提到更高的战略层面进行重新审视，结合知识的前沿领域帮助成员找到知识差距，通过主动检视不足增强组织的危机意识。其次，优于一般的组织学习模型，本文提出的模型将个人、团队与组织进行紧密的联系，过程环环相扣，实现个人间、个人与团队间、个人与组织间及团队间、团队与组织间信息多元的传递与互动，有效改善了传统模型中信息渠道单一及传输不顺畅等问题。最后，借助个人和团队的双环学习以及组织的三环学习，新的知识和行为由个人逐层递进最终对组织产生影响，帮助组织文化进行有利的变革，从根本上降低心智模式被过度强化的可能性。

4.3.4 避免组织学习的陷阱

组织学习的陷阱是指在组织的成长过程中，那些曾经行之有效的思维模式可能逐渐失去自身的变革活力和价值，转变为强势逻辑桎梏组织发展的现象。本质上，造成这种现象的原因是组织对于陈旧知识的依赖及创新的不及时。针对这一现象，跨层面组织学习的动态模型强调三个学习层级间的连续性，通过形成一个动态整合的组织学习系统，建立前向和后向反馈力求避免组织学习的陷阱。

模型将经典的组织学习过程与动态的单环、双环与三环学习模式相结合，弥补了传统组织学习中层级关联性不强，知识转化连续性较差的问题。在以个人为单位的动态组织学习过程中，知识在个人、团队与组织的各个层面间溢出和关联，随着跨层面学习的不断深入，动态的组织学习系统逐渐形成，系统内产生对消化吸收新学内容（前向反馈）和开发利用已学内容（后向反馈）的需求。Nguyen[42]的研究表明，组织学习系统是推动组织向学习型组织进行转型最为有效的工具。而知识的反馈需求能够帮助成员主动忘却已然或即将失去时效性的知识，对不能适应环境的组织学习惯例和陈旧知识及时扬弃，不断突破旧框架的限制，进而避免组织学习的陷阱。

5　结　论

本文基于"组织学习—知识创造"与量子运动特征的隐喻提出"组织学习—知识创造"的能级跃迁模型，分析能级跃迁机理。在此基础上，对 SECI 模型进行量子化改造，建立跨层面组织学习的动态模型，并对实际问题的贡献进行了阐述。主要得到以下结论：

第一，在跨层面的组织学习过程中，转化过程的不连续性及知识突变是导致新知识呈跳跃性发展的主要原因。这是由于新知识在与传统知识相互融合的过程中引发的组织变革，以及不同的组织学习模式共同造成的。

第二，在跨层面组织学习的知识创造过程中，组织内部存在两种不同的动力机制并且相互作用，表现为维持竞争优势的知识约束力，以及摆脱传统知识的思维定式，寻求改变的知识创造力。

第三，组织学习是一个个人、团队和组织之间通过知识感知、说明、整合和转化的跨层面动态过程。组织应合理运用基于三个层次的单环学习、双环学习和三环学习，通过建立跨层面的组织学习系统实现组织学习的目标。

本文的创新在于：①以"量子跃迁"为视角打开了"组织学习—知识创造"的黑箱，阐释了以知识创造为目的的组织学习知识转化机理，揭示了新知识呈跳跃式发展的原因。②针对 SECI 模型的不足对其进行改进，建立了知识经济时代下跨层面组织学习的动态模型，通过对实际问题贡献的论述验证了模型的价值性。

本文的扩展主要有：①建立相关的数学表达式，通过数理模型的推导完善本文提出的理论。②引入不同形式的组织作为案例分析对象，确认其组织学习过程的形式和规律，从中确定重要的影响因素和相互关系。③进一步探讨知识共享因素对所提出理论的影响。

参考文献

［1］Drucker P. Post – Capitalist Society［M］. Butterworth Heinemann，London，1993.

［2］Lee S.，Courtney J.，O'Keefe R. A system of organization learning using cognitive maps［J］. International Journal of Management Science，1992，20（1）：160 – 183.

［3］Baets W. R. J. Organization learning and knowledge technologies in a dynamic environment［M］. Kluwer Academic Publishers，1998.

［4］Ribeiro R.，Kimble C.，Cairns P. Quantum phenomena in communities of practice［J］. International Journal of Information Management，2010，30（1）：21 – 27.

［5］Goh S. C. Toward a learning organization：The strategic building block［J］. Sam Advanced Management Journal，1998，63（2）：15 – 22.

［6］Nelson R. R. ，Winter S. G. An Evolutionary Theory of Economic Change ［M］. Cambridge：Harvard University，1982.

［7］Giborra C. U. ，Notes on improvisation and time in organizations ［J］. Accounting Management and Information Technologies，1999，9（2）：77 - 94.

［8］Nevis E. C. ，DiBella A. J. ，Gould J. M. Understanding organizations as learning systems ［J］. Sloan Management Review，1995，36（2）：73 - 85.

［9］Crossan M. M. ，Lane H. W. ，White R. E. An organization learning framework：From intuition to institution ［J］. Academy of Management Review，1999，24（3）：522 - 537.

［10］Krogh G. V. ，Chijo I. K. ，Nonaka I. Enabling knowledge creation ［M］. NewYork：Oxford University Press 2000.

［11］Malone D. Knowledge management：A model for organizational learning ［J］. International Journal of Accounting Information Systems，2002，3（2）：111 - 123.

［12］Alas R. ，Vilson M. Z. ，Vadi M. Management techniques in Estonian organizations：Learning organization and business process reengineering ［J］. Procedia - Social and Behavioral Sciences，2012，64（24）：494 - 498.

［13］Yang C. W. ，Fang S. C. ，Lin J. L. Organisational knowledge creation strategies：A conceptual framework ［J］. International Journal of Information Management，2010（30）：231 - 238.

［14］Kakihara M. ，Sørensen C. Exploring knowledge emergence：From chaos to organizational knowledge ［J］. Journal of Global Information Technology Management，2002，5（3）：48 - 66.

［15］Huang J. J. Knowledge creation in strategic alliances based on an evolutionary perspective - a mathematical representation ［J］. Knowledge Management Research & Practice，2009，7（1）：52 - 64.

［16］Allee V. The knowledge evolution：Expanding organizational intelligence ［M］. Butterworth - Heinemann，1997.

［17］Schultz D. P，Schultz S. E. A History of modern psychology（10th Edition）［M］. Cengage Learning，2007.

［18］Ansburg P. I. ，Dominowski R. I. Promoting insightful problem solving ［J］. Journal of Creative behavior，2000，34（1）：31 - 61.

［19］Heraty N. Towards an architecture of organization - led learning ［J］. Human Resource Management Review，2004，14（4）：449 - 472.

［20］Hall B. H. ，Jaffe A. B. ，Trajtenberg M. Market value and patent citations：A first look ［R］. NBER working paper W7441，2000.

［21］Stacey R. D. The emergence of knowledge in organizations ［J］. Emergence，2000，2（4）：23 - 39.

［22］Grant R. M. ，Baden F. C. Knowledge and economic organization：An application to the analysis of interfirm collaboration ［A］. George Von Krogh G. ，Nonaka I. ，Nishiguchi T. Knowledge creation：A Source of Value ［C］. London：Macmillan Press，2000：113 - 150.

［23］Barr J. ，Saraceno F. Organization，learning and cooperation ［J］. Journal of Economic Behavior & Organization，2009，70（1 - 2）：39 - 53.

［24］Decuyper S. ，Dochy F. ，Bossche P. V. D. Grasping the dynamic complexity of team learning：An integrative model for effective team learning in organizations ［J］. Educational Research Review，2010，5（2）：

111 – 133.

［25］ Argyris C. Toward a comprehensive theory of management ［A］. Moingeon B. , Edmonds A. Organizational Learning and Competitive Advantage ［C］. London：SAGE Publications, 1996.

［26］陈国权. 组织学习和学习型组织：概念、能力模型、测量及对绩效的影响［J］. 管理评论, 2009, 21（1）：107 – 116.

［27］ Atak M. , Erturgut R. An empirical analysis on the relation between learning organization and organizational commitment ［J］. Procedia – Social and Behavioral Sciences, 2010, 2（2）：3472 – 3476.

［28］ Hannah S. T. , Lester P. B. A multilevel approach to building and leading learning organizations ［J］. The Leadership Quarterly, 2009, 20（1）：34 – 48.

［29］ Nonaka I. A dynamic theory of organization knowledge creation ［J］. Organization Science, 1994, 5（1）：14 – 37.

［30］ Liao S. H. , Fei W. C. , Liu C. T. Relationships between knowledge inertia, organizational learning and organization innovation ［J］. Technovation, 2008, 28（4）：183 – 195.

［31］ Wong P. S. P. , Cheung S. O. An analysis of the relationship between learning behavior and performance improvement of contracting organizations ［J］. International Journal of Project Management, 2008, 26（2）：112 – 123.

［32］ Lemon M. , Sahota P. S. Organizational culture as a knowledge repository for increased innovative capacity ［J］. Technovation, 2004（24）：483 – 498.

［33］ Lorenzo O. , Kawalek P. , Ramdani B. Enterprise applications diffusion within organizations：A social learning perspective ［J］. Information & Management, 2012, 49（1）：47 – 57.

［34］ Probst G. Managing Knowledge ［M］. New York：John Wiley & Sons Ltd, 2000.

［35］ Gold A. H. , Malhotra A. , Segars A. H. Knowledge management：An organizational capabilities perspective ［J］. Journal of Management Information Systems, 2001, 18（1）：185 – 214.

［36］ Berliant M. , Fujita M. Culture and diversity in knowledge creation ［J］. Regional Science and Urban Economics, 2012, 42（4）：648 – 662.

［37］ Corso M. , Paolucci E. Fostering innovation and knowledge transfer in product development through information technology ［J］. International Journal of Technology Management, 2001, 22（1）：126 – 148.

［38］吴晓波. 动态学习与企业的核心能力［J］. 管理工程学报, 2000（14）：21 – 25.

［39］ Popescu D. , Chivu L. , Chitucea A. C. , Popescu D. O. , Georgel C. The learning organization challenges within the SMEs tourism field of activity ［J］. Procedia – Social and Behavioral Sciences, 2011（24）：1098 – 1106.

［40］ Czejdo B. D. , Cummings T. Extending static knowledge diagrams to include dynamic knowledge ［J］. Communications in Computer and Information Science, 2009, 49（2）：338 – 345.

［41］ Fried A. Performance measurement systems and their relation to strategic learning：A case study in a software – developing organization ［J］. Critical Perspectives on Accounting, 2010, 21（2）：118 – 133.

［42］ Nguyen H. T. Social interaction and competence development：Learning the structural organization of a communicative practice ［J］. Learning, Culture and Social Interaction, 2012, 1（2）：127 – 142.

Research on Dynamic Model of "Organizational Learning—Knowledge Creation" Process Based on Level Transition

Li Baizhou, Zhao Jianyu, Su Yi

(School of Economics and Management, Harbin Engineering University, Harbin150001, China)

Abstract: Based on the exiting literature, this paper constructs the level transition process model of "organizational learning—knowledge creation" in view of the metaphor between "organizational learning—knowledge creation" and characteristics of quantum's motion, and also analyzes level transition's mechanisms from the stages, namely knowledge accumulation, knowledge transition and knowledge attenuation. According to the level transition mechanism, this paper does quantization improvements aiming at improving the SECI model. At the same time, we combine incremental learning with insightful learning and construct the dynamic model of cross level organizational learning in order to solve some actual problems such as communication's imbalance, the misunderstanding of 3C and organizational learning's trap, proving the value of the model.

Key Words: organizational learning; knowledge creation; level transition; dynamic model

基于熵测度的三参数区间数信息下的 TOPSIS 决策方法[*]

闫书丽[1,2]，刘思峰[1]，朱建军[1]，方志耕[1]，刘健[3]

（1. 南京航空航天大学经济与管理学院，南京　210016；

2. 河南科技大学数学与统计学院，洛阳　471003；

3. 南京理工大学经济管理学院，南京　210094）

【摘　要】研究基于三参数区间数的排序及决策模型，提出了基于三参数区间数的重心点、中点、长度的可能度排序方法；基于重心点发生可能性最大的三参数区间数分布特点，提出了距离测度公式；建立了基于三参数区间数熵测度的属性权重模型，在此基础上构建了依据 TOPSIS 思想的不确定性决策框架。算例说明了该方法的步骤和有效性。

【关键词】不确定性决策；三参数区间数；熵测度；TOPSIS

1　引言

决策问题的复杂性和不确定性加大了科学决策的难度。针对不确定性问题的特点，区间数、模糊数、未确知数、灰色系统理论等得到了应用[1~8]，其中，基于区间数的多属性决策问题得到了广泛关注，研究重点集中于区间模糊偏好关系的一致性、顺序加权集结算子、加权几何平均算子、区间数灰色局势决策等研究方向。从现实研究中发现，区间数在表达决策信息时存在局限性：一方面，为了覆盖整个可能的取值范围，区间可能会取得过

---

* 收稿日期：2012 - 02 - 19；修订日期：2012 - 10 - 10。

基金项目：国家社科基金重大项目（10zd&014）；国家社科基金重点项目（12AZD102）；国家自然科学基金资助项目（71111130211，90924022，70971064，7117113，71171112，71271226）；南京航空航天大学创新群体（Y0553）；特聘教授科研创新基金（1009 - 260812）。

作者简介：闫书丽（1982—），女（汉族），河南安阳人，讲师，南京航空航天大学博士研究生，讲师，研究方向：决策分析、灰色系统理论等。

大；另一方面，通常的区间数运算规则可能导致不确定性的增加，得出的结果会产生较大误差甚至失真；此外，通常的区间数认为区间内取值机会均等，但这在很多实际问题中并不满足。卜广志等[9]提出三参数区间数的概念，明确了信息取值区间和最有可能取值点，较实数和区间数覆盖信息更加全面。从现有研究来看，三参数区间数的研究刚刚展开，Luo Dang 等[10~11]基于灰色系统理论的思想和方法，给出了属性值为三参数区间数的多属性决策方法；胡启洲等[12]给出了三参数区间数的运算关系，并将其应用于某城市公交线网的优化调整中；Lan Rong 等[13]提出三参数区间值模糊集的概念，给出了三参数区间值模糊值之间的运算关系，定义了三参数区间值模糊值间的距离；朱建军等[14,15]研究了三参数区间数判断矩阵的一致性，建立了三参数区间数判断矩阵的权重求解模型；研究了群决策过程中三参数区间数互反判断矩阵和互补判断矩阵的集结。现有研究存在如下不足之处：①三参数区间数的运算规则、排序公式大多数是建立在三角隶属函数基础上的二重积分表达式，运算过程相对复杂，且三角隶属函数的假设可能并不符合实际情况；②三参数区间数的距离测度通常借用欧式距离或最大范数距离，没有体现三参数区间数中最有可能发生的重心点的重要性；③在多属性决策的应用过程中，尚没有基于三参数区间数熵测度的应用方法。综上，本文提出三参数区间数的可能度排序方法；考虑到重心点发生可能性的最大特征和决策者风险偏好主观因素，提出一种新的距离测度；基于信息熵思想，构建出信息值为三参数区间数的属性权重模型，最后依据 TOPSIS 思想提出三参数区间数的决策模型。

2　三参数区间数的排序及距离测度

2.1　三参数区间数的排序方法

定义1　设 $\tilde{a} = [a^l, a^*, a^u]$ 为三参数区间数，其中 $a^l \leqslant a^* \leqslant a^u$，$a^l$、$a^u$ 分别为区间数下限、上限，a^* 为在此区间中取值可能性最大的数，称为区间数的重心。

以决策者对某车辆稳定性打分为例，若决策者有如下偏好，认为稳定性中等（$a = 5$）的可能性有 10%，稳定性良好（$a = 7$）的可能性有 80%，稳定性优秀（$a = 9$）的可能性有 10%，若用 $\tilde{a} = [5, 9]$ 表示车辆的稳定性，将增加决策的不确定性，且没有充分利用决策者的判断信息。若采用下面形式来表示：$\tilde{a} = [(5, 10\%), (7, 80\%), (9, 10\%)]$，则能较全面地表达决策者的偏好信息。但在实际决策中，采集概率信息比较困难，决策者很难给出各个可能值发生的概率，只知道事件发生的大概范围和最有可能值，在此情况下采用 $\tilde{a} = [5, 7, 9]$ 形式表示，保持了区间的取值范围，突出了取值可能性最大的重心点，在一定程度上弥补了传统区间数的不足。

这里最可能值对应的概率 $P(a^*) \geqslant \delta$，δ 为一常值，只有当 δ 达到一定程度时，a^*

才能称为最可能值，一般情况下，要求 $\delta \geqslant 60\%$，而区间数下限、上限的出现概率在满足重心概率的情况下不做严格要求。

三参数区间数与三角模糊数表达形式相似，关于三角模糊数的研究也已取得大量成果[16,17]。虽然两者均表示左右端点为临界点，中间端点为最具代表性的点，但两者在基本内涵方面有很大不同：三参数区间数相当于随机变量，各端点取值的可能性大小相当于概率分布，在整个区间 $[a^l, a^u]$ 上的取值用分布函数来刻画，而三角模糊数具有模糊的内涵，采用隶属函数来描述，隶属度用来表示元素属于某模糊集的程度。

一般情况下三参数区间数的分布信息很难确定，本文针对三参数区间数分布信息未知的情况下，仅根据给予的三个参数进行考虑。在此情形下，对三参数区间数进行大小比较时，应着重考虑中点和最有可能发生的重心点的大小，同时考虑整个区间取值的范围，即区间长度的影响。

在传统的区间数排序方面，文献[2]提出了可能度方法，其基本思想是根据 $a^u - b^l$ 占两区间数长度之和 $l(a) + l(b)$ 的比例来判断 $\tilde{a} \geqslant \tilde{b}$ 的可能度大小，当得到的值介于 0 与 1 之间时，可能度取得到的比例值，在 $(0, 1)$ 之外，取 0 或者 1。文献[3]基于中点和区间长度提出了可接受度指标。从操作来看，可能度测度和可接受度指标具有很强的理论基础，但并不适合三参数区间数。对此，在现有研究基础上，本文提出了拓展方法，即在兼顾区间数的特征量（中点、区间长度）基础上，考虑三参数区间数的另一重要特征量（重心点），建立了三参数区间数的排序方法。

定义 2 设有两个三参数区间数 $\tilde{a} = [a^l, a^*, a^u]$，$\tilde{b} = [b^l, b^*, b^u]$，记：

$l(\tilde{a}) = a^u - a^l$，$l(\tilde{b}) = b^u - b^l$，$m(\tilde{a}) = (a^l + a^u)/2$，$m(\tilde{b}) = (b^l + b^u)/2$

则称：

$$P(\tilde{a} \geqslant \tilde{b}) = \min\left(1, \max\left(\frac{m(\tilde{a}) - m(\tilde{b}) + a^* - b^*}{l(\tilde{a}) + l(\tilde{b})} + \frac{1}{2}, 0\right)\right) \tag{1}$$

为 $\tilde{a} \geqslant \tilde{b}$ 的可能度。

式（1）的可能度比较方法具有如下性质，见定理 1 至定理 3。

定理 1 定义 2 的计算可以按照式（2）做适当简化，即：

$$P(\tilde{a} \geqslant \tilde{b}) = \min\left(1, \max\left(\frac{a^u - b^l + a^* - b^*}{l(\tilde{a}) + l(\tilde{b})}, 0\right)\right) \tag{2}$$

证明：

$$2 \times \left(\frac{m(\tilde{a}) - m(\tilde{b}) + a^* - b^*}{l(\tilde{a}) + l(\tilde{b})} + \frac{1}{2}\right) = \frac{2(a^u - b^l) + 2(a^* - b^*)}{l(\tilde{a}) + l(\tilde{b})}$$

则 $\dfrac{m(\tilde{a}) - m(\tilde{b}) + a^* - b^*}{l(\tilde{a}) + l(\tilde{b})} + \dfrac{1}{2} = \dfrac{a^u - b^l + a^* - b^*}{l(\tilde{a}) + l(\tilde{b})}$

即 $P(\tilde{a} \geqslant \tilde{b}) = \min\left(1, \max\left(\dfrac{a^u - b^l + a^* - b^*}{l(\tilde{a}) + l(\tilde{b})}, 0\right)\right)$

定理 2 设 $\tilde{a} = [a^l, a^*, a^u]$，$\tilde{b} = [b^l, b^*, b^u]$，则：

当 $a^* - b^* \geqslant b^u - a^l$ 时，$P(\tilde{a} \geqslant \tilde{b}) = 1$；

当 $b^l - a^u < a^* - b^* < b^u - a^l$ 时，$P(\tilde{a} \geq \tilde{b}) = \dfrac{a^u - b^l + a^* - b^*}{l(\tilde{a}) + l(\tilde{b})}$；

当 $a^* - b^* \leq b^l - a^u$ 时，$P(\tilde{a} \geq \tilde{b}) = 0$。

证明：当 $\dfrac{a^u - b^l + a^* - b^*}{l(\tilde{a}) + l(\tilde{b})} \geq 1$，即 $a^* - b^* \geq a^u - b^l$ 时，$P(\tilde{a} \geq \tilde{b}) = 1$；

当 $\dfrac{a^u - b^l + a^* - b^*}{l(\tilde{a}) + l(\tilde{b})} \leq 0$，即 $a^* - b^* \leq b^l - a^u$ 时，$P(\tilde{a} \geq \tilde{b}) = 0$；

当 $0 \leq \dfrac{a^u - b^l + a^* - b^*}{l(\tilde{a}) + l(\tilde{b})} \leq 1$，即 $b^l - a^u < a^* - b^* < b^u - a^l$ 时，$P(\tilde{a} \geq \tilde{b}) = \dfrac{a^u - b^l + a^* - b^*}{l(\tilde{a}) + l(\tilde{b})}$

定理3 设 $\tilde{a} = [a^l, a^*, a^u]$，$\tilde{b} = [b^l, b^*, b^u]$，则：

(1) $0 \leq P(\tilde{a} \geq \tilde{b}) \leq 1$；

(2) 互补性 $P(\tilde{a} \geq \tilde{b}) + P(\tilde{b} \geq \tilde{a}) = 1$；

(3) $P(\tilde{a} \geq \tilde{b}) \geq \dfrac{1}{2}$，当且仅当 $a^* - b^* \geq m(\tilde{b}) - m(\tilde{a})$；

特别地，$P(\tilde{a} \geq \tilde{b}) = \dfrac{1}{2}$，当且仅当 $a^* - b^* \geq m(\tilde{b}) - m(\tilde{a})$，且 $P(\tilde{a} \geq \tilde{a}) = \dfrac{1}{2}$；

(4) 传递性对于3个三参数区间数 $\tilde{a}$、$\tilde{b}$、$\tilde{c}$，若 $P(\tilde{a} \geq \tilde{b}) \geq \dfrac{1}{2}$，且 $P(\tilde{b} \geq \tilde{c}) \geq \dfrac{1}{2}$，则 $P(\tilde{a} \geq \tilde{c}) \geq \dfrac{1}{2}$

证明：

(1) 显然。

(2) 当 $a^* - b^* \geq b^u - a^l$，即 $b^* - a^* \leq a^l - b^u$ 时，$P(\tilde{a} \geq \tilde{b}) = 1$，$P(\tilde{b} \geq \tilde{a}) = 0$，则 $P(\tilde{a} \geq \tilde{b}) + P(\tilde{b} \geq \tilde{a}) = 1$；

当 $a^* - b^* \leq a^l - b^u$，即 $b^* - a^* \geq a^l - b^u$ 时，$P(\tilde{a} \geq \tilde{b}) = 0$，$P(\tilde{b} \geq \tilde{a}) = 1$，则 $P(\tilde{a} \geq \tilde{b}) + P(\tilde{b} \geq \tilde{a}) = 1$；

当 $b^l - a^u < a^* - b^* < b^u - a^l$，即 $a^l - b^u < b^* - a^* < a^u - b^l$ 时，

$P(\tilde{a} \geq \tilde{b}) + P(\tilde{b} \geq \tilde{a}) = \dfrac{a^u - b^l + a^* - b^*}{l(\tilde{a}) + l(\tilde{b})} + \dfrac{b^u - a^l + b^* - a^*}{l(\tilde{a}) + l(\tilde{b})} = 1$。

(3) 当 $\dfrac{m(\tilde{a}) - m(\tilde{b}) + a^* - b^*}{l(\tilde{a}) + l(\tilde{b})} + \dfrac{1}{2} \geq \dfrac{1}{2}$，即 $a^* - b^* \geq m(\tilde{b}) - m(\tilde{a})$ 时，$P(\tilde{a} \geq \tilde{b}) \geq \dfrac{1}{2}$；

当 $\tilde{a} = \tilde{b}$，即 $[a^l, a^*, a^u] = [b^l, b^*, b^u]$ 时，$a^* - b^* = m(\tilde{b}) - m(\tilde{a}) = 0$，即 $P(\tilde{a} \geq \tilde{a}) = \dfrac{1}{2}$。

（4）由 $a^* - b^* \geq m(\widetilde{b}) - m(\widetilde{a})$，$b^* - c^* \geq m(\widetilde{c}) - m(\widetilde{b})$，知 $(a^* - b^*) + (b^* - c^*) \geq m(\widetilde{b}) - m(\widetilde{a}) + m(\widetilde{c}) - m(\widetilde{b})$，则 $a^* - c^* \geq m(\widetilde{c}) - m(\widetilde{a})$。

根据（3）得到：若 $P(\widetilde{a} \geq \widetilde{b}) \geq \frac{1}{2}$ 且 $P(\widetilde{b} \geq \widetilde{c}) \geq \frac{1}{2}$，则 $P(\widetilde{a} \geq \widetilde{c}) \geq \frac{1}{2}$。

证毕。

根据以上性质可知，对两个三参数区间数进行排序时，根据可能度是否大于 0.5 来进行排序，当 $P(\widetilde{a} \geq \widetilde{b}) > \frac{1}{2}$ 时，$\widetilde{a} > \widetilde{b}$。

当三参数区间数退化为两参数区间数时，最有可能发生的点不确定，在比较大小时，我们着重考虑中点的大小和区间长度的影响，取 $a^* = m(\widetilde{a})$，$b^* = m(\widetilde{b})$，则：

$$P(\widetilde{a} \geq \widetilde{b}) \geq \frac{1}{2} \Leftrightarrow m(\widetilde{a}) - m(\widetilde{b}) \geq m(\widetilde{b}) - m(\widetilde{a})$$

即 $m(\widetilde{a}) - m(\widetilde{b}) \geq 0$，满足区间数可能度排序公式在 $P(\widetilde{a} \geq \widetilde{b}) \geq \frac{1}{2}$ 时的充要条件。

$P(\widetilde{a} \geq \widetilde{b}) \geq 1 \Leftrightarrow m(\widetilde{a}) - m(\widetilde{b}) \geq b^u - a^l$，而区间数可能度排序公式满足 $P(\widetilde{a} \geq \widetilde{b}) \geq 1 \Leftrightarrow b^u \leq a^l$。

当 $b^u \leq a^l$ 时，$b^l \leq a^u$，$\frac{a^l + a^u}{2} \geq \frac{b^l + b^u}{2}$，即 $m(\widetilde{a}) - m(\widetilde{b}) \geq 0$，而 $b^u - a^l \leq 0$，则满足 $m(\widetilde{a}) - m(\widetilde{b}) \geq b^u - a^l$。

$P(\widetilde{a} \geq \widetilde{b}) \geq 0 \Leftrightarrow m(\widetilde{a}) - m(\widetilde{b}) \leq b^l - a^u$，而区间数可能度排序公式满足 $P(\widetilde{a} \geq \widetilde{b}) \geq 0 \Leftrightarrow a^u \leq b^l$。当 $a^u \leq b^u$ 时，$a^u \leq b^l$，$\frac{a^l + a^u}{2} \leq \frac{b^l + b^u}{2}$，即 $m(\widetilde{a}) - m(\widetilde{b}) \leq 0$，而 $b^l - a^u \geq 0$，则满足 $m(\widetilde{a}) - m(\widetilde{b}) \leq b^l - a^u$。由此，通常的区间数排序方法是本文三参数区间数排序方法的特例。

2.2 三参数区间数的距离测度

在实际应用中，两个三参数区间数的距离测度是一个重要的研究问题。文献［9］直接借用欧式空间的距离表达式给出两个距离公式，文献［11］在欧式空间的距离表达式上做了改进，考虑了各对应参数的平均权重。

Lan Rong 等[13]在此基础上，考虑到三参数区间数的长度特征量，提出一种距离表达式。

这几种距离公式虽然都考虑到了三参数区间数的主要特征量：上限、下限、重心点，但都没有体现出重心点在区间上取值可能性最大的特征，只是单纯地把重心点作为一般的端点来对待。

实际上，重心点在区间上取值可能性最大，即在整个区间上权重最大，决策者根据自身经验、风险偏好对上限、下限、重心点赋予不同的权重，并保证重心点权重最大。基于此思想，给出一种新的距离测度方法。

定义 3 设 $\tilde{a} = [a^l, a^*, a^u]$，$\tilde{b} = [b^l, b^*, b^u]$，则称：

$$d(\tilde{a}, \tilde{b}) = \alpha|a^l - b^l| + \beta|a^* - b^*| + (1 - \alpha - \beta)|a^u - b^u| \qquad (3)$$

为 $\tilde{a}$ 与 $\tilde{b}$ 之间的距离，其中 $0.5 \leq \beta \leq 1$，$0 \leq \alpha < 0.5$。

定理 4 设 $d(\tilde{a}, \tilde{b})$ 为三参数区间数 $\tilde{a} = [a^l, a^*, a^u]$ 与 $\tilde{b} = [b^l, b^*, b^u]$ 之间的距离，则有：

(1) $d(\tilde{a}, \tilde{b}) = d(\tilde{b}, \tilde{a})$；

(2) $d(\tilde{a}, \tilde{b}) \geq 0$，$d(\tilde{a}, \tilde{b}) = 0$ 当且仅当 $\tilde{a} = \tilde{b}$；

(3) $d(\tilde{a}, \tilde{b}) \leq d(\tilde{a}, \tilde{c}) + d(\tilde{b}, \tilde{c})$。

证明：(1) 和 (2) 显然。

(4) 由于 $|a^l - c^l + c^l - b^l| \leq |a^l - c^l| + |c^l - b^l|$，

$|a^* - c^* + c^* - b^*| \leq |a^* - c^*| + |c^* - b^*|$，

$|a^u - c^u + c^u - b^u| \leq |a^u - c^u| + |c^u - b^u|$，

又由于 $\alpha \geq 0$，$\beta \geq 0$，$1 - \alpha - \beta \geq 0$，则：

$\alpha|a^l - c^l + c^l - b^l| + \beta|a^* - c^* + c^* - b^*| + (1 - \alpha - \beta)|a^u - c^u + c^u - b^u| \leq \alpha|a^l - c^l| + \beta|a^* - c^*| + (1 - \alpha - \beta)|a^u - c^u| + \alpha|c^l - b^l| + \beta|c^* - b^*| + (1 - \alpha - \beta)|c^u - b^u|$

即 $d(\tilde{a}, \tilde{b}) \leq d(\tilde{a}, \tilde{c}) + d(\tilde{b}, \tilde{c})$

证毕。

当 $a^l = a^* = a^u$，$b^l = b^* = b^u$，即 $\tilde{a}$、$\tilde{b}$ 为实数时，$d(\tilde{a}, \tilde{b}) = |a^* - b^*|$，即转化为实数间的距离公式。

三参数区间数退化为区间数时，考虑中点的距离，取 $a^* = m(\tilde{a})$，$b^* = m(\tilde{b})$ 时，则：

$$d(\tilde{a}, \tilde{b}) = \alpha|a^l - b^l| + \beta|m(\tilde{a}) - m(\tilde{b})| + (1 - \alpha - \beta)|a^u - b^u|$$

王正新等[5]和 Jahanshahloo 等[6]的研究中区间数的距离公式只考虑对应上下限间的距离，与此相比，本公式考虑了中点间的距离，而且赋予上限、下限、中点不同的权重系数 α，β，$1 - \alpha - \beta$，根据决策者经验、风险偏好来确定具体的权重。在信息值为效益型的前提下，若决策者为风险追求者，取 $1 - \alpha - \beta > \alpha$；若决策者为风险厌恶者，取 $1 - \alpha - \beta < \alpha$；若决策者为风险中立者，取 $1 - \alpha - \beta = \alpha$。

3 基于三参数区间数的 TOPSIS 决策模型

设 $S = \{s_1, s_2, \cdots, s_m\}$ 为方案集，$U = \{u_1, u_2, \cdots, u_n\}$ 为属性集，$\tilde{A} = (\tilde{a}_{ij})_{m \times n}$ 为规范化后的评价矩阵。在三参数区间数决策模型中，有两点值得重点关注，即属性权重的确定和方案排序方法的确定。文献[18]等研究了传统区间数的多属性决策方法，在这些方法中，基于熵的决策模型得到了广泛应用。

3.1 三参数区间数的属性熵测度

根据信息熵原理，某个指标的信息熵越小，其指标值的相差程度越大，提供的信息量越多，在综合评价时所起的作用越大，则其权重也应越大；相反，某个指标的信息熵越大，其指标值的相差程度越小，提供的信息量越少，在综合评价时所起的作用越小，则其权重也应越小。本文根据三参数区间数的取值特征，考虑三参数区间数指标值的相差程度通过指标值的重心点和三参数区间数取值的方差来刻画，由此给出三参数区间数的熵测度的定义。

定义 4 取值为三参数区间数的属性 u_j 的熵测度为：

$$H_j = \rho \left[-\frac{1}{\ln m} \sum_{i=1}^{m} \frac{a_{ij}^*}{\sum_{i=1}^{m} a_{ij}^*} \ln \frac{a_{ij}^*}{\sum_{i=1}^{m} a_{ij}^*} \right] + (1 - \rho) \left[-\frac{1}{\ln m} \sum_{i=1}^{m} \frac{V_{ij}}{\sum_{i=1}^{m} V_{ij}} \ln \frac{V_{ij}}{\sum_{i=1}^{m} V_{ij}} \right]$$

$$j = 1, 2, \cdots, n \tag{4}$$

其中，$0 \leqslant \rho \leqslant 1$ 为决策者对三参数区间数重心点和方差影响程度的判断系数，若决策者为风险追求者，则注重发生可能性最大的重心点值，取 $\rho > 0.5$；若决策者为风险厌恶者，则注重信息值的上下限，取 $\rho < 0.5$；若决策者为风险中立者，则取 $\rho = 0.5$。属性 u_j $(j = 1, 2, \cdots, n)$ 的权重为：

$$w_j = \frac{1 - H_j}{n - \sum_{j=1}^{n} H_j} \tag{5}$$

与 Li Xiangxin 等[19] 提出的熵测度相比，本文方法分别考虑了三参数区间数重心点和方差的熵，并针对实际应用背景根据决策者对重心点和方差影响程度的经验判断赋予不同的权重值，定性与定量的结合更加符合实际需求。

3.2 三参数区间数的 TOPSIS 决策模型

TOPSIS 是一种常用的多属性决策方法[20]，考虑到其能充分反映各方案之间的差距，具有符合逻辑、直观、可靠的特点，提出基于三参数区间数的决策步骤如下：

步骤 1 利用式（4）和式（5）求出属性权重向量；

步骤 2 利用式（1）或式（2）确定正理想解

$\bar{a} = \{\bar{a}_1, \bar{a}_2, \cdots, \bar{a}_m\}, \bar{a}_j = \max_{1 \leqslant i \leqslant m} \tilde{a}_{ij}, j = 1, 2, \cdots, n;$

负理想解 $\underline{a} = \{\underline{a}_1, \underline{a}_2, \cdots, \underline{a}_m\}, \underline{a}_j = \max_{1 \leqslant i \leqslant m} \tilde{a}_{ij}, j = 1, 2, \cdots, n;$

步骤 3 利用求出的权重向量和距离式（3），求出各方案 $a_i (i = 1, 2, \cdots, n)$ 与正理想解 $\bar{a} = \{\bar{a}_1, \bar{a}_2, \cdots, \bar{a}_m\}$ 的综合距离 $d(\bar{a}, \tilde{a}_i) = \sum_{j=1}^{n} w_j d(\bar{a}_j, \tilde{a}_{ij})$，与负理想解 $\underline{a} = \{\underline{a}_1, \underline{a}_2, \cdots, \underline{a}_m\}$ 的综合距离 $d(\underline{a}, \tilde{a}_i) = \sum_{j=1}^{n} w_j d(\underline{a}_j, \tilde{a}_{ij})$；

步骤4 计算方案 a_i $(i=1, 2, \cdots, m)$ 与正负理想解之间的贴近度:

$$c_i = \frac{d(\underline{\tilde{a}}, \tilde{a}_i)}{d(\underline{\tilde{a}}, \tilde{a}_i) + d(\overline{\tilde{a}}, \tilde{a}_i)} \quad (i=1, 2, \cdots, m); \tag{6}$$

步骤5 根据贴近度 c_i $(i=1, 2, \cdots, m)$ 的大小对方案进行排序。

从上述步骤来看,基于三参数区间数的 TOPSIS 决策方法具有以下两个特点:①突出了重心点在三参数区间数中取值可能性最大的特征;②定性与定量的结合使得决策者可以根据具体应用背景进行调整,适合复杂的、模糊的现实应用环境,方法更加灵活。

4 算 例 分 析

为比较方便,采用文献 [9~11] 中的舰载机选型问题。影响舰载机选型的主要指标有最大航速、越海自由航程、最大净载荷、购置费、可靠性、机动灵活性,属性权重未知。现有 4 种机型可供选择,请多位专家给出评判矩阵,最后集结得到综合判断矩阵,并对属性值进行规范化处理,得到规范后的评判矩阵为:

$\tilde{A} =$

$$\begin{bmatrix} [0.78,0.8,0.85] & [0.5,0.55,0.58] & [0.9,0.95,0.95] & [0.8,0.82,0.85] & [0.45,0.5,0.57] & [0.9,0.95,0.97] \\ [0.92,0.95,1.0] & [0.95,0.97,1.0] & [0.85,0.86,0.88] & [0.65,0.69,0.7] & [0.17,0.2,0.23] & [0.47,0.51,0.55] \\ [0.7,0.72,0.78] & [0.72,0.74,0.75] & [0.95,0.98,1.0] & [0.94,0.97,1.0] & [0.8,0.83,0.85] & [0.8,0.82,0.85] \\ [0.85,0.88,0.9] & [0.65,0.67,0.7] & [0.9,0.95,0.96] & [0.85,0.9,0.93] & [0.46,0.5,0.52] & [0.48,0.5,0.52] \end{bmatrix}$$

(1) 令 $\rho = 0.6$,得到各属性的熵为:

$H_1 = 0.980546$, $H_2 = 0.931047$, $H_3 = 0.968468$, $H_4 = 0.978948$, $H_5 = 0.877077$, $H_6 = 0.94594$。

得到属性权重向量为 $W = (0.0612, 0.2168, 0.0992, 0.0662, 0.3866, 0.17)$。

(2) 确定正理想解:

$\overline{\tilde{a}} = ([0.92, 0.95, 1.0], [0.95, 0.97, 1.0], [0.95, 0.98, 1.0], [0.94, 0.97, 1.0], [0.8, 0.83, 0.85], [0.9, 0.95, 0.97])$

确定负理想解:

$\underline{\tilde{a}} = ([0.7, 0.72, 0.78], [0.5, 0.55, 0.58], [0.85, 0.86, 0.88], [0.65, 0.69, 0.71], [0.17, 0.2, 0.23], [0.48, 0.5, 0.52])$

(3) 取 $\alpha = 0.25$, $\beta = 0.5$,计算各个方案与正负理想解的综合距离分别为:

$d(\overline{\tilde{a}}, a_1) = 0.2401$, $d(\overline{\tilde{a}}, a_2) = 0.3464$,

$d(\overline{\tilde{a}}, a_3) = 0.0851$, $d(\overline{\tilde{a}}, a_4) = 0.2822$。

$d(\underline{\tilde{a}}, a_1) = 0.2144$, $d(\underline{\tilde{a}}, a_2) = 0.1090$,

$d(\underline{\tilde{a}}, a_3) = 0.3694$, $d(\underline{\tilde{a}}, a_4) = 0.1723$。

（4）各方案与正负理想解之间的贴近度为 $c_1 = 0.4717$，$c_2 = 0.2394$，$c_3 = 0.8127$，$c_4 = 0.3791$，根据 c_i（$i = 1$，2，3，4）的大小对各方案排序为 $s_3 > s_1 > s_4 > s_2$。

下文进行方法的比较。

（1）决策信息为三参数区间数、三角模糊数形式的比较。为了方便运算与比较，假设这两种形式下的分布（隶属）函数均为线性的。求出的权重[16]，各方案与正负理想解间的距离，贴近度以及排序如表1至表2所示。

表1　不同决策信息形式下的属性权重比较

信息形式	权重向量 W	权重大小比较
三参数区间数	(0.0612, 0.2168, 0.0992, 0.0662, 0.3866, 0.1700)	$\omega_5 > \omega_2 > \omega_6 > \omega_3 > \omega_4 > \omega_1$
三角模糊数	(0.0639, 0.2253, 0.1073, 0.0682, 0.3700, 0.1653)	$\omega_5 > \omega_2 > \omega_6 > \omega_3 > \omega_4 > \omega_1$

表2　不同信息形式下各方案与正、负理想解间的距离、贴近度及排序比较

	信息形式	与正、负理想解的距离、贴近度	方案排序
与正理想解距离	三参数区间数	(0.2401, 0.3464, 0.0851, 0.2822)	$s_3 > s_1 > s_4 > s_2$
	三角模糊数	(0.2399, 0.3347, 0.0870, 0.2785)	$s_3 > s_1 > s_4 > s_2$
与负理想解距离	三参数区间数	(0.2167, 0.1132, 0.3750, 0.1724)	$s_3 > s_1 > s_4 > s_2$
	三角模糊数	(0.2088, 0.1144, 0.3609, 0.1696)	$s_3 > s_1 > s_4 > s_2$
贴近度	三参数区间数	(0.4717, 0.2394, 0.8127, 0.3791)	$s_3 > s_1 > s_4 > s_2$
	三角模糊数	(0.4653, 0.2547, 0.8057, 0.3785)	$s_3 > s_1 > s_4 > s_2$

表3　各文献方法、结论比较

	文献［9］	文献［10］	文献［11］	本文
属性权重	已知	已知	已知	未知
排序方法	二重积分	无	根据三个参数的平均值大小排序	基于中心、重心点的可能度公式
距离公式	无	无	上下限、重心点等权重的欧氏距离	上下限、重心点不等权重的距离
决策方法	灰色模糊综合评判法	灰色关联度方法	灰靶决策方法	基于熵权的 TOPSIS 方法
贴近度	无	无	给出	给出
排序结果	$2s_3 > s_1 > s_4 > s_2$	$s_3 > s_1 > s_4 > s_2$	$s_3 > s_1 > s_4 > s_2$	$s_3 > s_1 > s_4 > s_2$

从表1和表2可以看出，本文方法的排序与三角模糊数信息下的排序一致，数值也很接近，这与两者反映原始数据形式相同、分布（隶属）函数相同是相符的，但从本文得到的数值可以看出方案之间的差距更大，三参数区间数信息相比三角模糊数信息可以得出：

s_3 的得分值更高，s_1、s_4 远优于 s_2，而且属性值若是三角模糊数，则应具有其所属的

集合信息，在此直接引用使得表达意义不够明确。

（2）三参数区间数信息下的结果比较根据本文建议的方法，将其与卜广志[9]和 Luo Dang 等[10~11]的结果进行比较，如表 3 所示。

从表 3 的排序结果来看，本文得到的排序结果与卜广志[9]和 Luo Dang 等[10~11]的结果均一致。基于计算结果比较，可以得到如下结论：①方案的区分度得到了改善。Luo Dang[10]文献中方案间的差异度为 $\Delta_{31} = 0.13269$，$\Delta_{14} = 0.02582$，$\Delta_{42} = 0.06266$。Luo Dang[11]文献中方案间的差异度为 $\Delta_{31} = 0.0766$，$\Delta_{14} = 0.0344$，$\Delta_{42} = 0.0568$。本文方案的差异度为 $\Delta_{31} = 0.0341$，$\Delta_{14} = 0.0926$，$\Delta_{42} = 0.1397$。根据方案间大小可能度、差异度可以看出，这四种方法中，都有方案 s_3 优于方案 s_1 的程度比方案 s_4 优于方案 s_2 的程度要大，方案 s_1 比 s_4 优的程度最小。不过从本文方法中可得到另外一个信息：方案 s_3 远远优于方案 s_1，这表明方案的区分度得到了改善，这在很多情况下有利于排序。②本文的计算相对简单，易于在实践中推广使用。

5　结　语

考虑到区间数长度、中点、重心点的影响，提出了三参数区间数的排序方法和基于三参数区间数的距离测度公式，此距离公式可以根据决策者经验、风险偏好进行调整，更加符合模糊数的特征，符合客观实际的需要；基于信息熵思想提出了属性值为三参数区间数的属性权重模型，进而提出基于熵权的 TOPSIS 决策方法。本文方法突出了重心点在三参数区间数中的重要性，决策者可以根据实际应用背景进行调整，定性与定量结合更加符合实际需要。本文的研究仅涉及静态条件下模型的构建，如何应用本文的建模思想构建动态条件下三参数区间数的决策模型是笔者下一步的研究方向。

参考文献

[1] Xu Zeshui. Consistency of interval fuzzy preference relations in group decision making [J]. Applied soft computing, 2011, 11 (5): 3898 – 3909.

[2] Nakahara Y., Sasaki M., Gen M. On the linear programming problems with interval coefficients [J]. International journal of computer industrial engineering, 1992 (23): 301 – 304.

[3] Senguta A., Pal T. K., On comparing interval numers [J]. European journal of operation research, 2000, 127 (1): 28 – 43.

[4] Genc S., Boran F. E., Akay D., et al. Interval multiplicative transitivity for consistency, missing values and priority weights of interval fuzzy preference relations [J]. 2010, 180 (24): 4877 – 4891.

[5] 王正新，党耀国，宋传平. 基于区间数的多目标灰色局势决策模型[J]. 控制与决策，2009，24 (3): 388 – 392.

[6] Jahanshahloo G. R., Hosseinzadeh Lotfi F., Davoodi A. R. Extension of TOPSIS for decision – making

problems with interval data: Interval efficiency [J]. Mathematical and ComputerModelling, 2009, 49 (5–6): 1137–1142.

[7] Cao Qingwei, Wu Jian. The extended COWG operators and their application to multiple attribute group decision making problems with interval numbers [J]. Applied mathematicalmodeling, 2011, 35 (5): 2075–2086.

[8] Yue Zhongliang. An extended TOPSIS for determining weights of decision makers with interval numbers [J]. Knowledge–based systems, 2011, 24 (1): 146–153.

[9] 卜广志, 张宇文. 基于三参数区间数的灰色模糊综合评判[J]. 系统工程与电子技术, 2001, 23 (9): 43–45, 62.

[10] Luo Dang. Decision–making methods with three parameter interval grey number [J]. Systems Engineering Theory & Practice, 2009, 29 (1): 124–130.

[11] Luo Dang, Wang Xia. The multi–attribute grey target decision method for attribute value within three–parameter interval grey number [J]. Applied mathematical modeling, 2011, 36 (5): 1957–1963.

[12] 胡启洲, 张卫华, 于莉. 三参数区间数研究及其在决策分析中的应用[J]. 中国工程科学, 2007, 9 (3): 47–51.

[13] Lan Rong, Fan Jiulun. TOPSIS decision–making method for three parameters interval–valued fuzzy sets [J]. Systems Engineering–Theory & Practice, 2009, 29 (5): 129–136.

[14] 朱建军, 宋传平, 刘思峰等. 一类三端点区间数判断矩阵的一致性及权重研究[J]. 系统工程学报, 2008, 23 (1): 22–27.

[15] 朱建军, 刘思峰, 王霭华. 群决策中两类三端点区间数判断矩阵的集结方法[J]. 自动化学报, 2007, 33 (3): 297–301.

[16] 胡丽芳, 关欣, 邓勇等. 一种三角模糊数型多属性决策方法[J]. 控制与决策, 2011, 26 (12): 1877–1880.

[17] Wu Qi, Law R. Fuzzy support vector regression machine with penalizing Gaussian noises on triangular fuzzy number space [J]. Expert Systems with Applications, 2010, 37 (12): 7788–7795.

[18] Wu Ximing, Perloff J. M. GMM estimation of a maximum entropy distribution with interval data [J]. Journal of econometrics, 2007, 38 (2): 532–546.

[19] Li Xiangxin, Wang Kongsen, Liu Liwei, et al. Application of the entropy weight and TOPSIS method in safety evaluation of coal mines [J]. Procedia Engineering, 2011 (26): 2085–2091.

[20] Wang Jianrong, Fan Kai, Wang Wanshan. Integration of fuzzy AHP and FPP with TOPSIS methodology for aeroengine health assessment [J]. Expert systems with applications, 2010, 37 (12): 8516–8526.

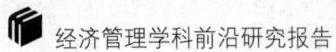
TOPSIS Decision – Making Method with Three-Parameter Interval Number Based on Entropy Measure

Yan Shuli[1,2], Liu Sifeng[1], Zhu Jianjun[1], Fang Zhigeng[1], Liu Jian[3]

(1. College of Economics and Management, Nanjing University of Aeronautics and Astronautics, Nanjing 210016, China; 2. School of Mathematics and Statistics, Henan University of Science and Technology, Luoyang 471003, China; 3. School of Ecnomics & Management, Nanjing University of Science and Technology, Nanjing 210094, China)

Abstract: Ordering method of three – parameter interval numbers and decision – making model are studied in this paper. Firstly, a new method of the possibility ranking based on gravity center, midpoint, and the length of three – parameter interval numbers is proposed. Then, the distance formula of three – parameter numbers is established according to the most likely appearing characteristic of gravity center. Furthermore, a new attributes weight model based on entropy measure of the three – parameter interval numbers is established. Based on the new distance formula and ordering method of three – parameter interval numbers, an uncertain decision making structure is introduced according to the TOPSIS. Finally, numeral example shows the practicality and effectiveness of the proposed method.

Key Words: uncertain decision making; three – parameter interval numbers; entropy measure; TOPSIS

基于随机产出与随机需求的
农产品供应链风险共担合同[*]

凌六一[1]，郭晓龙[1]，胡中菊[2]，梁樑[1]

（1. 中国科学技术大学管理学院，合肥　230026；

2. 中国移动通信集团安徽有限公司淮南分公司，淮南　232000）

【摘　要】本文采用单位价格补贴的风险共担机制，分析了农产品供应链中随机产出和随机需求下供应商—制造商采取不同的风险共担合同对农资投入、供应商、制造商以及整个供应链利润的影响。文中的风险共担合同包括风险无共担合同、需求风险共担合同、产出风险共担合同、产出—需求风险共担合同，结合算例，结论得出：需求风险分担可以使供应链利润增加；产出风险分担可以增加供应商的利润收益，而赋予制造商控制供应商农资投入积极性的权利；产出—需求风险共担合同既能增加供应链及各成员的利润收益，同时还使得双方相互制约、相互协调，促使供应链良好发展。最后，结合非线性补贴的风险分担形式对上述合同的有效性进行了验证，研究表明，不同的补贴形式只在量上对决策存在影响，而本质上的结论并没有变化。

【关键词】农产品供应链；风险共担；随机产出；随机需求；价格补贴

1　引言

受天气、季节等不确定因素的影响，农产品的产出常常呈现一定的随机性，对于投入一定量农资的农产品供应商，其实际产出与预期产出往往会产生一定的差异，这就导致了

——————————————

＊　收稿日期：2010 – 12 – 05；修订日期：2012 – 12 – 30。

基金项目：国家自然科学基金项目（71271197）；国家自然科学基金创新研究群体科学基金项目（71121061）；国家自然科学基金重大国际（地区）合作研究项目（71110107024）。

作者简介：凌六一（1969—），男（汉族），安徽安庆人，中国科学技术大学管理学院，讲师，博士，研究方向：管理科学与工程、供应链管理、应急管理等。

产出不确定风险，同时，以农产品为原料的制造商也面临着产成品需求不确定的风险。正因为如此，农产品供应链比其他产品供应链的风险更加不确定，风险特性更加突出。因此，对产出和需求都呈随机分布的农产品供应链的研究更加具有现实意义，对农产品供应商和制造商的运作管理指导也更有帮助。本文拟用运作管理的方法对此类供应链进行剖析，深度解析供应商和零售商分别采用怎样的风险分担机制对供应链的发展更有意义。另外，本文的相关结论也适用于面临随机产出和随机需求风险的其他产品供应链。下面我们首先回顾关于此类问题的已有研究成果。

对农产品供应链，假定需求呈随机分布的文献较多，且很多致力于供应链的协调[1~3]，而近年来，假定产出为随机变量的研究也在发展[4~5]。随机产出和随机需求是同时存在的，将它们放在一起研究更贴近现实情况。Ali 和 Kumar[6]对信息共享与交流在农产品供应链中的作用进行了研究，指出有效的信息共享与交流能够对决策者做出准确的决策起决定性作用。Li 等[7]以最大化企业效用为目标，推导了产出和需求都为随机的情况下再制造系统的最优收购价格。Güler 等[8]研究了随机产出和随机需求下由一个制造商和多个供应商组成的供应链的协调问题，在此基础上，赵霞等[9]将 Güler 文中的销售价格变为内生变量，进一步分析了产出和需求都呈均匀分布时收益共享合同对生鲜农产品供应链的协调过程。Huang 等[10]对农超对接供应链中影响农户收入的直接影响因素进行了深度剖析，研究指出产出和需求的随机性是重要的影响因素之一，而产出和需求的随机性增加了决策主体的风险性，因此，面对不同的风险，决策主体也不得不调整其策略选择。凌六一等[11]对随机产出与随机需求并存情形下的"农超对接"的交易模式进行了详尽的分析，为新农业的发展提供了实用性的理论指导。Wang 等[12]研究得出，在随机产出和需求不确定下，短期生产系统的最优订购策略是当目前的库存超过了最佳库存时选择不订购，否则才订购，Erdem 等[13]也得出类似的结论。Arrow[14]将影响农户选择共担风险的因素分为共担风险将发生的成本、风险的大小、其他风险与该风险的关系以及决策主体对风险的感知等。供应链共担风险策略会给参与者的决策产生重要影响，Meuwissen 等[15]对农业产业风险共担策略的优缺点进行了综述，结论指出风险共担策略为农户提供了一个应对农业产业独有的新旧风险的较好选择。Xu[16]指出随机产出和随机需求下，采用期权合同能使供应商规避低需求和低价格的风险，使制造商规避高价格和低需求的风险。概括可知，风险共担机制可以降低供应链的管理成本[17]、减少供应链双重边际的影响[18]、增加整个供应链的利润[19~20]。除此之外，风险共担机制还会影响供应链的性能，He 和 Zhang[18]比较了无风险共担合同和四种产出风险共担合同对供应链性能的影响，在此基础上，通过引入二级市场（通过二级市场，供应商可出售产品），He 和 Zhang[21]研究得出风险共担合同对供应链性能也会产生重要影响。与 He 和 Zhang[18]通过价格补贴来实现产出风险共担的机制不同，He 和 Zhang[21]的风险共担机制是通过最低交货量承诺合同来实现的。此外，凌六一等[22]也对不同交易市场下的公司加农户交易模式所在的供应链进行了详尽的协调分析，对农产品供应链的可持续发展提供了理论支持。

风险共担是促进供应链成员之间良好合作的一个重要措施，然而，现有的风险共担策略大多集中于共担产出风险或共担需求风险中的一个方面，同时考虑共担两种风险的文献几乎没有。因此，本文利用价格补贴模式研究了农产品供应商和制造商同时共担产出风险和需求风险时对农资投入和供应链利润的影响，并将其与供应商—制造商只共担一种风险和无风险共担时的供应链利润进行对比分析。最后，论文结合算例对农产品供应链参与者之间就如何选择风险共担策略提出了指导和建议。

2 问题描述与变量说明

本文研究的农产品供应链，包含一个农产品供应商和以农产品为原料的制造商，由于天气、季节等因素的影响，供应商投入一定量的农资后，其实际产出是一个随机变量，同时，以农产品为原料的制造商将加工过的农产品在消费市场出售，其需求也是一个个随机变量。供应商和制造商在农资投入前签订批发价—订购量合同，其中，批发价由双方谈判决定，订购量由制造商根据自身的生产规模和对市场的观察决定，在制造商决定订购量后，供应商根据制造商的订购量和观察到的农产品产出的随机性决定农资投入数。在农产品产出后，供应商向制造商提供农产品，如果供应商实际产出超出了订购量，则供应商自行处理多余部分，将获得单位残值收益 ω_o，如果供应商实际产出不足订购量，对差额部分供应商将发生单位缺货成本 ω_u，即供应商为制造商补充缺货所付出的成本。在制造商获得农产品后，进行加工生产并出售，如果实际需求小于其提供的产成品数量，制造商将获得残值。产出的随机性使得供应商面临着产出风险，需求的随机性使得制造商面临需求风险。

下面对文中部分变量的符号及含义进行说明：

ω：供应商出售单位农产品给制造商时的批发价，由双方在合同签订时谈判确定；

p：制造商将农产品加工成产成品后的销售价格；

q：制造商向供应商订购的农产品数量；

c：供应商投入农资的单位成本；

ω_o：供应商自行处理过剩部分产出所获得的单位残值收益，且 $\omega_o < c$；

ω_u：供应商实际产出不足时发生单位缺货成本，且 $\omega < \omega_u$；

t：供应商的农资投入量；

Y：产出随机因子，为随机变量，其分布函数为 $F(y)$，概率密度函数为 $f(y)$，且 $E(Y) = \mu$，Yt 则表示供应商的实际产出；

X：产成品市场需求，其分布函数为 $G(x)$，概率密度函数为 $g(x)$；

π_s、π_m、π_t 分别表示供应商、制造商及整个供应链的利润。

3　风险共担合同设计与分析

本章节将从四个方面详细介绍不同的风险共担合同：风险无共担合同、需求风险共担合同、产出风险共担合同以及产出—需求风险共担合同。对于风险共担合同，其风险共担机制采用单位价格补贴的方式，与批发价一致，风险共担合同的价格补贴参数由供应商和制造商谈判决定。为简化计算且不影响结论，假定制造商的单位生产成本为 0，残值收益也为 0，同时定义不同合同下的农资投入系数为 $h_i = t_i/q_i$，（$i = 1, 2, 3, 4$）。此外，为验证风险共担合同的有效性，本文第四节对非线性的风险共担机制进行了分析，发现其结论与线性的单位价格补贴相一致。

3.1　风险无共担合同（NRSC）

风险无共担合同下，供应商独自承担所有产出风险，制造商独自承担所有需求风险。到合同执行期，供应商向制造商提供 q 单位的农产品，制造商按事先确定的合同价 ω 支付给供应商。所以可将供应商利润函数表示为：

$$\pi_{s1} = \omega q - \omega_u E_Y \left[(q - Yt)^+ \right] + \omega_o E_Y \left[(Yt - q)^+ \right] - ct \tag{1}$$

其中第一部分表示供应商从制造商处获得的产品订购资金，第二部分与第三部分分别表示产出不足时的缺货损失与产出过剩所得的产品残值，最后一部分表示供应商的初期投入成本。

在制造商从供应商处获得充足的材料供应以及市场需求得到确认后，制造商所得利润如下：

$$\pi_{m1} = pE_X \left[\min\{q, X\} \right] - \omega q \tag{2}$$

即制造商的利润收益为产成品所得销售收入与产品材料成本之差。

命题 1　在风险无共担的情况下，存在一组最优的（q_1^*，t_1^*）使得供应商与零售商利润收益最大，并且满足：

$$q_1^* = G^{-1}\left(\frac{p - \omega}{p} \right) \tag{3}$$

$$\int_{q_{10}^*/t_1^*} yf(y)dy = \frac{c - \mu\omega_o}{\omega_u - \omega_o} \tag{4}$$

证明：首先由制造商利润函数可知，$\partial^2 \pi_{p1}/(\partial q^2) = -pg(q) < 0$，即制造商存在利润最优值。因此由其一阶条件可以求得制造商最优订购量为 $q_1^* = G^{-1}((p - \omega)/p)$。

在供应商得到制造商的农产品订购量以及采购批发价后，由供应商利润函数可知 $\partial^2 \pi_{s1}/\partial t^2 = -(\omega_u - \omega_o)f(q/t)q^2/t^3 < 0$，即供应商存在利润最大值，利用一阶条件可得最优农资投入量满足 $\int_{q_1^*/t_{10}^*} yf(y)dy = \frac{c - \mu\omega_o}{\omega_u - \omega_o}$。证毕。

由于 $h_1 = t_1/q_1$，因此有 $\int_0^1 1/h_1 \, yf(y)dy = (c - \mu\omega_o)/(\omega_u - \omega_o)$，由此可知 h_1 是由供应商单位成本 c、单位缺货成本 ω_u、单位残值收益 ω_o 决定，且 h_1 与供应商的单位缺货成本与单位残值收益的差值正相关。在给定的合同参数下，可求得 h_1 的具体值。而制造商的最优订购量与农产品批发价 ω、产成品销售价 p 以及需求分布函数 $G(x)$ 有关。因为 $t_1^*(q_1^*) = h_1 q_1^*$，由此可得出供应商的最优农资投入量。

3.2 需求风险共担合同 （DRSC）

需求风险共担合同下，供应商除承担所有产出不确定风险外，还将承担部分制造商面临的需求不确定风险，需求风险共担的实现机制是供应商对制造商未出售的部分给予单位补偿 v，因此，供应商与制造商的利润函数分别为：

$$\pi_{s2} = \omega q - \omega_u E_Y[(q - Yt)^+] - ct + \omega_o E_Y[Yt - q]^+ - vE_X[(q - X)^+] \tag{5}$$

$$\pi_{m2} = pE_X[\min\{q, X\}] - \omega q + vE_X[(q - X)^+] \tag{6}$$

其中式（5）中的最后一部分即表示在需求风险共担合同下供应商为制造商承担的部分风险成本；同理，式（6）中最后一部分表示的则是此种合同机制下制造商从供应商处获得的风险补偿。

命题 2 在需求风险共担的情况下，存在一组最优的（q_2^*，t_2^*）使得供应商与零售商利润收益最大，并且满足：

$$q_2^* = G^{-1}\left(\frac{p - \omega}{p - v}\right) \tag{7}$$

$$\int_0^{q_2^*/t_2^*} yf(y)dy = \frac{c - \mu\omega_o}{\omega_u - \omega_o} \tag{8}$$

证明同命题1，略。

由式（4）与式（8）可知，$q_1^*/t_1^* = q_2^*/t_2^*$ 即 $h_1^* = h_2^*$，因此需求风险共担不会影响制造商订购量与供应商农资投入的比值。即供应商的农资投入与制造商订购量呈正向线性关系。而与风险无共担情形不同的是，制造商的最优订购量发生了变化，它不仅与农产品批发价 ω、产成品销售价 p 以及需求分布函数 $G(x)$ 有关，而且还受到供应商的单位补偿 v 的影响。因为 $q = G^{-1(m)}$ 中，q 是 m 的增函数，而且（$p - \omega$）/（$p - v$）>（$p - \omega$）/p，所以可得 $q_2^* > q_1^*$。由于 $t_i^*(q_i^*) = h_i q_i^*$，所以，可得 $t_2^* > t_1^*$。综上，相对风险无共担合同，需求风险共担合同可以促进制造商的订购积极性，进而供应商为了满足制造商订购需求而增加农资投入，且两者最终的比例保持不变。

3.3 产出风险共担合同 （YRSC）

由于供应商农产品的产量随着自然因素等因素的变化而变化，若产量不能满足制造商的订购量则将产生缺货成本，而在产量大于订购量时供应商仅能获得相应的部分残值，因此供应商存在产出不确定的风险。而产出风险共担合同就是制造商承担部分供应商面临的产出不确定带来的经济损失。合同的实现机制是当供应商的实际产出大于制造商的订购量时，对于多出部分，制造商将给予供应商单位补偿 ω_e；当供应商的实际产出小于制造商的订购量时，对于短缺的部分，制造商将对供应商发生的单位缺货成本给予单位补偿 ω_b。由此可得供应商与制造商的利润函数分别为：

$$\pi_{s3} = \omega q - (\omega_u - \omega_b) E_Y \left[(q - Yt)^+ \right] + (\omega_o - \omega_e) E_Y \left[(Yt - q)^+ \right] - ct \qquad (9)$$

$$\pi_{m3} = pE_X \left[\min\{q, X\} \right] - \omega q + \omega_b E_Y \left[(q - Yt)^+ \right] - \omega_e E_Y \left[(Yt - q)^+ \right] \qquad (10)$$

其中，式（10）中的后两部分表示的是制造商为供应商分担的部分产出不确定带来的损失，而式（9）中的第二、第三两部分表示的是在获得制造商分担后的产出不确定带来的损失。

命题 3 在产出风险共担的情况下，存在一组最优的（q_3^*，t_3^*）使得供应商与零售商利润收益最大，并且满足：

$$q_3^* = G^{-1} \left(\frac{p - \omega - \lambda - \mu h_3 \omega_e + \omega_e}{p} \right) \qquad (11)$$

$$\int_0^{q_3^* / t_3^*} yf(y) \, dy = \frac{c - \mu(\omega_o + \omega_e)}{\omega_u - \omega_b - \omega_e - \omega_o} \qquad (12)$$

其中 $\lambda = (\omega_b + \omega_e) \int_0^{1/h_3} (1 - h_3 y) f(y) \, dy$。

证明同命题 1，略。

因为 $h_3 = t_3 / q_3$，从而通过式（12）可知 h_3 是由供应商单位成本 c、单位缺货成本 ω_u、单位残值收益 ω_o 以及制造商共担产出风险给予的超量单位补偿 ω_e 和差额单位补偿 ω_b 决定，在合同中其他因素确定的情况下，可通过式（12）求得 h_3 的具体值。

与风险无共担和需求风险共担不同的是，在产出风险共担合同下，由于制造商为供应商分担产出风险，从而导致制造商利润与供应商产量存在联系，即制造商利润与供应商农资投入存在一定的关联，因此，制造商的最优订购量的决策将受到供应商农资投入量的影响。由命题 3 式（11）可知制造商的最优订购量与农产品批发价 ω、产成品销售价 p、制造商共担产出风险给予的超量单位补偿 ω_e 和差额单位补偿 ω_b、农资投入系数 h_3 以及需求分布函数 G（x）有关。又因为 $t_3^*（q_3^*） = h_3 q_3^*$，进而可得到供应商的最优农资投入量。

3.4 产出—需求风险共担合同（Y – DRSC）

本小节对制造商与供应商相互分担对方的产出风险和需求风险，即供应商分担部分制造商面临的需求不确定风险，而制造商分担部分供应商面临的产出不确定风险。根据合同机制，可得供应商与制造商的利润收益函数为：

$$\pi_{s4} = \omega q - vE_X \left[(q - X)^+ \right] - ct - (\omega_u - \omega_b) E_Y \left[(q - Yt)^+ \right] + (\omega_o + \omega_e) E_Y \left[(Yt - q)^+ \right] \qquad (13)$$

$$\pi_{m4} = pE_X \left[\min\{q, X\} \right] - \omega q - \omega_b E_Y \left[(q - Yt)^+ \right] - \omega_e E_Y \left[(Yt - q)^+ \right] + vE_X$$

$$\left[\left(q - X \right)^{+} \right] \tag{14}$$

其中式（14）中的第三、第四两部分表示的是制造商为供应商分担产出风险的数量，而最后一部分表示的是供应商为制造商分担的需求不确定带来的损失数量。

命题4 在产出—需求风险共担的情况下，存在一组最优的 $\left(q_4^{*}, t_4^{*} \right)$ 使得供应商与零售商利润收益最大，并且满足：

$$q_4^{*} = G^{-1} \left(\frac{p - \omega - \beta - \mu h_4 \omega_e + \omega_e}{p - v} \right) \tag{15}$$

$$\int_0^{q_4^{*} / t_4^{*}} y f(y) \, dy = \frac{c - \mu(\omega_o + \omega_e)}{\omega_u - \omega_b - \omega_e - \omega_o} \tag{16}$$

其中 $\beta = (\omega_b + \omega_e) \int_0^{1/h_4} (1 - h_4 y) f(y) \, dy$。

证明同命题1，略。

由式（11）与式（15）可知，$h_3^{*} = h_4^{*}$，即在产出风险共担的情况下，供应商为制造商分担需求风险不会影响制造商订购量与供应商农资投入之间的比值关系。即此时制造商订购量与供应商农资投入呈正向线性关系。又因为 $\dfrac{p - \omega - \beta - \mu h_4 \omega_e + \omega_e}{p - v} > \dfrac{p - \omega - \lambda - \mu h_3 \omega_e + \omega_e}{p}$，因此根据式（11）与式（15）可知 $q_4^{*} > q_3^{*}$，从而有 $t_4^{*} > t_3^{*}$。因此相对于产出风险共担合同，产出—需求风险共担合同能够使制造商订购量与供应商农资投入同时增加，且两者比例保持不变。

3.5 比较分析

通过对上述四种风险分担合同的分析，我们能够得到以下结论。

命题5 在不同合同下的最优决策中，需求风险共担能够刺激制造商的订购量，即 $q_2^{*} > q_1^{*}$，$q_4^{*} > q_3^{*}$。

此结果可以从命题2与命题4的分析中得到。这是因为需求风险共担使得制造商的产品销售风险降低，从而降低了制造商在产品市场需求上的顾虑，进而导致制造商农产品订购量增加，因此供应商可以通过需求共担的方式促使制造商提高订货量，从而获得更大的利润收益。

命题6 在不同合同下的最优决策中，产出风险共担能够刺激供应商改变农资投入量与制造商订购量的比例：

当 $\omega_b / \omega_e > (\mu \omega_u - c) / (c - \omega_o)$ 时，$h_3^{*} = h_4^{*} < h_1^{*} = h_2^{*}$；

当 $\omega_b / \omega_e = (\mu \omega_u - c) / (c - \omega_o)$ 时，$h_3^{*} = h_4^{*} = h_1^{*} = h_2^{*}$；

当 $\omega_b / \omega_e < (\mu \omega_u - c) / (c - \omega_o)$ 时，$h_3^{*} = h_4^{*} > h_1^{*} = h_2^{*}$。

证明：由式（4）与式（12）可知，当 $\dfrac{c - \mu(\omega_o + \omega_e)}{\omega_u - \omega_b - \omega_e - \omega_o} = \dfrac{c - \mu \omega_o}{\omega_u - \omega_o}$ 时，有 $h_3^{*} = h_1^{*}$。而对上述不等式化简可得 $\omega_b / \omega_e = (\mu \omega_n - c) / (c - \omega_o)$。进而可以得到：

当 $\omega_b/\omega_e > (\mu\omega_u - c)/(c - \omega_o)$ 时，$h_3^* < h_1^*$；当 $\omega_b/\omega_e = (\mu\omega_u - c)/(c - \omega_o)$ 时，$h_3^* = h_1^*$；当 $\omega_b/\omega_e < (\mu\omega_u - c)/(c - \omega_o)$ 时，$h_3^* > h_1^*$。

又由命题 2 和命题 4 中的证明即可得上述结论。

由此命题可以看出，当制造商为供应商分担产出风险时，可以改变供应商的投入比例，这是因为当制造商对产出不足与过剩的分担比例不同时，可以使得供应商产出不足与过剩的风险损失发生变化，从而导致供应商对产出不足与产出过剩的偏好发生变化，因此导致投入比例的变化。因此，制造商可以通过改变针对产出不足与产出过剩的分担比例，驱使供应商做出对制造商以及供应链更为有效的决策。

综上可知，相对于风险无共担合同和产出风险共担合同，需求风险共担合同和产出—需求风险共担合同使得制造商订购量增加，进而使得供应商农资投入也增加，所以，需求风险的共担对制造商订购量起促进作用，而对供应商农资投入比例无影响。而相对于风险无共担合同和需求风险共担合同，产出风险共担合同和产出—需求风险共担合同使得供应商农资投入比例发生变化，通过改变对产出不足与产出过剩的分担比例，可以使供应商做出不同的农资投入决策。

4 风险分担的非线性补偿分析

为了进一步验证上述各种风险分担合同的有效性，本节对风险分担的非线性补偿形式进行进一步的分析。首先，我们对需求风险共担合同进行分析，其次，相似地可以得到产出风险共担合同以及产出—需求风险共担合同的结论。

首先我们对需求风险共担合同进行分析。同 3.2 中的分析，在需求风险共担合同下，供应商除承担所有产出不确定风险外，还将为制造商承担部分的需求风险。此时，我们假设供应商根据制造商未出售的产品数量 $q - X$，给予 $v\ln(q - X)$ 的补偿，此处我们假设剩余的产品数量大于 1 个。此时，供应商与制造商的利润函数分别为：

$$\pi_{s2} = \omega q - \omega_u E_Y[(q - Yt)^+] - ct + \omega_o E_Y[(Yt - q)^+] - 1_{q-X} E_X[v\ln(q - X)] \qquad (17)$$

$$\pi_{m2} = p E_X[\min\{q, X\}] - \omega q + 1_{q-X} E_X[v\ln(q - X)] \qquad (18)$$

其中 $1_{q-X} = \begin{cases} 1, & q - X > 0 \\ 0, & q - X \leqslant 0 \end{cases}$

命题 7 在考虑非线性补偿的需求风险共担合同下，存在一组最优的 (q_2^{**}, t_2^{**}) 使得供应商与零售商利润收益最大，并且满足：

$$p(1 - G(q_2^{**})) - \omega + v \int_0^{q_2^{**}} \frac{g(x)}{q_2^{**} - x} dx = 0 \qquad (19)$$

$$\int_0^{q_2^{**}/t_2^{**}} y f(y) dy = \frac{c - \mu\omega_o}{\omega_u - \omega_o} \qquad (20)$$

证明同命题 1，略。

通过命题 7 与命题 2 的比较可以发现，变化了的补偿形式对制造商的决策带来了影响，而供应商的反应函数仍然保持不变。通过下面的命题我们可以看出风险补偿的形式并不影响合同的结论。

命题 8 在考虑非线性补偿的需求风险共担合同下，制造商的决策是补偿基数 v 的减函数。

通过对式（19）关于 v 求 q_2^{**} 的偏导数，可以很容易地发现 q_2^{**} 是 v 的减函数。命题 8 说明无论是线性的补偿形式还是非线性的补偿形式，需求风险共担合同给制造商和供应商决策上带来的影响在本质上是相同的，不同的只是在改变的量上的变化。即补偿的形式并不影响合同的效果。根据同样的思路，我们可以很容易地证明在产出风险共担合同和产出—需求风险共担合同两种合同下也存在着相同的结论。

5 算 例

本节中，我们从算例的角度更加直观地展示各种风险分担合同给供应链及其成员带来的影响。

表 1 几种风险共担合同下的协调参数分析

合同机制	参数取值	h^*	t^*	q^*	π_s	π_m	π_t
NRSC DRSC (v)	—	1.05	70.01	66.67	57.24	116.67	173.90
	0.1	1.05	70.31	66.95	57.19	116.95	174.14
	0.3	1.05	70.94	67.54	57.07	117.54	174.61
	0.5	1.05	71.61	68.18	56.89	118.18	175.07
	0.7	1.05	72.33	68.87	56.64	118.87	175.50
	0.9	1.05	73.10	69.61	56.30	119.61	175.91
YRSC (w_b, w_e)	(0.3, 0.1)	1.04	69.47	66.52	58.26	115.22	173.47
	(0.2, 0.1)	1.05	69.89	66.55	58.08	115.72	173.80
	(0.1, 0.3)	1.08	71.79	66.39	58.98	114.48	173.46
	(0.5, 0.2)	1.04	69.30	66.40	59.10	114.57	173.67
	(0.5, 0.25)	1.05	69.70	66.37	59.33	114.31	173.65
	(0.2, 0.5)	1.10	73.30	66.13	60.35	112.39	172.74

续表

合同机制	参数取值	h^*	t^*	q^*	π_s	π_m	π_t
Y – DRSC (v, ω_b, ω_e)	(0.1, 0.3, 0.1)	1.04	69.76	66.80	58.23	115.79	174.01
	(0.1, 0.2, 0.1)	1.05	70.18	66.83	58.04	116.00	174.04
	(0.1, 0.1, 0.3)	1.08	72.09	66.67	58.95	114.76	173.71
	(0.3, 0.3, 0.1)	1.04	70.38	67.39	58.12	116.37	174.49
	(0.3, 0.2, 0.1)	1.05	70.80	67.42	57.93	116.59	174.52
	(0.3, 0.1, 0.3)	1.08	72.72	67.26	58.85	115.33	174.19
	(0.5, 0.5, 0.2)	1.04	70.85	67.89	58.83	116.03	174.86
	(0.5, 0.5, 0.25)	1.05	71.27	67.86	59.07	115.78	174.84
	(0.5, 0.2, 0.5)	1.10	74.93	67.60	60.13	113.81	173.95

由于合同的效果及结论不受补偿形式的影响，为了得到更加直观易懂的数据结果，我们在此部分中采用线性补偿的风险分担形式。假设某种农产品供应链的相关参数如下：$c = 3$，$\omega = 4$，$p = 6$，$\omega_u = 5$，$\omega_o = 2$，$Y \sim U(0.8, 1.2)$，$E(Y) = \mu = 1$，$X \sim U(50, 100)$，$v = \{0.1, 0.3, 0.5, 0.7, 0.9\}$，$\{\omega_b, \omega_e\} = \{(0.3, 0.1), (0.2, 0.1), (0.1, 0.3), (0.5, 0.2), (0.5, 0.25), (0.2, 0.5)\}$，计算结果如表 1 所示。

通过对表 1 分析可以得到以下结论：

（1）"增加"供应商为制造商分担需求风险的比例，可以降低制造商对市场需求的顾虑，刺激制造商的产品订购数量，从而带动供应商的农资投入数量。然而，这并不能改变供应商的农资投入比例，即供应商与制造商之间的需求风险分担不会影响供应商对农产品投入的积极性。

（2）随着零售商分担制造商需求风险比例的增加，供应商所得利润逐渐降低，而制造商与供应链总收益均有所增加，这是因为供应链中的相关风险得到适当分担，从而使双方做出的决策对供应链更加有利，而制造商的部分风险损失通过供应商回购转移给供应商，从而导致制造商期望利润增加而供应商的有所降低。

（3）而对于产出风险共担合同，由于制造商承担部分供应商由于产出不确定而导致的损失，因此使得制造商在订购时更加谨慎，这在一定程度上使得制造商的订购数量有所降低。然而，制造商可以通过改变对产出不足和产出过剩的分担比例，改变供应商农资投入的积极性。当对产出不足的分担比例较大时，供应商的农资投入积极性将有所降低，以便得到更有利的补偿；相反，当制造商对产出过剩的分担较大时，供应商的农资投入积极性将增加。

（4）当制造商为供应商分担产出风险时，可以使得供应商的利润收益增加，而制造商本身与供应链总收益均有所降低，这是因为内部的风险转移使得双方的决策发生变化，导致制造商订购量变得更低，从而使期望收益降低。

综上，针对供应链中供应商与制造商所处的不同地位，可以做出对自身最为有利的决策。若制造商处于供应链的主导地位，他将建立需求风险共担合同，通过回扣补偿等措施让供应商承担部分供应链风险，从而获得更大的利润收益；当供应商处于供应链的绝对主导地位时，他可以建立产出风险共担合同，使制造商承担部分产出不确定带来的风险损失，以获得更加可观的收益，同时，制造商可以通过设定对产出不足与产出过剩的分担比例来刺激供应商的生产资金投入。

6 结 语

通过价格补贴的风险分担机制，本文研究了农产品供应链随机产出和随机需求下供应商—制造商的风险共担问题。论文讨论了风险无共担合同、需求风险共担合同、产出风险共担合同和产出—需求风险共担合同四种风险共担合同下供应商—制造商的最优农资投入和最优订购量，从而对双方资金投入积极性进行分析。然后通过具体的数值计算来比较不同的风险共担策略对农资投入、供应商、制造商以及整个供应链的利润产生的影响。结合数值计算可知，在一定的合同参数设置内，需求风险共担合同是风险无共担合同的一个改进；而产出—需求共担合同是产出风险共担的一个改进；即无论是否存在产出风险共担，增加需求风险共担能够使供应链收益增加，并且供应商分担的需求风险越大，制造商与供应链的利润也越高。而制造商分担的产出风险越大，供应链的收益将越小，因为内部的风险转移只增加了双方的双重边际成本，将使得供应链的总收益降低，而产出风险共担的意义在于供应商获得相对较高的利润收益，而制造商掌握着控制供应商农资投入积极性的权利。因此，综合需求风险分担与产出风险分担的优点，合理的产出—需求风险分担合同可以使供应链及各成员的利润收益增加，又能使供应商与制造商获得不同的控制权利，相互影响，相互协调，从而促进供应链的发展成熟。

参考文献

[1] Burer S., Jones P. C., Lowe T. J. Coordinating the supply chain in the agricultural seed industry [J]. European Journal of Operational Research, 2008, 185 (1): 354 – 377.

[2] Cao Xiyu, Qin Yuanhuan, Lu Ronghua. Quantity flexibility contract with effort cost sharing in perishable product's supply chain [C]. Second International Symposium on Knowledge Acquisition and Modeling, Wuhan, 2009.

[3] Schipmann C., Qaim M. Supply chain differentiation, contract agriculture, and farmers' marketing preferences: The case of sweet pepper in Thailand [J]. Food Policy, 2011, 36 (5): 667 – 677.

[4] Ben – Zvi T., Grosfeld – Nir A. Serial production systems with random yield and rigid demand: A heuristic [J]. Operations Research Letters, 2007, 35 (2): 235 – 244.

[5] Kelle P., Transchel S., Minner S. Buyer – supplier cooperation and negotiation support with random yield consideration [J]. International Journal of Production Economics, 2009, 118 (1): 152 – 159.

［6］ Aii J. , Kumar S. Information and communication technologies （ICTs） and farmers' decision – making across the agricultural supply chain ［J］. International Journal of Information Management, 2011, 31 （2）: 149 – 159.

［7］ Li Xiang, Li Yongjian, Cai Xiaoqiang. Collection pricing decision in a remanufacturing system considering random yield and random demand ［J］. Systems Engineering Theory & Practice, 2009, 29 （8）: 19 – 27.

［8］ Güler M. G. , Bilgic T. On coordinating an assembly system under random yield and random demand ［J］. European Journal of Operational Research, 2009, 196 （1）: 342 – 350.

［9］ 赵霞，吴方卫. 随机产出与需求下农产品供应链协调的收益共享合同研究［J］. 中国管理科学, 2009, 17 （5）: 88 – 95.

［10］ Huang Zeyu, Xu Xiaobing, Zhou Tao. The research on the Influencing factors of farmers' income in supply chain of agricultural super docking ［J］. Advance in Applied Economics and Finance, 2012, 1 （4）: 207 – 209.

［11］ 凌六一，胡中菊，郭晓龙. 随机产出和随机需求下"农超对接"模式的分析与协调［J］. 系统工程, 2011, 29 （9）: 36 – 40.

［12］ Wang Yunzeng, Gerchak Y. Periodic review production models with variable capacity, random yield, and uncertain demand ［J］. Management Science, 1996, 42 （1）: 130 – 137.

［13］ Erdem A. S. , Özekici S. Inventory models with random yield in a random environment ［J］. International Journal of Production Economics, 2002, 78 （3）: 239 – 253.

［14］ Arrow K. The theory of risk – bearing: Small and great risks ［J］. Journal of Risk and Uncertainty, 1996, 12 （2 – 3）: 103 – 111.

［15］ Meuwissen M. P. M. , Hardaker J. B. , Huirne R. B. M. , et al. Sharing risks in agriculture: principles and empirical results ［J］. NJAS – Wageningen Journal of Life Sciences, 2001, 49 （4）: 343 – 356.

［16］ Xu He. Managing production and procurement through option contracts in supply chains with random yield ［J］. International Journal of Production Economics, 2010, 126 （2）: 306 – 313.

［17］ Li C. L. , Kouvelis P. Flexible and risk – sharing supply contracts under price uncertainty ［J］. Management Science, 1999, 45 （10）: 1378 – 1398.

［18］ He Yuanjie, Zhang Jiang. Random yield risk sharing in a two – level supply chain ［J］. International Journal of Production Economics, 2008, 112 （2）: 769 – 781.

［19］ Scheller – Wolf A. , Tayur S. Risk sharing in supply chains using order bands—Analytical results and managerial insights ［J］. International Journal of Production Economics, 2009, 121 （2）: 715 – 727.

［20］ 马士华，李果. 供应商产出随机下基于风险共担的供应链协同模型［J］. 计算机集成制造系统, 2010, 16 （3）: 563 – 572.

［21］ He Yuan jie, Zhang Jiang. Random yield supply chain with a yield dependent secondary market ［J］. European Journal of Operational Research, 2010, 206 （1）: 221 – 230.

［22］ 凌六一，胡中菊，郭晓龙等. 单一市场和组合市场下的"公司加农户"交易模式分析［J］. 系统管理学报, 2012, 21 （3）: 289 – 294.

The Risk-sharing Contracts under Random Yield and Stochastic Demand in Agricultural Supply Chain

Ling Liuyi[1], Guo Xiaolong[1], Hu Zhongju[2], Liang Liang[1]

(1. School of Management, University of Science and Technology of China, Hefei 230026, China; 2. Huainan Branch, China Mobile Group Anhui Co. LTD., Huainan, 232000, China)

Abstract: The yield of the crops is influenced by the natural environment heavily, as a result of the changes of weather and seasons, the yield of the crops are stochastic. Considering the stochastic characters of the market demand, the agricultural supply chain faces both yield uncertainty and demand uncertainty. Consequently, how to design an efficiency contract to reduce the harm of the uncertainties is an urgent problem for both the supplier and manufacturer in the agricultural supply chain. Through adopting apric – subsidies' risk – sharing mechanism, it is analyzed that different risk – sharing contracts which supplier and manufacturer used will bring the differences of agricultural investment, supplier's profit, manufacturer's profit and entire supply chain's profit. The risk – sharing contracts in the paper include no risk – sharing contract, yield risk – sharing contract, demand risk – sharing contract and yield – demand risk – sharing contract. Combined with numerical calculation, it is concluded that sharing the risk of demand could increase the profits of the chain and each firm, while by sharing the yield risk, the manufacturer can change the investment proportion of the supplier, and the yield – demand risk sharing is benefit for both the supplier and the manufacturer. They construal and coordinate each other to prompt the supply chain's development. In addition, the non – linear price – subsidies' risk – sharing mechanism for the risk – sharing contracts is shown as an exampie. The analysis shows that the form of the price – subsidies can only influence the decisions quantitatively, while the findings are substantially the same.

Key Words: agricultural supply chain; risk – sharing; random yield; stochastic demand; price – subsidies

企业间高管联结与并购溢价决策

——基于组织间模仿理论的实证研究[*]

陈仕华，卢昌崇

（东北财经大学工商管理学院，大连 116025）

【摘　要】本文从企业间网络视角基于组织间模仿理论研究企业间高管联结对并购溢价决策行为的影响。文章基于我国 A 股上市公司 2004～2010 年 917 对企业的并购溢价数据，研究发现：①公司的并购溢价决策存在组织间模仿行为，即联结企业在之前并购中支付的溢价水平对目标企业之后进行并购的溢价水平有显著的正向影响；在进一步考察"模仿三定律"对并购溢价决策的组织间模仿行为的调节效应时，本文发现：②并购溢价决策的组织间模仿行为服从"逻辑模仿律"和"先内后外律"，即联结企业支付的并购溢价水平越低，或者联结企业与目标企业属于同一行业，联结企业并购溢价与目标企业并购溢价之间的正相关关系越强；③并购溢价决策的组织间模仿行为不服从"模仿级数律"，即目标企业在企业网络中的集中度，并不调节联结企业并购溢价与目标企业并购溢价之间的关系，而是对目标企业并购溢价有显著的主效应影响（目标企业的网络集中度越高，并购中支付的溢价水平越低）。上述发现不仅在理论上表明企业间网络关系会影响公司高管的并购溢价决策，同时也在实践上为我国上市公司并购决策提供了有益启示。

【关键词】企业间高管联结；组织间模仿理论；并购溢价决策；实证研究

* 基金项目：国家自然科学基金青年项目（批准号：71002093），国家社会科学基金重大招标项目（批准号：10zd&035），国家社会科学基金青年项目（批准号：12CGL027），中国博士后科学基金第四十九批面上项目（资助编号：20110490766），中国博士后科学基金第五批特别资助项目（资助编号：2012T50222），"长江学者和创新团队发计划资助"（资助编号：IRT0926），2012 年"辽宁省高等学校杰出青年学者成长计划"（资助编号：WJQ2012022）的资助。

感谢硕士研究生廖畅、姜广省在数据收集和处理过程中的帮助。文责自负。

1 引言

现有研究表明，并购并不一定会为并购方股东创造价值，而这至少要部分地归因于并购中支付较高的并购溢价（Hunter & Jagtiani，2003）。那么，哪些因素会影响并购方支付的溢价水平呢？对此问题的解答主要集中于三个层面：一是市场层面，如市场竞价假说。这种假说认为，在并购过程中出现（一个或多个）竞争者时，对被并公司控制权的争夺会变得激烈，并购方为了获得被并公司控制权，会支付相对较高的并购溢价（Slusky & Caves，1991）。二是企业层面，如协同效应假说，这种假说认为，当并购双方资产以某种方式组合在一起时，其效果要好于两者独立存在的效果之和，因此并购双方的协同程度越高，并购方愿意支付的溢价水平也越高（Sirower，1997）。三是高管层面，如委托—代理假说、过度自信假说。委托—代理假说认为，由于高管是为自己利益而非股东利益行事，并购活动只是为了提升高管声誉、权力和薪酬等个人私利，至于溢价水平以及是否为股东创造价值，似乎不在高管的兴趣之列（Jensen & Meckling，1976）；过度自信假说认为，由于高管倾向于高估自己的能力，在评价被并公司未来产生的收益时过分乐观，因此在并购时倾向于过度支付（Roll，1986）。

前两个层面的研究倾向于将企业作为分析单位，忽略了并购决策主体——高管的作用，企业成为一个"没有人的组织"。高管层面的研究虽然关注到高管在并购决策中的作用，但这些研究要么将高管看成是同质的、完全理性的（理性自利的代理人）（Hayward & Hambrick，1997），要么仅关注高管的某些行为方面特征（如过度自信），鲜有文献关注高管的认知因素可能给公司并购决策行为带来的影响（Beckman & HaunSchild，2002）。实际上，高阶理论（Hambrick & Mason，1984）的研究已经表明，代表高管认知基础和价值观的人口统计特征（如年龄、性别、教育背景、职业路径等）及其异质性会影响诸多方面的企业行为，企业的并购行为亦不例外（Scott & Davis，2006；Finkelstein et al.，2009）。但鉴于现有高阶理论研究经常重点关注高管团队的自然属性，忽略了社会关系属性（Shipilov & Danis，2006），因此本文重点考察高管的社会关系属性对公司并购行为的影响。

同时，由于我国转型经济环境的特殊性，社会关系网络作为正式制度的一种替代机制，已经成为企业生存和发展的重要方式，甚至有学者将我国的这种情况称为"网络资本主义"（Boxiot & Child，1996）。不过，由于转型背景下政府角色的特殊作用，国内现有文献主要关注高管与政府的联结关系对并购行为的影响。如潘红波等（2008）基于2001～2005年地方国企并购样本，发现营利性公司的高管政治关联与并购绩效正相关。李善民等（2009）基于2001～2006年上市公司并购数据，发现高管政治关联有助于企业进行多元化并购，并且倾向于进入那些与主业无关的高利润行业。实际上，除了政治联结关系之外,高管建立的企业间联结关系也非常重要。比如,Peng 和 Luo (2000)在将高管社会联结分为与政府官员的联结和与其他企业高管的联结之后,基于我国高管的 127 份问卷调查数据研究发现,这两类社会联结都对企业绩效有显著的影响。陈仕华、马超(2011)研究表明,存在高管联结的公司在捐款行为方面表现出一致性,即如果目标公司捐款,联结公司捐款的可能性增大。企业间高管联结,是指由同时兼任两家或多家企业的高管在这些企业之间形成的联结关系①。这种情况在国上市公司较为普遍,比如,在本文使用的 2004~2010 年企业间高管联结数据中,拥有企业间高管联结的企业数占全体上市公司总数的一半左右,具体情况如表 1 所示。有鉴于此,本文基于我国上市公司企业间高管联结数据考察企业间网络关系对并购溢价决策行为的影响。

表1　2004~2010 年中国上市公司高管联结情况

年份 项目	2004	2005	2006	2007	2008	2009	2010
企业总数	1353	1351	1410	1524	1614	1705	1930
拥有高管联结的企业数	701	669	699	756	829	910	1083
占比(%)	51.81	49.52	49.57	49.61	51.36	53.37	56.11

数据来源:根据中国上市公司数据整理所得。

文章基于我国 A 股上市公司 2004~2010 年 917 对企业的并购溢价数据,不仅复制了前人的研究发现:交易比例越高,并购溢价水平越高;股权结构越集中,并购溢价水平越低;企业成长性越差,越倾向于支付较高的并购溢价;还得到一些新发现:公司的并购溢价决策存在组织间模仿行为,即联结企业在之前并购中支付的溢价水平对目标企业②之后并购支付的溢价水平有显著的正向影响;联结企业支付的并购溢价水平越低,或者联结企业与目标企业属于同一行业,联结企业并购溢价与目标企业并购溢价之间的正相关关系越强;目标企业的网络集中度越高,并购中支付的溢价水平越低。与现有研究相比,本文颇有新意的地方体现在:现有研究重点关注市场层面的市场竞价假说(Slusky & Caves,1991)和企业层面的协同效应假说(Sirower,1997)对并购溢价决策的影响,而本文从企业间网络关系视角基于组织间模仿理论(Lieberman & Asaba,2006)研究并购溢价决策行为,并实证验证了并购溢价决策的企业间影响的存在性,这是对现有研究的有益补充;同时,本文借鉴社会心理学家 Tarde(1903)关于"模仿三定律"的研究深化了现有组织

---

① 在测量企业间高管联结时,本文是基于高层管理者和董事会成员数据,不包括完全由独立董事和监事会成员形成联结。但如果一方是独立董事或监事,而另一方为高层管理者或董事,则属于本文研究范畴。

② 本文中的"目标企业"(Focal Firm)与并购文献中的"目标企业"(Target Firm)有所区别。本文中出现的所有"目标企业"均指考察的焦点企业(Focal Firm),与"联结企业"(TIED FIRM,即通过企业间高管联结关系联结的企业)是一组相关概念。而在并购文献中,"目标企业"(Target Firm)是指被并购企业,本文一律将之称为"被并企业"。

间模仿理论（Lieberman & Asaba，2006），并基于此进一步考察及实证检验了"模仿三定律"对并购溢价决策的组织间模仿行为的调节效应；此外，关于并购溢价决策的高管层面研究主要依据委托—代理假说（Jensen & Meckling，1976）和过度自信假说（Roll，1986），这些研究重点考察了高管自然属性特征的影响，忽略了高管关系属性特征对并购溢价决策的可能影响。尽管也有文献论及高管关系属性特征[①]的可能影响，但这些文献主要关注高管政治联结关系（潘红波等，2008；李善民等，2009），而本文考察高管企业间联结关系对并购溢价决策的影响，会对高管关系属性特征的并购溢价决策影响这个研究系列做出增量贡献；最后，从实践启示来看，本文结论有助于企业更好地理解并购溢价的发生机制，如果企业在进行并购行为时，能够注意到并充分利用高管在其他企业的任职经验（包括任职企业情况、行业情况和任职企业数目等），那么会有助于提高并购行为的成功概率。

2　理论基础与研究假设

2.1　组织间模仿理论[②]与模仿三定律

组织间模仿是一种极为普遍的组织行为方式，无论是新产品或新技术的采用，还是新的管理方法或组织结构的导入，抑或是新市场的进入或投资时机的选择，都存在组织间相互模仿的现象（Lieberman & Asaba，2006）。也正因为如此，组织间模仿理论成为多个学科的重要研究议题。比如，经济学关于"羊群效应"和"从众行为"的研究（Chang et

---

① HaunSchild（1994）一文与本文相近，但也存在区别，主要体现在：其一，Haunschild 的论文是从董事角度加以研究，其测量的董事连锁关系，既包括内部董事也包括外部董事；本文是从高管角度进行研究，除了高管成员之外，还包括内部董事，但不包括外部董事（至少在双方都是外部董事，则不包括在本文研究范畴之内）；其二，Haumschild 的论文虽然没有明确说明，但却隐含地基于组织间关系理论进行假设推演；本文基于"组织间模仿理论"，理论基础有所不同；其三，Haumschild 的论文是从决策环境不确定性这一机理入手进行深入挖掘，既探讨了不确定性对组织间关系影响的调节作用，还引入了投资银行这种咨询机构的替代作用；本文虽然也使用了不确定性的分析逻辑，但由于受制于本文依据的组织间模仿理论，紧紧围绕着组织间模仿理论及其三定律进行的假设推演。

② 在分析本文问题时，"锚定理论"与本文使用的"组织间模仿理论"较为相近，需要加以注明：锚定效应指个体在不确定性情景下的判断和决策过程中，会以最先呈现的信息（数据或其他参数）为参照点来调整对事件的估计，致使最后的估计结果趋向于开始的锚定值（Tversky & Kahneman，1974）。锚定效应与模仿效应的理论逻辑有些类似：都是强调决策者是在不确定情景下进行的决策，这种不确定性决策会促使决策者对之前决策结果或其他人决策结果进行参照，从而表现出锚定效应或模仿效应。但锚定效应和模仿效应也存在着差别：模仿效应侧重于强调决策者受到其他决策人决策结果的影响，即其他决策者的并购溢价结果对决策者并购溢价结果的影响（类似于锚定效应中的"外在锚"）；而锚定效应除了强调决策者受到其他决策者决策结果（"外在锚"）的影响外，还包括受到决策者自己过去的决策结果（"内在锚"）的影响，也即决策者过去的并购溢价结果（"内在锚"）或其他决策者的并购溢价结果（"外在锚"）都可能对决策者当前决策结果起到锚定效应。而模仿效应侧重于强调"外在锚"的影响。从这个意义上讲，锚定效应内涵要比模仿效应内涵宽泛。

al.，1997），社会学中的制度学派关于"制度同构"的研究（Dimaggio & Powell，1983），社会网络学派关于"网络嵌入"的研究（Granovetter，1985），管理学中的组织学习理论关于创新成本与风险分担的研究（Levitt & March，1988），以及战略选择学派关于"后动优势"的研究（Lieberman & Montgomery，1998）等，都涉及组织间模仿的问题。尽管多个学科和诸多理论从不同角度论及了组织间模仿问题，但归结起来都试图解答如下三个重要问题：为什么要模仿（模仿动因）、有什么模仿信息渠道（模仿信息渠道）、如何进行模仿（模仿行为方式）（Haunschild & Miner，1997；Lieberman & Asaba，2006；苏依依、周秋玲，2011）。

决策环境的不确定性是导致模仿发生的主要动因（Lieberman & Asaba，2006）。高管所做的很多公司决策经常会面临各种形式的不确定性：他们可能无法估计各种状态发生的概率，也可能缺乏行动与结果之间的确切因果信息，或者根本就无法估计出所有可能的状态和结果（Miliken，1987）。决策环境的不确定性让高管很难准确预测某一特定行为或方案的结果。正如 Cyert 和 March（1963）所言，当行为人在不确定性情景下进行决策时，会有选择地选取获得的信息，倾向于采用简化的现实模型。这时，通过模仿外部参照物（或其他行为人）的做法，可以显著降低方案产生、选择和评价过程中充斥的不确定性（March & Olsen，1976）。Meyer 等（1983）的研究也表明，社会参照因素在不确定性情况下会部分地取代理性的经济因素，合法性规则（模仿其他企业已经成功实施的行为）也会部分地取代技术性规则（通过自身理性计算决定采取的行为）。并且，不确定性程度越大，决策者基于社会参照来制定决策的程度越强（Dimaggio & Powell，1983；Abrahamson & Rosenkef，1997）。

在具备模仿动机之后，是否拥有模仿的信息渠道也是决定组织间模仿行为成功与否的关键因素（Abrahamson & Rosenkof，1997；Lieberman & Asaba，2006）。信息渠道直接决定了参照对象的可观察性，从而影响着组织的模仿决策（如确定模仿对象以及模仿程度等）。当参照对象和模仿者之间存在某种社会联结纽带和沟通机制之后，组织间模仿则更容易发生（苏依依、周秋玲，2011）。相关研究已经表明，企业间高管联结（陈仕华、马超，2011）、连锁董事（Mizruchi，1996）、高管迁移（Still & Strang，2009）、空间距离邻近性（如企业集群）等都可能成为信息传播渠道，将参照对象的相关信息传递给潜在的模仿者，促成公司实践的组织间扩散。

具备了模仿动机和信息渠道之后，模仿行为还会呈现出不同的行为方式，这实际上包括两层含义：一是在拥有众多信息通道的潜在模仿对象中，进一步选择哪一个或哪几个作为最终模仿对象，二是即便确定了某一个或几个模仿对象，对其中任何一个模仿对象的模仿强度也会有所不同[①]。据 Tarde（1903）的研究，模仿行为方式遵从三条模仿定律：一是逻辑模仿律。模仿对象的出现以及模仿程度的强弱符合内在逻辑规律，即那些效率高、绩效好、地位高的人更可能成为模仿对象，并且模仿者对这些对象的模仿程度亦比较强。

---

① 本文之后的假设推演主要是依据这里的第二层含义。

逻辑模仿律强调组织间模仿行为的不对称性，也即组织不一定会模仿所有的行为，而是更倾向于模仿那些能够代表最优结果的行为（March & Olsen，1976；March et al.，1991）。二是先内后外律。模仿对象的出现以及模仿程度的强弱遵循先内后外（先本域文化后外域文化）的规律，即模仿者对与自己文化属性特征相似的模仿对象有一种先天倾向性，并且对此类对象的模仿程度亦比较强。那些隶属于相同文化空间的组织，他们面临着相似的制度环境和产业政策，有着共同的消费群体和服务对象，彼此之间有着较强的认同感和信任感，这会对组织间模仿行为的生成有很强的催化剂作用（Dimaggio & Powell，1983）。因此，模仿者在确定模仿对象以及模仿程度时，往往会优先选择与自己具有某方面相似性的组织，然后再选择其他组织。三是模仿级数律，即模仿生成的条件满足后，模仿行为会以几何级数的速度增长。在社会心理学中，模仿作为人类心理的一种基本倾向，在社会制度中表现出极强的网络互动特性（Sargent & Williamson，1966）。模仿的作用不仅是拓展自己的范围，而且是走向双向的互动。每一个模仿行为都在创造条件，使新的模仿成为可能，使之越来越自由和合理，呈几何级数增长。

2.2 并购溢价决策的组织间模仿

并购溢价决策的模仿动因：并购溢价决策充斥着大量的不确定性。并购溢价即并购方为标的支付的交易价格与标的本身内在价值（并购宣告前的标的市值）之间差额的百分比。并购溢价水平有很大的波动空间（Haunschild，1993）。比如，西方国家公司支付并购溢价的平均水平在50%左右（本文使用的并购样本在30%左右），溢价水平低于0或超过100%的现象也较为常见（Varaiya & Ferris，1987）。其原因可能如下：其一，高管可能根本不清楚什么溢价水平可以让被并购方愿意让渡公司的控制权，同时，这个溢价水平不仅可以击退其他竞标对手，还能够反映出标的的真实价值。其二，当同时出现多个潜在竞标对手时，高管要决定提高标价还是撤标，不管是继续竞标还是撤标，其结果都是难以准确估量的。其三，尽管理论上标的估价可以为高管提供有价值的决策参考依据，但标的估价决策本身也存在着不确定性，准确的标的估价也是难以获取的。例如，Trautwein（1990）指出，如果标的本身的财务状况是频繁变化的，那么高管可能很难知晓其变化的原因，更难以对标的做出准确估价。

并购溢价决策模仿的信息渠道：高管降低溢价决策不确定性的方法之一，便是求助于与他们有关联关系的联结企业。企业间高管联结便是一种重要的企业间关联关系。国内外相关研究已经表明，企业间高管联结对诸多公司行为产生影响，如毒丸子和金色降落伞、高管薪酬、事业部组织结构、战略选择、政治选举的赞助、多元化战略和企业慈善行为等（陈仕华、李维安，2011）。本文认为，由于并购溢价决策存在巨大的不确定性，现实中高管在进行并购溢价决策时便不会遵循方案搜寻和选择的常规化过程，而是经常依赖于现有的信息渠道和其他参照物采用简化的现实模型（March & olsen，1976）企业间高管联结便是一个信息渠道，通过高管联结的企业也是目标企业并购决策者（高管）理想参照物（陈仕华、马超，2011），因此目标企业高管在进行并购溢价决策时，会模仿联结企业的做法，其影响机理①如下。

一是信息影响。企业间高管联结可以让目标企业高管直接参与联结企业并购决策过程中，为目标企业高管提供了并购溢价决策的具体信息和示例，可以以此作为自己决策行为的"向导"。尽管高管在进行并购溢价决策时有很多渠道获取这方面的信息，如期刊杂志、电视媒体等，但通过直接相互联结（如企业间高管联结）获取的信息更加及时、鲜活和生动，要比那些通过间接渠道获取的苍白和抽象的数据有更大的影响力（Haunschild，1993）。实际上，关于社会学习的相关研究也表明，直接观察或亲身参与决策过程的活动所形成的决策认知要比间接学习决策内容（或结果）本身影响更为深远，决策过程本身更为鲜活和生动，事后更容易回忆起来，其影响更为稳固和深远（Heyes & Galef，1996）。二是社会影响。企业间高管联结作为社会影响渠道，有助于某项观点和实践在相互联结的企业间传播，从而使相互联结的企业在行为和观点方面表现出同质性（Coleman et al.，1996）。实际上，通过企业间高管联结关系直接参与联结企业的并购溢价决策，有助于目标企业高管形成关于并购溢价决策的一些合理认识。比如，Useem（1984）在访谈了129家美国、英国公司的高管和董事之后，认为管理者凭借职位兼任可以进入"商业圈子"，以了解商业实践的一般性规范和普遍做法；一家企业的CEO如是说："兼任另一家企业的董事，可以了解同样一个问题或业务他人是怎样处理的"，此外，"你还可以了解你未来可能会遇到的问题"。新组织理论也指出，高管通过兼任其他企业董事有可能学习到商界规范的组织行为，这不仅增强了参与者一些具体行为方面的模仿，也增强了意识和角色认知方面的模仿（Finkelstein et al.，2009）。这时，当高管观察或参与其他公司的决策制定过程之后，会在自己公司需要做出相同类型的决策时会有相同的反应，即使当具体政策的模仿受到不同产业环境的阻碍时，这种决策制定的认知模式甚至可以越过产业障碍，更加稳固地传播（Scott & Davis，2006）。

尽管关于并购结果有很多评价方法，如完成并购交易所花费的时间、并购者在并购后期取得的绩效等，但并购溢价却是一个相对"清洁"和客观的评价指标（Haunschild & Miner，1997）。此外，并购溢价还为并购交易提供了一个标准化的测量指标，任何类型的并购交易都可以用并购溢价这个"统一的语言或标准"进行讨论与衡量。因此，高管在并购决策中模仿联结企业的行为最终也会体现在并购溢价上。也即，如果企业间高管联结影响并购溢价决策，那么目标企业与联结企业在并购溢价水平方面会表现出相似性，即如果联结企业的并购溢价水平越高，目标企业的并购溢价水平也会相对较高。不过，要在实证研究中验证模仿行为的发生，至少得满足三个条件（Haunschild & Miner，1997）：①在 t 时点，模仿对象发生了某种行为；②模仿者通过某种信息渠道接触到模仿对象；③在 t +

---

① 我国特殊的制度环境也为并购决策的组织间模仿行为提供了现实土壤。《中国上市公司治理准则》（2001年）第三十六条规定："上市公司董事会要按照股东大会的有关决议，设立战略决策、审计、提名、薪酬与考核等专门委员会。"第三十七条规定，战略决策委员会的主要职责是：制定公司长期发展战略；监督、核实公司重大投资决策。按照上述规定，兼任多家企业职位的高管可以参与他所任职企业的并购战略决策，这为并购决策的组织间模仿提供了可能性。

x（x>0）时点，模仿者发生了相似行为。综上，本文拟考察如下假设。

假设 1（主效应）：目标企业的并购溢价与联结企业之前的并购溢价正相关。

2.3 并购溢价决策的组织间模仿三定律

（1）逻辑模仿律。模仿者不仅倾向于模仿那些效率高、绩效好的模仿对象，而且对效率高、绩效好的模仿对象的模仿程度亦比较强。组织领域的很多研究都蕴含了逻辑模仿律。比如，关于组织学习理论的研究表明，组织存在一种"替代学习"形式：在决定是否采用组织实践或结构时，经常会基于实践或结构可观察到的结果（Levitt & March，1988）。关于组织创新扩散的研究表明，创新的营利性是其他企业决定是否采用这项创新的一个关键因素（GriliChes，1957）。关于"后动优势"的研究也表明，对于那些容易获得其他企业研发努力和生产率改进信息的企业，会模仿那些看起来对其他企业有益的实践，有效地感知并复制有成效的产品或实践的能力，就形成了"后动优势"（Lieberman & Montgomery，1998）。根据逻辑模仿律，目标企业在进行并购决策时，有较强的动力去模仿那些并购绩效好的联结企业的并购决策行为。在并购决策中，低并购溢价代表并购事件取得较好的并购绩效，而高并购溢价往往与并购失败紧密相关，代表并购绩效不甚理想。与联结企业支付的高并购溢价决策的行为相比，联结企业支付的低并购溢价的决策行为更可能被目标企业所模仿，并且模仿程度亦比较强。因此，本文拟考察如下假设。

假设 2（调节效应）：联结企业的并购溢价水平越低，目标企业并购溢价与联结企业并购溢价之间的正相关关系越强。

（2）先内后外律。模仿者不仅倾向于选择具有特征相似的个体作为模仿对象，而且对具有相似特征模仿对象的模仿程度亦会比较强。这条定律也蕴含于相关理论中。新制度理论学者（Dimaggio & Powell，1983）认为，迫于"合法性"的压力，企业会模仿与其处在同一"组织场域"中其他企业的做法。组织场域是由关键供给者、资源和产品消费者、规制性机构以及其他生产类似产品或服务的组织共同组成的。这些特征相似的组织从总体上形成了一种制度性生活所公认的区域（Dimaggio & Powell，1983）。社会网络理论学者（Burt，1992）认为，处于"结构等价性"的企业，尽管它们之间并无直接关系，但社会规范赋予它们的角色压力会迫使那些结构或位置特征相似的企业在某些行为方面表现出一致性（Burris，2005）。尽管不同理论使用不同的称谓代表特征相似性（如"合法性"或"结构等价性"），但在实际测量中，都倾向于将相同特征操作化为相同行业（Burris，2005）。相关实践证据也支持了先内后外律，创新、矩阵制组织架构等都倾向于被相同特征的组织所模仿（Strang & Tuma，1993）。根据先内后外律，目标企业在进行并购决策时，有较强的动力去模仿那些与其特征相似的联结企业的并购决策行为。遵循之前学者们的普遍做法，本文亦将相似特征操作化为相同行业。那么，如果目标企业与联结企业处于相同行业，那么联结企业之前的并购溢价决策会对目标企业并购溢价决策有较强的影响。因此，本文拟考察如下假设。

假设 3（调节效应）：当联结企业与目标企业隶属于相同行业时（与不同行业相比），

目标企业并购溢价与联结企业并购溢价之间的正相关关系较强。

（3）模仿级数律。模仿的级数律强调模仿的网络互动性。模仿作为人类心理的一个基本倾向，反映的是群体内部个体之间的互动关系，表现出极强的网络互动特性。模仿行为强调的网络互动性本质上是在社会结构基础上派生出来，此社会结构的作用相当于一个"知识库"或合理行为的"集装箱"（Tarde，1903）。从这个角度上讲，模仿者与被模仿者会构建起一个模仿网络，模仿网络中个体之间的互动会对个体的决策制定机制产生影响（Sargent & Williamson，1966）。不过，个体在网络中处的位置不同，其模仿其他个体的强度也会不一样。一般而言，位于网络中心位置的个体，不仅可以获得较多的私人信息，而且还有多个组织样板进行参照，单个联结企业的模仿效应可能被减弱；而位于网络边缘位置的个体，对联结企业的模仿效应可能会相对较强（Beckman & Haunschild，2002）。具体到并购决策情景下，目标企业在企业网络中所处的位置不同，其模仿联结企业并购决策行为的强度会有所不同。处于网络中心位置的目标企业，由于获得的信息、掌握的资源相对较多，降低环境不确定性的能力也相对较强，模仿单个联结企业的并购决策行为的强度可能会相对减弱。而处于网络边缘位置的企业，由于信息和资源相对匮乏，只能接受来自联结企业的影响，因此模仿联结企业并购溢价决策行为可能会相对较强。遵循现有研究（Beckman & Haunschild，2002）的处理思路，本文用网络中心度（目标企业通过高管联结关系联结的企业数量）代表目标企业在网络中的位置。如果与目标企业相联结的企业数量少，即网络中心度低，则意味着目标企业位于网络的边缘位置；如果与目标企业相联结的企业数量多，即网络中心度高，则意味着目标企业位于网络的中心位置。因此，本文拟考察如下假设。

假设4（调节效应）：目标企业的网络中心度越高，目标企业并购溢价与联结企业并购溢价之间的正相关关系越弱。

3 研 究 设 计

3.1 样本选择与数据来源

由于自2004年开始我国上市公司并购交易的信息披露数据才相对完整，因此本文选取我国深、沪两市A股上市公司2004～2010年发生的并购交易事件作为初始研究样本。初始样本的数据处理过程如下：从国泰安研究服务中心获得A股上市公司2004～2010年并购交易的初始数据（26032个交易数据），并以上海证券交易所和深圳证券交易所网站公告的数据作为补充。并购交易数据经过下列筛选过程：①剔除未披露交易价格和交易标的净资产的并购交易；②剔除上市公司财务数据披露不完整的并购交易；③剔除国有股/法人股的无偿划拨交易；④剔除ST类公司的并购交易，消除可能的壳资源交易对并购价格的特殊影响；⑤为了得到更具稳健性的结果，剔除溢价异常（上下1%分位数）的并购交易；经过上述过程，最终获得2236个并购交易样本。

为了在一定程度上控制内生性的影响，本文在测量企业间高管联结时，选用的是发生并购交易前一年底的数据。具体处理过程如下：从《上市公司财务数据报告全文汇编》（2003～2009）中获得深、沪两市2003～2009年所有A股上市公司名单及高管、董事会成员名单，对于遗漏的数据，从国泰安研究服务中心和新浪网进行补遗，新浪网提供了详细的高管个人信息，这有助于进一步识别高管联结名单中同名成员是否为"真正"的企业间高管联结。为了确保目标企业和联结企业都进行过并购行为（并且能够测量出并购溢价），并且存在企业间高管关系，本文得到的最终样本共包括917对数据。其他变量如地区信息、交易特征、企业特征、行业等信息来自国泰安研究服务中心CSMAR数据库。

3.2 变量测量

关于并购溢价的测量，国外学者（Barclay & Holdemess，1991；Haunschild & Miner，1997；Kim et al.，2011）主要基于以下计算方法：并购溢价 =（每股收购价格 – 每股市值）/每股市值[①]。不过，这种测量方法较为适用于西方资本市场较为完善环境下的并购交易，不适用于我国复杂制度环境中发生的并购交易。我国资本市场中的诸多因素，如壳资源的稀缺性、政府（尤其是地方政府）对并购行为的政治干预、市场投资者非理性跟风等，都会导致基于股票价格的市场测量方法失效。鉴于国内并购行为主要是通过协议转让方式进行，并且在协议转让时主要以净资产作为交易双方定价谈判的基准，因此国内学者（唐宗明、蒋位，2002）根据我国资本市场的特殊情况，将净资产作为溢价的测量基准，本文沿用国内学者的这种测量方法。并购溢价的计算公式：并购溢价 =（交易总价 – 交易标的的净资产）/交易标的的净资产。

本文因变量为目标企业并购溢价，考察变量包括联结企业并购溢价（主效应）、联结企业低并购溢价（调节效应）、行业同质性（调节效应）和网络中心度（调节效应）。目标企业并购溢价（Premiun_ Focal）为因变量，联结企业并购溢价（Premiun_ Tied）为自变量。为了保证目标企业确实是模仿联结企业的并购溢价决策，本文在时间上加以控制，即如果联结企业在 t 时点（包括2004年、2005年、2006年、2007年、2008年和2009年6个年份）发生了并购行为，那么目标企业应该在 t + x 时点（3≥x≥1 年，模仿时间至少滞后1年，但不超过滞后3年，包括2005年、2006年、2007年、2008年、2009年、2010年6个年份）进行并购交易。例如，若企业A和企业B之间存在高管联结关系，企业A（联结企业，即被模仿者）在2004年发生了并购交易，企业B（目标企业，即模仿者）则应在2005年及以后（2006年或2007年）也发生了并购交易，这时，本文将企业B（目标企业）并购溢价作为因变量，企业A（联结企业）并购溢价作为自变量。联结企业低并购溢价（Premiun_ L）：用联结企业的低并购溢价代表好的并购绩效，本文将1/2

---

① 其中，每股收购价格是并购公告中最终公布的交易单价，每股市值是并购公告前4~8周的股票单价。

分位数作为分界点，如果联结企业并购溢价低于 1/2 分位数，则取值为 1，否则为 0。行业同质性（Same_ind）：联结企业与目标企业是否处于相同行业，是为 1，否为 0。行业划分是根据中国证监会《上市公司行业分类指引》（2001 年版）制定的标准。由于制造业的数量和差异较大，本文按照二级代码分类，其余按一级代码分类，共分为 22 个行业子类。网络中心度（Network）：与目标企业通过企业间高管联结关系联结的公司数量。本文根据 2003～200 年深、沪两市 A 股上市公司高管和董事成员名单进行确定，并选用并购交易发生时间的前一年底数据作为网络中心度的测量指标。

本文控制变量包括交易特征、目标企业特征、被并购企业特征、年度和行业固定效应等变量，具体如下：交易比例（Ratio）：标的股权（或资产）占被并购企业总股权（总资产）的比例。徐信忠等（2006）研究表明，大宗股权转让会以高出平均市场价 20% 的价格进行交易，这意味着交易比例可能会显著影响并购溢价。支付方式（Method）：目标公司是否采用现金支付方式，是为 1，否为 0。Slusky 和 Caves（1991）研究表明，并购溢价可能会因为支付方式的不同而存在差异，一般而言，现金支付方式的溢价水平会相对较低。财务顾问（Consultant）目标公司在并购交易中是否聘用财务顾问，是为 1，否为 0。现有研究（Haunschild & Miner，1997；Kim et al.，2011）表明，聘任财务顾问的并购交易，更可能支付较低的并购溢价。Sirower（1997）认为，并购双方的协同效应程度越高，并购方愿意支付的溢价水平也会越高。因此，本文借鉴 Hayward 和 Hambrick（1997）的做法，控制以下两种协同效应：产品协同（Synergy_P），参照 Hayward 和 Hambrick（1997）的测量方法，以 4 点量表测量产品协同程度，并购双方在相同行业（行业划分标准与行业虚拟变量设置相同）为 4，并购双方存在价值链的上下游关系为 3，并购双方的无形资产存在共性为 2，并购双方无关则为 1；财务协同（Synergy_F）：参照 Slusky 和 Caves（1991）及 Hayward 和 Hambrick（1997）的测量方法，用被并公司权益负债率（负债/所有者权益）减去并购方的权益负债率来代表。目标企业自由现金流（Cash_F）；目标企业自由现金流与总资产的比值。关于自由现金流假说的相关研究（Jensen & Meckling，1976）表明，由于高管和股东之间存在着委托—代理问题，当企业现金储备充裕时，往往在并购交易时支付较高的溢价（Hayward & Hambrick，1997）。目标企业成长性（Crowth_F）：当年主营业务收入与上一年度主营业务收入之差，占上一年度主营业务收入的比重。Kim 等（2011）研究表明，当公司面临成长压力时，在并购时倾向于支付较高的溢价。本文还测试过总资产增长率，其结论与本文汇报结果相同。目标企业股权集中度（Share_F）：第一大股东持股比例。大股东会参与公司重大决策（诸如并购），他们的监督会降低高管支付的并购溢价（Jensen & Meckling，1976；冯根福、吴林江，2001；吴联生、白云霞，2004），因此，代表大股东监督水平的股权集中度会对并购溢价有显著的负向影响。被并公司高管持股（Holding_T）：公司高管（包括董事）持股比例合计。此变量的影响可能是双向的：一方面，当此变量值较大时，绩效差可能不是由于高管自利或卸责（Jensen，1976），这时改善绩效可能较难做到，因此溢价水平可能会比较低；另一方面，当被并公司高管持股较多时，他们可能会索要较高的并购价格，因此并购溢价可能会较高（Hayward & Hambrick，1997）。被并公司相对绩效（Profit_ T）：净资产收益率减去同行业（行业划分标准与行业虚拟变量设置相同）平均净资产收益率。现有研究（Hayward & Hambrick，1997）表明，被并公司在其同行业中的相对绩效会对并购溢价有显著影响。被并公司相对规模（SIZE_ T）：被并公司资产除以并购公司资产。根据 Hayward 和 Hambrick（1997）的研究，被并公司与并购公司的相对规模会对并购溢价有直接或间接影响。年份虚拟变量（Year）：目标企业并购交易发生在 2005～2010 年 6 个年份，需要引入 5 个年份虚拟变量。Beckenstein（1979）和吴联生、白云霞（2004）的研究表明，受宏观经济环境的影响，资本市场在一些年份会出现普遍的低利润率、高股票价格等现象，这也可能会影响并购交易价格。行业虚拟变量（Industry）：Laamanen（2007）和蒋丽娜等（2011）研究指出，被并购公司行业特征（如行业成长性、营利性等）也会影响并购溢价。行业划分标准根据中国证监会（2001 年版）《上市公司行业分类指引》制定的标准，制造业采用二级代码分类，其他按一级代码分类，共分为 22 个行业子类。由于本文数据没有发生 C2 行业并购，因此共有 21 个行业子类，需要设置 20 个行业虚拟变量。

4 实证结果与分析

表 2 给出变量的描述性统计结果与变量间相关系数。从表 2 可以看出，联结企业并购溢价（Premium_ Tied）与目标企业并购溢价（Premium_ Focal）呈现出显著的正相关关系（Pearson 系数为 0.06，Spearman 系数为 0.02，且均在 0.05 的水平上显著），这与前文主假设（两者呈正相关关系）的预测相符。联结企业并购溢价（Premium_Tied）与联结企业低并购溢价（Premium_L）之间相关性较高（Pearson 系数为 -0.46，Spearman 系数为 -0.60，且均在 0.01 水平上显著），不过我们随后实证分析未将两者一起放入模型，因此不存在严重的多重共线性问题。其他变量之间的相关系数均在 0.2 以下，说明这些变量之间不存在严重的多重共线性问题。

表 3 给出前文假设的回归结果。其中，基准模型给出包括所有控制变量的回归结果。关于控制变量的回归结果表明：交易比例变量（Ratio）的回归系数显著为正，并且在模型 1 至模型 9 中也是如此，说明交易比例越高，目标企业支付的并购溢价水平越高，这与徐信忠等（2006）研究结论相一致。目标企业股权集中度变量（Share_F）的回归系数显著为负（模型 2 除外），说明目标企业股权结构越集中，来自大股东的监督会显著降低并购中支付的溢价水平，这与现有研究发现（冯根福、吴林江，2001；吴联生、白云霞，2004）相一致。目标企业成长性变量（Growth_F）的回归系数显著为负（模型 3 和模型 8 除外），说明目标企业成长性越好，其面临的成长压力越小，支付的并购溢价水平越低，这与 Kim 等（2011）研究结论相一致。关于控制变量的这些回归结果在一定程度上表明本文数据的合理性及有效性。

表 2　变量的描述性统计与相关系数

变量	Mean	SD	1	2	3	4	5	6	7	8	9	10	11	12	13	14	15	16
1. Premium_Focal	0.99	4.61	1.00	0.06*	-0.09**	-0.02	-0.04	0.16**	0.01	0.00	-0.07*	0.04	-0.04	-0.03	-0.01	0.04	0.04	-0.10**
2. Premium_Tied	0.70	2.98	0.02*	1.00	-0.46**	-0.04	0.01	-0.03	0.02	0.01	-0.02	-0.08*	-0.01	0.00	-0.01	-0.01	-0.01	0.04
3. Premium_L	0.50	0.50	-0.03	-0.60**	1.00	0.02	0.00	0.00	-0.05	0.01	-0.02	0.06	-0.03	-0.03	0.01	-0.01	-0.03	0.05
4. Same_Ind	0.19	0.39	-0.01	-0.01	0.02	1.00	-0.04	-0.05	-0.04	-0.04	-0.01	0.03	-0.02	0.09**	0.06*	-0.02	0.09**	-0.08*
5. Network	5.91	3.55	-0.13**	-0.03	0.01	-0.06*	1.00	-0.08**	0.07*	-0.09**	-0.01	-0.05	0.00	0.00	0.03	-0.05	-0.01	0.06
6. Ratio	37.59	34.08	0.33**	0.01	0.02	-0.05	-0.08*	1.00	-0.03	0.13**	-0.03	-0.04	-0.06*	0.01	-0.02	0.01	0.05	0.02
7. Method	0.95	0.21	-0.10**	0.00	-0.05	-0.04	0.07*	-0.03	1.00	-0.01	-0.12**	-0.02	0.11**	-0.17**	0.02	0.02	0.07*	-0.06
8. Consultant	0.03	0.18	0.06*	0.09**	0.01	-0.04	-0.11**	0.13**	-0.01	1.00	-0.01	0.12**	0.00	0.04	-0.01	-0.03	-0.04	-0.04
9. Synergy_P	2.92	0.92	0.00	0.00	-0.02	-0.01	0.00	-0.03	-0.12**	-0.01	1.00	-0.04	-0.02	0.02	0.03	0.01	-0.01	0.03
10. Synergy_F	-0.03	0.28	-0.08*	-0.09**	0.05	0.06	-0.05	-0.06	-0.02	0.11**	-0.01	1.00	-0.05	0.01	0.05	0.01	0.14**	-0.15**
11. Cash_F	-0.03	0.30	-0.03	-0.02	-0.03	-0.04	-0.01	-0.05	0.09**	-0.05	0.03	-0.09**	1.00	0.09**	-0.08**	-0.01	0.12**	0.04
12. Share_F	0.33	0.15	0.01	0.05	-0.02	0.09**	-0.03	-0.01	-0.15**	0.05	0.03	0.02	0.09**	1.00	0.00	-0.13**	0.12**	-0.01
13. Growth_F	0.66	7.38	-0.05	0.01	0.00	-0.03	0.06*	0.07**	0.09**	0.00	-0.01	-0.05	0.08**	0.01	1.00	-0.01	0.00	0.01
14. Holding_T	0.02	0.07	-0.04	-0.03	-0.02	-0.02	0.15**	-0.04	-0.08*	-0.09*	0.01	-0.10**	0.08**	0.14**	0.02	1.00	0.12**	-0.04
15. Profit_T	0.02	0.26	0.02	-0.05	0.04	0.12**	0.03	0.05	0.01	-0.07*	0.05	0.20**	0.13**	-0.05	0.05	0.06*	1.00	-0.04
16. Size_T	0.10	0.15	-0.08*	-0.01	0.04	-0.08*	0.09**	0.01	-0.03	-0.05	0.00	0.03	-0.02	-0.04	0.06	0.15**	-0.07*	1

注：右上方为 Pearson 相关系数，左下方是 Spearman 相关系数；*、**分别代表 0.05 和 0.01 的显著水平。

表 3　回归结果

模型	基准	模型 1	模型 2	模型 3	模型 4	模型 5	模型 6	模型 7	模型 8	模型 9
Premium_Tied		0.031* (1.882)	0.093* (2.036)	0.038* (1.697)	0.031* (1.933)	0.091 (1.184)	0.030* (1.818)	0.112** (1.998)	0.035* (1.650)	0.029* (1.821)
Same_Ind					0.035 (0.192)					0.038 (0.208)

续表

模型	基准	模型 1	模型 2	模型 3	模型 4	模型 5	模型 6	模型 7	模型 8	模型 9
Premium − Tied × Same_Ind					0.094* (1.934)					0.163* (1.858)
Network						−0.081*** (−4.025)	−0.088*** (−4.080)	−0.037** (−2.320)	−0.151*** (−3.752)	−0.090*** (−3.991)
Premium_Tied × Network						−0.011 (−1.046)				
Ratio	0.011*** (4.266)	0.011*** (4.263)	0.004* (1.706)	0.019*** (4.255)	0.011*** (4.285)	0.011*** (4.064)	0.010*** (4.053)	0.004* (1.624)	0.018*** (4.071)	0.010*** (4.048)
Method	−0.002 (−0.007)	−0.012 (−0.058)	0.331 (1.425)	−0.714* (−1.951)	−0.016 (−0.077)	0.124 (0.583)	0.126 (0.592)	−0.386* (−1.631)	−0.306 (−0.837)	0.113 (0.529)
Consultant	0.260 (0.605)	0.254 (0.592)	1.129** (1.986)	−0.624 (−0.794)	0.266 (0.620)	0.225 (0.526)	0.232 (0.543)	1.115* (1.956)	−0.669 (−0.862)	0.237 (0.555)
Synergy_P	0.110 (1.592)	0.113* (1.623)	0.052 (0.658)	0.125 (0.997)	0.113* (1.622)	0.124* (1.746)	0.119* (1.695)	0.063 (0.795)	0.105 (0.854)	0.117* (1.674)
Synergy_F	0.618** (2.010)	0.647** (2.073)	0.517* (1.725)	0.555 (1.089)	0.653** (2.065)	0.599* (1.925)	0.624** (2.014)	0.508* (1.702)	0.468 (0.920)	0.630** (2.008)
Cash_F	0.323 (1.348)	0.330 (1.379)	−0.416 (−1.393)	0.523 (1.332)	0.329 (1.362)	0.407 (1.722)	0.406* (1.717)	−0.425 (−1.407)	0.883** (2.210)	0.407* (1.705)
Share_F	−1.069*** (−2.716)	−1.068*** (−2.717)	−0.600 (−1.346)	−1.763*** (−2.573)	−1.090*** (−2.745)	−1.034*** (−2.657)	−1.034*** (−2.650)	−0.639* (−1.716)	−1.446** (−2.159)	−1.063*** (−2.694)

续表

模型	基准	模型 1	模型 2	模型 3	模型 4	模型 5	模型 6	模型 7	模型 8	模型 9
$Growth-F$	-0.007*** (-3.113)	-0.007*** (-3.041)	-0.007*** (-3.678)	-0.002 (-0.314)	-0.007*** (-2.986)	-0.006*** (-2.952)	-0.006*** (-3.082)	-0.007*** (-3.882)	0.001 (0.173)	-0.006*** (-2.907)
$Holding-T$	0.101 (0.061)	0.096 (0.058)	1.933 (0.888)	-1.566 (-0.582)	0.109 (0.066)	-0.090 (-0.055)	-0.071 (-0.043)	1.831 (0.835)	-2.658 (-0.635)	-0.077 (-0.046)
$Profit\_T$	0.544 (0.417)	0.487 (0.370)	1.186 (1.515)	-0.293 (-0.117)	0.485 (0.372)	0.454 (0.344)	0.448 (0.339)	1.163 (1.453)	-0.332 (-0.131)	0.485 (0.371)
$Size\_T$	-7.957*** (-2.134)	-8.049** (-2.152)	-0.715 (-0.397)	-14.662** (-2.226)	-7.954** (-2.091)	-7.583** (-2.074)	-7.585** (-2.072)	-0.471 (-0.263)	-14.058** (-2.193)	-7.554** (-2.032)
$Year$	yes	yes	yes	yes	yes	yes	yes	yes	yes	yes
$Industry$	yes	yes	yes	yes	yes	yes	yes	yes	yes	yes
C	0.775* (1.659)	0.754 (1.615)	0.041 (0.087)	2.040** (2.129)	0.760 (1.555)	1.017** (2.133)	1.081** (2.287)	0.161 (0.344)	2.433** (2.462)	1.127** (2.249)
R^2	0.115	0.117	0.201	0.170	0.117	0.132	0.130	0.206	0.193	0.133
调整 R^2	0.080	0.081	0.134	0.097	0.081	0.094	0.094	0.137	0.121	0.095
F 统计量	3.275	3.241	3.008	2.344	3.272	3.515	3.558	3.007	2.666	3.587
$Prob(F)$	0.000	0.000	0.000	0.000	0.000	0.000	0.000	0.000	0.000	0.000
样本	全部样本	全部样本	1/2 分位数以下	1/2 分位数以上	全部样本	全部样本	全部样本	1/2 分位数以下	1/2 分位数以上	全部样本
观测数	917	917	459	458	917	917	917	459	458	917

注:()中为 t 值。*、**、***分别代表 10%、5%、1%的显著性水平。

模型 1 至模型 9 均是在基准模型基础上逐渐引入本文待考察的变量，也即关于假设 1 至假设 4 的测试结果。模型 1 将联结企业并购溢价变量（Premium_ Tied）引入基准模型，是关于假设 1 的实证检验结果，回归结果表明：联结企业并购溢价变量（Premium_ Tied）的回归系数为正（0.031），且在 5% 的水平上显著，说明联结企业之前并购的溢价水平对目标企业当前并购溢价有显著的正向影响，也即目标企业模仿了联结企业的并购溢价决策行为，这支持了假设 1。

检验调节效应一般是通过将交互项变量引入模型加以考察，不过由于联结企业并购溢价变量（Premium_ Tied）联结企业低并购溢价变量（Prmium_ L）相关性较高，本文对于假设 2 的调节效应采用分组方法进行检验，即以 1/2 分位数作为分界点，将 1/2 分位数以下样本作为低并购溢价样本组（模型 2），将 1/2 分位数以上样本作为高并购溢价样本组（模型 3）。采用分组检验的结果表明：不管是在低并购溢价样本组，还是高并购溢价样本组，联结企业并购溢价变量（Premium_ Tied）的回归系数均显著为正；不过，与高并购溢价样本组相比，低并购溢价样本组中联结企业并购溢价变量（Premium_ Tied）不仅显著性水平较高，而且回归系数也比较大（模型 2 中为 0.093，模型 3 中为 0.038），说明联结企业并购溢价水平越低，目标企业与联结企业之间的正相关关系越强，也即联结企业并购溢价水平负向地调节目标企业对联结企业并购溢价决策行为的模仿强度，支持了假设 2。

模型 4 将联结企业并购溢价与行业同质性的交互项变量（Premium_ Tied × Same_ Industry）引入基准模型，是关于假设 3 的实证检验结果，回归结果表明：联结企业并购溢价与行业同质性的交互项变量为正（0.094），并且在 10% 的水平上显著，说明当联结企业与目标企业隶属于相同行业时（与不同行业相比），目标企业对联结企业并购溢价决策行为的模仿强度较高，这支持了假设 3。

模型 5 将联结企业并购溢价与目标企业网络中心度的交互项变量（Premium_ Tied × Network）引入基准模型，是关于假设 4 的实证检验结果，回归结果表明：目标企业网络中心度与联结企业并购溢价的交互项变量的回归系数统计上不显著，说明目标企业网络中心度并不调节目标企业并购溢价与联结企业并购溢价之间的关系，假设 4 未得到支持。不过，当我们仅将目标企业网络中心度变量（Network）放入基准模型（即模型 6）时，该变量的回归系数显著为负，说明目标企业网络中心度对目标企业并购溢价具有直接的主效应影响，也即目标企业网络中心度越高，其支付的并购溢价水平越低。对于这一结果的可能解释是：现有研究表明，与处在网络边缘位置的企业相比，处在网络中心位置的企业更可能接触到各式各样的联结伙伴，而从联结伙伴处获得的异质性信息为目标企业提供了多种可供借鉴的经验，进而有助于提高决策质量（Mariolis & Jones，1982；Beckman & Haunschild，2002）。在本文情景中，如果目标企业联结的众多伙伴进行的并购交易分布在不同的交易规模、不同行业类型、不同企业规模、不同企业性质等，这会更加有助于目标企业从中进行有效的学习和借鉴，从而提高并购决策质量。与网络中心度较低（处在网络边缘位置）的企业相比，网络中心度较高（处在网络中心位置）的企业更有可能享受到联结伙伴异质性经验带来的好处，因此会支付相对较低的溢价水平。

由于网络中心性对目标企业并购绩效具有主效应影响，因此模型 7 至模型 9 是在控制了网络中心性（Network）的主效应影响下进一步考察并购绩效和行业同质性的调节效应，回归结果表明：尽管联结企业并购溢价变量（Premium_ Tied）的回归系数在模型 7 和模型 8 中均显著为正，但该变量在模型 7 中的回归系数 0.112 远大于模型 8 中的回归系数 0.035；在模型 9 中，联结企业并购溢价与行业同质性的交互项变量（Premium_ Tied ×Same_ Ind）的回归系数显著为正，这些结果说明，即便控制了网络中心性的主效应影响，高并购绩效和行业同质性对并购溢价的调节效应仍然存在。

为考察前文实证结果的稳健性[①]，我们进行如下测试：①考虑到目标企业过去所发生并购的溢价水平可能会影响当前并购溢价水平，我们在研究样本中剔除目标企业过去曾发生过并购的样本，并以剔除后样本对前文假设进行检验，前文结果并未发生实质性改变。②由于并购溢价水平呈现出很强的行业特征（Laamanen，2007；蒋丽娜等，2011），因此我们对前文并购溢价数据进行行业调整，也即对各个年份的并购溢价数据依据行业标准（行业划分标准根据中国证监会《上市公司行业分类指引》（2001 年版）制定的标准，制造业按照二级代码分类，其他按一级代码分类）进行标准化处理，以行业调整并购溢价数据作为并购溢价的测量指标，对前文假设重新进行检验，发现前文结果并未发生实质性改变。③考虑到依据"目标企业的并购溢价与联结企业并购溢价之间关系"构造样本，可能会存在样本选择性偏差问题。因此，本文通过引入参照组方式进行测试，以与目标企业存在高管联结关系的"联结企业"的并购溢价作为实验组，以与联结企业处在同一年份、同一行业（制造业按照二级行业代码、其他按照一级行业代码）[②]，并且与目标企业不存在高管联结关系的"非联结企业"并购溢价作为参照组，测试结果表明，与不存在高管联结关系的非联结企业相比，存在高管联结关系的联结企业对目标公司并购溢价的影响较大，这一结果意味着本文样本并不存在严重的选择偏差问题。④关于主效应（假设 1）进行如下稳健性测试：前文实证分析虽然表明了联结企业并购溢价变量的回归系数显著为正，但这还不能保证联结企业并购溢价确实影响了目标企业的并购溢价决策，还存在其他两种备择解释：其一，目标企业并购溢价和联结企业并购溢价之间可能是相互影响的；其二，可能会存在混淆变量，即同时影响联结企业和目标企业并购溢价的第三个变量。这两种情况都可能导致出现联结企业并购溢价变量的回归系数显著为正的结果。为了排除上述两种可能，我们借鉴 Haunschild（1993）、Haunschild 和 Beckman（1998）等文献的做法，采用如下办法进行检验，即将联结企业当前年份并购交易的并购溢价（Premium_ Tied_ C）作为因变量，将目标企业之前年份（1 ~ 3 年）并购交易的并购溢价（Premium_ Focal_

---

① 稳健性测试部分涉及的所有实证结果留存备索。

② 我们也测试了仅以同一年份为标准（不遵循行业标准）来构造参照组，并借鉴空间地理学中的 Moran's I 和 Geary's C 指数进行测试，测试结果表明：与不存在企业间高管联结关系的两家公司相比，存在企业间高管联结关系的两家企业之间并购溢价水平呈现出的相似性程度较高，也即与不存在高管联结关系的非联结企业相比，存在高管联结关系的联结企业对目标公司并购溢价的影响较大，这一测试也在一定程度上意味着本文可能不存在严重的样本选择性偏差问题。

P）作为自变量，这样如果上述两种可能存在，那么目标企业当前年份并购交易的并购溢价（Premium_ Focal_ P）变量的回归系数应该显著为正。本文测试的结果发现，目标企业并购溢价变量统计上不显著，这说明上述两种备择解释可能是不成立的，前文关于主效应检验结果的稳健性较好。⑤关于调节效应进行如下稳健性测试：关于测试假设2，前文仅以中位数作为分组标准，我们在这里以1/4分位数和3/4分位数作为分组标准进行检验，结果发现：与高并购溢价样本组（高于1/4分位数或3/4分位数样本组）相比，低并购溢价样本（低于1/4分位数或3/4分位数样本组）中联结企业并购溢价（Premium_ Tied）变量不仅回归系数较大，而且显著性水平也较高（除在高于3/4分位数样本组未达到10%显著性水平，其他样本组均达到10%显著性水平）；为了测试假设3，我们将样本分为同行业并购样本和不同行业并购样本，发现相同行业样本组中的联结企业并购溢价变量不仅回归系数较大，而且显著性水平也较高（与不同行业样本相比）。这些结果说明假设2和假设3的调节效应结果较为稳健。

5　结论与启示

本文基于我国A股上市公司2004～2010年917对企业的并购溢价数据，考察企业间高管联结对并购溢价决策的影响，研究发现：企业的并购溢价决策存在组织间模仿行为，即联结企业在之前并购中支付的溢价水平对目标企业之后并购支付的溢价水平有显著的正向影响；并购溢价决策的组织间模仿行为服从"逻辑模仿律"和"先内后外律"，即联结企业支付的并购溢价水平越低，或者联结企业与目标企业属于同一行业，联结企业并购溢价与目标企业并购溢价之间的正相关关系越强；并购溢价决策的组织间模仿行为不服从"模仿级数律"，即目标企业在企业网络中的集中度，并不调节联结企业并购溢价与目标企业并购溢价之间的关系，而是对目标企业并购溢价有显著的主效应影响（目标企业的网络集中度越高，并购中支付的溢价水平越低）。上述发现有两点理论启示：一是体现在企业间网络关系方面，关于并购溢价决策的现有研究重点关注企业层面和市场层面，忽视了企业间网络关系对并购溢价决策行为的可能影响。本文研究证实了企业间网络关系影响的存在性，希望未来的研究能够将这一极具研究潜力的新视角有机地融入现有理论体系。二是体现在高管的社会资本方面，除了现有文献发现的高管政治联结外，高管的企业间联结也会影响并购行为，因此，要完整科学地考察高管社会资本对并购行为的影响，不仅要关注高管的政治联结关系，还应关注高管的企业间联结关系。上述发现也为高管团队建设带来有益的实践启示：由于目标企业在模仿联结企业的并购溢价决策时，对那些成功的并购行为（溢价水平低）模仿程度较强，因此，如果联结企业进行过多次并购行为，或者目标企业与多家企业建立了高管联结关系，那么并购成功的可能性就会提高。这就意味着，企业在进行高管团队建设时，需要特别注意高管在其他企业的任职经历，这些高管任职的企业特征、行业特征以及任职企业数目等，都可能会对企业并购行为有重要影响。文章还存在以下两点不足：其一，并购交易不确定性是本文理论逻辑推演的重要依据，但限于国内尚未开发出并购交易不确定的成熟量表，以及国内相关机构建立的数据源尚未提供此类数据，本文未能沿着此思路进行深入研究①。其二，本文主要是从企业间关系角度（微观的关系层面）研究其对企业并购溢价决策行为的影响，如果未来能将这一研究视角进一步拓展到中观的网络层面（如中心性、结构洞、网络异质性等），可能会得出更有价值的结论。本文研究已经初步表明，目标企业中心性会对并购溢价有显著的负向影响，但通过企业间网络关系联结的企业规模、所在行业、所处地区等异质性是否会对并购行为有不同影响，这些问题都值得未来进一步探索。

参考文献

［1］Abrahamson, E. & L. Hosenkof. Social Network Effects on the Extent of Innovation Diffusion: A Computer Simulation［J］. Organization Science, 1997（8）: 289 – 309.

［2］Barclay M. J. & C. G. Holderness. Private Benefits from Control of Public Corporations［J］. Journal of Financial Economics, 1991（25）: 371 – 395.

［3］Beckenstein A. R. Merger Activity and Merger Theories: An Empirical Investigation［M］. Washington D. C: Federal Legal Publications, 1979.

［4］Beckman C. M. & P. R. Haunschild. Network Learning: The Effects of Partners' Heterogeneity of Experience on Corporate Acquisitions［J］. Administrative Science Quarterly, 2002（47）: 92 – 124.

［5］Boxiot M. & J. Child. From Fiefs to Clans and Network Capitalism: Explaining China's Emerging Economic Order［J］. Administrative Science Quarterly, 1996（41）: 600 – 628.

［6］Burris V. Interlocking Directorates and Political Cohesion among Corporate Elites［J］. American Journal of Sociology Ⅲ（1）: 249 – 283.

［7］Burt, R. S. Structure Hole［M］. New York: Harvard University Press, 1992.

［8］Chang A., S. Chaudhuri & J. Jayaratne. Rational Herding and the Spatial Clustering of Bank Branches: An Empirical Analysis［R］. NYFRB Research Paper, 1997.

［9］Coleman J. S., E. Katz & H. Menzel. Medical Innovation［M］. Indianapolis, IN: Bobbs – Merrill, 1996.

［10］Cyert R. M. & J. G. March. A Behavioral Theory of the Firm［M］. New York: Prentice – Hall, 1963.

［11］Dimaggio P. J., W. W. Powell. The Iron Cage Revisited: Institutional Isomorphism and Collective Rationality in Organizational Fields［J］. American Sociological Review, 1983（48）: 147 – 160.

［12］Finkelstein S., D. Hambrick & A. A. Cannella. Strategic Leadership［M］. Oxford University press, 2009.

［13］Griliches Z. Hybrid Corn: An Exploration in Economics of Technological Change［J］. Econometrica, 1957（25）: 501 – 522.

---

① 虽然国外学者（Haunschild, 1994）已经对此构念进行度量，但由于国内相关机构建立的数据库尚未提供基础数据，目前尚无法科学度量。实际上，并购交易不确定性程度除了影响企业间模仿程度外，还对并购交易成功与否、绩效高低、目标公司选择、并购支付方式等诸多方面产生影响。

［14］ Granovetter M. Economic Action and Social Structure：The Problem of Embeddedness［J］．American Journal of Sociology，1985（91）：481 – 510.

［15］ Hayward M. & D. Hambrick. Explaining the Premiums Paid for Large Acquisitions：Evidence of CEO Hubris［J］．Administrative Science Quarterly，1997，42（1）：103～127.

［16］ Hambrick D. C. & P. A. Mason. Upper Echelons：Organization as a Reflection of its Manager［J］．Academy of Management Review，1984，9（2）：193 – 206.

［17］ Haunschild P. H. Interorganizational Imitation：The Impact of Interlocks on Corporate Acquisition Activity［J］．Administrative Science Quarterly，1993（38）：564 – 592.

［18］ Haunschild，P. R. How Much is that Company Worth：Interorganizational Relationships，Uncertainty，and Acquisition Premiums［J］．Administrative Science Quarterly，1994（39）：391 – 411.

［19］ Haunschild P. R. & C. M. Beckman. When do Interlocks Matter? Alternate Sources of Information and Interlock Infiuence［J］．Administrative Science Quarterly，1998，43（4）：B15 – 844.

［20］ Haunschild P. R. & A. S. Miner. Modes of Interorganizational Imitations：The Effects of Outcome Salience and vncertainty［J］．Administrative Science Quarterly，1997，42（3）：472 – 500.

［21］ Heyes C. M. & B. G. Galef. Social Learning in Animals［M］．New York：Academic Press 1996.

［22］ Hunter W. C. & J. Jagtiani. An Analysis of Advisor Choice Fees and Effort in Mergers and Acquisitions［J］．Review of Financial Economics，2003（12）：65 – 81.

［23］ Jensen M. C. & W. Meckling. Theory of the Firm：Managerial Behavior，Agency Costs，and Ownership Structure［J］．Journal of Financial Economics，1976（3）：305 – 360.

［24］ Kim J.，J. Haleblian & S. Finkelstein. When Firms are Desperate to Grow via Acquisition［J］．Administrative Science Quarterly，2011（56）：26 – 60.

［25］ Laamanen T. On the Role of Acquisition Premiuni in Acquisition Research［J］．Strategic Management Journal，2007（28）：1359 – 1369.

［26］ Levitl B. & J. G. Marc. Organizational Learning［J］．InAnnual Review of Sociology，Palo Alto，CA：Annual Reviews，1988（14）：319 – 340.

［27］ Lieberman M. & D. Montgomery. First – mover Advantages［J］．Strategic Management Journal. 1998（9）：41 – 58.

［28］ Lieberman M. B. & S. Asaba. Why do Firms Imitate Each Other?［J］．Academy of Management Review，2006，31（2）：366 – 395.

［29］ March J. G. & J. Olsen. Ambiguity and Choice in Organizations［M］．Bergen：Universitets forlaget，1976.

［30］ March J. G.，L. Sproull & M. Tamuz. Learning from Samples of One or Fewer［J］．Organization Science，1991（2）：1 – 13.

［31］ Mariolis P. & M. H. Jones. Centrality in Corporate Interlock Networks：Reliability and Stability［J］．Administrative Science Quarterly，1982，27（4）：571 – 584.

［32］ Meyer J. W. K. Scott & T. E. Deal. Institutional and Technical Sources of Organizational Structure［J］．Organizational Environments：Ritual and Rationality，1983（7）：45 – 67.

［33］ Milliken F. J. Three Types of Perceived Uncertainty about the Environment［J］．Academy of Management Review，1987，12（1）：133 – 143.

［34］Mizrurhi M. S. What do Interlocks Do? An Analysis, Critique and Assessment of Research on Interlocking Directorates［J］. Annual Review Sociology, 1996（22）: 271－298.

［35］Peng M. & Y. D. Luo. Managerial Ties and Firm Performance in a Transition Economy: The Nature of a Micro－macro Link［J］. Academy of Management Journal, 2000（43）: 486－501.

［36］Roll R. The Hubris Hypothesis of Corporate Takeovers［J］. The Journal of Business, 1986, 59（2）: 197－216.

［37］Sargent S. S. & H. C, Williamson. Social Psychology［M］. New York: The Ronald Press Company, 1966.

［38］Scott W. R. & G. F. Davis. Organizations and Organizing: Rational, National and Open System Perspectives［M］. Pearson Prencte Hall, 2006.

［39］Shipilov A. & W. Danis. TMG Social Capital. Strategic Choice and Firm Performance［J］. European Management Journal, 2006, 24（1）: 16－27.

［40］Sirower M. The Synergy Trap: How Companies Lose Acquisition Game［M］. New York: Free Press, 1997.

［41］Slusky A. & R. E. Caves. Synergy, Agency and the Determinants of Premia Paid in Mergers［J］. Journal of Industrial Economics. 1991（39）: 277－296.

［42］Still M. C. & D. Strang. Who does an Elite Organization Emulate［J］. Administrative Science Quarterly, 2009（54）: 58－89.

［43］Strang D. & N. Tuma. Spatial and Temporal Heterogeneity in Diffusion［J］. American Journal of Sociology. 1993（99）: 614－639.

［44］Tarde G. The Laws oj Imitations［M］. New York: Henry Holt, 1903.

［45］Trautwein F. Merger Motives and Merger Prescriptions［J］. Strategic Management Journal, 1990（11）: 283－295.

［46］Tversky A. & D. Kahneman. Judgment under Uncertainty: Heuristics and Biases［J］. Science, 1974（85）: 1124－1131.

［47］Useem M. The Inner Circle［M］. New York: Oxford University Press, 1984.

［48］Varaiya N. P. & K. R. Ferris. Overpaying in Corporate Takeovers: The Winner's Curse［J］. Financial Analysts Journal, 1987（43）: 64－70.

［49］陈让华, 马超. 企业间高管联结与慈善行为一致性［J］. 管理世界, 2011（12）.

［50］陈仕华, 李维安. 公司治理的社会嵌入性: 理论框架及嵌入机制［J］. 中国工业经济, 2011（16）.

［51］冯根福, 吴林江. 我国上市公司并购绩效的实证研究［J］. 经济研究, 2001（1）.

［52］蒋丽娜, 薄澜, 姚海鑫. 国外并购溢价决定因素研究脉络梳理与未来展望［J］. 外国经济与管理, 2011（10）.

［53］李善民, 赵晶晶, 刘英. 行业机会、政治关联与多元化并购［J］. 中大管理研究, 2009（4）.

［54］潘红波, 夏新平, 余明桂. 政府干预、政治关联与地方国企并购［J］. 经济研究, 2008（4）.

［55］苏依依, 周秋玲. 组织模仿行为动机、模式与信息处理［J］. 商业时代, 2011（2）.

［56］唐宗明, 蒋位. 中国上市公司大股东侵害度实证分析［J］. 经济研究, 2002（4）.

［57］吴联生, 白云霞. 公司价值、资产收购与控制权转移方式［J］. 管理世界, 2004（9）.

［58］徐信忠, 黄张凯, 刘寅, 薛彤. 大宗股权定价的实证检验［J］. 经济研究, 2006（1）.

我国金融状况指数构建及其
对货币政策传导效应的启示[*]
——基于时变参数状态空间模型的研究

余　辉，余　剑

（中国人民银行办公厅，北京　100800；

中国人民银行营业管理部，北京　100045）

【摘　要】通过时变参数状态空间模型估算不同经济因素的动态权重，并以此为基础构建的金融状况指数，能够体现不同形势下不同经济因素对金融总体形势的影响，并反映货币政策传导渠道的效应。本文估算了 1997～2009 年以及 1997～2011 年的两组金融状况指数，结果显示：货币供应量、房价、股价对这一时期金融总体形势的影响权重相对较大，特别是货币供应量。反映出近年来在应对国际金融危机的大背景下，我国货币政策依然倚重于数量型传导渠道，甚至程度有所加深。在此期间，由于管理体制等多种因素，利率、汇率的变化幅度远小于其他变量，它们在模型中权重尽管有所增加但总量较小。这并不能说明利率和汇率在构成 FCI 中的作用不重要。随着利率、汇率市场化程度进一步提高，加之房价、货币供应量增长波动向常态回归，两者的动态权重将会大幅提高。

【关键词】状态空间模型；金融状况指数；动态权重

1　引言及文献综述

金融自由化的发展使越来越多的经济学家关注资产价格、通货膨胀与货币政策运行之

＊　收稿日期：2012 - 05 - 11。

基金项目：本文研究得到国家社会科学基金项目（12CJY103）以及中国博士后科学基金（200902172）的资助。本文仅系作者个人学术思考，不代表所在单位意见。作者感谢刘宁博士在数据资料整理等方面提供的帮助，感谢匿名审稿人提出的宝贵意见和建议，文责自负。

作者简介：余辉，管理学博士，任职于中国人民银行办公厅，E - mail：freeyuhui@163.com；余剑，经济学博士，任职于中国人民银行营业管理部，E - mail：eliteyu@sohu.com。

间的关系。但目前理论学术界和货币政策决策者对于货币政策操作是否应对资产价格波动做出反应还没有达成共识：如 Cecchetti、Lipsky 和 Wadhwani（2000）、Goodhart 和 Hofmann（2000，2001，2002）认为以房价和股价为代表的资产价格是总需求的决定因素之一，其价格变动应被直接反映到货币政策制定中；而 Bernanke 和 Gertler（1999，2001）则认为资产价格仅是货币政策关注的对象，但一般不宜将其直接列入货币政策中介目标中，强调弹性通货膨胀制是一种有效的制度，能够实现经济增长和金融体系的稳定，如果通货膨胀预期稳定，货币政策就无须对资产价格的波动做出反应，只有当资产价格波动引起人们对未来产生通货膨胀或紧缩的预期时，货币政策才应做出积极反应。两派学者的争论并不妨碍达成共识性观点：典型的资产价格，如房价和股价将通过财富效应[①]和资产负债表效应[②]在货币政策传导中扮演重要角色，即如果预期资产价格波动能够影响未来通货膨胀和产出缺口，那么央行应该对此类资产价格变化做出应对。

为了更好地挖掘资产价格所蕴含的未来经济走势信息，明晰货币政策在资产价格传导渠道上的顺畅程度，同时降低资产价格失调引发金融系统不稳定的风险，一些学者构造了不同的资产价格指数。如货币状况指数（Monetary Conditions Index，MCI）和金融状况指数（Financial Conditions Index，FCI）。MCI 是短期利率和汇率的加权平均数，用以体现货币政策通过利率和汇率两种机制对实体经济和通货膨胀的影响。20 世纪 90 年代早期，加拿大和新西兰央行曾将 MCI 作为其货币政策操作目标，挪威、芬兰和冰岛央行将其作为货币政策的重要指示器。Goodhart 和 Hofmann（2001）在 MCI 的基础上又纳入房价和股价等资产价格构造了 FCI，以更加全面地反映未来产出和通货膨胀的变化信息，他们利用总需求模型缩减式和 VAR 脉冲响应分析方法分别构造了 G7 国家的 FCI，研究发现房价和股价在 FCI 中占有显著权重，而且 FCI 蕴含了未来通货膨胀压力的有效信息。Mayes 和 Virén（2001）利用 1985～2000 年 11 个西欧国家的面板数据，采取总需求缩减式测算了金融状况指数，研究认为纳入房价和股价等资产价格高频数据后，FCI 能够为市场预期的通货膨胀和产出变化提炼更多的信息。Guichard 和 Turner（2008）在资产价格变量之外引入信贷可获得性变量来测算美国 1990～2007 年的 FCI，以衡量次贷危机爆发前及初期美国货币状况的松紧程度。Beaton、Lalonde 和 Luu（2009）使用结构向量误差修正模型（SVECM）和大型宏观经济模型测算美国 FCI，并估算了房地产财富波动对 FCI 的影响以及零利率条件下的美国金融状况。

在中国，随着房地产市场、股票市场的发展以及汇率制度改革和利率市场化深化，金融体系逐步健全，金融结构不断优化，居民家庭金融资产持有量不断增加，这使得房价和股价等资产价格波动在一定程度上都可能成为通货膨胀变化的指示器，由此构造的 FCI 将成为我

---

① 财富效应是指资产价格变动影响消费者的金融财富，继而改变其消费支出计划（Modigliani，1971），资产价格变动引发财富效应的强弱取决于金融资产在消费者财富中占比的大小。

② 资产负债表效应源于信贷市场信息不对称所引发的逆向选择和道德风险。资产价格上升，企业和居民抵押物价值随之上升，扩大其获得信贷的能力，新获得的贷款可用于购买商品和服务，从而最终刺激实体经济（Bernanke 和 Certler，1999）。

国货币政策操作的重要参考指标。除较常见的由高盛公司定期发布的中国金融状况指数外，学术界的研究包括：王玉宝（2003，2005）分别采用总需求缩减式和 VAR 模型估计了中国的 FCI，封北麟、王贵民（2006a，2006b）使用 VAR 脉冲响应分析方法测算了加入实际货币供应量的 FCI 指数，何平、吴义东（2007）则利用 VAR 模型侧重房地产价格在 FCI 指数中作用的研究。陆军、梁静瑜（2007）分析了 FCI 的基本变量、数据处理、权重计算及缺陷，构造了 FCI 的理论基础，并利用总需求缩减式估计了我国的 FCI。李建军（2008）从未观测金融角度测算未观测货币金融状况指数以反映未观测经济金融部门金融松紧程度。王彬（2009）利用 VAR 模型计算 FCI，并将其应用于麦卡勒姆规则的检验。戴国强、张建华（2009）利用 VECM 模型构建 FCI，并用于分析货币政策的资产价格传导机制。

鉴于 FCI 是一个合成指数，如何计算各个变量的权重是构建 FCI 的关键环节之一。但目前包括大型宏观经济模型、总需求缩减式和 VAR 脉冲响应分析等方法在内的多数研究，在计算各变量权重时都采取固定参数模式，即各变量权重在整个样本期内是固定不变的。这对于经济金融形势较为稳定的发达国家来说可能较为合适，可是对于中国这样正处于制度变革时期的发展中国家来说，则不能充分反映形势的发展。

本文借鉴 Montagnoli 和 Napolitano（2004）的研究思路，采用时变参数的状态空间模型估算我国动态权重的金融状况指数，以反映样本期内的制度变化、冲击及其他结构性变化。此外，国外学者在估算 FCI 时主要使用的是价格型金融变量，只是在次贷危机爆发后针对美国金融形势开始引入非价格型金融变量，如信贷可获得性。在我国，货币供应量是货币政策操作的中介目标，在货币政策制定、实施和传导中发挥重要作用，因此，本文将分别针对有无货币供应量变量建立两个 FCI 指数。需要特别指出的是，由于国际金融危机后，世界各国普遍采取数量宽松的货币政策来刺激经济，我国新增信贷和货币供应量亦快速增长，M2 在 2011 年末超过 85 万亿元，其中 2010~2011 增长 24 万亿元，对整体金融环境的影响更加突出，本文在可得数据的基础上，分别估算了 1997 年 1 月到 2009 年 12 月以及 1997 年 1 月到 2011 年 12 月两组我国动态权重金融状况指数，并对比了两组数据结论的差异，尤其是货币供应量影响程度的差异及其对货币政策传导效果的影响。

2　基于动态权重的金融状况指数理论模型

金融状况指数的动态权重是不可观测的，需要使用状态空间模型表示，并利用卡尔曼滤波迭代算法进行估计。卡尔曼滤波算法能够将不可观测因素的影响过滤出来，并且可以用被解释变量过去观测值提供的信息得到状态变量的最佳近似。

扩展 Rdudebusch 和 Svensson（1999）模型，并参考 Goodhart 和 Hofmann（2001）、Montagnoli 和 Napolitano（2004）的做法，将金融变量引入 IS 方程中，构造一个简单的后视型经济，可用如下的菲利普斯曲线和 IS 曲线描述：

$$\pi_t = a_0 + \sum_{i=1}^{p_1} a_{1,i} y_{t-i} + \sum_{j=1}^{p_2} a_{2,j} \pi_{t-j} + \mu_t^d \tag{1}$$

$$y_t = b_0 + \sum_{k=1}^{q_1} b_{1,k} y_{t-k} + \sum_{i=1}^{q_2} b_{2,i} ri_{t-i} + \sum_{j=1}^{q_3} b_{3,j} reer_{t-j} + \sum_{l=1}^{q_4} b_{4,l} rh_{t-l} + \sum_{m=1}^{q_5} b_{5,m} rs_{t-m} +$$

$$\sum_{n=1}^{q_6} b_{6,n} rm2_{t-n} + \mu_t^d \tag{2}$$

其中，π_t 为通货膨胀率，y_t 为产出缺口，ri 为剔除趋势的实际利率（实际利率缺口），reer 为实际汇率缺口，rh 为实际房价缺口，rs 为实际股价缺口，rm2 是实际货币供应量缺口。由于 IS 曲线中的参数是时变的，因此需要表述为状态空间形式，时变参数模型如下：

$$y_t = X\beta_t + \mu_t \qquad 量测方程 \tag{3}$$

$$\beta_t = F\beta_{t-1} + w_t \qquad 状态方程 \tag{4}$$

X 为常数项和解释变量矩阵[1]，状态向量 β_t，包括所有时变参数，在状态方程中我们假设其为一阶自回归过程。假设误差项为独立的白噪声过程，方程协方差矩阵为 Var（μ_t）= Q，Var（w_t）= R，对所有的 t 和 s，Var（$\mu_t w_s$）= 0。卡尔曼滤波方法允许产出缺口和解释变量之间存在动态关系，每一个变量可以获得不同时期的参数和相应的权重。

不包含货币供应量指标的 FCI 指数中，权重计算公式为 $w_{x_i,t} = |\beta_{x_i,t}| / \sum_{k=1}^{4} |\beta_{x_k,t}|$ （5）

在引入货币供应量的 FCI 指数中，权重计算公式相应为 $w_{x_i,t} = |\beta_{x_i,t}| / \sum_{k=1}^{5} |\beta_{x_k,t}|$ （6）

其中 $\beta_{x_i,t}$ 为金融变量 x_i 在时期 t 的参数，因此时期 t 的 FCI 等于时期 t 的权重向量和金融变量向量的内积，即 $FCI_t = w'_{x_t} \cdot x_t$。 （7）

3 实证分析：我国金融状况指数构建

3.1 基础数据描述及初步处理

本文分别选取 1997 年 1 月到 2009 年 12 月以及 1997 年 1 月到 2011 年 12 月的两组月度数据。对于月度 GDP 数据，我们采取将季度 GDP 累计值转成当季发生额后，利用 Eviews 软件中 "二次函数与和相匹配" 的方法转换成月度 GDP 数据，然后以 1996 年 12 月为 100 的定基 CPI 将名义 GDP 换算为实际 GDP，然后使用 X12 方法消除季节波动，最后根据 HP 滤波方法估算潜在产出。对季节调整的实际 GDP 序列和潜在产出序列取对数后再计算产出缺口。名义利率指标选取 7 天银行间同业拆借利率，实际利率等于名义利率

---

[1] 由于产出缺口受技术、要素投入等实物因素影响，其变动不可能完全由金融变量解释，所以在实际估计中，解释变量还包括产出缺口的两期滞后项。

减去通货膨胀率。实际汇率指标以 IMF 公布的实际有效汇率指数（REER）代表，实际房价以国家统计局公布的国房景气指数除以定基 CPI 代表。实际股价以上证综合指数月末收盘价除以定基 CPI 代表，由于近年股价波动较为剧烈，为了消除序列中的异方差对实际股价取对数。鉴于货币供应量在我国货币政策操作中占有重要地位，本文在动态权重 FCI 中引入实际货币供应量变量，同样以名义 M2 除以定基 CPI 计算得到。根据 Goodhart 和 Hofmann（2002）的论证，金融变量的长期趋势值都使用 HP 滤波方法计算①。实际利率缺口为实际利率与实际利率趋势的差，其他金融变量的缺口均为（变量实际值－变量趋势值）/变量趋势值。

3.2　单位根检验

在进行模型估计前应首先检验各个序列的平稳性。国内大多数学者使用的 ADF 检验，假设数据生成过程是自回归过程，若变量的数据生成过程是移动平均过程，则使用 ADF 检验变量的平稳性会产生偏差，为了克服这一缺陷我们将同时使用 PP 检验法检验数据生成过程为移动平均过程的变量的平稳性。表 1 的单位根检验结果表明，绝大多数变量在 1% 的水平上拒绝了序列非平稳的原假设，即所有变量是平稳的。

表 1　单位根检验结果

1997 年 1 月到 2009 年 12 月					
		ADF	P 值	PP	P 值
实际产出缺口	rgdpgap	−2.9062	0.0039	−2.2841	0.0220
实际利率缺口	rchiborgap	−3.7022	0.0003	−3.9353	0.0001
实际汇率缺口	reergap	−3.6376	0.0003	−3.7813	0.0002
实际房价缺口	rhgap	−4.6876	0.0000	−3.6680	0.0003
实际股价缺口	rsgap	−2.5321	0.0114	−3.0294	0.0026
实际货币供应量缺口	rm2gap	−5.2706	0.0000	−3.8643	0.0001
1997 年 1 月到 2011 年 12 月					
实际产出缺口	rgdpgap	−8.695683	0.0000	−8.227654	0.0000
实际利率缺口	rchiborgap	−4.090921	0.0013	−4.117029	0.0012
实际汇率缺口	reergap	−4.068571	0.0014	−4.222108	0.0008
实际房价缺口	rhgap	−4.585800	0.0002	−3.728965	0.0044
实际股价缺口	rsgap	−2.816402	0.0580	−3.336516	0.0147
实际货币供应量缺口	rm2gap	−5.425038	0.0000	−4.119237	0.0012

注：ADF 检验根据 SIC 准则确定最优滞后期，PP 根据 Bartlett kernel 方法确定 Newey－West 带宽

---

①　Goodhart 和 Hofmann（2001）在其文章中对金融变量的趋势分别作了不同的定义：短期利率的趋势为其样本均值，汇率与房价的趋势为线性趋势，而股价的趋势则用平滑参数为 10000 的 HP 滤波算出，理由是股票价格的期望值具有很强的时变性。其后 Goodhart 和 Hofmann（2002）又认为所有变量都应该用 HP 滤波方法去除时变趋势。

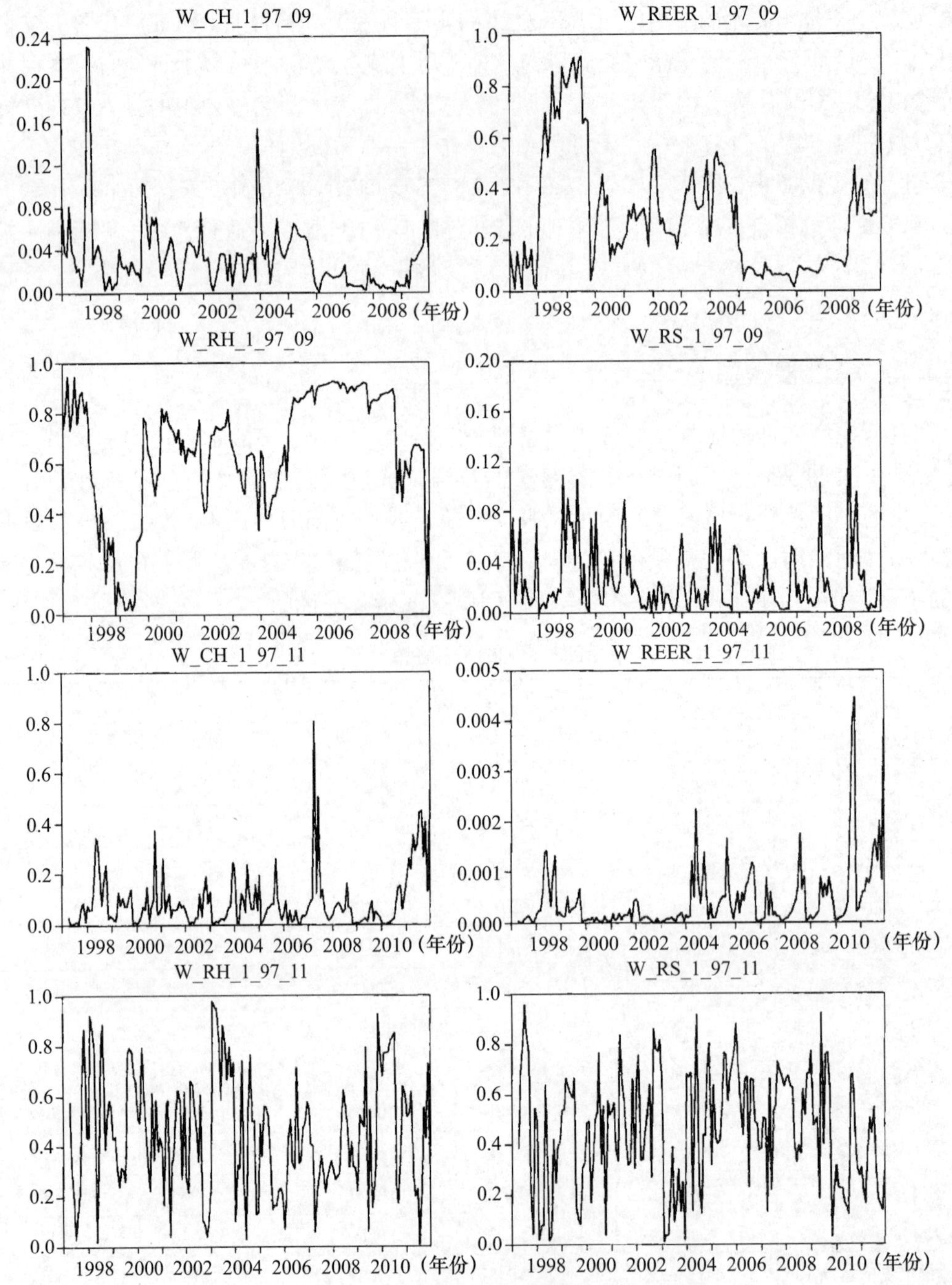

图1 FCI_1中各金融变量的动态权重①

---

① W_CH_1_97_09 表示无货币供应量金融状况指数中1997~2009年数据组的利率缺口的权重；W_RH_1_97_11 表示的是包含货币供应量金融状况指数中1997~2011年实际房价缺口的权重。其他依次类推。

3.3 动态权重的估计

本文利用状态空间模型分别估算了两个动态权重FCI：FCI_ 1为不含货币供应量的金融状况指数，FCI_ 2为包含货币供应量的金融状况指数。从动态权重的平均值来看，在不含货币供应量的FCI中，房价在FCI中占有绝对优势，1997~2009年数据的平均权重为65.01%，1997~2011年数据的平均权重为45%。房价所占的高权重仅与戴国强、张建华（2009）的实证结果较为接近。而在包含货币供应量的FCI中，货币供应量取代房价成为影响FCI的主要因素，其1997~2009年数据的平均影响力达到60.22%，1997~2011年数据则进一步达到78%。对比相关文献可以发现，货币供应量的权重随着数据时间期间的推移而增大，显然与近年来我国货币供应量的快速扩张及其对整体金融环境中的影响加深有一定关系。

从动态权重的时间变化轨迹看，M2在FCI_ 2中的权重在大部分时间在50%~80%，而在2010~2011年，M2的权重多在85%以上，在基于以货币政策的主要目标——产出为量测方程因变量的状态空间模型计算的金融状况指数的权重中，居于绝对主导地位。以

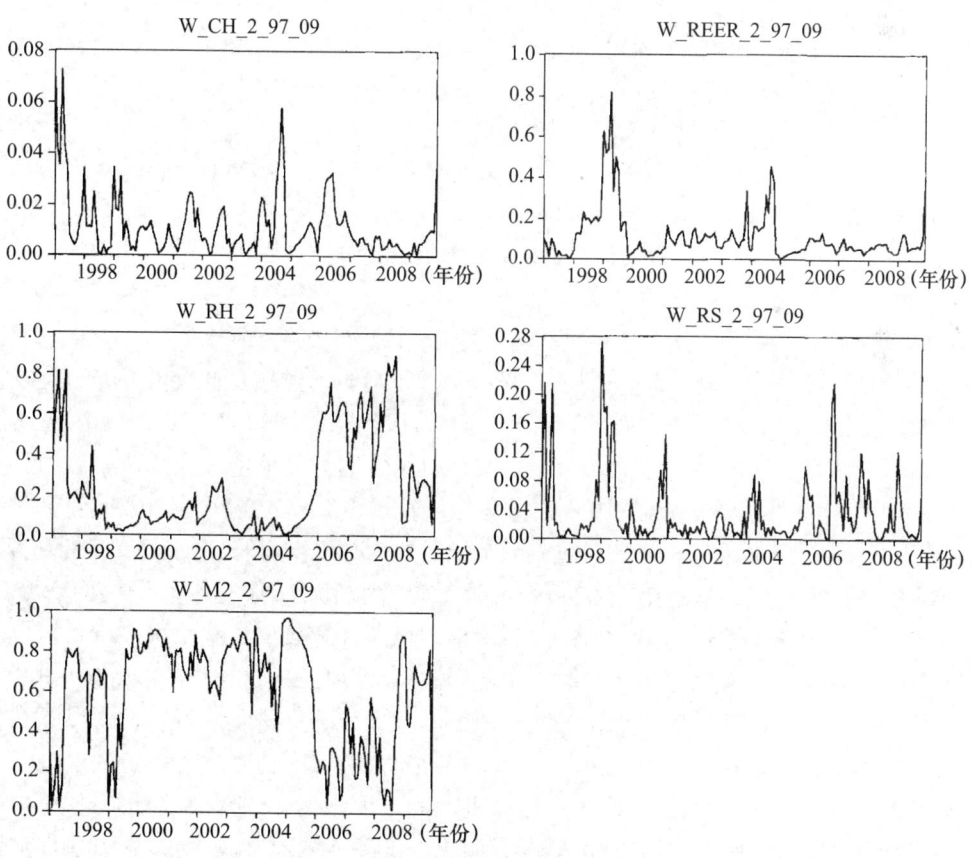

图2　FCI_ 2中各金融变量的动态权重

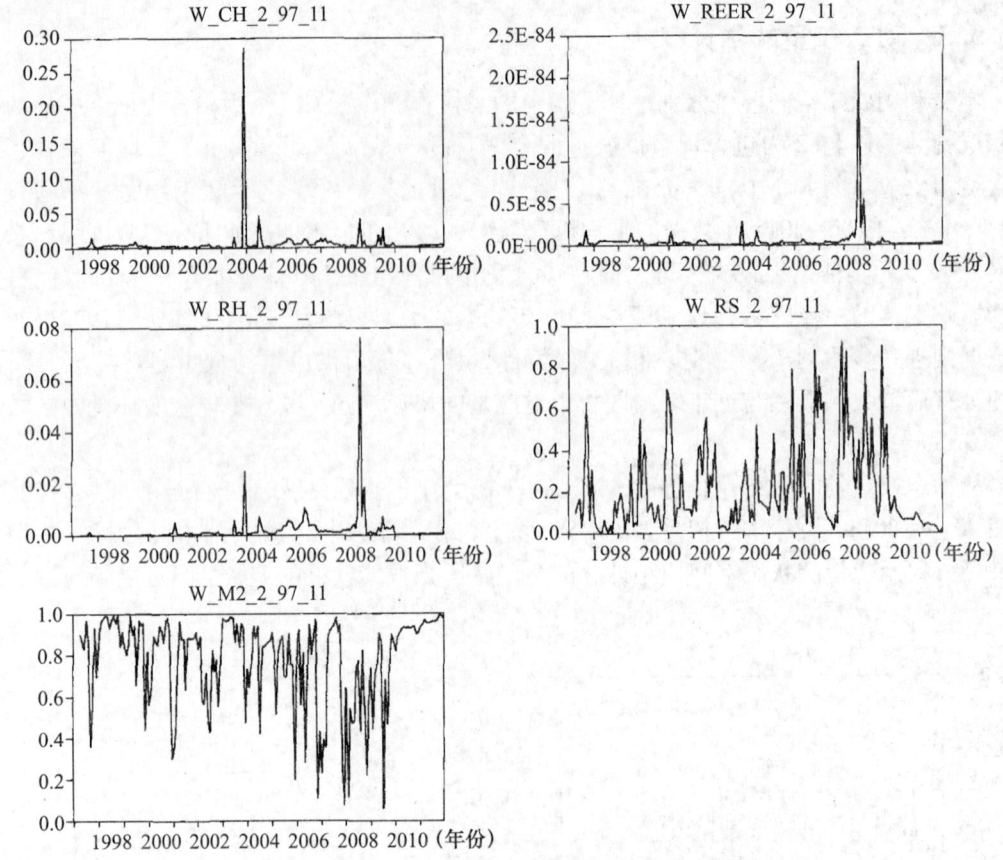

图2　FCI_2中各金融变量的动态权重（续图）

1997～2009年的数据为例，有三个阶段非货币供应量因素的变量权重较大：第一个阶段为1997年上半年，房价缺口权重取值在1.30%～29.44%，虽然在此阶段M2已经成为货币政策调控目标，但此时经济金融的热点却在房地产领域。1996年中央提出住宅建设将成为新的消费热点和新的经济增长点，随后城镇居民住宅消费市场成为消费的启动点，因此1997年上半年实际房价在FCI中的权重较高。第二个阶段为1998年下半年至1999年上半年，此阶段正值亚洲金融危机期间，汇率稳定成为捍卫金融稳定的关键所在，实际汇率在FCI中的比重占优，基本维持在40%～80%的高水平上。第三个阶段为2006～2008年上半年，在全球流动性过剩和全球性资产价格上涨的大背景下，我国房地产价格也出现快速上涨，房价成为影响金融整体状况的主要因素，实际房价权重维持在40%～80%。

对比利率、汇率、房价和股价在FCI_1和FCI_2权重变化轨迹可以发现以下几个特征：第一，房价权重均在1997～1998年、2007～2008年出现下滑，这些年份正是名义房价出现显著下降的年份。第二，亚洲金融危机期间，汇率为影响整体金融状况的主要因素，而2005年7月汇改之后，汇率权重显著降低，2009年受贸易争端影响汇率权重又有上升之势。第三，股价权重出现峰值的时间点基本是股市走势出现拐点的时间点，可见股市拐点的变化对实体经济的影响更大。利率也是如此，由于管理体制的原因，利率权重相对较大的时期，与法定利率调整的时点基本相符。

3.4 动态权重金融状况指数的估计

两组由动态权重构建的 FCI 走势如图 3 所示。从具体走势看，1997 ~ 2009 年，FCI 走势基本围绕零线上下波动，但有几个年份的走势需要关注：一是 1997 ~ 1998 年从之前"适度从紧"向"稳健"转变（伴随积极的财政政策），全年金融形势逐步放松。二是 2004 年，货币供应量增速由之前 20% 左右的高增长逐步下降至 13% ~ 15% 的合理区间，同期权重占比较高的实际汇率则经历先升值后贬值的变化，在两种主要因素的作用下，金融状况指数呈现出一个由宽松向收紧的快速转变过程。三是 2006 年权重占优的房价因流动性充裕而大幅攀升，致使 FCI 呈现放松态势。四是 2009 年之后货币供应量快速增长，同时其权重不断增大，这使得 FCI 走势呈现日趋宽松的态势。

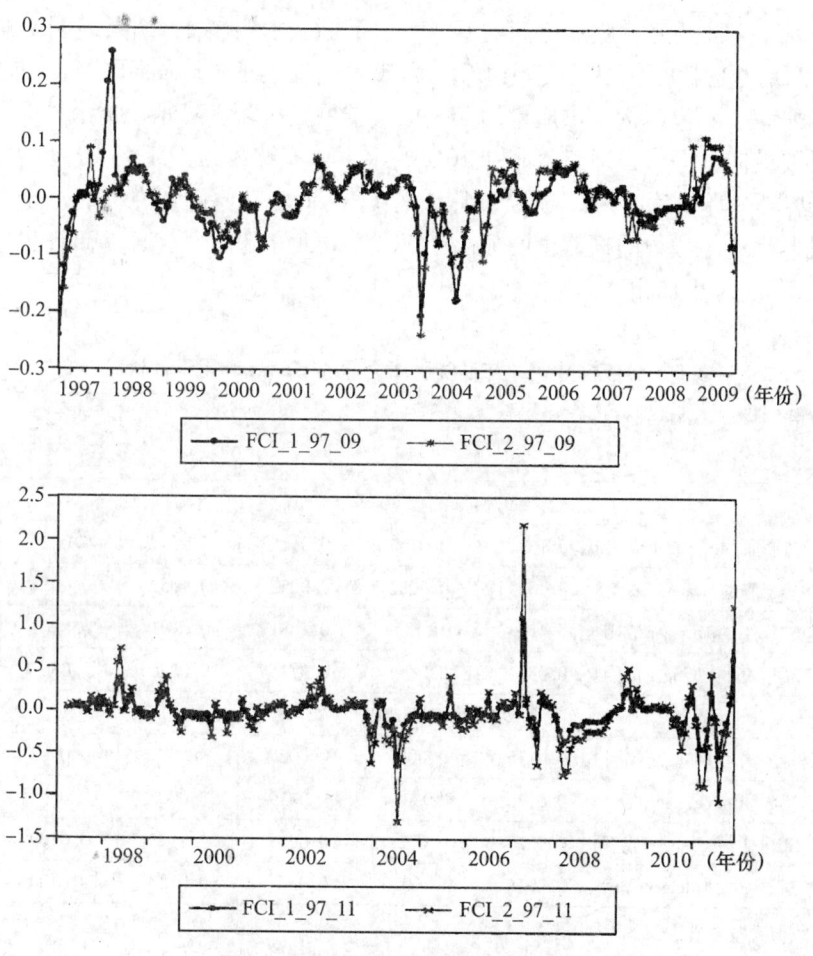

图 3 中国动态权重的金融状况指数

4 我国动态权重金融状况指数的检验

本文计算的动态权重金融状况指数,其估计模型中的量测方程的因变量为产出,而产出是货币政策的主要目标领域之一。对我国而言,货币政策目标领域的另一方面为通货膨胀。要验证 FCI 的有效性,还需要检验其对通货膨胀的影响。一般认为 FCI 的主要功能在于对未来通货膨胀的预测,而 FCI 是否可以作为货币政策操作的参考指标则取决于以下几种方法检验的结果:FCI 与通货膨胀的 Granger 因果性检验、脉冲响应分析以及预测能力分析。

4.1 Granger 因果性检验

表 2 列示了 FCI 与通货膨胀之间的 Granger 因果性检验结果,结果表明两组数据两个 FCI 都显著的是通货膨胀(以月度同比 CPI 为代表)变动的 Granger 原因,因此可以用于预测通货膨胀率,而包含货币供应量的 FCI 检验结果更显著,显示了货币供应量对引发通货膨胀的重要效应。同时,通货膨胀在 10% 的水平上能够成为 FCI_ 2 变动的原因,这与 FCI_ 2 中包含货币供应量有关,通货膨胀成为 FCI_ 1 变动原因要在滞后一定月份以后才能实现,且其拒绝原假设的概率值明显高于 FCI_ 2 的情况,显示通货膨胀与包含货币供应量因素的 FCI_ 2 更加相关。

表 2 动态权重 FCI 与通货膨胀之间的 Granger 因果性检验

原假设 \ 滞后期	1	2	3	4	5	6
1997 年 1 月至 2009 年 12 月						
FCI_ 1 不是通货膨胀的 Granger 成因	0.1632	0.0103	0.0115	0.0047	0.0024	0.0027
FCI_ 2 不是通货膨胀的 Granger 成因	0.0009	0.0002	0.0055	0.0052	0.0014	0.0003
通货膨胀不是 FCI_ 1 的 Granger 成因	0.4313	0.135	0.1681	0.0791	0.0901	0.0952
通货膨胀不是 FCI_ 2 的 Granger 成因	0.0874	0.0775	0.0715	0.0276	0.0367	0.0632
1997 年 1 月至 2011 年 12 月						
FCI_ 1 不是通货膨胀的 Granger 成因	0.0155	0.0060	0.0027	0.0005	0.0003	0.0006
FCI_ 2 不是通货膨胀的 Granger 成因	0.0126	0.00044	0.0019	0.0003	0.0002	0.0004
通货膨胀不是 FCI_ 1 的 Granger 成因	0.0020	0.0021	0.0065	0.0125	0.0109	0.0193
通货膨胀不是 FCI_ 2 的 Granger 成因	0.0018	0, 0020	0.0064	0.0120	0.0104	0.0182

注:表中数值为概率值

4.2　VAR 下的脉冲响应分析

由于 FCI 与通货膨胀之间存在互为因果的关系，所以本文参考 Goodhart 和 Hof – mann（2001）的做法，分别建立通货膨胀和 FCI_ 1、FCI_ 2 的双变量 VAR 模型，并进行脉冲响应分析，Cholesky 分解的变量顺序为通货膨胀、FCI。两组数据表明通货膨胀对 FCI_1_ 97_ 99、FCI_ 2_ 97_ 09 新息的冲击分别在第 7 个月和第 6 个月达到最大值，分别为 0.2528 和 0.2734，随后逐步减弱。而 FCI_ 1_ 97_ 11 和 FCI_ 2_ 97_ 11 新息的冲击均在第 5 个月分别为 0.2893 和 0.2984，随后逐步减弱（见图 4）。

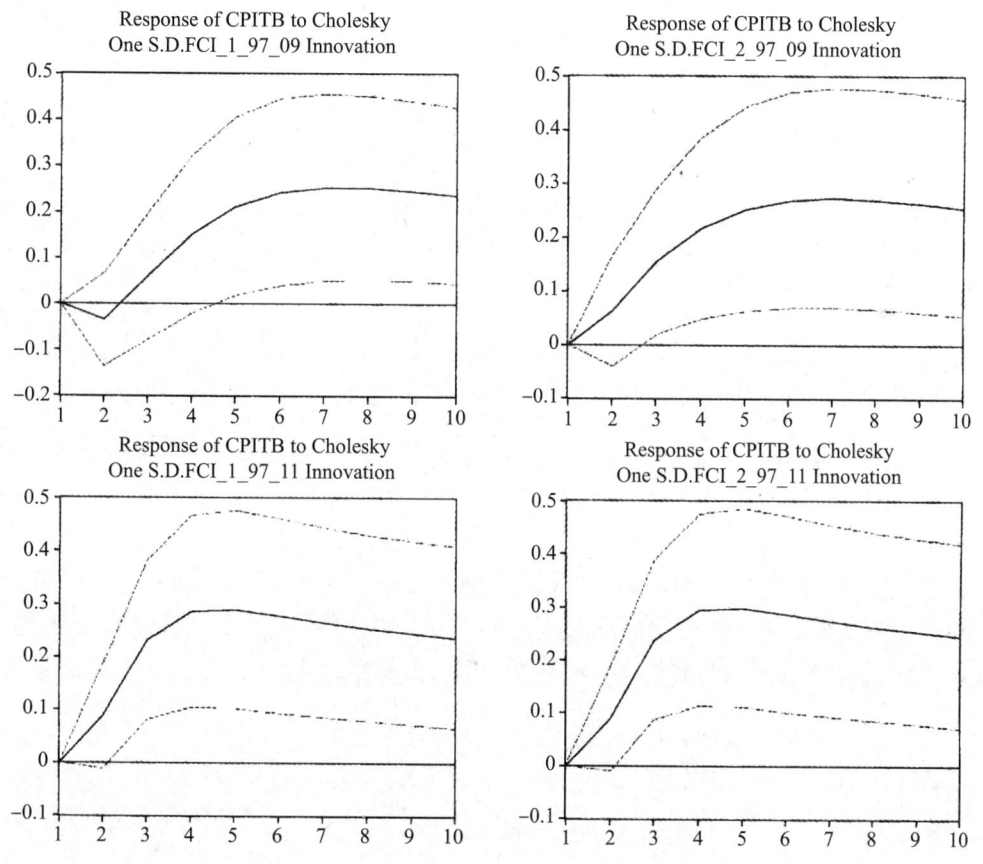

图 4　通货膨胀对动态权重 FCI 的脉冲响应

4.3　预测能力分析

Gauthier 和 Graham（2004）使用式（8）对金融状况指数对通货膨胀的预测能力进行了分析。

$$CPI_t = \alpha + \beta FCI_{t-k} + \varepsilon_t \tag{8}$$

其中，CPI_t 表示通货膨胀，FCI_{t-k} 表示提前 k 期的金融状况指数值，k 取值范围为 0~6。

本文对不同领先期的金融状况指数对通货膨胀的预测能力进行了计算（见表3）。结果显示，领先3期以内的所有FCI方程系数均非常显著地影响CPI[①]，且显著性水平随着领先期越小而越高，说明更近的FCI指数能够更有效地影响CPI，其反映出FCI可以对通货膨胀指数进行短期预测，期间越短，预测能力越强。

表3　不同领先期动态权重金融状况指数对通货膨胀的预测能力

K		0	1	2	3	4	5	6
				1997年1月至2009年12月				
FCI_1	β	− 16. 1383	− 14. 3428	− 10. 8314	− 9. 1567	− 8. 5264	− 8. 4976	− 8. 1712
	P（β）	0. 0000	0. 0000	0. 0016	0. 0080	0. 0142	0. 0155	0. 0211
FCI_2	β	− 30. 1242	− 24. 2021	− 15. 7486	− 9. 7776	− 6. 2562	− 4. 7520	− 1. 6767
	P（β）	0. 0000	0. 0001	0. 0115	0. 1196	0. 3223	0. 4547	0. 7930
				1997年1月至2011年12月				
FCI_1	β	− 5. 8062	− 5. 8044	− 4. 8193	− 3. 6680	− 2. 3311	− 1. 6855	− 1. 0766
	P（β）	0. 0000	0. 0000	0. 0001	0. 0027	0. 0600	0. 1897	0. 4043
FCI_2	β	− 5. 8206	− 5. 800	− 4. 7919	− 3. 6269	− 2. 2789	− 1. 610	− 0. 9867
	P（β）	0. 0000	0. 0000	0. 0001	0. 0028	0. 0647	0. 2081	0. 4427

注：β为方程中FCI的系数，P（β）为方程中FCI系数T检验的概率值

为进一步显示不同领先期的动态权重金融状况指数与CPI的相关性程度，本文计算了两者的动态相关系数（见表4）。鉴于动态权重FCI趋势上升表示金融形势收紧，下降表示金融形势放松。经济理论表明金融形势放松对通货膨胀具有向上拉动的影响，因此，FCI变动应与通货膨胀之间存在负相关关系。表4显示了不同领先期的FCI与通货膨胀之间的动态相关系数，可见领先6个月内的FCI与通货膨胀之间存在负相关关系，且负相关程度（绝对值）随着领先期的临近，FCI与CPI的相关程度越高。

表4　不同领先期动态权重FCI与通货膨胀的动态相关系数

领先期	0	1	2	3	4	5	6
			1997年1月至2009年12月				
FCI_1_	− 0. 037385	− 0. 33373	− 0. 25289	− 0. 21377	− 0. 19846	− 0. 19676	− 0. 18814
FCI_2	− 0. 38520	0. 309409	0. 203204	0. 126372	0. 080808	0. 061294	0. 02161
			1997年1月至2011年12月				
FCI_1_	− 0. 37499	− 0. 359082	− 0. 297772	− 0. 226451	− 0. 143286	− 0. 100489	− 0. 064109
FCI_2	− 0. 3778	− 0. 360669	− 0. 297605	− 0. 225078	− 0. 140769	− 0. 096462	− 0. 059093

[①]　对于1997~2009年数据而言，领先6期的方程系数均显著；而对于1997~2011年的数据而言，领先3期以内的方程系数显著。

5 结 论 性 评 述

本文利用时变参数状态空间模型估算了我国动态权重金融状况指数，金融变量权重的强弱变化体现出不同金融因素对金融整体形势影响力的强弱。本文的实证结果表明：第一，根据状态空间模型计算的金融状况指数与通货膨胀具有显著的格兰杰因果关系，同时脉冲响应分析以及计算的动态相关系数也显示金融状况指数可以作为通货膨胀的一个先行指标，表明本文构建的金融状况指数合理有效。第二，过去一段时间，货币供应量因素以及房价、股价因素在我国金融状况指数中的权重较大，对产出的影响力较强；汇率、利率权重也正在逐步加强，这说明汇率制度改革以及利率市场化进程深化的影响日益凸显。第三，包含货币供应量的金融状况指数对通货膨胀的影响更为显著，表明货币供应量在货币政策传导中具有特别重要的作用。第四，对比 1997~2009 年以及 1997~2011 年两组数据发现，后者货币供应量因素的影响更大，显示了国际金融危机后我国 M2 大幅度快速增长对整体金融环境的重要影响，反映出我国当前依然是典型的数量型货币政策传导模式，而且在国际金融危机后的几年中，这种情形有所加深。

需要说明的是，给更大变化的自变量组合赋予更高的权重，能够让计算出的 FCI 更加充分地反映出经济金融形势的变化，这也体现了本文使用状态空间模型来测算动态权重相对于其他文献使用固定权重模型的优势。本文状态空间模型计算得到的前一时期 FCI 中利率和汇率的权重占比较小，并不代表这两者在构成 FCI 中的作用不重要，而是由于在此期间几类变量相对变化的结果。一方面，利率、汇率受到管理体制等多种因素影响，其自身波动有限。另一方面，这一时期我国处于住房货币化进程，房价出现了较大幅度的波动和增长；股价也出现了大起大落；货币供应量在此期间的波动亦较大，特别是在应对最近一轮国际金融危机的过程中，各国纷纷采取数量宽松型的货币政策，我国货币供应量出现了大幅增长。此消彼长的情形下，利率和汇率的变化幅度远小于其他变量，从而导致其在模型中所占权重较小。未来，房价和货币供应量持续大幅波动、增长的局面将不会持续：住房货币化进程初步完成，特别是在调控背景下，房价继续大幅增长的可能性较低。而货币供应量大幅增长也是在应对国际金融危机特殊情形下的特殊选择。随着利率和汇率市场化程度不断提升，以及货币供应量、房价等变量变化逐步回归常态，利率、汇率变量在未来时期 FCI 的动态权重中将会大幅提高。

就货币政策传导而言，从中长期来说，随着我国金融市场的不断发展、经济金融微观基础的不断变化，货币政策传导将从依靠数量型渠道为主逐步过渡到以价格型为主。一方面，正如经典理论所认为的在金融市场发展程度低、间接金融占主导地位、金融管制比较严重的情况下，数量型渠道是货币政策最重要的传导渠道。随着金融市场的发展、直接融资比重的上升和利率管制的放松，价格型渠道成为最有效的货币政策传导渠道（Mish –

kin，1996)。另一方面，从西方发达国家的实践看，由于金融市场和金融创新的快速发展，使得中央银行货币供应量的统计变得越来越困难，货币供应量所反映的信息愈加有限，美、英等发达经济体在 1990 年初正式放弃货币供应量作为中介目标①。随着我国金融管理政策因素变化以及新型金融产品的不断涌现，我国货币供应量统计复杂程度提高，作为中介目标需要具有的"相关性、可控性、可测性"也将会受到越来越多的挑战。

参考文献

[1] 戴国强，张建华. 中国金融状况指数对货币政策传导作用研究 [J]. 财经研究，2009（7）：52 – 62.

[2] 封北麟，王贵民. 货币政策与金融形势指数 FCI：基于 VAR 的实证分析[J]. 数量经济技术经济研究，2006a（11）：142 – 150.

[3] 封北麟，王贵民. 金融状况指数 FCI 与货币政策反应函数经验研究[J]. 财经研究，2006b（12）：53 – 64.

[4] 何平，吴义东. 中国房地产价格对货币政策操作的意义——基于金融形势指数（FCI）的研究[J]. 经济理论与经济管理，2007（10）：45 – 49.

[5] 李建军. 中国货币状况指数与未观测货币金融状况指数——理论设计、实证方法与货币政策意义[J]. 金融研究，2008（11）：56 – 75.

[6] 陆军，梁静瑜. 中国金融状况指数的构建[J]. 世界经济，2007（4）：13 – 24.

[7] 王玉宝. 金融形势指数（FCI）的中国实证[J]. 上海金融，2005（8）：29 – 33.

[8] 王玉宝. 资产价格的政策信息作用与 FCI 指数[J]. 金融教学与研究，2003（6）：5 – 6.

[9] 王彬. 金融形势指数与货币政策——基于中国数据的实证研究[J]. 当代经济科学，2009（4）：20 – 27.

[10] Alberto Montagnoli，Oreste Napolitano. Financial Condition Index and Interest Rate Settings：A Comparative Analysis［R］. Money Macro and Finance（MMF）Research Group Conference Paper，No. 1，2004.

[11] Bernanke B. and M. Gertler. Monetary Policy and Asset Price Volatility［J］. Federal Reserve of Kansas City Economic Review，1999（4）：17 – 51.

[12] Bernanke B. ，and M. Gertler. Should Central Banks Respond to Movements in Asset Prices？［J］. American Economic Review Papers and Proceedings，2001，91（2）：253 – 257.

[13] Cecchetti S. ，H. Genberg，J. Lipsky and S. F. Wadhwani. Asset Prices and Central Bank Policy[R]. Geneva Reports on the World Economy，CEPR and ICMB，2000.

[14] Frederic S. Mishkin. The Channels of Monetry Transmission：Lessons for Monetary Policy［R］. NBER working paper，No. 5464，1996.

[15] Gauthier C. ，Graham C. and Lxu Y. Financial Conditions Indexes for Canada［R］. Bank of Canada working paper，No. 2004 – 22，2004.

[16] Goodhart C. and B. Hofmann. Financial Variables and the Conduct of Monetary Policy［R］. Sveriges Riksbank Working Paper No. 112，2000.

---

① 1993 年 7 月，格林斯潘在美国国会听证时表示，美联储不再将包括 M2 在内的货币总量作为货币政策目标，因为货币供应量与经济增长之间的紧密联系消失了。

[17] Goodhart C. and B. Hofmann. Asset Prices, Financial Conditions, and the Transmission of Monetary Policy [R]. Paper presented at the conference on Asset Prices, Exchange Rates and Monetary Policy, Stanford University, March 2 – 3, 2001.

[18] Goodhart C. and B. Hofmann. Asset Prices and the Conduct of Monetary Policy [R]. Paper presented at the Royal Economic Society Annual Conference. University of Warwick, 25 – 27 March, 2002.

[19] Kimberly Beaton, Rene Lalonde, Corinne Luu. A Financial Conditions Index for United States [R]. Bank of Canada Discussion Paper, No. 2009 – 11, 2009.

[20] Mayes D. and Viren M. Financial Conditions Indexes [R]. Bank of Finland, Discussion Paper, No. 2001 – 17, 2001.

[21] Modigliani, Franco. Consumer spending and monetary policy: The linkages [R]. Federal Reserve Bank of Boston, Conference Series, No. 5, 1971.

[22] Rdudebusch and Svensson. Policy Rules for Inflation Targeting [R]. NBER Working Paper, No. 6512, 1999.

[23] Stephanie Guichard and David Turner. Quantifying the Effect of Financial Conditions on US Activity [R]. OECD Economies Department Working Paper, 2008.

Abstract: Time – varying parameters state space model can estimate the dynamic weight Financial Conditions Index (FCI), The weight of FCI may reflect the strength of the different financial factors influencing the overall financial situation, and show the effects of monetary policy transmission channels. This paper conducts China's FCI by two sets data from January 1997 to December 2009 and January 1997 to December 2011. The empirical results show that: ①Relative to exchange rates and interest rates, M2, housing prices, share price have larger weight, especially M2. ②In recent years, China's monetary policy relies heavier on the quantity – type conduction channel in the particular context of international financial crisis. ③During this period, interest rates and exchange rates have smaller share of the weight in the model according to their much smaller variation than the other variables due to the control. Once loosen the control, their dynamic weight will significantly increase.

Key Words: state space model; financial conditions index; dynamic weights

我国区域创新效率的空间外溢
效应与价值链外溢效应*
——创新价值链视角下的多维空间面板模型研究

余泳泽，刘大勇

【摘　要】基于创新价值链视角，本文将创新过程分为知识创新、科研创新和产品创新三个阶段，并利用三阶段 DEA 模型考察了各阶段的创新效率。由于各阶段创新效率表现出较为明显的空间相关性，本文采用多种空间面板模型和设置多重空间权重矩阵的方法，分析了创新的空间外溢效应和价值链外溢效应。研究显示，产品创新效率与知识创新效率之间产生了明显的价值链外溢效应，产品创新效率和科研创新效率之间也产生了明显的价值链外溢效应，而科研创新效率与知识创新效率之间没有形成较为明显的价值链外溢效应。就创新效率的空间外溢效应而言，创新价值链视角下的各阶段创新效率都表现出较为明显的空间外溢效应。

【关键词】创新效率；创新价值链；空间外溢；价值链外溢

1　引言

外溢是创新的一个重要特征，创新的大量收益都是以外溢的形式流向了其他非创新主体。创新外溢是导致报酬递增从而使经济获得持续增长的根本原因（Romer，1994）。虽然，外溢的知识成为整个企业群体的公共知识，其产权也演变为共有性，进而不可避免地存在"搭便车"行为，但是，由整个社会创新中"个体理性与集体非最优化"的矛盾而导致的创新的"锁定效应"并没有出现。随着信息网络技术的发展，创新的外溢效应反

* 基金项目：本文得到了国家自然科学基金（1203097）、国家社会科学基金（13BJL045）、江苏高校优势学科建设工程资助项目/江苏高校青蓝工程项目以及"现代服务业协同创新中心"项目资助。

作者简介：余泳泽，南京财经大学江苏产业发展研究院、中国社会科学院工业经济研究所；刘大勇，南开大学经济学院、美国普渡大学经济系；责任编辑：蒋东生。

而得到了加速。Agarwal 和 Gort（2001）的一项研究表明，从企业推出新产品到竞争者提供相同或相近产品的平均时间由 20 世纪初期的 30 多年减少到了 20 世纪末的三年多。在各区域经济增长的过程中，创新激励和创新外溢之间并不完全是我们所认识到的一种悖论①，可能在某种程度上创新外溢进一步激励了私人企业的创新活动，从而在更高的层次上获得更快的经济增长。

所以，有关创新外溢的研究开始逐步成为创新研究的一个重要方向。尤其是随着空间经济学的发展，有关创新外溢的研究开始更加关注创新的空间外溢效应。但是，随着产学研合作程度的不断加深，创新不仅表现为空间外溢效应，而且表现为价值链外溢效应②。已有研究主要基于知识生产函数，关注创新生产的空间外溢效应，鲜有研究关注创新效率的价值链外溢效应。为此，本文将从这一角度出发，在创新价值链视角下，通过采用多种空间面板模型相结合的方法，系统研究我国区域创新效率的空间外溢效应和价值链外溢效应，进而可以有效地指导我国不同区域根据其创新要素禀赋的比较优势和竞争优势，通过发挥创新的空间外溢效应和价值链外溢效应，提升各区域创新的整体效率。

2　文献评述

一般来讲，当前关于区域创新外溢的文献多是沿着以下两条主要思路展开：其一是由 Martin 和 Sunley（1996）开创的"新工业地理"（New Industrial Geography），其二是由 Paul Krugman（1991）在 20 世纪 90 年代重新阐释的"新经济地理"（New Economic Geography）。而两种思路的基本研究假设为：①企业或大学等科研机构的创新可以通过某种方式传递给其他企业；②外溢的知识是纯公共物品，对它的利用具有非竞争性、非独占性特点；③基于外溢的知识大多为默会性知识，难以长距离传递，它基本上是一种本地化的公共物品（Breschi and Lissoni，2001）。基于以上基本假设和研究思路，主流方法将重点放在了运用知识或者创新的产出方程，检验区域邻近对创新外溢的作用，进而得到区域创新外溢的若干结论。就目前有关创新外溢的研究可以从以下两个方面进行评述。

首先，从创新外溢路径来看，技术贸易和技术合作是两种典型的技术扩散路径，这两种扩散路径事实上是创新外溢最强的形式。从具体外溢对象来看，有关创新外溢路径的研究主要集中于大学和科研机构对企业创新外溢的研究和企业间创新外溢的研究。从大学和科研机构对企业创新外溢的研究来看，大部分研究表明大学和科研机构的创新产出对于企

---

① 一般认为，创新是一种私人产品，但由于创新成果在使用中边际使用成本极小，信息技术的发展进一步使创新逐步成为一种准公共产品。这种公共产品属性降低了私人企业的创新激励，使创新产出减少。也就是说，创新溢出会降低进一步创新的激励。

② 所谓价值链外溢效应是指在创新价值链概念（具体参见第三部分的分析）的基础上，创新的外溢不仅表现为空间外溢，而且表现为创新价值链各个创新阶段之间的外溢，本文称之为创新的价值链外溢效应。

业创新存在明显的外溢效应（Jaffe，1989；Jaffe et al.，1993；Fritscha and Frankeb，2004）。如 Jaffe（1989）通过对美国各州创新数据的分析得出，私人企业的专利申请活动与来自大学科研的商业性外溢正相关。企业的专利申请活动不仅随企业科研经费的增加而加强，同时也是作为州内大学的科研经费投入的一个结果而存在。在此基础上，其使用了专利引用数据成功地追踪从大学的学术科研到企业的商业科研的直接知识流动。他们发现富于创新的企业更多地从当地大学的学术研究中引用成果。在企业间创新外溢的研究上，大部分研究集中在模仿性创新（Segerstrom，1991）和 FDI 技术外溢的研究上，大量研究表明企业间创新外溢是普遍而显著的。但是从已有研究来看，大部分研究集中在大学和科研机构向企业的创新外溢以及企业间创新外溢的单一路径上的研究，很少有研究关注企业创新活动是否可以激发大学和科研机构的创新，从而产生循环外溢效应。现有的研究只关注了创新产出的外溢效应，鲜有研究关注到创新效率是否也存在外溢效应。

其次，从创新外溢的空间距离来看，现有研究都显示了创新外溢存在显著的地理距离。Audretsch 和 Feldman（1996）对产业创新活动的地理集聚与知识外溢（知识外部性）之间的关系做了开创性的研究。在此基础上，众多学者开始关注创新外溢的地理距离，有的研究甚至测度出了这种创新外溢的地理距离，如 Keller（2002）构造了创新溢出效应随地理距离衰减的函数，用于衡量 OECD 成员国中的小国和大国之间技术扩散的空间效果，发现国与国间的距离增加 1200 千米，技术创新扩散减少 50%。符淼（2009）采用同样的思路研究中国的数据显示这种创新外溢在距离为 800 千米以内为密集区域，创新外溢主要集中在相邻的一到两个省域范围内。Bottazzia 和 Giovanni（2003）采用欧洲数据研究显示，欧洲创新外溢的距离为 300 千米。基本上所有的研究都表明了创新外溢主要存在于临近区域内。如 Audretsch 和 Feldman（1996）的研究表明，产业区内的企业具有地域性（Spatially）的创新倾向。Almeida 和 Kogut（1999）用专利引用的方法对美国半导体产业做了一个检验，证明从大学到企业的知识外溢是高度本土化的。但是，Ponds、Oort 和 Frenken（2010）认为大学的知识溢出可以通过大学与产业合作（University – industry Collaboration）在更远距离上形成创新溢出。Verspagen 和 Schoenmakers（2004）认为，创新外溢边界的产生来源于默会知识与可编码知识的差异，其还采用了 EPO（European Patent Office）的专利引用数据，并以 27 个大型跨国公司为样本，证明了技术创新根植于地域空间，地理邻近对于知识外溢具有极大的正效应。从现有研究得出的结论来看，创新的空间外溢存在明显的递减效应。但是，已有研究只是关注了地理距离因素，显然没有更多地关注经济、社会等更复杂的环境因素对创新外溢的影响。

综合以上研究成果与不足，本文试图从创新价值链视角，采用多种空间面板模型相结合的方法，通过设置包含地理距离在内的各种空间权重矩阵去研究创新效率的空间外溢效应与价值链外溢效应。本文的创新之处在于：①在创新价值链视角下，将创新过程分为知识创新、科研创新和产品创新，采用三阶段 DEA 的方法计算了各阶段的创新效率，并以此研究创新效率的外溢效应。为此，我们将创新的外溢效应分为创新的空间外溢效应和创新的价值链外溢效应，从而避免了空间外溢效应单一路径的分析范式；②在方法上综合采用空间滞后模型（SAR 模型）、空间误差模型（SEM 模型）、空间杜宾模型（SDM 模型）、空间交叉模型（SAC 模型）以及空间 GMM 估计模型，通过设置包括地理距离和社会经济距离在内的各种空间权重矩阵进行研究，进而得出非常稳健的实证结论。

3　理论分析与假说提出

3.1　理论分析基础

自熊彼特提出"创新理论"以来，有关创新理论的研究开始逐步演化为技术创新理论和制度创新理论两个方向。本文的研究将主要在技术创新理论框架下展开。由于技术创新的复杂性和系统性，Freeman（1987）、Lundvall（1992）、Nelson（1993）先后对系统性创新的方法做了很多开创性的研究。Rothwell（1994）从创新过程的角度刻画了技术创新的复杂性，Van de Ven（1999）则相对完整地阐述了创新路径，采用了纵向分析方法，分别考察了创新过程的概念含义、新技术实施和新产品采用的具体流程。近年来，诸多学者将创新过程以及创新主体进行了分解、细化（余泳泽，2011）。这其中最具有借鉴意义的是 Hansen 和 Birkinshaw（2007）将创新过程进行分解，并首次提出了创新价值链的概念，认为创新价值链分为创意的产生、创意的转换和创意的传播三个阶段，很好地解释了创新过程的内在关联。本文借鉴 Hansen 和 Birkinshaw（2007）提出的创新价值链的概念，结合我国技术创新的实践，提出了创新价值链理论，其理论的逻辑如图 1 所示。

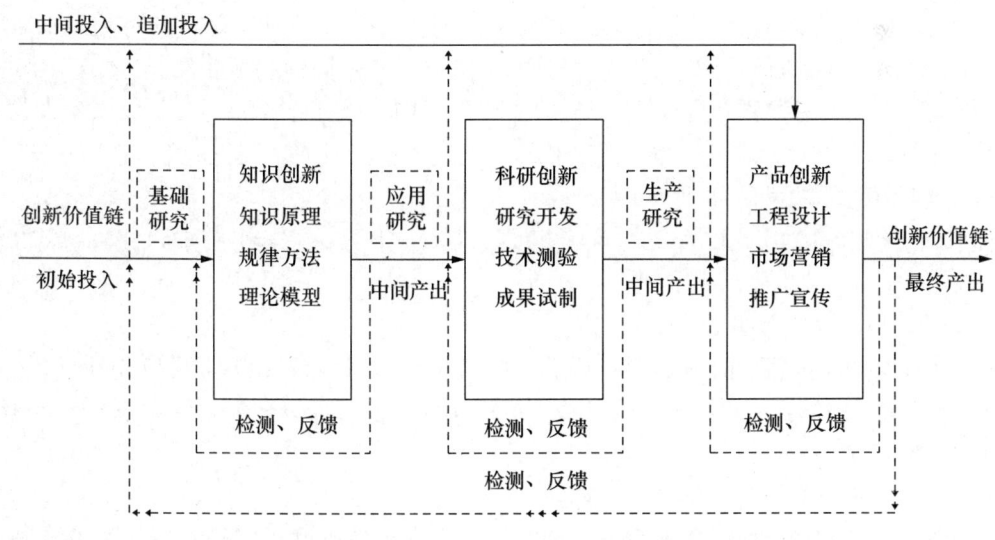

图1　三阶段（知识、科研、产品）的创新价值链

从生产视角看，技术创新是从创新要素投入到创新产品产出的一个多阶段、多要素的价值链传递过程，包括从创新的投入到创新知识的凝结再到创新成果的实现三个阶段。遵循这一研究思路，本文将创新过程按照创新价值链分为三个阶段，分别为：知识创新阶段，与创意的产生和基础研究相对应；科研创新阶段，与创意的转换和应用研究相对应；产品创新阶段，与创意的传播和实验发展相对应。从创新价值链角度分析，创新过程是一个从知识创新、科研创新到产品创新，并包含多重创新要素投入（也包括中间投入、追加投入）的价值链。多阶段的创新投入与反馈，使整个创新过程及最终的生产体系形成一种动态演进的竞争优势。从创新要素的投入到创新产品的产出，包含初始投入、中间投入、中间产出与最终成果多个价值形态。其中，知识创新包括在知识原理、规律方法上的演进和理论模型推导的基础研究；科研创新包括技术检测、成果试制等应用性研究；产品创新则主要在工程（标准）设计、产品推广宣传等方面进行有针对性的、有效的工作安排。

3.2　理论模型

基于以上提出的创新价值链理论分析框架和 Hall（1986）的创新生产模型，根据 Mairesse 和 Sassenou（1991）、Lööfa 和 Heshmatib（2002）的内生技术能力假设条件，可以建立内生创新能力的生产模型。

$$F（X，I）=Ae^{\alpha t}x^{\beta}I^{\gamma} \tag{1}$$

其中，A 为地区的生产条件（为外生的恒定值），α 为外部的技术变化条件，X 为要素投入，β 为要素投入弹性，I 为创新能力，γ 为创新产出弹性，将 I 进行内生化处理，式（1）表现为：

$$F（X，I）=Ae^{\alpha t}X^{\beta}I（\chi） \tag{2}$$

本文模型建立在创新价值链的假设基础上，创新环节可以划分为知识创新（K）、科研创新（R）及产品创新（P）三个阶段，每个阶段具有不同的创新要素 h、r、p，其中，在知识创新阶段，需要依靠投入人力资本要素 h，在研发创新阶段，需要投入研发资本（R&D 投入）r，在产品创新阶段，需要依靠 p 的生产技术投入。

创新价值链可以表示为：

$$I（x）=I（K_i，R_i，P_i）=I[K_i（h），R_i（r），P_i（p）]=I（h，r，p） \tag{3}$$

因此，式（1）也可以表示为：

$$F（X，I）=Ae^{\alpha t}X^{\beta}I（h，r，p） \tag{4}$$

具体观察创新价值链的内部创新环节，可以得到知识创新（K）、科研创新（R）及产品创新（P）的创新产出函数，为了模型的简化处理，可以设定创新要素投入与产出具有线性关系，即：

$$k_i=\lambda h_i，\quad R_i=\mu r_i，\quad P_i=\theta P_i \tag{5}$$

其中，λ、μ、θ 分别为产出系数。创新行为具有连续性和外溢性特征（Hall，2001；Bloom et al.，2013）；并且，知识获取和产品创新的实现，在要素投入及资源条件的约束方面具有较强的关联性（Alchian and Demsetz，1972；Garicano，2000；Olson，2001）。因此，本文根据创新价值链外溢效应的假设，设定不同创新环节满足一定的技术空间关系。比如，知识创新的空间关系就可以表现为：知识的获取会受到研发条件的影响，知识也可以在产品创新的环境中得到，可以从创新产品中学习获取，具体如式（6）所示。

$$K_i = \phi(R_i, R_j), \quad K_i = \eta(P_i, P_j) \tag{6}$$

其中，$i \neq j$，j 代表除了 i 以外的个体。根据 Bloom 等（2013）的假设条件，式（5）中的作用函数 $\phi(\cdot)$、$\eta(\cdot)$ 都分别满足非递减的凸函数性质，这使得在存在技术外溢的条件下，外溢的效果为正。

对于个体 i，分析其最优化结果，得到个体 i 的创新价值方程组：

$$\max_R V_K^i = \pi[\phi(R_i, R_j), K_0] - h_i$$
$$\max_p V_K^i = \pi[\eta(P_i, P_j), K_0] - p_i \tag{7}$$

其中，K_0 为原有的知识存量，其对应的科研创新为 R_0，产品创新为 P_0，将式（5）代入式（7），方程组可以表示为：

$$\max_{R_i} V^i = \pi[\phi(R_i, R_j), K_0] - R_i/\lambda$$
$$\max_{P_i} V_K^i = \pi[\eta(P_i, P_j), K_0] - p_i/\mu \tag{8}$$

求解创新价值方程组，可以得到一组基于比较静态分析的最优解 R_i^*、P_i^*，满足：

$$\frac{\partial R_i^*}{\partial R_0} = -\frac{\pi_1\phi_{1j} + \pi_{11}\phi_1\phi_j}{\pi_{11}\phi_1^2 + \pi_1\phi_{11}}$$
$$\frac{\partial P_i^*}{\partial P_0} = \frac{\pi_1\eta_{1j} + \pi_{11}\eta_1\eta_j}{\pi_{11}\eta_1^2 + \pi_1\eta_{11}} \tag{9}$$

同时满足：

$$\frac{\partial K_i}{\partial R_j} = \phi_2 \geqslant 0, \quad \frac{\partial K_i}{\partial P_j} = \eta_2 \geqslant 0 \tag{10}$$

从以上模型可以看出，创新的外溢效应不仅表现为空间外溢效应，而且表现为价值链外溢效应。所谓价值链外溢效应指的是在创新价值链的各个阶段之间表现出一定的外溢效应。

根据式（6）和式（10）可以得到命题 1。

命题 1 知识创新在空间的不同个体之间存在外溢作用，并且受到创新价值链各个阶段（科研创新、产品创新）的外溢影响，即价值链外溢效应。

根据创新价值链不同创新阶段的创新价值方程的对称性及作用关系的关联性，同理可以得到式（11）与式（12）。

$$K_i = \phi'(R_i, R_j), \quad K_i = \eta'(P_i, P_j)$$

$$\frac{\partial R_i}{\partial K_j} = \phi'_2 \geqslant 0, \quad \frac{\partial R_i}{\partial P_j} = \eta'_2 \geqslant 0 \tag{11}$$

$$K_i = \phi'' \ (R_i, \ R_j) , \ K_i = \eta'' \ (P_i, \ P_j)$$

$$\frac{\partial R_i}{\partial K_j} = \phi''_2 \geqslant 0 , \ \frac{\partial P_i}{\partial P_j} = \eta''_2 \geqslant 0 \qquad (12)$$

根据式（11）和式（12），可以得到命题2和命题3。

命题2 科研创新在空间的不同个体之间存在外溢作用，并且受到价值链的各个阶段（知识创新、产品创新）的外溢效应影响，即价值链外溢效应。

命题3 产品创新在空间的不同个体之间存在外溢作用，并且受到价值链的各个阶段（知识创新、科研创新）的外溢影响，即价值链外溢效应。

以上命题在现实中的显性结果表现为创新效率的空间外溢效应与价值链外溢效应。这也是本文实证研究的出发点。例如，在知识创新阶段，由于科研创新和产品创新都可以通过市场反馈机制对知识创新投入形成引导和影响，也就是需求引导知识创新，进而会在一定程度上改善知识创新阶段的效率，而这种效率改进还可以通过价值链外溢效应影响科研创新和产品创新效率，并且这种创新价值链外溢效应的正反馈机制在空间外溢效应的影响下得到了进一步加强，进而形成了知识创新效率提升的空间外溢效应和价值链外溢效应。知识创新效率的空间外溢效应与价值链外溢效应作为知识创新产出的空间外溢效应与价值链外溢效应的显性结果而存在。在科研创新阶段，科研的投入导向一方面要和贴近理论基础的知识创新阶段相联系；另一方面要和贴近市场的产品创新阶段相联系，通过知识创新和产品创新的正反馈机制，也就是需求和供给共同引导科研创新，进而在一定程度上改善科研创新阶段的效率，而这种效率改进也会通过价值链外溢效应影响知识创新和产品创新的效率。

4 创新价值链视角下创新效率的测度

4.1 创新效率测度方法

目前在创新效率的研究中，大部分研究采用了DEA的方法，但是经典的DEA方法在处理环境影响因素上具有很大的局限性。由于我国各省份在经济发展阶段、产业发展水平以及创新环境上具有很强的不均衡性，各区域的区域创新效率会受到自身环境的影响。虽然经典的DEA方法在环境因素处理上进行了优化，如采用DEA–Tobit方法，该方法在第一阶段利用经典DEA方法测算决策单元的效率值，然后在第二阶段以此效率值为因变量，以环境因素为自变量建立Tobit回归模型来考察环境因素的影响。此方法可以利用回归技术确定环境因素对效率的影响强度和方向，但其作用并不是在测算效率时将环境因素剥离，因而并没有改变经典方法测算的效率值水平。

在经典 DEA 方法的基础上，Frided 等（2002）提出了三阶段 DEA 法[①]，这种方法在一定程度上可以将环境因素剥离，从而使计算得出的效率值更加准确。该方法的具体计算步骤为：第一阶段：采用经典 DEA 方法计算决策单元的效率值。由于传统的 DEA 分析是非常成熟的方法，在此不再赘述。本文选择 BCC 模型作为三阶段 DEA 评测的基础模型。第二阶段：将第一阶段计算得出的松弛变量作为决策单元的机会成本，考虑环境因素和随机误差的影响，利用随机前沿模型 SFA 模型对 DEA 计算的松弛变量进行修正，并重新调整投入量。第三阶段：将调整后的投入量重新代入经典 DEA 模型核算效率。

4.2　投入产出变量选取

本文将创新活动按照创新价值链视角分为三个阶段，不同阶段投入产出变量也不尽相同。①在知识创新阶段，创新的主体是高校和部分科研机构，投入变量主要为科研经费和科研人员，形成的产出以知识技术类为主，产出形式为科技论文和著作。根据已有统计数据，本文确定知识创新阶段的投入指标为基础研究 R&D 经费支出和基础研究 R&D 从业人员，产出指标为发表科技论文数量和出版科技专著数量，为了更有效地衡量科技论文水平，本文采用了 SCI、EI 和 ISTP 检索工具收录的我国科技论文数量。②在科研创新阶段，创新的主体为科研机构和部分企业，投入变量主要为科研经费、科研人员和知识创新的产出科技论文的积累，形成的产出以专利类技术为主，产出形式为专利。根据已有统计数据，本文确定科研创新阶段的投入指标为应用研究 R&D 经费支出、应用研究 R&D 从业人员和知识创新阶段的科技论文数量，产出指标为专利申请数和授权数。为了更好地衡量专利的水平，本文借鉴白俊红（2011）的处理方法，将发明专利、实用新型和外观设计三种类型专利依据其创新程度的高低不同，分别赋予 0.5、0.3 和 0.2 的权重，采用加权平均值作为最终的专利考核指标。③在产品创新阶段，创新的主体为企业，投入变量主要为新产品科研经费和人员，以及在科研创新阶段的产出专利，形成的产出形式为新产品。根据已有统计数据，本文确定的产品创新阶段的投入为实验发展 R&D 经费支出、实验发展 R&D 从业人员、新产品开发经费和科研创新所形成的产出专利，产出指标为新产品销售收入和新产品出口额。

4.3　环境变量选取

创新活动不仅受到系统内部环境影响，如企业规模、产权结构以及市场结构等影响，还要受到系统外部环境的影响。对于不同阶段的创新活动，影响创新效率的外部环境变量也不尽相同。本文认为，对于知识创新阶段而言，由于其创新较少受制于市场环境的影响，更多的创新来自高校和科研机构的基础研究，所以在知识创新阶段，影响创新效率的外部环境变量主要有一个地区对基础研究的政府支持力度、受教育水平以及高等教育的投入。李习保（2007）研究表明，一个地区对教育的投入程度和政府对科技的支持力度是促进创新效率的

---

① 有关三阶段 DEA 方法可以参考相关文献，本文在此不再赘述。

两个显著因素，对教育的投入最显性的体现就是对知识创新的支持。对于科研创新阶段而言，其创新活动开始逐步受制于市场环境的影响，此时一个地区的经济发展水平、信息化水平等外部环境开始影响科研创新效率。一般来讲，一个地区经济发展水平越高，该地区科研创新投入越大，科研创新可能更具有规模经济效应。Furman（2002）研究表明良好的基础设施对创新具有重要作用。对于科研活动而言，信息化可以较好地实现科研要素的空间传递，提升科研的效率。因此本文选择信息化水平作为影响科研创新的基础设施变量。同时，科研创新还受到政府政策的影响。对产品创新阶段而言，在技术创新产业化环节更多受制于市场环境的影响，此时影响产品创新的外部环境主要有一个地区的金融发展水平、市场化水平和外商投资水平。总体来看，金融发展可以通过缓解创新的信贷约束（Tadesse，2002）、优化资源配置（Green wood and Jovanovic，1990；Bencivenga and Smith，1991）、分散创新风险（Levine，1998；Saint – Paul，1992）等途径影响产品创新效率。市场化水平更多的是通过竞争环境的优化提升创新效率。Arrow（1962）认为竞争性环境会给企业科研带来更大的激励，从而提升创新效率。此外，FDI 技术外溢得到了专家学者的普遍认可，但 FDI 技术外溢更多的是通过产品创新环节实现的（余泳泽，2011）。所以，在产品创新环节，一个地区的金融发展水平、市场化水平和 FDI 是影响产品创新效率的外部环境。

在环境指标处理方面，政府支持力度采用各地区各阶段科技经费筹集中政府资金所占的比重来表示；受教育水平采用平均受教育年限来表示，计算方法采用了陈钊等（2004）提供的方法；高等教育投入采用高等教育投入占教育总投入的比重来衡量；经济发展水平采用一个地区人均 GDP 来度量；信息化水平采用一个地区人均邮电量来衡量；金融支持力度采用各地区科技经费筹集中金融机构贷款所占的比重来表示，这一指标能够较好地反映金融对创新的支持力度。市场化水平采用了樊纲和王小鲁等"中国各地区市场化进程相对指数"系列研究结果（2004～2009 年）；外商投资水平采用了一个地区外商投资工业企业生产总值所占比重来衡量。具体创新各阶段的投入产出指标以及环境变量如表 1 所示。

表 1　创新各阶段的投入产出指标与环境变量

创新阶段	投入变量	产出变量	环境变量
知识创新	1. 基础研究 R&D 经费支出 2. 基础研究 R&D 从业人员	1. SCI、EI 和 ISTP 科技论文 2. 科技专著	1. 政府支持力度 2. 受教育水平 3. 高等教育投入水平
科研创新	1. 应用研究 R&D 经费支出 2. 应用研究 R&D 从业人员 3. 科技论文数量	1. 专利申请数 2. 专利授权数	1. 经济发展水平 2. 信息化水平 3. 政府支持力度
产品创新	1. 实验发展 R&D 经费支出 2. 实验发展 R&D 从业人员 3. 新产品开发经费 4. 专利授权量	1. 新产品销售收入 2. 新产品出口额	1. 金融支持力度 2. 市场化水平 3. 外商投资水平 4. 政府支持力度

本文的数据来源为《中国科技统计年鉴》（2008～2011）、《中国统计年鉴》（2008～2011）和《中国教育统计年鉴》（2008～2011）以及咨询行业数据库等，本文选择的样本为我国 30 个省份，西藏自治区由于数据不全，分析中暂时不予考虑。同时，本文沿袭传统的东、中、西部划分，将中国 30 个省份划分为三大地区。鉴于创新是一个复杂的过程，每一阶段的投入产出转化需要一定的时间间隔。根据 Nasierow（2003）的研究结果，本文假设创新从投入到产出的延迟时间为一年。因此，本文投入指标和环境变量均做滞后一期处理。

4.4 计算结果及分析

本文根据 2008～2010 年的平均值，遵从三阶段 DEA 的分析步骤，分别对我国 30 个省份在知识创新、科研创新、产品创新三个阶段的创新效率进行了测算。其中，第一阶段和第三阶段使用 DEAP 2.1 软件，第二阶段使用 Frontier 4.0 软件。具体计算步骤在此不再赘述，调整后的计算结果如表 2 所示。

表 2　调整后的 DEA 计算结果（2008～2010 年均值）

	知识创新			科研创新			产品创新		
	TE	PTE	SE	TE	PTE	SE	TE	PTE	SE
北京	0.766	1.000	0.766	0.385	0.715	0.638	0.798	0.842	0.945
天津	0.652	0.793	0.822	0.230	0.637	0.372	1.000	1.000	1.000
河北	0.520	0.695	0.750	0.197	0.625	0.328	0.448	0.823	0.545
山西	0.455	0.738	0.617	0.191	0.790	0.244	0.318	0.911	0.349
内蒙古	0.427	0.920	0.450	0.124	0.910	0.136	0.319	0.976	0.325
辽宁	0.990	1.000	0.990	0.204	0.524	0.407	0.571	0.731	0.789
吉林	0.563	0.633	0.881	0.072	0.619	0.123	0.911	1.000	0.911
黑龙江	0.604	0.642	0.940	0.088	0.580	0.162	0.199	0.818	0.241
上海	0.831	0.961	0.869	0.281	0.439	0.663	1.000	1.000	1.000
江苏	1.000	1.000	1.000	0.981	1.000	0.981	0.902	0.943	0.959
浙江	0.926	0.942	0.983	1.000	1.000	1.000	1.000	1.000	1.000
安徽	0.483	0.588	0.820	0.372	0.771	0.458	0.532	0.762	0.696
福建	0.685	0.942	0.727	0.345	0.873	0.394	0.798	0.889	0.889
江西	0.437	0.727	0.598	0.146	0.821	0.179	0.328	0.917	0.357
山东	0.619	0.632	0.980	0.611	0.826	0.745	0.990	1.000	0.990
河南	1.000	1.000	1.000	0.365	0.841	0.432	0.460	0.698	0.660
湖北	1.000	1.000	1.000	0.177	0.446	0.435	0.540	0.729	0.737
湖南	0.852	0.890	0.956	0.182	0.649	0.290	0.707	0.822	0.859
广东	0.608	0.624	0.975	1.000	1.000	1.000	1.000	1.000	1.000
广西	0.308	0.562	0.557	0.143	0.804	0.178	0.446	0.948	0.466
海南	0.364	1.000	0.364	0.068	1.000	0.068	0.093	1.000	0.093

	知识创新			科研创新			产品创新		
	TE	PTE	SE	TE	PTE	SE	TE	PTE	SE
重庆	0.499	0.655	0.761	0.281	0.747	0.377	0.823	0.949	0.860
四川	0.476	0.522	0.912	0.294	0.430	0.689	0.523	0.683	0.766
贵州	0.174	0.614	0.287	0.178	0.948	0.187	0.176	0.929	0.188
云南	0.345	0.490	0.695	0.144	0.771	0.189	0.179	0.923	0.194
陕西	0.976	0.997	0.979	0.119	0.449	0.281	0.267	0.779	0.340
甘肃	0.523	0.845	0.619	0.065	0.778	0.084	0.210	0.968	0.217
青海	0.070	1.000	0.070	0.035	1.000	0.035	0.034	1.000	0.034
宁夏	0.140	1.000	0.140	0.091	1.000	0.091	0.127	0.986	0.129
新疆	0.172	0.781	0.222	0.155	0.920	0.168	0.185	0.960	0.193
东部	0.760	0.859	0.886	0.523	0.764	0.652	0.851	0.923	0.912
中部	0.647	0.793	0.807	0.191	0.714	0.273	0.479	0.848	0.570
西部	0.368	0.770	0.509	0.143	0.804	0.213	0.278	0.920	0.316
均值	0.582	0.806	0.724	0.284	0.764	0.378	0.529	0.899	0.591

从调整后的 DEA 计算结果来看，在知识创新阶段，辽宁、江苏、浙江、河南、湖北、陕西等地知识创新效率较高，而贵州、青海、宁夏、新疆等地知识创新效率较低，整体创新效率为 0.582。从分区域结果来看，东部地区要明显高于中西部地区，尤其是西部地区的知识创新效率较低；在科研创新阶段，江苏、浙江、广东等地科研创新效率较高，而甘肃、海南、青海、宁夏等西部地区科研创新效率明显较低，整体创新效率为 0.284。从分区域结果来看，东部地区要远远高于中西部地区；在产品创新阶段，天津、上海、江苏、浙江、山东、广东等地产品创新效率较高，而海南、贵州、云南、青海等西部地区产品创新效率较低，整体效率为 0.529。从分区域结果来看，东部地区也明显高于中西部地区。整体上，与调整前 DEA 计算结果对比来看，各阶段创新效率都出现了明显的变化，变化较为明显的区域主要集中在西部地区。各阶段创新效率表现为创新价值链的两端，知识创新和产品创新效率较高，而科研创新效率较低。

5 实证分析

5.1 模型设定

一般对于空间外溢效应的研究普遍采用空间计量模型。Anselin（1988）对空间计量经济模型进行了系统研究，将经典计量经济学中忽略的空间因素纳入模型中。空间计量模型的基本模型包括空间滞后模型（SAR 模型）、空间误差模型（SEM 模型）、空间杜宾模型（SDM 模型）、空间交叉模型（SAC 模型）以及空间 GMM 估计模型[①]。根据本文第三部分理论模型推导的命题假设，本文实证研究所设定的基础分析模型如下：

$$K_{it} = \delta WK_{it} + \beta_1 R_{it} + \beta_2 WR_{it} + \beta_3 P_{it} + \beta_4 WP_{it} + \theta Z_{it} + \upsilon_t$$

$$\upsilon_t = \gamma \upsilon_{t-1} + \rho W \upsilon_t + \mu + \lambda_t L_N + \varepsilon_t \qquad \text{（基础模型 1）}$$

$$R_{it} = \delta WR_{it} + \beta_1 K_{it} + \beta_2 WK_{it} + \beta_3 P_{it} + \beta_4 WP_{it} + \theta Z_{it} + \upsilon_t \qquad \text{（基础模型 2）}$$

$$P_{it} = \delta WP_{it} + \beta_1 K_{it} + \beta_2 WK_{it} + \beta_3 R_{it} + \beta_4 WR_{it} + \theta Z_{it} + \upsilon_t \qquad \text{（基础模型 3）}$$

其中，模型中 K_{it} 代表知识创新效率，R_{it} 代表科研创新效率，P_{it} 代表产品创新效率，Z_{it} 代表其他影响知识创新效率的因素，β_1、β_2、β_3、β_4 分别代表创新的价值链外溢效应，δ 代表空间外溢效应。

为了综合测度我国创新效率的空间外溢效应，空间权重矩阵 W 的设置分别以地理特征和社会经济特征两个角度分别建立包括邻接标准和地理距离标准在内的空间权重矩阵，以便更为准确地把握区域创新效率的空间外溢效应。

5.1.1 地理特征空间权重矩阵

本文设定的地理特征空间权重矩阵包括邻接标准和地理距离标准，其中邻接标准为（0，1）矩阵。地理距离权重矩阵[②]考虑更远的空间单元之间的关系，它的形式见式（13）。W_{ij} 为第 i 行和第 j 列的矩阵元素，行和列都对应空间单元，对角线上的元素为零。d_{ij} 为空间单元 i 和空间单元 j 之间的地理距离，我们采用各个省份省会城市之间的直线欧氏距离来表示。对于省份内部距离，我们采用如下公式：$d_{it} = (2/3)\sqrt{area_i/\pi}$（Head and Mayer，2000；Crozet，2004），其中 $area_i$ 为第 i 个省份的面积。α 为系数，我们用城市间的最短距离 d_{min} 的倒数来代替，目的是为了消除距离度量单位对结果的影响，同时也避免权重的计算结果太小导致误差。为了简化模型和使得结果易于解释，空间权重矩阵常被标准化为每行元素之和为 1，记标准化后的权重为 W_{ij}^d。

$$W_{ij}^d = e^{-ad_{ij}}; W'_{ij}^d = \frac{W_{ij}^d}{\sum_j W_{ij}^d}, i \neq j \qquad (13)$$

5.1.2 经济特征空间权重矩阵

虽然创新的空间外溢具有距离属性，但是仅采用地理特征表现区域创新的空间联系显得较为粗糙，并且与事实存在一定的偏差。区域创新作为一项系统活动，必然受到其他多种非地理邻近因素的综合影响，如经济发达程度以及基础设施水平的差异。为此，我们需要从经济特征角度出发，去刻画更为复杂的创新空间联系。本文将区域间的社会经济特征分为经济基础和人力资本两类，分别建立空间权重矩阵。其潜在含义在于，一个地区经济越发达、以人力资本为代表的基础要素越丰富，其吸收邻近地区的创新外溢效率越高，其

[①] 具体模型形式及原理可参见 Elhorst（2012）的归纳总结。

[②] 本文将两个省份的地理距离利用空间球面距离的方法进行了测度。

自身创新效率也会随着改善。经济特征的空间权重矩阵形式如式（14）所示。

$$W_{ij}^e = W_{ij}^d \text{diag} \ (\bar{Y}_1/\bar{Y}, \ \bar{Y}_2/\bar{Y}, \ \cdots, \ \bar{Y}_n/\bar{Y});$$

$$W'_{ij}^e = \frac{W_{ij}^e}{\sum\limits_j W_{ij}^e}, \ i \neq j \qquad\qquad (14)$$

其中，W_{ij}^e为空间距离权重矩阵，$\bar{Y}_i = 1/(t_1 - t_0 + 1)\sum\limits_{t_1}^{t_0} Y_{ij}$为观察期内第 i 省的 GDP

均值，$\bar{Y} = 1/n(t_1 - t_0 + 1)\sum\limits_{t=1}^{n}\sum\limits_{t_1}^{t_0} Y_{ij}$为总观察期内 GDP 均值。

人力资本的空间权重矩阵形式如式（15）所示。

$$W_{ij}^h = W_{ij}^d \text{diag} \ (\bar{H}_1/\bar{H}, \ \bar{H}_2/\bar{H}, \ \cdots, \ \bar{H}_n/\bar{H});$$

$$W'_{ij}^h = \frac{W_{ij}^h}{\sum\limits_j W_{ij}^e}, i \neq j \qquad\qquad (15)$$

其中：

$$\bar{H}_i = 1/(t_1 - t_0 + 1)\sum\limits_{t_0}^{t_1} \bar{H}_{ij}$$

$$\bar{H} = \frac{1}{n(t_1 - t_0 + 1)}\sum\limits_{t=1}^{n}\sum\limits_{t_1}^{t_1} \bar{H}_{ij}$$

人力资本采用了陈钊等（2004）的方法计算了平均受教育年限，并做了滞后一期处理。以上空间权重矩阵的设置方式既将社会经济因素考虑进去，又将地理距离因素考虑进去。所以，以上空间权重矩阵可以显示，经济发展水平或者人力资本水平较高的地区对经济水平或人力资本水平较低地区产生更强的空间影响与辐射作用，如北京对于河北的影响强度显然大于河北对北京的影响强度。

5.2 变量选取

以上各阶段创新效率由第四部分计算方法得出，为了有效地控制影响各阶段效率的变量，本文设置了如表 3 所示的控制变量。

表 3   区域创新各阶段创新效率外溢的控制变量

创新阶段	知识创新	科研创新	产品创新
控制变量	1. 产学研合作程度 2. 人均科研经费 3. 人均课题经费 4. 创新投入偏向性	1. 产学研合作程度 2. 人均科研经费 3. 人均课题经费 4. 创新投入偏向性	1. 产学研合作程度 2. 企业规模 3. 创新投入偏向性 4. 国外技术引进 5. 技术引进的消化吸收力度

第一，产学研合作程度是影响创新效率的一个重要因素。大部分研究证明了产学研合作是区域创新效率提升的一个重要环节，产学研合作主体会发挥合作创新中的比较优势，并获得各自所需的资源，从而可以提升创新的整体效率（Audretsch and Feldman，1996；Santoro，2002；Toshihiro，2008）。在变量处理上，由于知识创新的主体为高校，所以本文选择高校科研经费中企业投入的比重来衡量知识创新的产学研合作程度，而在科研创新阶段则选择科研机构科研经费中企业投入的比重来衡量科研创新的产学研合作程度。对于产品创新而言，由于产品创新的主体为企业，因此我们选择企业科研经费支出中对高校和科研机构的支出比重来衡量企业在产学研合作过程中的投入力度。

第二，前面各阶段创新效率结果显示，由于科研活动的"拥挤外部性"（Congestion Externality）可能会造成科研效率低下，因此在知识创新和科研创新阶段，本文选择了人均科研经费来度量这种科研活动的"拥挤外部性"对两个阶段创新效率的影响。我们认为人均科研经费越高越有可能出现科研活动的"拥挤外部性"。知识创新和科研创新的"拥挤外部性"分别采用基础研究的人均 R&D 经费和应用研究的人均 R&D 经费来度量。

第三，在知识创新和科研创新过程中，目前我国的大多数高校、研究机构都采用了课题项目的方式（高校 R&D 经费中，课题经费比重接近 80%；科研机构 R&D 经费中，课题经费比重接近 60%）。因此，本文选择了人均课题经费用以度量以课题形式组织的知识创新和科研创新对创新效率的影响。

第四，本文认为在创新的各阶段创新投入的偏向性也会影响创新效率。所谓的创新投入的偏向性，是指 R&D 经费支出是偏向设备采购、实验室建设等资本性投入还是偏向劳务费、奖励奖金等劳动力投入。这种创新投入的偏向性可能对各阶段创新效率的影响会有所不同。在变量处理上，三个阶段创新的投入偏向性分别采用高校、科研机构和企业 R&D 经费中资产性支出比重予以度量，用以衡量资本偏向性创新投入对创新效率的影响。

第五，由于企业是产品创新阶段的主体，因此在产品创新阶段中企业规模可能会影响产品创新的效率（Chen and Chien，2004；Pavitt，1987）。同时，企业作为国外技术的引进主体，技术引进以及在此基础上的消化吸收能力也会影响企业的产品创新效率。因此，在产品创新阶段，本文将国外技术引进比重及其消化吸收力度作为一项重要影响因素。在变量处理上，产品创新阶段的企业规模变量采用各地区企业的平均产出规模；国外技术引进变量采用国外技术引进经费占 R&D 经费的比重；引进技术消化吸收力度采用技术消化吸收支出与技术引进费用的比例来衡量。

5.3 实证结果及分析

在使用空间计量模型之前，我们需要对各阶段创新效率的空间相关性进行检验。首先，我们通过图示形式观察各阶段区域创新效率的空间相关性。从各阶段创新效率的区域分布特征图来看（见图2至图4），我国各阶段创新效率具有较强的空间相关性，与大部分研究相一致，创新效率具有显著的空间外溢特性。

其次，我们采用Moran I指数[①]的方法测度这种创新效率的空间相关性。Moran I指数显示，各阶段各年份创新效率都具有较强的空间相关性。三阶段创新效率的Moran I指数如表4所示。

表4 各阶段创新效率的空间相关性

年份	知识创新效率	科研创新效率	产品创新效率
2008	0.239 *** （2.559）	0.226 *** （2.595）	0.274 *** （2.865）
2009	0.251 *** （2.658）	0.231 *** （2.585）	0.287 *** （3.012）
2010	0.231 *** （2.561）	0.252 *** （2.558）	0.269 *** （2.934）

注：*** 表示在1%的水平下通过了显著性检验；括号内为Z统计量。

按照以上分析得出的基础计量模型以及输入变量，经豪斯曼检验，上述三类模型均采用固定效应模型。事实上，当样本随机取自总体时，选择随机效应模型较为恰当，而当回归分析局限于一些特定个体时，则应选择固定效应模型（Baltagi，2009）。对于按中国省级区域划分的区域创新计量分析而言，固定效应模型显然是更好的选择。由于事先我们无法判断模型变量之间存在何种空间相关关系，所以我们将所有模型结果列入表5、表6和表7之中。从整个模型选择来看，各个模型的结果并没有表现出太大的差异，尤其是在系数的正负关系上，这也在一定程度上相互验证了模型的适用性。但是，按照Anselin等（2004）的判断规则，综合拟合优度检验、自然对数函数值（Log Likelihood，LogL）、似然比（Likelihood Ratio，LR）、赤池信息准则（Akaike Information Criterion，AIC）和施瓦茨准则（Schwartz Criterion，SC），我们选择空间杜宾模型（SDM）作为最终分析模型。实证模型结果中，从总体来看，产品创新效率与知识创新效率产生了明显的价值链外溢效应，产品创新效率和科研创新效率也产生了明显的价值链外溢效应，而科研创新效率与知识创新效率之间没有形成较为明显的价值链外溢效应。究其原因，我们认为，可能是我国在知识创新和科研创新环节联系更为松散，而在产品创新与知识创新，产品创新与科研创新之间的联系更为密切，也就是说产学研合作更多的是体现在"产"和"学"之间以及"产"和"研"之间的紧密联系，而"学"和"研"之间联系的较为松散。就创新效率的空间外溢效应而言，创新价值链视角下的各阶段创新效率都表现为较为明显的空间外溢效应，这种外溢效应无论是在何种空间权重矩阵下都表现得较为明显，具体表现为Wδ/Wρ系数较为显著。

---

① 具体方法介绍可参考相关文献，本文在此不再赘述。

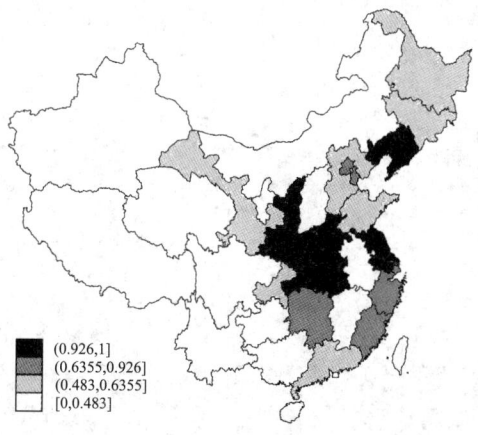

图2　知识创新效率区域分布（示意图）

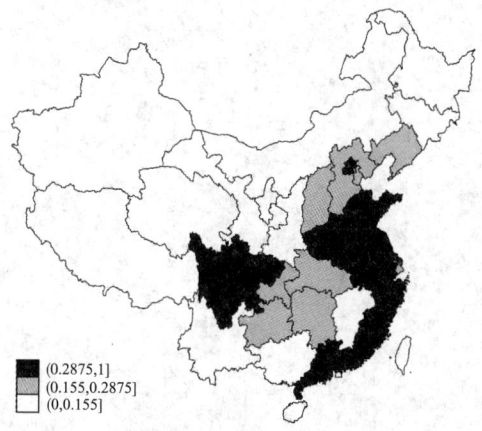

图3　科研创新效率区域分布（示意图）

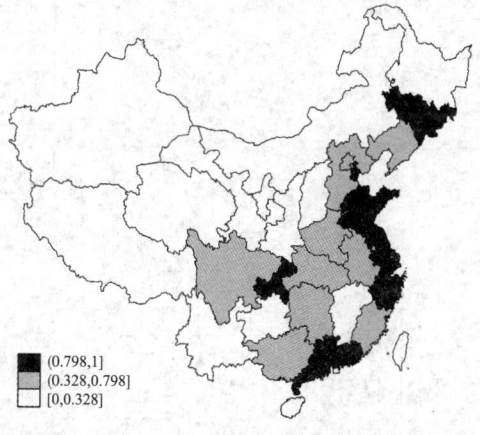

图4　产品创新效率区域分布（示意图）

表5 知识创新效率外溢的实证结果

变量\模型	邻接空间权重矩阵 SAR	邻接 SEM	邻接 SDM	邻接 SAC	地理距离空间权重矩阵 SAR	地理 SEM	地理 SDM	地理 SAC	经济距离空间权重矩阵 SAR	经济 SEM	经济 SDM	经济 SAC	人力资本空间权重矩阵 SAR	人力 SEM	人力 SDM	人力 SAC
R	0.0497 (1.29)	0.0984 (0.62)	-0.0208 (-0.10)	0.0473 (0.28)	0.1127 (0.78)	0.0782 (0.46)	-0.3090 (-0.68)	0.0901 (0.54)	0.1147 (0.74)	0.0616 (0.36)	0.0778 (0.25)	0.0539 (0.80)	0.1112 (0.87)	0.0674 (0.35)	0.0873 (0.25)	0.0511 (0.45)
P	0.2382* (1.87)	0.1559** (2.15)	0.2005** (2.20)	0.2291*** (2.49)	0.1199* (1.88)	0.1847** (2.30)	0.3731* (1.67)	0.1543* (1.88)	0.1418* (1.95)	0.1945** (2.37)	0.2680* (1.68)	0.2141* (2.14)	0.1325** (2.15)	0.2031** (2.34)	0.2653** (1.69)	0.2654** (2.21)
C	0.2770* (1.78)	0.1496* (1.89)	0.1692 (1.51)	0.2744* (1.83)	0.1731 (1.57)	0.1050 (1.30)	0.3202* (1.63)	0.1130* (2.33)	0.2103 (1.64)	0.1386 (1.41)	0.1432 (1.43)	0.1488*** (2.42)	0.2009 (1.63)	0.1124 (1.46)	0.1236 (1.42)	0.1401* (1.87)
B	-0.9147*** (-1.98)	-0.9991*** (-2.41)	-1.5075*** (-2.00)	-0.9129*** (-2.01)	-0.8125** (-2.06)	-0.9160** (-2.06)	-2.8100* (-1.97)	-0.8848* (-1.99)	-0.8068* (-1.91)	-0.8737** (-1.99)	-2.4760** (-2.08)	-0.8785** (-1.93)	-0.7988* (-1.87)	-0.8976* (-1.78)	-2.440* (-1.98)	-0.8098** (-2.05)
AR	0.1090 (0.49)	0.2597 (1.60)	0.0711 (0.30)	0.1110 (0.51)	0.2240 (1.21)	0.2784 (1.34)	0.7270 (1.22)	0.2601 (1.22)	0.2189 (1.11)	0.2516 (1.23)	0.2368 (0.58)	0.2553 (1.20)	0.2089 (1.32)	0.2345 (1.10)	0.2098 (0.56)	0.2098 (1.09)
AP	0.1413 (0.62)	-0.0148 (-0.10)	0.1896 (0.76)	0.1444 (0.65)	0.0094 (0.50)	0.0045 (0.21)	-0.2441 (-0.38)	0.0027 (0.49)	0.1706 (1.08)	0.0407 (0.19)	-0.5276 (-1.12)	0.0484 (0.22)	0.1230 (1.43)	0.0432 (0.65)	-0.4531 (-1.10)	0.0432 (1.01)
W*R			0.0173 (0.18)				0.2373 (0.77)				0.5132 (0.57)				0.5143 (1.02)	
W*P			0.1145** (2.11)				0.0945 (1.54)				0.0924* (1.71)				0.0944* (1.77)	
W&/Wp	0.152*** (7.74)	0.154*** (7.63)	0.137*** (7.73)	0.152*** (7.74)	0.132*** (5.12)	0.154*** (7.63)	0.179*** (2.52)	0.123*** (4.27)	0.140*** (5.12)	0.124*** (4.90)	0.152*** (3.25)	0.126*** (4.27)	0.140*** (4.15)	0.124*** (4.95)	0.151*** (4.21)	0.135*** (5.21)
A-R²	0.5173	0.5764	0.5950	0.5162	0.5837	0.5764	0.6744	0.5787	0.5837	0.5775	0.6510	0.5796	0.5763	0.5453	0.6522	0.5454
LogL	13.85	13.14	17.13	13.87	13.16	13.14	23.29	13.23	13.16	13.31	20.52	13.33	13.54	13.12	20.54	13.67
F-test	8.27	6.78	6.78	8.19	7.28	6.78	5.59	7.15	7.28	7.11	5.12	7.17	7.52	7.65	5.45	7.19
W-test	49.59	40.65	50.63	49.15	43.66	40.65	67.07	42.92	43.66	42.65	61.46	43.02	43.11	42.87	62.24	43.90

表6 科研创新效率外溢的实证结果

模型 变量	邻接空间权重矩阵				地理距离空间权重矩阵				经济距离空间权重矩阵				人力资本空间权重矩阵			
	SAR	SEM	SDM	SAC	SAR	SEM	SDM	SAC	SAR	SEM	SDM	SAC	SAR	SEM	SDM	SAC
K	0.0441	0.0617	0.0760	-0.2036	0.0657	0.0506	0.0904	-0.0081	0.0636	0.0561	0.0716	0.0028	0.0712	0.0521	0.0656	0.0034
	(0.26)	(0.33)	(1.04)	(-1.09)	(0.35)	(0.30)	(1.30)	(-0.09)	(0.34)	(0.34)	(1.32)	(0.03)	(0.56)	(0.36)	(1.37)	(0.12)
P	0.4469***	0.4810***	0.4955***	0.5578**	0.5556**	0.4817***	0.1908**	0.1709*	0.5505**	0.4633***	0.1429**	0.2044**	0.5123**	0.4097***	0.1768***	0.2155***
	(2.86)	(2.83)	(3.97)	(4.09)	(2.24)	(3.16)	(2.35)	(1.94)	(2.27)	(3.18)	(2.25)	(2.34)	(2.26)	(3.56)	(2.66)	(2.76)
C	0.0397**	0.1142	0.4261*	0.5482*	0.1660	0.4894*	0.4495*	0.6655*	0.1674	0.4702	0.4308*	0.5718	0.2134	0.4732*	0.4081*	0.4521
	(2.09)	(1.20)	(2.17)	(1.79)	(1.32)	(1.67)	(1.98)	(1.86)	(1.32)	(1.63)	(1.90)	(1.57)	(1.36)	(1.78)	(1.97)	(1.32)
B	0.3547	0.4550	2.314	-0.2612	0.4417	0.3286	2.4465	0.4099	0.4407	0.3250	2.1566	0.3665	0.3452	0.3200	2.0234	0.3089
	(0.69)	(0.88)	(0.53)	(-0.46)	(0.79)	(0.65)	(1.42)	(1.46)	(0.79)	(0.64)	(1.30)	(1.30)	(0.71)	(0.98)	(1.31)	(1.11)
AR	-0.0060*	-0.0240	-0.0437*	-0.0003	-0.0001	0.0040	-0.0762*	0.0026	-0.0080	0.0037	-0.0806*	0.0033*	-0.0087	0.0124*	-0.0123**	0.01076*
	(-1.64)	(-1.27)	(-1.74)	(-1.14)	(-1.17)	(1.36)	(-1.96)	(0.58)	(-1.07)	(1.33)	(-2.01)	(1.71)	(-1.01)	(1.67)	(-2.37)	(1.70)
AP	0.0420	0.0016	0.0260	0.0015	0.0008	0.0018	0.0420	0.0021	0.0009	0.0019	0.0451	0.0018	0.0021	0.0321	0.0408	0.0023
	(0.57)	(0.22)	(0.43)	(0.11)	(0.10)	(0.25)	(1.54)	(0.51)	(0.12)	(0.25)	(1.52)	(0.55)	(0.68)	(0.27)	(1.23)	(0.58)
W*K			-0.9960				-0.6981				-0.7134				-0.5122	
			(-1.40)				(-1.23)				(-1.25)				(-1.01)	
W*P			0.8604**				0.7132				0.8529				0.8231	
			(2.02)				(1.51)				(1.58)				(1.23)	
W&/Wp	0.189***	0.193***	0.138***	0.167***	0.210***	0.262*	0.244***	0.227***	0.209***	0.258*	0.247***	0.227***	0.201***	0.251*	0.212***	0.211***
	(7.73)	(7.75)	(7.74)	(4.92)	(4.26)	(1.85)	(2.62)	(4.83)	(4.35)	(1.86)	(2.55)	(4.58)	(4.36)	(1.89)	(2.56)	(4.98)
A-R²	0.3818	0.3579	0.5508	0.3672	0.3582	0.3315	0.4981	0.3008	0.3586	0.3338	0.4944	0.3129	0.3234	0.3211	0.5011	0.3098
LogL	7.19	6.73	16.66	7.68	6.84	6.96	17.13	9.12	6.83	6.93	11.79	8.86	6.86	6.98	11.89	8.81
F-test	3.66	3.38	3.66	3.20	3.38	3.08	3.12	2.69	3.39	3.11	3.10	2.91	3.31	3.09	3.34	3.09
W-test	21.93	20.28	43.97	19.20	20.30	18.50	37.51	16.13	20.32	18.65	37.17	17.44	23.36	19.67	34.21	16.49

表 7　产品创新效率外溢的实证结果

模型 变量	邻接空间权重矩阵				地理距离空间权重矩阵				经济距离空间权重矩阵				人力资本空间权重矩阵			
	SAR	SEM	SDM	SAC	SAR	SEM	SDM	SAC	SAR	SEM	SDM	SAC	SAR	SEM	SDM	SAC
K	0.3500** (2.16)	0.4147*** (2.79)	04841*** (3.24)	0.3781** (2.50)	0.2215* (1.71)	0.3147** (2.09)	0.1226** (2.18)	0.2048* (1.69)	0.2229* (1.73)	0.2958* (1.91)	0.2432** (2.01)	0.2127* (1.67)	0.2212* (1.98)	0.2316* (1.73)	0.2341** (2.11)	0.2112* (1.98)
R	0.5468*** (3.32)	0.5546*** (3.28)	0.5469*** (3.35)	0.5251*** (3.36)	0.4473*** (3.23)	0.5559*** (3.46)	0.2531** (2.41)	0.4110** (2.70)	0.4452*** (3.20)	0.5365*** (3.37)	0.5601*** (3.07)	0.4198** (2.89)	0.4213*** (3.11)	0.4332*** (3.01)	0.5646*** (3.64)	0.4100*** (2.82)
C	0.8781*** (2.18)	1.1449*** (2.50)	0.3410* (1.66)	1.0602** (2.40)	0.7711** (2.37)	0.9122** (2.23)	0.6082** (2.24)	0.6439** (2.08)	0.7524** (2.34)	0.8804** (2.25)	0.6086** (2.05)	0.6445** (2.08)	0.7642*** (2.54)	0.8123** (2.09)	0.6853*** (2.02)	0.6334*** (2.78)
B	0.7786* (1.76)	0.7920* (1.82)	0.5501* (1.70)	0.9719* (1.99)	0.7703* (1.98)	0.8875* (1.90)	1.2889* (1.65)	0.6832* (1.87)	0.7266* (1.92)	0.8565* (1.80)	0.5192* (1.80)	0.6216* (1.77)	0.7100 (1.44)	0.8121 (1.56)	0.5222 (1.72)	0.6332 (1.84)
S	-0.0678 (-0.41)	-0.0275 (-0.29)	0.1922 (0.97)	-0.0319 (-0.51)	0.0039 (0.03)	-0.0078 (0.05)	-0.0342 (-0.97)	-0.0043 (-0.04)	0.0028 (0.02)	0.0559 (0.35)	0.0863 (1.00)	0.0299 (0.21)	0.0127 (0.32)	0.0221 (1.37)	0.0542 (1.32)	0.0321 (0.78)
I	0.3863* (1.76)	0.1556 (1.30)	0.2277 (1.51)	0.2039 (1.41)	04522* (2.23)	0.5263** (2.10)	0.5167*** (2.52)	0.3878** (2.03)	0.4304** (2.17)	0.4997** (2.08)	0.4127** (2.19)	0.3685** (1.97)	0.4287** (2.32)	0.4911* (1.67)	0.8711** (2.10)	0.3431 (1.43)
D	-0.0567 (-0.79)	-0.0455 (-0.61)	-0.1021 (-1.53)	-0.0506 (-0.74)	-0.0502 (-0.96)	-0.0533 (-0.72)	-0.0879 (0.75)	-0.0676 (-1.14)	-0.0525 (-1.00)	-0.0478 (-0.67)	-0.0725 (-1.24)	-0.0723 (-1.11)	-0.0341 (-1.32)	-0.0231 (-0.45)	-0.1231 (-1.54)	-0.0213 (-1.54)
W×K			0.1574* (1.94)				0.1879 (1.16)				0.8352 (0.87)				0.7234 (0.43)	
W×R			0.1597 (0.72)				0.1987* (1.76)				0.1673 (0.92)				0.1113 (0.99)	
Wδ/Wp	0.1917*** (7.74)	0.1828*** (7.60)	0.1563*** (7.66)	0.1800*** (7.60)	0.1498*** (5.51)	0.1717*** (3.73)	0.2832*** (1.97)	0.1712*** (2.92)	0.1502*** (5.62)	0.1664*** (4.28)	0.3331*** (2.55)	0.1709*** (2.80)	0.1512*** (5.55)	01611*** (4.65)	0.2543*** (2.77)	0.1908*** (2.99)
A-R	0.5280	0.5194	0.5325	0.4740	0.5642	0.5367	0.5772	0.5691	0.5658	0.5363	0.5719	0.5324	0.5213	0.5213	0.5864	0.5123
Logl	6.96	8.17	12.83	8.43	8.03	6.96	20.54	8.18	8.08	7.07	20.54	8.21	8.65	7.08	20.11	8.87
F-test	5.43	2.98	3.08	7.27	5.48	5.39	3.47	5.96	5.90	5.35	3.41	6.09	5.11	5.22	4.47	6.35
W-test	38.03	20.84	43.15	18.90	40.90	37.71	48.49	41.71	41.28	37.41	47.86	42.64	31.56	33.45	48.21	40.10

注：LogL代表对数似然函数值，括号内为Z检验值；*、**、***分别表示在10%、5%、1%的显著性水平下显著。R代表科研创新效率；P代表产品创新效率；B代表企业规模；C代表产学研合作程度；B代表创新投入人的偏向性；AP代表人均科研经费；AR代表人均课题经费；S代表企业规模；I代表技术引进程度；D代表消化吸收力度

从知识创新效率外溢的实证结果来看，无论选择哪种空间权重矩阵，产品创新效率都显然带动了知识创新效率的提升，但是科研创新效率对于知识创新效率没有明显的带动作用。这说明产品创新效率的提升能够通过空间外溢效应有效地改善知识创新的效率，而研发创新并没有很好地与知识创新相结合，形成较为明显的正反馈机制。在我国表现为科研机构的研发活动与高校的研发机构都相对独立地完成各自的科研工作，没有很好地实现互动，进而造成了研发创新效率的提升没有带动知识创新效率的改进。而在产品创新环节，由于近些年我国高校的研发活动更加注重企业的实际需求和相互交流，而企业的研发活动也更加重视与高校的合作，所以产品创新效率在一定程度上带动了知识创新效率的改进。从模型控制变量的结果来看，产学研合作程度在一定程度上提升了知识创新效率，这也支持了我国一直强调的产学研合作的政策导向。创新投入的资产偏向性为负，并且通过了显著性检验，这说明在知识创新环节，创新过多地投入到资产中并不会提升知识创新效率，反而对知识创新效率提升起到了阻碍作用，或者说知识创新应该更关注对科研人员的投入。这也从一个侧面反映了，在知识创新环节一直强调建设大型实验室和购置设备，会造成生产设备过分冗余，而对于人才的引进和培养程度不足，这样会降低知识创新效率。我们看到，科研"拥挤外部性"和以课题形式组织的知识创新并没有显著地影响其创新效率。

从科研创新效率外溢的实证结果来看，无论选择哪种空间权重矩阵，产品创新效率都显著地提升了科研创新效率，但是知识创新效率对于科研创新效率没有明显的带动作用。这说明产品创新效率的提升能够通过空间外溢效应有效改善科研创新的效率，而研发创新并没有很好地与知识创新形成较为明显的正反馈机制。这里我们看到研发机构能够很好地与企业的产品创新形成良好的互动，并且促进了科研创新效率的提升。主要体现在科研机构的研发行为开始更加面向实际需求的企业延伸，研发成果更加重视产业化的实现，进而产品创新效率的提升也带动了科研创新效率的改进。从模型的控制变量来看，产学研合作程度在一定程度上提升了科研创新效率。创新投入的资产偏向性为正，但是没有通过显著性检验，这说明科研环节创新的资产偏向性对于科研创新效率没有显著影响，或者说投入到科研人员的经费有可能更具有效率。"拥挤外部性"问题（Consestion Externality）在科研创新环节显得较为突出，而在知识创新环节表现不突出，这说明我国在科研环节还是出现了一定的"拥挤外部性"。对此，一方面在我国大力倡导自主创新的战略引导下，各地区都在着力加大科研投入，但是由于缺乏协调分工，出现了科研资源集中使得科研人员可能对同一项技术进行研发，最终导致了科研创新效率较低；另一方面由于科研活动的主要产出形式为专利，专利的审核需要严格的程序，不太可能出现相同专利或类似专利同时注册的情况，而知识创新产出形式为文献和书籍，这方面的审核较为宽松，间接导致知识创新可能"表现"出更多的"创新成果"。同时，以课题组织形式的科研创新行为与科研创新效率没有必然的联系。

从产品创新效率外溢的实证结果来看，无论选择哪种空间权重矩阵，知识创新效率和科研创新效率都显著提升了产品创新效率。这说明在创新成果产业化阶段，知识创新效率和科研创新效率的提升都能够通过空间外溢效应改善产品创新的效率，这在一定程度上说明我国在产学研结合方面，由"研学"向"产"方面结合良好。企业的产品研发行为更加重视对于科研机构和高校的研发成果的消化利用。例如，我国企业通过与高校和科研机构联合建立技术实验室就是一个很好的互动成果，这种正反馈机制的实现就使得知识创新和研发创新效率的提升能够有效带动产品创新效率的改进。从模型的控制变量来看，采取资本偏向性创新投入会显著提升产品创新效率。因此，企业在创新成果产业化上应该更加注重设备投入的适宜性。对于产品创新环节而言，企业的规模与创新效率没有显著的相关关系，此方面已有研究也存在较大差异。如 Chen 和 Chien 等（2004）认为企业技术创新效率改善需要一定的规模经济性。Pavitt 等（1987）认为，较小和较大企业的科研效率比中等企业更高，也即科研效率和企业规模之间呈现"U"型关系。我们看到国外技术引进可以在一定程度上提升企业在产品创新上的效率，这说明我国企业在技术引进基础上实施的模仿性创新战略还是取得了一定的效果。但是我们看到技术引进后消化吸收费用比重的增加并没有带来产品创新效率的提升，技术引进后的实施效率还有待进一步提高。

5.4　稳定性检验

以上的分析我们选择了全国的数据，为了显示不同区域创新空间溢出的差别，我们采用了经济发展整体水平相对较高，经济联系最为密切的长三角地区作为子样本进行分析。实证结果如表 8 所示。

长三角地区的实证结果表明，经济越发达、经济联系越紧密的地区，无论是创新的空间外溢效应还是创新的价值链外溢效应都显得更加突出，表现为系数比全国的结果更大。这也就意味着经济越发达，创新要素的流动性越大，进而创新的空间外溢效应越明显。而经济联系越紧密，创新的各个阶段正反馈机制越能够得到有效发挥，进而创新的价值链外溢效应也就越明显。

此外，由于三个阶段创新效率外溢效应都存在一定的内生性问题，有可能对估计结果产生偏差。为了更加稳定地检验模型实证结果的稳定性，我们采用了空间 SAR 模型的 GMM 估计（Spatial Panel Autoregressive Generalized Method of Moments Regression）进行实证结果的再检验。空间 GMM 估计中工具变量的选取，Kelejian 和 Prucha（1998）通过数学推导证明了 $W_n（I_n - \lambda W_n）-1 X_n \beta$ 在理论上较为理想的工具变量，但实践中的 λ 值并不能提前获知。因此本文的采用式 $WK_{i,t}$、$WR_{i,t}$、$WP_{i,t}$ 作为模型的工具变量，在存在多个工具变量的条件下，我们可以依次通过检验工具变量与内生变量的相关性，检验工具变量与模型中的残差项不相关的步骤来检验工具变量，在存在多个工具变量的情况下，通过过度识别检验来进行判断。经过检验，在知识创新效率外溢模型之中，$WR_{i,t}$ 可以作为工具变量，在科研创新效率外溢模型之中，$WK_{i,t}$ 可以作为工具变量，而在产品创新效率外溢模型中，$WK_{i,t}$ 可以作为工具变量[①]。针对工具变量选择，本文采用了 Hansen J 检验进行合理性检验。检验结果显示本文选取的工具变量是合适的。在选择了工具变量后，我们采用 SAR 模型对以上三个阶段创新效率的外溢模型进行了 GMM 估计，估计结果如表 9 所示。

---

① 限于篇幅，本文对工具变量的选取过程不予详述，有关空间 GMM 的估计命令参见 STATA 给出的 spgmmxt 命令。

表 8 长三角地区创新效率的空间外溢结果

模型 / 变量	知识创新效率外溢 邻接权重矩阵	距离权重矩阵	经济权重矩阵	人力资本权重矩阵	科研创新效率外溢 邻接权重矩阵	距离权重矩阵	经济权重矩阵	人力资本权重矩阵	产品创新效率外溢 邻接权重矩阵	距离权重矩阵	经济权重矩阵	人力资本权重矩阵
K	-0.0221 (-0.19)	-0.3120 (-0.79)	0.0886 (0.25)	0.0854 (0.45)	0.1110 (1.00)	0.1245 (1.11)	0.0987 (1.54)	0.0785 (1.21)	0.5825*** (3.65)	0.2987*** (2.56)	0.3602*** (2.55)	0.3358*** (2.98)
R	0.2117** (2.20)	0.3980* (1.90)	0.2777* (1.99)	0.2698* (1.98)	0.4888*** (3.97)	0.3897** (2.35)	0.2806** (2.25)	0.3502*** (2.66)	0.5502*** (3.01)	0.3002** (2.25)	0.5888*** (3.45)	0.5903*** (3.04)
C	0.1874* (1.66)	0.3389* (1.68)	0.1975 (1.54)	0.1587* (1.58)	0.5808*** (3.01)	0.5595*** (2.66)	0.4958*** (2.54)	0.4558*** (2.27)	0.3070* (1.99)	0.6680** (2.01)	0.6521** (2.21)	0.7025** (2.25)
B	-1.598** (-2.11)	-2.811* (-1.76)	-2.404* (-1.99)	-2.401* (-1.78)	2.5010 (0.14)	2.6690 (1.40)	2.2570 (1.02)	2.1978 (1.35)	0.5605* (1.66)	1.0598* (1.98)	0.5250* (1.85)	0.5785* (1.98)
AR	0.0698 (0.78)	0.5751 (1.24)	0.2540 (0.77)	0.2054 (0.58)	-0.0175* (-1.71)	-0.0542* (-1.55)	-0.0471* (-1.99)	-0.0124* (-2.32)				
AP	0.1454 (0.19)	-0.2445 (-0.45)	-0.5427 (-1.01)	-0.4575 (-0.77)	0.0598 (0.43)	0.0455 (1.65)	0.0452 (1.32)	0.0459 (1.33)				
S									0.1025 (0.90)	0.0874 (0.77)	0.0719 (1.04)	0.0981 (1.06)
I									0.2654 (1.51)	0.5541** (2.52)	0.4000** (2.19)	0.6951** (2.10)
D									-0.1001 (-1.51)	-0.1025 (0.99)	-0.0984 (-1.01)	-0.1250 (-1.11)
$W*K$	0.2440 (0.18)	0.2354 (0.70)	0.5177 (0.54)	0.5143 (1.07)	-0.587 (-1.01)	-0.784 (-1.25)	-0.728 (-1.20)	-0.565 (-1.44)	0.1540* (1.88)	0.1254 (1.04)	0.8001 (0.99)	0.5410 (0.14)
$W*R$									0.2520 (0.57)	0.2587* (1.55)	0.3058 (1.21)	0.2250 (1.01)

续表

模型\变量	知识创新效率外溢				科研创新效率外溢				产品创新效率外溢			
	邻接权重矩阵	距离权重矩阵	经济权重矩阵	人力资本权重矩阵	邻接权重矩阵	距离权重矩阵	经济权重矩阵	人力资本权重矩阵	邻接权重矩阵	距离权重矩阵	经济权重矩阵	人力资本权重矩阵
$W*P$	0.1510** (2.01)	0.1041* (1.66)	0.1040* (1.77)	0.1099* (1.84)	0.8452** (2.25)	0.7450* (1.75)	0.8787* (1.89)	0.8144* (1.58)				
$W.$	0.133*** (5.14)	0.170*** (3.07)	0141*** (3.22)	0.158*** (4.24)	0.159*** (5.45)	0.288*** (2.87)	0.275*** (2.85)	0.257*** (2.98)	0.1980*** (7.02)	0.3025*** (2.21)	03217*** (2.89)	0.3320*** (2.65)
$A-R^2$	0.6058	0.6880	0.6871	0.7104	0.6078	0.7088	0.6985	0.7017	0.6680	0.6690	0.6788	0.7045
$LogL$	21.16	28.27	28.99	30.50	19.54	20.54	18.75	15.99	12.24	24.57	20.54	19.87
$F-test$	6.89	5.87	5.78	5.41	3.98	3.88	3.57	3.87	3.03	3.58	3.88	4.01
$W-test$	30.60	30.07	31.40	32.55	38.55	32.51	30.25	30.77	36.14	33.44	38.99	39.47

注：LogL 代表对数似然函数值，括号内为 Z 检验值；*、**、***分别表示10%、5%、1%的显著性水平下显著

表 9　空间 GMM 估计结果

模型\变量	知识创新效率外溢				科研创新效率外溢				产品创新效率外溢			
	邻接权重矩阵	距离权重矩阵	经济权重矩阵	人力资本权重矩阵	邻接权重矩阵	距离权重矩阵	经济权重矩阵	人力资本权重矩阵	邻接权重矩阵	距离权重矩阵	经济权重矩阵	人力资本权重矩阵
K	0.0260 (0.78)	0.0798 (1.09)	0.0766 (0.48)	0.0756 (0.21)	0.0123 (0.99)	0.0340 (1.59)	0.0590 (1.49)	0.0578 (1.22)	0.3215** (2.32)	0.3745* (1.99)	0.3235** (2.11)	0.4320* (1.75)
R	0.3011* (1.64)	0.4755* (1.77)	0.2988* (1.66)	0.2893 (1.54)	0.6754*** (3.11)	0.4532** (2.35)	0.5009** (2.11)	0.5098* (2.13)	0.3456* (2.11)	0.1209* (1.97)	0.3124* (2.13)	0.4098** (2.09)
C	0.1110 (1.07)	0.1278 (1.54)	0.1578* (1.65)	0.1451 (1.11)	0.3216* (1.77)	0.4097 (1.46)	0.4521* (1.78)	0.3908 (1.54)	0.1198* (1.76)	0.2351* (2.09)	0.3421* (1.67)	0.3409* (1.78)

续表

模型 \ 变量	知识创新效率外溢				科研创新效率外溢				产品创新效率外溢			
	邻接权重矩阵	距离权重矩阵	经济权重矩阵	人力资本权重矩阵	邻接权重矩阵	距离权重矩阵	经济权重矩阵	人力资本权重矩阵	邻接权重矩阵	距离权重矩阵	经济权重矩阵	人力资本权重矩阵
B	-0.791 (-1.56)	-0.789* (-1.76)	-0.9302* (-1.98)	-1.0223* (-1.77)	0.3542 (1.01)	0.8132 (0.78)	0.9807 (0.54)	1.0987 (0.98)	0.5987 (1.32)	0.7574* (1.65)	0.5432* (1.77)	0.5098 (1.09)
AR	0.1012 (0.78)	0.1048 (1.09)	0.1987 (0.67)	0.1789 (0.34)	-0.0452* (-1.65)	-0.0454* (-1.88)	-0.0478** (-2.22)	-0.0453* (-1.79)				
AP	0.0971 (1.04)	-0.0781 (-0.34)	-0.3281 (-0.31)	-0.3210 (-1.09)	0.0452 (1.59)	0.0343 (1.12)	0.0678 (1.09)	0.0675 (0.99)				
S									0.1809 (1.05)	0.1122 (0.09)	0.1423 (1.22)	0.1209 (1.09)
I									0.2098 (1.58)	0.4321 (1.33)	0.3098 (1.56)	0.2980* (1.69)
D									-0.0896 (-1.09)	-0.2314 (1.09)	-0.1265 (-1.01)	-0.1098 (-0.92)
$W\delta$	0.232*** (5.65)	0.322*** (4.29)	0.274*** (4.27)	0.310*** (4.99)	0.268*** (3.67)	0.285*** (3.56)	0.298*** (2.76)	0.267*** (2.89)	0.221*** (6.65)	0.272*** (3.30)	0.321*** (3.31)	0.311*** (2.98)
$A-R^2$	0.2735	0.2980	0.3124	0.2958	0.3987	0.3234	0.3562	0.3216	0.3457	0.3740	0.3215	0.3409
$LogL$	14.09	15.40	14.52	16.35	13.99	12.29	13.75	14.27	13.44	14.25	14.47	13.46
Hansen J 检验P值	0.172	0.155	0.198	0.199	0.135	0.172	0.189	0.201	0.198	0.223	0.254	0.278

注：$LogL$ 代表对数似然函数值，括号内为 Z 检验值，*、**、*** 分别表示在10%、5%、1% 的显著性水平下显著

从空间 GMM 估计结果来看，与普通空间面板模型的实证结果最大的区别在于某些系数的显著性降低，空间外溢系数有所提升，并且调整的 R^2 有所降低，但是实证结果与以上分析得出的结论基本一致。

6 结 论 与 政 策 建 议

本文利用考虑环境因素的三阶段 DEA 模型，在创新价值链视角下将区域创新分为知识创新、科研创新和产品创新三个阶段，考察了各阶段我国区域创新效率。研究结果表明，各阶段创新效率具有较大的差异性，从调整后的 DEA 计算结果来看，知识创新整体创新效率为 0.582，科研创新整体效率为 0.284，产品创新整体效率为 0.529，表现为创新价值链的两端知识创新和产品创新效率较高，而科研创新效率较低。从分区域结果来看，各阶段创新效率都表现为东部地区要明显高于中西部地区，尤其是在科研效率上表现更加明显，并且各阶段创新效率表现出较为明显的空间相关性。基于以上研究数据，本文综合采用空间杜宾模型（SDM 模型）、空间误差模型（SEM 模型）、空间滞后模型（SAR 模型）和空间交叉模型（SAC 模型），通过设置邻接权重矩阵、地理距离权重矩阵、经济权重矩阵和人力资本权重矩阵，分析了创新的空间外溢效应和价值链外溢效应。研究显示，产品创新效率与知识创新效率产生了明显的价值链外溢效应，产品创新效率和科研创新效率也产生了明显的价值链外溢效应，而科研创新效率与知识创新效率之间没有形成较为明显的价值链外溢效应。就创新效率的空间外溢效应而言，创新价值链视角下的各阶段创新效率都表现为较为明显的空间外溢效应，这种外溢效应无论是在何种空间权重矩阵下都表现得较为明显。产学研合作程度对各阶段创新效率具有显著的正影响，这说明加强产学研合作是提升创新效率的一个重要途径。创新投入的资本偏向性只有在产品创新环节对创新效率有显著的正影响，而在知识创新效率和科研创新效率中没有显著的影响或者负效应。创新活动的"拥挤外部性"在科研创新环节显得较为突出，课题的创新组织形式与创新效率没有必然联系。对于产品创新环节而言，国外技术引进可以在一定程度上提升企业在产品创新上的效率，但是，技术引进后的实施效率还有待进一步提高。

根据以上研究得出的结论，我们认为在创新价值链视角下我国各区域应该从以下几个方面提升创新效率。

（1）充分发挥创新的空间外溢效应，通过打破地区垄断，加强地区创新信息交流，促进创新行为在各区域之间互通有无机制的形成。由于信息对称程度以及信任关系都会随着地理距离而出现衰减，加之我国较为明显的地方保护主义，这些都会在一定程度上加强创新外溢的本地属性。这就要求，一方面中央政府从制度层面解决地区割据局面，各地方政府之间加强交流合作，出台一些双边或多边协议，通过市场化机制和利益补偿机制，达成双赢格局；另一方面政府应该加强诚信体系建设，消除由于诚信问题带来的交易成本过高、外溢半径过短的问题，加大创新外溢的半径，充分发挥空间外溢效应。

（2）充分发挥创新的价值链外溢效应，通过加强产学研结合力度，促进创新价值链各个阶段之间的联系，使得知识创新、科研创新和产品创新形成良好的沟通渠道，形成循环的创新价值链外溢效应。各地区应当根据自身的优势条件，加快创新活动的科研成果转化、产品应用测试、合作载体对接及信息服务沟通等。高校的知识创新推动、研究机构的技术科研带动、企业的技术需求拉动以及政府的创新政策引导都会促进产学研的整体效果及效率水平。提升高校、科研机构、企业及政府之间的有效互动与连接，提升产学研的强度、深度及可持续性，进而使产学研的合作层次不断提升、相互作用模式更加灵活。

（3）在科研创新环节，"拥挤外部性"问题应当引起我们的重视。对于因各地区之间缺乏协调分工、科研资源集中而出现的对于同一项技术进行重复科研的低效率现象，一方面，我国需要加强完善各地区创新战略规划，增强各地区间科研方向与科研成果的互补性，从而避免低效率的同质性重复研发；另一方面，我国各地区的重点科研机构应当加强研究规划、成果转化的相互沟通机制和区域间的资源共享机制，进而实现分工效率和规模效应，体现我国科技创新的整体性战略。在产品创新环节，由于国外技术引进对效率提升具有一定显著效果，同时技术引进后的实施效率又有不足，对此我国应当根据不同地区的技术发展水平、效率提升路径采取有针对性的技术引进策略，更加合理地规划、搭配企业引进的技术来源、技术组合、引进比例。

参考文献

［1］Agarwal R. and M. Gort. First Mover Advantage and the Speed of Competitive Entry: 1887 – 1986 ［J］. *Journal of Law and Economics*, 2001（44）161 – 178.

［2］Alchian A. and H. Demsetz. Production, Information Costs and Economic Organization ［J］. *American Economics Review*, 1972（62）: 777 – 795.

［3］Almeida P. and B. Kogut. Localization of Knowledge and the Mobility of Engineers in Regional Networks ［J］. *Management Science*, 1999（45）: 905 – 917.

［4］Anselin L., J. Raymond, G. M. Florax and J. R. Sergio. *Advances in Spatial Econometrics: Methodology, Tools and Applications*［M］. Berlin: Springer Verlag, 2004.

［5］Anselin L. *Spatial Econometrics, Methods and Models*［M］. Dordrecht: Kluwer Academic, 1988.

［6］Arrow. *Economic Welfare and the Allocation of Resources for Invention in National Bureau of Economic Research. The Rate and Direction of Inventive Activity*［M］. Princeton: Princeton University Press, 1962.

［7］Audretsch D. B., M. P. Feldman. R&D Spillovers and Geography of Innovation and Production ［J］. *American Economic Review*, 1996（86）: 630 – 641.

［8］Baltagi B. H. *A Companion to Econometric Analysis of Panel Data*［M］. New York: John Wiley & Sons Press, 2009.

［9］Bencivenga V. R. and B. D. Smith. Financial Intermediation and Endogenous Growth ［J］. *Review of Economic Studies*, 1991（58）: 195 – 209.

［10］Bloom N., M. Schankerman and J. Van Reenen. Identifying Technology Spillovers and Product Market Rivalry［M］. *Econometrica*, forthcoming, 2013.

［11］Bottazzia L. , P. Giovanni. Innovation and Spillovers in Regions: Evidence from European Patent Data European［J］. *Economic Review*, 2003 (8): 687 – 710.

［12］Breschi S. and F. Lissoni. Localized Knowledge Spillovers vs. Innovative Milieux: Knowledge "Tacitness" Reconsidered［J］. *Regional Science*, 2001 (80): 255 – 273.

［13］Chin – Tai Chen and Chen – Fu Chien. Ming – Han Lin, and Jung – Te Wang, Using DEA to Evaluate R&D Performance of the Computers and Peripherals Firms in Taiwan［J］. *International Journal of Business*, 2004 (9): 261 – 288.

［14］Elhorst, J. P. Dynamic Spatial Panels: Models, Methods and Inferences［J］. *Journal of Geographical Systems*, 2012 (14): 5 – 28.

［15］Freeman C. *Technology Policy and Economic Performance, Lessons from Japan*［M］. London: Pinter, 1987.

［16］Fried H. O. , C. A. Lovell, K. S. Schmidt and S. Yaisawarng. Accounting for Environment Effects and Statistical Noise in Data Envelopment Analysis［J］. *Journal of Productivity Analysis*, 2002 (17): 157 – 174.

［17］Fritscha M. and G. Frankeb. Innovation, Regional Knowledge Spillovers and R&D Cooperation［J］. *Research Policy*, 2004 (33): 245 – 255.

［18］Furman J. , M. Porter and S. Stern. The Determinants of National Innovative Capacity［J］. *Research Policy*, 2002 (31): 899 – 933.

［19］Greenwood J. and B. Jovanovic. Financial Development, Growth and the Distribution of Income［J］. *Journal of Political Economy*, 1990 (98): 1076 – 1107.

［20］Garicano L. Hierarchies and the Organization of Knowledge in Production［J］. *Journal of Political Economy*, 2000 (108): 874 – 904.

［21］Hall B. and R. Ziedonis. The Patent Paradox Revisited: An Empirical Study of Patenting in the US Semiconductor Industry, 1979 – 1995［J］. *Rand Journal of Economics*, 2001 (32): 101 – 128.

［22］Hall B. , Z. Griliches and J. Hausman. Patents and R and D Is there a Lag［J］. *International Economic Review*, 1986 (27): 265 – 283.

［23］Hansen M. T. and Birkinshaw, J. The Innovation Value Chain［J］. *Harvard Business Review*, 2007 (85): 121 – 135.

［24］Head K. and T. Mayer. Non – Europe: The Magnitude and Causes of Market Fragmentation in the EU［J］. *Weltwirt – schaftliches Archive*, 2000 (136): 285 – 314.

［25］Jaffe A. B. , M. Trajtenberg and R. Henderson. Geographic Localization of Knowledge Spillovers as Evidenced by Patent Citations［J］. *Quarterly Journal of Economics*, 1993 (108): 577 – 598.

［26］Jaffe A. B. Real Effects of Academic Research［J］. *American Economic Review*, 1989 (79): 957 – 971.

［27］Kelejian H. H. , Prucha, I. R. A Generalized Spatial Two – stage Least Squares Procedure for Estimating a Spatial Autoregressive Model with Autoregressive Disturbances［J］. *The Journal of Real Estate Finance and Economics*, 1998 (17): 99 – 121.

［28］Keller W. Geographic Localization of International Technology Diffusion［J］. *American Economic Review*, 2002 (92): 120 – 142.

［29］Krugman P. Increasing Returns and Economic Geography［J］. *The Journal of Political Economy*,

1991（99）: 483 – 499.

［30］ Levine R. Stock Markets, Banks and Economic Growth ［J］. *American Economic Review*, 1998（88）: 537 – 558.

［31］ Lööfa H. and A. Heshmatib. Knowledge Capital and Performance Heterogeneity: A Firm level Innovation Study ［J］. *International Journal of Production Economics*, 2002（76）: 61 – 85.

［32］ Lundvall B. A. *National Systems of Innovation: Towards a Theory of Innovation and Interactive Learning* ［M］. London: Pinter, 1992.

［33］ Crozet, M. Do Migrants Follow Market Potentials? An Estimation of a New Economic Geography Model ［J］. *Journal of Economic Geography*, 2004（4）: 439 – 458.

［34］ Martin R., P. Sunley. Paul Krugman's Geographical Economics and Its Implications for Regional Critical Assessment ［J］. *Economic Geography*, 1996（72）: 259 – 292.

［35］ Mairesse J. and M. Sassenou. R&D and Productivity: A survey of Econometric Studies at the Firm Level, in Science – Technology ［J］. *Industry Review*, 1991（8）: 317 – 348.

［36］ Nasierow S. and F. J. Arcelus. On the Efficiency of National Innovation Systems ［J］. *Socioeconomic Planning Sciences*, 2003（37）: 215.

［37］ Nelson R. R. *National Innovation Systems: A Comparative Study* ［M］. Oxford: Oxford University Press, 1993.

［38］ Olson E., O. Walker and R. Ruekerf. Patterns of Cooperation during New Product Development among Marketing, Operations and R&D: Implications for Project Performance ［J］. *Journal of Product Innovation Management*, 2001（18）: 258 – 271.

［39］ Pavitt K., M. Robson, J. Townsend. The Size Distribution of Innovating Firms in the UK: 1945 – 1983 ［J］. *Journal of Industrial Economics*, 1987（35）: 121 – 128.

［40］ Ponds, R., F. V. Oort and K. Frenken. Innovation, Spillovers and University – Industry Collaboration: An Extended Knowledge Production Function Approach ［J］. *Journal of Economic Geography*, 2010（10）: 231 – 255.

［41］ Romer P. M. New Goods, Old Theory and the Welfare Costs of Trade Restrictions ［J］. *Journal of Development Economics*, 1994（43）: 5 – 38.

［42］ Rothwell, R. Towards the Fifth Generation Innovation Process ［J］. *International Marketing Review*, 1994（11）: 7 – 31.

［43］ Saint – Paul G., Technological Choice, Financial Markets and Economic Development ［J］. *European Economic Review*, 1992（36）: 763 – 781.

［44］ Santoro M. D., A. K. Chakrabarti. Firm Size and Technology Centrality in Industry University Interactions ［J］. *Research Policy*, 2002（31）: 1163 – 1180.

［45］ Segerstrom P. S. Innovation, Imitation and Economic Growth ［J］. *Journal of Political Economy*, 1991（99）: 807 – 819.

［46］ Tadesse S. Financial Architecture and Economic Performance: International Evidence ［J］. *Financial Development and Technology*, 2002（11）: 429 – 454.

［47］ Toshihiro Kodama. The Role of Intermediation and Absorptive Capacity in Facilitating University – industry Linkages —An Empirical Study of TAMA in Japan ［J］. *Research Policy*, 2008（37）: 1224 – 1240.

［48］ Van de Ven A. D. Polley R. Garud S. Venkataraman. *The Innovation Journey* ［M］. New York： Oxford University Press， 1999.

［49］ Verspagen B. ， W. Schoenmakers. The Spatial Dimension of Patenting by Multinational Firms in Europe ［J］. *Journal of Economic Geography*， 2004（4）： 23 – 42.

［50］白俊红，蒋伏心. 考虑环境因素的区域创新效率研究——基于三阶段 DEA 方法［J］. 财贸经济， 2011（10）.

［51］陈钊，陆铭，金煜. 中国人力资本和教育发展的区域差异：对于面板数据的估算［J］. 世界经济， 2004（12）.

［52］符淼. 地理距离和技术外溢效应——对技术和经济集聚现象的空间计量学解释［J］. 经济学（季刊）， 2009（4）.

［53］李习保. 中国区域创新能力变迁的实证分析：基于创新系统的观点［J］. 管理世界， 2007（12）.

［54］余泳泽. 要素集聚、政府支持与科技创新效率［J］. 经济评论， 2011（2）.

［55］余泳泽. 政府支持、制度环境、FDI 与我国区域创新体系建设［J］. 产业经济研究， 2011（1）.

The Effect of the Space Outflow of China's Regional Innovation and the Effect of the Outflow of Value Chanins： A Study, from the Perspective of the Innovative Value Chain, on the Model of the Panel of Multidimentsional Space

Yu Yongze， Liu Dayong

Abstract： Base on the perspective of the innovation value chain， we have， in this paper， divided the innovative process into three stages： The knowledge innovation， the research innovation and product innovation， and used the three – stage DEA model to survey the innovation efficiency at various stages. Because the innovation efficiency at various stages shows obvious space relativity， we have， in this article， adopted many kinds of space pannel model and constructed multiple space weight matrix to analyze the innovative space outflowing effect and the value – chain outflowing effect （VCOE）. The results of our study indicate that the obvious VCOE has appeared between the product – innovation efficiency and the knowledge innovation， but the obvious VCOE has not been formed between the efficiency of the innovation of scientific research and the efficiency of the knowledge innovation. In terms of the space outflowing efficiency of the innovation efficiency， all the innovative efficiency at various stages， from the perspective of the innovative value chain， has shown more obvious space outflowing effects.

益组织行为与损组织行为：
中国特征的角色外行为模型及其经验实证*

雍少宏，朱丽娅

（宁夏大学经济管理学院，银川　750021）

【摘　要】本文对114名MBA学员"工作状态分析"自我报告的描述性数据统计和4个典型个案陈述分析，发现：①员工在履行角色内行为的过程中会表现出角色外行为的特征，即角色内增强行为和角色内减弱行为；②角色外行为既存在有利于组织的行为，又存在有害于组织的行为，还存在"无奈的角色外行为"；③员工对他人施以的角色外行为会因人情关系的不同而不同。基于此，本文以中国语境建构了益组织行为与损组织行为双向维度的角色外行为理论框架，旨在初步廓清角色内与角色外行为的关系，并对开展中国特征角色外行为研究提供一个新的思路。

【关键词】角色外行为；益组织行为；损组织行为；中国特征

员工的工作行为可以分为两个组成部分，一部分是由组织自上而下的制度建构出来的行为，即依靠行政权力外在设计，强加于员工并付诸实施的规则；另一部分是自发生成的行为，是分散的个体随经验而演化，"在回应他们的即时环境时"所遵循的规则[1]。制度建构的行为具有系统性、强制性、标准性特征，自发生成的行为具有自发性、随机性、情景性特征；制度建构的行为可通过明确具体考核指标来衡量，自发生成的行为无法进行具体明确的考核。

制度建构的行为是在组织与员工建立雇佣关系合同中，或在岗位职责说明书中明确规定了的，因此又称角色内行为；自发生成的行为没有或无法明确规定，只能在组织与员工雇佣关系的心理契约建构过程中体现，属角色外行为。角色内行为和角色外行为对组织绩效都有着重要的影响，员工的角色内行为构成了组织正常运转的秩序，角色外行为要么构

* 收稿日期：2012 – 07 – 10。

基金项目：国家自然科学基金资助项目（70962009；71062001）。

作者简介：雍少宏（1964—），男，宁夏平罗人，宁夏大学经济管理学院教授，研究方向：组织行为学，E - mail：yongshh@ nxu. edu. cn。

成组织快速发展的秩序，要么形成干扰组织正常运转或迟滞组织发展的秩序。角色内行为在组织之中从制度规范到绩效考核已被深入地研究和应用，已形成较为完备的体系；但角色外行为仍在探索之中，从目前的情况来看，成果比较零散[2]，没有形成完整的框架，还无法在组织中得到有效的应用。本文在已有角色外行为研究成果的基础上，试图以中国特征为背景，将角色外行为进行整合，以"益组织行为"和"损组织行为"这一角色外行为的双向特性为主线，构建一个新的整合模型。

1　研究回顾及假设

1.1　文献回顾

对角色外行为的研究主要是以提高组织绩效为目标展开。"想要合作的意愿"[3]是角色外行为的初始构念，Katz 等[4]将其扩展为"公民行为"并具体化为：和同事的协调活动、保护制度行为、改善组织的创造性建议、为组织的额外职责自我培训、为组织创造便利的外部环境。Organ[5]将公民行为的概念进一步延伸，发展成为组织公民行为，定义为"自觉自愿地表现出来的、非直接或明显地不被正式的报酬系统所认可的、能够从整体上提高组织效能的个体行为"，包括利他性、责任心和服从性、运动员精神、礼貌性和公民道德。Williams 等[6]则根据行为指向将组织公民行为分为组织指向行为和人际指向行为两种。Coleman 等[7]通过聚类分析，将 27 种组织公民行为分为人际公民绩效、组织公民绩效和工作/任务绩效三类。

员工绩效研究的成果中也包含了角色外行为：Borman 等[8]研究发现，坚定的决心和与之相符的行动、忠诚与服从、团队精神虽不在任务绩效范畴，但与团队有效性有较高的相关性。职务绩效包括作业绩效和关系绩效两个维度。作业绩效，是指员工通过直接的生产活动、提供材料和服务贡献于组织的核心业务，主要受经验、能力和与工作相关的知识的影响；关系绩效不是直接的生产和服务活动，而是构成组织的社会、心理背景的行为，包括自愿的行为、组织公民行为、亲组织行为、组织奉献精神以及非特定的职务行为，如自愿承担额外工作、帮助同事等，对组织沟通和作业绩效起促进作用，继而提高组织整体绩效。Campbel[9]将职务绩效归结为八个方面：职务规定作业绩效、职务非规定的作业绩效、写作与口头交流、努力、遵守纪律、为集体和同事提供便利、监督和领导、管理。其中，职务规定作业绩效更多地渗透在角色内行为之中，其他绩效更多渗透在组织公民行为、亲组织行为、团队奉献精神等角色外行为之中。

随着角色外行为研究的扩展和深入，那些在工作中不利于组织绩效提高甚至阻碍组织目标实现的行为也开始受到学者们的关注。虽然这些行为没有被学者们标注为"角色外行为"，但其行为表现特征完全符合"自主自愿"和"难以被正式考核系统监督"的个体工作行为，因此可作为消极角色外行为。

奥尔森[10]研究发现，"在共同利益群体中的个人一定会为实现共同利益采取一致行为"是一个伪命题，因为在集体行为中，存在着大量的滥竽充数的"搭便车"行为，因此，理性、自利的个人一般不会为争取集体利益做贡献。此外，在集体行为中还存在着"转嫁责任行为"。由于制度不健全、信息不对称、权力无约束，在集体行为中理性自利个体还会利用集体规范的漏洞，产生增加个人利益、降低责任风险的行为。如占据责任小、权力大、收益高的岗位；假借制度的名义保护个人利益；强行将责任转移给他人承担；采取政治行为保护个人利益；找借口推诿责任；诱骗他人失责以达到个人目的；隐瞒事实以包庇责任；造假作伪等。

除"集体行为的困境"理论外，反生产行为、组织报复行为等理论进一步阐释了消极角色外行为。反生产行为，是指员工做出的指向组织和同事的破坏行为。Sackett 等[11]认为，反生产行为包含了员工有意违背组织合法利益的任何行为。Hollinger 等[12]将反生产行为分为两种：一是财产背离，指对雇主财产的破坏行为，如盗窃、滥用职权、破坏财产等行为；二是生产背离，指背离正常生产秩序的行为，如缺勤、怠工等行为。Robinson等[13]将反生产行为分为"组织背离"和"人际背离"两个维度，"组织背离"又包括"生产背离"和"财产背离"；"人际背离"包括"政治行为"和"个人侵犯"。其中，"生产背离"是指在不违背组织规范的前提下达成最低的工作品质和数量；"财产背离"是指违背组织意愿而获取或破坏组织财产；"政治行为"是指传播同事的隐私或抱怨同事；"个人侵犯"是指对同事表现出攻击性或不礼貌行为。

组织报复行为是成员在感知到不公平后对组织采取的惩罚行为。Skarlichi 等[14]首次提出组织报复行为并认为，它会削弱组织功能的发挥。Sommers 等[15]将组织报复行为分为七类：报复幻想、不作为、暗中对抗、身份修正、社会性退缩、长期斗争和宽恕。

1.2 研究假设

西方角色外行为理论和其他管理理论一样，将其背后依托的社会政治经济基础及其文化视为当然而不纳入研究范畴，而事实上不同政经体制和文化传统下人们的行为特征相差悬殊[16]。

西欧起源于乡村作坊和专业户自愿联合形成的基尔特（行业公会）组织，在工商业界拥有强有力的合法权力。为了保护同业利益，基尔特杜绝行业内自由行动、自相竞争，并对从业者严密监视，强加干涉，不允许侵害消费者利益；力求货真价实，公平交易，不许偷工减料和过分得利。对违约欺诈采取严厉制裁。后来逐渐形成了比较完整详细的行业条规，并发展为周密的管理技术。这一商业组织形态，培养了人们的商业道德和社会责任意识[17]。

中国几千年的农业经济形态是以家庭为单位独立分散的个体户耕作方式，其主要特征是劳动管理粗放、非专业化分工、非精确计量、非精密配套、非规范化、非科学化、非组织化。这种形态形成的行为习惯是：工作随意性强；马虎敷衍；缺乏合作意识，具有利我的行为取向；按亲疏远近确定以感情为基础的利益连带、血缘或拟血缘的私人关系[17]。

以儒家文化为主体的中国传统文化的主要特征是政治整合、家庭本位、内在超越[18]。

在中国漫长的历史中，政治系统是其他社会系统的序参量[18,19]。在强势的政治文化中，构建了忠君报国的一整套纲常礼教体系，形成了官本位意识和人们对权力、权威的服从和忠诚等行为取向。

儒家学说对孝悌的主张是家庭本位的思想根源。在孝的伦理准则中，父亲对子女的责任感和期望、子女对父亲的忠诚和报偿两者是纵向的互动关系[18]。家庭本位是以血缘为基础，情感为纽带的人伦关系，这种人伦关系可泛化到其他社会组织之中，如师父、师兄、师弟等称谓正是家庭本位人伦关系泛化在其他社会组织的反映，在这里虽然没有血缘基础，但类似于血缘关系的情感更为浓烈。这种社会秩序构建方式形成了中国人人际交往方式的"自我中心主义"特色，具有明显的情感模式，人们在由"圈内人"所构成的集体中才会派生出许多无私奉献、帮助、任劳任怨等行为。

内在超越是传统文化赋予国人的另一种行为基因，是中国人的精神追求，也是人的内在价值自觉能力。"西方文化的最高精神是外倾的宗教精神，中国文化的最高精神是内倾的道德精神"[20]。内在超越就是无须外在规范的约束，人自觉主动地自我完善、自我克制、自我反省，以符合社会伦理道德和法律规范的要求[21]。这种"内圣"精神，是注重个人道德修养的私德，而非公民道德行为。传统文化已内化于中国人的价值观、态度体系及情感体验之中，对家庭、国家已固化了的行为方式也会投射到工作组织之中，成为组织行为的心理基础。

改革开放后，我国正处于社会转型期。转型期我国广大组织的组织员工行为受三种价值体系的影响：①传统文化特别是儒家文化的影响；②社会主义文化体系的影响；③西方文化体系中的部分价值观的影响。研究契合我国实际的组织员工角色外行为，必须将三种价值体系结合起来。

我国社会主义思想教育中诸如关心集体、爱护公物、服从组织安排、帮助同志、主人翁精神、奉献精神等，都是社会主义价值观的主要表现，这些教育正是组织公民行为的主要内容。但西方文化中的部分价值观对国人的影响越来越大，如自我实现、注重经济利益等，这些价值观和中国传统文化中的消极因素，如重人情轻法规、重关系轻公平、重面子轻实效等相互融合，对社会主义价值观已形成了巨大的冲击。在国人普遍缺乏社会公民意识的基础上，这些价值观的影响势必造成拜金主义、自我利益至上、假公济私、弄虚作假、文过饰非、内幕交易等损组织行为的泛滥。

从中国的现实特征来看，中国处于人力资源过剩状态，就业形势严峻，再就业更加困难，员工有追求工作稳定的迫切需要。在组织和员工的雇佣关系中，雇主占有绝对的主导权，雇主很容易采取不顾员工利益的态度[22]，导致组织与员工之间心理契约的破裂[23]，而员工为了保住饭碗而不得不忍气吞声，或对组织也采取犬儒主义的态度[24]，甚至用报复行为[14]、反生产行为[25]、沉默行为[26]等来回报组织。另外，在中国的组织中政治行为比较普遍，如权力斗争、帮派、小团体、相互猜忌等，这就使得员工处理问题时采取间接、隐讳、迂回甚至欺骗等自我保护的行为策略，从而增加员工在工作职场中的情绪耗竭、降低满意度和组织承诺，产生负面的角色外行为。

从以上分析可以看出，中国文化特征和现实特征所形成的组织员工角色外行为既有有利于组织的组织公民行为——益组织行为，又存在着危害组织利益和发展的损组织行为。

假设1 中国员工的角色外行为具有益组织行为与损组织行为双向维度。

权力距离感强、官本位意识浓厚是中国文化的显著特征之一。权力是个体通过提供或限制资源、实施奖惩来改变他人状态的能力。在工作场所上下级关系互动中，下级感知到上级对自己的控制力越高[27]，权力距离感越强，对惩罚和威胁的敏感度就会越高[27]。按照合理行动理论，个体通过评价行动的后果来决定自己的行为意向。中国人非常在意领导者对自己的评价，因为领导者的评价会直接影响自己的个人利益（如考核甚至职业前途等）。由此，中国员工在组织中一般不会违背上级的意愿，对上级采取服从的策略，尽管上级的决定、命令或做法不合理、不公平甚至侵害下级的权益，员工仍然委曲求全，曲意奉迎。有些甚至以"印象整饬"[28]的手段刻意用"听领导话""工作假积极"的状态展现自己，以赢得上级的好感。正是这种"无以违抗"的权力感造成中国人的另一个行为特征——"经权通变"[29]，在工作场所中用变通策略来降低自己的损失或维护被权力所侵害的利益。但这种行为并非出自自我意愿，是不得已而为之，如通过出工不出力来应付权力胁迫下的加班、学习或其他活动，用私下抱怨来平复工作中对领导有失公平的工作安排或指令所造成的愤懑情绪等。在中国组织中权威发挥着很大作用，虽然角色外行为以自主自愿为基本特征，但在实际工作中员工难以"自由意志"决定自己的角色外行为，许多角色外行为是不得已而为之，并非心甘情愿，因此在权威胁迫下的角色外行为可能会产生抱怨或应付差事的心理状态。

假设2 无奈的角色外行为是员工的行为特征之一。

中国社会又是一个人际关系差序格局的社会[30]，人们的社会连接以自我为中心按"拟似家人—熟人—认识之人—陌生人"的圈层，用人情交换、平等交换和社会交换的规则逐层推移，这就超越了西方角色外行为所依据的社会交换理论，人情关系就成为中国人工作行为所依据的变量之一，因此"人情交换法则是理解中国人工作场域的行为的关键之一"[31]。人们施以客体的行为，特别是自由裁量的角色外行为的程度和数量除了以自我利益考量的基础之外，还以主客体之间人情关系的亲疏远近为衡量准则：在组织中员工角色外行为指向对象与自己的关系越紧密，员工对其展现的益组织行为就越多；关系越疏远，员工对其展现的益组织行为就越少，如果员工与指向对象关系交恶，员工可能会对其展现损组织行为。

假设3 在组织中员工对他人施以的角色外行为会因人情关系而不同。

2　研究过程

2.1　研究方法

传统角色外行为以单维结构为模型，主要包括组织公民行为、关系绩效、周边绩效、亲社会行为等，研究员工积极的额外工作行为，这是在西方语境下建构的理论。笔者在中国现实中的田野观察和访谈过程中，发现由于受传统文化和现实社会转型过程的影响，无论是社会公民行为还是组织公民，其行为与西方角色外行为理论存在着较大的差距，员工角色外行为中的消极行为大量存在，角色内行为的程度或状态也存在着西方理论无法囊括的因素（如履行岗位职责精益求精和敷衍塞责就是两种完全不同的状态，且这种工作状态也具有角色外行为"自主自愿、自我裁量"的基本特征），因此，笔者试图建立中国特征的角色外行为理论。在建构新理论的初期，案例研究方法是最适宜的研究方法之一[32]，多案例研究更具有说服力[33]，因此，本文以多案例研究来构建新理论。

案例研究适合对复杂而又具体的问题进行全面而深入的探讨。案例研究法一般分为探索性、解释性和描述性三种研究方法。案例研究的对象可以是个体，也可以是群体或组织，关键是要围绕明确的命题来展开。多案例研究既可以用多个案例探讨一个问题，也可以多次重复检验某一命题。本研究采用探索性案例研究法，以员工个体为研究对象，以"工作状态自我报告"为材料，先用开放式结构问卷进行大样本数据收集，并对其进行描述性分类和统计，然后呈现四个典型个案，通过分析得出结论，验证文献解析中所提假设，提出角色外行为新的理论框架，弥补前人研究的不足。

2.2　研究设计

员工的角色外行为是员工的工作行为之一，由于角色外行为具有行为者自主自愿、自由裁量的特征，且角色内行为中除员工按岗位说明书或工作职责要求行事之外，还表现为员工履行职责的程度有差异，这也是员工自主决定的结果，因此角色外行为也是员工工作状态的一种表现。既为了使建构的新理论具有周全性，也为了廓清角色外行为与角色内行为的边界和关系，设计了工作状态自我分析开放式调查问卷作为研究的方式开展研究。先由本研究人员三人（心理学教授一人、人力资源管理教授一人、企业管理博士一人）讨论设计调查问卷框架和提纲后，邀请组织行为学专家一人和具有较长职场工作经验且对问题有较好理解的企业员工两人（一人工龄 17 年，经济学本科专业，女性，从事内部审计工作；一人工龄 12 年，计算机本科专业，男性，从事信息管理工作），对问卷框架和提纲提出意见和建议，经修改后一致认为该问卷可以调查员工的基本工作状态。然后在MBA《组织行为学》课堂教学中以课后作业的方式布置下去，要求学员以原生态描述的方式按提纲的提示尽可能具体详细地分析自己的工作状态，具体内容为：一是履行岗位职责状况，主要包括：①目前履行工作岗位职责的真实状况（如力求精益求精、严格执行上级决定及工作流程、得过且过蒙混过关、能推就推敷衍了事等）；②积极履行或消极履行岗位职责状态的变化过程及原因分析（如受领导行为、薪酬或分配、人际关系、个人工作前景等因素影响）。二是职责以外工作行为，主要包括：①帮助关心同事，如主动帮助同事不计回报；为打开工作局面有选择性地为同事提供技术支持；事不关己高高挂起。②维护组织利益或形象，如为集体或团队建言献策或不闻不问；看到破坏集体利益或损害集体形象的现象"见义勇为"或"熟视无睹"甚至参与其中。③参与组织的各种活动的情况及感受，积极参与还是消极应对，还是不参与。④参加各类培训学习活动（或自学）的情况及目的，如为组织利益而自愿参加提升个人素质；为保住工作岗位不得已而为之；为"跳槽"（或升职等个人目的）做准备。⑤加班心态，如视为单位合理需求能够积极主动；被动加班应付完成；不给加班费就不加班；埋怨现任领导是导致加班的理由。为了让被调查者准确把握问卷中的问题并真实回答，研究者对问卷提纲进行了详细讲解，并强调按实际情况原生态描述，为避免社会称许性效应对答卷造成的偏差，研究者公开承诺严格保密，并说明本次作业以回答的真实性而不是按行为的"好或坏"来评价，并请学员在问卷中标明性别、工龄、所在单位性质及职位，问卷完成后直接发送研究者电子邮箱。

2.3 数据收集

共收到作业答卷124份，研究者逐一精读批阅，以工作状态为主线挑选相关描述性语言，剔除无效答卷10份（主要是没有按作业问卷提纲作答、答卷不完整或无法辨别主题词）。

2.3.1 研究对象特征

调查对象为在职MBA学员，其基本特征如下：男性48人，女性66人；工龄5年以下的有28人，5~10年的有63人，11~20年的有23人；职级基层83人，中层27人，高层4人；所在单位性质，机关事业单位49人，国有企业49人，民营企业7人，中外合资企业2人，其他7人。

2.3.2 工作状态自我报告描述性分类及统计

根据学员工作状态自我感知的描述，将工作状态进行归类如下：①履行岗位职责行为，按等级划分为精益求精、按规定行事、得过且过、推脱敷衍四个级别。②职责外行为，主要包括帮助关心同事，按等级划分为积极主动帮助关心、有限帮助、事不关己高高挂起三个级别；维护集体利益，按等级划分为见义勇为、自觉自为、不闻不问三个级别；参与组织活动，按等级划分为积极主动参加、有限参加、不愿参加三个等级；自我培训，按等级划分为以岗位需求积极培训、以个人需求积极培训、消极应对三个等级；加班行为，按等级划分为自愿加班无怨无悔、被迫加班埋怨他人、拒绝加班三个等级。按以上归类及被试者工作状态描述中词条（有些答卷没有明确的对应词条，研究者在阅读中依据其表达的含义分析，给出与研究者归类整理出的对应词条）出现频率进行统计，如表1所示。

表1　工作状态自我报告统计表（被试114人）

类型	描述性词条	人次	频率/%	状态描述
履行岗位 职责行为	精益求精	32	28	职责内工作力求精益求精，尽量杜绝粗疏错漏
	按规定行事	52	46	严格执行上级决定及工作流程，按要求完成工作
	得过且过	22	19	在工作中时消极履行工作职责的状态
	推托敷衍	6	5	每天都在混日子，心里感到空空如也，存在蒙混过关、能推就推、敷衍了事的情况

类型		描述性词条	人次	频率/%	状态描述
职责外行为	帮助同事	主动帮助	69	61	积极关心帮助同事，不计回报
		有限帮助	36	32	如果是私交比较好的同事，会主动帮助对方不计回报；对其他同事则很少提供帮助，但能够按照领导的安排协助同事完成工作
		不愿帮助	6	5	不愿为同事提供任何帮助
	维护组织	见义勇为	49	43	发现损害组织利益和形象的现象会指出并纠正
		自觉自为	36	32	自己能够维护集体利益和形象
	参与活动	不闻不问	17	15	不关自己的事，不闻不问；对于损害集体的行为，避而不见，不想惹是生非
		积极参与	66	58	凡是单位的集体活动，都愿意积极主动参加
		有限参与	29	25	感兴趣积极主动参加，不感兴趣就消极应付
	自我培训	不愿参与	8	7	不愿参加集体活动
		岗位需求	74	65	积极培训以提升个人素质和个人业务能力，以适应岗位需求，并为升职做准备
		个人需求	18	16	积极培训以备不时（跳槽）之需，或丰富个人知识
	加班	消极应对	16	14	只是应付单位安排的培训活动
		自愿加班	64	56	只要工作需要自觉自愿加班
		无奈加班	31	27	加班很不情愿，会抱怨或埋怨他人（领导、同事）
		拒绝加班	10	9	自认为不该加班，就拒绝加班

2.3.3 工作状态自我报告举例

案例1 某男，工龄 11 年，部队机关基层管理人员。

在履行岗位职责上，能尽力严格执行上级决定及工作流程而不管是否合理，但也存在蒙混过关、能推就推敷衍了事的情况。作为一个下级是有自己的话语权，但最好还是少说多做，没有绝对把握的事不讲，也不要建议，不然你说了让你承担这项工作，干错工作，还得让你承担责任，反而对自己的成长进步不利，多一事不如少一事，因此我觉得最好不要挑战领导的权威。另外，还要看你和领导关系的亲疏，如果和领导关系比较近可以无话不说；如果关系很微妙的话，还是少说多做，勤快一点，机灵一点。目前，干工作确实很大程度上存在消极应付的现象，存在这种情况的原因，主要是受领导行为的影响，我现在的直接领导性格比较急，干什么事都急于求成，心浮气躁，干工作总是不能让人舒心地去干，老在一种压抑紧张的气氛中完成工作，所以我很厌倦现在的工作，有时感觉干了还不如不干的效果好，但是因为种种原因，又不得不继续努力干着，希望能碰到好的领导。

能积极关心帮助同事，不计回报，因为别人需要你，才能证明你存在的价值；自己也有需要他人帮助的时候，如果你积极热情地去帮助他们，当你的工作一个人完成有困难需要同事帮助时，他们也不会吝啬帮助你。

军人更注重荣誉，尤其是集体荣誉，如果看到破坏集体利益或损害集体形象的现象，我认为大多数人会出来阻止，当然也包括我。

集体组织的各种活动，有些是任务，必须参加，不能随个人的好恶，说不喜欢、不想参加就不参加，否则就是没有大局意识，不讲政治，没有组织、集体观念。说实在的有些活动我感觉真是没有太大意义，就是填场子，浪费时间。

对于培训学习或自学，我认为还是很有必要的：一是可以提升个人素质，为自己更好工作奠定基础，随着社会不断的发展和进步，知识更新换代很快，仅靠大学里学的东西远远不够，继续教育学习很重要，不管是适应工作岗位，还是适应社会都很重要；二是为升职做好准备、打下基础，现在提职都很注重学历和工作经历，参加培训也可以为自己赚足资本。

对于加班，如果是自己的工作没有按时完成，加班是必需的，因为担子在我身上压着，不用领导说，我都会积极加班；但是，如果因为别人的工作没有按时完成，或者是别人的工作让我分担一起加班，自己感觉是很不舒服的，也会发牢骚，但活还得认真干。

案例2 某女，工龄10年，集团公司中层管理人员。

在刚工作时，我认为"工作就是生活的全部"。在班上是工作，回家想的还是工作，甚至跟爱人聊天的话题也离不开工作，最后"整"得我爱人只好天天对着电脑打游戏，因为那比跟我聊天轻松、有意思。为了一个工作上的细节，我能半夜不睡，只是为了让自己满意、让工作完美。但是"理想很丰满，现实很骨感"，我和几个工作认真、能力也较强的同事却并没有受到领导的器重，在同事中还受到排挤，几个专业能力强的同事先后调出了集团公司。自此我觉得工作差不多就行了，没必要把自己"作践"得那么惨，因为谁也不可能做到真正的十全十美。现在的我越来越不在乎同事和领导对我的看法，因为我的想法已经和大多数人一样了，"当一天和尚撞一天钟"，得过且过吧。

在大多数同事眼中我是一个友善的人，经常在工作之余热情主动地帮助同事，认为同事之间相互支持，才能更好地开展工作。但自己的热心却经常被同事嘲讽。集团的领导并不重视企业文化建设，维护集体利益的人少，而重私人利益的人多，领导有家长作风，对下级的建言献策基本不予采纳，久而久之，我也成了对这个单位很多事根本不闻不问的人。

在工作之余，我会参加一些和工作有关的培训学习活动，为晋升职称做准备。经常参加一些考试，认为多方面学习，才能让浮躁的心更充实，希望自己成为博学多才的人，给自己的孩子做个好榜样。

以前加班时不计较时间与报酬，现在不愿意加班，认为是浪费自己的时间。

案例3 某女，工龄8年，国企基层管理人员。

自己岗位职责之内的工作努力做到最好，严格执行上级决定及工作流程，即使是不合理的，哪怕有不满也不会轻易表达出来，因为领导喜欢顺从、会阿谀奉承的员工，一般不看好直爽、有意见的员工。现在在单位本着中庸之道，不做趋炎附势的事情，也不当刺儿头，做好自己的本职工作。

对于正直的、对人友好的同事，或是与自己关系好的同事，会热情主动帮助，不计回报；对一般的同事会为打开工作局面有选择性地提供支持；对自己不喜欢的同事会以事不关己高高挂起的态度，不予理睬；遇朋友、亲戚、熟人时会给予适当的照顾。

如果自己所想可以被领导采纳的话，很愿意为集体或团队建言献策，但对有些力不能及的事情，只能不闻不问；看到破坏集体利益或损害集体形象的现象会尽力维护本集体的利益。

积极参与集体组织的各种活动，主要是与同事增加沟通交流，和睦相处，是改善人际关系的好机会；借此时机给领导展示个人才能，以利于以后的发展。

积极参加各类培训学习活动（或自学），主要是为了提升个人素质，追求更大进步，希望在日益激烈的竞争中保持自身竞争优势；同时，在有机会的情况下，为升职做准备，做一个有价值的人。

在自己责任范围内的工作，单位合理的加班需求能够积极主动；对于职责之外，领导为了搞面子工程所安排的加班，会边发牢骚边认真干活，但只要是自己做的工作，不管加班是否合理，都会认真对待。

案例4 某男，工龄4年，行政事业一般工作人员。

很难界定一个准确的工作状态，基本上可以描述为，努力完成领导交办的各项任务（请注意只是努力而不是认真），如果认为领导的决定并不合理或不符合工作流程，会向领导提出疑问（不是质疑，例如"我们是不是应该……"的句式、口气），如果领导坚持，那就继续执行。手头没有具体工作时或工作不紧张时，会有假装正在工作的状态，脑子却想着别的事情；工作完成时间限制较宽时会有意拖拉。对于一些自己确实不擅长的文字性工作，能推就推，推不掉了就敷衍了事，完成任务就行。明知道这样不好，不利于自己事业的发展，却安慰自己能力有限。得过且过，却没有注重过对自己文字能力的培养、训练。比如今年由我完成的上半年处室总结（第一次需要完成这样的材料），上网找资料没有发现可借鉴的材料，于是找到去年的总结，大体结构上不变仅修改内容。完成后发现与前几年的总结极为相似，本想继续修改，又觉得无从下手，最后还是抱着侥幸心理交了差。

职责以外工作基本属于事不关己高高挂起，不主动帮助同事完成工作任务，偶尔为打开工作局面有选择性地为同事提供技术支持，对有条件帮助自己实现目标的同事尽心尽力。

参加各种培训学习活动的目的，基本上是本着艺多不压身的思想，提升个人素质，也为了自己以后发展得更好，为组织利益的成分基本没有。

不愿加班，但是只能加班（没加班费），有时是时间要求紧，有时是自己的活干不完，被动加班应付完成，总是想赶紧做完赶紧交差回家。

2.3.4 分析及发现

（1）从多案例呈现的自我报告来看，工作状态总体上在个体之间表现出较大差异。有的案例报告者在各个方面都表现出积极的一面，有的都表现出消极的一面，更多的则表现出积极和消极同时存在。其中在履行岗位职责维度上，表现出精益求精工作状态的人次占28%；表现出按规定行事（本文将此状态设定为规范的角色内行为）工作状态的人次占52%；表现出得过且过、推脱敷衍工作状态的人次占24%。工作状态还具有动态的特征，如案例2就表现出由刚工作时"工作就是生活的全部"转变为现在的"当一天和尚撞一天钟"、"得过且过"的状态；工作状态还具有伪装特征，如案例4表现出的"手头没有具体工作时或工作不紧急时会假装正在工作，打开电脑工作文件屏幕，脑子却想着其他与工作无关的事情"。因此，在履行岗位职责工作中，除按规定行事这一角色内规范行为之外，员工还具有角色内增强行为（精益求精地履行岗位职责）和角色内减弱行为（得过且过、推脱敷衍地履行岗位职责）的状态。由此，假设1得到验证。

（2）在岗位职责外行为中，传统角色外行为的主要形式包括帮助行为、维护组织利益、参与组织活动、自我培训、加班行为等。自主自愿是额外行为的主要特征，但中国员工在岗位职责外行为中却表现出复杂性。员工大部分行为能够主动展现额外的有利于组织的行为：主动帮助的人次占61%，积极维护组织利益和形象（见到损害组织利益和形象的现象而见义勇为）的人次占43%，积极主动参与集体活动的人次占58%，为组织发展而提升个人素质进行自我培训的人次占65%，自愿加班的人次占56%；员工少部分行为主动展现出额外的不利于组织的行为：不愿为同事提供任何帮助的人次占5%，对损害组织利益或形象的现象避而不见或不闻不问（不管不顾）的人次占15%，不愿参加组织的任何集体活动的人次占7%，消极应对组织安排的素质提升培训的人次占14%，不愿加班的人次占9%。由此在职责外行为中，既存在有利于组织的行为，也存在不利于组织的行为，假设1得到进一步验证。

此外，中国员工在额外行为中，还表现出"被自主自愿"的特征，即员工本身不愿产生某种行为，但由于"形势"所迫，又不得不表现出这种行为。如帮助行为中"在领导的安排或指示下帮助同事完成工作"（人次占5%）；"加班很不情愿，会埋怨领导或同事是导致加班的原因"（人次占27%）；案例1在报告中陈述"集体组织的各种活动，有些是任务，必须参加，不能随个人的好恶，说不喜欢、不想参加就不参加，否则就是没有大局意识，不讲政治，没有组织、集体观念，说实在的有些活动我感觉真是没有太多意义，就是填场子，浪费时间"。案例4对加班也陈述了同样的情况，"不愿加班，但是只能加班（没加班费），被动加班应付完成，总是想赶紧做完赶紧交差回家"。由此，无奈的角色外行为是员工行为特征之一，即假设2得以验证。

（3）人际关系在中国员工角色外行为中起着重要的调节作用。"如果是私人关系比较好的同事，会主动帮助对方，不计回报，其他同事则很少提供帮助"的人次占26%；案例1还陈述了进谏行为的人际关系状态："作为一个下级是有自己的话语权，但最好还是少说多做，……另外，还要看你和领导关系的亲疏……还是少说多做，勤快一点，机灵一点"。案例3陈述了积极参加集体活动的主要动机就是改善人际关系："积极参与集体组织的各种活动，主要是与同事增加沟通交流，和睦相处，是改善人际关系的好机会"。由此，假设3得以验证。

2.3.5 结论

来自 114 名被试工作状态自我分析的经验报告，验证了角色外行为双向维度是客观存在的。

（1）员工在履行角色内行为的过程中会表现出角色外行为的特征，精益求精是在"按规定行事"的基础上自觉自愿表现出的角色内增强行为；得过且过、推脱敷衍则是在"按规定行事"中自觉自愿表现出的角色内减弱行为。即角色外行为是角色内行为的伴随状态。这一发现可以廓清角色内行为和角色外行为的关系。

（2）员工的角色外行为无论是角色内伴随行为还是额外行为，既具有有利于组织的行为（益组织行为），又具有有害于组织的行为（损组织行为），或者同一员工在某一工作期间既展现益组织行为，又会表现出某些损组织行为。这一命题的验证，突破了传统的角色外行为是有利于组织的职责外行为的理论框架和单一维度结构，为角色外行为研究开辟了新的视角。

3 理论建构

依据研究综述关于角色外行为的阐述以及中西方文化和现实特征差异的分析，以上多案例研究实证，可将中国员工角色外行为分为如下两种表现形式：

（1）角色内行为的伴随状态。如果将职责要求和岗位说明书所规定的行为设定为角色内规范行为，那么，履行角色内行为的程度就会有差异。员工对工作投入程度大于职责所要求的标准，如对工作精益求精、工作创新、工作主动、工作高标准严要求等，这些特征属于履行角色的增强行为；员工对工作投入小于职责所要求的标准，如偷工减料、敷衍塞责、弄虚作假、散漫懒惰、粗心大意等，这些特征属于履行角色的减弱行为。

（2）角色外行为的表现形式就是额外行为，员工除履行角色内规范行为之外，还展现其他行为。员工展现的其他行为可能是有利于组织的，如帮助同事、公民美德、拓展自身的业务素质、提供人际便利、热爱组织、提合理化建议等；也可能是不利于组织的，如人际摩擦、事不关己高高挂起、传播谣言、暗箱操作等。

以上两种角色外行为的表现形式中，履行角色的增强行为和有利于组织的额外行为，可促进组织绩效和组织发展，属益组织行为范畴；履行角色的减弱行为和不利于组织的额外行为，会降低组织绩效和迟滞组织发展，属损组织行为范畴。

由于中国社会在制度、文化、教育等各方面与西方情景有着显著的差异，员工在角色外行为中表现出特有的复杂性。具体在益组织行为和损组织行为维度上，会产生"无奈之举"，可称之为无奈的角色外行为。如中国组织中普遍倡导"集体主义精神"，不赞成甚至打压特立独行的个性表现或"个人英雄主义"，这就造成许多员工产生"随波逐流"式的从众行为，参加集体活动被标示为"热爱集体"的表现，但活动的内容并非一些员工所喜爱的，参加这样的活动并非出自自己的真实动机，只是不愿被贴上缺乏集体主义精神的标签；有些行为还出于"人情"、"面子"——这一中国特有的人际关系特征展现的"被自愿"和"伪效益"行为，明明知道领导或同事的做法是错误的，但出于情面的考虑不但不予指正还大加赞扬。损组织行为也会表现出无奈的特征，如个人利益被损害时投诉无门、热爱且忠诚于组织但与领导关系没处好而长期受到不公正待遇等都可能诱发针对组织或个人的报复行为、攻击行为、破坏行为等。

综上所述，角色外行为可分为益组织行为和损组织行为两个基本维度，益组织行为又可分为角色内增强行为和额外的益组织行为，损组织行为分为角色内减弱行为和额外的损组织行为。如此角色外行为又可分为四个维度。其中角色内增强行为和角色内减弱行为是角色内行为和角色外行为的交叉部分，是伴随着角色内行为而产生的。在角色外行为中，还可能会产生无奈的角色外行为，即表现上是角色外行为，但其意愿并非"自愿"而是"被迫"和"无奈"的，具有较强的情境特征。无奈的角色外行为在角色外行为的四个维度中都可以存在。这样，角色外行为还可以进一步划分为八个维度，即自愿的角色内增强行为、无奈的角色内增强行为、自愿的额外益组织行为、无奈的额外益组织行为、自愿的角色内减弱行为、无奈的角色内减弱行为、自愿的额外损组织行为、无奈的额外损组织行为。这表明中国特征的角色外行为比西方角色外行为具有较高的复杂性和延展性，如图1所示。

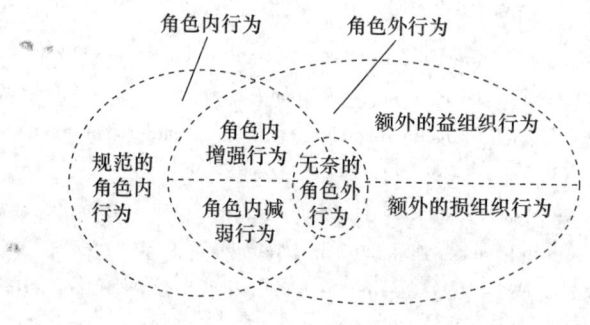

图1 角色内、角色外行为示意图

4 结语

角色外行为是员工工作状态之主要表征。以往国内外的研究将角色外行为限定在有利于组织发展的职责以外自主表现，且不被组织报酬系统所奖赏的行为。后来随着研究的深入，将这一概念发展为对组织起维持和增强作用的行为，某些角色内行为也被纳入其中，也不是不被组织正式报酬系统所奖赏。一些学者从另一个相反的视角发现员工在工作场所还表现出诸如违规行为、反生产力行为、组织报复行为等损害组织利益、降低组织绩效的行为，虽然没有明确提出它们是角色外行为，但从角色外行为的特性来衡量，这些行为也具有自主和自我裁量的特征，因此也可以纳入角色外行为的范畴，只是要打破以前角色外行为构念的藩篱，重新对其进行建构。从角色外行为构念形成的背景来看，角色外行为是西方语境的产物，是从社会公民的概念发展而来，其社会文化基础为社会公民道德和基督教伦理规范，经济组织方式是长期的超家庭组织，这种背景与中国儒家文化背景以及长期的家庭经济组织方式对人们行为的训练不完全相同，员工在组织中的工作行为也会有较大差异。因此，构建一个全面的、符合中国特征的角色外行为理论模型是十分必要的。本研究对此进行了尝试，以益组织行为与损组织行为双向维度为架构，构建了角色外行为新的理论模型，并对其进行了经验验证，在以下方面贡献于组织行为理论：①可以用角色外行为理论开展员工工作状态的研究；②从理论上廓清了角色外行为与角色内行为的关系，角色内行为的自主自裁的工作状态是角色外行为特征的表现；③在中国背景下拓展了角色外行为的视野，将损组织行为纳入角色外行为的范畴。

参考文献

[1] 柯武刚，史漫飞. 制度经济学——社会秩序与公共政策[M]. 北京：商务印书馆，2000.

[2] 张永军，廖建桥，赵君. 国外组织公民行为与反生产行为关系研究述评[J]. 外国经济与管理，2010（5）：31－39.

[3] Banard C. I. The Functions of the Executive [M]. Cambridge：Harvard University Press，1938.

[4] Katz D.，Kahn R. L. The Social Psychology of Organization [M]. New York：Wiley，1978.

[5] Organ D. W. Organizational Citizenship Behavior：The Good Soldier Syndrome [M]. Lexington：Lexington Books，1988.

[6] Williams L. G. J.，Anderson S. E. Job Satisfaction and Organization Commitment as Predictors of Organizational Citizenship and In－role Behaviors [J]. Journal of Management，1991，17（3）：601－617.

[7] Coleman V. L.，Borman W. C. Investigating the underlying Structure of the Citizenship Performance Domain [J]. Human Resource Management Review，2000，10（1）：25－44.

[8] Borman W. C.，Motowidlo S. J. Task Performance and Contextual Performance：The Meaning for Personnel Selection Research [J]. Human Performance，1997，10（2）：99－109.

[9] Campbell J. P. Modeling the Performance Prediction Problem in Industrial and Organizational Psychology [C] // Dunnette M. D.，Hough L. M. Handbook of Industrial and Organizational Psychology（2nd ed）. Palo，Alto：Consulting Psychologists Press，1990：687－732.

[10] 奥尔森 M. 集体行动的逻辑[M]. 陈郁，郭宇峰，李崇新译. 上海：上海人民出版社，2003.

[11] Sackett P. R.，Devore C. J. Counter Productive at Work [C] //Andersen N.，Ones D.，Sinangil C. International Handbook of Work Psychology. Thousand Oak：Sage，2001：145－164.

[12] Hollinger R. C.，Clark J. P. Deterrence in the Workplace：Perceived Certainty，Perceived Severity，and Employee Theft [J]. Social Forces，1983，62（3）：398－418.

[13] Robinson S. L.，Bennett R. J. A Typology of Deviant Workplace Behaviors：A Multidimensional Scal-

ing Study［J］. Academy of Management Journal, 1995, 38（2）：555 – 572.

［14］Skarlichi D. P., Folger R. Retaliation of Workplace：The Roles of Distributive, Procedural, and Interactional Justice［J］. Journal Applied Psychology, 1997, 82（3）：434 – 443.

［15］Sommers J. A., Schell T. L., Vodanovich S. J. Developing a Measure of Individual Differences in Organizational Revenge［J］. Journal of Business and psychology, 2002, 17（2）：207 – 222.

［16］王利平．"中魂西制"——中国式管理的核心问题［J］.管理学报, 2012, 9（4）：473 – 480.

［17］温德诚．精细化管理［M］.北京：新华出版社, 2005.

［18］季国清．中国传统文化的向度及其运作方式［J］.求是学刊, 2002, 29（5）：45 – 52.

［19］费正清．中国：传统与变革［M］.南京：江苏人民出版社, 1992.

［20］余英时．新儒学论著辑要［M］.北京：中国广播电视出版社, 1992.

［21］杜维明．创造性转换的自我［M］.南京：江苏人民出版社, 1995.

［22］高婧, 杨乃定, 祝志明．组织政治知觉与员工犬儒主义：心理契约违背的中介作用［J］.管理学报, 2008, 5（1）：128 – 137.

［23］Tsui A. S., John L. P., Angela M. T. Alternative Approaches to the Employee Organization Relationship：Does Investment in Employees Pay Off［J］. Academy of Management Journal, 1997, 40（5）：1089 – 1121.

［24］Jonathan L. J., Anne M. O. The Effects of Psychological Contract Breach and Organizational Cynicism：Not All Social Exchange Violations Are Created Equal［J］. Journal of Organizational Behavior, 2003, 24（5）：627 – 647.

［25］Penney L. M., Spector P. E. Narcissism and Counterproductive Behavior：Do Bigger Egos Mean Bigger Problems［J］. International Journal of Selection and Assessment, 2002, 10（1）：126 – 134.

［26］Ashforth B. E., Humphrey R. H. Labeling Processes in the Organization：Constructing the Individual［C］// Cummings L. L., Staw B. W. Research in Organizational Behavior. Greenwich, CT：JAI Press, 1995：413 – 461.

［27］魏昕, 张志学．组织中为什么缺乏抑制性进言［J］.管理世界, 2010（10）：99 – 109.

［28］Rioux S. M., Penner L. A. The Causes of Organizational Citizenship Behavior：A Motivational Analysis［J］. Journal of Applied Psychology, 2001, 86（6）：1306 – 1314.

［29］曾仕强．中国式管理［M］.北京：中国社会科学出版社, 2003.

［30］费孝通．乡土中国［M］.北京：北京出版社, 2005.

［31］罗家德．关系与圈子——中国人工作场域中的圈子现象［J］.管理学报, 2012, 9（2）：165 – 171.

［32］颜士梅, 王重鸣．并购式内创业中人力资源整合风险的控制策略：案例研究［J］.管理世界, 2006（6）：119 – 129.

［33］Herriott R., Firestone W. Multisite Qualitative Policy Research：Optimizing Description and Generalizability［J］. Educational Researcher, 1983, 12（2）：14 – 19.

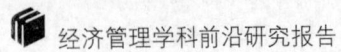

Constructive Organizational Behaviors and Destructive Organizational Behaviors: The Chinese Characteristics of Out – role Behavior Model and Its Empirical Study

Yong Shaohong, Zhu Liya

(Ningxia University, Yinchuan, Ningxia Yinchuan 750021 China)

Abstract: After analyzing 114 MBA students' descriptive statistics of self – reports on their working state and four typical statement cases, the study found that: ①staff can show the characteristics of out – role behaviors in the performance of the in – role behaviors, namely overloaded behaviors of in – role and inadequate behaviors of in – role; ②out – role behaviors are either conducive behaviors, organizational behavior or "helpless out – role behavior"; ③the out – role behaviors made by stuff are different due to human relationship. Therefore, this paper constructs a theoretical framework of out – role behaviors in the two dimensions of constructive organizational behaviors and destructive organizational behaviors in the Chinese context. It examines the relationship between out – role and in – role behaviors, and provides a new revelation for further study on Chinese characteristics of out – role behaviors.

Key Words: out – role behaviors; constructive organizational behaviors; destructive organizational behaviors; Chinese characteristics

再制造闭环供应链最优差别定价模型[*]

颜荣芳[1]，程永宏[2]，王彩霞[1]

（1. 西北师范大学数学与统计学院，兰州　730070；

2. 重庆大学经济与工商管理学院，重庆　400044）

【摘　要】 本文建立了再制造闭环供应链差别定价模型，在集中式决策和分散式决策条件下分别讨论了再制造闭环供应链的最优差别定价问题，得到了集中式决策和分散式决策的最优定价组合及其最大利润，并通过数值算例说明了废旧品回收价或补贴价的变化会对最优零售价、最优批发价产生的影响，最后就如何提高供应链的运行效率提出了建议和对策。

【关键词】 闭环供应链；再制造；替代效应；博弈论；差别定价策略；利润

1　引言

随着社会的进步和科学技术的发展，人们的消费观念正在悄悄地发生着变化，个性化消费倾向越来越普遍。个性化消费倾向对产品的差异性提出了越来越高的要求，也使产品的寿命周期越来越短。随之而来的是诸如家用电器、通信设备和个人电脑等电器电子产品的大量废弃。据有关部门统计，2009 年仅电视机、电冰箱、洗衣机、空调和电脑五大类家电报废总量就达 9000 万台，当时预计到 2010 年底这一总量将达到 1.3 亿台。面对如此庞大的废旧品，如果不能及时有效地加以处理，就会不可避免地造成环境的严重污染和资源的极大浪费。因此废品的回收和再利用近年来受到人们越来越多的关注。显然做好废旧品的回收和有效利用对于实现产业链上下游协调发展，促进资源综合利用，发展循环经济，建设资源节约型、环境友好型社会，都具有重要的现实意义。

---

*　收稿日期：2010 – 11 – 19；修订日期：2012 – 06 – 20。

基金项目：国家自然科学基金资助项目（71061012）；物流系统可靠性的理论与应用研究——以兰州物流中心为应用背景；甘肃省科技支撑计划项目（1104GKCA030）；甘肃物流园区的绩效评价及空间布局优化研究。

作者简介：颜荣芳（1964—），男（汉族），甘肃武山人，西北师范大学数学与统计学院，教授，博士，研究方向：应用概率统计、可靠性理论及金融数学。

如果把传统的生产—消费模式简单地表示为"资源—生产—消费废弃"一个开环的话，那么增加了废品回收再利用环节的生产—消费模式自然就成了"资源—生产—消费—回收—再生资源—再生产"一个闭环。这就是所谓的闭环供应链（Closed-loop Supply Chains, CLSC）。由于闭环供应链在提高资源循环利用率、降低废弃物排放以及减少环境污染中所发挥的重要作用，关于闭环供应链的研究受到管理界和学术界的普遍重视，已取得了一系列深刻的研究成果。有关闭环供应链的详细研究读者可参阅 Savaskan 等[1]，Kumar 和 Malegeant 等[2]，Fevrer 等[3]，Jr 等[4]以及 Shi 等[5]。如今，闭环供应链已成为促进循环经济和低碳经济发展、实现绿色 GDP 的有效载体，也成为社会经济可持续发展的重要实现方式。

闭环供应链的运行包括废旧品回收、利用废旧品再制造以及再造品销售三个基本环节。由于利用废旧品进行再制造完全属于技术的范畴，因此在闭环供应链的研究中通常主要考虑废旧品的回收和再造品（利用废旧品再制造的产品）的销售两个方面。显然，决定废旧品回收的要素除了公众的法律及环保意识就是废旧品的回收价格，决定再造品销售的关键除了再造品的质量还有再造品的价格。因此最优价格问题就成了闭环供应链研究的核心问题之一，也是最近十多年以来闭环供应链研究的热点问题。Klaussner 等[6]讨论了制造企业的最优回收成本与逆向物流的最优单位成本问题。Guide Jr 等[7]运用产品收购管理理念建立了成本收益静态优化模型，得到了最优回收价格和最优销售价格。顾巧论等[8]甚至单一制造商和单一零售商构成的逆向供应链，运用博弈论对废旧产品回收的定价策略进行了研究。王发鸿和达庆利[9]对 Savaskan 等的模型进行了充分的改进，并研究了制造商对回收渠道的选择决策问题。Vorasayan 和 Ryan[10]研究了再造品的最优定价与回收数量之间的关系，并讨论了回收质量及成本的变化对最优定价策略的影响。王玉燕等[11]基于第三方回收模式建立了闭环供应链定价模型，并运用博弈论得到了系统最优定价策略。晏妮娜和黄小原[12]在价格敏感的随机需求与回收努力敏感的随机回收条件下，基于第三方逆向物流服务建立了供应商物料回收的多级闭环供应链模型。Liang 等[13]研究了制造商在利用回收废旧产品进行再制造过程中的最优定价决策。张建军等[14]分析了两阶段闭环供应链制造商和零售商在批发价、零售价以及各自的回收价决策问题的主从博弈过程，严格证明了 Stackelberg 均衡解在分散决策与集中决策两种模式下的存在性与唯一性，并给出了均衡解的具体形式。

闭环供应链一般提供两种类型的产品：一类是全部利用新材料制造的产品（简称新产品）；另一类是全部利用废旧品或部分利用废旧品再制造的产品（简称再造品）。由于众所周知的原因，新产品和再造品之间不可避免地存在质量差异（也许这种差异并不是那么显而易见）。因此如果我们按质论价的话，那就应该对新产品和再造品采取差别定价。在以往关于闭环供应链最优定价的大多数研究中，出于问题简便的考虑，大多对新产品和再造品采取了无差别定价的策略，即新产品和再造品的销售价格完全相同。应该说这是有悖于市场经济规律的，也不能不说这是关于闭环供应链最优定价研究的一大遗憾。可以预见的是，在新产品和再造品差别定价策略下，闭环供应链最优定价问题必将成为未来研究的主流。令人欣慰的是，关于再制造闭环供应链差别定价策略和协调机制的研究已经引起了国内一些学者的关注，业已取得了初步的研究成果[14~17]。需要说明的是，在这一问题的研究中，大多是把废旧品回收成本作为外生变量分析新产品和再造品成本变化对最优价格的影响，进而确定最优定价。其实作为一个再制造闭环供应链，废旧品回收成本的变化无论对再造品的制造还是对产品价格的制定都会产生显著的影响，因此从本质上讲，废旧品的回收成本在再制造闭环供应链定价策略和协调机制的研究中是一个重要的内生变量。本文试图把废旧品回收价作为内生变量研究回收补贴价格对新产品和再制造品差别定价策略的影响。对于由一个制造商、一个零售商以及消费者构成的闭环供应链，在集中式决策条件下和分散式决策条件下，分别讨论有差别的最优批发价和最优零售价。

2 差别定价闭环供应链模型

现在我们开始考虑由一个制造商、一个零售商和消费者构成的再制造闭环供应链。制造商将生产的产品（新产品和再造品）批发给零售商，零售商再销售给消费者。当这些产品寿命终结成为废旧品的时候，零售商以一定的回收价从消费者手中回收，制造商再以回收补贴价从零售商手中全部回收，最后制造商利用回收的废旧品再制造产品（再造品），重新进入供应链流通。显然一个再制造闭环供应链包括正向交付和逆向回收两个过程，确保供应链两个过程的有效运行是闭环供应链的一个研究重要课题。

记新产品的单位生产成本和批发价分别为 c_m 和 w_1，再造品的单位生产成本和批发价分别为 c_r 和 w_2，零售商向消费者的废旧回收价为 b，制造商向零售商的回收补贴价为 B。出于研究问题的需要，我们进一步假设：

（1）再造品的生产成本低于新产品的生产成本，即 $c_r < c_m$。

（2）新产品的批发价和零售价高于再造品的相应价格，即 $w_1 > w_2$，$p_1 > p_2$。

（3）在逆向回收和再制造过程中制造商和零售商都有利可图，因此 $b + c_t < B < c_m - c_r$，这里 c_t 为零售商在废旧品回收中除回收价 b 以外的平均单位回收成本。

（4）消费者的废品供给函数为 $q = s + kb$，这里 s 为消费者自愿无偿提交的废旧品数量，k（>0）为消费者的回收价格敏感系数。

（5）制造商对废品的再制造率为 θ（$0 < \theta \leq 1$）。

（6）对消费者而言，新产品和再造品互为完全替代品，新产品对再造品的价格具有需求弹性，再造品对新产品的价格也具有需求弹性。

基于以上假设，闭环供应链新产品的市场需求量 D_1 和再造品的市场需求量 D_2 可以表示为：

$$D_1 = a - \alpha_1 p_1 + \beta p_2 \tag{1}$$
$$D_2 = \theta q - \alpha_2 p_2 + \beta p_1 \tag{2}$$

这里 a 和 θq 分别为新产品和再造品的市场容量，α_1（>0）是新产品需求的价格弹性，α_2（>0）是再造品需求的价格弹性，β（$0 < \beta < \min\{\alpha_1, \alpha_2\}$）是交叉价格敏感系

数，反映新产品与再造品相互之间的替代效应，$\beta < \min \{\alpha_1, \alpha_2\}$ 表示新产品和再造品的零售价对其自身需求的影响大于交叉需求的影响。

记 $E = \dfrac{\alpha_2 a}{\alpha_1 \alpha_2 - \beta^2}$，$F = \dfrac{\beta}{\alpha_1 \alpha_2 - \beta^2}$，$M = \dfrac{\beta \alpha}{\alpha_1 \alpha_2 - \beta^2}$，$N = \dfrac{\alpha_1}{\alpha_1 \alpha_2 - \beta^2}$，在本文的研究中，我们始终假定式（1）、式（2）满足价格约束：

(i) $c_m \leq w_1 \leq p_1 \leq E + F\theta q$

(ii) $c_r \leq w_2 \leq p_2 \leq M + N\theta q$

记闭环供应链中制造商的利润和零售商的利润分别为 Π_m 和 Π_r，容易得到：

$$\Pi_m = (w_1 - c_m) D_1 + (w_2 - c_r - B) D_2 \tag{3}$$

$$\Pi_r = (p_1 - w_1) D_1 + (p_2 - w_2 + B - b - c_t) D_2 \tag{4}$$

如果把制造商和零售商视为同一供应链系统的两个成员，那么由式（3）、式（4）立即得到闭环供应链系统的总利润：

$$\Pi_c = (p_1 - c_m) D_1 + (p_2 - c_r - b - c_t) D_2 \tag{5}$$

3 集中式决策差别定价策略

所谓集中式决策，是指在供应链的正向交付和逆向回收过程中，由制造商和零售商共同协商联合决定批发价、零售价及废旧品回收价的定价决策模式。集中式决策强调企业间的协调合作、信息共享以及利润共赢，其目的是扩大市场需求，提高服务质量，最终实现闭环供应链总利润的最大化。集中式决策有利于形成制造商和零售商的战略联盟，有人甚至把它看成一个理想状态的"超组织"。集中式决策条件下闭环供应链决策问题可以归为如下的最优化问题：

$$\max \Pi_c = (p_1 - c_m)(a - \alpha_1 p_1 + \beta p_2) + (p_2 - c_r - b - c_t)(\theta_s + \theta k b - \alpha_2 p_2 + \beta p_1) \tag{6}$$

为了讨论集中式决策条件下闭环供应链的最优差别定价策略，我们首先讨论 Π_c 的联合凹性，这就是下面的命题1。

命题1 Π_c 关于 p_1 和 p_2 是严格联合凹的，而关于 p_1、p_2 和 b 不是联合凹的。

证明：由式（6），容易得到 Π_c 的 Hessian 矩阵：

$$H = \begin{Bmatrix} \dfrac{\partial^2 \Pi_c}{\partial p_1^2} & \dfrac{\partial^2 \Pi_c}{\partial p_1 \partial p_2} & \dfrac{\partial^2 \Pi_c}{\partial p_1 \partial b} \\[2mm] \dfrac{\partial^2 \Pi_c}{\partial p_2 \partial p_1} & \dfrac{\partial^2 \Pi_c}{\partial p_2^2} & \dfrac{\partial^2 \Pi_c}{\partial p_2 \partial b} \\[2mm] \dfrac{\partial^2 \Pi_c}{\partial b \partial p_1} & \dfrac{\partial^2 \Pi_c}{\partial b \partial p_2} & \dfrac{\partial^2 \Pi_c}{\partial b^2} \end{Bmatrix} = \begin{Bmatrix} -2\alpha_1 & 2\beta & -\beta \\ 2\beta & -2\alpha_2 & \theta k + \alpha_2 \\ -\beta & \theta k + \alpha_2 & -2\theta k \end{Bmatrix}$$

由：$\dfrac{\partial^2 \Pi_c}{\partial p_1^2} = -2\alpha_1 < 0$

$$\begin{vmatrix} -2\alpha_1 & 2\beta \\ 2\beta & -2\alpha_2 \end{vmatrix} = 4(\alpha_1\alpha_2 - \beta_2) > 0$$

立即得到 Π_c 关于 p_1 和 p_2 的严格联合凹性。

另一方面，由于：

$$\dfrac{\partial^2 \Pi_c}{\partial p_2^2} = -2\alpha_2 < 0$$

$$\begin{vmatrix} -2\alpha_2 & \theta k + \alpha_2 \\ \theta k + \alpha_2 & -2\theta k \end{vmatrix} = -(\theta k - \alpha_2)^2 < 0$$

因此 Π_c 关于 p_2 和 b 是严格联合凹性，因此 Π_c 关于 p_1、p_2 和 b 不是联合凹的。

基于命题 1，下面的命题 2 给出了集中式决策条件下闭环供应链的最优差别定价策略以及闭环供应链的最大利润。

命题 2 在集中式决策条件下，对于任何给定的回收价格 b，闭环供应链存在利润最大的最优零售价格组合 $(p_1^*(b), p_2^*(b))$，其中 $p_1^*(b) = \dfrac{1}{2}(E + F\theta_S + F\theta kb + c_m)$，

$p_2^*(b) = \dfrac{1}{2}(M + N\theta_S + N\theta kb + b + c_r + c_t)$，此时闭环供应链的最大利润：

$$\Pi_c^* = \dfrac{1}{4}(2N - \alpha_2 N^2 + \beta EN)\theta^2 q^2 + \dfrac{1}{4}(2\beta MF + \beta^2 EN - 3\alpha_1 EF + 4M - 2b - 2c_r - 2c_t)$$

$$\theta q + \dfrac{1}{4}\alpha_1 c_m^2 + \dfrac{1}{4}\alpha_2(b^2 - c_r^2 - c_t^2) + \dfrac{1}{2}\alpha_2(c_r c_t + c_r b + c_t b) - \dfrac{1}{2}\beta(c_r c_m + c_m b + c_m c_t) +$$

$$\dfrac{1}{4}(2Ea + \alpha_2 M^2 - \alpha_1 E^2)$$

$$(7)$$

证明：根据命题 1 可知对任意给定的回收价格 b，Π_c 关于 p_1、p_2 有唯一最优解，由利润最大化的一阶条件：

$$\begin{cases} \dfrac{\partial \Pi_c}{\partial p_1} = -2\alpha_1 p_1 + 2\beta p_2 - \beta b + a + \alpha_1 c_m - \beta c_r - \beta c_t = 0 \\[2mm] \dfrac{\partial \Pi_c}{\partial p_2} = 2\beta p_1 - 2\alpha_2 p_2 + (\theta k + \alpha_2)b + \theta s - \beta c_m + \alpha_2 \\[2mm] c_r + \alpha_2 c_t = 0 \end{cases}$$

立即得到：

$$\begin{cases} p_1^*(b) = \dfrac{1}{2}(E + F\theta S + F\theta kb + c_m) \\[2mm] p_2^*(b) = \dfrac{1}{2}(M + N\theta S + N\theta kb + b + c_r + c_t) \end{cases}$$

$$(8)$$

虽然式（8）满足（i）和（ii），将式（8）代入式（6）化简就得到式（7）。

注意到：$\dfrac{dp_1^*（b）}{db} = \dfrac{\beta\theta k}{2（\alpha_1\alpha_2 - \beta^2）} > 0$

$\dfrac{dp_2^*（b）}{db} = \dfrac{\alpha_1\theta k + \alpha_1\alpha_2 - \beta^2}{2（\alpha_1\alpha_2 - \beta^2）} > 0$

及：

$$\dfrac{\beta\theta k}{2（\alpha_1\alpha_2 - \beta_2）} < \dfrac{\alpha_1\theta k + \alpha_1\alpha_2 - \beta^2}{2（\alpha_1\alpha_2 - \beta_2）}$$

因此我们有：

注 1：在集中式决策下，每当废旧品回收价格增加 1 个单位，新产品的零售价就增加 $\dfrac{\beta\theta k}{2（\alpha_1\alpha_2 - \beta^2）}$ 个单位，再造品的零售价就增加 $\dfrac{\alpha_1\theta k + \alpha_1\alpha_2 - \beta^2}{2（\alpha_1\alpha_2 - \beta_2）}$ 个单位。

注 2：命题 2 说明，在集中式决策条件下，闭环供应链的最优零售价和最大利润不受回收补贴价格的影响。事实上，回收补贴价仅是闭环供应链系统内制造商与零售商之间现金流的转移，这种转移只是在于激励零售商努力回收废旧品，当然它会影响供应链利润在制造商和零售商之间的分配，制造商的回收补贴价格越高，零售商的利润就越大。制造商希望自己所支付的回收补贴价格越低越好，但不能小于零售商向消费者所支付的单位回收价格与其单位回收运营成本之和。

4 分散式决策差别定价策略

所谓分散式决策，是指制造商和零售商分别以各自利润最大化为决策目标确定批发价、回收补贴价、零售价及废品回收价的决策模式。在分散式决策条件下，制造商从自身利润最大化出发确定产品的批发价以及废旧品的回收补贴价，零售商同样从自身利润最大化出发确定产品的零售价及废旧品的回收价。由于制造商在决定批发价格之前基本上就能顾及零售商的定价反应，因此可以将分散式决策条件下闭环供应链决策问题归结为如下的 Stackelberg 主从博弈模型：

$$\max_{w_1, w_2, B} \Pi_m = (w_1 - c_m)(a - \alpha_1 p_1 + \beta p_2) + (w_2 - c_r - B)(\theta q - \alpha_2 p_2 + \beta p_1)$$

$$\text{s. t.} \begin{cases} p_1, p_2, b = \arg \max \Pi_r, \\ \max_{p_1, p_2, b} \Pi_r = (p_2 - w_2 + B - b - c_t)(\theta q - \alpha_2 p_2 + \beta p_1) + (p_1 - w_1)(a - \alpha_1 p_1 + \beta p_2) \end{cases}$$

下面我们将应用逆向归纳法讨论制造商和零售商的最优差别定价策略。

4.1 分散式决策下零售商的差别定价策略

在制造商预先确定新产品和再造品批发价及废品回收补贴价的条件下，对于任何一个事先确定的废旧品回收价格水平 b，下面的命题给出了新产品和再造品的最优零售价。

命题 3　在分散式决策条件下，对于任何给定的回收价格 b，存在使零售商利润最大的最优零售价格组合 $(p_1^{**}(b)$，$p_2^{**}(b))$，其中新产品最优零售价格 $p_1^{**}(b)=\dfrac{1}{2}(E+F\theta q+w_1)$，再造品最优零售价格 $p_2^{**}(b)=\dfrac{1}{2}(M+F\theta q-B+b+w_2+c_t)$，此时零售商的最大利润：

$$\Pi_r^{**}=\frac{1}{2}(2N-\alpha_2 N^2+\beta EN)\theta^2 q^2+\frac{1}{2}(\beta MF+2\alpha_2 MN+2M+B-b+w_2-c_t)\theta q+$$

$$\frac{1}{4}\alpha_1 w_1^2+\frac{1}{4}\alpha_2(b^2+w_2^2+B^2+c_t^2)+\frac{1}{2}\beta(w_1 B-w_1 w_2-w_1 b-w_1 c_t)+\frac{1}{2}\alpha_2(w_2 c_t+c_t b+$$

$$w_2 b-w_2 B-c_t B-Bb)+\frac{1}{4}(2Ea+\alpha_2 M^2-\alpha_1 E^2)$$

证明：容易验证 Π_r 关于 p_1 和 p_2 是严格联合凹的，但关于 p_1、p_2 和 b 不是联合凹的。于是对任意给定的回收价格水平 b，Π_r 关于 p_1、p_2 有最大值。由利润最大化的一阶条件：

$$\begin{cases}\dfrac{\partial \Pi_r}{\partial p_1}=-2\alpha_1 p_1+2\beta p_2-\beta b+a+\alpha_1 w_1-\beta w_2+\beta B-\beta c_t=0\\[2mm]\dfrac{\partial \Pi_r}{\partial p_2}=2\beta p_1-2\alpha_2 p_2+(\theta k+\alpha_2)b+s-\beta w_1+\alpha 2 w_2-\alpha_2 B+\alpha_2 c_t=0\end{cases}$$

立即得到最优零售价格：

$$\begin{cases}p_1^{**}(b)=\dfrac{1}{2}(E+F\theta q+w_1)\\[2mm]p_2^{**}(b)=\dfrac{1}{2}(M+N\theta q-B+b+w_2+c_t)\end{cases}\tag{9}$$

显然式（9）满足约束条件（i）和（ii），将其代入 Π_r 直接得到零售商的最大利润 Π_r^{**}。显然：

$$\frac{dp_1^{**}(b)}{dw_1}=\frac{dp_2^{**}(b)}{dw_2}=\frac{1}{2}>0$$

$$\frac{dp_2^{**}(b)}{dB}=-\frac{1}{2}<0$$

及：

$$\frac{dp_1^{**}(b)}{dq}=\frac{\beta\theta}{2(\alpha_1\alpha_2-\beta^2)}>0$$

$$\frac{dp_2^{**}(b)}{dp}=\frac{\alpha_1\theta}{2(\alpha_1\alpha_2-\beta_2)}>0$$

因此我们有：

注 3：在分散式决策条件下，制造商每将新产品（再造品）批发价提高 1 个单位，零售商为了实现自身利润的最大化就相应地把新产品（再造品）零售价提高 $\frac{1}{2}$ 个单位。相反，制造商每将新产品（再造品）批发价降低 1 个单位，零售商为了实现自身利润最大化就相应地将新产品（再造品）零售价格降低 $\frac{1}{2}$ 个单位，这样在利于消费者的同时也增加了市场需求。

注 4：在分散式决策条件下，制造商每降低废旧品回收补贴价 1 个单位，零售商为了实现自身利润的最大化就相应地将再造品零售价提高 $\frac{1}{2}$ 个单位。因此制造商在降低废旧品回收补贴价时必须要慎之又慎，因为废旧品回收补贴价的降低很容易转嫁到再造品的零售价格上，而零售价的上涨直接影响零售利润进而影响进货需求。

注 5：在分散式决策条件下，可以将消费者的环保意识在短时期内视为不变，因此零售商只能通过提高回收价格来增加废旧品的回收量。命题 3 表明：当回收量增加 1 个单位时，为了确保零售商的盈利水平，新产品的零售价就应提高 $\frac{\beta\theta}{2\left(\alpha_1\alpha_2-\beta_2\right)}$ 个单位，再造品的零售价就应提高 $\frac{\alpha_1\theta}{2\left(\alpha_1\alpha_2-\beta_2\right)}$ 个单位。

4.2 分散式决策下制造商的差别定价策略

制造商根据产品的生产成本和废旧品的回收补贴价格来确定新产品和再造品的批发价格以实现其利润最大化目标。

命题 4 在分散式决策下，对于任何给定的回收补贴价格 B，存在使制造商利润最大的最优批发价格组合（w_1^{**}（b），w_2^{**}（b）），其中新产品的最优批发价 w_1^{**}（b）$=\frac{1}{2}$（$E+F\theta q+c_m$），再造品的最优批发价 w_2^{**}（b）$=\frac{1}{2}$（$M+N\theta q+B-b-c_t+c_r$），此时制造商的最大利润：

$$\Pi_m^{**} = \frac{1}{8}(4N-3\alpha_2N^2+3\beta EN)\theta^2q^2 + \frac{1}{4}(4M-3\beta MF-3a_2MN-b-c_r-c_t)\theta q + \frac{1}{8}\alpha_1 c_m^2 - \frac{1}{8}\alpha_2(B^2-b^2-c_r^2-c_t^2) - \frac{a}{4}cm - \frac{\beta}{4}(c_m b+c_m c_r+c_m c_t) + \frac{1}{2}\alpha_2(c_r c_t+c_t b+c_r b) + \frac{1}{8}(4Ea+3\alpha_2 M^2-\alpha_1 E^2)$$

证明：将 p_1^{**}（b）和 p_2^{**}（b）代入 Π_m 容易验证 Π_m 关于 w_1 和 w_2 是严格联合凹的，但关于 w_1、w_2 和 B 不是联合凹的。因此，对任意给定的回收补贴价格 B，Π_m 关于 w_1、w_2 有最大值。由利润最大的一阶条件：

$$\begin{cases} \dfrac{\partial \Pi_m}{\partial w_1} = -\alpha_1 w_1 + \beta w_2 - \beta B + a + \dfrac{\alpha_1}{2}(c_m - E - F\theta q) + \dfrac{\beta}{2}(N\theta q + M + b - c_r + c_t) = 0, \\[4mm] \dfrac{\partial \Pi_m}{\partial w_1} = \beta w_1 - \alpha_2 w_2 + \alpha_2 B + \theta q - \dfrac{\beta}{2}(c_m - E - F\theta q) - \dfrac{\alpha_2}{2}(N\theta q + M + b - c_r + c_t) = 0 \end{cases}$$

立即得到：

$$\begin{cases} w_1^{**}(b) = \dfrac{1}{2}(E + F\theta q + c_m) \\[4mm] w_2^{**}(b) = \dfrac{1}{2}(M + N\theta q + B - b - c_t + c_r) \end{cases} \tag{10}$$

显然式(10)满足约束条件(i)和(ii)。将其代入 Π_m 直接得到零售商的最大利润 Π_m^{**}。

注6：命题4说明，在分散决策条件下，制造商可以通过提高废旧品回收价格来激励零售商回收废旧品的积极性，与此同时，为了确保制造商自身利润的最大化，每当回收补贴价提高1个单位时，再造品的批发价就应相应地提高 $\dfrac{1}{2}$ 个单位。

通过对集中式决策与分散式决策下产品零售价和利润的比较，我们发现两个基本事实：

(iii) $p_1^*(b) < p_1^{**}(b)$，$p_2^*(b) < p_2^{**}(b)$

(iv) $\Pi_c^* > \Pi_m^{**} + \Pi_r^{**}$

上述事实表明，分散决策条件下新产品和再造品的最优零售价都相应高于集中式决策条件下新产品和再造品的最优零售价，相对较高的零售价势必造成分散式决策条件下市场需求的下降，最终造成分散式决策条件下供应链总利润的下降。由此可以看到，只有生产商、零售商与消费者，特别是生产商与零售商统揽全局、协调合作才能实现利益共享、利润双赢。否则，制造商和零售商都以彼此利润最大化为目标进行决策就不可避免地产生双重边际化问题，进而殃及消费者（零售价上涨）并造成供应链总利润的下降。真可谓和则两利，斗则俱损。

5 数值算例

考虑由一个制造商、一个零售商和消费者构成的再制造闭环供应链。设新产品的单位生产成本 $c_m = 50$ 元，再造品的单位生产成本 $c_r = 50$ 元，废品的再制造率 $\theta = 80\%$，零售商在废旧品回收中除回收价以外的平均单位回收成本 $c_t = 2$ 元。进一步假设闭环供应链对新产品和再造品的市场需求函数分别为：

$D_1 = 200 - 2p_1 + p_2$

$D_2 = 0.8q - 3p_2 + p_1$

消费者的废品供给函数为：

$q = 50 + 20b$，$b \in [0, 8]$

这里 b 为废品的单位回收价。

在以上参数假设下，废旧品回收价格或补贴价格的变化会对最优零售价、最优批发价产生一定的影响。图 1 展示了集中式决策下废品回收价格对最优零售价的影响，图 2 和图 3 分别展示了分散式决策下废品回收价格对最优零售价和最优批发价的影响，图 4 和图 5 分别展示了集中式与分散式决策下新产品和再造品最优零售价格的比较，图 6 展示了分散式决策下废旧品回收价和补贴价对再造品最优零售价格的联合影响。

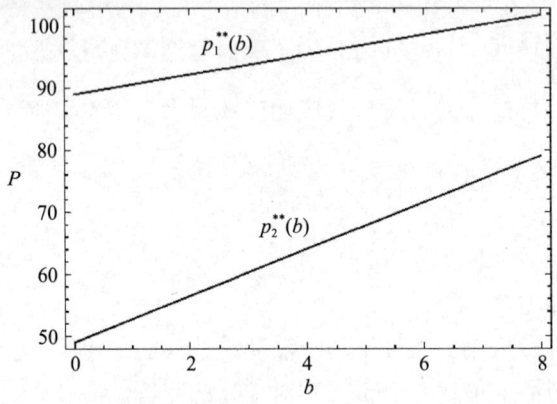

图 1　集中式决策下废品回收价格对最优零售价的影响

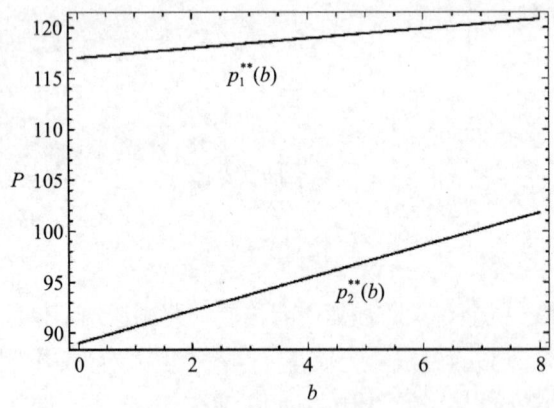

图 2　分散式决策下废品回收价格对最优零售价的影响

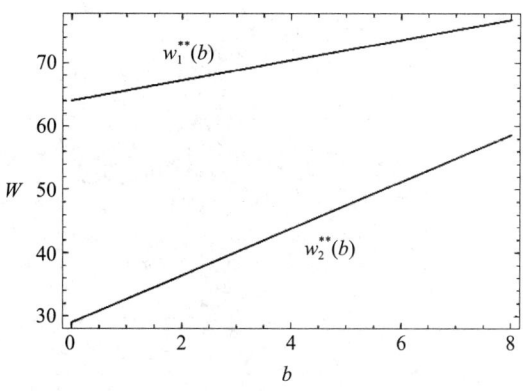

图 3　分散式决策下废品回收价格对最优批发价的影响

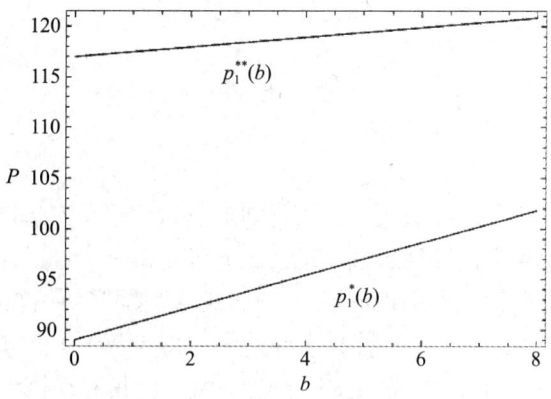

图 4　集中式与分散式决策下新产品最优零售价格的比较

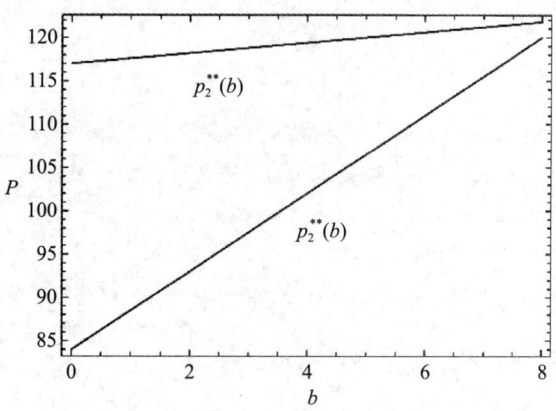

图 5　集中式与分散式决策下再造品最优零售价格的比较

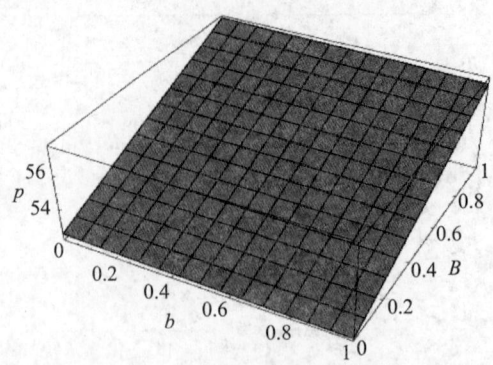

图 6　分散式决策下废旧品回收价和补贴价对再造品最优零售价格的联合影响

6　结　语

　　至此我们在集中式决策和分散式决策两种情形下讨论了再制造闭环供应链系统中新产品与再造品的差别定价策略，得到了最优定价策略组合及最大利润。分析了最优定价策略关于一些重要变量的敏感性，并对两种情形下的最优差别定价策略和最大利润进行了比较。研究结果表明，分散式决策下产生的双重边际效应不仅影响了供应链系统的总利润而且殃及广大消费者（不得不承受更高的零售价）。因此，我们强调生产商与零售商应该统揽全局、协调合作，实施集中式定价决策才能实现利益共享、利润双赢，才能实现供应链总利润的最大化，才能最大限度地让利于消费者。本文的研究也揭示了和则两利，斗则俱损的道理。

参考文献

　　[1] Savaskan R. C., Bhattacharya S., Van Wassenhove L. N. Closed – loop supply chain models with product remanufacturing [J]. Management Science, 2004, 50 (2): 239 – 252.

　　[2] Kumar S., Malegeant P. Strategic alliance in a closed – loop supply chain, a case of manufacturer and eco – nonprofit organization [J]. Technovation, 2006, 26 (10): 1127 – 1135.

　　[3] Ferrer G., Swaminathan J. M. Managing new and remanufactured [J]. Management Science, 2006, 52 (1): 15 – 26.

　　[4] Guide Jr V. D. R., Van Wassenhove L. N. The evolution of closed – loop supply chain research [J]. Operations Research, 2009, 57 (1): 10 – 18.

　　[5] Shi Jianmai, Zhang Guoqing, Sha Jichang. Optimal production and pricing policy for a closed loop system [J]. Resources, Conservation and Recycling, 2011, 55 (6): 639 – 647.

　　[6] Klaussner M., Hendrickson C. T. Reverse – logistics strategy for product tak – back [J]. Interfaces,

2000，30（3）：156－165.

［7］ Guide Jr V. D. R.，Van Wassenhove L. N. Managing product returns for remanufacturing［J］. Product Operation and Management，2001，10（2）：142－155.

［8］ 顾巧论，高铁杠，石连栓. 基于博弈论的逆向供应链定价策略分析［J］. 系统工程理论与实践，2005，25（3）：20－25.

［9］ 王发鸿，达庆利. 电子行业再制造逆向物流模式选择决策分析［J］. 中国管理科学，2006，14（6）：44－49.

［10］ Vorasayan J.，Ryan S. M. Optimal price and quantity of refurbished products［J］. Production and Operations Management，2006，15（3）：369－383.

［11］ 王玉燕，李帮义，申亮. 基于博弈论的闭环供应链定价模型分析［J］. 南京航空航天大学学报，2008，40（2）：275－278.

［12］ 晏妮娜，黄小原. 基于第3方逆向物流的闭环供应链模型及应用［J］. 管理科学学报，2008，11（4）：83－93.

［13］ Liang Y. J.，Pokharel S.，Lim G. H. Pricing used products for remanufacturing［J］. European Journal of Operational Research，2009，193（2）：390－395.

［14］ 张建军，霍佳震，张艳霞. 基于价格博弈的闭环供应链协调策略设计［J］. 管理工程学报，2009，23（2）：119－124.

［15］ 张克勇，周国华. 具有产品回收的闭环供应链差别定价策略研究［J］. 数学的实践与认识，2008，38（2）：19－24.

［16］ 张克勇，周国华. 非对称信息下闭环供应链差别定价协调机制［J］. 山东大学学报，2009（2）：60－64.

［17］ 朱晓曦，张潜. 闭环供应链差别定价效率分析与运机制研究［J］. 北京交通大学学报，2010（1）：41－42.

［18］ Dekker R.，Fleischmann M. Reverse logistics：Quantitative models for closed－loop chain［M］. New York：Springer，2004.

Strategy Analysis on Differential Pricing in Closed-Loop Supply Chain with Remanufacturing

Yan Rongfang[1], Cheng Yonghong[2], Wang Caixia[1]

(1. College of Mathematics and Statistics, Northwest Normal University, Lanzhou 730070, China; 2. School of Economics and Business Administration, Chongqing University, Chongqing 400044, China)

Abstract: Under the condition of centralized and decentralized decision – making, the existence of the optimal wholesale and retail price separately from the differential pricing principle between new and remanufacture products in the closed – loop supply chain which consists of one manufacturer, one retailer and consumers is discussed, the optimal wholesale and retail price are obtained and some optimal differential pricing policies are given. At the same time, the effect of recovering price or subsiding price to optimal selling price and wholesaling price is illustrated by a numerical example. Finally, some strategies and suggestions on organizations of logistic supply chain are proposed.

Key Words: closed – loop supply chain; remanufacture; the effects of substitution; game theory; differential pricing strategies; profit

中国实际利率与通胀预期的期限结构[*]
——基于无套利宏观金融模型的研究

曾耿明，牛霖琳

（厦门大学王亚南经济研究院，厦门　361005）

【摘　要】国债市场中隐含的实际利率和通胀预期的信息对于指导我国的货币政策和投资者决策具有重要的参考价值。本文通过采用简约型无套利宏观金融模型，第一次从中国银行间国债收益率曲线中分解出债券市场实际利率和通胀预期的整个期限结构。本文模型推断结果发现在 2005 年 1 月到 2012 年 4 月的样本时间内银行间国债市场的实际利率长期为负值，反映出近年来货币政策偏于宽松和利率市场化机制尚未完善的问题。通过对本文分解的通胀预期和其他同类通胀预期指标比较分析，发现通过本文方法获得的通胀预期很好地反映了债券市场通胀预期的水平和变化趋势，也吻合通货膨胀的周期变化。同时因本文方法能够推断不同期限的通胀预期，相比已有的单一期限通胀预期指标，能够为政策制定者和市场投资者提供更为丰富的决策信息。

【关键词】利率期限结构；实际利率；通胀预期

1　引言

在债券定价中，实际利率和通胀预期是两个非常重要的经济变量。实际利率反映了人们投资于国债市场后扣除物价贬值的真实收益，反映宏观经济中资本的实际使用成本。通胀预期反映了资本市场中人们对未来通胀水平和走势的平均预期。通胀预期对未来通货膨

　＊　收稿日期：2012 – 07 – 12。
　基金项目：本文作者感谢国家自然科学基金青年项目（70903053）和青年 – 面上连续项目（71273007）的资助。感谢匿名评审人的建议，文责自负。
　作者简介：曾耿明，厦门大学王亚南经济研究院博士生，E – mail: gengming. zeng@ gmail. com；牛霖琳（通讯作者），厦门大学王亚南经济研究院副教授，E – mail: linlin. niu@ gmail. com。

胀的形成也起到重要的决定作用。当一个经济体中的人们一致预期未来的物价将提升时，人们的理性投资消费决策均会受到影响，比如厂商倾向于提高定价，居民的一些消费决定提前，劳动力要求更高的工资水平等，从而形成事实上的物价上涨。哪怕这种通胀预期是有偏误的，依然能给实体经济带来引致性的通货膨胀。我国"十二五"规划明确指出，要"更加积极稳妥地处理好保持经济平稳较快发展、调整经济结构、管理通胀预期的关系，实现经济增长速度和结构质量效益相统一"。如何"管理通胀预期"已经成为国务院和中国人民银行的重要任务和工作。

央行在制定货币政策时会根据当时的通胀形势不断调整基准利率。由于长期利率是对未来短期利率进行风险调整后的加权平均，因此对货币政策变动的预期与对未来通胀走势的预测能影响国债市场整条收益率曲线的变动。除了对未来通胀做出预测外，投资者在选择自身的国债产品投资组合时还需考虑扣除货币贬值后的真实收益。尤其是保险公司、养老基金等长期投资者，如何使所管理的资产保值增值是它们参与市场的根本动机，对未来扣除通胀后的实际收益率的预期直接影响到它们的市场投资决策。因此，名义收益率曲线隐含着实际利率和通胀预期的重要信息。

遗憾的是这两个经济变量的动态特征很难通过数据直接观测到。大量的实证研究通过运用经济学模型去推断和还原出它们的动态信息并对其性质进行研究。Fisher（1930）首先提出费雪效应，即名义利率等于实际利率与预期通货膨胀率之和。Fama（1975）和 Mishkin（1990a，1990b）等通过对费雪效应的实证检验发现，利率期限结构中包含着实际利率和通胀预期的信息。Hamilton（1985）估计发现实际利率服从均值回复过程，Ross（1988）估计发现实际利率服从单位根过程，而 Harvey（1988）通过从名义利率分离出来的实际利率实证发现实际利率对消费增长具有预测作用。关于名义收益率曲线中包含通胀预期信息的研究，文献中具有较多的成果，如 Mishkin（1990a，1990b）发现，名义收益率曲线的长短利差对未来的通货膨胀具有较强的预测能力，Rudebusch 和 Wu（2008）发现，收益率曲线水平因子的波动能够很好地拟合通胀预期的波动。Ang、Bekaert 和 Wei（2008）通过选取收益率曲线中的两个潜变量和通货膨胀作为模型的三个状态因子，建立带机制转换的无套利高斯仿射期限结构模型，从名义收益率曲线中分解出美国国债市场实际利率和通胀预期的期限结构。近年来，随着美国通胀保护债券（TIPS）的发展，众多学者开始通过结合美国国债收益率曲线和 TIPS 收益率曲线的信息来提取通胀预期。例如，Gurkaynak、Sack 和 Wright（2010）利用 TIPS 价格数据和名义收益率曲线估计出了通胀补偿的期限结构；Christensen、Lopez 和 Rudebusch（2010）通过无套利 Nelson－Siegel 模型从 TIPS 收益率曲线和名义收益率曲线提取出通胀预期的信息。由于我国尚未发展 TIPS 市场，所以目前无法使用 TIPS 信息进行此类通胀预期的研究。但是国内学者也有一些文献研究我国通胀预期的形成和度量，例如肖争艳和陈彦斌（2004）对储户通胀预期指数的定量化研究，徐亚平（2010）用前瞻性政策变量的 VAR 预期模型来计算我国公众的通胀预期。

由于我国债券市场起步较晚、发展不成熟以及债券市场拥有的历史数据不足，与国外文献相比，国内对利率曲线结构与宏观经济之间的动态关系研究仍然较为有限。刘学燕和张敬庭（2008）采用 SVAR 方法将中国短期名义利率拆分成短期通胀预期和短期实际利率。李宏瑾、钟正生和李晓嘉（2010）通过运用 Mishkin（1990a）的回归模型检验发现我国利率期限结构中包含了未来通胀和实际利率变动的重要信息，但没有直接估计实际利率的期限结构和通胀预期的动态特征。姚余栋和谭海鸣（2011）参考 Rudebusch 和 Wu（2008）的方法从收益率曲线中提取出水平因子，发现该因子可以作为国债市场上长期通胀的预期指数；张燃、李宏瑾和崔兰清（2011）运用三因子仿射模型，发现无套利期限结构模型对宏观经济的预测能力好于简单的利差方法；孙浩和石柱鲜（2011）通过建立结构化宏观金融模型把我国利率期限结构分解成预期成分和风险溢价成分。但是这些文章均未对收益率曲线所蕴含的实际利率和通胀预期的整个期限结构进行研究。

本文主要参考 Ang、Bekaert 和 Wei（2008）的研究方法，通过把收益率曲线的两个潜变量和 CPI 宏观变量组成联合状态因子，建立无套利高斯仿射期限模型，并利用该模型从银行间国债市场的名义收益率曲线分解出实际利率和通胀预期的整个期限结构。和同类指标相比，本文所推断的通胀预期很好地反映了国债市场上投资者的通胀预期。本文其余部分结构安排如下：第二部分介绍实证的方法和模型；第三部分介绍模型的识别和估计方法；第四部分描述样本数据和估计结果；第五部分对主要实证结果进行深入讨论；第六部分是结论。

2 名义收益率曲线分解原理与模型

2.1 名义收益率曲线分解原理

按照利率期限结构理论，期限为 n 的名义即期收益率是人们对未来 n 期内名义短期利率在风险中性概率密度下的平均预期，即：

$$y_{t,t+n} = \frac{1}{n}E_t^Q\left(\sum_{i=1}^{n} r_{t+i}\right) \tag{1}$$

其中，E_t^Q 表示人们在风险中性概率下的预期。而名义短期利率 r_t 又可以分解为事后（Ex-post）实际短期利率 $\hat{r}_t$ 和通货膨胀 π_t 之和，于是我们可以将名义收益率曲线做如下的分解：

$$\begin{aligned}
y_{t,t+n} &= \frac{1}{n}E_t^Q\left[\sum_{i=1}^{n}\left(\hat{r}_{t+i} + \pi_{t+i}\right)\right] \\
&= \frac{1}{n}E_t^Q\left(\sum_{i=1}^{n}\hat{r}_{t+i}\right) + \frac{1}{n}E_t^Q\left(\sum_{i=1}^{n}\pi_{t+i}\right) \\
&\triangleq \hat{y}_{t,t+n} + \pi_{t,t+n}^e
\end{aligned} \tag{2}$$

等式的第一部分是人们扣除通胀影响后对未来 n 期内实际短期利率的风险中性预期，

称为实际收益率曲线[①]；等式的第二部分是人们对未来通货膨胀的风险中性预期，称为通胀补偿。人们在持有长期国债时需要面临由于未来通货膨胀带来实际购买力贬值的损失，而通胀补偿 $\pi^f_{t,t+n}$ 则是市场对长期国债持有者所承担这个损失的利率补偿。

通胀补偿 $\pi^f_{t,t+n}$ 又可以进一步分解为在真实概率密度下的通胀预期 $E_t\,\pi_{t,t+n} = \frac{1}{n}E_t(\sum_{i=1}^{n}\pi_{t+i})$ 和通胀风险溢价 $\psi_{t,n}$ 两部分。这里将单期通货膨胀定义为 CPI 价格指数的对数差分，即 $\pi_t = \ln P_t - \ln P_{t-1}$。通胀预期是人们对未来 n 期通货膨胀率分布的均值预期，在央行的货币政策决策中是一个重要的经济变量。而通胀风险溢价反映了人们面对未来通胀带来不确定性风险的厌恶程度。

综上所述，到期期限为 n 的名义收益率曲线 $y_{t,t+n}$ 可以分解成实际收益率曲线 $\hat{y}_{t,t+n}$、通胀预期 $E_t\,\pi_{t,t+n}$ 和通胀风险溢价 $\psi_{t,n}$ 三个部分，写成数学表达式为：

$$y_{t,t+n} = \hat{y}_{t,t+n} + E_t\,\pi_{t,t+n} + \psi_{t,n} \tag{3}$$

其中，$\hat{y}_{t,t+n}$ 反映的是实际收益率的期限结构，$E_t\,\pi_{t,t+n}$ 为通胀预期的期限结构。

接下来，本文通过采用利率期限结构模型把债券市场中的名义收益率曲线 $y_{t,t+n}$ 分解成实际收益率曲线、通胀预期和通胀风险溢价三部分，并利用实证结果分析我国银行间国债市场的实际收益率曲线信息和通胀预期信息。

2.2 模型

早期的短期利率模型是 Fisher（1930）提出的费雪效应，即名义短期利率可以分解为事前（Ex - ante）实际短期利率 $E_t\hat{r}_{t+1}$ 和通货膨胀预期 $E_t\,\pi_{t+1}$ 之和。对于长期利率的决定，传统的利率期限结构模型是基于理性预期理论的预期模型，它假设期限为 n 的长期利率是对未来 n 期内短期利率的平均预期。

$$y_{t,t+n} = \frac{1}{n}E_t(\sum_{i=1}^{n}r_{t+i})$$

广义的预期模型在上述等式的右边加入了常数风险溢价。

然而，基于传统利率期限结构理论的模型没有考虑到市场中是否存在套利的可能性。Vasicek（1977）提出单因子仿射利率期限结构模型，开创了无套利利率期限结构的研究框架。Cox、Ingersoll 和 Ross（1985），Ho 和 Lee（1986）以及 Duffie 和 Kan（1996）等沿着无套利定价的思想不断完善现代利率期限结构理论。这类模型通常采用潜变量作为状态变量，并假定它们在风险中性测度下服从某一随机过程，通过采用未来短期利率的风险中性折现得到当期的债券价格。其中应用最为广泛的是由 Dai 和 Singleton（2000）标准化的三因素仿射期限结构模型。

尽管无套利模型可以取得良好的定价拟合效果，然而这些潜变量往往缺乏必要的经济学解释，也割断了金融市场和宏观经济变量之间的联系。现代宏观和金融理论认为，货币

[①] 在本文中，我们也称为实际利率，它是人们对未来实际利率的事前（E_x – ante）预期。

政策制定者根据实体经济的状况和通胀率等指标调整短期利率以稳定经济周期，中长期利率则反映了市场对未来真实利率与通货膨胀走势的预期以及和宏观经济的动态风险相关的风险溢价。Ang 和 Piazzesi（2003）首次提出用宏观经济变量和国债市场的潜变量相结合作为模型状态变量的方法构造无套利仿射期限结构模型去研究国债市场和宏观经济之间的联系及相互影响，从而引领了宏观金融研究领域近十年来的蓬勃发展。朱波和文兴易（2010）系统地综述了宏观金融的主要文献并把它们分为两大类：一类从仿射期限结构模型出发，在既有状态变量或潜因子的基础上简单地增加一些宏观经济变量，称之为简约型宏观金融模型，例如 Ang 和 Piazzesi（2003）的实证模型；另一类把宏观经济结构与利率期限结构相结合进行建模，称之为结构化宏观金融模型，例如 Bekaert、Seonghoon 和 Moreno（2010）基于"新凯恩斯宏观经济模型"的利率期限结构模型。尽管结构化宏观金融模型有着更强的经济学背景，有利于研究债券市场和宏观经济之间的交互作用，但是也更容易产生模型的设定误差，所以本文主要选取由 Ang 和 Piazzesi（2003）奠定的简约型宏观金融利率期限结构模型作为研究框架。我们参考 Ang、Bekaert 和 Wei（2008）在两个收益率潜变量基础上引入通货膨胀变量的模型设定，针对中国收益率数据时间跨度较短的情况，简化了该文机制转换的模型假设，构造了本文的宏观金融模型，对中国的实际利率和通货膨胀预期进行估计。

下面是模型的基本假设（状态方程、实际短期利率和定价核的设定）以及由此可推导的名义和实际收益率曲线的定价形式。

2.2.1 状态变量

记这三个状态变量为 $X_t = (q_t \quad f_t \quad \pi_t)'$，前面两个状态因子 $(q_t \quad f_t)'$ 是不可观测的潜变量，第三个状态因子为可观测的通货膨胀率 π_t，并假设它们服从向量自回归过程。

$$X_{t+1} = \mu + \Phi X_t + \sum \varepsilon_{t+1} \tag{4}$$

其中，

$$\mu = \begin{pmatrix} \mu_q \\ \mu_f \\ \mu_\pi \end{pmatrix}, \quad \Phi = \begin{pmatrix} \varphi_{11} & 0 & 0 \\ \varphi_{21} & \varphi_{22} & 0 \\ \varphi_{31} & \varphi_{32} & \varphi_{33} \end{pmatrix}, \quad \sum = \begin{pmatrix} \sigma_q & 0 & 0 \\ 0 & \sigma_f & 0 \\ 0 & 0 & \sigma_\pi \end{pmatrix}$$

式中通货膨胀 π_{t+1} 的条件均值不仅依赖于其自身的滞后项 π_t，还依赖于另外两个收益率曲线潜变量 $(q_t \quad f_t)'$。这样国债市场的信息和通胀的历史信息都被充分地融入到通货膨胀的预期中。

2.2.2 实际短期利率动态

设定实际短期利率是三个状态因子的仿射函数形式，即：

$$\hat{r}_t = \delta_0 + \delta_q q_t + \delta_f f_t + \delta_\pi \pi_t \tag{5}$$

实际短期利率对状态变量的依赖系数记为 $\delta_1 = (\delta_q \quad \delta_f \quad \delta_\pi)'$。

2.2.3 风险价格和定价核

设定实际定价核为：

$$\hat{m}_{t+1} = \log \hat{M}_{t+1} = -\hat{r}_t - \frac{1}{2}\lambda'_t\lambda_t - \lambda'_t\varepsilon_{t+1} \tag{6}$$

这里 λ_t 为风险源 ε_{t+1} 的实际风险价格，$\frac{1}{2}\lambda'_t\lambda_t$ 是对实际定价核 $\hat{M}_{t+1}$ 取对数函数产生的 Jensen 不等式调整项。进一步地，假设风险价格 λ_t 满足如下仿射形式：

$$\lambda_t = \lambda_0 + \lambda_1 X_t = \begin{pmatrix} \gamma_0 \\ \lambda_f \\ \lambda_\pi \end{pmatrix} + \begin{pmatrix} \gamma_1 & 0 & 0 \\ 0 & 0 & 0 \\ 0 & 0 & 0 \end{pmatrix} X_t \tag{7}$$

为保持模型的简约性，我们这里仿照 Ang、Bekaert 和 Wei（2008），Cochrane 和 Piazzesi（2009）等文献限制第二个潜因子 f_t 和通胀因子 π_t 的风险价格为常数，只允许第一个潜因子 q_t 的风险价格是时变的。

根据名义定价核的定义 $M_{t+1} = \hat{M}_{t+1}P_t/P_{t+1}$，对该定义等式取对数得到：

$$m_{t+1} = -\hat{r}_t - \frac{1}{2}\lambda'_t\lambda_t - \lambda'_t\varepsilon_{t+1} - e'_3 X_{t+1} \tag{8}$$

其中，$e_3 =$（0　0　1）$'$，即在实际定价核之外增加了通货膨胀的影响。

2.2.4　实际利率定价

参考 Ang 和 Piazzesi（2003），从上面的模型设定可知，实际债券模型符合一般的离散高斯仿射期限结构模型，其零息无违约债券实际价格的解为：

$$\hat{P}_{t,t+n} = \exp(\hat{A}_n + \hat{B}_n X_t) \tag{9}$$

与其对应的实际收益率曲线为：

$$\hat{y}_{t,t+n} = -\frac{\log(\hat{P}_{t,t+n})}{n} = -\frac{1}{n}(\hat{A}_n + \hat{B}_n X_t) \tag{10}$$

其中，$\hat{A}_n$ 和 $\hat{B}_n$ 满足如下差分方程：

$$\hat{B}_{n+1} = \hat{B}_n(\Phi - \sum \lambda_1) - \delta'_1 \tag{11}$$

$$\hat{A}_{n+1} = \hat{A}_n + \hat{B}_n(\mu - \sum \lambda_0) + \frac{1}{2}\hat{B}_n \sum \sum {}'\hat{B}'_n - \delta_0 \tag{12}$$

该差分初始值为 $\hat{B}_1 = -\delta_1$ 和 $\hat{A}_1 = -\delta_0$。

2.2.5　名义利率定价

类似地，名义零息无违约债券价格的解析解具有如下指数仿射结构：

$$P_{t,t+n} = \exp(A_n + B_n X_t) \tag{13}$$

其中，A_n 和 B_n 满足如下差分方程：

$$B_{n+1} = (B_n - e'_3)(\Phi - \sum \lambda_1) - \delta'_1 \tag{14}$$

$$A_{n+1} = A_n + (B_n - e'_3)(\mu - \sum \lambda_0) + \frac{1}{2}(B_n - e'_3) \sum \sum {}'(B_n - e'_3)' - \delta_0 \tag{15}$$

Ang、Bekaert 和 Wei（2008）给出了上述模型的更一般形式，具体模型细节可以参考该文。

2.3 通胀预期和通胀风险溢价

根据模型的状态方程（4）和通胀预期的定义，对未来第 n 期的通货膨胀预期可以表示为：

$$E_t \, \pi_{t,t+n} = \frac{1}{n} e'_3 \left(\sum_{i=1}^{n} \sum_{j=0}^{i-1} \Phi^j \mu + \sum_{i=1}^{n} \Phi^i X_t \right) \tag{16}$$

而在名义收益率曲线中扣除实际收益率曲线和通胀预期后剩余的部分即为通胀风险溢价 $\psi_{t,n}$。

3 模型的识别与估计方法

3.1 模型的识别限制

由于模型存在潜变量，一些参数不能通过名义收益率曲线数据被同时识别出来，因此需要对其中的一些不能被识别的参数进行限制。根据 Dai 和 Singleton（2000）的研究结果表明，我们限制潜变量的漂移项 $(\mu_q \quad \mu_f)'$ 为零，让短期利率的常数项 δ_0 自由，并将 $(\delta_q \quad \delta_f)'$ 标准化为单位向量 $(1 \quad 1)'$。类似地，Dai 和 Singleton（2000）根据实证经验指出一般情况下很难同时识别风险价格中超过一个以上的常数项参数，所以我们这里限制第一个潜变量的风险价格常数 γ_0 为零，而让第二个潜变量的风险价格常数项 λ_f 自由。

3.2 模型的似然函数

本文参考 Chen 和 Scott（1993）的估计方法，假设部分具有代表性的名义收益率曲线不存在测量误差，而对于别的期限的名义收益率曲线允许其存在测量误差，并采用最大似然估计方法估计该模型。具体的概率似然函数形式可参见 Ang、Bekaert 和 Wei（2008）。依据该似然函数，通过 Matlab 软件的数值最优化方法搜索计算该概率似然函数的极大值，并用该极大值点的海塞矩阵计算所估计参数的标准误差。

4 数据与模型的估计

4.1 数据

由于我国国债市场起步晚，2003 年以前交易数据较为有限。2004 年以来，债券市场获得了快速发展，数据也较为完整。本文采用 Wind 数据库提供的一年期、三年期、五年期、七年期和十年期银行间国债即期收益率的月末数据作为名义收益率曲线的样本，样本区间为 2005 年 1 月到 2012 年 4 月。由于本文选取月度为时间单位，故这里需要对年化的收益率曲线数据通过除以 12 转化为月度的收益率曲线，以符合无套利模型的限制条件。对于通货膨胀指标，本文选取 Wind 数据库提供的 CPI 月度环比数据，并用 EViews 6.0 中的 Census X12 方法对其进行季节调整①。同样本文模型中通货膨胀变量的时间单位为月度，对应 CPI 月度环比的概念，故而这里无须再对 CPI 月度环比数据进行年化处理。

4.2 估计结果

依据第二部分讨论的最大似然估计方法，本文选取一年期和五年期的即期收益率曲线作为假设不存在测量误差的名义收益率，设测量误差的标准差为 σ_u，并最大化条件似然函数获得参数估计。表 1 报告了模型的估计结果。从系数矩阵 Φ 可以看到，两个潜变量的自回归系数分别为 0.99 和 0.96，都十分接近于 1，说明名义收益率曲线的两个潜变量具有较强的惯性。潜变量 q_t 对下一期的通货膨胀 π_{t+1} 的影响系数为 0.59，在 95% 的置信度下是显著的，说明收益率曲线的第一个潜变量蕴含着未来通货膨胀预期的信息。

表 1　模型的参数估计结果

δ_0	δ_q	δ_f	δ_π
− 0.15	1	1	− 0.02
(0.11)	—	—	(0.03)
Φ	q	f	π
q	0.99*	0	0
	(0.0008)		
f	0	0.96*	0
	—	(0.003)	
π	0.59*	3.58	− 0.02*
	(0.30)	(5.02)	(0.003)
μ_π	σ_q	σ_f	σ_π
− 0.09*	1.81×10^{-4}*	1.22×10^{-4}*	4.41×10^{-3}*
(0.02)	(0.51×10^{-4})	(0.14×10^{-4})	(0.43×10^{-3})
λ_f	λ_π	γ_1	σ_u
-9.68×10^{-3}	1.07×10^{-3}	− 0.65	5.61×10^{-5}*
(6.74×10^{-3})	(5.31×10^{-3})	(4.23)	(0.46×10^{-5})

注：括号表示参数估计的标准误差，标有 * 号表示在 95% 的置信度下显著不为零。

---

① 这里我们还尝试了采用 EViews 6.0 中的 TRamo/Seats 方法进行季节调整，和 Census X12 调整的结果基本无差别，故本文报告数据经 Census X12 季节调整的结果。

本文的模型较好地拟合了名义收益率曲线的数据。表 2 采用平均绝对值误差（MAE）和均方误差平方根（RMSE）给出了该模型对年化名义收益率曲线的拟合误差。因为在估计时设定一年期和五年期的收益率曲线不存在测量误差，所以其拟合误差自动为零。对于其他期限的收益率，模型的 MAE 均小于 10 个基点（Basis Points，bps），而 RMSE 除了十年期收益率曲线为 10.54 个基点以外，在其他收益率上也均小于 10 个基点。

表 2　模型的拟合误差

到期期限	三年期	七年期	十年期
MAE（bps）	3.00	3.33	8.13
RMSE（bps）	3.75	4.23	10.54

5　中国实际利率和通胀预期的期限结构

在这部分我们主要通过上述模型及其估计的结果来研究中国实际利率和通胀预期的期限结构，以及通胀溢价的特征。

5.1　实际利率的期限结构

通过实际收益率曲线模型的定价公式（10），可以计算出扣除通货膨胀预期和通胀风险溢价后的实际利率期限结构。图 1 给出了本文模型推断的一年期、五年期和十年期的年化实际收益率曲线，其他期限的动态特征和它们类似。

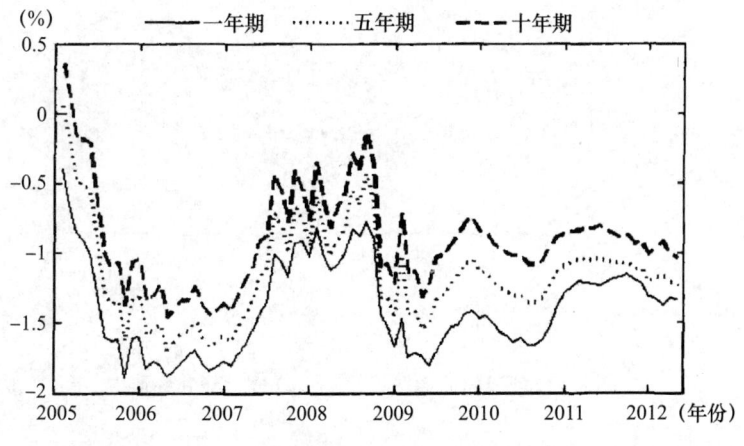

图 1　模型推断的实际利率期限结构

可以看出，在 2005 年 1 月到 2012 年 4 月之间，我国债券市场实际收益率曲线大部分处于负值的状态。这一特征与我国近几年来宽松的货币政策以及利率市场仍然处于非完全市场化状态密切相关。首先，在货币政策层面，央行为了维持经济的高速增长、抑制因人民币升值预期涌入的热钱和鼓励居民把储蓄转移到消费以拉动内需，有意压低官方利率，使得居民的储蓄存款利率近几年来经常低于居民消费物价指数的增长速度，导致居民储蓄的实际利率持续为负值。而这种官方利率的行为直接带动了债券市场上的低利率，进而出现负的实际收益率曲线。李宏瑾（2012）基于标准泰勒规则对中国货币市场利率的测算也印证了近年来我国货币市场利率存在长期负的利率缺口。其次，在市场机制方面我国仍未实现利率的市场化，央行规定了对整个债券市场定价影响很大的储蓄存款和商业贷款利率（也称为官方利率）。在受到 2008 年全球金融海啸冲击的背景下，央行近几年来实行较为宽松的货币政策，持续执行较低的官方利率，使得银行体系大量的剩余资金聚集在银行间市场，形成了低效率的资金配置，进一步压低了长期收益率。

5.2 通胀预期的期限结构

5.2.1 通胀预期期限结构特征

图 2 给出了本文模型推断的一年期、五年期和十年期的年化通胀预期和 CPI 同比通货膨胀。不同期限的通胀预期即 $12 \times E_t \pi_{t,t+n}$，其中 $E_t \pi_{t,t+n}$ 可由式（16）直接计算得到。该图显示，一年期通胀预期和现实中 CPI 月度同比数据[①]，两者动态高度吻合，说明当期通胀数据对于未来一年的通胀预期有非常重要的影响。尽管实际上 CPI 通货膨胀的月度数据波动较大，但反映在名义收益率曲线中的通胀预期部分则较为光滑。对不同期限的通胀

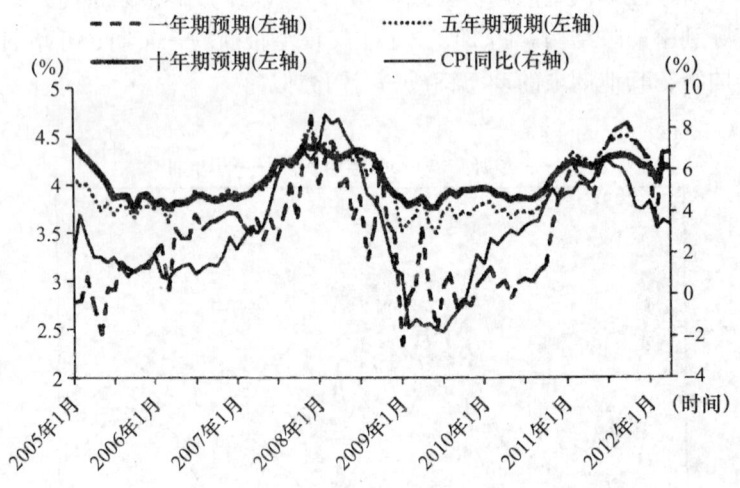

图 2 模型推断的通胀预期和 CPI 同比通货膨胀

---

① 该 CPI 月度同比数据来自 Wind 数据库。

预期进行比较可以发现，短期通胀预期的波动要大于长期通胀预期的波动。这主要是由于短期的预期容易受到当时政策周期和经济周期的影响，而较长时间跨度的通胀预期对于这些周期的变化相对短期比较不敏感。

5.2.2 与储户通胀预期指数和朗润通胀预测指数的比较分析

为了检验上述模型推断出来的通胀预期的合理性，本文将模型推断的通胀预期和其他一些常见的通胀预期指标进行比较分析。目前我国比较常用的度量通胀预期的指标是中国人民银行每季度公布的储户通胀预期指数和北京大学中国经济研究中心编制的朗润季度 CPI 预测指数。

储户通胀预期指数是通过对 2 万个城镇储户进行居民消费情况调查，并根据储户对下一季度物价的定性预期（包括"上涨"、"持平"和"下降"三类答案）编制居民未来通胀预期指数。由于储户通胀预期指数反映的是下一季度通胀相对上一个季度的变化预期，所以我们选取本文模型推断的季度环比通胀预期和其相比较，即 $3 \times E_t \, \pi_{t,t+3}$①。因为该指数只有季度数据，所以我们选取季度环比通胀预期的每季度最后一个月的数值和它比较。图 3 绘出了两个序列，比较结果表明两者变化步调和趋势基本一致，尤其是主要拐点相互吻合。

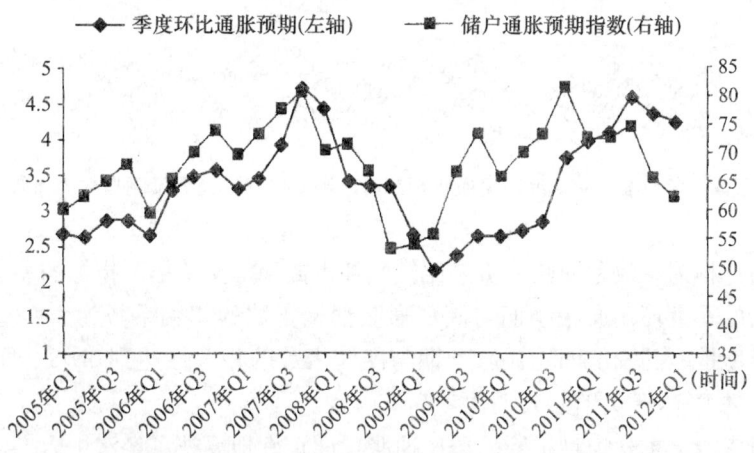

图3 模型推断的季度环比通胀预期与储户通胀预期指数的比较

朗润季度 CPI 预测指数是在每季度初对 15 家机构的经济学家进行问卷调查后编制出的他们对该季度 CPI 同比增长率预测的汇总平均值，反映的是经济学家对该季度 CPI 的平均预期，即对该季度 CPI 同比的预测值。所以我们采用本文模型推断的季度同比通胀预期与其相比较。季度同比通胀预期等于前三个季度的 CPI 通胀月度数据加上最后一个季度的环比通胀预期，即：

---

① 由于 $n \times E_t \, \pi_{t,t+n} = E_t \, (\pi_{t+1} + \pi_{t+2} + \cdots + \pi_{t+n})$，所以 $n \times E_t \, \pi_{t,t+n}$ 可以看作未来 n 期的环比通胀预期。

$$E_t\left(\sum_{i=-8}^{3}\pi_{t+i}\right) = \sum_{i=-8}^{0}\pi_{t+i} + E_t\left(\sum_{i=1}^{3}\pi_{t+i}\right)$$

$$=\sum_{i=-8}^{0}\pi_{t+i} + 3E_t\,\pi_{t,t+3}$$

(17)

图 4 给出了模型推断的季度环比通胀预期与朗润季度 CPI 预测指数的比较。结果表明两个序列无论在水平还是在变化趋势上都高度吻合。

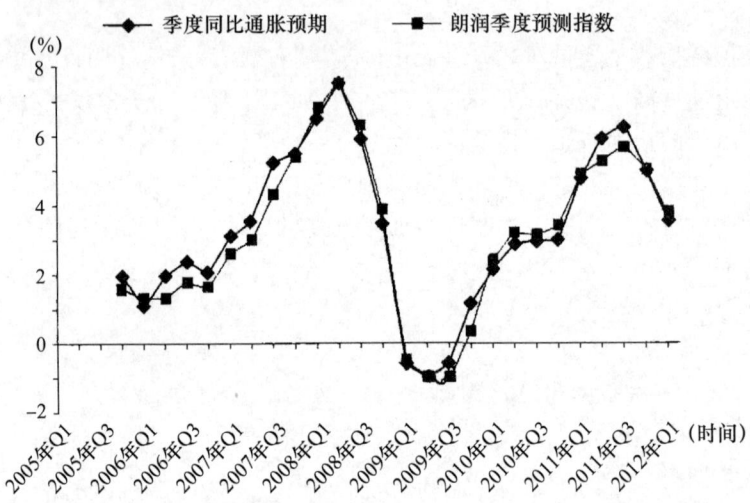

图 4　模型推断的季度同比通胀预期与朗润季度同比通胀预测指数的比较

我们可通过相关系数和回归分析来比较两种指数和本文所推断指标的相关性。结果表明，模型推断的季度环比通胀预期与储户通胀预期指数的相关系数为 0.52，回归系数 β 较为显著；模型推断的季度同比通胀预期与朗润指数的相关性达到 0.98，回归系数 β 高度显著，回归的 R^2 达到 0.97，说明两者高度一致。

以上分析表明，本文模型推断的季度通胀预期很好地反映了经济中人们对季度通胀预期的水平和变化趋势。此外，和这些单一期限（如季度、一年期）的同类预期指标相比，使用名义收益率曲线可以灵活地推断出各种不同期限的通胀预期，具有其他同类指标不可比拟的优势。

5.3　名义收益率曲线的分解

5.3.1　水平分解

表 3 给出了名义即期收益率曲线分解为实际收益率曲线、通胀预期、通胀风险溢价以及模型拟合误差的样本平均值。结果显示，通胀预期的绝对值要大于其他部分的绝对值，是构成样本内名义收益率曲线的最大组成部分，主导着我国国债市场的债券价格；实际利

率的绝对值是构成名义收益率曲线的第二大部分，而通胀风险溢价所占绝对值比重相对较小。

表3 名义即期收益率曲线分解

到期期限	名义利率 平均值（％）	实际利率 平均值（％）	通胀预期 平均值（％）	通胀风险溢价 平均值（％）	模型拟合误差 平均值（％）
一年期	2.32	−1.40	3.51	0.21	0.00
三年期	2.82	−1.29	3.84	0.26	0.01
五年期	3.21	−1.16	3.99	0.37	0.00
七年期	3.50	−1.04	4.05	0.48	0.01
十年期	3.75	−0.90	4.04	0.62	−0.01

5.3.2 方差分解

我们还可以通过对名义收益率曲线的无条件方差进行分解，研究不同组成部分对收益率曲线波动的影响比重。表4报告了名义收益率曲线的无条件方差分解结果。结果表明通胀预期对于一年期和三年期的名义收益率曲线波动影响最大。而对于期限为五年及五年以上的收益率曲线，实际利率是影响整个收益率曲线波动的主要因素，实际利率解释了十年期收益率曲线65％的波动。通胀溢价对于解释名义利率的波动比例较小，对期限较短的收益率曲线波动的解释力几乎为零。

表4 名义收益率曲线的方差分解

期限	实际利率	通胀预期	通胀溢价
一年期	0.30	0.70	0.00
三年期	0.46	0.53	0.01
五年期	0.57	0.42	0.01
七年期	0.63	0.36	0.01
十年期	0.65	0.33	0.02

以上对名义收益率曲线的水平和方差分解结果表明，通胀风险溢价对我国名义收益率曲线的影响十分有限，这是由于我国存款利率还未完全市场化，银行体系大量的剩余资金聚集在银行间市场，压低了国债的收益率，使得投资者对通胀风险补偿的要求变低。

6　结　论

本文通过选取通胀变量与名义收益率曲线潜变量相结合的方法，建立无套利仿射利率期限结构模型，分解和提取中国银行间国债市场名义收益率曲线中所蕴含的实际利率和通胀预期的整个期限结构信息。模型分析结果表明中国银行间市场的实际收益率曲线在 2005 年 1 月到 2012 年 4 月的样本期间持续处于负利率状态，反映了我国货币政策长期偏于宽松及利率市场化有待完善的机制问题。从通胀预期的分解结果及其与类似指标的比较来看，本文提取的通胀预期较好地反映了经济中人们通胀预期的水平和变化走势，不仅可以作为代表金融市场上投资者的通胀预期指标，而且可以提供各个不同期限的通胀预期指标，弥补已有单一期限指标的不足。从通胀预期和 CPI 的比较分析结果来看，国债市场上的通胀预期和宏观经济的通胀周期紧密相关。最后，通过对名义收益率曲线的历史均值分解发现近年来的通胀预期是我国国债市场定价的最主要因素，其次是实际利率。通过对名义收益率曲线的方差分解发现期限较短的收益率曲线波动主要受通胀预期波动影响，期限较长的主要受实际利率影响。而通胀风险溢价无论是对名义收益率曲线的定价还是波动，影响都较为有限。

参考文献

［1］李宏瑾，钟正生，李晓嘉．利率期限结构、通货膨胀预测与实际利率［J］．世界经济，2010（10）．

［2］李宏瑾．我国中期通胀压力预测——基于银行间市场国债收益率曲线的经验研究［J］．经济评论，2011（1）．

［3］李宏瑾．基于标准泰勒规则的我国货币市场利率偏离估算［J］．金融评论，2012（2）．

［4］刘雪燕，张敬庭．中国通货膨胀预期和 Ex – ante 实际利率的测度［J］．数量经济技术经济研究，2008（7）．

［5］肖争艳，陈彦斌．中国通货膨胀预期研究：调查数据方法［J］．金融研究，2004（11）．

［6］徐亚平．通货膨胀预期形成的模型刻画及其与货币政策的关联性［J］．金融研究，2010（9）．

［7］姚余栋，谭海鸣．中国金融市场通胀预期——基于利率期限结构的量度［J］．金融研究，2011（6）．

［8］朱波，文兴易．利率期限结构宏观金融模型研究新进展［J］．经济学动态，2010（7）．

［9］张燃，李宏瑾，崔兰清．仿射利率期限结构模型与中国宏观经济预期［J］．金融与经济，2011（4）．

［10］孙浩，石柱鲜．中国利率期限结构中的宏观经济风险因素分析——基于宏观—金融模型的研究途径［J］．经济评论，2011（3）．

［11］Ang A．，G. Bekaert and M. Wei. The term structure of real rates and expected inflation［J］．Journal of Finance，2008（63）：797 – 849.

［12］Ang A，and M. Piazzesi. A No – Arbitrage vector autoregression of term structure dynamics with macroeconomic and latent variable［J］．Journal of Monetaiy Economics，2003（50）：745 – 787.

［13］Bekaert G．，C. Seonghoon and A. Moreno. New Keynesian Macroeconomics and the term structure［J］．Journal of Money，Credit and Banking，2010（42）：33 – 62.

［14］Chen Rand LScott. Maximum likelihood estimation for a multi – factor equilibrium model of the term structure of interest rales［J］．Joumal of Fixed Income，1993（3）：14 – 31.

［15］ChristensenJ．，J. Lopez and G. Rudebusch. Inflation Expectation and Risk Premiums in an Aribtrage –

Free model of Nominal and Real Bond Yields [J]. Journal of Money, Credit and Banking, 2010 (42): 143 – 178.

[16] Cochrane. J. H. and M. Piazzesi. Decomposing the Yield Curve [R]. Working Paper, Chicago Booth, 2008.

[17] Cox J., J. Ingersoll and S. Ross. A theory of the term structure of interest rates [J]. Econometrica, 1985 (53): 385 – 407.

[18] DaiQ. and K. Singleton. Specification Analysis of Affine term structure models [J]. Journal of Finance, 2000 (55): 1943 – 1978.

[19] Duffie D. and R. Kan. A yield – factor model of interest rates [J]. Mathematical Finance, 1996 (6): 379 – 406.

[20] Fama E. Short – term interest rates as predictors of inflation [J]. American Economic Review, 1975 (65): 345 – 389.

[21] Fisher L. The Theory of Interest [M]. New York: Macmillan, 1930.

[22] Hamilton J. Uncovering financial market expection of inflation [J]. Journal of Political Economy, 1985 (93): 1224 – 1241.

[23] Harvey C. The real term structure and consumption growth [J]. Journal of Financial Economics, 1988 (22): 305 – 333.

[24] Ho T. and S. Lee. Term structure movements and pricing interest rate contingent claims [J]. Journal of Finance, 1986 (41): 1011 – 1029.

[25] Gurkaynak R., B. Sack and J. Wright. The TIPS yield curve and inflation compensation [J]. American Economic Journal: Macroeconomics, 2010, 2 (1): 2291 – 2304.

[26] Mishkin F. What Does the Term structure tell us about Future inflation [J]. Journal of Monetary Economics, 1990a (25): 77 – 95.

[27] Mishkin F. The information in the longer maturity term structure about future inflation [J]. The Quarterly Journal of Economics, 1990b (105): 815 – 828.

[28] Rose A. Is the real interest rate stables? [J]. Journal of Finance, 1988 (43): 1095 – 1112.

[29] Rudebusch G. and T. Wu. A macro – finance model of the term structure monetary policy and the economy [J]. Economic Journal, 2008 (118): 906 – 926.

[30] Vasicek O. An equilibrium characterization of the term structure [J]. Journal of Financial Economics, 1977 (5): 177 – 188.

Abstract: The information of real interest rates and expected inflation is important to the monetary policy and investors' decision. In this paper, we extract the term structure of real interest rates and expected inflation from the yield curve of China's Treasury bond market by constructing a no – arbitrage macro finance model. We find that from January 2005 to April 2012, China's real interest rates of various maturities have been persistently negative, reflecting the loose monetary policy and imperfection in the market mechanism of interest rates formation. When compared to existing indices of expected inflation, the expected inflation implied by our method is highly close in terms of level and variation. And the implied expected inflation also coincides with the business cycle of inflation fluctuation in China. The advantage of our method is that the expected inflation of different future horizons can be constructed, which provides richer information than single index to policy makers and market participants.

Key Words: term structure of interest rates; real interest rates; Expected inflation

众里寻"股"千百度[*]

——股票收益率与百度搜索量关系的实证探究

赵龙凯，陆子昱，王致远

（北京大学光华管理学院，北京　100871）

【摘　要】 本文使用百度公司提供的上市公司简称搜索量数据来衡量股票受关注的情况，同时结合该数据与中国股票市场的交易数据研究了关注度与股票收益率之间的关系。本文发现高关注度组股票的平均收益率显著地大于低关注度组股票。在控制了规模、换手率、账面市值比与关注度的相互影响后，发现关注度并不能够被这三个解释股票收益率的变量完全包含。作者在注意力对投资行为有影响这一假设下进行 Fama – MacBeth 回归后，发现关注度变化率不是显著的风险因子，不会系统地影响股票的收益率。

【关键词】 关注度；股票收益率；风险因子

1　引言

注意力（Attention）正在成为近年来金融学的研究热点，很多学者将注意力投入金融领域来解释市场异象（Anomaly），研究者们也提出了多种衡量注意力高低的方式。本文使用了网络搜索量——百度公司提供的上市公司简称搜索量数据作为衡量股票受关注程度的变量，我们认为这一数据集非常具有研究价值和研究意义，能够很好地代表注意力这一变量。第一，在科技高速发展的背景下，由于互联网的信息传递量大、传

---

* 收稿日期：2013 – 01 – 10。

基金项目：赵龙凯感谢国家自然科学基金资助项目"文化价值与外资企业在我国的投资融资决策"（71172028）和自然科学重点项目创新群体项目"行为金融：心理偏差、投资行为与资产定价"（71021001）的资助。感谢匿名评审人和编辑的宝贵意见，当然文责自负。

作者简介：赵龙凯，金融学博士，北京大学光华管理学院副教授，E – mail：lzhao@ gsm. pku. edu. cn；陆子昱，金融学硕士，高盛香港公司，E – mail：luziyu@ gsm. pku. edu. cn；王致远，北京大学光华管理学院本科生，E – mail：wangzhiyuan@ pku. edu. cn。

播速度快，网络已经成为投资者获取信息的主要来源，而且正在成为人们进行交易的重要平台。使用互联网的相关数据比使用其他媒体的相关数据更能衡量投资者的注意力。第二，百度公司在中国的搜索业务处于垄断地位。国内调研机构艾瑞咨询的资料显示，2011 年第三季度中国网页搜索请求量达到 775.1 亿次，其中百度公司占比为85.5%，位居第二的 Google 仅占比 7.4%[①]。基于此，使用百度公司的搜索量数据完全可以代表中国民众的互联网搜索行为。第三，百度公司提供的这项数据能够衡量投资者的注意力，这是由于非股票投资者一般不会使用上市公司简称进行搜索，所以进行搜索的人有很大的概率关注了其搜索的股票。另外，我们还认为，事实上这组数据主要代表了个人投资者的关注度，因为机构投资者拥有较为完善和专业的信息来源，通常不需要使用百度来获取信息。

本文在百度的上市公司简称搜索量数据的基础上，分析了关注度和同时期股票收益率的关系。本文研究了搜索量的高低与股票的收益率之间是否存在关系。研究发现，按照搜索量高低进行分组后，高搜索量组股票的平均收益率显著大于低搜索量组股票的平均收益率。为了控制其他变量对关注度的潜在影响，得到关注度与股票收益率更准确的关系，我们将股票按照搜索量与公司规模、换手率、账面市值比三个变量进行交叉分组做进一步分析。本文的研究发现，关注度的解释力度不能完全被这三个变量包括。其中，换手率包含了关注度的一部分解释力，规模和账面市值比都不包含关注度的解释力。

在得到股票关注度和其平均收益率正相关这一结论后，笔者进一步提出关注度或其相关变量可能是系统地影响股票收益率的一个风险因子，并对这一命题进行检验。基于 Barber 和 Odean（2008）提出的注意力理论，我们认为当一只股票被搜索的频数增加时，其受到的关注程度上升，被个人投资者购买的概率增加。在市场存在异质信念和卖空限制的情况下，短期内股票的价格会上升，股票产生正收益率；若股票受到的关注程度下降，可以类似地推出短期内股票价格下降，产生负收益率。由此，关注度变化率（搜索量变化率）会是一个影响股票收益率的风险因子。本文通过 Fama - MacBeth 两步回归方法检验关注度变化率的风险溢价是否显著异于零，由此推断该风险因子是否合理。但是数据的实证检验结果并不支持这一推论。

余下内容结构如下：第二部分将对与本文研究相关的一些文献和理论进行回顾。第三部分对本文使用的搜索量数据给出描述性统计量，以增强读者对数据的直观感觉。第四部分分析关注度与同时期的股票收益率之间的关系，并比较关注度和三个经典变量（规模、换手率、账面市值比）对股票收益率的解释力。第五部分对关注度变化率是否是影响股票收益率的风险因子进行实证检验。第六部分是本文的结论以及延伸思考。

---

① 数据来源：http://www.iresearch.com.cn/View/155878.html。

2　文献回顾

心理学的很多研究已经表明了注意力（Attention）的有限性，这种有限性也会影响人们的选择与决策。Simon（1955）认为，人们进行经济决策时处理信息的能力是有限的。Kahneman（1973）认为注意力是一种稀缺的认知资源。其他学者还研究了人们的选择性关注（Selective Attention）这一现象。Broadbent（1958）、Tresiman（1964）等均提出了自己的理论来解释选择性关注以及人们分配注意力的过程。

将有限注意力的假设引入金融学研究中带来了很多新的问题：人们如何分配注意力，是平均分配还是区别分配？注意力能否影响资产的收益？很多学者提出了自己的理论框架，将有限注意力与资产定价理论结合起来研究。Merton（1987）认为，由于投资者的注意力是有限的，所以每名投资者只能对部分股票获取充足信息，他在研究投资者的资产优化配置的过程中赋予每名投资者一个信息集，并假定该投资者只会选择自己信息集中的股票来优化自己的资产配置，在此模型的基础上得到了资产均衡价格。同时，Merton（1987）还指出了人们获取信息的成本主要包括三部分：收集、处理数据的成本，信息的传递成本以及引起投资者对该资产关注的建立成本。Hirshleifer 和 Teoh（2003）认为，投资者的注意力和处理信息的能力都是有限的，因此，投资者对于同一实质信息的不同表述方式会产生不同认知，越简洁的表述越容易被人理解，越能够正确反映实质。Peng 和 Xiong（2006）提出了投资者分配注意力的一种方式，认为有限注意力导致投资者的种类学习行为（Category-learning Behavior），即投资者倾向于将注意力分配在市场级别或者行业级别的因子上而非单一公司特定的因子上。Barber 和 Odean（2008）分析了注意力对股票供求关系的影响，他们认为个人投资者能够用于股票交易的注意力是一种稀缺资源，因此大多数个人投资者没有办法在研究所有的股票之后再做出购买股票的决定，而只是从高度吸引他注意力的股票中选择一些购买。

除去建立有限注意力的理论，学者们在实证研究中还提出了不同的变量来代表注意力，如股票交易量（Gervai、Kaniel 和 Mingelgrin，2001）、换手率（Hou、Peng 和 Xiong，2008）、新闻和标题数（Yuan，2008）、广告费用（Grullon、Kanatas 和 Weston，2004）、Lou（2008），Chemmanur 和 Yan（2009）等。Da、Engelberg 和 Gao（2011）则使用股票在 Google 中的每周搜索量指数 SVI（Search Volume Index）作为衡量关注度的变量，他们认为这一变量较上述其他变量而言更能直接地反映投资者对股票的关注情况。他们发现 SVI 与其他注意力的代理变量之间有相关关系，搜索量数据与其他代理变量相比，更能及时代表投资者，尤其是个人投资者的注意力。在国内的研究中，宋双杰、曹晖和杨坤（2011）参照 Da、Engelberg 和 Gao（2011）的方法，利用 Google 提供的公司名称的每周搜索量指数构建了衡量投资者关注的指标，并利用该指标研究了中国股票市场的 IPO 异象。他们发现，IPO 前个股的网络搜索量对于该股票市场热销程度、首日超额收益和长期低迷表现这三大 IPO 市场异象有良好的、统一的解释。俞庆进和张兵（2012）使用了百度指数来衡量投资者的有限关注，他们选取中国创业板股票市场的数据，并结合百度指数的日度数据进行研究，发现投资者的关注能在未来给股票带来超额收益，但是很快便会出现股价反转，同时，投资者在非交易日的关注将反映在下一个交易日股票市场开盘的价格跳跃中。本文与上述两篇文章相比有以下几个区别：第一，研究的问题不同，本文主要研究的是关注度和同时期股票收益率之间的关系，并检验了关注度是否能够作为股票收益率的风险因子，与宋双杰、曹晖和杨坤（2011）研究的 IPO 异象无关，而俞庆进和张兵（2012）主要侧重于关注度对滞后的股票表现的影响；第二，本文使用的数据频率为日度，能够更好地刻画中国股票市场的特点；第三，本文直接使用原始的搜索量数据作为关注度的代理变量，而上述两篇文章采用的指数均由搜索引擎公司在原始数据上进行过处理，同时文章作者也进行了进一步的构造[1]；第四，本文数据集的股票样本包含 1301 只股票，与仅考虑创业板股票相比，更能全面地反映中国股票市场的情况。

除了对注意力的研究，学者还从市场有效性的角度研究市场异象，其中一个方向是对于资产的非流动性的探讨。一个得到研究者广泛认同的结论是：股票市场的流动性并不完美，短期内的供求变化有可能影响股票价格，如果短期需求上升则股票价格会上升，反之则反。如 Amihud 和 Mendelson（1986）、Brennan 和 Subrahmanyam（1996）、苏冬蔚和麦元励（2004）、梁丽珍和孔东民（2008）等在这方面都有论述。

3 搜索量数据的描述统计量

本文笔者使用百度公司提供的上市公司简称搜索量数据来衡量股票被关注的情况。这一部分列举这个数据集的描述性统计量以增加读者对该数据集的直观感觉。

该搜索量数据集是百度公司提供的[2]，包含 1301 只股票的简称被互联网用户搜索的次数，数据频率为日度，时间范围是 2006 年 9 月 3 日至 2007 年 8 月 28 日。采取这一时间范围主要出于对数据频率的考虑。此外，因为部分公司的简称包含 "ST"、" ＊ ST" 或者 " ＊＊ ST" 等西文字符，而互联网用户在搜索时仅使用汉字部分，没有输入这些西文字符，所以一些公司简称的搜索量恒为零。剔除这些搜索量全部为零的公司后，数据集的样本量为 953 家上市公司。本文所称的搜索量数据是指这 953 家上市公司简称的日度搜索量数据。本文使用的除了该数据集之外的其他数据均来自 CCER 色诺芬数据库，后文不再

---

① 宋双杰、曹晖和杨坤（2011）也提及百度数据是中国市场更好的度量。但是由于数据的不可获得性，未能使用。

② 感谢百度公司对于此研究的支持，特别是罗蓉和罗益的协助。

赘述。

本文通过三种方式展示描述性统计量（见附表 1）。第一种方式是"混合"，将每只股票的每日搜索量混合（Pooling）成为一个序列后计算其描述性统计量。第二种方式是"每日均值"，先计算每日的平均搜索量，得到一个样本量为 360 的每日平均搜索量序列，然后列出这个序列的描述性统计量。第三种方式是"每股均值"，先计算每只股票的平均搜索量，得到一个样本量为 953 的每股搜索量序列，然后列出这个序列的描述性统计量。

本文发现，搜索量的跨时期波动较小，而股票间的差异较大。搜索量数据的均值是 262.18，假设每个人每天只搜索一次，则平均每只股票每天约有 262 人在关注。混合序列的中位数是 118.00，标准差是 1159.72；每日均值序列的中位数是 242.68，标准差是 100.02；每股均值序列的中位数是 125.03，标准差是 1030.34。每股均值序列的标准差远大于每日均值序列的标准差这一现象反映了不同股票之间的搜索量差异远大于同一股票不同时刻之间的搜索量差异，而混合序列的标准差较大主要是由跨横截面的差异造成的，而不是由跨期的差异造成的。此外，每日均值序列的偏度、峰度值都较小，而每股均值序列和混合序列的偏度、峰度值都较大。偏度值较大反映出序列分布的非对称性，峰度值较大反映出序列分布的厚尾性（Fat-tailed）。总之，从上述的统计量得出的一致的结论是：同一股票不同时刻的搜索量数据比不同股票之间的搜索量数据要更加稳定。

本文还根据常用的几种方法将股票分组后再列出描述性统计量。我们按照市值规模将样本股票分为 5 组，标记最小组为 S1，最大组为 S5，其余各组分别为 S2、S3、S4。在这里，股票市值使用的是 2006 年 8 月的市值。计算描述性统计量可以发现随着规模增大，搜索量的均值、中位数和标准差都增大。也就是说，大公司的平均搜索量大于小公司的平均搜索量（见附表 2）。从搜索量均值上看，不管是均值还是中位数，不管是每日均值序列还是每股均值序列，平均搜索量都随着规模上升而增大。即分为 5 组后，搜索量是随着规模单调上升的，明显表现出公司越大受关注越多的趋势。另外，搜索量数据的标准差也呈现随规模单调上升的趋势，这说明投资者对大公司的关注程度的波动率高于对小公司的关注程度的波动率。

我们还按照上市公司所属的行业分组后计算描述性统计量，结果如附表 4、附表 5 所示（限于篇幅，仅列出平均值和标准差）。可以发现，金融保险业的搜索量均值是 3028.39，房地产业的搜索量均值是 421.71，而其他行业的搜索量均值介于 148.56 到 394.72 之间。金融保险业的平均搜索量很大，但是其他各个行业的平均搜索量较为接近。这很可能是因为金融、保险行业的公司和人们的日常生活相关，所以有很多搜索量是公司的日常业务造成的，而并不是投资者通过搜索引擎搜寻投资所需要的信息造成的。除去金融保险业后，跨行业的搜索量平均水平差异不大，说明上市公司的日常业务产生的搜索对本文的搜索量数据造成的噪声干扰并不严重。为了排除日常业务搜索为检验带来的影响，笔者在第四、第五部分的研究中剔除了金融保险业的股票。

4 关注度与同时期股票收益率的关系

在对搜索量数据有基本了解后，我们分析搜索量与同时期股票收益率之间的关系。考虑到搜索量（关注度）并不是一个与其他变量相互独立的变量，所以必须控制其他能够影响股票收益率的变量对关注度的影响。在已有的研究中，Fama 和 French（1993）把规模和账面市值比当作风险因子，提出小公司股票的收益率大于大公司股票的收益率，高账面市值比公司股票的收益率大于低账面市值比公司股票的收益率。Hou、Peng 和 Xiong（2008）认为换手率反映了交易的活跃程度，并用换手率作为关注度的代理变量。在其他的一些研究中换手率还被视为流动性的代理变量。本文将这三个变量与关注度结合起来并进行交叉分组分析，以此控制和排除它们与关注度之间的相互影响。

这一部分选取的股票样本在第三部分 953 只股票的基础上剔除了金融保险业股票，时间范围与第三部分相同。我们将样本内每只股票的每日搜索量进行排序，一共分为 5 组，从低到高分别记为 A1 至 A5，搜索量低的组投资者对其关注度低，搜索量高的组投资者对其关注度高。同时，每日还根据股票的规模、换手率和账面市值比进行排序，也分为 5 组，从小到大分别记为 S1 至 S5、T1 至 T5、BM1 至 BM5，S 代表股票的规模，T 代表换手率，BM 代表账面市值比。最后，我们将股票按照搜索量和规模、换手率、账面市值比分别进行交叉分组。

我们首先研究仅用单一变量（搜索量、规模、换手率和账面市值比）进行分组后每个小组内股票的平均日度收益率，通过比较小组间股票平均收益率的差异检验这四个变量是否与股票收益率有关；其次，我们采取交叉分组的方式，控制变量之间的相互影响，研究交叉分组后的平均日度收益率，通过比较小组间股票平均收益率的差异检验关注度的作用是否包含在其他三个变量内。得到的结果如表 5 所示。为了便于讨论，标记高关注度组和低关注度组的平均收益率差异为 $\bar{r}_{A5-A1}$，小公司组和大公司组的平均收益率差异为 $\bar{r}_{S1-S5}$，低换手率组和高换手率组的平均收益率差异为 $\bar{r}_{T1-T5}$，标记高账面市值比组和低账面市值比组的平均收益率差异为 $\bar{r}_{BM5-BM1}$。

首先，考虑单个变量与股票收益率是否相关。第一，从规模、换手率、账面市值比三种分组来看：在本文考虑的样本及时间范围内，小公司的平均收益率小于大公司的平均收益率，S1 组的日度平均收益率为 0.41%，S5 组的日度平均收益率为 0.70%，收益率差异达到 -0.29%；高账面市值比的公司平均收益率也小于低账面市值比的公司，BM1 组的日度平均收益率为 0.74%，BM5 组的日度平均收益率为 0.40%，收益率差异达到 -0.34%；高换手率股票的平均收益率大于低换手率股票，T1 组的日度平均收益率为 0.08%，T5 组的日度平均收益率为 2.19%，收益率差异达到 -2.11%。以上三组分类下收益的差异都在 1% 的水平下显著。第二，从搜索量分组来看（见附表 3，面板 1）：A1

至 A5 组的日度平均收益率依次为 0.35%、0.39%、0.49%、0.68%、0.92%，股票平均收益率随搜索量的上升单调递增，其中最高关注度组与最低关注度组的收益率差异达到 0.57%，双边 t 检验在 1% 的水平下显著（原假设为两个收益率序列的数学期望相等）。假设检验说明高搜索量（高关注度）组的平均收益率显著大于低搜索量（低关注度）的平均收益率，关注度与股票收益率有正相关关系。

其次，考虑交叉分组后股票收益率的情况。第一，从规模与关注度的交叉分组来看（见附表 3，面板 1）：按照规模分组后，每个小组内部高关注度组和低关注度组的平均收益率差异都显著大于零。即使在 S5 组中，平均收益率差异是最小的，但是仍然在 10% 的水平下显著。按照关注度分组后，小规模和大规模股票的平均收益率差异的符号和显著性却并不稳定。在 A2 和 A3 中，该值分别为 −0.13% 和 0.08%，均在 10% 的水平下不显著。在 A4 和 A5 中，该值分别为 0.27% 和 0.52%，均在 1% 的水平下显著。而没有分组时总体样本中该值为 −0.29%，显著小于零。以上数据事实说明，规模并不包含关注度的解释力，但是关注度包含了规模的一部分解释力。

第二，从换手率与关注度的交叉分组来看（见附表 3，面板 2）：按照换手率分组后，只有在 T3 组中，高关注度组和低关注度组的平均收益率之差为 0.09%，不显著大于零；其余各组中，该值都显著大于零。按照关注度分组后，A1 组至 A5 组中的高换手率组与低换手率组的收益率之差依次为 −1.84%、−1.93%、−2.03%、−2.09%、−2.44%，都在 1% 的水平下保持显著小于零。以上数据说明，换手率包括了关注度的一部分解释力，但是关注度不包括换手率的解释力。

第三，从账面市值比和关注度的交叉分组来看（见附表 3，面板 3）：按照账面市值比分组后，BM1 组至 BM5 组各组内的高关注度组与低关注度组的收益率差异依次为 0.48%、0.54%、0.73%、0.57%、0.48%，都在 1% 的水平下显著大于零。按照关注度分组后，A1 组至 A5 组内的高账面市值比组与低账面市值比组的收益率差异依次为 −0.29%、−0.32%、−0.29%、−0.30%、−0.29%，也均在 1% 的水平下显著小于零。以上数据说明账面市值比和关注度互相不包含解释力。

结合上述分析我们可以得到如下结论：①关注度与同时期的股票收益率存在正相关关系，关注度高的股票同时期的平均收益率也较高。②换手率包含了关注度的一部分解释力，规模和账面市值比都不包含关注度的解释力。③关注度包含了规模的一部分解释力，但是关注度不包含换手率和账面市值比的解释力。

5　关注度变化率作为风险因子的检验

关注度与股票平均收益率之间有正相关关系。一个进一步的问题是：关注度是否能够影响股票的收益？是不是股票收益率的风险因子？我们基于 Barber 和 Odean（2008）的注意力理论产生一个假设，将关注度变化率与股票收益率联系起来，并通过 Fama – Mac – Beth 两步回归检验这一理论。有必要指出，第三部分我们是在横截面层面上研究关注度对股票收益率的解释力度，即对于不同的股票，其关注度不同，收益率也不同。本部分研究的是对于给定的一只股票，关注度如何影响其收益率，因而我们关注的是在时间序列层面上关注度的变化率。

基于第二部分文献回顾中 Barber 和 Odean（2008）关于注意力和投资行为的研究以及若干关于股票市场流动性的研究，我们提出的假设如下。我们认为，如果承认搜索量变化率是个人投资者关注度变化率的代理变量，那么搜索量上升意味着关注某只股票的个人投资者数量增加，这只股票被购买的可能性增大。另外，受到中国股票市场非流动性的影响，对股票的短期需求上升意味着股票价格上涨，股票有正收益；对股票的短期需求下降意味着股票价格下跌，股票有负收益。因此，关注度变化率（搜索量变化率）可能会是一个影响股票收益率的风险因子，股票收益率对搜索量变化率的回归系数成为代表关注度风险的风险系数。根据我们的理论，关注度风险的风险溢价应当显著为正。

我们使用与第四部分相同的搜索量数据作为个人投资者关注度的代理变量，用搜索量的变化率作为个人投资者关注度的变化率的代理变量，在计算搜索量变化率时，本文使用每日的搜索量与前七天的搜索量中位数计算搜索量变化率。

我们检验的命题是关注度变化率是否是影响股票收益率的风险因子，采用 Fama 和 MacBeth（1973）的方法来进行检验，分为两步：

第一步，在时间序列层面上，将每只股票分别回归，用每只股票的超额收益率对搜索量变化率、市场超额收益率、SMB 因子收益率和 HML 因子收益率进行回归，并且保留回归系数［式（1）］。其中，SMB 因子收益率和 HML 因子收益率是根据 Fama 和 French（1993）的方法构建的，无风险利率使用的是银行间市场 7 天拆借利率。这一步使用的数据是 2006 年 9 月 3 日到 2007 年 8 月 28 日。这一步中股票收益率对搜索量变化率的回归系数就成为代表关注度风险的风险系数。

第二步，在横截面层面上，用每只股票的平均收益率对该股票在第一步的四个回归系数进行回归［式（2）］，数据的时间是 2007 年 9 月 1 日至 2008 年 9 月 1 日。为了保证结论的稳定性，避免计算平均收益率的时间长度影响结果，第二步计算股票平均收益率使用的时间长度分别为 4 周、8 周、……、48 周，起始日都是 2007 年 9 月 1 日（在第一步所用的数据之后）。

如果第二步得到的 λ_A 显著，那么原假设得到支持；如果第二步得到的 λ_A 不显著，那么原假设没有得到支持。

$$r_{i,t} - r_{f,t} = \beta_{A,i} \cdot chg\_ search_{i,t} + \beta_{m,i} \cdot (r_{m,t} - r_{f,t}) + \beta_{SMB,i} \cdot r_{SMB,t} + \beta_{HML,i} \cdot r_{HML,t} + \varepsilon_{i,t}$$

$$(1)$$

$$\bar{r}_i = \lambda_0 + \beta_{A,i} \cdot \lambda_A + \beta_{m,i} \cdot \lambda_m + \beta_{SMB,t} \cdot \lambda_{SMB} + \beta_{HML,i} \cdot \lambda_{HML} + \varphi_i$$

$$(2)$$

因为第二步回归使用的收益率计算期限长度分别为 4 周、8 周、……、48 周，所以每一个期限长度都对应一次回归的结果。表 6 中的每一列展示了每次回归的结果，各行分别是回归的系数、系数估计的标准差、显著性以及回归的 R – square、调整的 R – square 和样本个数。

表 6 所示的式（2）的回归结果显示，不存在显著为正的关注度风险溢价。在 12 次回归中，λ_A 没有得到显著的正值结果，有 2 次得到了不显著的正的 λ_A，有 8 次得到了不显著的负的 λ_A，有 2 次得到了 5% 水平下显著的负的 λ_A（收益计算期限为 44 周、48 周时，关注度风险溢价为 – 1.043、– 1.152）。

上述检验结果得出的结论是：关注度变化率并没有显著的正风险溢价，故不是影响股票收益率的风险因子。如果关于市场非流动性的假设成立（而这一般是成立的），并且搜索量变化率确实是关注度变化率的代理变量，那么我们的假设中关注度会影响个人投资者的购买行为就出现了问题。上述结果说明：这一假设很有可能不成立，注意力并不能系统性地引起个人投资者的购买行为，个人投资者购买某只股票的概率和他投入于这只股票的注意力没有显著关系。

我们对上述实证检验的原理、数据、结果进行如下分析。我们认为，关注度风险溢价不显著也有可能是由如下缺陷造成的：①如前文所述，百度公司提供的这一搜索量数据某种程度上仅代表关注上市公司的个人投资者的数量，因此，搜索量的变化率仅能代表个人投资者的关注度变化和需求变化，无法反映机构投资者的关注度变化和需求变化。②搜索量的变化也不能完美地代表个人关注度的变化情况，上市公司的日常业务关系产生的搜索量噪声是很有可能存在的。但是，使用搜索量的变化率可以在很大程度上避免搜索量噪声的影响。③股票收益率同时受到个人投资者和机构投资者的影响，股票收益率可能不直接反映个人投资者关注度变化的影响。④该搜索量数据是以日历日为基础的，把每一个交易日收盘后的搜索量也算入了这一交易日，如果能够把 t – 1 日收盘后到 t 日收盘前的搜索量算入 t 日，那么该搜索量数据就能够更好地反映个人投资者的关注度。⑤中国市场的流动性并不完美，这一假设并没有得到完全的验证。如果中国市场的流动性非常充裕，股票的价格不受短期供求的影响，那么我们的推导将存在问题，得到的上述结论将受到严重质疑。⑥股票关注度风险系数跨时期的不稳定性可能使检验缺乏效力。

从另一个方面来看，注意力并不能系统性地引起个人投资者的购买行为这一结论也可能具有更多的心理学上的原因。Norman 和 Shallice（1986）一篇引用广泛的文章中讨论过注意力（Attention）对于行为（Action）的影响。他们认为注意力的主要作用在于控制人的行为。仅仅当人对于自己的行为需要修改，或者一些突发性的意外造成修改的必要时，注意力才能够成为影响人类行为的主要因素。而人的主观意志是主要的注意力影响行为的方式。考虑到本文数据的局限性，我们的数据覆盖了我国历史上最大的牛市阶段。股市一直处于上涨阶段，因此人的主观意志多集中于购买持有股票。即其主要行为并没有修改的诱因。基于这个原因，关注度的效果可能无法体现。

6 结论与延伸思考

本文通过研究百度公司提供的上市公司简称搜索量数据与同时期股票收益率之间的关系得到了以下基本结论：第一，通过研究搜索量与规模、换手率、账面市值比交叉分组后的股票平均收益率，本文发现关注度与同时期股票收益率有正相关关系，高关注度组股票的平均收益率显著大于低关注度组股票，同时关注度并不能完全被另外三个变量解释，并不包括在这三个变量之内。第二，本文从注意力和个人投资者的购买行为假设出发，推导出关注度变化率是影响股票收益率的风险因子。但是实证检验不支持这个理论，所以可以推断关注度变化率不是一个显著的风险因子。

本文使用了网络搜索量来衡量股票的受关注度，并以此为基础来研究中国市场中关注度与股票收益率之间的关系，为读者了解网络搜索量与股票收益的关系提供了一个较为完整的概要。然而，本文的结论仍然有一些局限性：第一，网络搜索量仅反映个人投资者的注意力，而不能够反映机构投资者的注意力，因此本文实际上只是对个人投资者产生的关注度进行了研究，不能把结论推广到全体投资者。第二，本文的样本量较少，覆盖时间范围比较早，而且较短，这可能导致了结论的不准确。第三，有一些股票因为业务关系而被频繁搜索，关于它们的搜索量是否能够代表投资者的关注度还需要进一步的讨论。

参考文献

[1] 梁丽珍，孔东民. 中国股市的流动性指标定价研究[J]. 管理科学，2008（3）：85 – 93.

[2] 宋双杰，曹晖，杨坤. 投资者关注与IPO异象[J]. 经济研究，2011（1）：145 – 155.

[3] 苏冬蔚，麦元勋. 流动性与资产定价：基于我国股市资产换手率与预期收益的实证研究[J]. 经济研究，2004（2）：95 – 105.

[4] 俞庆进，张兵. 投资者有限关注与股票收益——以百度指数作为关注度的一项实证研[J]. 金融研究，2012（8）：152 – 165.

[5] Amihud Y. and H. Mendelson. Asset Pricing and the Bid – Ask Spread [J]. Journal of Financial Economics，1986（17）：223 – 249.

[6] Barber B. M. and T. Odean. All that Glitters：The Effect of Attention and News on the Buying Behavior of Individual and Institutional Investore [J]. The Review of Financial Studies，2008（21）：785 – 818.

[7] Brennan M. J. and A. Subrahmanyam. Market Microstructure and Asset Pricing：On the Compensation for Illiquidity in Stock Returns [J]. Journal of Financial Economics，1996（41）：441 – 464.

[8] Broadbent D. E. Perception and Communication [M]. Published by Oxford University Press，1958.

[9] Chemmanur T. J. and A. Yan. Advertising, Attention, and Stock Returns [R]. Working Paper，2009.

［10］Da Z. , J. Engelbeig and P. Gao. In Search of Attention ［J］. Journal of Finance, 2011（66）: 1461 – 1499.

［11］Fama E. F. and J. D. MacBeth. Risk, Return, and Equilibrium: Empirical Tests［J］. Journal of Political Economy, 1973（81）: 607 – 636.

［12］Fama E. F. and K. R. French. Common Risk Factors in the Returns onStocks and Bonds［J］. Journal of Finan – cial Economics, 1993（33）: 3 – 56.

［13］Gervais S. , R. Kaniel and D. H. Mingelgrin. The High – Volume Return Premium［J］. Journal of Finance, 2001（56）: 877 – 919.

［14］Grullon G. , G. Kanatas and J. P. Weston. Advertising, Breadth of Ownership, and Liquidity［J］. The Review of Financial Studies, 2004（17）: 439 – 461.

［15］Hirshleifer D. and S. H. Teoh. Limited Attention, Infonnation Disclosure, and Financial Reporting［J］. Journal of Accounting and Economics, 2003（36）: 337 – 386.

［16］Hou K. , L. Peng and W. Xiong. A Tale of Two Anomalies: The Implications of Investor Attention for Price and Earnings Momentum［R］. Working Paper, 2008.

［17］Kahneman D. Attention and Effort［M］. Published by Prentice Hall, 1973.

［18］Lou D. Attracting Investor Attention through Advertising［R］. Working Paper, 2008.

［19］Merton R. C. A Simple Model of Capital Market Equilibrium with Incomplete Information［J］. Journal of Finance, 1987（36）: 483 – 510.

［20］Nonnan, D. A. and Shallice, T. Attention to action: Willed and automatic control of behavior［M］. In R. J. Da – vidson, G. E. Schwartz, & D. Shapiro（Eds.）, Consciousness and self – regulation: Advances in research and theory（Vol. 4, pp. 1 – 18）. New York: Pienum, 1986.

［21］Peng L. and W. Xiong. Investor Attention, Overconfidence and Category Learning［J］. Journal of Financial Eco – nomics, 2006（80）: 563 – 602.

［22］Simon H. A. A Behavioral Model of Rational Choice［J］. The Quarterly Journal of Economics, 1955（69）: 99 – 118.

［23］Treisman A, M. Verbal Cues, Language, and Meaning in Selective Attention［J］. The American Journal of Psychology, 1964（77）: 206 – 219.

［24］Yuan Y. Attention and Trading［R］. Working Paper, 2008.

Abstract: The paper uses search volume of public company's names in short form provided by Baidu Co. as a measurement of investors' attention. We combined the data above and trading data of stock markets in China to study the relationship between attention and stock returns. The paper finds out that the average return of high – attention stocks is higher than that of low – attention stocks. Also, the paper controls the interactions between attention and three other variables（size, turnover and book – to – market ratio）and finds that attention is not completely explained by these three variables. In addition, by running Fama – MacBeth regression, we learn that attention is an insignificant risk factor that does not systematically influence stock returns.

Key Words: attention; stock returns; risk factor

附表 1　搜索量数据集的描述统计量

	混合	每日均值序列 a_t	每股均值序列 b_i
均值	262.18	262.18	262.18
标准差	1159.72	100.02	1030.34
偏度	20.47	0.58	12.43
峰度	855.41	−0.33	166.26
最大值	112908.00	591.33	16678.61
上四分位数	191.00	331.47	182.01
中位数	118.00	242.68	125.03
下四分位数	78.00	185.67	99.41
最小值	0.00	93.66	1.12
样本个数	343080	360	953

注："混合"是将每天的每只股票搜索量混合后计算描述统计量；每日均值序列是先计算每日平均搜索量，再计算这个序列的描述统计量；每股均值序列是先计算每只股票的平均搜索量，再计算这个序列描述统计量

附表 2　按照市值规模分组后的搜索量数据集描述统计量

	每日均值序列 a_t					每股均值序列 b_i				
	1 最小	2	3	4	5 最大	1 最小	2	3	4	5 最大
均值	107.20	130.26	142.75	255.32	468.69	107.20	130.26	142.75	255.32	468.69
标准差	40.62	49.29	57.98	86.95	179.60	65.17	104.55	78.32	887.73	1454.36
偏度	0.37	0.46	0.51	0.39	1.29	5.45	8.40	3.33	12.64	9.35
峰度	−0.68	−0.87	−0.79	−0.91	4.58	36.68	89.83	16.78	165.07	95.90
最大值	251.03	243.52	280.82	470.27	1638.21	631.91	1298.86	670.18	11815.83	16678.61
75%	139.36	168.93	188.72	327.42	587.61	116.71	142.29	159.28	208.58	372.72
中位数	102.58	119.60	130.08	243.68	430.79	97.01	111.81	124.38	149.94	219.90
25%	74.59	91.16	96.52	182.12	334.94	84.17	97.43	105.38	117.32	152.92
最小值	29.95	42.98	44.88	105.92	182.12	9.91	2.64	23.26	1.12	22.17
样本量	360	360	360	360	360	177	178	178	178	178

注：75%表示上四分位数，25%表示下四分位数、最小值和样本个数等描述统计量

附表 3 按照关注度、规模、换手率和账面市值比分组的股票日度平均收益率

面板 1：按照关注度和规模分组的平均日度收益率

			搜索量						
		全部	A1 低	A2	A3	A4	A5 高	高—低	t 值
规模	全部		0.35%	0.39%	0.49%	0.68%	0.92%	0.57%	14.43
	S1 小	0.41%	0.24%	0.34%	0.57%	0.95%	1.30%	1.07%	7.96
	S2	0.52%	0.30%	0.38%	0.49%	0.70%	1.47%	1.17%	10.66
	S3	0.58%	0.43%	0.40%	0.43%	0.65%	1.19%	0.76%	7.63
	S4	0.63%	0.51%	0.48%	0.47%	0.64%	0.88%	0.36%	4.88
	S5 大	0.70%	0.66%	0.46%	0.50%	0.68%	0.78%	0.12%	1.96
	小—大	−0.29%	−0.43%	−0.13%	0.08%	0.27%	0.52%		
	t 值	−3.24	−4.32	−1.04	0.68	2.06	3.35		

面板 2：按照关注度和换手率分组的平均日度收益率

			搜索量						
		全部	A1 低	A2	A3	A4	A5 高	高—低	t 值
换手率	全部		0.35%	0.39%	0.49%	0.68%	0.92%	0.57%	14.43
	T1 低	0.08%	0.00%	−0.04%	−0.01%	0.12%	0.32%	0.32%	6.80
	T2	−0.02%	−0.01%	−0.08%	−0.06%	−0.01%	0.06%	0.08%	1.78
	T3	0.07%	0.08%	0.06%	−0.01%	0.07%	1.17%	0.09%	2.05
	T4	0.52%	0.45%	0.41%	0.44%	0.54%	0.81%	0.36%	6.01
	T5 高	2.19%	1.84%	1.89%	2.02%	2.21%	2.76%	0.92%	8.85
	低—高	−2.11%	−1.84%	−1.93%	−2.03%	−2.09%	−2.44%		
	t 值	−24.25	−18.12	−19.47	−20.18	−21.22	−21.81		

面板 3：按照关注度和账面市值分组的平均日度收益率

			搜索量						
		全部	A1 低	A2	A3	A4	A5 高	高—低	t 值
账面市值比	全部		0.35%	0.39%	0.49%	0.68%	0.92%	0.57%	14.43
	BM1 低	0.74%	0.52%	0.59%	0.63%	0.83%	1.00%	0.48%	6.78
	BM2	0.64%	0.38%	0.48%	0.61%	0.76%	0.93%	0.54%	9.24
	BM3	0.54%	0.29%	0.38%	0.50%	0.62%	1.02%	0.73%	12.45
	BM4	0.51%	0.32%	0.31%	0.42%	0.67%	0.89%	0.57%	9.53
	BM5 高	0.40%	0.23%	0.27%	0.34%	0.52%	0.71%	0.48%	8.51
	高—低	−0.34%	−0.29%	−0.32%	−0.29%	−0.30%	−0.29%		
	t 值	−3.94	−3.45	−3.54	−3.19	−2.87	−2.62		

注：样本股票在 953 只股票的基础上剔除了金融保险行业股票，时间为 2006 年 9 月 3 日至 2007 年 8 月 28 日

附表 4 按照上市公司所属行业分组后的搜索量数据集描述性统计量（每日均值序列）

	农、林、牧、渔业	制造业	批发和零售贸易	采掘业	综合类	电力、煤气及水生产和供应业	建筑业	传播与文化产业	交通运输仓储业	社会服务业	信息技术业	房地产业	金融、保险业
均值	148.56	161.47	153.26	162.19	163.41	177.58	177.84	179.70	201.60	302.74	394.72	421.71	3028.39
标准差	60.84	61.29	53.16	75.07	83.41	101.96	89.51	72.74	84.68	127.15	96.23	100.85	1541.58

附表 5 按照上市公司所属行业分组后的搜索量数据集描述性统计量（每股均值序列）

	农、林、牧、渔业	制造业	批发和零售贸易	采掘业	综合类	电力、煤气及水生产和供应业	建筑业	传播与文化产业	交通运输仓储业	社会服务业	信息技术业	房地产业	金融、保险业
均值	148.56	161.47	153.26	162.19	163.41	177.58	177.84	179.70	201.60	302.74	394.72	421.71	3028.39
标准差	84.67	122.05	215.85	70.30	100.50	144.76	134.32	123.09	212.75	315.18	1406.57	1809.15	5256.70

附表 6 股票平均收益率对风险溢价的回归结果

	4W	8W	12W	16W	20W	24W	28W	32W	36W	40W	44W	48W
截距	0.963***	0.914***	1.013***	1.215***	1.332***	1.329***	1.311***	1.110***	1.157***	1.080***	1.011***	1.038***
	(0.039)	(0.047)	(0.045)	(0.052)	(0.065)	(0.073)	(0.074)	(0.072)	(0.090)	(0.083)	(0.083)	(0.080)
关注度风险溢价	0.97	0.433	-0.021	-0.241	-0.199	-0.406	-0.485	-0.632	-0.828	-0.820	-1.043**	-1.152**
	(0.248)	(0.294)	(0.281)	(0.328)	(0.410)	(0.458)	(0.466)	(0.454)	(0.568)	(0.523)	(0.521)	(0.505)
市场风险溢价	0.071*	-0.007	-0.143***	-0.240***	-0.248***	-0.327***	-0.395***	-0.331***	-0.357***	-0.355***	-0.406***	-0.411***
	(0.038)	(0.046)	(0.044)	(0.051)	(0.063)	(0.071)	(0.072)	(0.070)	(0.088)	(0.081)	(0.081)	(0.078)
SMB溢价	-0.026***	-0.100***	0.002	0.029**	0.065***	0.069***	0.178***	0.098***	0.096***	0.115***	0.092***	0.118***
	(0.010)	(0.012)	(0.012)	(0.013)	(0.017)	(0.019)	(0.019)	(0.019)	(0.023)	(0.021)	(0.021)	(0.021)
HML溢价	0.089***	0.030**	0.038***	0.064***	0.079***	0.062***	0.085***	0.058***	0.070***	0.068**	0.019	0.017
	(0.013)	(0.015)	(0.015)	(0.017)	(0.021)	(0.024)	(0.024)	(0.024)	(0.030)	(0.027)	(0.027)	(0.026)
R^2	6.25%	9.89%	2.27%	4.12%	3.85%	3.57%	10.46%	4.65%	3.40%	4.57%	3.91%	5.19%
Adj. R^2	5.81%	9.47%	1.82%	3.67%	3.40%	3.12%	10.05%	4.20%	2.94%	4.13%	3.46%	4.75%
N	858	858	858	858	858	858	858	858	858	858	858	858

注：本表为式（2）的回归结果。因变量是股票历史收益率，括号外是回归系数，括号内是标准差。*表示10%水平下显著，**表示5%水平下显著，***表示1%水平下显著

第二节

国外期刊论文精选

Title：A Slacks – based Measure of Super – efficiency in Data Envelopment Analysis：An Alternative Approach

Periodical：Omega

Author：Hsin – Hsiung Fang，Hsuan – Shih Lee，Shiuh – Nan Hwang

Date：August，2013，Vol. 41 Issue4，pp. 731 – 734

Abstract：The current paper proposes a slack – based version of the Super SBM，which is an alternative super – efficiency model for the SBM proposed by Tone. Our two – stage approach provides the same super – efficiency score as that obtained by the Super SBM model when the e-valuated DMU is efficient and yields the same efficiency score as that obtained by the SBM model when the evaluated DMU is inefficient. The projection identified by the Super SBM model may not be strongly Pareto efficient；However，the projection identified from our approach is strongly Pareto efficient.

Key Words：data envelopment analysis（DEA）；efficiency；slacks – based measure（SBM）；super – efficiency

文章名称：《基于松弛变量的数据包络分析超效率模型研究：一种可替代方法》

期刊名称：Omega

作　者：方新成，李选士，黄旭南

出版时间：2013 年 8 月，第 41 卷第 4 期，第 731～734 页

内容摘要：本文在 Tone 提出的 SBM 模型的基础上，提出了一种可替代的超效率模型，即基于松弛变量的 SBM 超效率模型。当决策单元 DMU 有效时，我们运用两阶段模型计算出的得分和超效率模型计算出的得分结果是相同的，并且当决策单元无效时，运用两阶段模型计算出的 DEA 效率得分与 SBM 模型计算出的得分结果也是相同的。根据超效率 SBM 模型预测的结果可能并不是最合理的帕累托效率，而运用我们所提供的方法预测的结果则是最合理的帕累托效率。

关键词：数据包络分析（DEA）；效率；SBM；超效率

Title：The Closed – loop Supply Chain Network with Competition，Distribution Channel Investment，and Uncertainties

Periodical：Omega

Author：Qiang Qiang，Dong June，Anderson

Date：April，2013，Vol. 41 Issue，pp. 186 – 194

Abstract：In this paper，a closed – loop supply chain network is investigated with decentralized decision – makers consisting of raw material suppliers，retail outlets，and the manufacturers that collect the recycled product directly from the demand market. We derive the optimality conditions of the various decision – makers，and establish that the governing equilibrium conditions can be formulated as a finite – dimensional variational inequality problem. We establish convergence of the proposed algorithm that can allow for the discussion of the effects of competition，distribution channel investment，yield and conversion rates，combined with uncertainties in demand，on equilibrium quantity transactions and prices. Numerical examples are provided for illustration.

Key Words：closed – loop supply chain；environmental responsibility；remanufacturing

文章名称：《竞争性、分销渠道投资与不确定性的闭环供应链网络研究》

期刊名称：Omega

作　　者：强强，董六月，安德森

出版时间：2013 年 4 月，第 41 卷第 2 期，第 186～194 页

内容摘要：本文通过对分散的决策者的调查发现，闭环供应链网络是由原材料供应商、零售商以及直接从需求市场上收集可回收产品的制造商构成的。我们推导出各种决策者决策的最优条件，并构建了治理均衡条件的有限维变分不等式，并且对于上述算法，我们构建了收敛条件，包括竞争有效性、分销渠道投资、收益率和转换率、需求的不确定性、均衡交易数量和均衡价格。本文中提供的数值示例仅用于说明问题。

关键词：闭环式供应链；环境责任；再制造

Title：Judging Borrowers by the Company They Keep：Friendship Networks and Information Asymmetry in Online Peer – to – Peer Lending

Periodical：Management Science

Author：Lin Mingfeng, Viswanathan

Date：January, 2013, Vol. 59 (1), pp. 17 – 35

Abstract：We study the online market for peer – to – peer (P2P) lending, in which individuals bid on unsecured microloans sought by other individual borrowers. Using a large sample of consummated and failed listings from the largest online P2P lending marketplace, Prosper. com, we find that the online friendships of borrowers act as signals of credit quality. Friendships increase the probability of successful funding, lower interest rates on funded loans, and are associated with lower ex post default rates. The economic effects of friendships show a striking gradation based on the roles and identities of the friends. We discuss the implications of our findings for the disintermediation of financial markets and the design of decentralized electronic markets.

Key Words：peer – to – peer lending；social networks；information asymmetry

文章名称：《公司借款人信用评价：基于 P2P 网络借贷平台的社交关系与信息不对称的研究》

期刊名称：Management Science

作　　者：林明锋，维斯瓦纳坦

出版时间：2013 年 1 月，第 59 卷第 1 期，第 17～35 页

内容摘要：我们研究点对点（P2P）借贷在线市场，在这个市场中其他个人借款人寻求个人无抵押小额贷款申办。基于来自最大 P2P 借贷在线市场的一个完善和未上市的大样本，我们发现借款人的在线友谊起信用质量信号的作用。友谊增加了成功融资的可能性，降低了资助贷款的利率，并且与事后违约率较低有关。友谊的经济效果显示了基于朋友的角色和身份的显著渐变。我们讨论了研究结果对金融市场的非中介化和分散电子市场的设计的影响。

关键词：点对点借贷；社交网络；信息不对称

Title：Multi – objective Simulation Optimization Using data Envelopment Analysis and Genetic Algorithm：Specific Application to Determining

Periodical：Omega

Author：Rung – Chuan Lin，Pasupathy Kalyan S. ，Sir

Date：October，2013，Vol. 41（5），pp. 881 – 892

Abstract：Simulation is a powerful tool for modeling complex systems with intricate relationships between various entities and resources. Simulation optimization refers to methods that search the design space（i. e. ，the set of all feasible system configurations）to find a system configuration（also called a design point）that gives the best performance. Since simulation is often time consuming，sampling as few design points from the design space as possible is desired. However，in the case of multiple objectives，traditional simulation optimization methods are ineffective to uncover the efficient frontier. We propose a framework for multi – objective simulation optimization that combines the power of genetic algorithm（GA），which can effectively search very large design spaces，with data envelopment analysis（DEA）used to evaluate the simulation results and guide the search process. In our framework，we use a design point's relative efficiency score from DEA as its fitness value in the selection operation of GA. We apply our algorithm to determine optimal resource levels in surgical services. Our numerical experiments show that our algorithm effectively furthers the frontier and identifies efficient design points.

Key Words：multicriteria simulation optimization；genetic algorithm；DEA；Surgical services

文章名称：《基于数据包络分析和遗传算法的多目标拟合优化研究：特定应用程序研究》

期刊名称：Omega

作　　者：林荣川，帕苏帕蒂·卡延·S. ，Sir

出版时间：2013 年 10 月，第 41 卷第 5 期，第 881～892 页

内容摘要：模拟仿真是一个用于各种实体和资源之间具有错综复杂关系的复杂系统的建模的强大工具。模拟仿真优化是指搜索设计空间（即所有可行系统配置的集合）以找到给出最佳性能的系统配置（也称为设计点）的方法。由于模拟通常是耗时的，因此期望从设计空间尽可能少的设计点进行采样。然而，在多个目标的情况下，传统的模拟仿真优化方法对揭示有效的前沿是无效的。我们提出了一个多目标模拟仿真优化框架，它结合了遗传算法（GA）的功能，可以有效地搜索非常大的设计空间，用数据包络分析（DEA）来评估模拟仿真结果并指导搜索过程。在我们的框架中，我们使用来自 DEA 设计点的相对效率分数作为 GA 的选择操作中的适合度值。我们应用我们的算法来确定外科手术服务的最佳资源水平，数值实验表明，我们的算法有效地促进前沿和识别有效的设计点。

关键词：多目标模拟仿真优化；遗传算法；数据包络分析；外科手术服务

Title：Dynamic Pricing Competition with Strategic Customers Under Vertical Product Differentiation

Periodical：Management Science

Author：Liu Qian，Zhang Dan

Date：January，2013，Vol. 59 （1），pp. 84 – 101

Abstract：We consider dynamic pricing competition between two firms offering vertically differentiated products to strategic customers who are intertemporal utility maximizers. We show that price skimming arises as the unique pure – strategy Markov perfect equilibrium in the game under a simple condition. Our results highlight the asymmetric effect of strategic customer behavior on quality – differentiated firms. Even though the profit of either firm decreases as customers become more strategic，the low – quality firm suffers substantially more than the high – quality firm. Furthermore，we show that unilateral commitment to static pricing by either firm generally improves profits of both firms. Interestingly，both firms enjoy higher profit lifts when the high – quality firm commits rather than when the low – quality firm commits.

Key Words：dynamic pricing；pricing competition；strategic customers；vertical differentiation

文章名称：《垂直产品差异化战略客户的动态定价博弈》

期刊名称：Management Science

作　　者：刘茜，张丹

出版时间：2013 年 1 月，第 59 卷第 1 期，第 84 ~ 101 页

内容摘要：我们认为两个公司之间的动态定价竞争给跨期效用最大化的战略客户提供了垂直差异化产品。我们发现价格撇去作为唯一的纯策略出现时马尔可夫在一个简单条件下完美博弈平衡。我们的研究结果强调了战略客户行为对质量差异化公司的非对称效应。即使两家公司的利润随着客户变得更具战略性而减少，低质量公司也比高质量公司受益更大。此外，我们发现，任何一家公司单方面承诺静态定价一般会提高两家公司的利润。有趣的是，两家公司在高质量公司承诺时享受更高的利润提升，而不是在低质量公司承诺时。

关键词：动态定价；定价竞争；战略客户；垂直差异化

Title：Distributed Welfare Games

Periodical：Operations Research

Author：J. R. Marden, A. Wierman

Date：January – February, 2013, Vol. 61 (1), pp. 155 – 168

Abstract：Game – theoretic tools are becoming a popular design choice for distributed resource allocation algorithms. A central component of this design choice is the assignment of utility functions to the individual agents. The goal is to assign each agent an admissible utility function such that the resulting game possesses a host of desirable properties, including scalability, tractability, and existence and efficiency of pure Nash equilibria. In this paper we formally study this question of utility design on a class of games termed distributed welfare games. We identify several utility design methodologies that guarantee desirable game properties irrespective of the specific application domain. Lastly, we illustrate the results in this paper on two commonly studied classes of resource allocation problems："coverage" problems and "coloring" problems.

Key Words：distributed welfare games; artículo

文章名称：分布式福利博弈

期刊名称：Operations Research

作　　者：J. R. 马登, A. 威尔曼

出版时间：2013 年 1 ~ 2 月，第 61 卷第 1 期，第 155 ~ 168 页

内容摘要：博弈论工具正在成为一种流行的分布式资源分配算法的设计选择。这个设计选择的中心组成部分是向个体代理人分配效用函数。其目的是分配给每个代理一个容许效用函数使得由此产生的博弈具有许多理想的性能，包括可扩展性、可追溯性，以及纯纳什均衡的存在性和有效性。在本文中，我们正式研究这个被称为分布式福利博弈的一类博弈的实用程序设计问题。我们确定了几个实用的设计方法保证理想的博弈性能，不考虑具体的应用领域。最后，我们在本文中说明了两种常见的资源分配问题研究的结果："覆盖"问题和"着色"问题。

关键词：分布式福利博弈；商品

Title：Optimizing Inventory and Marketing Policy for Non – instantaneous Deteriorating Items with Generalized Type Deterioration and Holding cost Rates

Periodical：Omega

Author：Shah Nita H. , Patel Kamlesh A. , Soni Hardik N.

Date：April, 2013, Vol. 41 （2）, pp. 421 –430

Abstract：This paper considers an inventory system with non – instantaneous deteriorating item in which demand rate is a function of advertisement of an item and selling price. This paper aids the retailer in maximizing the total profit by determining optimal inventory and marketing parameters. In contrast to previous inventory models, an arbitrary holding cost rate and arbitrary deterioration rate have been incorporated to provide general framework to the model. First, a mathematical model is formulated and then some useful theoretical results have been framed to characterize the optimal solutions. The necessary and sufficient conditions for the existence and uniqueness of the optimal solutions are also derived. An algorithm is designed to find the optimum solutions of the proposed model. Numerical examples are included to illustrate the algorithmic procedure and the effects of key parameters are studied to analyze the behavior of the model.

Key Words：inventory; non – instantaneous deterioration; variable demand; variable deterioration and holding cost rates

文章名称:《基于广义型损耗与持有成本率的非即时损耗项目库存系统的优化和营销策略研究》

期刊名称: Omega

作　者: 沙阿·妮塔·H. , 帕特尔·卡姆利什·A. , 索尼·哈丁·N.

出版时间: 2013 年 4 月, 第 41 卷第 2 期, 第 421 ~430 页

内容摘要: 本文考虑了一个具有非即时损耗项目的库存系统, 其中需求率是项目广告和销售价格的函数。本文通过确定最优库存和营销参数帮助零售商最大化总利润。与以前的库存模型相比, 任意持有成本率和任意损耗率已被纳入提供一般框架的模型。首先, 建立一个数学模型; 其次对一些有用的理论结果制定表征最优解。还导出了最优解的存在性和唯一性的充分必要条件, 并设计了一种找到所提出的模型最优解的算法, 包括用数值例子来说明算法程序, 并研究关键参数的影响以分析模型的行为。

关键词: 库存; 非即时损耗; 可变需求; 可变损耗和持有成本率

Title：Overconfidence in Newsvendor Orders：An Experimental Study

Periodical：Management Science

Author：Ren Yufei，Croson Rachel

Date：November，2013，Vol. 59（11），pp. 2502 – 2517

Abstract：Previous studies have shown that individuals make suboptimal decisions in a variety of supply chain and inventory settings. We hypothesize that one cause is that individuals are overconfident（in particular，overprecise）in their estimation of order variation. Previous work has shown theoretically that underestimating the variance of demand causes orders to deviate from optimal in predictable ways. We provide two experiments supporting this theoretical link. In the first，we elicit the precision of each individual's beliefs and demonstrate that overprecision significantly correlates with order bias. We find that overprecision explains almost one – third of the observed ordering mistakes and that the effect of overprecision is robust to learning and other dynamic considerations. In the second，we introduce a new technique to exogenously reduce overprecision. We find that participants randomly assigned to this treatment demonstrate less overprecision and less biased orders than do those in a control group.

Key Words：overconfidence in newsvendor orders；an experimental study；overprecision；newsvendor；experiment；behavioral operations management；Artículo

文章名称：《新闻订单中的过度自信：一个实验研究》

期刊名称：Management Science

作　　者：任玉飞，科洛森·雷切尔

出版时间：2013 年 11 月，第 59 卷第 11 期，第 2502 ~ 2517 页

内容摘要：前人研究表明，个人在各种供应链和库存设置中做出次优的决定。我们假设一个原因是个人在他们的订单变化的估计中过度自信（特别是过度精确）。以前的工作已经表明理论上低估了需求方差导致订单偏离最优的可预见的方式。我们提供支持这一理论联系的两个实验。第一，我们得到每个人的信念的精度，并证明过度精确与订单偏差显著相关。我们发现过度精确解释了几乎 1/3 的观察到的订单错误，并且过度精确对学习和其他动态考虑的影响是强大的。第二，我们引入一种新的技术来降低过度精确的外生性。我们发现，随机分配到这种治疗的参与者比对照组中的那些表现出更低的过度精确和更少的偏离订单。

关键词：报纸经销人订单过度自信；一个实验研究；过度精确；报纸经销人；实验；行为运作管理；商品

Title：Integrating Multicriteria Decision Analysis and Scenario Planning：Review and Extension

Periodical：Omega

Author：Stewart Theodor J. ，French Simon，Rios Jesus

Date：August，2013，Vol. 41 （4），pp. 679 – 688

Abstract：Scenario planning and multiple criteria decision analysis （MCDA） are two key management science tools used in strategic planning. In this paper，we explore the integration of these two approaches in a coherent manner，recognizing that each adds value to the implementation of the other. Various approaches that have been adopted for such integration are reviewed，with a primary focus on the process of constructing preferences both within and between scenarios. Biases that may be introduced by inappropriate assumptions during such processes are identified，and used to motivate a framework for integrating MCDA and scenario thinking，based on applying MCDA concepts across a range of "metacriteria" （combinations of scenarios and primary criteria）. Within this framework，preferences according to each primary criterion can be expressed in the context of different scenarios. The paper concludes with a hypothetical but non – trivial example of agricultural policy planning in a developing country.

Key Words：multicriteria decision analysis；scenario planning；decision making under uncertainty

文章名称：《集成多准则决策分析和情景规划：回顾和扩展研究》

期刊名称：Omega

作　　者：斯图尔特·西奥多·J.，西蒙·F.，里奥斯·耶稣

出版时间：2013 年 8 月，第 41 卷第 4 期，第 679 ~688 页

内容摘要：情景规划和多目标决策分析（MCDA）是在战略规划中使用的两个关键的管理科学工具。在本文中，我们以一致的方式探讨这两种方法的整合，认识到每种方法都增加了另一种方法的实施价值。审查了为这种整合采用的各种方法，主要关注在情景内和情景之间构建偏好的过程。基于在一系列"元指标"（场景和主要标准的组合）中应用MCDA 概念，识别在这些过程中可能通过不适当的假设引入的偏差，并用于激励整合 MCDA 和场景思维的框架。在这个框架内，根据每个主要标准的偏好可以在不同情景下表达。本文最后提出了一个发展中国家农业政策规划的假设，这并非是一个微不足道的例子。

关键词：多目标决策分析；情景规划；不确定性条件下的决策

Title：Dynamic Experiments for Estimating Preferences：An Adaptive Method of Eliciting Time and Risk Parameters

Periodical：Management Science

Author：Toubia Olivier, Johnson Eric

Date：March, 2013, Vol. 59 （3）, pp. 613 – 640

Abstract：We present a method that dynamically designs elicitation questions for estimating risk and time preference parameters. Typically these parameters are elicited by presenting decision makers with a series of static choices between alternatives, gambles, or delayed payments. The proposed method dynamically （i. e. , adaptively） designs such choices to optimize the information provided by each choice, while leveraging the distribution of the parameters across decision makers （heterogeneity） and capturing response error. We explore the convergence and the validity of our approach using simulations. The simulations suggest that the proposed method recovers true parameter values well under various circumstances. We then use an online experiment to compare our approach to a standard one used in the literature that requires comparable task completion time. We assess predictive accuracy in an out – of – sample task and completion time for both methods. For risk preferences, our results indicate that the proposed method predicts subjects' willingness to pay for a set of out – of – sample gambles significantly more accurately, while taking respondents about the same time to complete. For time preferences, both methods predict out – of – sample preferences equally well, while the proposed method takes significantly less completion time. For risk and time preferences, average completion time for our approach is approximately three minutes. Finally, we briefly review three applications that used the proposed methodology with various populations, and we discuss the potential benefits of the proposed methodology for research and practice.

Key Words：prospect theory；time discounting；rayesian statistics；adaptive experimental design；revealed preference

文章名称：《偏好估计的动态研究：基于诱发时间和风险参数的自回归方法》

期刊名称：Management Science

作　　者：图贝亚·奥利维尔，埃里克·约翰逊

出版时间：2013 年 3 月，第 59 卷第 3 期，第 613～640 页

内容摘要：我们提出了一种动态设计引起问题的方法，用于估计风险和时间偏好参数。通常，这些参数通过呈现给决策制定者一系列关于备选方案、博弈或者延迟付款等的静态选择而提出。本文提出的方法是：动态地设计了这些选择，最优化每种选择所能提供的信息，与此同时，利用参数跨决策者的分布（异质性）并获取响应误差。我们运用模拟的方法探讨所提出方法的收敛性和有效性。模拟结果显示本文提出的方法在不同情况下

很好地恢复了真实的参数值。我们用一个在线试验将我们提出的方法与文献中使用的标准方法（要求可比较的任务完成时间）进行比较，评估样本外任务和完成时间的预测精准度。在风险偏好方面，我们的结果表明，本文提出的方法预测受试者愿意支付样本外博弈的程度更加精准，同时受试者大约在同一时间完成；在时间偏好方面，两种方法预测样本外偏好的结果一样好，但是本文提出的方法可以显著减少完成时间。对于风险和时间偏好，我们所提方法的平均完成时间约为三分钟。最后，我们简要回顾了对不同人群使用所提方法的三个应用，并讨论了所提方法对研究和实践的潜在益处。

关键词：前景理论；时间贴现；贝叶斯统计；自适应实验设计；显示性偏好

Title：The Role of Experience Sampling and Graphical Displays on One's Investment Risk Appetite

Periodical：Management Science

Author：Kaufmann Christine，Weber Martin，Haisley Emily

Date：February，2013，Vol. 59（2），pp. 323 – 340

Abstract：Financial professionals have a great deal of discretion concerning how to relay information about the risk of financial products to their clients. This paper introduces a new risk tool to communicate the risk of investment products，and it examines how different risk – presentation modes influence risk – taking behavior and investors' recall ability of the risk – return profile of financial products. We analyze four different ways of communicating risk：①numerical descriptions，②experience sampling，③graphical displays，and④a combination of these formats in the "risk tool." Participants receive information about a risky and a risk – free fund and make an allocation between the two in an experimental investment portfolio. We find that risky allocations are elevated in both the risk tool and experience sampling conditions. Greater risky allocations in the risk tool condition are associated with decreased risk perception，increased confidence in the risky fund，and a lower estimation of the probability of a loss. In addition to these favorable perceptions of the risky fund，participants in the risk tool condition are more accurate on recall questions regarding the expected return and the probability of a loss. We find no evidence of greater dissatisfaction with returns in these conditions，and we observe a willingness to take on similar levels of risk in subsequent allocations. This paper was accepted by Teck Ho，behavioral economics.

Key Words：risk taking；asset allocation；risk perception；experience – description gap；presentation format

文章名称：《经验抽样和图形显示在投资风险评估中的作用》

期刊名称：Management Science

作　　者：考夫曼·克里斯汀，韦伯·马伯，海斯利·艾米丽

出版时间：2013 年 2 月，第 59 卷第 2 期，第 323 ~ 340 页

内容摘要：金融专业人员在向他们的顾客传递金融产品风险信息的时候有很大的自由裁量权。本文介绍了一种新的风险工具用以传达投资产品的风险，并研究不同的风险表达模式如何影响冒险行为和投资者对金融产品风险回报模式的回忆能力。我们分析了四种不同传递风险的方式：①数值描述；②经验抽样；③图形显示；④这些形式在"风险工具"中的组合。参与者获得风险基金和无风险基金的信息，并在试验的投资组合中进行分配。我们发现风险分配在风险工具和经验抽样两种情况下会提高。风

险工具条件下会有更高的风险分配与风险感知降低、风险基金中自信心的增加以及对损失概率的低估有关。除了这些对风险基金有利的认知以外，在风险工具条件下，参与者对关于预期收益和损失概率的召回问题上更准确。我们在这些情况下没有发现有对收益更不满意的证据，并且我们观察到在随后分配中有承担类似风险水平的意愿。本文被 Teck Ho 行为经济学所接受。

关键词：风险承担；资产分配；风险感知；经验描述差距；描述形式

Title：Entrepreneurs Under Uncertainty：An Economic Experiment in China

Periodical：Management Science

Author：Holm Hakan J. , Opper Sonja, Nee Victor

Date：July, 2013, Vol. 59 （7）, pp. 1671 – 1687

Abstract：This study reports findings from the first large – scale experiment investigating whether entrepreneurs differ from other people in their willingness to expose themselves to various forms of uncertainty. A stratified random sample of 700 chief executive officers from the Yangzi delta region in China is compared to 200 control group members. Our findings suggest that in economic decisions, entrepreneurs are more willing to accept strategic uncertainty related to multilateral competition and trust. However, entrepreneurs do not differ from ordinary people when it comes to nonstrategic forms of uncertainty, such as risk and ambiguity.

Key Words：entrepreneurship；risk；ambiguity；willingness to compete；trust

文章名称：《不确定性条件下的企业家：基于中国的经济实验研究》

期刊名称：Management Science

作　者：霍尔姆·哈坎·J. ，奥珀·索尼娅，尼·维克托

出版时间：2013 年 7 月，第 59 卷第 7 期，第 1671 ~ 1687 页

内容摘要：本文报告了第一次进行大规模试验的调查结果，该试验研究是否与其他人相比企业家在将自己暴露在不同的不确定情况下的意愿会有所不同。将来自中国长江三角洲地区的 700 名首席执行官的分层随机样本与 200 名对照组成员进行比较，我们的研究结果表明，在经济决策方面，企业家更愿意接受与多边竞争和信任相关的战略不确定性。然而，在当涉及非战略性不确定时，例如风险和模糊性，企业家与普通人没有区别。

关键词：企业家精神；风险；模糊性；竞争意愿；信任

Title：Fuzzy LINMAP Approach to Heterogeneous MADM Considering Comparisons of Alternatives with Hesitation Degrees

Periodical：Omega

Author：Shu-Ping Wan, Deng-Feng Li

Date：Dec, 2013, Vol. 41 (6), pp. 925 – 940

Abstract：Multiattribute decision making (MADM) with multiple formats of information, which is called heterogeneous MADM for short, is very complex and interesting in applications. The purpose of this paper is to extend the Linear Programming Technique for Multidimensional Analysis of Preference (LINMAP) for solving heterogeneous MADM problems which involve intuitionistic fuzzy (IF) sets (IFSs), trapezoidal fuzzy numbers (TrFNs), intervals and real numbers. In this method, DM's preference is given through pair – wise comparisons of alternatives with hesitation degrees which are represented as IFSs. The IF consistency and inconsistency indices are defined on the basis of pair – wise comparisons of alternatives. Each alternative is assessed on the basis of its distance to a fuzzy ideal solution (FIS) unknown a priori. Based on the defined IF consistency and inconsistency indices, we construct a new fuzzy mathematical programming model, which is solved by the developed method of fuzzy mathematical programming with IFSs. Once the FIS and the attribute weights are obtained, we can calculate the distances of all alternatives to the FIS, which are used to determine the ranking order of the alternatives. A supplier selection example is presented to demonstrate the validity and applicability of the proposed method.

Key Words：cultural robotics; robotic philosophy; evolution

文章名称：《基于替代性和犹豫度的异质性多属性决策行为的 LINMAP 模糊评价方法研究》

期刊名称：Omega

作　　者：万树平，李登峰

出版时间：2013 年 12 月，第 41 卷第 6 期，第 925 ~ 940 页

内容摘要：具有多种形式的多属性决策行为 MADM，简称异构 MADM，在应用中是非常复杂和有趣的。本文的研究目的是扩展涉及直觉模糊 IF 集合 IFS、梯形的模糊数 TRFN、间隔以及实数的异质 MADM 问题的多维优先级线性编程技术 LINMAP。在这一方法中，DM 的偏好通过备选方案犹豫度的配对比较方式给出，犹豫度用 IFS 形式表示。IF 的一致性和不一致性指数是以备选方案的配对比较为基础进行界定。每个备选方案基于其与未知先验的模糊理想解 FIS 的距离进行评估。基于界定的 IF 一致性和不一致性指数，我们构建了一个新的模糊数学规划模型，这是通过使用 IFS 的模糊数学规划开发的方法来解决的。一旦获得 FIS 和属性权重，我们可以计算所有备选 FIS 的距离，这些距离用于确定备选方案的排列顺序。最后提出了供应商选择示例以说明所提方法的有效性和适用性。

关键词：文化机器人；机器人哲学；进化

Title：Information Acquisition During Online Decision Making：A Model – Based Exploration Using Eye – Tracking Data

Periodical：Management Science

Author：Shi Savannah Wei，Wedel Michel，Pieters F. G. M.

Date：May，2013，Vol. 59（5），pp. 1009 – 1026

Abstract：We propose a model of eye – tracking data to understand information acquisition patterns on attribute – by – product matrices，which are common in online choice environments such as comparison websites. The objective is to investigate how consumers gather product and attribute information from moment to moment. We propose a hierarchical hidden Markov model that consists of three connected layers：A lower layer that describes the eye movements，a middle layer that identifies information acquisition processes，and an upper layer that captures strategy switching. The proposed model accounts for the data better than several alternative models. The results show that consumers switch frequently between acquisition strategies，and they obtain information on only two or three attributes or products in a particular acquisition strategy before switching. Horizontal and contiguous eye movements play an important role in information acquisition. Furthermore，our results shed new light on the phenomenon of gaze cascades during choice. We discuss the implications for Web design，online retailing，and new directions for research on online choice.

Key Words：process data；online choice；hierarchical hidden Markov model；eye tracking；information acquisition；gaze cascade；comparison websites

文章名称：《在线决策期间的信息获取：基于眼球追踪数据模型的探索》

期刊名称：Management Science

作　者：石·萨凡纳·卫，威德尔·米歇尔，皮特尔斯·F. G. M.

出版时间：2013 年 5 月，第 59 卷第 5 期，第 1009 ~ 1016 页

内容摘要：我们提出了一个眼球追踪数据模型，以理解属性—产品矩阵的信息获取模式，这在在线选择环境（如比较网站）中很常见。我们的目的是研究消费者如何从瞬间收集产品和属性信息。我们提出了一个分层隐藏马尔可夫模型，该模型由三个有联系的层面组成：描述眼睛运动的下层，识别信息采集过程的中间层，捕获策略切换的上层。所提出的模型比数个替代模型更好地解释了数据。结果表明，消费者在采集策略之间频繁切换，并且在切换之前在特定采集策略中仅获得关于两个或三个属性或产品的信息。水平和连续的眼球运动在信息采集中起重要作用。此外，我们的研究结果揭示了凝视级联的选择期间的现象。我们讨论对网页设计、在线零售和对在线选择研究的新方向的影响。

关键词：过程数据；在线选择；分层隐藏马尔可夫模型；眼球跟踪；信息获取；凝视级联；比较网站

Title：Optimal Dynamic Assortment Planning with Demand Learning

Periodical：Manufacturing & Service Operations Management

Author：Saure Denis, Zeevi Assaf

Date：2013，Vol. 15 （3），pp. 387 – 404

Abstract：We study a family of stylized assortment planning problems，where arriving customers make purchase decisions among offered products based on maximizing their utility. Given limited display capacity and no a priori information on consumers' utility，the retailer must select which subset of products to offer. By offering different assortments and observing the resulting purchase behavior，the retailer learns about consumer preferences，but this experimentation should be balanced with the goal of maximizing revenues. We develop a family of dynamic policies that judiciously balance the aforementioned trade – off between exploration and exploitation，and prove that their performance cannot be improved upon in a precise mathematical sense. One salient feature of these policies is that they "quickly" recognize，and hence limit experimentation on，strictly suboptimal products.

Key Words：assortment planning；demand learning；online algorithm

文章名称：《最佳动态分类规划与需求学习》

期刊名称：Manufacturing & Service Operations Management

作　　者：绍雷·丹尼斯，泽维·阿萨夫

出版时间：2013 年，第 15 卷第 3 期，第 387~404 页

内容摘要：我们研究一系列程式化的产品分类规划问题，其中顾客基于效用最大化原则在所提供的产品中进行购买决策。在有限的显示能力和没有顾客效用的先验信息的条件下，分析零售商必须选择提供什么样的产品集合。通过提供不同分类的产品并观察顾客购买行为的结果，零售商会了解到顾客的偏好，但是，这一试验需要与零售商收入最大化目标相平衡。我们开发了一组动态政策，明智地平衡上述探索和剥削之间的权衡，并且证明它们的绩效不能在准确的数学意义上得到改进。这些政策的一个突出特点是，它们可以快速识别，并且对次优产品实施严格的限制试验。

关键词：分类规划；需求学习；在线算法

Title：The Effect of Preservation Technology Investment on a Non – instantaneous Deteriorating Inventory Model

Periodical：Omega

Author：Chung-Yuan Dye

Date：Octmber，2013，Vol. 41（5），pp. 872 – 880

Abstract：Considering an inventory system with a non – instantaneous deteriorating item，our objective is to study the effect of preservation technology investment on inventory decisions. The generalized productivity of invested capital，deterioration and time – depend partial backlogging rates are used to model the inventory system. The basic results of fractional programming are employed to prove the uniqueness of the global maximum for each case. We also establish several structural properties on finding the optimal replenishment and preservation technology strategies. Further，we use a couple of numerical examples to illustrate the results and conclude the paper with suggestions for possible future researches.

Key Words：inventory；non – instantaneous deterioration；preservation technology investment；partial backlogging

文章名称：《保鲜技术投资对非即时损耗库存模型的影响》

期刊名称：Omega

作　者：Chung-Yuan Dye

出版时间：2013 年 10 月，第 41 卷第 5 期，第 872~880 页

内容摘要：考虑到库存系统具有非即时损耗的项目，我们的目的是研究保存技术投资对库存决策的影响。投入资本的普遍生产率、退化和与时间相关的部分积压率被用于建立库存系统模型。分数编程的基本结果被用来证明每种情况下总体极大值的唯一性。同时，我们建立数个结构性质以寻找最优的补充和保存技术策略。此外，我们运用几个数字示例来说明结果，并对未来可能研究方向提出建议。

关键词：库存；非即时损耗；保存技术投资；部分积压

Title：Optimal Inventory Management of a Bike – sharing Station

Periodical：IIE Transactions

Author：Tal Raviv，Ofer Kolka

Date：2013，Vol. 45 （10），pp. 1077 – 1093

Abstract：Bike – sharing systems allow people to rent a bicycle at one of many automatic rental stations scattered around a city, use them for a short journey, and return them at any other station in that city. A crucial factor in the success of such a system is its ability to meet the fluctuating demand for both bicycles and vacant lockers at each station. In order to meet the demand, the inventory of each station must be reviewed regularly. This article introduces an inventory model suited for the management of bike rental stations and a numerical solution method used to solve it. Moreover, a structural result about the convexity of the model is proved. The method may be applicable for other closed – loop inventory systems. An extensive numerical study based on real – life data is presented to demonstrate its effectiveness and efficiency.

Key Words：shared mobility systems；inventory management；double – ended queues

文章名称：《自行车共享站的最佳库存管理研究》

期刊名称：IIE Transactions

作　　者：Tal Raviv，奥佛·科尔卡

出版时间：2013 年，第 45 卷第 10 期，第 1077～1093 页

内容摘要：自行车共享系统允许人们在分散在城市周围的许多自动租赁站之一租用自行车，使用它们进行短途旅行，并在该城市的任何其他站返回。这种系统成功的一个关键因素是它能够满足每个车站的自行车和空置储物柜的波动需求。为了满足需求，必须定期审查每个车站的库存。本文介绍适合自行车租赁站管理的库存模型和用于解决它的数值解法。此外，证明了关于模型凸度的结构结果。该方法可以应用于其他闭环库存系统。基于现实生活数据的广泛的数值研究，以展示其有效性和效率。

关键词：共享移动系统；库存管理；双端队列

Title：A Simulation – Based Optimization Framework for Urban Transportation Problems

Periodical：Operations Research

Author：C. Osorio, M. Bierlaire

Date：2013, Vol. 61 (6), pp. 1333 – 1345

Abstract：This paper proposes a simulation – based optimization (SO) method that enables the efficient use of complex stochastic urban traffic simulators to address various transportation problems. It presents a metamodel that integrates information from a simulator with an analytical queueing network model. The proposed metamodel combines a general – purpose component (a quadratic polynomial), which provides a detailed local approximation, with a physical component (the analytical queueing network model), which provides tractable analytical and global information. This combination leads to an SO framework that is computationally efficient and suitable for complex problems with very tight computational budgets. We integrate this metamodel within a derivative – free trust region algorithm. We evaluate the performance of this method considering a traffic signal control problem for the Swiss city of Lausanne, different demand scenarios, and tight computational budgets. The method leads to well – performing signal plans. It leads to reduced, as well as more reliable, average travel times.

文章名称：《基于仿真技术的城市交通问题优化模型研究》

期刊名称：Operations Research

作　者：C. 奥索里奥, M. 比尔莱北

出版时间：2013 年，第 61 卷第 6 期，第 1333 ~ 1345 页

内容摘要：本文提出一种基于模拟的优化（SO）方法，它能够有效利用复杂的随机城市交通模拟器来解决各种交通问题。它提出了一个元模型，它将模拟信息与分析排队网络模型整合在一起。提出的元模型将提供详细的局部近似通用分量（二次多项式）与提供易于分析的全局信息的物理分量（分析排队网络模型）组合。这种组合导致 SO 框架计算效率高且适合具有非常紧凑的计算预算的复杂问题。我们将这个元模型集成在无导数的信任区域算法中。我们结合瑞士城市洛桑的交通信号控制问题、不同的需求情景以及严格的计算预算来评估这种方法的性能。该方法能形成性能良好的信号规划，减少平均行驶时间，并使其更可靠。

Title：Forecasting Call Center Arrivals：Fixed – Effects，Mixed – Effects，and Bivariate Models

Periodical：Manufacturing & Service Operations Management

Author：R. Ibrahim，P. L. Ecuyer

Date：2013，Vol. 15（1），pp. 72 – 85

Abstract：We consider different statistical models for the call arrival process in telephone call centers. We evaluate the forecasting accuracy of those models by describing results from an empirical study analyzing real – life call center data. We test forecasting accuracy using different lead times，ranging from weeks to hours in advance，to mimic real – life challenges faced by call center managers. The models considered are：①a benchmark fixed – effects model that does not exploit any dependence structures in the data；②a mixed – effects model that takes into account both interday（day – to – day）and intraday（within – day）correlations；and ③two new bivariate mixed – effects models，for the joint distribution of the arrival counts to two separate queues，that exploit correlations between different call types. Our study shows the importance of accounting for different correlation structures in the data.

Key Words：forecasting；arrival process；dynamic updating；correlation；call centers

文章名称：《呼叫中心到达时间预测：基于固定效应模型、混合效应模型与二元模型的研究》

期刊名称：Manufacturing & Service Operation Management

作　者：R. 易卜拉欣，PL. 欧拉

出版时间：2013 年，第 15 卷第 1 期，第 72～85 页

内容摘要：我们分析电话呼叫中心的呼叫到达过程的不同统计模型，通过分析实际呼叫中心数据的实证研究的结果来评估这些模型的预测精度。我们使用不同的前置时间（从几周到几小时提前）测试预测准确性，以模拟呼叫中心经理面临的现实挑战。所考虑的模型：①不利用数据中的任何依赖性结构的基准固定效应模型；②考虑到日间（日至日）和日内（一天内）相关性的混合效应模型；③两个新的双变量混合效应模型，利用不同呼叫类型之间的相关性将到达计数联合分布到两个单独的队列。我们的研究证明了在数据中考虑不同的相关结构的重要性。

关键词：预测；到达过程；动态更新；相关性；呼叫中心

Title：Advance Demand Information, Price Discrimination, and Pre – Order Strategies

Periodical：Manufacturing & Service Operations Management

Author：Li Cuihong, Zhang Fuqiang

Publication Date：2013, Vol. 15 (1), pp. 57 – 71

Abstract：This paper studies the preorder strategy that a seller may use to sell a perishable product in an uncertain market with heterogeneous consumers. By accepting preorders, the seller is able to obtain advance demand information for inventory planning and price discriminate the consumers. Given the preorder option, the consumers react strategically by optimizing the timing of purchase. We find that accurate demand information may improve the availability of the product, which undermines the seller's ability to charge a high preorder price. As a result, advance demand information may hurt the seller's profit due to its negative impact for the preorder season. This cautions the seller about a potential conflict between the benefits of advance demand information and price discrimination when facing strategic consumers. A common practice to contain consumers' strategic waiting is to offer price guarantees that compensate preorder consumers in case of a later price cut. Under price guarantees, the seller will reduce price in the regular season only if the preorder demand is low; however, such advance information implies weak demand in the regular season as well. This means that the seller can no longer benefit from a high demand in the regular season. Therefore, under price guarantees, more accurate advance demand information may still hurt the seller's profit due to its adverse impact for the regular season. We also investigate the seller's strategy choice in such a setting (i. e., whether the preorder option should be offered and whether it should be coupled with price guarantees) and find that the answer depends on the relative sizes of the heterogeneous consumer segments.

Key Words：pre – order; advance demand information; price discrimination; strategic consumer behavior; price guarantee

文章名称：《预先需求信息、价格歧视与预购策略》

期刊名称： Manufacturing & Service Operations Management

作　　者： 李翠红，张富强

出版时间： 2013 年，第 15 卷第 1 期，第 57~71 页

内容摘要： 本文研究了在卖方不确定的市场中销售易腐产品异质消费者可能会用的预订策略。通过接受预订，卖方能够利用预先需求信息规划库存和价格以区分消费者。考虑到预购选项，消费者通过优化购买时机进行策略性反应。我们发现，准确的需求信息可能会提高产品的可用性，这破坏了卖方收取高预订价格的能力。因此，提前的需求信息可能由于其对预订季节的负面影响而损害卖方的利润。这警告卖家在思考消费者战略时应提前知道需求信息和价格歧视获得的利益之间的潜在冲突。控制消费者战略性等待的一个常见做法是提供价格保证，以便在以后降价的情况下对前期消费者进行补偿。在价格保证下，

只有当预订需求低时，卖方才会在常规季节降价，然而，这种预先的信息意味着常规季节的需求也很弱。这意味着卖方不能再受益于常规季节的高需求。因此，在价格保证下，更准确的提前需求信息可能仍旧会因其对常规季节的不利影响而损害卖方的利润。我们还调查卖方在这样一种情况下的策略选择（即是否应该提供预购选项或者是否应该与价格保证相结合），并且发现答案取决于异构消费者细分的相对大小。

关键词： 预订；提前需求信息；价格歧视；战略消费者行为；价格保证

Title：Optimal Decision Stimuli for Risky Choice Experiments：An Adaptive Approach

Periodical：Management Science

Author：Cavagnaro Daniel R. ，Gonzalez Richard

Publication Date：2013，Vol. 59（2），pp. 358 – 375

Abstract：Collecting data to discriminate between models of risky choice requires careful selection of decision stimuli. Models of decision making aim to predict decisions across a wide range of possible stimuli，but practical limitations force experimenters to select only a handful of them for actual testing. Some stimuli are more diagnostic between models than others，so the choice of stimuli is critical. This paper provides the theoretical background and a methodological framework for adaptive selection of optimal stimuli for discriminating among models of risky choice. The approach，called Adaptive Design Optimization（ADO），adapts the stimulus in each experimental trial based on the results of the preceding trials. We demonstrate the validity of the approach with simulation studies aiming to discriminate Expected Utility，Weighted Expected Utility，Original Prospect Theory，and Cumulative Prospect Theory models.

Key Words：active learning；choice under risk；experimental design；model discrimination

文章名称：《风险选择实验中最优决策的促进因素研究：自适应方法》

期刊名称：Management Science

作　　者：卡瓦尼亚罗·丹尼尔·R.，冈萨雷斯·理查德

出版时间：2013 年，第 59 卷第 2 期，第 358 ~ 375 页

内容摘要：收集数据以区分风险选择的模型需要仔细选择决策激励。决策模型旨在预测各种可能刺激的决策，但实际限制迫使实验者只选择其中的一小部分进行实际测试。一些刺激在模型之间比其他刺激更加难以诊断，因此刺激的选择是至关重要的。本文提供了用于区分风险选择模型最佳刺激的自适应选择的理论背景和方法框架。该方法称为自适应设计优化（ADO），基于前述试验的结果，在每个实验试验中调整刺激。我们证明该方法的有效性，旨在区分预期效用，加权预期效用，原始前景理论和累积前景理论模型的模拟研究。

关键词：主动学习；风险选择；实验设计；模型歧视

Title：A Dispatching Model for Server – to – Customer Systems That Balances Efficiency and Equity

Periodical：Manufacturing & Service Operations Management

Author：Mclay Laura A. , Mayorga Maria E.

Publication Date：2013，Vol. 15（2），pp. 205 – 220

Abstract：The decision about which servers to dispatch to which customers is an important aspect of service systems. This decision is complicated when servers must be equitably—as well as efficiently—dispatched to customers. In this paper，we formulate a model for determining how to optimally dispatch distinguishable servers to prioritized customers given a set of equity constraints. These issues are examined through the lens of emergency medical service EMS dispatch，for which a Markov decision process model is developed that captures how to dispatch ambulances servers to prioritized patients customers. It is assumed that customers arrive sequentially，with the priority and location of each customer becoming known upon arrival. Four types of equity constraints are considered—two of which reflect customer equity and two of which reflect server equity—all of which draw upon the decision analytic and social science literature to compare the effects of different notions of equity on the resulting dispatching policies. The Markov decision processes are formulated as equity – constrained linear programming models.

Key Words：Markov decision processes；emergency medical services；equity；linear programming；public health；server – to – customer systems

文章名称：《平衡效率与公平的服务器到客户系统的调度模型》

期刊名称：Manufacturing & Service Operations Management

作　　者：麦克莱·劳拉·A. , 马约加·玛丽亚·E.

出版时间：2013 年，第 15 卷第 2 期，第 205 ~ 220 页

内容摘要：决定将哪些服务器分配给哪些客户是服务系统的一个重要方面。把服务器必须公平且有效地分配给客户时，这种决定是复杂的。在本文中，我们制定了一个模型，用于确定如何优化分配可区分的服务器给优先客户而建立一组公平约束。这些问题可通过紧急医疗服务 EMS 调度的镜头检查，为此开发了一个马尔可夫决策过程模型，它能决定如何将优先救护车服务器发送到优先病人客户。假设客户按顺序到达，每个客户的优先级和位置在到达时被确认。考虑四种类型的公平约束：其中两种反映客户公平，另两种反映服务器公平性，所有这些都利用决策分析和社会科学文献来比较不同股权概念对所得到的调度策略。马尔可夫决策过程被制定为公平约束线性规划模型。

关键词：马尔可夫决策过程；紧急医疗服务；公平；线性规划；公共卫生；服务器到客户系统

Title：Facility Location Decisions with Random Disruptions and Imperfect Estimation

Periodical：Manufacturing & Service Operations Management

Author：Lim Michael K. , Chopra Suni

Publication Date：2013, Vol. 15 (2), pp. 239 – 249

Abstract：Supply chain disruptions come with catastrophic consequences in spite of their low probability of occurrence. In this paper, we consider a facility location problem in the presence of random facility disruptions where facilities can be protected with additional investments. Whereas most existing models in the literature implicitly assume that the disruption probability estimate is perfectly accurate, we investigate the impact of misestimating the disruption probability. Using a stylized continuous location model, we show that underestimation in disruption probability results in greater increase in the expected total cost than overestimation. In addition, we show that, when planned properly, the cost of mitigating the misestimation risk is not too high. Under a more generalized setting incorporating correlated disruptions and finite capacity, we numerically show that underestimation in both disruption probability and correlation degree result in greater increase in the expected total cost compared to overestimation. We, however, find that the impact of misestimating the correlation degree is much less significant relative to that of misestimating the disruption probability. Thus, managers should focus more on accurately estimating the disruption probability than the correlation.

Key Words：logistics and transportation; supply chain disruptions; facility network design; estimation error; correlated disruptions; continuous approximation

文章名称：《基于随机中断和非理想估计的设施位置决策研究》

期刊名称：Manufacturing & Service Operations Management

作　者：利米·迈克尔·K. , 乔普拉·苏尼

出版时间：2013 年，第 15 卷第 2 期，第 239 ~ 249 页

内容摘要：供应链中断尽管发生的概率很低，但却带来灾难性的后果。在本文中，我们考虑随机设施中断情况下的设施位置问题，其中设施可以通过额外投资来保护。尽管文献中的大多数现有模型都隐含地假定破坏概率估计是完全准确的，但我们还是调查了对破坏概率进行误估的影响。使用格式化的连续位置模型，我们发现低估中断概率导致预期总成本比过度估计增加的更大。此外，我们表明，当正确计划时，减轻误估风险的成本不是太高。在包含相关干扰和有限能力的一般化设置下，我们的数值表明，与过高估计相比，在中断概率和相关度中的低估导致预期总成本的大幅增加。然而，我们发现，相对于对扰乱概率进行误估的估计，相关程度估计的影响要小得多。因此，管理者应该更多地关注中断概率的准确估计而不是相关程度。

关键词：物流与运输；供应链中断；设备网络设计；估计误差；相关中断；连续逼近

第三章　管理科学与工程学科 2013 年著作精选

通过对国内外管理科学与工程相关领域图书出版物的检索和整理，剔除译著和教材，本报告共收集相关的图书著作 318 本，其中，国外出版图书 154 本，国内出版图书 164 本。图书检索渠道主要基于亚马逊、谷歌学术、当当网、国际著名出版社网站等互联网平台。同样，我们依据以下原则对全部收录的图书著作进行了精选，以方便相关领域学者的检索和学习：文献的分类口径符合；文献与学科相对度高；文献检索频次较高；理论与方法具有前沿性与创新性；针对重要的社会经济问题，对于管理实践具有现实意思。

第一节

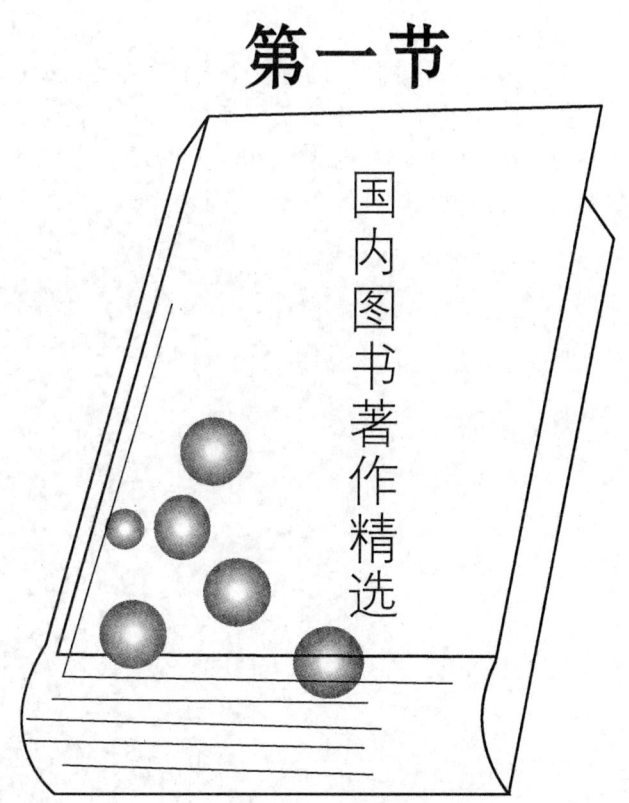

国内图书著作精选

书　　　名：《分布式云数据中心的建设与管理》
作　　　者：郑叶来，陈士峻
出版时间：2013 年 9 月
出　版　社：清华大学出版社

内容提要：

目前，数量众多的数据中心给企业、政府机关带来了非常沉重的运维负担。业界流行的云计算技术还旨在解决单个数据中心内部的问题，无法解决多个数据中心之间资源共享、统一管理、提升业务服务质量的问题。华为分布式云数据中心（Distributed Cloud Data Center，DC2）将分散、分层、异构的传统数据中心架构改造为全扁平式、点到点全互联、统一资源管理的分布式云数据中心架构，将多个不同地域、不同阶段、不同规模的数据中心的所有资源通过逻辑集中，统一管理、统一呈现、统一运营，从而充分利用企业已有资源，支撑企业 ICT 服务能力高速发展。

华为分布式云数据中心市场反应颇佳，已有多个国际性项目在操作，其中某国际著名运营商有近 90 个数据中心的改造需求、非洲某国家要建立 9 个联动的数据中心。2013年，分布式云数据中心的发布新闻稿还在巴塞罗那电信展被展会官方引用。市场急需这样一本介绍分布式云数据中心的建设与管理的图书，为企业、政府机关解燃眉之急。

书　　名：《多指标双边匹配决策方法研究》

作　　者：陈希，樊治平

出版时间：2013 年 9 月

出 版 社：经济科学出版社

内容提要：

Roth 和 Shapley 教授因为在"稳定匹配理论和市场设计"方面的贡献获得了 2012 年诺贝尔经济学奖，双边匹配（Two – sided Matching）这一起源于 1962 年的研究因为理论和应用的完美结合，再次引起了理论界和学术界的关注。许多经济管理活动中涉及一个群体中的一个或多个成员需要与另一个群体中的一个或多个成员相匹配的情形，如人力资源管理中求职者与招聘岗位的匹配、电子商务活动中由中介撮合的买方与卖方的匹配、风险投资活动中投资商与投资项目的匹配、知识服务中的知识供需双方的匹配、IT/IS 外包中发包方与接包方的匹配等。因而，多指标双边匹配决策方法研究，不仅具有重要的学术价值，而且具有广阔的应用前景。《多指标双边匹配决策方法研究》将介绍作者陈希、樊治平近年来有关多指标双边匹配决策方法的主要研究成果。本书既可作为决策科学、管理科学和系统工程等领域的研究人员和管理人员的参考书，也可作为高校相关专业研究生的参考书。

书　　名：《基于偏好序信息的满意双边匹配决策方法研究》
作　　者：乐琦，樊治平
出版时间：2013 年 1 月
出 版 社：经济科学出版社

内容提要：

《基于偏好序信息的满意双边匹配决策方法研究》对作者（乐琦）已取得的有关基于偏好序信息的双边匹配决策方面的大部分研究成果进行了系统整理。全书内容主要包括：双边匹配文献综述，双边匹配的相关概念及理论分析，基于完全偏好序的满意双边匹配决策方法，考虑中介悲观度的满意双边匹配决策与方法，结论与展望。本书内容新颖、丰富，既可作为经济管理等专业的高年级本科生、研究生的教学参考教材，也可供从事匹配决策的理论工作者和实际工作者参考。

书　　名：《基于生存理论的复杂经济系统决策与对策研究》
作　　者：叶明确
出版时间：2013 年 11 月
出 版 社：经济管理出版社

内容提要：

本书基于生存理论，对复杂经济系统的决策与对策做了比较全面的研究，将生存的概念融合了人的期望，提出了质量生存的概念。建立了相应的复杂经济系统的质量生存决策与对策体系，并进行了算法和策略研究。最后将质量生存引入混杂生存决策，建立了混杂质量生存决策体系。

书　　　名：《三支决策与粒计算》

作　　　者：刘盾，李天瑞，苗夺谦，田国胤，梁吉业

出版时间：2013 年 7 月

出　版　社：科学出版社

内容提要：

三支决策是一种基于人类认知过程的决策方法。本书以决策粗糙集为研究背景，利用粗糙集理论中的正域、边界域和负域，提出了一种三支决策理论：从正域里获取的正规则用来接受某事物，从负域里获取的负规则用来拒绝某事物，落在边界域上的规则表示延迟决策。这种将论域分为三部分的决策方式，很好地描述了人类在解决实际决策问题时的思维模式，为粗糙集方法应用于数据驱动的决策分类问题提供了可靠的理论依据。粒计算是近年来新兴的一个研究领域，是信息处理的一种新的概念和计算范式，主要用于描述和处理不确定的、模糊的、不完整的和海量的信息，以及提供一种基于粒和粒间关系的问题求解方法。本书主要介绍三支决策与粒计算的理论、模型和方法，以及其在工程、管理等领域的应用成果，并力图展现国内外三支决策与粒计算的最新研究成果。

书　　名：《管理科学研究方法——数据·模型·决策》
作　　者：陈又星，徐辉，吴金椿
出版时间：2013 年 2 月
出 版 社：同济大学出版社

内容提要：

　　陈又星和徐辉等的《管理科学研究方法——数据·模型·决策》一书是专门针对经济与管理专业学生编写的，配以翔实的分析案例，对于有效解决管理实践中的实际问题具有较强的理论与应用价值和较深刻的指导意义。全书叙述清晰、通俗易懂，注重理论分析的严密性，强调数量分析方法的应用合理性，对于《管理科学研究方法——数据·模型·决策》的系统学习，有较强的针对性和较高的指导价值。本书主要内容包括线性规划与单纯形法、对偶理论与灵敏度分析、运输问题、整数规划、目标规划、动态规划、决策分析、库存管理及其控制模拟、模糊决策理论与方法、主成分分析、马尔可夫过程和灰色系统理论与方法等。

书　　名：《项目调度多目标平衡分析模型及其应用》
作　　者：郑欢，郑科，白海龙
出版时间：2013 年 8 月
出　版　社：西南财经大学出版社

内容提要：

由于社会的进步和经济的飞速发展，城市化进程加快，大型建设工程项目比比皆是，对能源的需求也急剧增加，如何发展清洁能源引起了大家的重视。为了发展清洁和可再生能源及响应国家"西电东送"战略，中国正在建设大量的水电工程，尤其是在雅砻江流域。锦屏二级水电站是雅砻江上最重要的建设工程之一。然而，由于锦屏二级水电站建设工程项目的规模巨大、参与要素众多、所需信息量大等因素影响，其不确定性增强。对于传统多目标平衡项目调度问题，工期和成本是建设项目中非常重要的两个方面，但是锦屏二级水电站建设工程项目是一个生态建设工程，环境影响也是一个不可忽视的目标。本书对模糊环境下锦屏二级水电站大型建设工程项目调度问题的多目标决策模型及其应用进行了深入研究，设计了相应的算法并进行了分析讨论。提出的四种模糊多目标决策优化模型，能够根据建设工程项目优化问题的实际情况制订出更加合理有效的调度计划，在缩短工期、降低成本、提高质量和减小环境影响等方面具有积极的现实意义，同时也将进一步丰富和发展不确定多目标决策理论、模糊理论和二层决策理论。

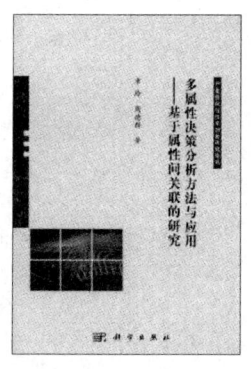

书　　名：《多属性决策分析方法与应用——基于属性间关联
　　　　　的研究》
作　　者：章玲，周德群
出版时间：2013 年 3 月
出 版 社：科学出版社

内容提要：

现实决策问题的决策属性间往往存在交互作用，已有研究由于很少考虑交互作用而使得研究结论存在偏差。本书讨论了属性间关联的基本理论、基于属性间关联的多属性决策方法和模型、贫信息情形下基于属性间关联的层次多属性决策方法等，并将上述理论和方法应用到创新评价等实际问题中。

书　　名：《混沌时间序列的小波神经网络预测方法及其优化研究》

作　　者：姜爱萍

出版时间：2013 年 12 月

出 版 社：上海大学出版社

内容提要：

　　预测是做决策、规划之前必不可少的重要环节，是科学决策、规划的重要前提。混沌时间序列预测是预测领域内的一个重要研究方向。基于小波和人工神经网络的混沌时间序列预测研究是近几年来的研究热点，受到了特别的重视。小波神经网络是结合小波变换理论与人工神经网络的思想而构造的一种新的神经网络模型，它结合了小波变换良好的时频局域化性质及神经网络的自学功能，因而具有较强的逼近能力和容错能力。

　　自从小波神经网络被提出以后，它在非线性函数或信号逼近、信号表示和分类、系统辨识和动态建模、非平稳时间序列预测与分析等许多领域被广泛地应用。尽管如此，将小波和人工神经网络理论应用到预测还有许多有待进一步研究的地方，还有很大的研究余地。本书对此进行了深入分析和研究，主要研究了小波神经网络的构造、学习和优化以及小波神经网络在混沌时间序列预测中的应用，构建了适应于混沌时间序列短期预测的模型，并将其应用于中国股票价格预测。

书　　名：《中国不良贷款定价计量模型研究——基于违约损
　　　　　失率视角》
作　　者：陈暮紫
出版时间：2013 年 5 月
出　版　社：经济科学出版社

内容提要：

　　本书在次贷海啸、欧债危机和《巴塞尔资本协议Ⅲ》推出的背景下，基于国内最大违约损失率数据库 LossmMetrics TM，分析了来自中国银行、工商银行和建设银行包括 17 个省市 21 个行业共 20000 余笔的不良贷款数据，围绕"由判别分类评级模型到广义线性定价预测模型"、"先回收率单点预测模型到分布估计模型"和"从静态因素模型到加入动态宏观因素模型"为主线，系统构建了基于回收率的不良贷款量化估计与预测框架，给出了多个实证模型。本书通过海量的微观、宏观数据，构建了符合中国特色的不良贷款定价模型体系，对国际化、现代化的商业银行和资产管理公司风险管理做了有益的补充和探索。

书　　名：《索赔频率预测模型研究》
作　　者：徐昕
出版时间：2013 年 9 月
出 版 社：首都经济贸易出版社

内容提要：

本书研究的创新性体现在以下三个方面：

（1）对零膨胀负二项回归模型的推广。在对传统的零膨胀回归模型进行比较分析之后，将零膨胀负二项（ZINB）回归模型推广到更一般的形式，即 ZINBK 模型，该模型更加灵活，涵盖了传统的两类零膨胀负二项回归模型（ZINBⅠ，ZINBⅡ），为公平合理地厘定保险费率提供了更大的模型选择余地。

（2）对零膨胀回归模型的拓展研究。先前的研究中通常假设零膨胀模型中的比例参数咖为常数，它不受费率因子的影响。本书在研究中假设比例参数受费率因子的影响，并与参数 A 存在一定的函数关系，从而得出基于 ZIGP 的 ZIGP 回归模型。此外，本书还研究一类特殊的 Hurdle 回归模型，即 Hurdle：泊松——广义泊松回归模型，并利用该模型较好地解决了索赔频率中的零膨胀问题。

（3）对索赔频率中既存在零膨胀特征又有组内相关问题的研究。对索赔频率中既存在零膨胀特征又有组内相关的问题，本书尝试利用多水平零膨胀泊松回归模型，即用带有随机效应的零膨胀泊松回归模型处理多水平索赔数据中的额外零和组内相关问题，为国内今后在此领域的精算研究提供参考。

书　　　名：《经济学演化计算方法》

作　　　者：陈荣虎

出版时间：2013 年 12 月

出　版　社：经济管理出版社

内容提要：

随着计算机软、硬件技术的发展和普及，"计算"正和数学一道成为社会科学建模和分析的重要工具。在经济学中，有关"计算"的理论、方法和思想不断出现。经济学中的"演化计算"研究进路向传统经济学发起了巨大的挑战，具有广泛的应用前景。本书主要介绍各类"演化计算"方法的基本思路，分析各类方法的特点，探讨综合应用的可能，最后讨论"演化计算模型"的"标定"和方法论等基础理论问题。

书　　　名：《应急资源调度决策与建模优化》
作　　　者：杨继军
出版时间：2013 年 7 月
出　版　社：中国社会科学出版社

内容提要：

　　本书以博弈论、运筹学和经济学作为工具，从宏观和微观两个层面对应急资源调度行为进行描述，研究了突发事件应急管理中应急决策者与突发事件间的实际关系及特点，详细分析了突发事件的机理特征和应急资源调配模型及策略。本书的创新之处主要在于对应急资源调度问题采用了一种新的分析方法并且进行了较为系统的研究，丰富了应急管理的理论和方法，为应急资源调度方案的制订提供了新的决策工具。

书　　　名：《基于多目标规划的产险公司最优资本规模研究》
作　　　者：王丽珍
出版时间：2013 年 11 月
出　版　社：经济科学出版社

内容提要：

随着宏观经济的发展和金融环境的改善，我国产险业正在经历高速发展阶段。由于产险业负债经营的特殊性和保费规模的迅速增长，产险业出现了持续的增资热潮，产险公司必须及时补充资本金才能够满足自身的发展目标和监管机构、评级机构的要求。在这一经济形势下，产险公司必须加强资本管理，提高资本利用效率，优化资本配置状况，并积极制定融资策略，提前做好融资规划，防止公司陷入偿付能力不足的困境。由于产险公司的资本管理是一项多目标、全方位的系统工程，所以必须从整体上对公司做全面分析，实现产险公司相互矛盾、相互独立、相互补充的一系列目标。本书在分析我国产险业资本管理现状的基础上，将产险公司资本管理与多目标规划模型相结合，兼顾公司经营发展的多个目标，研究了产险公司的最优资本规模问题。

书　　名：《分数布朗运动下股本权证定价研究——模型与参数估计》

作　　者：张卫国，肖炜麟

出版时间：2013 年 6 月

出 版 社：科学出版社

内容提要：

《分数布朗运动下股本权证定价研究——模型与参数估计》主要是作者近年来在资产定价与参数估计领域的研究成果。本书的编写本着"以分形理论为基础，以权证定价问题和金融随机微分方程的参数估计问题为核心，以金融建模与统计推断为方法，以服务于实践为目标"的原则，深入浅出地介绍了分数布朗运动下股本权证的定价模型及定价模型的参数估计问题。本书的内容丰富了权证以及期权的定价理论，为定价模型的参数估计提供了理论方法。

本书可以作为金融工程、数理金融专业相关课程的教学用书和金融、保险、风险管理等学科领域的参考书，适合金融工程及数理金融专业的教师和研究人员及相关专业的学生阅读。

书　　名：《基于典型事实的金融市场动态极值风险测度与传
　　　　　导效应研究》

作　　者：林宇，陈王

出版时间：2013 年 1 月

出　版　社：科学出版社

内容提要：

本书的研究建立在"金融市场并非完全有效"的假设基础上，运用数理统计分析、实证对比研究方法与计算机技术，提取出金融市场收益与波动率所呈现的典型事实的经验证据，对发生概率小、一旦发生就会引发金融市场剧烈动荡，使投资者遭受巨大损失的极值风险进行数理建模，并通过实证对比，筛选出具有最佳风险测度能力的模型，进而探索出中国大陆市场与部分国际市场等不同市场之间极值风险的传导效应，力求清晰地展示出极值风险在不同市场之间的传导关系。

本书为金融市场风险管理领域的专业著作，语言浅显易懂，知识层层递进，思想逐渐深入，可供高等院校金融类专业的本科生和研究生学习使用，也可供相关科研工作者、从事金融工作的专业人员及政府相关部门参考。

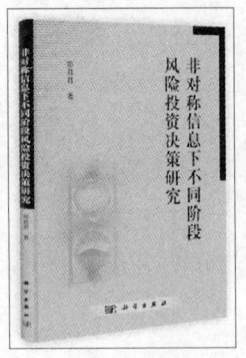

书　　名：《非对称信息下不同阶段风险投资决策研究》
作　　者：郑君君
出版时间：2013 年 4 月
出 版 社：科学出版社

内容提要：

本书主要针对非对称信息下风险投资机构设立、融资、运营、退出等不同阶段的决策问题，运用拍卖理论、机制设计理论、演化博弈理论和仿真技术与方法等进行了研究。探讨了风险投资融资及运营阶段信息不对称造成的道德风险与逆向选择的规避问题，重点研究了风险投资退出阶段交易者的信息刻画、交互与学习机制，并据此进行了股权拍卖机制设计与仿真分析。

本书适合从事风险投资、拍卖理论与应用研究、金融以及管理科学与工程等相关领域的学者、研究生以及有关业界人士阅读参考。

第二节

国外图书著作精选

书　　名：The Philosopher's Stone for Sustainability
　　　　　《可持续的思想家基石》

作　　者：H. Koshiba，T. Takenaka，Y. Motomura

出版时间：2013 年

出 版 社：Springer Berlin Heidelberg

Abstract：

This paper proposes a service demand forecasting method that uses a customer classification model to consider various customer behaviors. A decision support system is introduced that helps managers and employees in retail or restaurant stores. In addition, this paper proposes a process of development and launch, based on observation and implementation in real situations.

内容摘要：

本文利用客户分类模型考虑客户行为，并在此基础上提出服务需求预测模型，进而引入决策支持系统来帮助零售业和酒店的经理和员工。根据实际的观测和实施，我们也提出了创业和发展流程。

书　　名：Global Asset Management：Strategies，Risks，Processes，and Technologies
　　　　　《全球资产管理：战略、风险、程序和技术》
作　　者：Renée Adams
出版时间：2013 年 8 月 29 日
出 版 社：Palgrave Macmillan

Abstract：

Based on measures of world industrial output，world trade and stock markets，Eichengreen and O'Rourke （2009） argue that the current financial crisis may be worse than the Great Depression on a global scale. Perhaps no one would have been surprised if a crisis of this magnitude originated in an emerging market. Bordo and Eichengreen （2003） provide evidence that most financial crises occur in emerging markets. They describe 139 financial crises between 1973 and 1997，95 of which occurred in emerging market countries.

内容摘要：

基于对世界工业产出、全球贸易和股票市场的度量，Eichengreen 和 O'Rourke （2009）认为当前的金融危机可能比世界规模的经济大萧条更加严重。如果这种规模的危机起源于一个新兴市场，也许没有人会对此感到惊讶。Bordo 和 Eichengreen （2003）也证明金融危机多出现在新兴市场。该文对 1973～1997 年的 139 起金融危机进行调查，发现其中 95 起发生在新兴市场。

书　　名：Power，Voting and Voting Power：30 Years After
　　　　　《权利、投票和投票权：30 年后》

作　　者：Maria Montero

出版时间：2013 年 3 月 29 日

出 版 社：Springer

Abstract：

This paper argues that the nucleolus can compete with the Shapley value as a measure of P - power. It currently has more solid noncooperative foundations for majority games. It also identifies a set of attractive coalitions that are expected to form（unlike the Shapley value，which is based on the values of all coalitions）and does better than the Shapley value at some postulates of voting power. On the negative side，it may give the same payoff to players of different types or/and give a payoff of zero to players that are not dummies，though this behavior is ruled out for constant - sum weighted majority games.

内容摘要：

本书认为中核可以匹敌沙普利值作为对 P - power 的度量。对于大多数博弈来说，中核具有更加固定的非合作型基础。在一些关于投票权假设的基础上，它也设定了一套诱人的、也比沙普利值更好的联盟组合（不像沙普利值那样，给出基于所有联盟的值）。不幸的是，即使对于不同类型的游戏者它可能给出相同的支付，或者对非虚拟变量给予零支付，尽管在常和加权多数游戏中，它们都会被排除。

书　　名：Artificial Neutral Networks and Machines Learning—ICANN 2013

《人工神经网络和机器学习——ICANN 2013》

作　　者：Yogesh Anbalagan, Sergey Norin, Rahul Savani, Adrian Vetta

出版时间：2013 年 3 月 29 日

出 版 社：Springer

Abstract：

Complex and hazardous driving situations often arise with the delayed perception of traffic objects. To automatically detect whether such objects have been perceived by the driver, there is a need for techniques that can reliably recognize whether the driver's eyes have fixated or are pursuing the hazardous object (i. e., detecting fixations, saccades, and smooth pursuits from raw eye tracking data). This paper presents a system for analyzing the driver's visual behavior based on an adaptive online algorithm for detecting and distinguishing between fixation clusters, saccades, and smooth pursuits.

内容摘要：

复杂和危险的驾驶情况通常伴随着对交通对象延迟的感知。为了自动侦测这样的对象是否被驾驶员感知，我们需要能够可靠识别驾驶员是否关注危险对象的技术（例如，从裸眼追踪数据侦测出注、扫视和目光移动行为）。为了分析驾驶员的视觉行为，本书编写了改变在线算法来侦测和辨别注视、扫视和移动追随行为。

书　　名：LISS 2012，Proceedings of 2nd International Conference on Logistics，Informatics and Service Science 《第二届国际物流、信息与服务科学会议论文集》

作　　者：Zhenji Zhang，Runtong Zhang，Juliang Zhang

出版时间：2013 年 1 月 2 日

出 版 社：Springer Berlin Heidelberg

Abstract：

In this paper，we analyzed the classification of supply chain risk（SCR），and put forward its index systems on the basis of its many results. According to its characteristics，we established the general assessment model of SCR in fuzzy environment. Then，we proposed its improved model by the fuzzy information measurement system with the interpretation and synthetic effect. Finally，we specified numerical example to analyze the model，the results indicate that the method is not only accommodates the existing fuzzy decision－making methods，but also successfully incorporates the decision preference into the optimization process. Therefore，the fuzzy analysis technique can be widely used in many fields of fuzzy risk assessment.

内容摘要：

本文集分析了供应链风险的分类，并基于众多结果提出了指数系统。根据这些特点，我们建立了模糊环境中供应链风险的一般评估模型。然后，我们运用相关解释和综合效应借助于模糊信息测度系统提出了改进模型。最后，我们用数据检验模型结果显示，这种方法在现有模糊决策制定方法的基础上，成功地将决策偏好变量引入最优化过程。因此，模糊分析技术可以广泛应用于多数领域的模糊风险评估。

书　　名：Advances in Dynamic Network Modeling in Complex Transportation Systems
《复杂交通系统动态网络建模研究进展》

作　　者：Satish V. Ukkusuri, Kaan Ozbay

出版时间：2013 年 2 月 12 日

出 版 社：Springer New York

Abstract：

Advanced Traveler Information Systems （ATIS） have the potential to maximize the operating efficiency of existing transportation infrastructure. Such systems rely on the generation and dissemination of guidance in order to allow drivers to make informed choices about travel mode, route and departure time, etc. The evaluation of the effectiveness of ATIS requires multidimensional study encompassing the analysis of various choice situations arising in the real world, constructing models that explain driver response to information in different contexts, and developing algorithms that can generate traveler information. Since driver confidence in the ATIS is directly related to the accuracy, relevance, and usefulness of the information, a key aspect is the collection of relevant field data that can instruct model development and ATIS evaluation before real – world deployment. This chapter aims to provide a synthesis of both the state of the art and the state of the practice of ATIS modeling and evaluation. We review the literature related to data collection and driver response model development, and classify the same according to the specific choice situations they address. We provide a conceptual discussion of the general framework within which traveler information may be generated, including key ATIS design parameters that may impact the performance of （and consequently, driver confidence in） the system. We also present brief empirical results from past simulation – based evaluations of ATIS, and conclude with recommendations for future research directions in order to further real – world ATIS deployment.

内容摘要：

先进的出行者信息系统（ATIS）有最大限度地发挥现有交通基础设施运行效率的潜力。这样的系统通过导航的产生和传播来帮助驾驶人员对出行方式、路线和出发时间等做出明智选择。效果的评估需要多维的研究，涵盖现实世界中各种选择情况下的分析，建立不同情景下的驾驶人员对信息的反应行为模型，进而开发算法来生成旅行信息。由于在 ATIS 系统中，驾驶人员对系统的信心直接影响到系统的准确性、相关性和信息的有用性，因此收集相关可以指导模型开发和应用的之前的 ATIS 系统评估是一个重要的方面。本书的目的是提供一个综合的艺术状态和 ATIS 的建模和评估实践的状态。我们回顾数据收集和驾驶者响应模型的发展的有关文献，并根据具体选择情况进行分类。我们提供了能够产生旅行信息一般框架的概念讨论，包括影响系统性能的关键设计参数。我们简要描述了过去以模拟为基础的 ATIS 评估的实证结果，提出了对未来真实世界的 ATIS 的部署研究建议。

书　　名：Advances in Information Systems and Technologies
　　　　　《信息系统和技术的发展》

作　　者：Álvaro Rocha, Ana Maria Correia, Tom Wilson, Karl A. Stroetmann

出版时间：2013 年

出 版 社：Springer Berlin Heidelberg

Abstract：

This paper presents the results of an exploratory study on knowledge management in Portuguese organizations. The study was based on a survey sent to one hundred of the main Portuguese organizations, in order to know their current practices relating knowledge management systems (KMS) usage and intellectual capital (IC) measurement. With this study, we attempted to understand what are the main tools used to support KM processes and activities in the organizations, and what metrics are pointed by organizations to measure their knowledge assets.

内容摘要：

本文对葡萄牙机构的知识管理进行了探索性研究。为了掌握它们的知识管理系统使用情况和智力资本度量情况，本书对该国内主要的 100 家机构进行了调查，试图了解各机构的知识管理过程和活动以及其度量知识资产的规则。

书　　名：Human Work Interaction Design：Work Analysis and HCI

《人类的工作交互设计和人机交互的工作分析》

作　　者：Pedro Campos，Torkil Clemmensen，José Abdelnour Nocera，Dinesh Katre，Arminda Lopes，Rikke Ørngreen

出版时间：2013 年

出　版　社：Springer Berlin Heidelberg

Abstract：

Cognitive work analysis（CWA）originated in the late 1970's and 1980's through the work of Jens Rasmussen，being collected and built into an effective methodology through the 1990's work of Kim Vicente，and culminating in his book Cognitive Work Analysis. Since that time，CWA，and in particular its derivative design approach Ecological Interface Design（EID），has been widely applied in a vast range of complex，control–oriented systems. Since the 1990's however，there has been an explosion of a new type of system-networked and distributed systems. These systems are characterized by their highly social dimension，resulting in new challenges in team problem solving，community building，and trust allocation across distributed teams. Our recent work in CWA has focused on adapting CWA to face these new challenges and provide a solution that fits a truly social technical system.

内容摘要：

认知工作分析（CWA）于 20 世纪 70 年代末和 80 年代出现在 Jens Rasmussen 的著作中。随后的 90 年代，Kim Vicente 在其著作 Cognitive Work Analysis 建立了一套有效的方法。从此，认知工作分析法，特别是其衍生设计方法生态界面设计（EID），被广泛应用于一系列复杂的、面向控制的系统。然而，自 90 年代以来，出现了一种新型的系统——网络和分布式系统。这些系统的特点是高度社会化的维度，给团队问题解决、社区建设和分布式团队的信任分配带来新的挑战。我们最近的工作都集中在改编 CWA 使其能够面对这些新挑战，并为社会技术系统提供解决方案。

书　　名：Teaching and Measuring Cognitive Readiness
　　　　　《教学与测量认知准备》

作　　者：Harold F. O'Neil, Ray S. Perez, Eva L. Baker

出版时间：2013 年 6 月 19 日

出 版 社：Springer

Abstract：

Researchers have recently begun to articulate factors associated with cognitive readiness. For the most part, these efforts have focused on individual performance. However, it is apparent that many modern tasks require workers to perform as part of a team. This may impose additional cognitive readiness demands. This chapter extends the work on cognitive readiness to the area of team performance. The authors describe a set of candidate skills that may indicate cognitive readiness for teamwork.

内容摘要：

研究人员最近已经开始阐明与认知准备相关的因素。在大多数方面，这些努力集中在个人的表现。然而，很明显，许多现代的任务需要工人作为一个团队的一部分。这可能会额外增加认知准备的需求。本章丰富了工作认知准备的团队绩效研究。作者设计了一组可能表明团队合作的认知准备的候选人技能指标。

书　　名：Bayesian Networks and Infwence Dingrams：A Guide tolonstruction and Analysis

《贝叶斯网络和影响图：建设与分析指南》

作　　者：Uffe B. Kjærulff，Anders L. Madsen

出版时间：2013 年

出　版　社：Springer New York

Abstract：

We construct probabilistic networks to support and solve problems of belief update and decision making under uncertainty. In problems of belief update，the posterior probability of a single hypothesis variable is sometimes of interest. When the evidence set consists of a large number of findings or even when it consists of only a small number of findings，questions concerning the impact of subsets of the evidence on the hypothesis or a competing hypothesis emerge.

内容摘要：

我们构建概率网络支持和解决不确定性条件下的信仰更新和决策制定问题。在信仰更新问题中，有时研究单一假设变量的后验概率是有趣的课题。当证据集由大量的研究结果，甚至当它由只有一小部分的调查结果组成时，问题的关注点就在于证据的子集对假设的影响或新的竞争性假设出现。

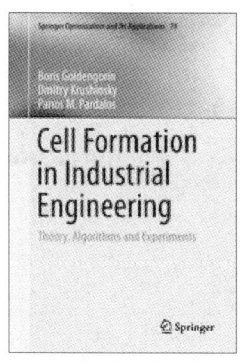

书　　名：Cell Formation in Industrial Engineering
　　　　　《工业工程中的细胞形成》
作　　者：Boris Goldengorin，Dmitry Krushinsky，Panos M. Pardalos
出版时间：2013 年 6 月 21 日
出 版 社：Springer New York

Abstract：

The book aimed on a development of optimal，flexible and efficient models for cell formation in group technology. By optimality we mean guaranteed quality of the solutions provided by the model，by flexibility – possibility of taking additional constraints and objectives into account，by efficiency – reasonable running times（e. g.，taking into account that cells are reconfigured infrequently，the times of 1 sec. and 10 min. are equally acceptable）. To conlude this book provides many reliable tools that can be used by managers and engineers to design manufacturing cells based on their own preferences and constraints imposed by a particular manufacturing system.

内容摘要：

本书旨在开发组技术中细胞形成的灵活、高效与最佳的模型。通过最优模型，我们想通过最优化模型、灵活性—考虑附加的约束和目标的可能性以及效率—合理的运行时间（例如，考虑到细胞不经常重新配置的情况，1 秒的时间和 10 分钟是同样可接受的）达到提供高质量解决方案的目的。根据本书中提到的多种可靠的测量工具，管理者和工程师可以基于自己的偏好和对特定制造系统施加的约束来设计制造单元。

书　　名：Commitment Contract in Dual Channel Drop Shipping Supply Chain

《双渠道航运供应链中的承诺契约》

作　　者：Jinshi Zhao, Yongrui Duan, Shijin Wang, Jiazhen Huo

出版时间：2013 年 1 月 3 日

出　版　社：Springer Berlin Heidelberg

Abstract：

It is a general trend for retailers to develop dual channel to serve different customers. Engaging in internet and drop shipping has raised serious awareness and attention in retailing field. We focus on such supply chain context and propose the commitment contracts for the drop shipping supply chain. In drop shipping supply chain, if the retailer's order quantity achieves decentralized level, the profit of the supply chain can be maximized.

内容摘要：

发展双渠道服务于不同的客户是一个普遍的趋势。其在互联网和航运业的应用已经引起零售业的关注和重视。我们在专注于这样的供应链的背景下，提出了直运型航运供应链的承诺合同。在航运供应链中，如果零售商的订货量达到分散的水平，供应链的利润就能最大化。

书　　名：Metaheuristics for Bi – level Optimization
　　　　　《双级优化算法》
作　　者：Yannis Marinakis，Magdalene Marinaki
出版时间：2013 年
出　版　社：Springer Berlin Heidelberg

Abstract：

Nature inspired methods are approaches that are used in various fields and for the solution for a number of problems. In this study, a new bilevel particle swarm optimization algorithm is proposed for solving two well known supply chain management problems, the Vehicle Routing Problem and the Location Routing Problem. The results of the algorithms are compared with the results of algorithms that solve these problems with a single objective function and with a bilevel genetic algorithm. As most of the decisions in Supply Chain Management are taken in different levels, the study presented in this paper has two main goals. The first one is to give to the decision maker the possibility to formulate the supply chain management problems as bilevel or multilevel problems and the second one is to propose an efficient nature inspired algorithm that solves this kind of problems.

内容摘要：

自然灵感方法应用于各个领域解决很多问题。为了解决车辆路径和位置的路径这两个著名的供应链管理问题，本书提出了一种新的双层粒子群优化算法。本书将该算法的结果与单一目标函数算法和双层遗传算法的结果进行了对比。由于供应链管理中的大多数决策采取了不同的层次，所以本书有两个主要目标：一是为决策者制定双层或多层供应链的管理问题提供可能性；二是提出了一个有效的自然启发的算法解决这类问题。

书　　名：International Asia Conference on Industrial Engineering and Management Innovation（IEMI 2012）Proceedings

《第三届亚洲工业工程与管理创新国际学术会议论文集》

作　　者：Xing – dong Li，Li – fen Fang

出版时间：2013 年 5 月 29 日

出 版 社：Springer Berlin Heidelberg

Abstract：

This paper researches information sharing problems of Jointly Managed Inventory under the environment of supply chain management，choosing the Jointly Managed Inventory based on coordinate center as research object. Firstly，this paper deeply analyses two existing problems of information sharing in the Jointly Managed Inventory system，that is the information asymmetry between member enterprises in the JMI and the information variation of the supply chain— "The bullwhip effect". Then this paper discusses the implementation of the sharing of information in the JMI from three aspects：Technical support of information sharing，stimulus measures，and strengthening information sharing measures. Finally，in order to validate the practicality of information sharing，this paper discusses the value of information sharing to the Jointly Managed Inventory and the entire supply chain system.

内容摘要：

本文集研究了供应链管理环境下联合库存管理的信息共享问题，研究对象为基于协调中心选择的联合管理库存。首先，文集深入分析了联合库存管理系统信息共享的两个现有问题，也就是联合库存管理和信息变化的供应链中成员企业之间的信息不对称问题，即"牛鞭效应"。其次从三个方面论述了联合库存管理中信息共享的实施，包括信息共享的技术支持、刺激措施和信息共享的强化措施。最后，为了验证信息共享的实用性，本文集讨论了信息共享在联合库存管理和整个供应链系统中的价值。

书　　名：Accounting Information Systems for Decision Making
　　　　　《决策制定的会计信息系统》
作　　者：Roberto Del Gobbo
出版时间：2013 年 4 月 19 日
出 版 社：Springer Berlin Heidelberg

Abstract：

The aim of this chapter is to highlight the potential role of integration of Accounting Information System (AIS) and Knowledge Management Systems (KMS) for strategic control. The benefits of this integration can be expressed in terms of better support to knowledge conversions and enhanced access to knowledge embedded in tacit models by applying knowledge discovery techniques for model externalization. We propose a modified version of PROFSET model as a tool for realizing the integration：Combining elements from AIS (to calculate product profitability) and KMS (to discover regularities in the purchase behaviour of customer), the PROFSET model can enhance the quality of support provided to decision makers and produce benefits that cannot be realized with any one system.

内容摘要：

本书的目的是要强调对会计信息系统（AIS）和知识管理系统（KMS）进行战略控制整合的潜在作用。整合优势在于可以更好地支持知识转化，通过隐性知识显性化的嵌入式模型增强知识的可利用性。我们提出了一种改进的 PROFSET 模型作为一个实现整合的工具：结合会计情报系统（计算产品盈利能力）和知识管理（发现顾客的购买行为规律）的元素，PROFSET 模型可以为决策者提供更多单一系统无法实现的利益。

书　　名：Advances in Information Systems and Technologies
《信息系统和技术的发展》

作　　者：Jevgeni Sahno, Eduard Sevtsenko, Tatjana Karaulo-va

出版时间：2013 年

出　版　社：Springer Berlin Heidelberg

Abstract：

With the rapid growth of competition in the market, the companies have to guarantee customers a reliable, sustainable and quality proofing production system. In this paper we consider a KM framework that extracts "Six Sigma" knowledge on the basis of the data gathered from production facilities. The KM framework enables to assess the performance of a company's production and quality system by sigma value. The result will help the company to select a new development strategy in order to increase the profitability and customer satisfaction. KM framework includes well known tools like PDM, ERP system, PDM – ERP middleware and DM. The core of our framework is the DM that combines production route card data, Faults Classification standard DOE – NE – STD – 1004 – 92 and the data from FMEA table. The combination and application of different tools and methods in the general KM framework allows the data flow between different systems, analysis of production operation and the failures occurring in the production process.

内容摘要：

随着市场竞争的加剧，企业必须为客户提供可靠、可持续和有质量保障的生产系统。本书基于收集到的生产设备数据建立了提取"六西格玛"的知识管理框架。该知识管理框架可通过西格玛值评估一个公司的生产和质量体系。其结果将有助于公司选择一个新的发展战略，以提高盈利能力和客户满意度。知识管理框架包括众所周知的工具如 PDM、ERP 系统，PDM – ERP 中间件和 DM。该框架的核心是结合生产工艺路线卡数据的 DM、故障分类标准 DOE – NE – STD – 1004 – 92 和 FMEA 表的数据。在一般的知识管理框架中，组合应用不同的工具和方法，使得数据可以在不同系统之间流动，又同时可以应用于生产操作和故障分析。

书　　名：Product – Service Integration for Sustainable Solutions
　　　　　《可持续解决方案的产品服务集成》

作　　者：Anna – Karina Averbeck，Torben Bernhold，Sebas-
　　　　　tian Bräuer，Ralf Knackstedt，Martin Matzner

出版时间：2013 年

出 版 社：Springer Berlin Heidelberg

Abstract：

An efficient and effective management of facilities requires considering all the product and services related to a building's entire life at an early stage. The interdisciplinary Facility Management（FM）approach advocates accordant concepts and techniques with the intention to reduce the total costs of facilities. A successful FM needs to bring together several actors involved in planning and operating a facility in a network organization. The specification of information flows and coordination mechanisms between these actors is complex，and in this paper we argue that reference models can speed – up this process. We elaborated more than 50 process models that uncover the interaction in FM service networks through interviews and workshops with practitioners. This research – in – progress develops a reference model of the interactions between conventional construction enterprises and specific FM service providers based on this empirical data following an iterative research process.

内容摘要：

有效的设施管理，要求提前考虑建筑整个生命周期内的所有产品和服务。跨学科的设施管理（FM）方法主张一致的概念和技术，以降低设备的总成本。在网络组织中，成功的设施管理需要会集多个角色参与设施的规划和运营。在这些角色之间有着复杂的信息流规范和协调机制。本书研究了可以加速这个过程的参考模型。我们阐述了超过 50 个过程模型，通过对一线人员进行访谈和合作，试图发现设施管理服务网络的互动。本书利用经验数据和迭代方法，开发了传统的建筑企业和特定实施管理服务提供商间相互作用的参考模型。

第四章　管理科学与工程学科 2013 年大事记

第一节　国内大事记

一、管理科学与工程学会 2013 年年会暨第十一届中国管理科学与工程论坛

第十一届中国管理科学与工程论坛于 2013 年 10 月 18～20 日在北京举办，活动由管理科学与工程学会主办，首都经济贸易大学承办。在两天的会期内，论坛以"全球信息化与大数据背景对中国管理科学与工程学科的影响与对策研究"为主题，四位中国工程院院士和来自清华大学、人民大学等全国高校的近百位专家学者进行了多场研讨。

会议从大会报告、专题报告、专题论坛三个部分对主题进行深入剖析。在两天的大会报告中，中国管理科学与工程学会理事长、中国工程院院士李京文做主旨发言，中国工程院院士邬贺铨、刘源张、王众托分别以大数据的机遇与挑战、管理的感想和决策的顶层设计等为题进行了主题报告。随后举办的五场专题报告中，与会专家学者共同研讨了大数据研究、信息管理与信息系统、供应链管理与优化方法、工业工程与系统工程、管理复杂性与模式创新等方面的问题。

管理科学与工程学科是以系统科学和系统工程的理论方法为主要工具，研究管理系统和经济系统的一般规律和特殊表现的学科。专家表示，我国一直非常重视管理科学与工程的学科建设，在大数据时代，将充分利用数学方法和计算机技术，进行学科交叉和融合，使大数据应用在社会管理和经济发展中发挥更大作用。

二、北京大学第三届全国博士生学术论坛——管理科学与工程领域前沿研究

北京大学第三届全国管理科学与工程前沿研究博士生论坛——管理科学与工程领域前沿研究，于 2013 年 12 月 21 日在北京举行，论坛主题为"相约北大，聚焦前沿，繁

荣学术，激励创新"，旨在为国内管理科学与工程领域的优秀博士生和博士后提供一个探索研究方向、展示研究成果、分享研究心得、规划学术生涯的交流平台，拓宽博士生的学术视野，关注现实问题，承担社会责任，激发科研热情，鼓励大胆创新。本次学术论坛主要有以下三方面的目的：①为正在从事管理科学与工程专业相关研究的博士研究生提供一个展示研究成果、交流研究方法和心得的平台，并为不同高校、不同院系未来进行相关领域的合作研究创造机会；②共同探讨对管理科学与工程理论和实践有显著影响的重要研究课题；③总结企业运作中的成功经验和方法，更好地指导企业运作实践。

三、第十二届全国青年管理科学与系统科学学术会议

2013 年 11 月 16～18 日，第十二届全国青年管理科学与系统科学学术会议在厦门大学召开。本次会议由国家自然科学基金委员会管理学部和中国系统工程学会青年工作委员会主办，厦门大学管理学院承办。来自中国人民大学、天津大学、中山大学、西交利物浦大学、四川大学、厦门大学、东北财经大学、华中科技大学、大连理工大学、北京化工大学、华南理工大学、西安交通大学等数十所高校及科研院所的 100 余人参加了会议。

会议以"大数据时代管理科学与系统科学的机遇与挑战"为主题，采用大会报告、专题研讨、分组报告与博士生论坛等形式展开讨论和学术交流，中国系统工程学会理事长汪寿阳教授、国家自然科学基金委员会管理科学部刘作仪处长、西交利物浦大学执行校长席西民教授在会上做了主题报告。

四、第十五届中国管理科学学术年会

由湖南大学承办的第十五届中国管理科学学术年会于 2013 年 10 月 26 日上午在长沙市枫林宾馆开幕，本次大会以"'两型社会'建设与管理创新"为主题，针对当前管理科学领域研究的热点问题和我国经济科技社会发展中所面临的新问题进行交流研讨，为与会专家、学者及业界同行提供了一个前沿高端的学术交流平台。

中国优选法统筹法与经济数学研究会副理事长兼秘书长池宏研究员主持，大会主席、湖南大学副校长陈收教授以及湖南省政协副主席、湖南大学副校长赖明勇教授致辞，中国科学院科技政策与管理科学研究所副所长王毅、中国优选法统筹法与经济数学研究会理事长蔡晨做重要讲话，国家自然科学基金委管理科学部向大会发来贺信。

大会特邀 2004 年诺贝尔经济学奖获得者、圣塔芭芭拉加利福尼亚大学教授 Finn E. Kydland，中国优选法统筹法与经济数学研究会副理事长黄海军教授，湖南省两型社会办副主任陈晓红教授，湖南大学副校长陈收教授，北京大学光华管理学院周长辉教授，中国人民解放军理工大学徐泽水教授，密西根大学李海涛教授，中国科学院数学与系统科学

研究院杨晓光教授，中国科学院科技政策与管理科学研究所范英教授，中国科学院"百人计划"入选者程兵教授等11位专家、学者做了主题学术演讲。

本次会议由中国优选法统筹法与经济数学研究会、湖南大学、中国科学院科技政策与管理科学研究所、《中国管理科学》编辑部联合主办，湖南大学工商管理学院承办，中南大学商学院、国防科技大学信息系统与管理学院、《系统工程》杂志社协办。来自国家自然科学基金委员会管理学部、中国科学院、北京大学、清华大学、浙江大学等全国120余家科研院所及高校的300多位专家、学者出席了本次会议。

五、第十二届中国项目管理大会

2013年8月24～25日，第十二届中国项目管理大会在武汉华中科技大学召开。大会由国际项目管理协会（IPMA）、中国优选法统筹法与经济数学研究会、中国建筑业协会工程项目管理委员会支持，由中国（双法）项目管理研究委员会（PMRC）、全国项目管理领域工程硕士教育协作组联合国内行业性、地区性项目管理专业组织及项目管理专业机构共同组织召开，由华中科技大学、西北工业大学联合承办。本届大会的主题为"项目管理的效率与效益"。国际项目管理协会（IPMA）主席 Mlden Radujkovic 博士、副主席 Stacy A. Goff 先生，来自中国科学院大学、北京大学、清华大学、西北工业大学、香港理工大学、华中科技大学等高校的代表，以及南车株洲电力机车研究所有限公司等企业的代表共240余人出席了此次会议。

六、首届中国管理学学术期刊年会

2013年9月7～8日，由《南开管理评论》编辑部和南开大学商学院发起主办的"首届中国管理学学术期刊年会"在南开大学商学院成功召开。

包括来自 Corporate Governance：An International Review、Asia Pacific Journal of Management、Journal of International Business Studies 三家国际知名期刊，《管理世界》、《管理科学》、《管理学报》、《系统工程理论与实践》、《营销科学学报》、《中国行政管理》、《哈佛商业评论（中文版）》等近30家国内管理学核心学术期刊和优秀管理实践期刊，南京大学 CSSCI、北京大学核心等期刊评价单位，英国 Emerald 出版集团、美国 David 出版公司等国际出版机构以及中国管理现代化研究会等单位的共计50余位嘉宾出席了年会。南开大学副校长朱光磊教授，东北财经大学校长、南开大学中国公司治理研究院院长、《南开管理评论》主编李维安教授等出席会议。

七、第七届中国立信风险管理论坛

2013年11月9日，由上海立信会计学院中国立信风险管理研究院与中国社会科学院经济研究所、《经济研究》编辑部共同举办的第七届中国立信风险管理论坛在上海立信会计学院举行。中国社会科学院经济研究所所长、《经济研究》主编裴长洪研究员和上海立信会计学院校长唐海燕教授分别代表主办双方致欢迎词。《经济研究》副主编王诚研究员主持论坛开幕式和主旨报告，副社长张永山、编审唐寿宁等出席了开幕式。来自政府、高校及研究机构的 80 多位专家学者参加了本次论坛。论坛采用主旨报告和论文交流的学术研讨会形式，对目前中国经济运行中的风险管理理论及实践问题进行了全面深入的研讨。

上海交通大学安泰经济与管理学院胡海鸥教授发表了"利率市场化与人民币发行方式"的主题演讲。胡海鸥教授指出目前中央银行应通过买国债而不是买外汇来发行货币，并逐步建立起货币市场的均衡套利机制，为企业实现利润最大化提供微观均衡的基础，以实现利率市场化。

美国新泽西理工大学终身副教授阎志鹏博士在"房地产、民间借贷与政府负债"的主题演讲中以内蒙古鄂尔多斯为例，展现了房地产、民间借贷以及政府负债等多种"泡沫"的发展与爆发过程，并探讨了与这些"泡沫"相关的金融风险以及政府的作用，最后预测在短期内，房地产"泡沫"和地方政府的债务"泡沫"在大多城市不会破裂，民间借贷"泡沫"的破裂与否则取决于中央政府的态度。

八、第五期"中国会议策划与运营管理专家论坛"

2013 年 8 月 30 日下午，第五期"中国会议策划与运营管理专家论坛"在北京国际饭店会议中心成功召开。会上，信诺传播董事长兼总裁曹秀华以及美国飓风网络（F5）中国区市场总监王学军分别就"体验式活动传播"和"国际知名企业市场营销活动策划与运营管理模式及其借鉴意义"做了主题发言。下午两点之前，包括会展公司、各种协会、传媒公司、策划公司、公关公司以及相关媒体的各界人士都纷纷前来参加会议。

"中国会议策划与运营管理专家论坛"系列会议是由中国会议产业大会组委会、北京市旅游发展委员会——北京高端旅游与会议产业联盟主办，《会议》杂志承办的中国会议策划、运营管理与服务领域的高层次系列论坛活动。活动以如何把握会议市场的各种有效资源，利用新技术新手段来策划组织好会议与活动，使其在企业市场营销活动中发挥出更有价值的作用为主旨。2013 年，以"会议策划"、"会议运营管理"、"会议公司运营模式"、"北京酒店会议市场"等为主题的系列论坛已成功举办过四届，每次与会人数在 100人左右，受到了与会者的热烈欢迎。

第二节　国际大事记

一、华人学者管理科学与工程协会（CSAMSE）第六次国际年会

2013 年 6 月 30 日至 7 月 2 日，华人学者管理科学与工程协会（CSAMSE）第六次国际年会在光华管理学院成功举办。本届年会设有主旨演讲、圆桌论坛、特邀演讲、青年学者研讨会、分组报告及最佳论文颁奖等多个环节。在为期三天的会议上，232 位来自国内外管理科学与工程领域的知名学者、企业高管以光华管理学院为舞台展开交流，分享了他们的经验和最新研究成果。

本届年会由华人学者管理科学与工程协会主办，北京大学光华管理学院承办，美国哥伦比亚大学商学院终身讲席教授、华人学者管理科学与工程协会主席陈方若教授担任大会主席，光华管理学院管理科学与信息系统系主任陈丽华教授担任大会联合主席。年会以"创新、科技与实践"为主题，旨在推动管理理论和实践在中国的发展，促进海内外管理领域学术界和工业界之间的交流。

纽约大学商学院副院长 Eitan Zemel 教授，中国物流与采购联合会副会长、中国物流学会副会长贺登才先生，北京住总集团有限责任公司董事长张贵林先生，用友软件股份有限公司副总裁、资深专家杨宝刚先生，百度人力资源副总裁刘辉先生五位嘉宾分别从学术界和企业实践的角度出发，围绕运营管理和信息化问题做了精彩的主旨演讲。演讲内容立足于实践，提取成功经验，为中国运营管理和信息化发展提供了理论和实践指导。

为期三天的会议为全球管理科学与工程领域的学者和企业界人士提供了一个交流和共享的平台，思想和观点在这里碰撞和交锋。本次年会的召开不仅提升了管理科学与工程应用研究的整体水平，而且对于设计和完善合乎中国国情的管理体制、解决现实生活中的相关问题起到了积极的作用。会议结束后，与会者纷纷向组委会表示感谢，对本次会议高水平的学术探讨、严谨的组织工作表示非常满意，并期待能再次访问光华管理学院。

二、第 20 届管理科学与工程国际会议（IEEE）

第 20 届管理科学与工程国际会议于 2013 年 7 月 18 日在哈尔滨工业大学科学园国际会议中心 304 开幕。与会人员就信息技术与商业变革、信息不对称环境下的金融风险管理、营销科学前沿研究、组织行为学和人力资源管理等业界与学术界共同关心的热点议题

进行了专题探讨。

哈尔滨工业大学副校长任南琪致开幕词。他希望国内外专家学者通过深入的学术探讨与交流，共同推进管理学科的繁荣和发展。IEEE 技术管理委员会主席厄文·恩格尔森（Irving）博士致辞，并介绍了管理科学与工程国际会议的历史沿革。

开幕式后，管理信息系统领域国际顶级期刊《管理信息系统季刊》（MISQ）主编保罗·格斯（Paulo Goes）教授就"基于新兴信息技术的群体智慧及经济影响"做了主题报告。国际系统协会主席戴伟刚（Doug R. Vogel）教授主持"管理领域制度挑战、变革及发展方向"的国际知名学者论坛。两天的会议期间，与会者还参观了哈飞集团公司和云谷的高新技术企业，并进行了咨询和指导，为黑龙江省以"中国云谷"为平台的信息技术产业的建设和发展以及大数据学术研究和科教文化发展助力。

来自美国、澳大利亚、俄罗斯、加拿大等国家和中国大陆及中国香港、中国台湾地区的代表 138 人参加了会议。本次会议共收到 989 篇论文。经过专家评审，有 336 篇论文被由 IEEE 出版集团出版的论文集收录，论文集被 EI、ISTP 和 IEEE 的 Xplore 检索。

三、2013 年管理科学与运筹学国际研讨会（IWMSOR 2013）

2013 年 7 月 21 ~ 22 日，由中国科学技术大学主办，厦门大学、香港中文大学、香港科技大学协办的"2013 年管理科学与运筹学国际研讨会"（2013 International Workshop on Management Science and Operations Research，IWMSOR 2013）在中国科学技术大学管理学院举办。

7 月 21 日的开幕式上，来自美国、新加坡、中国香港以及国内各大高校、科研院所的 40 余位著名专家、知名学者出席了会议，国家自然科学基金委管理科学部刘作仪处长，中国科学技术大学管理学院执行院长梁樑教授、副院长华中生教授出席会议并讲话，管理学院 300 余名师生参加了会议。会议由管理学院副院长余玉刚教授主持。

特邀嘉宾美国密歇根大学的 Xiuli Chao（赵修利）教授、美国杜克大学商学院的 Li Chen（陈力）教授、香港中文大学商学院的 Vernon Hsu（徐宁）教授、美国加州大学伯克利分校的 Zuo Jun Shen（申作军）教授、新加坡国立大学商学院的 Chung – PiawTeo（张俊标）教授、纽约大学商学院的 Jiawei Zhang（张家伟）教授、香港科技大学商学院的 ShaohuiZheng（郑少辉）教授等国内外知名专家，分别发表了精彩的主旨演讲。他们的演讲富含真知灼见，令人深受启发。现场的其他专家还就报告中的一些问题展开详细讨论，参会师生踊跃发言，会场交流互动气氛热烈。

四、2013 年信息系统与工程管理国际会议（ICISEM 2013）

2013 年国际信息系统与工程管理国际会议（ICISEM 2013）于 2013 年 8 月 16 ~ 18 日在中国长沙举行。ICISEM 2013 以所有相关的信息系统和工程管理方面新的科学发现和实

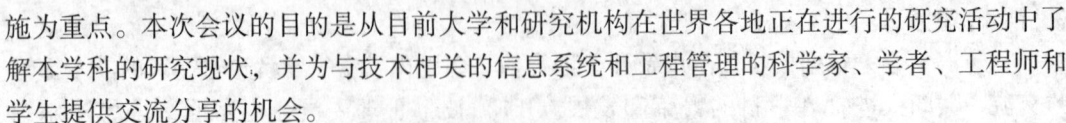

施为重点。本次会议的目的是从目前大学和研究机构在世界各地正在进行的研究活动中了解本学科的研究现状，并为与技术相关的信息系统和工程管理的科学家、学者、工程师和学生提供交流分享的机会。

五、第八届世界工程资产管理国际学术会议（WCEAM）

2013 年 10 月 30 日至 11 月 1 日，第八届世界工程资产管理国际学术会议（The 8th World Congress on Engineering Asset Management，WCEAM）在香港会议展览中心举行，电子科技大学可靠性工程研究所"千人计划"学者左明健教授、刘宇副教授、王科盛副教授、郭伟博士和彭卫文博士参加了此次学术会议。应大会主席邀请，可靠性工程研究所所长黄洪钟教授和刘宇副教授做了"Dynamic Reliability Assessment for Complex Systems"的大会主题报告（Keynote Speech），详细介绍了研究所最近在复杂系统动态可靠性评估方面取得的最新进展。此外，王科盛副教授、郭伟博士以及彭卫文博士在分会场宣读了研究所在旋转机械装备的故障识别、特征提取和基于贝叶斯网络的高速轨道交通系统的可靠性评估方面的研究成果，同与会学者和专家进行了深入的交流和探讨。

六、2013 年复旦管理学国际论坛

2013 年复旦管理学国际论坛于 2013 年 7 月 22 日上午在复旦大学光华楼开幕。此次论坛的主题为"转型中的中国企业持续创新"。复旦管理学奖励基金会理事长徐匡迪出席开幕式并致辞，基金会副理事长成思危做管理学前沿学术总结报告。全国人大常委会财经委副主任委员、国务院国资委副主任邵宁应邀出席了论坛开幕式，并围绕持续创新与中国企业的未来做了主旨演讲。上海市副市长周波出席了论坛开幕式并致辞。

复旦管理学国际论坛由复旦管理学奖励基金会、复旦大学共同主办，旨在构建中国与世界管理学前沿领域的高端交流平台，为探索中国管理学的发展道路、推动中国管理学贡献国家经济和社会发展、提高我国管理学在国际学界的影响力做出贡献。截至 2013 年，论坛已成功举办八届，吸引了 400 多位海内外知名学者、政府官员和杰出企业家参会，逾万人次听众参与论坛活动。

七、2013 年亚太管理科学与工程会议（ACMSE）

2013 年亚太管理科学与工程会议于 2013 年 6 月 14 ~ 16 日在中国南京召开，亚太管理科学与工程会议（ACMSE）是供学者、专业人士和研究生讨论他们研究成果的一个重要平台，论题横跨管理学领域多个方面，包括安全生产科学技术、管理学、经济学、新闻传播学、图书馆的信息和文件、企业管理、工程管理等。

八、2013 年 "Mostly OM" 运营管理前沿问题国际研讨会

2013 年 5 月 30 ~ 31 日，由清华大学经济管理学院和清华大学现代管理研究中心联合主办的第四届 Mostly OM（Mostly Operations Management）运营管理前沿问题国际研讨会（Mostly OM 2013）在清华大学经济管理学院召开。本届研讨会主题主要围绕供应链风险管理展开，因为供应链中需求和供给方面的风险给企业管理带来很大的挑战，一直是企业运营管理中面对的难题，也是学术界一直关注的前沿研究问题。来自普林斯顿大学的 J. George Shanthikumar 教授带来专题报告《供应链风险：模型与分析》，他结合自己的研究工作，由浅入深地介绍需求和供给不确定环境下的库存优化模型，提出了联合定价和多供应商选择的风险应对机制。

悉尼大学的 Edward Anderson 和康奈尔大学的 Huseyin Topaloglu 教授则针对竞争环境下消费者购买行为的不确定性，分别介绍了他们在企业质量选择、产品组合和定价策略方面的研究成果。

第五章　管理科学与工程学科 2013 年文献索引

第一节　国内期刊论文索引

[1] 席酉民，刘鹏，孔芳，葛京．和谐管理理论：起源、启示与前景[J]．管理工程学报，2013，27（2）：1-8．

[2] 余明桂，李文贵，潘红波．管理者过度自信与企业风险承担[J]．金融研究，2013（1）：149-163．

[3] 朱东华，张嶷，汪雪锋．大数据环境下技术创新管理方法研究[J]．科学学与科学技术管理，2013，34（4）：172-180．

[4] 林永坚，王志强，李茂良．高管变更与盈余管理——基于应计项目操控与真实活动操控的实证研究[J]．南开管理评论，2013，16（1）：4-14．

[5] 许庆瑞，吴志岩，陈力田．转型经济中企业自主创新能力演化路径及驱动因素分析——海尔集团 1984~2013 年的纵向案例研究[J]．管理世界，2013（4）：121-134．

[6] 陈国权，王晓辉．组织学习与组织绩效：环境动态性的调节作用[J]．研究与发展管理，2012，24（1）：52-59．

[7] 徐业坤，钱先航，李维安．政治不确定性、政治关联与民营企业投资——来自市委书记更替的证据[J]．管理世界，2013（5）：116-130．

[8] 许年行，于上尧，伊志宏．机构投资者羊群行为与股价崩盘风险[J]．管理世界，2013（7）：31-43．

[9] 饶品贵，姜国华．货币政策、信贷资源配置与企业业绩[J]．管理世界，2013（3）：12-22．

[10] 卢纪华，陈丽莉，赵希男．组织支持感、组织承诺与知识型员工敬业度的关系研究[J]．科学学与科学技术管理，2013，34（1）：147-153．

[11] 钱学锋，王胜，陈勇兵．中国的多产品出口企业及其产品范围：事实与解释[J]．管理世界，2013（1）：9-27．

[12] 戴文涛，李维安．企业内部控制综合评价模型与沪市上市公司内部控制质量研

究[J].管理评论，2013，25（1）：128－138.

［13］李晓艳，周二华. 心理资本与情绪劳动策略、工作倦怠的关系研究[J].管理科学，2013，26（1）：38－47.

［14］曾爱民，张纯，魏志华. 金融危机冲击、财务柔性储备与企业投资行为——来自中国上市公司的经验证据[J].管理世界，2013（4）：107－120.

［15］仲理峰，王震，李梅，李超平. 变革型领导、心理资本对员工工作绩效的影响研究[J].管理学报，2013，10（4）：536－544.

［16］杨瑞龙，王元，聂辉华. "准官员"的晋升机制：来自中国央企的证据[J].管理世界，2013（3）：23－33.

［17］詹雷，王瑶瑶. 管理层激励、过度投资与企业价值[J].南开管理评论，2013，16（3）：36－46.

［18］林亚清，赵曙明. 构建高层管理团队社会网络的人力资源实践、战略柔性与企业绩效——环境不确定性的调节作用[J].南开管理评论，2013，16（2）：4－15.

［19］郑国坚，林东杰，张飞达. 大股东财务困境、掏空与公司治理的有效性——来自大股东财务数据的证据[J].管理世界，2013（5）：157－168.

［20］余泳泽，刘大勇. 我国区域创新效率的空间外溢效应与价值链外溢效应——创新价值链视角下的多维空间面板模型研究[J].管理世界，2013（7）：6－20.

［21］甘犁，尹志超，贾男. 中国家庭资产状况及住房需求分析[J].金融研究，2013（4）：1－14.

［22］范剑勇，冯猛. 中国制造业出口企业生产率悖论之谜：基于出口密度差别上的检验[J].管理世界，2013，239（8）：16－29.

［23］杨天宇，钟宇平. 中国银行业的集中度、竞争度与银行风险[J].金融研究，2013（1）：122－134.

［24］陈仕华，卢昌崇. 企业间高管联结与并购溢价决策——基于组织间模仿理论的实证研究[J].管理世界，2013（5）：144－156.

［25］张敏，马黎珺，张雯. 企业慈善捐赠的政企纽带效应——基于我国上市公司的经验证据[J].管理世界，2013（7）：163－171.

［26］徐细雄，刘星. 放权改革、薪酬管制与企业高管腐败[J].管理世界，2013（3）：119－132.

［27］陈武朝. 经济周期、行业周期性与盈余管理程度——来自中国上市公司的经验证据[J].南开管理评论，2013，16（3）：26－35.

［28］陈仕华，姜广省，卢昌崇. 董事联结、目标公司选择与并购绩效——基于并购双方之间信息不对称的研究视角[J].管理世界，2013（12）：117－132.

［29］李增福，林盛天，连玉君. 国有控股、机构投资者与真实活动的盈余管理[J].管理工程学报，2013，27（3）：35－44.

［30］张兆国，刘亚伟，亓小林. 管理者背景特征、晋升激励与过度投资研究[J].

南开管理评论，2013，16（4）：32-42.

[31] 谭晓林，周建华. 影响企业电子商务采纳的关键因素研究[J]. 中国软科学，2013（1）：182-192.

[32] 赵树宽，余海晴，巩顺龙. 基于DEA方法的吉林省高技术企业创新效率研究[J]. 科研管理，2013，34（2）：36-43.

[33] 张继德，纪佃波，孙永波. 企业内部控制有效性影响因素的实证研究[J]. 管理世界，2013（8）：179-180.

[34] 董锋，龙如银，周德群，李惠娟. 环境规制下的资源型城市转型绩效及其影响因素分析[J]. 运筹与管理，2013，22（1）：171-178.

[35] 徐蕾，魏江，石俊娜. 双重社会资本、组织学习与突破式创新关系研究[J]. 科研管理，2013，34（5）：39-47.

[36] 李延喜，陈克兢，刘伶，张敏. 外部治理环境、行业管制与过度投资[J]. 管理科学，2013，26（1）：14-25.

[37] 谢鑫鹏，赵道致. 低碳供应链企业减排合作策略研究[J]. 管理科学，2013，26（3）：108-119.

[38] 葛顺奇，罗伟. 中国制造业企业对外直接投资和母公司竞争优势[J]. 管理世界，2013（6）：28-42.

[39] 毛新述，孟杰. 内部控制与诉讼风险[J]. 管理世界，2013（11）：155-165.

[40] 蔡莉，单标安. 中国情境下的创业研究：回顾与展望[J]. 管理世界，2013（12）：160-169.

[41] 黎耀奇，谢礼珊. 社会网络分析在组织管理研究中的应用与展望[J]. 管理学报，2013，10（1）：146-154.

[42] 张雯，张胜，李百兴. 政治关联、企业并购特征与并购绩效[J]. 南开管理评论，2013，16（2）：64-74.

[43] 颜荣芳，程永宏，王彩霞. 再制造闭环供应链最优差别定价模型[J]. 中国管理科学，2013，21（1）：92-99.

[44] 凌六一，郭晓龙，胡中菊，梁樑. 基于随机产出与随机需求的农产品供应链风险共担合同[J]. 中国管理科学，2013，21（2）：50-57.

[45] 曾诗鸿，王芳. 基于KMV模型的制造业上市公司信用风险评价研究[J]. 预测，2013，32（2）：60-63.

[46] 于晓宇. 网络能力、技术能力、制度环境与国际创业绩效[J]. 管理科学，2013，26（2）：13-27.

[47] 魏明海，黄琼宇，程敏英. 家族企业关联大股东的治理角色——基于关联交易的视角[J]. 管理世界，2013（3）：133-147.

[48] 陈凌，王昊. 家族涉入、政治联系与制度环境——以中国民营企业为例[J]. 管理世界，2013（10）：130-141.

［49］马连福，王元芳，沈小秀．国有企业党组织治理、冗余雇员与高管薪酬契约［J］．管理世界，2013（5）：100 – 115.

［50］蒋冠宏，蒋殿春，蒋昕桐．我国技术研发型外向 FDI 的"生产率效应"——来自工业企业的证据［J］．管理世界，2013（9）：44 – 54.

［51］刘慧慧，黄涛，雷明．废旧电器电子产品双渠道回收模型及政府补贴作用研究［J］．中国管理科学，2013，21（2）：123 – 131.

［52］宋喜凤，杜荣，艾时钟．IT 外包中关系质量、知识共享与外包绩效关系研究［J］．管理评论，2013，25（1）：52 – 62.

［53］王飞绒，方艳军．基于组织学习的组织文化与技术创新绩效关系的实证研究［J］．研究与发展管理，2013，25（1）：36 – 43.

［54］张晓玫，潘玲．我国银行业市场结构与中小企业关系型贷款［J］．金融研究，2013（6）：133 – 145.

［55］史永东，丁伟，袁绍锋．市场互联、风险溢出与金融稳定——基于股票市场与债券市场溢出效应分析的视角［J］．金融研究，2013（3）：170 – 180.

［56］辛清泉，黄曼丽，易浩然．上市公司虚假陈述与独立董事监管处罚——基于独立董事个体视角的分析［J］．管理世界，2013（5）：131 – 143.

［57］才国伟，刘剑雄．归因、自主权与工作满意度［J］．管理世界，2013（1）：133 – 142.

［58］赵息，张西栓．内部控制、高管权力与并购绩效——来自中国证券市场的经验证据［J］．南开管理评论，2013，16（2）：75 – 81.

［59］余辉，余剑．我国金融状况指数构建及其对货币政策传导效应的启示——基于时变参数状态空间模型的研究［J］．金融研究，2013（4）：85 – 98.

［60］范体军，张李浩，吴锋，杨惠霄．RFID 技术压缩提前期对供应链收益的影响与协调［J］．中国管理科学，2013，21（2）：114 – 122.

［61］王霞，牛海鹏．企业微博营销中品牌曝光度对网络口碑的影响研究［J］．管理评论，2013，25（5）：116 – 122.

［62］李平．中国本土管理研究与中国传统哲学［J］．管理学报，2013，10（9）：1249 – 1261.

［63］张莉，林与川，张林．工作不安全感与情绪耗竭：情绪劳动的中介作用［J］．管理科学，2013，26（3）：1 – 8.

［64］李维安，李慧聪，郝臣．高管减持与公司治理创业板公司成长的影响机制研究［J］．管理科学，2013（4）：1 – 12.

［65］谢平，刘海二．ICT、移动支付与电子货币［J］．金融研究，2013（10）：1 – 14.

［66］龚诗阳，刘霞，赵平．线上消费者评论如何影响产品销量？——基于在线图书评论的实证研究［J］．中国软科学，2013（6）：171 – 183.

［67］张莉，高元骅，徐现祥．政企合谋下的土地出让［J］．管理世界，2013（12）：43－51.

［68］周颖，沙磊．中小企业集合债券的关键特征对其融资效率影响的实证研究——对优化和推动中小企业集合债券产品的启示［J］．管理工程学报，2013，27（1）：185－190.

［69］江轩宇．税收征管、税收激进与股价崩盘风险［J］．南开管理评论，2013，16（5）：152－160.

［70］周黎安，赵鹰妍，李力雄．资源错配与政治周期［J］．金融研究，2013（3）：15－29.

［71］李健，陈传明．企业家政治关联、所有制与企业债务期限结构——基于转型经济制度背景的实证研究［J］．金融研究，2013（3）：157－169.

［72］王永贵，马双．虚拟品牌社区顾客互动的驱动因素及对顾客满意影响的实证研究［J］．管理学报，2013，10（9）：1375－1383.

［73］谢庆红，王小彬，潘志霄．基于价值流图析的复杂产品装配优化研究——以 G 公司 DM3 生产装配优化为例［J］．工业工程与管理，2013，18（4）：117－121.

［74］欧阳桃花，武光．基于朗坤与联创案例的中国农业物联网企业商业模式研究［J］．管理学报，2013，10（3）：336－346.

［75］江伟，曾业勤．金融发展、产权性质与商业信用的信号传递作用［J］．金融研究，2013（6）：89－103.

［76］张轶龙，崔强．中国工业化与信息化融合评价研究［J］．科研管理，2013，34（4）：43－49.

［77］雍少宏，朱丽娅．益组织行为与损组织行为：中国特征的角色外行为模型及其经验实证［J］．管理学报，2013，10（1）：12－21.

［78］赵炎，周娟．企业合作网络中嵌入性及联盟类型对创新绩效影响的实证研究——以中国半导体战略联盟网络为例［J］．研究与发展管理，2013，25（1）：12－23.

［79］马富萍，茶娜．环境规制对技术创新绩效的影响研究——制度环境的调节作用［J］．研究与发展管理，2012，24（1）：60－66.

［80］杜兴强，赖少娟，杜颖洁．"发审委"联系、潜规则与 IPO 市场的资源配置效率［J］．金融研究，2013（3）：143－156.

［81］谢玉华，张群艳．新生代员工参与对员工满意度的影响研究［J］．管理学报，2013，10（8）：1162－1169.

［82］赵龙凯，陆子昱，王致远．众里寻"股"千百度——股票收益率与百度搜索量关系的实证探究［J］．金融研究，2013（4）：183－195.

［83］陈德球，肖泽忠，董志勇．家族控制权结构与银行信贷合约：寻租还是效率？［J］．管理世界，2013（9）：130－143.

［84］王永进，盛丹．地理集聚会促进企业间商业信用吗？［J］．管理世界，2013

（1）：101 – 114.

［85］蔡宁，闫春．开放式创新绩效的测度：理论模型与实证检验［J］．科学学研究，2013，31（3）：469 – 480.

［86］俞红海，刘烨，李心丹．询价制度改革与中国股市 IPO "三高" 问题——基于网下机构投资者报价视角的研究［J］．金融研究，2013（10）：167 – 180.

［87］葛显龙，许茂增，王伟鑫．多车型车辆路径问题的量子遗传算法研究［J］．中国管理科学，2013，21（1）：125 – 133.

［88］陈璐，高昂，杨百寅，井润田．家长式领导对高层管理团队成员创造力的作用机制研究［J］．管理学报，2013，10（6）：831 – 838.

［89］胡国柳，曹丰．高管过度自信程度、自由现金流与过度投资［J］．预测，2013（6）：29 – 34.

［90］吴晓灵．金融市场化改革中的商业银行资产负债管理［J］．金融研究，2013（12）：1 – 15.

［91］翁清雄，席酉民．职业成长、组织承诺与离职倾向：集群内外比较［J］．预测，2013，32（1）：23 – 30.

［92］任曙明，张静．补贴、寻租成本与加成率——基于中国装备制造企业的实证研究［J］．管理世界，2013（10）：118 – 129.

［93］安慧，郑传军．工程项目管理模式及演进机理分析［J］．工程管理学报，2013（6）：97 – 101.

［94］胡信布，袁治平，徐渝．基于集对分析的学习型组织建设成熟度评估研究［J］．运筹与管理，2013，22（1）：126 – 131.

［95］胡泽，夏新平，余明桂．金融发展、流动性与商业信用：基于全球金融危机的实证研究［J］．南开管理评论，2013，16（3）：4 – 15.

［96］沈可，章元．中国的城市化为什么长期滞后于工业化？——资本密集型投资倾向视角的解释［J］．金融研究，2013（1）：53 – 64.

［97］王云清，朱启贵，谈正达．中国房地产市场波动研究——基于贝叶斯估计的两部门 DSGE 模型［J］．金融研究，2013（3）：101 – 113.

［98］赵志耘，杨朝峰．转型时期中国高技术产业创新能力实证研究［J］．中国软科学，2013（1）：32 – 42.

［99］韩学键，元野，王晓博，李一军．基于 DEA 的资源型城市竞争力评价研究［J］．中国软科学，2013（6）：127 – 133.

［100］薛明皋，刘璘琳．专利质押贷款环境下的专利价值决定因素研究［J］．科研管理，2013，34（2）：120 – 127.

［101］杨百寅，高昂．企业创新管理方式选择与创新绩效研究［J］．科研管理，2013，34（3）：41 – 49.

［102］姚艳虹，韩树强．组织公平与人格特质对员工创新行为的交互影响研究［J］．

管理学报，2013，10（5）：700－707.

[103] 李庆满，杨皎平，金彦龙. 集群内部竞争、技术创新力与集群企业技术创新绩效[J]. 管理学报，2013，10（5）：746－753.

[104] 连欣，杨百寅，马月婷. 组织创新氛围对员工创新行为影响研究[J]. 管理学报，2013，10（7）：985－992.

[105] 于斌斌. 传统产业与战略性新兴产业的创新链接机理——基于产业链上下游企业进化博弈模型的分析[J]. 研究与发展管理，2012，24（3）：100－109.

[106] 赵息，张西栓. 高管权力及其对内部控制的影响——基于中国上市公司的实证研究[J]. 科学学与科学技术管理，2013，34（1）：114－122.

[107] 张倩，曲世友. 环境规制下政府与企业环境行为的动态博弈与最优策略研究[J]. 预测，2013（4）：35－40.

[108] 朱永彬，刘昌新，王铮，史雅娟. 我国产业结构演变趋势及其减排潜力分析[J]. 中国软科学，2013（2）：35－42.

[109] 陈超，甘露润. 银行风险管理、贷款信息披露与并购宣告市场反应[J]. 金融研究，2013（1）：92－106.

[110] 李焰，王琳. 媒体监督、声誉共同体与投资者保护[J]. 管理世界，2013（11）：130－143.

[111] 林亚清，赵曙明. 政治网络战略、制度支持与战略柔性——恶性竞争的调节作用[J]. 管理世界，2013（4）：82－93.

[112] 郑淞月，刘益，杨伟，李瑶. 基于美团网的产品因素对网络团购影响因素实证研究[J]. 管理学报，2013，10（3）：397－403.

[113] 李彬，王凤彬，秦宇. 动态能力如何影响组织操作常规？——一项双案例比较研究[J]. 管理世界，2013（8）：136－153.

[114] 李汇东，唐跃军，左晶晶. 用自己的钱还是用别人的钱创新？——基于中国上市公司融资结构与公司创新的研究[J]. 金融研究，2013（2）：170－183.

[115] 李柏洲，赵健宇，苏屹. 基于能级跃迁的组织学习—知识创造过程动态模型研究[J]. 科学学研究，2013，31（6）：913－922.

[116] 满青珊，张金隆，种晓丽，杨永清. 基于博弈论的移动增值服务价值链协调机制[J]. 管理工程学报，2013，27（2）：177－186.

[117] 刘凤朝，马荣康，姜楠. 区域创新网络结构、绩效及演化研究综述[J]. 管理学报，2013，10（1）：140－145.

[118] 刘晓霞，刘志杰. 公共租赁住房REITs融资模式及其盈利能力研究[J]. 工程管理学报，2013（2）：80－84.

[119] 范春梅，李华强，贾建民. 食品安全事件中公众感知风险的动态变化——以问题奶粉为例[J]. 管理工程学报，2013，27（2）：17－22.

[120] 王文利，骆建文. 零售商提前支付与贷款担保下的供应商融资策略[J]. 管理

工程学报，2013，27（1）：178－184.

[121] 赵金实，段永瑞，王世进，霍佳震. 不同主导权位置情况下零售商双渠道策略的绩效对比研究[J]. 管理工程学报，2013，27（1）：171－177.

[122] 倪得兵，范建昌，唐小我. 需求风险和汇率风险在供应链中的传导分析[J]. 管理工程学报，2013，27（1）：49－55.

[123] 牛文举，罗定提，鲁芳. 双重非对称信息下旅游服务供应链中的激励机制设计[J]. 运筹与管理，2013（3）：222－229.

[124] 颜爱民，马箭. 股权集中度、股权制衡对企业绩效影响的实证研究——基于企业生命周期的视角[J]. 系统管理学报，2013，22（3）：385－393.

[125] 寿义，刘正阳. 制度背景、公司价值与社会责任成本——来自沪深300指数上市公司的经验证据[J]. 南开管理评论，2013，16（1）：83－91.

[126] 朱英姿，许丹. 官员晋升压力、金融市场化与房价增长[J]. 金融研究，2013（1）：65－78.

[127] 张宗新，王海亮. 投资者情绪、主观信念调整与市场波动[J]. 金融研究，2013（4）：142－155.

[128] 戴静，张建华. 金融所有制歧视、所有制结构与创新产出——来自中国地区工业部门的证据[J]. 金融研究，2013（5）：86－98.

[129] 李斌，孙月静. 中国上市公司融资方式影响因素的实证研究[J]. 中国软科学，2013（7）：122－131.

[130] 李存芳，杨保华，王世进. 基于产业转移的可耗竭资源型企业区位选择行为影响因素的实证分析[J]. 管理评论，2013，25（12）：112－124.

[131] 冯长利，李天鹏，兰鹰. 意愿对供应链知识共享影响的实证研究[J]. 管理评论，2013，25（3）.

[132] 蒋天颖，孙伟，白志欣. 基于市场导向的中小微企业竞争优势形成机理——以知识整合和组织创新为中介[J]. 科研管理，2013，34（6）：17－24.

[133] 范海峰，胡玉明. R&D支出、机构投资者与公司盈余管理[J]. 科研管理，2013，34（7）：24－30.

[134] 张伶，聂婷. 团队凝聚力、工作—家庭促进与员工在职行为关系研究[J]. 管理学报，2013，10（1）：103－109.

[135] 李鹏飞，席酉民，韩巍. 和谐管理理论视角下战略领导力分析[J]. 管理学报，2013，10（1）：1－11.

[136] 韩平，宁吉. 基于两种信任违背类型的信任修复策略研究[J]. 管理学报，2013，10（3）：390－396.

[137] 谢俊，汪林，储小平，黄嘉欣. 组织公正视角下的员工创造力形成机制及心理授权的中介作用[J]. 管理学报，2013，10（2）：206－212.

[138] 颜爱民，裴聪. 辱虐管理对工作绩效的影响及自我效能感的中介作用[J]. 管

理学报，2013，10（2）：213 - 218.

[139] 张旭梅，黄陈宣. 逆向供应链企业间知识共享的决策机制研究 [J]. 管理学报，2013，10（2）：233 - 237.

[140] 周家贵，井润田，刘谋权. 协调策略与团队绩效：基于科研团队的案例研究 [J]. 研究与发展管理，2013，25（1）：62 - 72.

[141] 顾亮，刘振杰. 我国上市公司高管背景特征与公司治理违规行为研究 [J]. 科学学与科学技术管理，2013，34（2）：152 - 164.

[142] 李卫宁，吴坤津. 企业利益相关者、绿色管理行为与企业绩效 [J]. 科学学与科学技术管理，2013，34（5）：89 - 96.

[143] 李雪灵，韩自然，董保宝，于晓宇. 获得式学习与新企业创业：基于学习导向视角的实证研究 [J]. 管理世界，2013（4）：94 - 106.

[144] 范晓屏，韩洪叶，孙佳琦. 网站生动性和互动性对消费者产品态度的影响——认知需求的调节效应研究 [J]. 管理工程学报，2013，27（3）：196 - 204.

[145] 吕萍，胡欢欢，郭淑苹. 政府投资项目利益相关者分类实证研究 [J]. 工程管理学报，2013（1）：39 - 43.

[146] 沈维涛，叶小杰，徐伟. 风险投资在企业 IPO 中存在择时行为吗——基于我国中小板和创业板的实证研究 [J]. 南开管理评论，2013，16（2）：133 - 142.

[147] 姚飞. 学者向创业者转型过程释意的多案例研究 [J]. 南开管理评论，2013，16（1）：138 - 148.

[148] 邵新建，薛熠，江萍，赵映雪，郑文才. 投资者情绪、承销商定价与 IPO 新股回报率 [J]. 金融研究，2013（4）：127 - 141.

[149] 刘希颖，林伯强. 改革能源定价机制以保障可持续发展——以煤电联动政策为例 [J]. 金融研究，2013（4）：112 - 126.

[150] 纪志宏. 存贷比地区差异研究——基于商业银行分行数据的研究 [J]. 金融研究，2013（5）：12 - 31.

[151] 佟岩，徐峰. 我国上市公司内部控制效率与盈余质量的动态依存关系研究 [J]. 中国软科学，2013（2）：111 - 122.

[152] 王睿，陈德敏. 西部地区向西开放总体战略构想研究 [J]. 中国软科学，2013（4）：69 - 78.

[153] 贾洪波，阳义南. 中国补充医疗保险发展：成效、问题与出路 [J]. 中国软科学，2013（1）：81 - 92.

[154] 李新明，廖貅武，刘洋. 基于 SaaS 模式的服务供应链协调研究 [J]. 中国管理科学，2013，21（2）：98 - 106.

[155] 张国兴，张绪涛，程素杰，柴国荣，王龙龙. 节能减排补贴政策下的企业与政府信号博弈模型 [J]. 中国管理科学，2013，21（4）：129 - 136.

[156] 蔡淑琴，马玉涛，王瑞. 在线口碑传播的意见领袖识别方法研究 [J]. 中国管

理科学，2013，21（2）：185－192．

［157］马文聪，朱桂龙．供应商和客户参与技术创新对创新绩效的影响［J］．科研管理，2013，34（2）：19－26．

［158］朱建民，魏大鹏．我国产业安全评价指标体系的再构建与实证研究［J］．科研管理，2013，34（7）：146－153．

［159］李钢，魏峰．供应链协调中的消费者策略行为与价格保障研究［J］．管理学报，2013，10（2）：225－232．

［160］俞琰，邱广华．基于局部随机游走的在线社交网络朋友推荐算法［J］．系统工程，2013（2）：47－54．

［161］张敏，王成方，刘慧龙．冗员负担与国有企业的高管激励［J］．金融研究，2013（5）：140－151．

［162］许晖，许守任，王睿智．网络嵌入、组织学习与资源承诺的协同演进——基于3家外贸企业转型的案例研究［J］．管理世界，2013（10）：142－155．

［163］苏振东，洪玉娟．中国出口企业是否存在"利润率溢价"？——基于随机占优和广义倾向指数匹配方法的经验研究［J］．管理世界，2013（5）：12－34．

［164］王建明．资源节约意识对资源节约行为的影响——中国文化背景下一个交互效应和调节效应模型［J］．管理世界，2013（8）：77－90．

［165］郭长林，胡永刚，李艳鹤．财政政策扩张、偿债方式与居民消费［J］．管理世界，2013（2）：64－77．

［166］陈晓红，于涛．营销能力对技术创新和市场绩效影响的关系研究——基于我国中小上市企业的实证研究［J］．科学学研究，2013，31（4）：585－595．

［167］朱庆锋，徐中平，王力．基于模糊综合评价法和BP神经网络法的企业控制活动评价及比较分析［J］．管理评论，2013，25（8）：113－123．

［168］林欣怡，黄永，达庆利．两周期零售商竞争下的闭环供应链的定价和协调策略研究［J］．运筹与管理，2013（2）：27－33．

［169］庞庆华，蒋晖，侯岳铭，骆杨．需求受努力因素影响的供应链收益共享契约模型［J］．系统管理学报，2013，22（3）：371－378．

［170］朱立龙，于涛，夏同水．两级供应链产品质量控制契约模型分析［J］．中国管理科学，2013，21（1）：71－79．

［171］吴忠和，陈宏，赵千．非对称信息下闭环供应链回购契约应对突发事件策略研究［J］．中国管理科学，2013，21（6）：97－106．

［172］丁川，侯甜甜，刘慧茜．基于公平偏好的营销渠道促销费用分担机制［J］．系统管理学报，2013，22（3）：317－326．

［173］康立，龚六堂，陈永伟．金融摩擦、银行净资产与经济波动的行业间传导［J］．金融研究，2013（5）：32－46．

［174］林宇，邱煜，高清平．基于三阶段DEA的房地产公司债务融资效率研究

[J]．科研管理，2013，34（8）：147－157．

[175] 程慧平．基于 DEA 和 SFA 方法的信息服务业技术效率研究[J]．科学学与科学技术管理，2013，34（4）：28－34．

[176] 崔淼，欧阳桃花，徐志．基于资源演化的跨国公司在华合资企业控制权的动态配置——科隆公司的案例研究[J]．管理世界，2013（6）：153－169．

[177] 李友田，李润国，翟玉胜．中国能源型企业海外投资的非经济风险问题研究[J]．管理世界，2013（5）：1－11．

[178] 杨静，王重鸣．女性创业型领导：多维度结构与多水平影响效应[J]．管理世界，2013（9）：102－117．

[179] 孙晓华，辛梦依．R&D 投资越多越好吗？——基于中国工业部门面板数据的门限回归分析[J]．科学学研究，2013，31（3）：377－385．

[180] 唐方成，池坤鹏．双边网络环境下的网络团购定价策略研究[J]．中国管理科学，2013，21（3）：185－192．

[181] 徐兵，杨金梅．闭环供应链竞争的博弈分析与链内协调合同设计[J]．运筹与管理，2013（2）：64－71．

[182] 王健，庄新田，姜硕．基于组织承诺的企业员工激励机制设计[J]．运筹与管理，2013（2）：222－228．

[183] 苏敬勤，刘静．中国企业并购潮动机研究——基于西方理论与中国企业的对比[J]．南开管理评论，2013，16（2）：57－63．

[184] 罗文，徐光瑞．中国工业发展质量研究 [J]．中国软科学，2013（1）：50－60．

[185] 贺爱忠，杜静，陈美丽．零售企业绿色认知和绿色情感对绿色行为的影响机理[J]．中国软科学，2013（4）：117－127．

[186] 闫书丽，刘思峰，朱建军，方志耕，刘健．基于熵测度的三参数区间数信息下的 TOPSIS 决策方法[J]．中国管理科学，2013，21（6）：145－151．

[187] 肖迪，袁敬霞，包兴．质量与价格双重竞争情景下的供应链协调策略分析[J]．中国管理科学，2013，21（4）：82－88．

[188] 樊耘，阎亮，马贵梅．权力需要、组织承诺与角色外行为的关系研究——基于组织文化的调节效应[J]．科学学与科学技术管理，2013，34（1）：135－146．

[189] 王文宾，达庆利．奖惩机制下具竞争制造商的废旧产品回收决策模型[J]．中国管理科学，2013，21（5）：50－56．

[190] 雷井生，林莎．基于高频数据的统计套利策略及实证研究[J]．科研管理，2013，34（6）：138－145．

[191] 张小宇，刘金全，刘慧悦．货币政策与股票收益率的非线性影响机制研究[J]．金融研究，2013（1）：38－52．

[192] 吴德胜，任星耀．网上拍卖交易机制有效性研究——来自淘宝网面板数据的

证据[J].南开管理评论，2013，16（1）：122－137.

[193] 程聪，谢洪明，陈盈，程宣梅.网络关系、内外部社会资本与技术创新关系研究[J].科研管理，2013，34（11）：1－8.

[194] 刘军，谭德庆，谢会芹.权力结构与促销策略下的双重选择均衡及福利分析[J].运筹与管理，2013，22（1）：187－193.

[195] 侯玲，陈东彦，滕春贤.在风险规避下考虑质量因素的竞争供应链的均衡策略研究[J].运筹与管理，2013，22（1）：112－119.

[196] 韩炜，杨俊，包凤耐.初始资源、社会资本与创业行动效率——基于资源匹配视角的研究[J].南开管理评论，2013，16（3）：149－160.

[197] 陈德球，杨佳欣，董志勇.家族控制、职业化经营与公司治理效率——来自CEO变更的经验证据[J].南开管理评论，2013，16（4）：55－67.

[198] 田高良，韩洁，李留闯.连锁董事与并购绩效——来自中国A股上市公司的经验证据[J].南开管理评论，2013，16（6）：112－122.

[199] 郑君君，蒋伟良，邹祖绪，韩笑.基于演化博弈的风险投资退出歧视价格拍卖竞价系统均衡研究[J].中国管理科学，2013，21（1）：185－192.

[200] 李成龙，刘智跃.产学研耦合互动对创新绩效影响的实证研究[J].科研管理，2013，34（3）：23－30.

[201] 谭佳音，李波.公平关切对批发价格契约协调效果的影响[J].预测，2013，32（3）：65－69.

[202] 张福利，达庆利.不确定需求条件下制造商的退货政策[J].系统管理学报，2013，22（2）：185－193.

[203] 汪冬华，索园园.金融危机前后中国股票市场和外汇市场的交叉相关性：基于多重分形理论的视角[J].系统管理学报，2013，22（3）：394－401.

[204] 简泽.银行债权治理、管理者偏好与国有企业的绩效[J].金融研究，2013（1）：135－148.

[205] 赵杰，丁云龙，许鑫.制造业中小企业内生优势生成路径分析——一个典型案例透视[J].管理世界，2013（4）：1－7.

[206] 周省时.政府战略绩效管理与战略规划关系探讨及对领导干部考核的启示[J].管理世界，2013（1）：176－177.

[207] 金晓玲，汤振亚，周中允，燕京宏，熊励.用户为什么在问答社区中持续贡献知识？——积分等级的调节作用[J].管理评论，2013，25（12）：138－146.

[208] 曾鹦，李军.合作博弈视角下城市道路交通拥堵收费研究[J].运筹与管理，2013，22（1）：9－14.

[209] 陈兆波，滕春贤，李永华，苗世迪.资源优化配置下的供应链竞争模型研究[J].运筹与管理，2013，22（1）：97－105.

[210] 胡信布，何正文，徐渝.基于资源约束的突发事件应急救援鲁棒性调度优化

［J］．运筹与管理，2013（2）：72－79．

　　［211］禹爱民，刘丽文．供应链下游零售商的转运库存策略［J］．系统管理学报，2013，22（1）：1－9．

　　［212］王晓军，米海杰．养老金支付缺口：口径、方法与测算分析［J］．数量经济技术经济研究，2013（10）：49－62．

　　［213］黄静，张晓娟，童泽林，王新刚．消费者视角下企业家前台化行为动机的扎根研究［J］．中国软科学，2013（4）：99－107．

　　［214］范体军，骆瑞玲，范耀东，张莉莉，常香云．我国化学工业二氧化碳排放影响因素研究［J］．中国软科学，2013（3）：166－174．

　　［215］张水波，康飞，李祥飞．基于支持向量机的建设工程项目经理胜任力评价［J］．中国软科学，2013（11）：83－90．

　　［216］赵晓丽，马骞，马春波．电力工业厂网分开改革对火电企业效率影响的实证分析［J］．中国软科学，2013（2）：184－192．

　　［217］马卫民，赵璋．以旧换新补贴对具有不同等级产品闭环供应链的影响研究［J］．中国管理科学，2013，21（3）：113－117．

　　［218］陆静，张佳．基于极值理论和多元 Copula 函数的商业银行操作风险计量研究［J］．中国管理科学，2013，21（3）：160－167．

　　［219］杨哲，蒲勇健，郭心毅．不确定性下多目标博弈中弱 Pareto－NS 均衡的存在性［J］．系统工程理论与实践，2013，33（3）：660－665．

　　［220］魏立佳．机构投资者、股权分置改革与股市波动性——基于 MCMC 估计的 t 分布误差 MS－GARCH 模型［J］．系统工程理论与实践，2013，33（3）：545－556．

第二节　国际期刊论文索引

　　［1］L. V. Green, N. Savva. Nursevendor Problem: Personnel Staffing in the Presence of Endogenous Absenteeism［J］. Management Science, 2013, 59（10）：2237－2256.

　　［2］Q. Liu, D. Zhang. Dynamic Pricing Competition with Strategic Customers Under Vertical Product Differentiation［J］. Management Science, 2013, 59（1）：84－101.

　　［3］L. C. G. Rogers, L. A. M. Veraart. Failure and Rescue in an Interbank Network［J］. Management Science, 2013, 59（4）：882－898.

　　［4］J. R. Marden, A. Wierman. Distributed Welfare Games［J］. Operations Research, 2013, 61（1）：155－168.

　　［5］H. K. Hvide. Lean and Hungry or Fat and Content? Entrepreneurs' Wealth and Start－Up Performance［J］. Strategic Direction, 2011, 56（6）：1242－1258.

［6］ S. Corrente, S. Greco, R. Slowiński. Multiple Criteria Hierarchy Process with ELEC-TRE and PROMETHEE［J］. Omega, 2013, 41 (5): 820 – 846.

［7］ N. H. Shah, H. N. Soni, K. A. Patel. Optimizing Inventory and Marketing Policy for Non – instantaneous Deteriorating Items with Generalized Type Deterioration and Holding Cost Rates［J］. Omega, 2013, 41 (2): 421 – 430.

［8］ J. Berger, C. Harbring. Performance Appraisals and the Impact of Forced Distribution: An Experimental Investigation［J］. Management Science, 2010, 59 (1): 54 – 68.

［9］ Y. Ren, R. Croson. Overconfidence in Newsvendor Orders: An Experimental Study［J］. Management Science, 2013, 59 (11): 2502 – 2517.

［10］ D. S. Kc, C. Terwiesch. An Econometric Analysis of Patient Flows in the Cardiac Intensive Care Unit［J］. Manufacturing & Service Operations Management, 2012, 14 (1): 50 – 65.

［11］ C. Y. Dye. The Effect of Preservation Technology Investment on a Non – instantaneous Deteriorating Inventory Model［J］. Omega, 2013, 41 (5): 872 – 880.

［12］ T. J. Stewart, S. French, J. Rios. Integrating Multicriteria Decision Analysis and Scenario Planning—Review and Extension［J］. Omega, 2013, 41 (4): 679 – 688.

［13］ X. Cai, J. Chen, Y. Xiao, X. Xu, G. Yu. Fresh – product Supply Chain Management with Logistics Outsourcing［J］. Omega, 2013, 41 (4): 752 – 765.

［14］ Tal Raviv, Ofer Kolka. Optimal Inventory Management of a Bike – sharing Station［J］. IIE Transactions, 2013, 45 (10): 1077 – 1093.

［15］ R. Agarwal, A. Ohyama. Industry or Academia, Basic or Applied? Career Choices and Earnings Trajectories of Scientists［J］. Management Science, 2013, 59 (59): 950 – 970.

［16］ A. Hagiu, D. Spulber. First – Party Content and Coordination in Two – Sided Markets［J］. Management Science, 2013, 59 (4): 933 – 949.

［17］ S. Jia, M. C. Chou, Q. Liu, C. P. Teo, I. L. Wang. Models for Effective Deployment and Redistribution of Bicycles Within Public Bicycle – Sharing Systems［J］. Operations Research, 2013, 61 (6): 1346 – 1359.

［18］ C. F. Jira, M. W. Toffel. Engaging Supply Chains in Climate Change［J］. Manufacturing & Service Operations Management, 2011, 15 (4): 559 – 577.

［19］ O. Toubia, E. Johnson, T. Evgeniou, P. Delquié. Dynamic Experiments for Estimating Preferences: An Adaptive Method of Eliciting Time and Risk Parameters［J］. Management Science, 2013, 59 (3): 613 – 640.

［20］ C. Kaufmann, M. Weber, E. Haisley. The Role of Experience Sampling and Graphical Displays on One's Investment Risk Appetite［J］. Management Science, 2013, 59 (2): 323 – 340.

［21］O. D. Palsule – Desai. Supply Chain Coordination Using Revenue – dependent Revenue Sharing Contracts ［J］. Omega, 2013, 41（4）: 780 – 796.

［22］P. Danese. Supplier Integration and Company Performance: A Configurational View ［J］. Omega, 2013, 41（6）: 1029 – 1041.

［23］X. Hu, G. Vulcano. Revenue Sharing in Airline Alliances ［J］. Management Science, 2013, 59（5）: 1177 – 1195.

［24］H. J. Holm, S. Opper, V. Nee. Entrepreneurs Under Uncertainty: An Economic Experiment in China ［J］. Management Science, 2013, 59（7）: 1671 – 1687.

［25］S. P. Wan, D. F. Li. Fuzzy LINMAP Approach to Heterogeneous MADM Considering Comparisons of Alternatives with Hesitation Degrees ［J］. Omega, 2013, 41（6）: 925 – 940.

［26］T. J. Stewart, S. French, J. Rios. Integrating Multicriteria Decision Analysis and Scenario Planning—A Review and Extension ［J］. Omega, 2013, 41（4）.

［27］Prattana Punnakitikashem, Jay M. Rosenberber, Deborah F. Buckley – Behan. A Stochastic Programming Approach for Integrated Nurse Staffing and Assignment ［J］. IIE Transactions, 2013, 45（10）: 1059 – 1076.

［28］R. Subramanian, R. Subramanyam. Key Factors in the Market for Remanufactured Products ［J］. Manufacturing & Service Operations Management, 2012, 14（2）: 315 – 326.

［29］A. A. Taleizadeh, D. W. Pentico, M. S. Jabalameli, M. Aryanezhad. An EOQ Model with Partial Delayed Payment and Partial Backordering ［J］. Omega, 2013, 41（2）: 354 – 368.

［30］F. Pan, R. Nagi. Multi – echelon Supply Chain Network Design in Agile Manufacturing ［J］. Omega, 2013, 41（6）: 969 – 983.

［31］S. W. Shi, F. G. M. Pieters. Information Acquisition During Online Decision Making: A Model – Based Exploration Using Eye – Tracking Data ［J］. Management Science, 2013, 59（5）: 1009 – 1026.

［32］Z. Yang, G. Aydın, V. Babich, D. R. Beil. Using a Dual – Sourcing Option in the Presence of Asymmetric Information about Supplier Reliability: Competition vs. Diversification ［J］. Manufacturing & Service Operations Management, 2012, 14（2）: 202 – 217.

［33］A. J. Mersereau, D. Zhang. Markdown Pricing with Unknown Fraction of Strategic Customers ［J］. Manufacturing & Service Operations Management, 2012, 14（3）: 355 – 370.

［34］S. Samoilenko, K. M. Osei – Bryson. Using Data Envelopment Analysis（DEA）for Monitoring Efficiency – based Performance of Productivity – driven Organizations: Design and Implementation of a Decision Support System ［J］. Omega, 2013, 41（1）: 131 – 142.

［35］U. Ramanathan. Aligning Supply Chain Collaboration Using Analytic Hierarchy Process ［J］. Omega, 2013, 41（2）: 431 – 440.

［36］S. Alizamir, V. De, F. Ricourt, P. Sun. Diagnostic Accuracy Under Congestion

［J］. Management Science, 2013, 59 (59): 157 – 171.

［37］Zeynep Akşin, C. L. Su. Structural Estimation of Callers' Delay Sensitivity in Call Centers［J］. Management Science, 2013, 59 (12): 2727 – 2746.

［38］T. L. Saaty. The Modern Science of Multicriteria Decision Making and Its Practical Applications: The AHP/ANP Approach［J］. Operations Research, 2013, 61 (5): 1101 – 1118.

［39］Denis, A. Zeevi. Optimal Dynamic Assortment Planning with Demand Learning［J］. Manufacturing & Service Operations Managemen, 2013, 15 (3): 387 – 404.

［40］B. He, F. Dexter, A. Macario, S. Zenios. The Timing of Staffing Decisions in Hospital Operating Rooms: Incorporating Workload Heterogeneity into the Newsvendor Problem［J］. Manufacturing & Service Operations Management, 2012, 14 (1): 99 – 114.

［41］Jonrinaldi, D. Z. Zhang. An Integrated Production and Inventory Model for a Whole Manufacturing Supply Chain Involving Reverse Logistics with Finite Horizon Period［J］. Omega, 2013, 41 (3): 598 – 620.

［42］T. H. Ho, X. Su. A Dynamic Level – k Model in Sequential Games［J］. Management Science, 2013, 59 (2): 452 – 469.

［43］S. Oh, Özalp Özer. Mechanism Design for Capacity Planning Under Dynamic Evolutions of Asymmetric Demand Forecasts［J］. Management Science, 2009, 59 (4): 987 – 1007.

［44］A. R. Ward, M. Armony. Blind Fair Routing in Large – Scale Service Systems with Heterogeneous Customers and Servers［J］. Operations Research, 2013, 61 (1): 228 – 243.

［45］N. Rogge, S. D. Jaeger. Measuring and Explaining the Cost Efficiency of Municipal Solid Waste Collection and Processing Services［J］. Omega, 2013, 41 (4): 653 – 664.

［46］J. Luo, V. G. Kulkarni, S. Ziya. Appointment Scheduling Under Patient No – Shows and Service Interruptions［J］. Manufacturing & Service Operations Management, 2012, 14 (4): 670 – 684.

［47］O. Perdikaki, S. Kesavan, J. M. Swaminathan. Effect of Traffic on Sales and Conversion Rates of Retail Stores［J］. Manufacturing & Service Operations Management, 2012, 14 (1): 145 – 162.

［48］V. Deshpande, M. Kan. The Impact of Airline Flight Schedules on Flight Delays［J］. Manufacturing & Service Operations Management, 2012, 14 (3): 423 – 440.

［49］G. Pang, W. Whitt. The Impact of Dependent Service Times on Large – Scale Service Systems［J］. Manufacturing & Service Operations Management, 2012, 14 (2): 262 – 278.

［50］V. Deshpande, M. Kan. The Robust Capacitated Vehicle Routing Problem Under Demand Uncertainty［J］. Manufacturing & Service Operations Management, 2012, 4 (3): 423 – 440.

［51］M. K. Lim, A. Bassamboo, S. Chopra, M. S. Daskin. Facility Location Decisions with

Random Disruptions and Imperfect Estimation [J] . Manufacturing & Service Operations Management, 2013, 15 (2): 239 – 249.

[52] C. H. Wu. OEM Product Design in a Price Competition with Remanufactured Product [J] . Omega, 2013, 41 (2): 287 – 298.

[53] O. Besbes, A. Muharremoglu. On Implications of Demand Censoring in the Newsvendor Problem [J] . Management Science, 2013, 59 (6): 1407 – 1424.

[54] X. Gong, S. X. Zhou. Optimal Production Planning with Emissions Trading [J] . Operations Research, 2013, 61 (4): 908 – 924.

[55] C. Osorio, M. Bierlaire. A Simulation – Based Optimization Framework for Urban Transportation Problems [J] . Operations Research, 2013, 61 (6): 1333 – 1345.

[56] R. Ibrahim, P. L. Ecuyer. Forecasting Call Center Arrivals: Fixed – Effects, Mixed – Effects, and Bivariate Models [J] . Manufacturing & Service Operations Management, 2013, 15 (1): 72 – 85.

[57] Y. Li, M. Yang, Y. Chen, Q. Dai, L. Liang. Allocating a Fixed Cost Based on Data Envelopment Analysis and Satisfaction Degree [J] . Omega, 2013, 41 (1): 55 – 60.

[58] R. Ibrahim, P. L. Ecuyer. R&D, Productivity, and Market Value: An Empirical Study from High – technology Firms [J] . Manufacturing & Service Operations Management, 2013, 15 (1): 72 – 85.

[59] Robert R. Inman, Dennis E. Blumenfeld, Ningjian Huang, Jingshan Li, Jing Li. Survey of Recent Advances on the Interface between Production System Design and Quality [J] . IIE Transactions, 2013, 45 (6): 557 – 574.

[60] B. Maciejovsky, P. Bernau. Teams Make You Smarter: How Exposure to Teams Improves Individual Decisions in Probability and Reasoning Tasks [J] . Management Science, 2013, 59 (6): 1255 – 1270.

[61] C. Li, F. Zhang. Advance Demand Information, Price Discrimination, and Pre – Order Strategies [J] . Manufacturing & Service Operations Management, 2013, 15 (1): 57 – 71.

[62] T. Chan, Y. Xie. Treatment Effectiveness and Side Effects: A Model of Physician Learning [J] . Social Science Electronic Publishing, 2012, 59 (6): 1309 – 1325.

[63] K. Chatterjee, L. Samuelson. Bargaining under Two – sided Incomplete Information: The Unrestricted Offers Case [J] . World Scientific Book Chapters, 2015, 36 (4): 605 – 618.

[64] A. Philpott, V. D. Matos, E. Finardi. On Solving Multistage Stochastic Programs with Coherent Risk Measures [J] . Operations Research, 2013, 61 (4): 957 – 970.

[65] Q. Kong, C. Y. Lee, C. P. Teo, Z. Zheng. Scheduling Arrivals to a Stochastic Service Delivery System Using Copositive Cones [J] . Operations Research, 2013, 61 (3): 711 – 726.

［66］ W. Jammernegg, P. Kischka. The Price – setting Newsvendor with Service and Loss Constraints［J］. Omega, 2013, 41（2）: 326 – 335.

［67］ Y. Chen, J. Du, J. Huo. Super – efficiency Based on a Modified Directional Distance Function［J］. Omega, 2013, 41（3）: 621 – 625.

［68］ C. Yong, T. Derdenger. Mixed Bundling in Two – Sided Markets in the Presence of Installed Base Effects［J］. Social Science Electronic Publishing, 2012, 59（8）: 1904 – 1926.

［69］ M. Roach, W. M. Cohen. Lens or Prism? Patent Citations as a Measure of Knowledge Flows from Public Research［J］. Management Science, 2013, 59（2）: 504 – 525.

［70］ J. Zhang, B. T. Denton, H. Balasubramanian, N. D. Shah, B. A. Inman. Optimization of Prostate Biopsy Referral Decisions［J］. Manufacturing & Service Operations Management, 2012, 14（4）: 529 – 547.

［71］ S. Relvas, S. N. B. Magatão, A. P. F. D. Barbosa-Póvoa, F. Neves. Integrated Scheduling and Inventory Management of an Oil Products Distribution System［J］. Omega, 2013, 41（6）: 955 – 968.

［72］ M. W. Hui, G. A. Widyadana. A Production Model for Deteriorating Items with Stochastic Preventive Maintenance Time and Rework Process with FIFO Rule［J］. Omega, 2013, 41（6）: 941 – 954.

［73］ R. Bapna, N. Langer, A. Mehra, R. Gopal, A. Gupta. Human Capital Investments and Employee Performance: An Analysis of IT Services Industry［J］. Management Science, 2013, 59（3）: 641 – 658.

［74］ F. Gino, R. A. Weber. License to Cheat: Voluntary Regulation and Ethical Behavior［J］. Management Science, 2013, 59（10）: 2187 – 2203.

［75］ A. I. Dan, M. Sviridenko. Supermodularity and Affine Policies in Dynamic Robust Optimization［J］. Operations Research, 2013, 61（61）: 941 – 956.

［76］ T. Wang, A. Atasu, M. Kurtuluş. A Multiordering Newsvendor Model with Dynamic Forecast Evolution［J］. Manufacturing & Service Operations Management, 2012, 4（3）: 472 – 484.

［77］ D. S. Kc, C. Terwiesch. An Econometric Analysis of Patient Flows in the Cardiac ICU［J］. Manufacturing & Service Operations Management, 2011, 14（1）: 50 – 65.

［78］ B. K. Sahoo, K. Tone. Non – parametric Measurement of Economies of Scale and Scope in Non – competitive Environment with Price Uncertainty［J］. Omega, 2013, 41（1）: 97 – 111.

［79］ P. D. Wright, S. Mahar. Centralized Nurse Scheduling to Simultaneously Improve Schedule Cost and Nurse Satisfaction［J］. Omega, 2013, 41（6）: 1042 – 1052.

［80］ A. Lahiri, D. Dey. Effects of Piracy on Quality of Information Goods［J］. Management Science, 2013, 59 (1): 245 – 264.

[81] X. Chen, B. L. Nelson. Enhancing Stochastic Kriging Metamodels with Gradient Estimators [J]. Operations Research, 2013, 61 (2): 512 – 528.

[82] H. Moulin, J. Sethuraman. The Bipartite Rationing Problem [J]. Operations Research, 2013, 61 (5): 1087 – 1100.

[83] V. Mehrotra, K. Ross, G. Ryder, Y. P. Zhou. Routing to Manage Resolution and Waiting Time in Call Centers with Heterogeneous Servers [J]. Manufacturing & Service Operations Management, 2012, 14 (1): 66 – 81.

[84] S. Alpern, T. Lidbetter. Mining Coal or Finding Terrorists: The Expanding Search Paradigm [J]. Operations Research, 2013, 61 (2): 265 – 279.

[85] R. Baldacci, R. W. Calvo. An Exact Algorithm for the Two – Echelon Capacitated Vehicle Routing Problem [J]. Operations Research, 2013, 61 (61): 298 – 314.

[86] R. Baldacci, R. W. Calvo. Turning Waste into By – Product [J]. Operations Research, 2013, 61 (61): 298 – 314.

[87] Parlakt, A. K. Rk. The Value of Product Variety When Selling to Strategic Consumers [J]. Manufacturing & Service Operations Management, 2012, 14 (3): 371 – 385.

[88] M. Kadziński, S. Greco, R. Slowiński. RUTA: A Framework for Assessing and Selecting Additive Value Functions on the Basis of Rank Related Requirements [J]. Omega, 2013, 41 (4): 735 – 751.

[89] D. R. Cavagnaro, R. Gonzalez, J. I. Myung, M. A. Pitt. Optimal Decision Stimuli for Risky Choice Experiments: An Adaptive Approach [J]. Management Science, 2013, 59 (2): 358 – 375.

[90] D. R. Cavagnaro, R. Gonzalez, J. I. Myung, M. A. Pitt. Dynamic Capacity Allocation to Customers Who Remember Past Service [J]. Management Science, 2013, 59 (2): 358 – 375.

[91] S. Belenzon, T. Berkovitz, L. A. Rios. Capital Markets and Firm Organization: How Financial Development Shapes European Corporate Groups [J]. Management Science, 2013, 59 (59): 1326 – 1343.

[92] S. H. Kim, B. Tomlin. Guilt by Association: Strategic Failure Prevention and Recovery Capacity Investments [J]. Management Science, 2013, 59 (7): 1631 – 1649.

[93] L. Cherchye, B. De Rock, B. Dierynck, F. Roodhooft, J. Sabbe. Opening the "Black Box" of Efficiency Measurement: Input Allocation in Multi – output Settings [J]. Operations Research, 2013, 61 (5): 1148 – 1165.

[94] F. Caro, C. J. Corbett, T. Tan, R. Zuidwijk. Double Counting in Supply Chain Carbon Footprinting [J]. Manufacturing & Service Operations Management, 2013, 15 (4): 545 – 558.

［95］ W. T. Huh, N. Liu, V. A. Truong. Multiresource Allocation Scheduling in Dynamic Environments ［J］. Manufacturing & Service Operations Management, 2013, 15 (2): 280 – 291.

［96］ B. Maenhout, M. Vanhoucke. An Integrated Nurse Staffing and Scheduling Analysis for Longer – term Nursing Staff Allocation Problems ［J］. Omega, 2013, 41 (2): 485 – 499.

［97］ R. Venerando, M. Andrea, C. Saverio, N. Daria, S. Mario. The Impact of Size and Occupancy of Hospital on the Extent of Ambulance Diversion: Theory and Evidence ［J］. Operations Research, 2013, 61 (3): 544 – 562.

［98］ E. L. Plambeck, Q. Wang. Implications of Hyperbolic Discounting for Optimal Pricing and Scheduling of Unpleasant Services that Generate Future Benefits ［J］. Management Science, 2013, 59 (59): 1927 – 1946.

［99］ J. Battilana, T. Casciaro. Overcoming Resistance to Organizational Change: Strong Ties and Affective Cooptation ［J］. Management Science, 2013, 59 (4): 819 – 836.

［100］ G. A. Decroix. Inventory Management for an Assembly System Subject to Supply Disruptions ［J］. Management Science, 2013, 59 (9): 2079 – 2092.

［101］ M. Melo, S. Sargento, U. Killat, A. Timm – Giel. Optimal Virtual Network Embedding: Node – Link Formulation ［J］. IEEE Transactions on Network & Service Managem, 2013 (4): 1 – 13.

［102］ J. G. Carlsson, E. Delage. Robust Partitioning for Stochastic Multi Vehicle Routing ［J］. Operations Research, 2013, 61 (3): 727 – 744.

［103］ M. Arıkan, V. Deshpande, M. Sohoni. Building Reliable Air – Travel Infrastructure Using Empirical Data and Stochastic Models of Airline Networks ［J］. Operations Research, 2013, 61 (1): 45 – 64.

［104］ Özener, Okan Örsan, Ö Ergun, M. Savelsbergh. Allocating Cost of Service to Customers in Inventory Routing ［J］. Operations Research, 2013, 61 (1): 112 – 125.

［105］ A. Ghate, R. L. Smith. A Linear Programming Approach to Nonstationary Infinite – Horizon Markov Decision Processes ［J］. Operations Research, 2013, 61 (2): 413 – 425.

［106］ Q. Hu, L. B. Schwarz, N. A. Uhan. The Impact of Group Purchasing Organizations on Healthcare – Product Supply Chains ［J］. Manufacturing & Service Operations Management, 2012, 14 (1): 7 – 23.

［107］ A. Powell, S. Savin, N. Savva. Physician Workload and Hospital Reimbursement: Overworked Physicians Generate Less Revenue per Patient ［J］. Manufacturing & Service Operations Management, 2012, 14 (4): 512 – 528.

［108］ S. Lim. A Joint Optimal Pricing and Order Quantity Model under Parameter Uncertainty and Its Practical Implementation ［J］. Omega, 2013, 41 (6): 998 – 1007.

［109］ A. L. Brown, C. F. Camerer, D. Lovallo. Estimating Structural Models of Equilibrium and Cognitive Hierarchy Thinking in the Field：The Case of Withheld Movie Critic Reviews ［J］. Management Science，2012，59（3）：733－747.

［110］K. Giesecke，D. Smelov. Exact Sampling of Jump Diffusions ［J］. Operations Research，2013，61（4）：894－907.

第三节　国内图书文献索引

［1］杨继军. 应急资源调度决策与建模优化［M］. 北京：中国社会科学出版社，2013.

［2］王丽珍. 基于多目标规划的产险公司最优资本规模研究［M］. 北京：经济科学出版社，2013.

［3］张卫国，肖炜麟. 分数布朗运动下股本权证定价研究［M］. 北京：科学出版社，2013.

［4］刘盾，李天瑞. 三支决策与粒计算［M］. 北京：科学出版社，2013.

［5］乐琦，樊治平. 基于偏好序信息的满意双边匹配决策方法研究［M］. 北京：经济科学出版社，2013.

［6］叶明确. 基于生存理论的复杂经济系统决策与对策研究［M］. 北京：经济管理出版社，2013.

［7］郑君君. 非对称信息下不同阶段风险投资决策演技［M］. 北京：经济科学出版社，2013.

［8］林宇，陈王. 基于典型事实的金融市场动态极值风险测度与传导效应研究［M］. 北京：科学出版社，2013.

［9］姜爱萍. 混沌时间序列的小波神经网络预测方法及其优化研究［M］. 上海：上海大学出版社，2013.

［10］陈暮紫. 中国不良贷款定价计量模型研究 ［M］. 北京：经济科学出版社，2013.

［11］乔枫，朱全民，张百海. 复杂动态系统的模糊滑膜控制、观测及其应用［M］. 北京：北京理工大学出版社，2013.

［12］章玲，周德群. 多属性决策分析方法与应用：基于属性间关联的研究［M］. 北京：科学出版社，2013.

［13］郑欢. 项目调度多目标平衡分析模型及其应用［M］. 成都：西南财经大学出版社，2013.

［14］郑叶来，陈士峻. 分布式云数据中心的建设与管理［M］. 北京：清华大学出版社，2013.

［15］陈希，樊治平．多指标双边匹配决策方法研究［M］．北京：经济科学出版社，2013.

［16］陈荣虎．经济学演化计算方法［M］．北京：经济管理出版社，2013.

［17］徐昕．索赔频率预测模型研究［M］．北京：首都经济贸易大学出版社，2013.

［18］叶陈刚，郑君彦．企业风险评估与控制［M］．北京：机械工业出版社，2013.

［19］谢志明．燃煤发电企业循环经济资源价值流研究［M］．北京：经济科学出版社，2013.

［20］孙继伟．从危机管理到问题管理［M］．上海：上海人民出版社，2013.

［21］殷剑锋，王增武．影子银行与银行的影子：中国理财产品市场发展与评价［M］．北京：社会科学文献出版社，2013.

［22］林伟贤．决策力［M］．北京：北京大学出版社，2013.

［23］王世雄．供应链体罚突发风险传染机理与控制策略研究［M］．北京：经济科学出版社，2013.

［24］章晓洪．企业并购与重组［M］．北京：企业管理出版社，2013.

［25］唐国华．不确定环境下企业开放式技术创新战略研究［M］．北京：经济科学出版社，2013.

［26］陆薇，宋秀丽，高深．汽车企业物流与供应链管理及经典案例分析［M］．北京：机械工业出版社，2013.

［27］杨增雄．企业战略管理：理论与方法［M］．北京：科学出版社，2013.

［28］陈高生．企业内部市场化：大型企业的一种管理模式［M］．北京：经济管理出版社，2013.

［29］侯二秀．知识员工心理资本对创新绩效的影响机理研究［M］．北京：经济科学出版社，2013.

［30］王吉鹏．并购企业的文化整合与融合：不可小觑的隐性影响力［M］．北京：企业管理出版社，2013.

［31］田歆，汪寿阳，成思危．供应链运作策略：理论与实践［M］．北京：科学出版社，2013.

［32］吴亚平．投融资体制改革：何去何从［M］．北京：经济管理出版社，2013.

［33］易红．从培训管理到绩效改进［M］．北京：机械工业出版社，2013.

［34］中国质量协会．中国企业质量管理创新实践（第2辑）：六西格玛管理在中国的实践创新［M］．北京：中国经济出版社，2013.

［35］林长征．直线幕僚体系、异常管理决策与企业动态能力：以台塑集团为中心的案例研究［M］．北京：经济管理出版社，2013.

［36］何忠伟．基于供应链的北京农产品质量安全管理模式研究［M］．北京：中国农业出版社，2013.

［37］汪同三．中国投资体制发展道路［M］．北京：经济管理出版社，2013.

[38] 陈凯华．创新过程绩效测度：模型构建、实证选择与政策选择[M]．北京：中国科学技术出版社，2013．

[39] 陈福添．中国企业境外投资理论研究前沿 [M]．厦门：厦门大学出版社，2013．

[40] 魏成龙．国有大型企业的现代企业制度建设问题研究[M]．北京：中国经济出版社，2013．

[41] 杨有红．企业内部控制系统：构建、运行、评价[M]．北京：北京大学出版社，2013．

[42] 华红兵．顶层设计——品牌战略管理[M]．北京：清华大学出版社，2013．

[43] 张红梅．金融投资理论及其应用[M]．北京：经济管理出版社，2013．

[44] 张跃先．如何提供令顾客欣喜的服务[M]．北京：经济管理出版社，2013．

[45] 莫长炜．降低成本的途径对产品创新速度的影响[M]．厦门：厦门大学出版社，2013．

[46] 阳毅．中国企业知识领导与员工知识行为间关系的理论与实证研究 [M]．北京：经济科学出版社，2013．

[47] 王新宇．基于消费者视角的产品伤害危机扩散研究[M]．上海：上海交通大学出版社，2013．

[48] 高静波．现代企业运营管理体系：基于网络经济视角的研究[M]．北京：经济管理出版社，2013．

[49] 李书玲．寻找规律[M]．北京：机械工业出版社，2013．

[50] 吴家俊．管理与改革[M]．北京：中国社会科学出版社，2013．

[51] 周永亮．管理就要到位[M]．北京：机械工业出版社，2013．

[52] 杨彪武．大缺陷：中国式管理缺什么[M]．北京：经济管理出版社，2013．

[53] 张满志．6S＋C管理[M]．北京：机械工业出版社，2013．

[54] 赵晨．IT服务管理[M]．北京：人民邮电大学出版社，2013．

[55] 徐勤．挖掘管理价值：企业软件项目管理实践[M]．北京：人民邮电大学出版社，2013．

[56] 甘卫华．运输规划与管理[M]．北京：机械工业出版社，2013．

[57] 张庆民．分销链智能运作管理[M]．成都：西南财经大学出版社，2013．

[58] 程黄维，吴轶，洪波．投资组合管理[M]．上海：复旦大学出版社，2013．

[59] 陆贞全．管心：企业管理变革根本[M]．北京：企业管理出版社，2013．

[60] 王为人．供与求的博弈：采购管理案例＋分析[M]．北京：机械工业出版社，2013．

[61] 孙永波．客户中心运营管理[M]．北京：中国经济出版社，2013．

[62] 孙科柳，李艳．微管理：激励的学问[M]．北京：电子工业出版社，2013．

[63] 孙慧．动态环境中基于风险的企业战略控制研究[M]．上海：复旦大学出版

社，2013.

[64] 陶鹏．基于脆弱性视角的灾害管理整合研究［M］．北京：社会科学文献出版社，2013.

[65] 科蓉．非正态需求分布函数条件下的多阶段库存管理［M］．上海：上海浦江教育出版社，2013.

[66] 王周伟．金融管理研究［M］．北京：三联书店出版社，2013.

[67] 鞠彦兵．模糊环境下应急管理评价方法及应用［M］．北京：北京理工大学出版社，2013.

[68] 王中昭．汇率与货币错配协动性及其传导机制［M］．北京：经济管理出版社，2013.

[69] 耿成轩．家族企业融资行为机理与特性［M］．北京：经济管理出版社，2013.

[70] 李富昌．供应链配送系统库存与运输优化研究［M］．北京：科学出版社，2013.

[71] 吴维库．竞争与博弈：组织间的竞争与合作［M］．北京：机械工业出版社，2013.

[72] 余冬平．基于期权博弈的企业投融资决策互动行为研究［M］．北京：经济科学出版社，2013.

[73] 吴菊华，孙德福，李骏．基于组织符号学的企业建模方法与应用研究［M］．北京：国防工业出版社，2013.

[74] 闫章荟．灾害应对组织网络及其适应性研究［M］．天津：天津人民出版社，2013.

[75] 高静美．组织变革研究［M］．北京：科学出版社，2013.

[76] 孙春晓．公司治理、剥离决策与剥离绩效关系研究［M］．北京：经济科学出版社，2013.

[77] 于静霞．新能源企业融资及财务风险控制研究［M］．北京：经济科学出版社，2013.

[78] 刘胜强．股权结构对企业 R&D 投资行为的影响及其经济后果研究［M］．北京：经济科学出版社，2013.

[79] 李俊杰．中国企业跨境并购［M］．北京：机械工业出版社，2013.

[80] 隋聪．商业银行贷款定价的理论、实证与方法［M］．北京：科学出版社，2013.

[81] 贾俊秀．供应链网络中订购和定价决策理论与方法［M］．北京：科学出版社，2013.

[82] 陈希．双边匹配决策方法研究［M］．北京：经济科学出版社，2013.

[83] 毛禹忠．决策支持系统：理论模型与开发应用［M］．杭州：浙江大学出版社，2013.

［84］郭文旌．最优保险投资决策与风险控制［M］．北京：北京理工大学出版社，2013.

［85］伍如昕．企业经营决策中的非理性：以过度自信对投资决策的影响为例［M］．上海：上海交通大学出版社，2013.

［86］刘淑芹，汪寿阳．酒店收益管理研究：客房预订与定价决策［M］．北京：科学出版社，2013.

［87］李新军．基于供应链中断的供应应急运作模式决策分析［M］．北京：经济科学出版社，2013.

［88］刘斌．农作物种子供应链的库存控制与渠道优化［M］．北京：科学出版社，2013.

［89］李建标．行为管理经济学［M］．北京：首都经济贸易大学出版社，2013.

［90］茆训诚．信用风险度量与管理［M］．上海：上海财经大学出版社，2013.

第四节　国际图书文献索引

［1］H. Koshiba, T. Takenaka, Y. Motomura. The Philosopher's Stone for Sustainability ［M］. Springer Berlin Heidelberg, 2013.

［2］Renée Adams. Global Asset Management: Strategies, Risks, Processes, and Technologies［M］. Palgrave Macmillan, 2013.

［3］Maria Montero. Power, Voting and Voting Power: 30 Years After ［M］. Springer, 2013.

［4］Yogesh Anbalagan, Sergey Norin, Rahul Savani, Adrian Vetta. Artificial Neutral Networks and Machines Learning – ICANN 2013［M］. Springer, 2013.

［5］Zhenji Zhang, Runtong Zhang, Juliang Zhang. LISS 2012, Proceedings of 2nd International Conference on Logistics, Informatics and Service Science［M］. Springer Berlin Heidelberg, 2013.

［6］Satish V. Ukkusuri, Kaan Ozbay. Advances in Dynamic Network Modeling in Complex Transportation Systems［M］. Springer New York, 2013.

［7］Álvaro Rocha, Ana Maria Correia, Tom Wilson, Karl A. Stroetmann. Advances in Information Systems and Technologies［M］. Springer Berlin Heidelberg, 2013.

［8］Pedro Campos, Torkil Clemmensen, José Abdelnour Nocera. Human: Work Interaction Design. Work Analysis and HCI［M］. Springer Berlin Heidelberg, 2013.

［9］Harold F. O'Neil, Ray S. Perez, Eva L. Baker. Teaching and Measuring Cognitive Readiness［M］. Springer, 2013.

［10］ Uffe B. Kjærulff, Anders L. Madsen. Sensitivity Analysis ［M］. Springer New York, 2013.

［11］ Boris Goldengorin, Dmitry Krushinsky, Panos M. Pardalos. Cell Formation in Industrial Engineering ［M］. Springer New York, 2013.

［12］ Jinshi Zhao, Yongrui Duan, Shijin Wang, Jiazhen Huo. Commitment Contract in Dual Channel Drop Shipping Supply Chain ［M］. Springer Berlin Heidelberg, 2013.

［13］ Yannis Marinakis, Magdalene Marinaki. Metaheuristics for Bi – level Optimization ［M］. Springer Berlin Heidelberg, 2013.

［14］ Xing – dong Li, Li – fen Fang. International Asia Conference on Industrial Engineering and Management Innovation (IEMI2012) Proceedings ［M］. Springer Berlin Heidelberg, 2013.

［15］ Roberto Del Gobbo. Accounting Information Systems for Decision Making ［M］. Springer Berlin Heidelberg, 2013.

［16］ Jevgeni Sahno, Eduard Sevtsenko, Tatjana Karaulova. Advances in Information Systems and Technologies ［M］. Springer Berlin Heidelberg, 2013.

［17］ Anna – Karina Averbeck, Torben Bernhold, Sebastian Bräuer, Ralf Knackstedt, Martin Matzner. Product – Service Integration for Sustainable Solutions ［M］. Springer Berlin Heidelberg, 2013.

［18］ M. Montero. On the Nucleolus as a Power Index ［M］. Springer Berlin Heidelberg, 2013.

［19］ Y. Anbalagan, S. Norin, R. Savani, A. Vetta. Polylogarithmic Supports are Required for Approximate Well – Supported Nash Equilibria below 2/3 ［M］. Springer Berlin Heidelberg, 2013.

［20］ E. Tafaj, T. C. Kübler, G. Kasneci, W. Rosenstiel, M. Bogdan. Online Classification of Eye Tracking Data for Automated Analysis of Traffic Hazard Perception ［M］. Springer Berlin Heidelberg, 2013.

［21］ E. R. Gianin, C. Sgarra. Risk Measures: Value at Risk and Beyond ［M］. Springer International Publishing, 2013.

［22］ M. Dinitz, A. Gupta. Packing Interdiction and Partial Covering Problems ［M］. Springer Berlin Heidelberg, 2013.

［23］ S. Chandan, S. Saha, C. Barrett, S. Eubank. Modeling the Interaction between E-mergency Communications and Behavior in the Aftermath of a Disaster ［M］. Springer Berlin Heidelberg, 2013.

［24］ T. Amin, I. Chikalov, M. Moshkov, B. Zielosko. Dynamic Programming Approach for Exact Decision Rule Optimization ［M］. Springer Berlin Heidelberg, 2013.

［25］ L. Qi, L. Su. Research on Two – Stage Supply Chain Ordering Strategy Optimization

Based on System Dynamics [M]. Springer Berlin Heidelberg, 2013.

[26] F. R. Jacobs, R. B. Chase. Operations and Supply Chain Management: The Core [M]. McGraw－Hill Irwin, 2013.

[27] I. J. Figueroa, R. J. Youmans. Individual Differences in Cognitive Flexibility Predict Poetry Originality [M]. Springer Berlin Heidelberg, 2013.

[28] C. A. Gonzalez, I. J. Figueroa, B. G. Bellows, D. Rhodes, R. J. Youmans. A New Behavioral Measure of Cognitive Flexibility [M]. Springer Berlin Heidelberg, 2013.

[29] R. V. Barenji. Towards a Capability－Based Decision Support System for a Manufac-turing Shop [M]. Springer Berlin Heidelberg, 2013.

[30] P. Georgieva, I. Popchev. Cardinality Problem in Portfolio Selection [M]. Springer Berlin Heidelberg, 2013.

[31] E. D. Cuypere, K. D. Turck, H. Bruneel, D. Fiems. Optimal Inventory Management in a Fluctuating Market [M]. Springer Berlin Heidelberg, 2013.

[32] M. Doumpos, E. Grigoroudis. Designing Distributed Multi－Criteria Decision Support Systems for Complex and Uncertain Situations [M]. John Wiley & Sons, Ltd, 2013.

[33] R. J. Ormerod. A Long View of Research and Practice in Operations Research and Management Science: The Past and the Future [M]. Springer US, 2013.

[34] T. Zentis, R. Schmitt. Technical Risk Management for an Ensured and Efficient Product Development on the Example of Medical Engineering [M]. Springer Berlin Heidelberg, 2013.

[35] R. Wang, X. Zhu, F. Li. Supply Chain Risk Evaluation Model in Fuzzy Environment [M]. Springer Berlin Heidelberg, 2013.

[36] C. Burns. Cognitive Work Analysis: New Dimensions [M]. Springer Berlin Heidel-berg, 2013.

[37] J. C. Smith, M. Prince, J. Geunes. Modern Network Interdiction Problems and Algo-rithms [M]. Springer New York, 2013.

[38] M. Jünger, G. Reinelt. Facets of Combinatorial Optimization [M]. Springer Berlin Heidelberg, 2013.

[39] R. A. Davis. Demand－Driven Inventory Optimization and Replenishment: Creating a More Efficient Supply Chain [M]. Wiley, 2013.

[40] R. Balakrishna, M. Ben－Akiva, J. Bottom, S. Gao. Information Impacts on Traveler Behavior and Network Performance: State of Knowledge and Future Directions [M]. Springer New York, 2013.

[41] C. Bowers, J. Cannon－Bowers. Cognitive Readiness for Complex Team Performance [M]. Springer US, 2013.

[42] M. Pinto. Knowledge Management Systems and Intellectual Capital Measurement in

Portuguese Organizations: A Case Study [M]. Springer Berlin Heidelberg, 2013.

[43] M. Zaumseil, S. Schwarz, M. V. Vacano, G. B. Sullivan, J. E. Prawitasari – Hadiyo-no. Cultural Psychology of Coping with Disasters [M]. Springer New York, 2013.

[44] M. Bernardo, R. D. Nicola, M. Loreti. Group – by – Group Probabilistic Bisimilarities and Their Logical Characterizations [M]. Springer International Publishing, 2013.

[45] X. D. Li, L. F. Fang. Information Sharing of Jointly Managed Inventory (JMI) Under the Environment of Supply Chain Management [M]. Springer Berlin Heidelberg, 2013.

[46] Y. Marinakis, M. Marinaki. A Bilevel Particle Swarm Optimization Algorithm for Supply Chain Management Problems [M]. Springer Berlin Heidelberg, 2013.

[47] M. Treiber, A. Kesting. Model – Based Traffic Flow Optimization [M]. Springer Berlin Heidelberg, 2013.

[48] S. B. Heidelberg. Responsible Supply Chain Management [M]. Springer Berlin Heidelberg, 2013.

[49] K. J. Grajczyk. Multi – tier Supply Chain Visibility in the Automotive Industry: How Do Automotive OEMs Gain Transparency and Visibility Into Their Global Supply Chain? [M]. Lap Lambert Academic Publishing, 2013.

[50] G. Demange. Diffusion of Defaults Among Financial Institutions [M]. Springer Milan, 2013.

[51] O. Roggi, E. I. Altman. Managing and Measuring Risk [M]. World Scientific, 2013.

[52] A. K. Averbeck, T. Bernhold, S. Bräuer, R. Knackstedt, M. Matzner. Towards a Reference Model of Information Exchange and Coordination in Facility Management Networks [M]. Springer Berlin Heidelberg, 2013.

[53] R. D. Gobbo. Accounting Information Systems and Knowledge Management Systems: An Integrated Approach for Strategic Control [M]. Springer Berlin Heidelberg, 2013.

[54] J. Sahno, E. Sevtsenko, T. Karaulova. Knowledge Management Framework for Six Sigma Performance Level Assessment [M]. Springer Berlin Heidelberg, 2013.

[55] L. Argote. Organizational Forgetting [M]. Springer US, 2013.

[56] Y. Pan, J. Wang, M. Li, A. Chida, R. W. Harrison. Protein Tertiary Model Assessment [M]. Wiley – IEEE Press, 2013.

[57] S. I. Caramihai, I. Dumitrache. Urban Traffic Monitoring and Control as a Cyber – Physical System Approach [M]. Springer Berlin Heidelberg, 2013.

[58] R. Bakthavachalam, S. Navaneethakrishnan, C. Elango. Modified (Q, r) Policy for Stochastic Inventory Control Systems in Supply Chain [M]. Springer India, 2013.

[59] K. Wang. The Research of Inventory Management Modes Based on Supply Chain Management [M]. Springer Berlin Heidelberg, 2013.

［60］M. Fan，X. Q. Gan，J. H. Guo. Information Sharing of Jointly Managed Inventory
（JMI）Under the Environment of Supply Chain Management ［M］. Springer Berlin
Heidelberg，2013.

［61］H. C. Sox，M. C. Higgins，D. K. Owens. Medical Decision Analysis in Practice：Ad-
vanced Methods［M］. John Wiley & Sons，Ltd，2013.

［62］S. Shaw，G. Homan. HR Issues in the Computer Games Industry：Survival at a Price
［M］. Palgrave Macmillan UK，2013.

后　记

　　一部著作的完成需要许多人的默默贡献，闪耀着的是集体的智慧，其中铭刻着许多艰辛的付出，凝结着许多辛勤的劳动和汗水。

　　本书在编写过程中，借鉴和参考了大量的文献和作品，从中得到了不少启悟，也汲取了其中的智慧菁华，谨向各位专家、学者表示崇高的敬意——因为有了大家的努力，才有了本书的诞生。凡被本书选用的材料，我们都将按相关规定向原作者支付稿费，但因为有的作者通信地址不详或者变更，尚未取得联系。敬请您见到本书后及时函告您的详细信息，我们会尽快办理相关事宜。

　　由于编写时间仓促以及编者水平有限，书中不足之处在所难免，诚请广大读者指正，特驰惠意。